晋城年鉴

2009—2010

秦海轩 主编

山西出版传媒集团
山西人民出版社

图书在版编目(CIP)数据

晋城年鉴.2009~2010 / 晋城市地方志办公室编著. —太原：山西人民出版社，2012.6

ISBN 978-7-203-07761-9

Ⅰ.①晋… Ⅱ.①晋… Ⅲ. ①晋城市—2009~2010—年鉴 Ⅳ.①Z522.53

中国版本图书馆 CIP 数据核字(2012)第 101631 号

晋城年鉴.2009—2010

编　　著：晋城市地方志办公室
责任编辑：秦继华
装帧设计：苗莎莎　刘晋芳

出 版 者：山西出版传媒集团·山西人民出版社
地　　址：太原市建设南路 21 号
邮　　编：030012
发行营销：0351-4922220　4955996　4956039
　　　　　0351-4922127(传真)　4956038(邮购)
E－mail：sxskcb@163.com　发行部
　　　　　sxskcb@126.com　总编室
网　　址：www.sxskcb.com

经 销 者：山西出版传媒集团·山西人民出版社
承 印 者：晋城市景潮办公用品印制有限公司

开　　本：787×1092 毫米　1/16
印　　张：50.25
字　　数：1000 千字
印　　数：1~1000 册
版　　次：2012 年 6 月第 1 版
印　　次：2012 年 6 月第 1 次印刷
书　　号：ISBN 978-7-203-07761-9
定　　价：298.00 元

市委书记张九萍在市广播电视台调研

市长王清宪调研城市水系建设工程

2009 年 2 月 25 日，中美新能源科技论坛暨煤层气回收利用会议在晋城召开

2009 年 4 月 25 日，晋城市举行第四届全民运动会

2009 年 8 月 11 日，晋城市农村经济发展暨扶贫攻坚城乡一体化工作会议召开

2009 年 9 月 11 日，全省煤炭企业转产煤炭城市转型现场会在晋城召开

◆ 2010 年 4 月 29 日，晋城市城区北石店区城市化改造工程启动

◆ 2010 年 10 月 4 日，晋城市煤层气综合利用工程获“2009 年中国人居环境范例奖”

◆ 2010 年 10 月 25 日，省市重点工程——晋城环城高速、阳（城）翼（城）高速公路竣工通车

《晋城年鉴》编纂委员会

煤化工产业快速发展，成为全国五大尿素生产企业之一

全国五一劳动奖状

全国最大纳米碳酸钙基地。图为生产车间

太行山休闲旅游度假圣地—— 王莽岭风光

清洁环保的现代化生产区

大化肥装置

制药厂外景图

丰富多彩的文体活动

矿山夜景

山西科兴能源发展（集团）有限公司

董事长　赵启龙

总经理　李经纬

山西科兴能源发展（集团）有限公司是由西安交通大学专家团队设计，于2009年6月，由高平市14家国有和城镇集体骨干煤矿共同出资组建的高平市最大的国有煤炭集团。公司注册资本5.49亿元，所属煤炭企业13座，保有资源储量12.3亿吨，井田面积148.9平方公里，企业净资产31.77亿元，职工1.5万人，专业技术人员2000余人。所属矿井达到行业一级质量标准化矿井的3座，达到省一、二级质量标准化矿井的8座，采掘机械程度达100%。具有大型煤矿企业的技术、管理、资金和人才优势。2010年，集团生产原煤597.8万吨，销售收入34.5亿元，上缴税金9.83亿元，实现利润14.17亿元。

组建以来，科兴集团坚持“安全管理为基础、整合重组为途径、项目建设为驱动”的发展战略，迅速完善法人治理结构，配备管理人员，健全规章制度，加强安全管理，狠抓兼并重组，筹划项目建设，各项工作取得了优异成绩，得到了市委、市政府的充分肯定和社会各界的广泛好评。

特别是兼并重组工作中，科兴集团创新方法、攻坚克难，在晋城市率先达到四个100%（协议签订率、资金补偿率、进驻接管率、证照办理率），率先完成区块内12座关闭矿井的关闭工作，13座矿井全部完成企业法人营业执照变更，兼并重组工作各项指标均居全市第一。被高平市委、市政府授予“煤炭资源整合标兵单位”，被晋城市委、市政府授予“晋城市模范单位”等称号。

目前，集团的资源整合兼并重组工作已经基本完成，矿井建设工作正在深入推进，已经有5个矿通过生产能力核定，达到规划产能，为集团净增生产能力195万吨。根据集团矿井三年建设规划，预计2012年前半年13座矿井全部达产达效，原煤全部入洗，销售收入将突破100亿元。集团架构变为120万吨矿井5座、90万吨矿井5座、60万吨矿井2座、45万吨矿井1座，所属矿井安全生产水平实现质的飞跃，产业整体素质和核心竞争力全面提升。届时，科兴集团作为千万吨级煤炭企业，在我省100多个办矿主体中将占有相当地位。

在抓兼并重组和矿井建设的同时，科兴集团确立了以整合资源，优化配置，发挥优势，延伸链条为途径，以把科兴集团打造成为以煤为基、多种经营、结构合理、运行科学的大型旗舰企业集团为目标的发展思路。大力开展招商引智和项目建设工作，以项目为驱动，实现科兴集团的转型、跨越发展。

科兴集团以回报社会，奉献家乡为己任，积极参与社会公益事业，高度重视环境治理与生态建设，先后为高平市公路建设、学校、慈善机构、城市建设、灾区重建等投入资金1.8亿元，有7座矿井先后获得山西省、晋城市绿色矿山、和谐单位等荣誉称号。

“溪涧岂能留得住，终归沧海作巨涛。”科兴集团正如一艘精心锻造之舰，必将在不远的明天，乘风破浪，扬帆远航。

安全生产月宣誓仪式

集团董事长赵启龙（中）总经理李经纬（左一）
在井下检查安全工作

集团办公大楼效果图

高平科兴申家庄煤业有限公司

高平科兴龙马煤业有限公司

高平科兴云泉煤业有限公司

高平科兴牛山煤业有限公司

高平科兴赵庄煤业有限公司

高平科兴米山煤业有限公司

高平科兴平泉煤业有限公司

高平科兴游仙山煤业有限公司

高平科兴龙顶山煤业有限公司

高平科兴南阳煤业有限公司

高平科兴高良煤业有限公司

高平科兴新庄煤业有限公司

山西陵川崇安苏村煤业有限公司

董事长 杨保忠

山西陵川崇安苏村煤业有限公司前身是陵川县苏村煤矿，始建于1958年。公司现有资产总额3.4亿元，职工800余人。地处陵川、高平、长治三县（市）交界的礼义镇。坪曲公路从矿区北侧通过，西距长晋高速公路18公里，南距高新高速公路6公里。矿井井田面积7.74平方公里，煤炭储量4120万吨。

2008年在30万吨改造提升为60万吨机械化矿井的基础上，2009年8月在省煤矿企业兼并整合中被核定为90万吨单独保留矿井，2010年8月经省煤炭工业厅批准联合试运转，当年12月通过综合竣工验收。矿井采用斜、立井混合开拓方式，选用国内先进的一次采全高开采技术和设备，实现了采掘工艺机械化、巷道支护锚网化、运输提升自动化、监测监控网络化、作业环境标准化、经营管理信息化。同时，建成了年入洗能力为20万吨的炭块生产线和年处理能力为20万方的污水设施，投资4700万元建成了年产1亿块煤矸石砖生产线。还集资800余万元建成了建筑面积9400平方米的职工住宅小区，配套完善了职教中心、井口安全文化长廊、图书阅览室和医疗理发等服务设施，矿山呈现出和谐平安、高效发展的新局面。

公司牢固树立“安全求发展，创新无止境”的治矿理念，实现连续十余年无重大伤亡事故。曾先后获得全省“五一”劳动竞赛集体一等功、全省安全生产先进单位、全省“安康杯”竞赛优胜企业、全省矿区造林绿化先进单位、省级一级质量标准化矿井等荣誉称号，同时连续三次获得晋城市模范集体、四度被评为晋城市文明和谐单位。并有3个基层工队分别荣获国家和省级优胜班组、工人先锋号殊荣。董事长杨保忠曾获得全国“五一”劳动奖章和山西省特级劳模等荣誉称号。

安全调度中心

▲让矿工安居乐业的新建住宅小区

◀新建的年产1亿块煤矸石砖厂

◀筒仓

▲综合服务功能配套完善的职工餐厅

▲综采工作面

职工文化长廊

职工自编自演的文艺节目

入井宣誓

公司展览室

山西陵川崇安苏村煤业有限公司

目 录

特 载

文 献

党政工作

国防建设

法　　制

党派群团

经济监管

工　业

财政税务

金融保险

农林水牧

商业贸易

对外开放

建设环保

交通邮电

教育科技

文体卫生

区县概况

大事记

特　　载

晋城市统计局
关于2009年全市国民经济和社会发展的统计公报

2009年，是晋城市经济进入新世纪后发展最为困难的一年。面对严峻复杂的经济形势，市委、市政府果断决策，从容应对，采取了一系列抓生产、促投资、扩内需的积极有效措施，全市经济企稳向好态势不断增强，发展质量稳步提高，民生继续得到改善，各项社会事业全面进步。

综 合

初步核算，全年全市生产总值606.0亿元，比上年增长7.2%。分产业看，第一产业增加值25.1亿元，增长2.3%；第二产业增加值383.7亿元，增长7.6%；第三产业增加值197.2亿元，增长7.0%。第一产业增加值占全市生产总值的比重为4.1%，第二产业增加值比重为63.3%，第三产业增加值比重为32.5%。人均生产总值27108元，增长6.8%，按2009年平均汇率(6.831)计算达到3968美元。

图1 2005—2009年生产总值及其增长速度

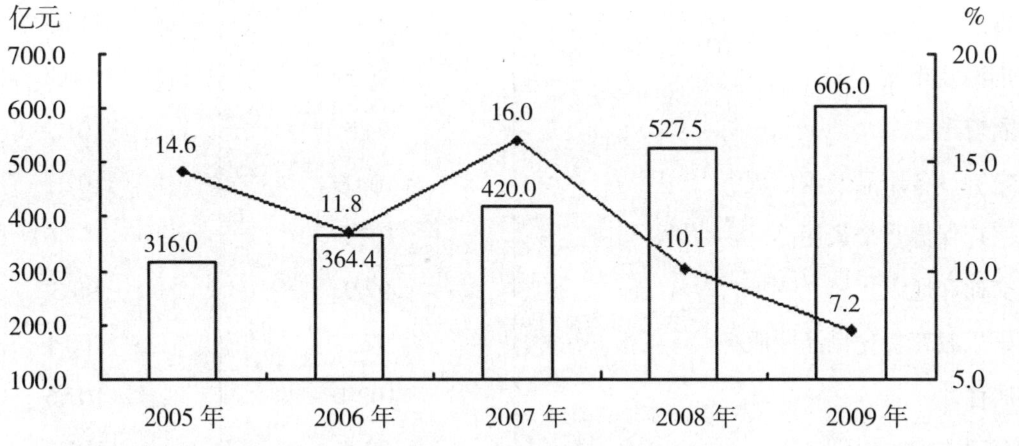

居民消费价格比上年上涨0.3%，其中食品价格上涨3.8%。商品零售价格下降0.9%。工业品出厂价格上涨2.6%，其中生产资料价格上涨2.9%，生活资料价格下降4.4%。原材料、燃料、动力购进价格下降5.6%。

图 2　2005—2009 年居民消费价格涨跌幅度

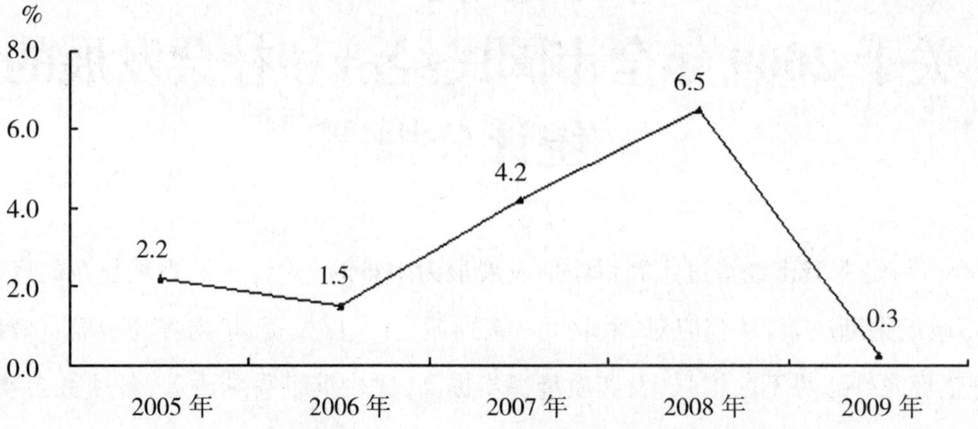

表 1　2008—2009 年价格指数

上年 =100

	2009 年	2008 年
居民消费价格总指数	100.3	106.5
非食品价格指数	98.9	102.1
服务项目价格指数	99.8	102.2
扣除鲜菜鲜果总指数	99.4	106.2
消费品价格指数	100.5	107.9
1.食品	103.8	115.5
2.烟酒及用品	99.5	100.3
3.衣着	94.5	101.2
4.家庭设备用品及维修服务	100.6	102.1
5.医疗保健及个人用品	102.5	103.6
6.交通和通讯	97.9	98.3
7.娱乐教育文化用品及服务	97.3	100.1
8.居住	102.1	107.6
商品零售价格总指数	99.1	106.3
工业品出厂价格指数	102.6	121.6
煤炭	109.4	130.3
纺织	99.9	100.4

	2009 年	2008 年
炼焦	83.9	165.7
冶金	75.8	151.0
电力	106.8	106.6
原材料购进价格指数	94.4	130.8

年末全市从业人员 126.8 万人，比上年增加 3.2 万人。其中城镇从业人员 44.2 万人，农村从业人员 82.6 万人。年末城镇单位从业人员 26.8 万人，比上年增加 1.04 万人，其中，在岗职工人数 26.2 万人，比上年增加 0.9 万人。城镇新增就业岗位 29 994 个，完成年度目标的 122%；下岗再就业 7165 人，完成年度目标的 116%，其中“4050”人员 2101 人，占全年目标 1652 人的 127.2%；年底全市城镇登记失业人员 6970 人，较年初增加 685 人，城镇登记失业率为 2.6%，低于省控目标(4.2%)1.6 个百分点。

全年全市财政总收入 136.1 亿元，比上年增长 20.3%。一般预算收入 48.1 亿元，增长 14.8%，其中，税收收入 37.5 亿元，增长 16.5%，增值税、营业税、资源税、企业所得税和个人所得税五大税种共计完成税收 30.0 亿元，占到税收收入的 80.0%。

图 3　2005—2009 年一般预算收入及其增长速度

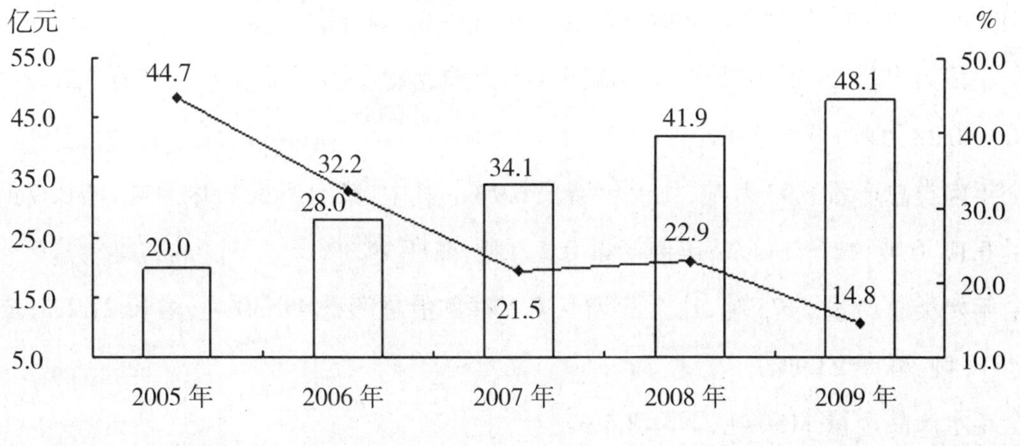

一般预算支出执行 76.5 亿元，比上年增长 20.9%。其中农林水事务支出增长 29.4%，教育支出增长 28.4%，环境保护支出增长 27.4%，科学技术支出增长 24.0%，医疗卫生支出增长 24.5%，文化体育与传媒支出增长 25.5%，社会保障和就业支出增长 28.1%。

农　业

全年粮食种植面积 201.64 千公顷，比上年减少 2.3 千公顷；棉花种植面积 0.3 千公顷，减少 0.16 千公顷;油料种植面积 3.62 千公顷,减少 0.68 千公顷;药材种植面积 1.1 千公顷,减少 0.08 千公顷;蔬菜种植面积 5.19 千公顷,减少 0.36 千公顷;果园面积 3.80 千公顷,增加 0.2 千公顷。

全年粮食产量 70 万吨,比上年减少 16.45 万吨,减产 19.0%;其中,夏粮产量 22.03 万吨,减产 9.0%;秋粮产量 47.98 万吨,减产 22.9%。

图 4　2005—2009 年粮食产量及其增长速度

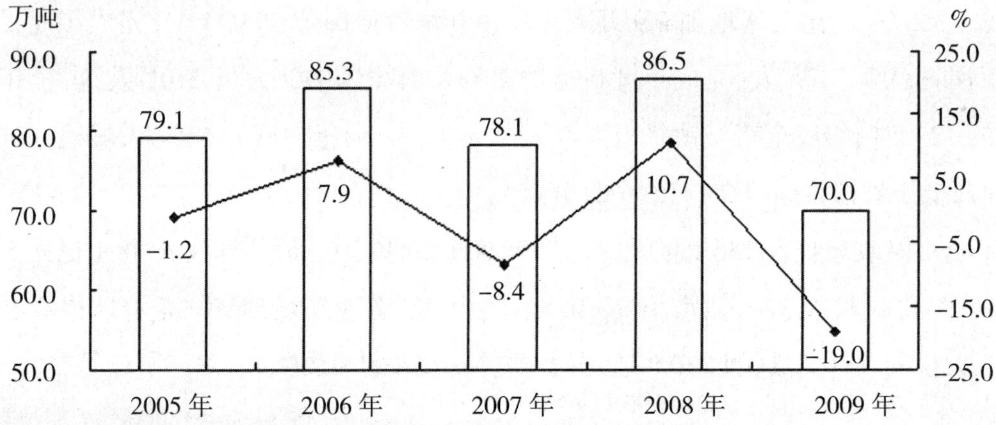

全年棉花产量 184 吨,比上年减少 222 吨,减产 54.7%;油料产量 4779 吨,比上年减少 2279 吨,减产 32.3%;药材产量 4908 吨,比上年减少 37 吨,减产 0.8%。

全年蔬菜产量 25.78 万吨,比上年减少 0.8 万吨,减产 3.0%;全年水果产量 5.26 万吨,比上年减少 0.28 万吨,减产 5.0%。

全年肉类总产量 8.93 万吨,比上年增长 6.9%。其中,猪肉产量 7.98 万吨,增长 7.4%;牛肉产量 0.17 万吨,减产 14.8%;羊肉产量 0.3 万吨,减产 14.3%。

全年奶类总产量 5175 吨,比上年增长 0.2%;禽蛋总产量 47530 吨,增长 21.2%;蚕茧总产量 4010 吨,减产 23.9%。

全年水产品产量 1150 吨,下降 3.4%。

全年木材产量 4564 立方米,下降 8.8%。

工业和建筑业

全年全部工业增加值 367.5 亿元,比上年增长 7.2%。规模以上工业增加值 353.3 亿元,增长 9.8%,其中国有控股企业增长 11.6%,集体企业下降 8.2%,股份制企业增长 11.0%,外商及港澳台商投资企业增长 15.1%,其他经济类型下降 3.2%。分轻重工业看,轻工业增长

11.5%，重工业增长 9.8%。

图 5 2005—2009 年规模以上工业增加值及其增长速度

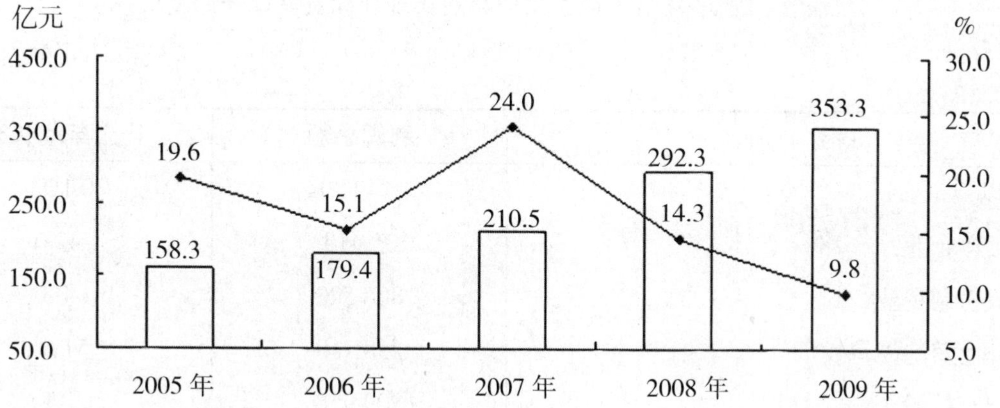

表 2 2009 年规模以上工业主要产品产量及其增长速度

产品名称	产量	比上年增长%
原煤(万吨)	8175	10.4
洗煤(万吨)	2233	9.5
发电量(亿千瓦时)	198	2.3
软饮料(吨)	73494	7.3
纱(吨)	3492	-6.9
布(万米)	647	20.0
生丝(吨)	171	79.1
服装(万件)	229	-14.0
焦炭(万吨)	76	-4.7
化肥实物量(万吨)	453	10.1
碳化钙(吨)	34 144	-14.1
合成氨(万吨)	277	10.0
农用化肥(折纯,万吨)	210	10.0
精甲醇(万吨)	22	-27.8
水泥(万吨)	125	11.2
日用玻璃制品(吨)	7310	-39.6
日用陶瓷(万件)	3009	-4.3
生铁(万吨)	256	181.6
钢材(万吨)	123	189.7

全年规模以上工业企业累计实现主营业务收入 713.4 亿元,比上年增长 13.2%;实现利税 180.5 亿元,比上年增长 7.7%;实现利润 114.9 亿元,比上年增长 0.1%。

表 3 2009 年规模以上工业企业实现利润及其增长速度

单位:万元

指　　标	利润总额	比上年增长%
规模以上工业	1 149 394	0.1%
#集体企业	35 412	-42.0
股份制企业	808 520	-4.8
外商及港澳台投资	258 718	51.6
#国有控股企业	809 958	23.1
#非公有制工业	221 882	-3.1

全年全社会建筑业实现增加值 16.2 亿元,比上年增长 18.5%。具有资质等级的总承包和专业承包建筑业企业总产值 30.98 亿元,比上年增长 31.7%。

固定资产投资

全年全社会固定资产投资 366.6 亿元,比上年增长 37.0%。从城乡看,城镇投资 329.3 亿元,增长 37.7 %;农村投资 37.3 亿元,增长 31.7%。从产业看,第一产业投资 9.7 亿元,增长 124.1%;第二产业投资 187.6 亿元,增长 8.0%;第三产业投资 169.3 亿元,增长 89.3 %。从登记注册类型看,国有投资 189.1 亿元,增长 55.7%;非国有投资 177.5 亿元,增长 21.5%。

图 6 2005—2009 年固定资产投资及其增长速度

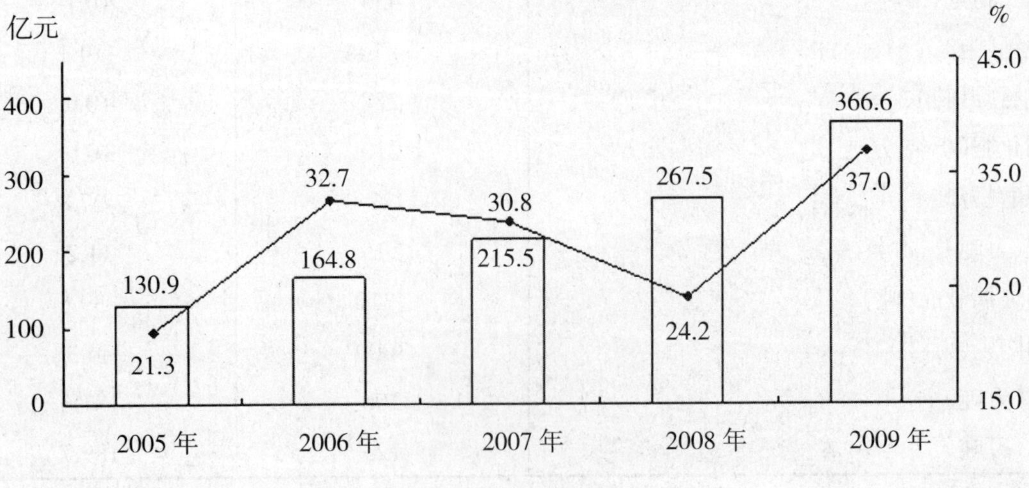

表 4 2009 年分行业固定资产投资及其增长速度

单位:万元

行 业	投资额	比上年增长%
总 计	3 666 119	37.0
农、林、牧、渔业	96 510	124.1
采矿业	1 061 962	22.3
制造业	443 051	-23.5
# 化学原料及化学制品制造业	35 343	-79.6
非金属矿物制品业	138 883	76.2
黑色金属冶炼及压延加工业	31 767	-56.3
交通运输设备制造业	14 360	75.1
电力、燃气及水的生产和供应业	370 523	27.5
建筑业	580	
交通运输、仓储和邮政业	569 395	163.9
信息传输、计算机服务和软件业	1835	
批发和零售业	30 054	19.2
住宿和餐饮业	33 961	428.8
房地产业	519 581	86.3
租赁和商务服务业	8200	46.4
科学研究、技术服务和地质勘查业	1335	-78.1
水利、环境和公共设施管理业	405 705	67.8
居民服务和其他服务业	3546	47.8
教 育	84 936	149.1
卫生、社会保障和社会福利业	8826	-37.4
文化、体育和娱乐业	12 029	-8.5
公共管理和社会组织	14 090	-72.5

全年房地产开发投资 26.5 亿元,比上年增长 79.3%。其中商品住宅投资 22.1 亿元,增长 102.3%。

表5　2009年房地产和销售主要指标完成情况

指　　标	单　位	绝对数	比上年增长%
房屋施工面积	平方米	2 882 941	26.2
#新开工面积	平方米	1 249 391	41.6
房屋竣工面积	平方米	515 578	96.9
竣工房屋价值	万元	115 437	327.2
商品房销售面积	平方米	606 486	60.9
#住　宅	平方米	578 935	59.1
商品房销售额	万元	166 552	53.4
#住　宅	万元	152 937	55.8

能　源

全年全市一次能源生产折标准煤6169.44万吨,比上年下降0.2%;二次能源生产折标准煤317.84万吨,增长0.2%。

全年全市向外运输煤炭8616万吨,比上年下降4.7%;输送电力178.43亿千瓦小时,下降1.7%,外输电量占发电量的比重为89.9%。

城镇投资中，能源工业投资完成147.07亿元，比上年增长15.4%。其中煤炭工业投资93.69亿元,增长10.2%,一批高产、高效矿井建成投产;煤层气产业投资12.38亿元,增长6.09倍;电力工业投资37.05亿元,增长27.5%。

国内贸易

全年社会消费品零售总额182.3亿元,比上年增长21.4%。分地域看,市的消费品零售额124.0亿元,增长21.2%;县及县以下消费品零售额58.2亿元,增长21.8%。分行业看,批发和零售业零售额136.11亿元,增长18.0%;住宿和餐饮业零售额30.5亿元,增长27.9%;其他行业零售额15.6亿元,增长43.9%。

图 7　2005—2009 年社会消费品零售总额及其增长速度

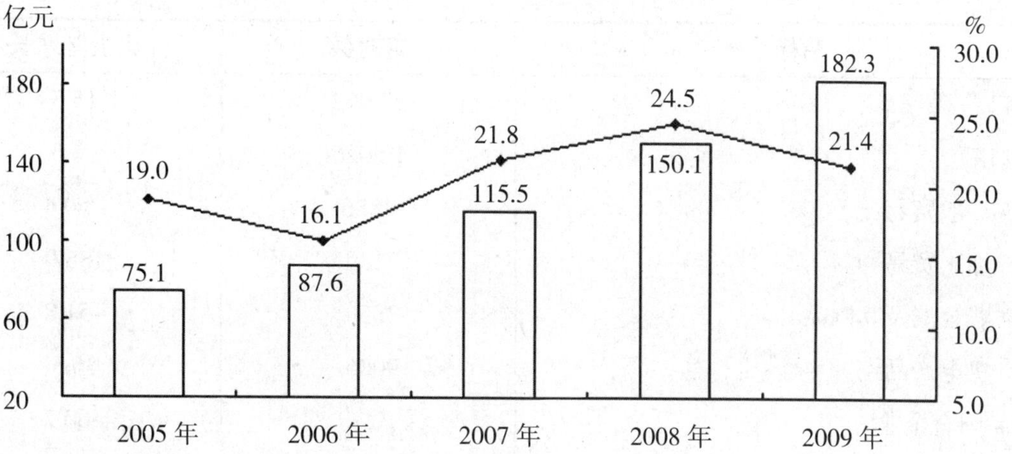

在限额以上批发和零售业零售额中，化妆品类零售额比上年下降 33.0%，食品、饮料、烟酒类下降 11.0%，金银珠宝类增长 32.0%，服装鞋帽、针、纺织类增长 9.7%，日用品类下降 5.8%，汽车类增长 7.5%，石油及制品类增长 18.3%，家用电器和音像器材类增长 7.5%，文化办公用品类下降 25.3%，通讯器材类增长 48.0%，家具类增长 863.3%。

对外经济

全年海关进出口总额 23962 万美元，比上年增长 15.5%。其中，出口 12 025 万美元，下降 6.6%；进口 11 936 万美元，增长 51.7%。

图 8　2005—2009 年海关进出口总额及其增长速度

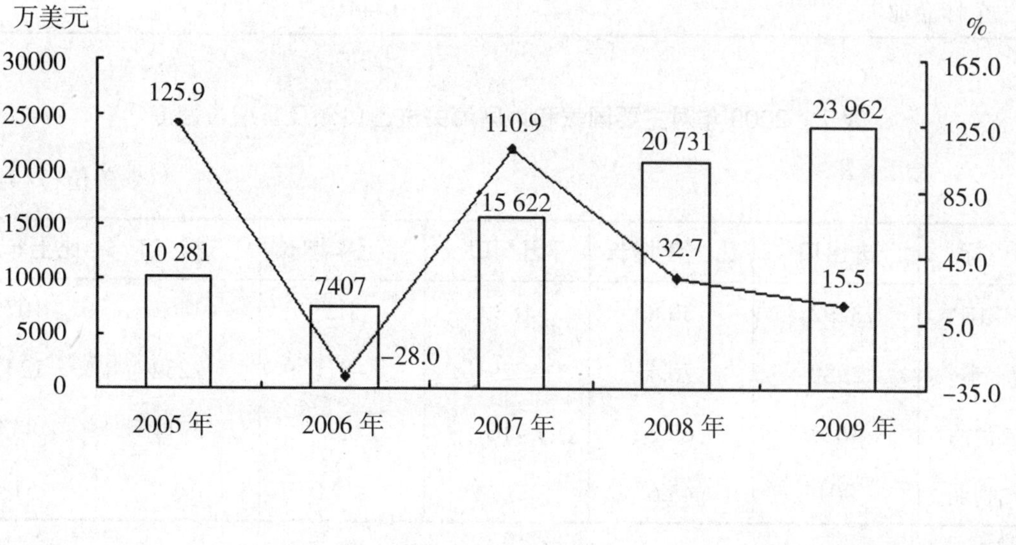

表6 2009年海关进出口总额及其增长速度

单位:万美元、%

指标	绝对数	比上年增长
进出口总额	23 962	15.5
出口额	12 026	-6.6
#一般贸易	4886	-50.4
加工贸易	7139	136.0
#贱金属及其制品	2856	-51.8
机电产品	9006	36.5
#国有企业	327	-60.7
外商独资企业	179	-93.6
集体企业	651	-65.7
个体企业	3219	-51.8
进口额	11 936	51.7
#一般贸易	5944	71.7
加工贸易	5560	113.3
#贱金属及其制品	92	51.8
机电产品	11 059	59.4
#国有企业	255	-66.0
外商独资企业	4	-99.9
集体企业	4	-91.4
个体企业	1744	-8.0

表7 2009年对主要国家和地区海关进出口额及其增长速度

单位:万美元、%

指标	进出口	比上年增长	出口	比上年增长	进口	比上年增长
美国	3292	30.8	1839	1.2	1453	107.4
日本	2980	70.4	729	-2.5	2252	124.8
中国台湾	3627	65.2	716	17.1	2911	83.8
澳大利亚	901	45.6	32	-29.0	869	51.4

指　标	进出口	比上年增长	出　口	比上年增长	进　口	比上年增长
中国香港	2068	-37.4	1910	-34.8	158	-57.5
韩　国	2391	98.1	1712	59.7	679	403.2
意大利	388	-65.1	75	-57.6	313	-66.5
德　国	1483	188.5	128	-33.0	1355	319.6
印　度	597	165.4	597	546.8		
英　国	147	-27.8	142	7.2	5	-92.8
泰　国	32	325.5	3	5328.6	29	287.1
荷　兰	38	-95.9	36	-70.8	2	-99.7

全市外来直接投资额42.3亿元，比上年下降19.6%。全年新批外商直接投资企业1家。外商直接投资合同额1572万美元，比上年下降58.3%；实际使用外商直接投资金额8539万美元，比上年下降72.0%。

交通、邮电和旅游

全年交通运输、仓储和邮政业增加值49.9亿元，比上年增长6.9%。公路通车里程7712公里，其中，高速路通车里程161公里。

表8　2009年交通客货运量完成情况

指标	单位	绝对数	比上年增长%
公路客运量	万人	2485	-5.2
公路货运量	万吨	2803	-4.1
公路客货周转量	万吨公里	241 900	6.8

年末全市民用汽车保有量达到16.6万辆（包括三轮汽车和低速货车），比上年末增长16.4%，其中私人汽车保有量12.6万辆，增长19.4%。民用轿车保有量6.98万辆，增长31.2%，其中私人轿车5.8万辆，增长34.9%。

全年全市完成邮电业务总量35.7亿元，比上年增长36.3%。其中，邮政业务总量2.05亿元，电信业务总量33.7亿元。局用交换机总容量达到54万门。固定电话用户年末达到42.6万户。其中，城市电话用户19万户，农村电话用户23.6万户。移动电话用户年末达到123万户。年末全市每百人电话(固定＋移动)拥有数达73.96部。全市因特网宽带接入户达到14.8万户，增长26.3%。

图 9　2005—2009 年末电话用户数

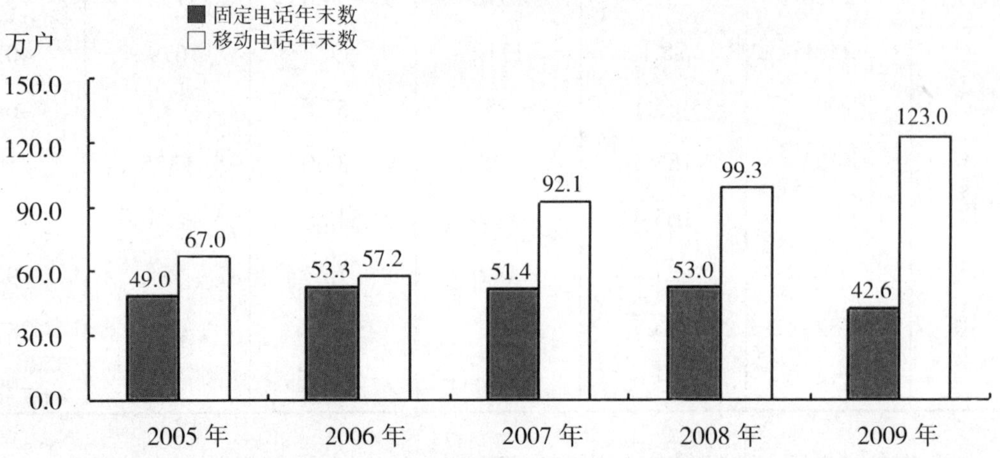

全年全市接待入境旅游者 4.2 万人次，比上年增长 12.1%；接待国内旅游者 875.9 万人次，增长 12.7%。实现旅游总收入 63.7 亿元，增长 12.3%，其中，旅游外汇收入 1604.5 万美元，增长 78.4%；国内旅游收入 63.0 亿元，增长 12.2%。

金　融

年末全市金融机构本外币各项存款余额 1108.6 亿元，比年初增加 148.9 亿元，增长 15.5%。其中，人民币各项存款余额 1107.0 亿元，比年初增加 149.0 亿元，增长 15.6%。各项贷款余额 427.9 亿元，比年初增加 51.1 亿元，增长 13.5%。其中，人民币各项贷款余额 427.2 亿元，比年初增加 50.4 亿元，增长 13.4%；全年累计现金收入 1290.2 亿元，累计现金支出 1310.5 亿元，货币净投放 20.3 亿元，比上年多投放 28.9 亿元。

表 9　2009 年全市金融机构本外币存贷款及其增长速度

单位：亿元、%

指　标	年末数	比上年增长
各项存款余额	1108.6	15.5
企事业单位存款	359.9	12.7
城乡居民储蓄存款	544.6	13.0
# 人民币	543.9	13.0
各项贷款余额	427.9	13.5
短期贷款	216.0	4.5
中长期贷款	169.6	18.1

图 10　2005—2009 年城乡居民人民币储蓄存款及其增长速度

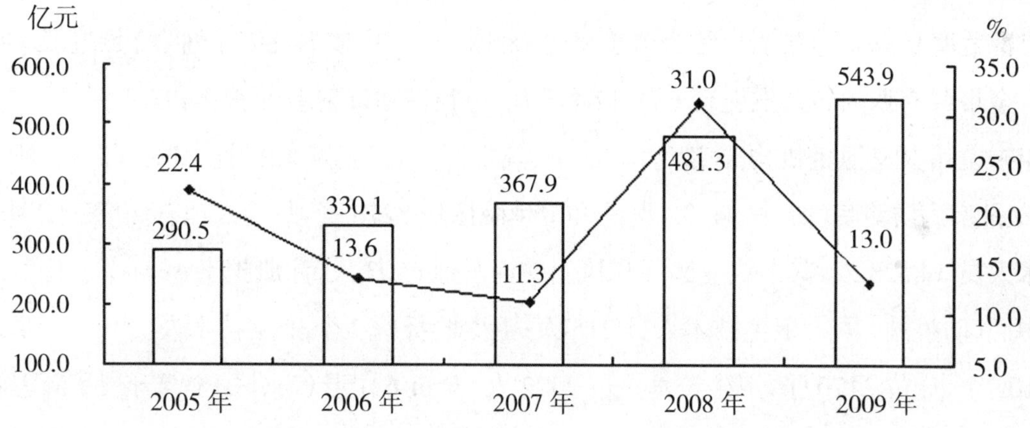

全年全市保费收入 22.9 亿元，比上年增长 16.8%。其中，财产险保费收入 5.7 亿元，增长 12.3%；人身险保费收入 17.2 亿元，增长 18.4%。全年支付各类赔款及给付 5.2 亿元，下降 2.3%。其中，人身险给付支出 2.6 亿元，下降 14.0%；财产险赔款支出 2.6 亿元，增长 12.6%。

截至年底，全市共有证券营业部 3 家，从业人员 53 人。年末客户开户数 60 902 户，年末客户累计存入资金 6.56 亿元，比年初下降 58.8%；全年营业收入 11 649 万元，增长 58.1%，营业支出 3214 万元，增长 26.1%。

教育和科学技术

年末全市共有各级各类学校 1138 所，比上年减少 201 所。在各类学校中，有高等学校 2 所、中专 2 所、普通中学 165 所、职业中学 20 所、小学 939 所、聋哑学校 4 所、幼儿园 507 所。年末全市共有各级各类在校学生人数 39 万人，比上年末减少 6850 人；全年各级各类学校招生数 9.6 万人，比上年增加 571 人；毕业生数 10.1 万人，比上年增加 1398 人；年末全市教职工人数 3.73 万人，比上年末增加 77 人；小学学龄儿童入学率 100%，小学升学率 99.98%，比上年增加 0.17 个百分点。

全市科技三项经费支出 8029.5 万元，比上年增长 16.4%。全年组织实施各类科技项目 143 项（其中国家级 4 项、省级 25 项、市级 114 项）。在国家级项目中，列入国家级火炬计划 2 项、星火计划 2 项；在省级项目中，列入省级火炬计划 3 项、科技发展计划 2 项、星火计划 4 项、农业攻关 2 项、成果推广 9 项、工业攻关 3 项、软科学及基础平台建设 2 项。全年共受理各项专利申请 621 件，比上年增长 173.6%。每 10 万人专利申请 28 件。

文化、卫生和体育

年末全市共有艺术表演团体 12 个，新创作首演剧目 9 个；演出场次 2310 场，演出收入

740万元;全市共有艺术表演场馆6个,群众艺术馆、文化馆7个,公共图书馆6个,总藏量27.2万册。博物馆8个、广播电台1座、电视台2座。广播综合覆盖人口218.1万人,广播综合人口覆盖率97.4%,电视人口综合覆盖率达98.5%。全市广播电视传输网络干线总长19 950公里。全市共有调频转播发射台6座12.4千瓦,电视转播发射台6座24.97千瓦。

年末全市共有卫生机构(含诊所)1982个,其中医院、卫生院185个,妇幼保健院(所、站)7个,专科疾病防治院(所、站)4个。医院和卫生院床位8278张,每千人拥有病床3.92张。卫生技术人员14 338人,其中执业医师和执业助理医师6503人,注册护士3931人。疾病预防控制中心(防疫站)7个,卫生技术人员215人;卫生监督所7个,卫生技术人员98人;乡镇卫生院105个,床位2170张,卫生技术人员2522人。全市6个县(市、区)全部开展了新型农村合作医疗试点工作,新型农村合作医疗参合率95.31%,比上年同期增加0.73个百分点。

全年全市共举办各级各类运动会178次,参加运动会运动员人数6.6万人。运动员在省级以上重大比赛中获金、银、铜牌分别为28枚、32枚、38枚。全民健身活动更加形式多样,据不完全统计,全年全市体育锻炼标准达标人数达33.65万人,其中优秀级8200人。本年批准的等级运动员42人,批准的等级裁判员35人。

人口、人民生活和社会保障

年末全市常住总人口为223.91万人。全年出生人口20479人,出生率为9.16‰;死亡人口13 638人,死亡率为6.10‰;自然增长率为3.06‰。男女人口性别比为100.42%。

全年城镇居民人均可支配收入15 161元,比上年增长7.2%;人均消费性支出9470元,增长2.7%。农村居民人均纯收入5255元,比上年增长8.2%;人均生活消费支出3651元,增长7.9%。城镇占调查总户数20%的低收入家庭人均可支配收入5808元,增长8.4%;农村占人口20%的低收入者收入2768元,增长9.2%。城镇居民家庭恩格尔系数(即居民家庭食品消费支出占家庭消费支出的比重)为30.34%,农村居民家庭恩格尔系数为37.41%。截至2009年末,全市农村贫困人口为4.7万人,比上年减少1.1万人。城镇单位在岗职工平均工资34 200元,比上年增长10.3%。

表10　2009年末常住人口数及其构成

单位:人、‰

指　　标	年末数	比　重
总人口	2239120	100.0
#出生人口	20479	
死亡人口	13638	

指 标	年末数	比 重
# 城镇人口	1 053 058	47.0
乡村人口	1 186 062	53.0
# 男性	1 121 922	50.1
女性	1 117 198	49.9
男女人口性别比	100.42	
出生率	9.16	
死亡率	6.10	
自增率	3.06	

图 11　2005—2009 年城镇居民人均可支配收入及其增长速度

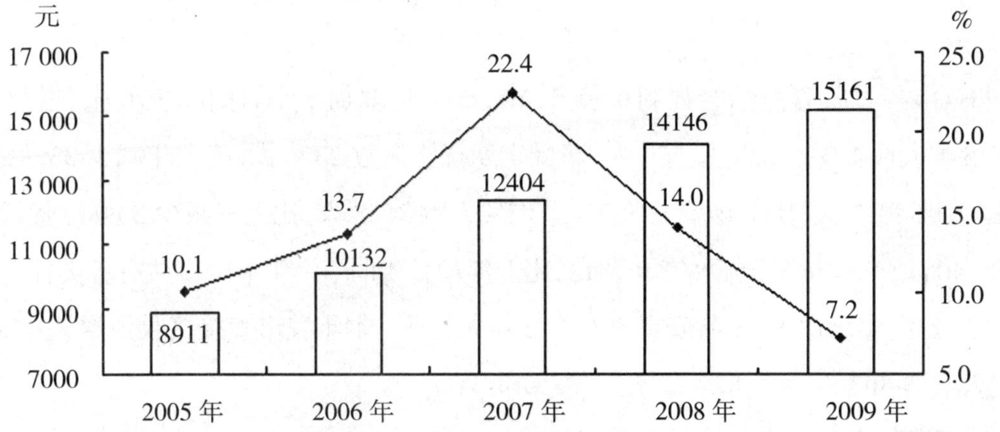

图 12　2005—2009 年农村居民人均纯收入及其增长速度

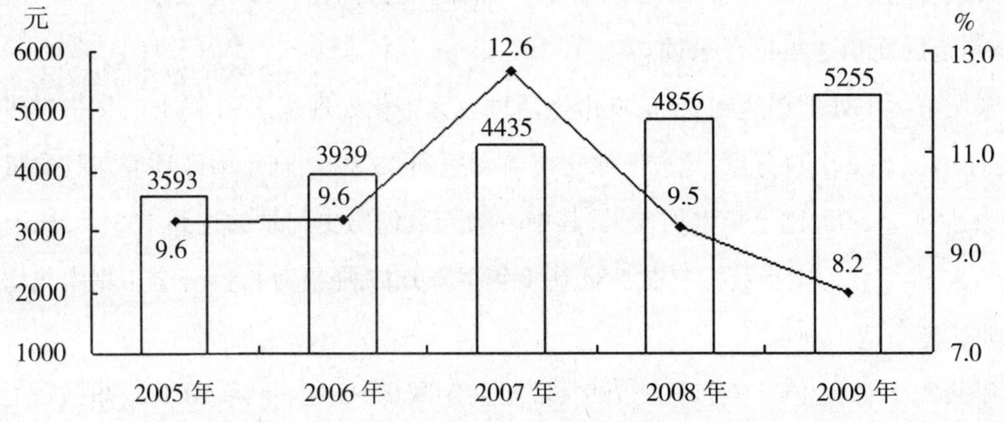

年末全市企业养老保险参保 148 058 人,占省下达任务的 101.7%,比上年增长 4%。企业退休人员纳入社区管理人数达 26 152 人,纳入社区管理服务率达 78.8%,超年目标 3.8 个百分点;机关事业养老保险参保 53 125 人,占年目标的 105.4%,增长 3.3%。为 5941 名机关事业离退休人员发放养老金 13 816 万元，按时足额发放率为 100%；医疗保险参保 467157 人,占省下达任务的 119.8%;失业保险参保 196663 人,占省下达任务的 102.6%,较上年增加 305 人。为 3430 名失业人员发放失业保险金 1441 万元；工伤保险参保 172511 人,占省下达任务的 101.5%,增长 5.4%,为 1488 名伤残职工、84 名工亡职工和 356 名符合供养条件的供养家属支付工伤保险待遇 3182 万元，支付率为 100%；女工生育保险参保 110671 人,占年目标的 110.7%,增长 35.9%;农村养老保险参保 758647 人,占省下达目标的 127.0%,增长 1.67 倍。

全年共有 31888 个城镇居民得到政府最低生活保障，比上年减少 1305 人，保障户数 14 679 户,比上年减少 369 户;有 77 969 个农村居民得到政府最低生活保障,比上年增加 14 049 人。

年末全市各类收养性社会福利单位 53 个,比上年增加 7 个,床位 2976 张,增加 1387 张。收养各类人员 1719 人,增加 579 人。享受定期抚恤人数 2326 人,比上年减少 33 人;享受定期补助人数 8017 人,比上年增加 583 人。伤残人数 3658 人,比上年减少 33 人。优待优抚对象户数 4064 户,优待总金额 577.9 万元,比上年增长 14.1%。年末全市共有各类社会福利企业 47 个,比上年增加 1 个,共安置 860 个残疾人就业。本年我市直接接收捐赠款 476.5 万元,受益人数 24803 人。

资源、环境和安全生产

年末耕地保有量为 307.1 万亩,比上年增长 6.6%。完成造林合格面积 14.7 万亩,完成年度计划的 100%。

全市共有国家、省级自然保护区 4 个，自然保护区面积 1277.1 千公顷；生态示范区 2 个,生态示范区面积达 4.43 千公顷。

年末城市污水处理率达到 95%;城市生活垃圾无害化处理率达到 93.1%;集中供热普及率达到 81%,提高 2 个百分点;建成区绿化覆盖率达到 45.8%。全年市区环境空气质量二级以上天数达到 352 天,比上年增加 5 天,其中一级天数创历史纪录的达到 103 天,比上年增加 27 天。空气综合污染指数控制在 1.84,比上年下降 0.17,降幅为 8.5%。全市集中式饮用水源地水质达标率达 100%。

全年共发生各类生产安全事故 799 起,比上年减少 93 起,下降 10.4%;事故死亡 229

人，同比减少22人，下降8.8%。亿元GDP安全生产死亡0.38人，低于省控指标的17.4%，比上年下降21%。全市地方煤矿发生安全生产事故7起，同比减少2起，死亡9人，同比减少15人，为省、市控制指标26人的34.6%；煤炭生产百万吨死亡率为0.11人，同比下降89%，为省、市控制指标的11%。全年共发生道路交通事故655起，造成213人死亡、720人受伤，直接财产损失228万元。

晋城市统计局
关于 2010 年全市国民经济和社会发展的
统计公报

2010 年,面对极为复杂的内外部经济环境和各种重大挑战,全市上下深入贯彻落实科学发展观,加快转变经济发展方式,有效巩固和扩大了应对国际金融危机冲击成果,国民经济持续保持平稳健康增长态势,民生继续得到改善,各项社会事业取得新发展。

一、综　合

经济增长:2010 年,全市生产总值 730.5 亿元,比上年增长 13.7%。其中,第一产业增加值 30.7 亿元,增长 13.7%;第二产业增加值 464.6 亿元,增长 15.6%;第三产业增加值 235.2 亿元,增长 10.5%。第三产业中,金融保险业增加值 26.9 亿元,增长 11.0%;交通运输、仓储和邮政业增加值 56.3 亿元,增长 8.1%;批发和零售业增加值 38.5 亿元,增长 12.4%;房地产业增加值 13.4 亿元,增长 10.2%。第一、第二和第三产业增加值占全市生产总值的比重分别为 4.2%、63.6%和 32.2%。

图 1　“十一五”期间全市生产总值

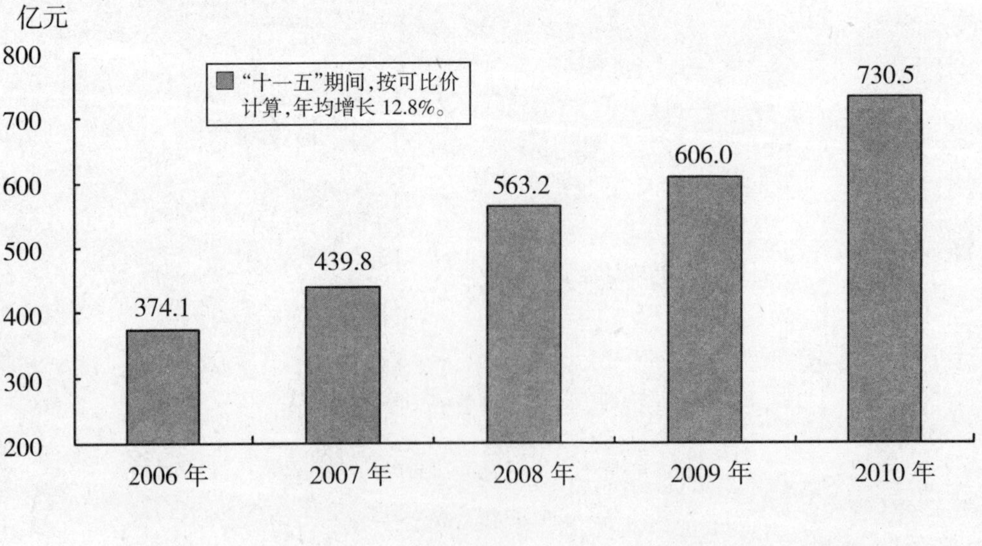

价格：居民消费价格比上年上涨2.5%，其中食品价格上涨8.7%。商品零售价格上涨1.8%。工业品出厂价格上涨6.4%，其中生产资料价格上涨6.4%，生活资料价格上涨6.8%。原材料、燃料、动力购进价格上涨11.1%。

表1 "十一五"期间主要价格指数

上年=100

价格种类	2006	2007	2008	2009	2010
居民消费价格	101.5	104.2	106.5	100.3	102.5
工业品出厂价格	102.8	104.6	121.6	102.6	106.4
原材料、燃料、动力购进价格	102.6	112.6	130.8	94.4	111.1

就业：年末全市新增城镇就业岗位4.25万个，占省政府下达年度目标（2.38万个）的178.6%。农村剩余劳动力输出与就地转移2.15万人，占省下达年度目标（1.83万人）的117.5%。下岗失业人员再就业5775人，占全年目标(5500人)的105%，其中就业困难人员再就业1677人，占全年目标(1379人)的121.6%。组织开展各类技能培训4.05万人次。完成创业培训3870人，占全年目标(2100人)的184.3%。举办各类大中专毕业生和劳动力专场招聘会150余场，提供就业岗位5万多个，接待各类求职人员近20万人次，通过洽谈会求职成功2.8万人，通过网络应聘就业5600余人。年末城镇登记失业率2.4%，低于省控目标(4.2%)1.8个百分点。

二、农　业

种植面积：全年全市农作物种植面积218.2千公顷，比上年增长2.9%。其中，粮食种植面积207.5千公顷，增长2.9%；油料种植面积3.9千公顷，增长8.3%；棉花种植面积0.3千公顷，减少6.7%。在粮食种植面积中，玉米种植面积84.5千公顷，增长1.4%；小麦种植面积66.7千公顷，增长4.5%。

粮食产量：全年粮食总产量91.5万吨，比上年增产30.7%。其中，玉米53.1万吨，增产36.9%；小麦24.6万吨，增产11.8%。

表2 2010年主要农产品产量及其增长速度

单位:万吨、%

产品名称	产量	比上年增长
粮食	91.5	30.7
其中:夏粮	24.6	11.8
秋粮	66.9	39.3
油料	0.7	36.7
棉花	0.02	23.9
蔬菜	28.4	10.1
园林水果	5.7	9.3

畜禽及水产品产量:全年全市猪牛羊肉总产量9.5万吨,比上年增长12.0%。其中,猪肉产量8.8万吨,增长10.9%;牛肉产量0.1万吨,下降17.9%;羊肉产量0.5万吨,增长56.7%。牛奶产量0.3万吨,下降34.1%。禽蛋产量3.5万吨,减少26.2%。水产品产量0.1万吨,增长7.4%。

林业生产:年末全市森林面积336.3千公顷,森林覆盖率达35.7%。全年木材产量0.3万立方米,比上年减少42.8%。全年完成造林7.2千公顷,比上年增长21.6%。退耕还林工程完成配套荒山荒地造林面积2.2千公顷。全年完成天然林资源保护工程造林面积0.7千公顷,比上年下降37.6%。

农业机械:年末全市农业机械总动力225.3万千瓦,比上年末增长6.1%。机械耕地面积155.8千公顷,机械播种面积121.7千公顷,机械收获面积83.4千公顷,分别比上年增长8.0%、11.6%和22.8%。全市农机化经营总收入达到13.7亿元,同比增长11.1%。

三、工业和建筑业

工业:全年全部工业增加值443.9亿元,比上年增长15.6%,在二产中所占比重为95.5%,比上年增加0.2个百分点。其中,规模以上工业企业完成工业增加值435.7亿元,比上年增长19.3%。

图 2 “十一五”期间全部工业增加值

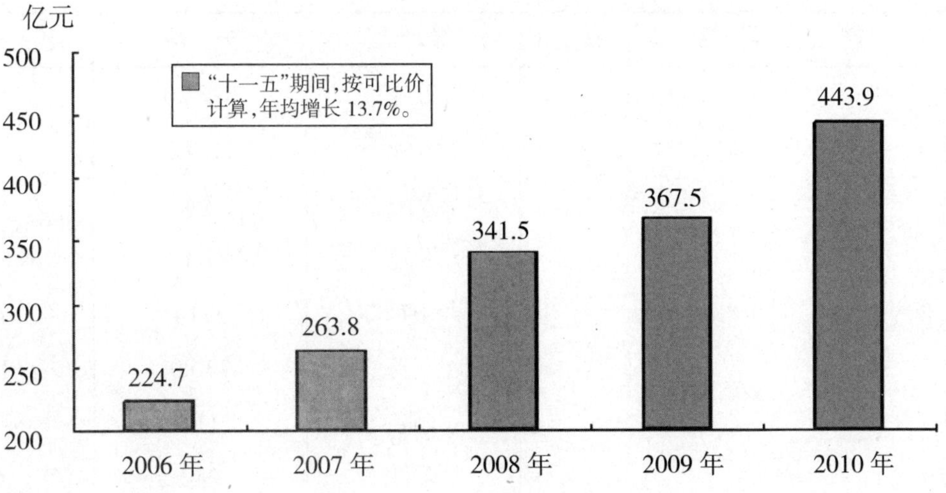

表 3 2010 年规模以上工业增加值及其增长速度

单位:亿元、%

指标	增加值	比上年增长
规模以上工业	435.7	19.3
其中:轻工业	4.2	24.9
重工业	431.5	19.2
其中:国有控股企业	291.0	16.8
其中:集体企业	13.8	20.9
股份制企业	331.9	17.3
外商及港澳台投资企业	60.7	23.2
其中:非公有制经济	76.9	23.8

规模以上工业企业原煤产量 8434 万吨,比上年增长 14.6%;焦炭产量 84.15 万吨,增长 10.5%;钢材 151.74 万吨,增长 23.2%。

表4　2010年规模以上工业主要工业产品产量及其增长速度

产品名称	单位	产量	比上年增长%
原　煤	万吨	8434.0	14.6
洗　煤	万吨	2157.0	1.5
软饮料	万吨	8.4	11.8
液体乳	万吨	1.4	28.4
纱	吨	3714	6.4
布	万米	736.0	13.8
生　丝	吨	115	–32.7
服　装	万件	242	6.0
焦　炭	万吨	84.2	10.5
其中:机焦	万吨	84.2	10.5
化肥实物量	万吨	370.6	–18.2
合成氨	万吨	232.8	–16.0
精甲醇	万吨	40.3	78.5
水　泥	万吨	142.8	14.0
日用玻璃制品	吨	8408	15.0
日用陶瓷	万件	3014.0	0.2
化肥(折100%)	万吨	172.1	–18.1
水　泥	万吨	142.8	14.0
生　铁	万吨	226.4	–11.6
粗　钢	万吨	168.7	–12.2
钢　材	万吨	151.7	23.2
发电量	亿千瓦小时	203.5	0.7

规模以上工业主营业务收入1000.1亿元,比上年增长39.1%。其中,四大传统支柱产业实现主营业务收入869.2亿元,增长36.7%,煤、化、冶、电分别实现主营业务收入625.7亿元、90.6亿元、86.8亿元和66.2亿元,分别增长55.0%、–4.5%、20.9%和1.4%。新兴产业中,装备制造业实现主营业务收入63.7亿元,比上年增长79.9%;石油和天然气开采业实现25.1亿元,增长64.3%;石油加工、炼焦及核燃料加工业实现14.3亿元,增长25.3%;食品饮料及加工业实现10.3亿元,增长52.4%。

规模以上工业实现利税 218.9 亿元，比上年增长 22.0%；实现利润 141.6 亿元，增长 24.7%；亏损企业亏损额 12.4 亿元，增长 33.9%。

表 5　2010 年规模以上工业企业利润总额及其增长速度

单位：亿元、%

指　标	利润总额	比上年增长
规模以上工业	141.6	24.7
其中：国有控股企业	92.7	12.6
其中：集体企业	3.4	37.2
股份制企业	103.6	24.6
外商及港澳台投资企业	29.3	12.2
其中：非公有制经济	31.1	47.6

建筑业：全年全市建筑业实现增加值 20.8 亿元，比上年增长 15.2%。年末全市具有资质等级的总承包和专业承包建筑业企业共有 71 家，完成总产值 34.0 亿元，比上年增长 9.8%；房屋建筑施工面积 181.5 万平方米，比上年增长 5.4%；签订的合同额为 47.8 亿元，比上年增长 28.5%；实现利润总额 1.6 亿元，增长 21.1%；上缴税金 1.1 亿元，增长 12.4%。

四、固定资产投资

固定资产投资：全年固定资产投资 432.6 亿元，比上年增长 22.2%。按城乡分，城镇投资 389.3 亿元，增长 23%；农村投资 43.3 亿元，增长 15.4%。按产业分，第一产业投资 13.2 亿元，增长 33.4%；第二产业投资 210.6 亿元，增长 12.5%；第三产业投资 208.8 亿元，增长 33.1%。按登记注册类型分，国有投资 179.5 亿元，增长 1.7%；非国有投资 253.1 亿元，增长 42.6%。

图 3 "十一五"期间固定资产投资

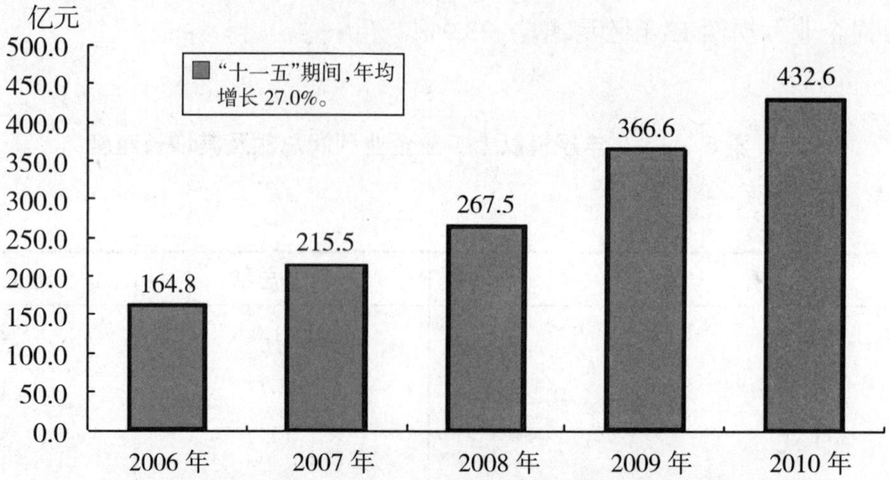

表 6 2010 年分行业城镇固定资产投资及其增长速度

单位:亿元

行业	投资额	比上年增长%
总计	389.3	23.0
农、林、牧、渔业	8.3	72.1
采矿业	90.0	-14.1
制造业	59.1	71.8
电力、燃气及水的生产和供应业	53.1	48.1
建筑业	-	-
交通运输、仓储和邮政业	58.5	48.0
信息传输、计算机服务和软件业	0.8	316.7
批发和零售业	5.0	66.1
住宿和餐饮业	4.4	30.7
金融业	0.5	-
房地产业	67.5	32.6
租赁和商务服务业	0.4	-49.0
科学研究、技术服务和地质勘查业	0.4	340.1
水利、环境和公共设施管理业	18.1	-36.6
居民服务和其他服务业	1.2	277.8
教育	15.6	118.9
卫生、社会保障和社会福利业	1.8	132.8
文化、体育和娱乐业	2.6	252.8
公共管理和社会组织	2.2	78.4

城镇固定资产投资建成投产项目 779 个，项目建成投产率为 59.9%，新增固定资产 217.4 亿元。

房地产开发：全年房地产开发投资 32.4 亿元，比上年增长 21.9%。按工程用途分，住宅投资 27 亿元，增长 22.2%；商业营业用房投资 3.2 亿元，增长 14.5%。

表 7　2010 年全市房地产开发和销售主要指标完成情况

指　　标	单　位	绝对数	比上年增长%
投资完成额	亿元	32.4	21.9
其中：住宅	亿元	27.0	22.2
房屋施工面积	万平方米	408.8	43.4
其中：住宅	万平方米	338.9	41.9
房屋新开工面积	万平方米	186.4	61.7
其中：住宅	万平方米	154.5	51.2
房屋竣工面积	万平方米	69.4	13.9
其中：住宅	万平方米	57.1	4.7
商品房销售面积	万平方米	61.4	1.3
其中：住宅	万平方米	55.3	-4.5

五、能　源

能源生产：全年全市一次能源生产折标准煤 6139.1 万吨，比上年增长 6.2%；二次能源生产折标准煤 331.9 万吨，增长 2.9%。

能源外调：全年全市向省外运输煤炭 6293 万吨，比上年下降 0.8%，外运煤炭占原煤产量的比重为 74.1%；向省外输送电力 177.9 亿千瓦小时，下降 0.3%，外输电量占发电量的比重为 87.4 %；向省外运输焦炭 28.8 万吨，增长 32.3%，外运焦炭占焦炭产量的比重为 37.8%。

能源投资：固定资产投资中，能源工业投资完成 126.1 亿元，比上年下降 7.6%。其中煤炭工业投资 80.1 亿元，下降 14.6%；石油和天然气开采业投资 11.0 亿元，下降 10.8%；石油加工、炼焦及核燃料加工业投资 7325 万元。下降 81.5%；电力、热力的生产和供应业投资 34.3 亿元，增长 29.2%。

六、国内贸易

消费品零售:全年全市社会消费品零售总额191.1亿元,比上年增长18.5%。其中,城镇消费品零售额178.3亿元,增长19.0%;乡村消费品零售额12.8亿元,增长12.7%。

表8　2010年社会消费品零售总额及其增长速度

单位:亿元、%

指　标	绝对数	比上年增长
社会消费品零售总额	191.1	18.5
分地域:城镇	178.3	19.0
#城区	143.6	20.5
乡村	12.8	12.7
分行业:批发业	19.7	23.9
零售业	143.4	17.9
住宿业	4.5	16.1
餐饮业	23.4	18.8

图4　"十一五"期间社会消费品零售总额

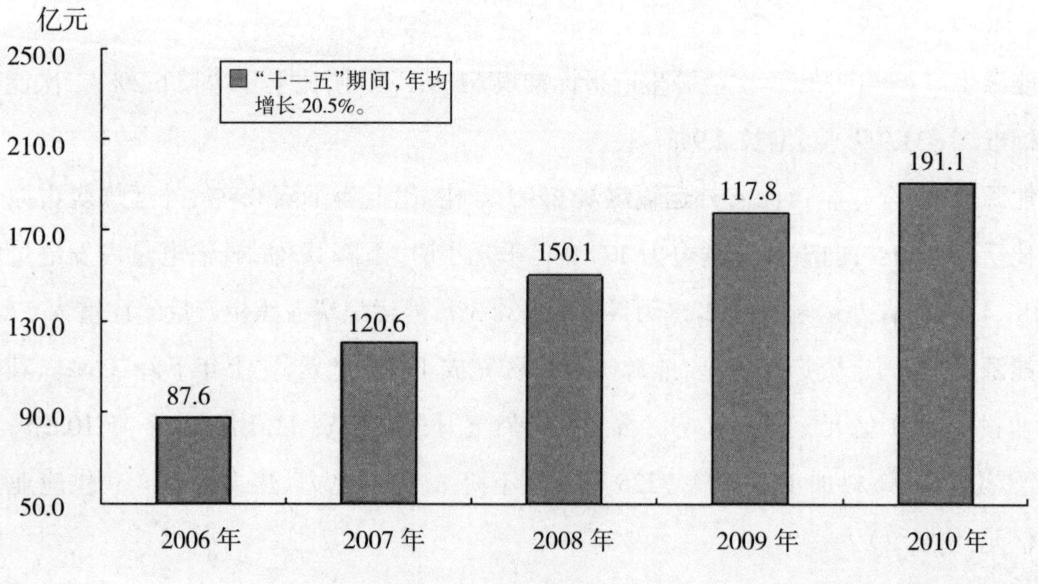

表 9　2010 年限额以上批发零售业零售额及其增长速度

单位：万元、%

指　　标	绝对数	比上年增长
汽车类	230 323	25.6
石油及制品类	286 837	21.3
书报杂志类	12 925	23.7
中西药品类	2031	19.0
日用品类	3529	3.1
粮油、食品、饮料、烟酒类	39 411	3.3
服装、鞋帽、针纺织品类	30 968	–2.5
化妆品类	3423	–2.1
体育、娱乐用品类	357	22.3

七、对外经济

进出口贸易：全年全市海关进出口总额 5.32 亿美元，比上年增长 122%。其中，进口额 3.2 亿美元，增长 168.5%；出口额 2.12 亿美元，增长 76%。

表 10　2010 年海关进出口总额及其增长速度

单位：万美元、%

指　　标	绝对数	比上年增长
进出口总额	53 204	122.0
出口额	21 160	76.0
其中：一般贸易	6073	24.3
加工贸易	15 088	111.3
其中：机电产品	17 581	95.2
高新技术产品	12 686	111.2
其中：国有企业	339	3.8
外商投资企业	15 675	100.2

指　　标	绝对数	比上年增长
进口额	32 044	168.5
其中:一般贸易	15 767	165.3
加工贸易	14 472	160.3
其中:机电产品	30 569	176.4
高新技术产品	19 491	190.6
其中:国有企业	170	-33.3
外商投资企业	29 054	193.6

图5 “十一五”期间海关进出口总额

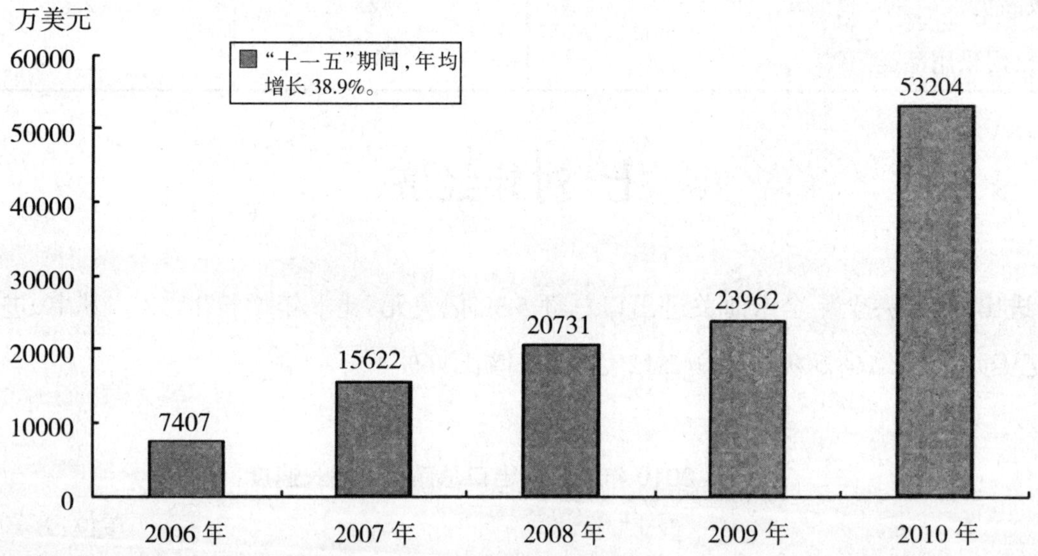

全年出口煤炭763吨，比上年下降81.9%，出口金额32万美元，下降54.6%；出口钢材3.8万吨，增长20.2%，出口金额2677万美元，增长12.0%；出口电器及电子产品15 454万美元，增长100.8%；出口计算机与通信技术产品11 638万美元，增长118.0%。

全年进口集成电路8901万美元，增长125.4%；进口机械设备10 516万美元，增长175.7%；进口电器及电子产品15 044万美元，增长152.6%；进口电子技术产品12 147万美元，增长134.3%；进口计算机集成制造技术产品5898万美元，增长561.9%。

表 11　年末与晋城有贸易往来的主要国家和地区进出口情况

单位:万美元、%

国家和地区	进出口	比上年增长	出　口	比上年增长	进　口	比上年增长
中国香港	2779	34.4	2629	37.6	150	–5.2
印度	2132	257.1	2060	245.1	72	–
日本	8046	170.0	1202	65.0	6844	203.9
韩国	6072	153.9	3678	114.8	2394	252.6
马来西亚	441	537.1	169	701 880.1	272	292.8
新加坡	393	131.5	359	230.9	35	–43.5
泰国	171	440.3	3	12.9	168	486.3
中国台湾	14 594	302.3	3874	440.7	10 720	286.3
英国	851	477.2	72	–49.5	779	15 087.9
德国	902	–39.1	156	22.2	746	–44.9
法国	271	–67.9	35	–24.9	235	–70.4
意大利	868	123.8	89	18.5	779	149.2
巴西	492	257.8	492	257.8	–	–
加拿大	317	48.0	299	41.3	17	733.8
美国	4174	26.8	2314	25.9	1860	28.0
澳大利亚	2373	163.3	25	–21.5	2348	170.2
东盟组织	2429	535.6	663	219.0	1767	912.6
欧盟组织	4579	–6.4	1995	–17.2	2585	4.1

招商引资:全年全市新设立外商直接投资企业 1 家;按全口径统计实际使用外商直接投资金额 1.31 亿美元,比上年下降 32.6%;其中纳入商务部口径统计的为 5933 万美元,增长 1001.37%。

八、交通、邮电和旅游

交通运输:全市公路线路年末里程 8447 公里,其中高速公路 287 公里。

表12 2010年客货运输量及其增长速度

指　　标	单　位	绝对数	比上年增长%
旅客运输量	万人	2544	2.4
旅客运输周转量	万人公里	152 365	1.9
货物运输量	万吨	3285	17.2
货物运输周转量	万吨公里	244 498	7.7

年末全市民用汽车保有量达到19.4万辆(包括三轮汽车和低速货车3.1万辆),比上年末增长16.7%,其中私人汽车15.1万辆,增长19.3%。本年新注册汽车4.1万辆,比上年增长20.3%。年末轿车保有量8.9万辆,比上年增长28.1%,其中私人轿车7.6万辆,增长31.4%。

邮电:全年全市完成邮电业务总量39.4亿元,比上年增长10.7%。其中,邮政业务总量1.5亿元,下降26.7%;电信业务总量37.9亿元,增长13.0%。固定电话用户年末达到43.3万户。新增移动电话用户42.3万户,年末达到167.4万户。年末全市固定及移动电话用户总数达到210.6万户,比上年末增加40.6万户。全市宽带接入用户达到18.0万户,增长37.3%。

图6 "十一五"期间全市互联网用户

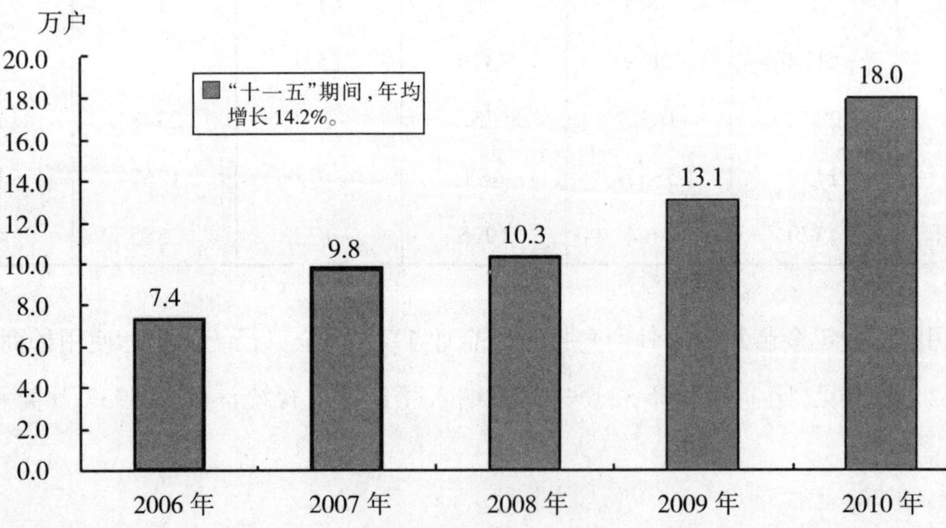

旅游:年末全市共有成规模的旅游景区(点)49处,其中有皇城相府1个国家级5A级景区,王莽岭、珏山青莲寺、蟒河和柳氏民居4个国家级4A级景区,7个2A级景区,7个国家级工农业旅游示范点。共有星级饭店25家,其中五星级1家、四星级10家、三星级6家、二星

级 8 家。全年全市接待海外旅游者 5.1 万人次，接待国内旅游者 1047 万人次，分别增长 20.2%和 19.5%；旅游外汇收入 1658 万美元，国内旅游收入 75.5 亿元，旅游总收入 76.4 亿元，分别增长 3.4%、19.9%和 20.0%。

九、财政、金融、证券和保险

财政：全年全市财政总收入 153.2 亿元，比上年增长 12.6%。一般预算收入 55.5 亿元，增长 15.4%。其中，税收收入 43.2 亿元，增长 15.0%，国内增值税、营业税、企业所得税、个人所得税、资源税和城建税共计完成税收 37.9 亿元。

图 7　"十一五"期间财政总收入

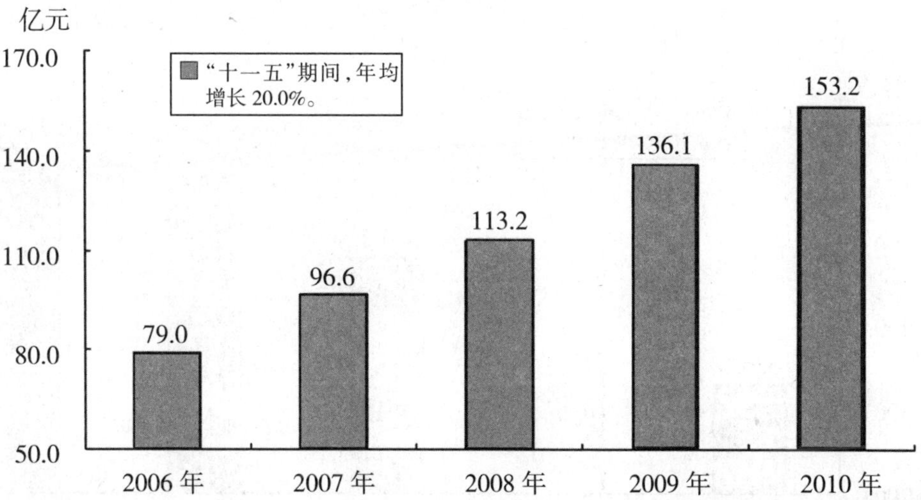

一般预算支出执行 89.5 亿元，比上年增长 17.0%。其中农林水事务支出增长 25.4%，教育支出增长 15.8%，社会保障和就业支出增长 0.7%，医疗卫生支出增长 23.4%，环境保护支出增长 30.8%，文化体育与传媒支出增长 2.9%，公共安全支出增长 20.9%。

金融：年末全市金融机构本外币各项存款余额 1326.7 亿元，比年初增长 19.7%；各项贷款余额 526.2 亿元，增长 23.0%。人民币各项存款余额 1324.9 亿元，增长 19.7%；各项贷款余额 522.9 亿元，增长 22.4%，其中个人消费贷款 11.1 亿元，增长 45.5%。全年累计现金收入 1458.9 亿元，累计现金支出 1493.1 亿元，货币净投放 34.2 亿元。

年末全市农村金融合作机构（农村信用社、陵川县太行村镇银行、泽州浦发村镇银行）人民币贷款余额 126.4 亿元，增长 20.6%。

表 13　2010 年金融机构本外币存贷款及其增长速度

单位:亿元、%

指　　标	年末数	比上年末增长
各项存款余额	1326.7	19.7
其中:企事业单位存款	445.0	27.1
城乡居民储蓄存款	615.3	13.0
其中:人民币	614.6	13.0
各项贷款余额	526.2	23.0
其中:短期贷款	238.2	10.7
中长期贷款	263.7	54.8

图 8　“十一五”期间城乡居民人民币储蓄存款余额

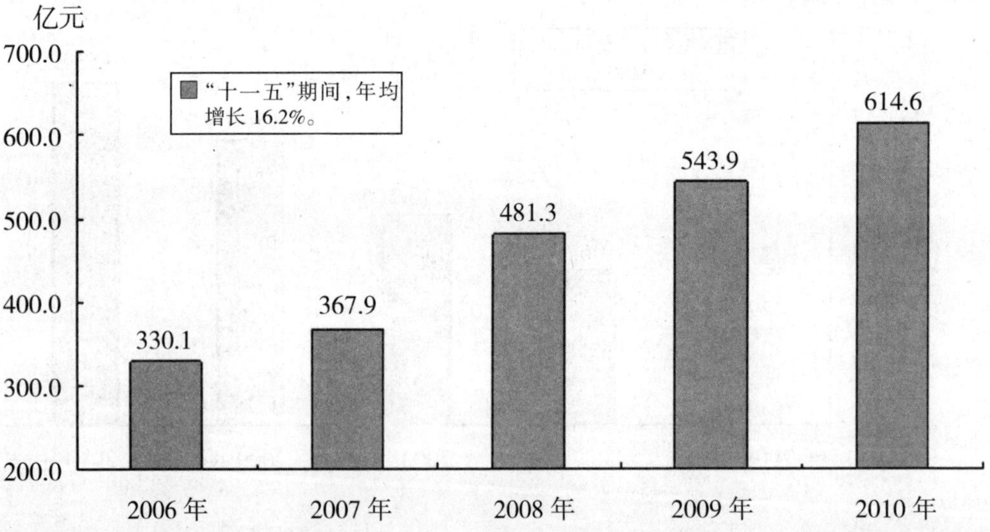

证券:全市共有证券营业部 3 家,从业人员 52 人。年末开户数 29 458 户,累计存入资金 40.3 亿元,比上年增长 3.5%,入市资金 32.0 亿元,下降 9.1%。全年营业收入 8547 万元,比上年下降 26.9%,利润总额 5470 万元,下降 35.2%。

保险:全年全市保费收入 28.0 亿元,比上年增长 21.9%。其中,寿险业务保费收入 20.6 亿元,增长 19.4%;财产险业务保费收入 7.4 亿元,增长 29.8%。财产险赔案共计 11 万件,其中 9.9 万件为已决赔案,赔付金额为 3.06 亿元,赔付率达 41.4%。寿险累计给付保险金 2.3 亿元。

十、教育和科学技术

教育:年末全市共有各级各类学校1506所,其中,高等学校2所,中专2所,普通中学160所,职业中学20所,小学828所,特殊教育学校4所,幼儿园484所,教师进修学校6所。在校学生43.04万人,当年招生11.62万人,毕业11.56万人。全市独立设置的成人高等学校在校学生4071人,成人技术培训学校培训结业职工和农民共计39.12万人次。小学学龄儿童入学率100%,初中三年巩固率99.9%,高中阶段毛入学率92.07%。

表14　2010年各类教育发展情况

单位:人

指　　标	招　生	在校生	毕业生
普通高等教育	2825	7964	3023
中等职业教育	4193	13 647	3828
普通高中	19 908	55 775	15 724
初中	38 140	121 010	36 587
小学	25 488	173 444	38 385
特殊教育	76	656	62
学前教育		50 171	

科学技术:全年全市组织实施各类科技项目279项(其中国家级7项、省级35项、市级237项)。在国家级项目中,列入国家级火炬计划1项,国家中小创业创新基金项目1项、成果计划3项,星火计划2项;在省级项目中,列入省级火炬计划3项,星火计划10项,农业攻关与社会发展6项,成果推广10项,工业攻关4项,软科学及基础平台建设2项。全年共受理专利申请660件,比上年增长6%。受理发明专利申请135件,比上年下降60%。全年全市授予专利权283件,比上年增长43%。授予发明专利权18件,比上年增长13%。全年共取得28项科技成果。国家认定企业技术中心1家。省级企业技术中心及工程技术研究中心达到9家。按照国家新的高新技术企业认定办法,截至2010年底,全市累计认定高新技术企业达到7家。

十一、文化、卫生和体育

文化:年末全市共有艺术表演团体11个,新创作首演剧目4个;演出场次2325场,演出收入818万元;全市共有艺术表演场馆5个,群众艺术馆、文化馆7个,公共图书馆6个,总藏量27.6万册。博物馆8个。广播电台1座,电视台2座。广播综合人口覆盖率97.5%,电视人口综合覆盖率达98.6%。

卫生:年末全市共有各级医疗卫生机构2704个,医院和卫生院床位8418张,卫生专业技术人员14338人,每千人拥有病床3.66张,每千人拥有医生数4.11人。全市6个县(市、区)全部开展了新型农村合作医疗试点工作,新型农村合作医疗参合率95.46%。村卫生室覆盖率100%、县乡村三级医疗机构达标率97.1%。全年各县(市、区)的儿童"五苗"全程接种率以乡镇为单位均达到了95%以上。碘盐覆盖率、合格碘盐食用率分别达到了99%和97%以上,各种地方病得到了有效控制。全市乡镇卫生监督站覆盖率达到100%。

体育:年末全市拥有各级各类体育场馆1613个,体育锻炼标准达标人数达33.66万人。全年全市运动员在国内外重大比赛中获金牌42枚、银牌35枚、铜牌27枚(包括非奥运项目比赛),破省纪录2人2次2项,其中青少年破省纪录2人2次2项。全市销售中国体育彩票5043万元,比上年下降11.5%。

十二、人民生活和社会保障

人民生活:全年城镇居民人均可支配收入为17353元,比上年增长14.5%;城镇居民人均消费性支出10586元,增长11.8%。农村居民人均纯收入5899元,增长12.2%;农村居民人均生活消费支出3853元,增长5.5%。城镇占调查总户数20%的低收入家庭人均可支配收入6379元,增长9.8%;农村占人口20%的低收入者收入3122元,增长12.8%。城镇居民家庭恩格尔系数(即居民家庭食品消费支出占家庭消费支出的比重)27.5%,农村居民家庭恩格尔系数38.8%。城镇单位在岗职工平均工资40029元,增长17.0%。

图 9 “十一五”期间城乡居民收入

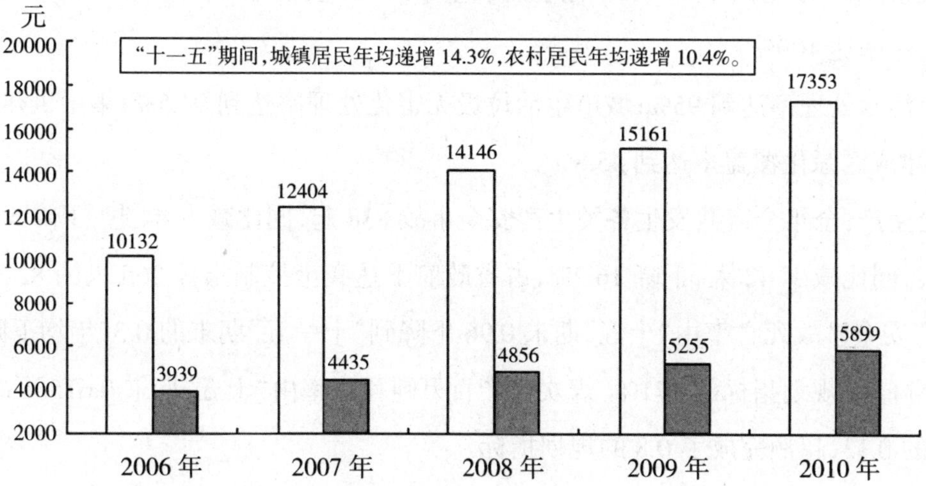

社会保障： 年末全市企业养老保险参保 15.79 万人，占省下达任务（150200 人）的 105.1%，比上年增长 6.7%。企业退休人员纳入社区管理人数达 3.2 万人，纳入社区管理服务率达 70.3%，超过省下达社区管理服务率（55%）15.3 个百分点。机关事业养老保险参保 5.6 万人，占年计划（52030 人）的 107.1%；医疗保险参保 50.7 万人，占省下达任务（47 万人）的 107.6%；失业保险参保 20.5 万人，占省下达任务（20.21 万人）的 101.2%；工伤保险参保 20.4 万人，占省下达任务（20 万人）的 102.1%；女工生育保险参保 14.6 万人，占年目标（13.1 万人）的 111.5%；农村养老保险参保 78.33 万人，占省下达任务（77.1 万人）的 110.2%。年末城镇低保人数 31244 人，比上年减少 644 人；农村低保人数 79095 人，比上年增加 1126 人；农村集中供养五保户 1549 人，户数 1544 户；农村医疗救助 84363 人。优抚对象 13479 人，享受定期抚恤 2276 人，享受定期补助 7700 人。全市收养性单位 59 个，比上年增加 6 个，床位数 4462 张，收养人数 2255 人。社区服务中心 1 个，社区服务站 61 个。全市福利企业 48 个，残疾职工数 813 人。福利彩票发行单位 1 个，收入总计 238.3 万元。全年直接接收捐赠款 1208 万元，受益 25356 人。

十三、资源、环境和安全生产

资源环境： 全市自然保护区总数 5 个，自然保护区面积达到 15.6 万公顷，占全市土地面积的 16.5%；全市国家级生态示范区 2 个。

全年市区环境空气质量二级以上天数达到 354 天，比上年增加 2 天，其中一级天数达到

104 天,比上年增加 1 天。空气综合污染指数控制在 1.76,比上年下降 0.08,降幅为 8.5%。二氧化硫排放量 9.81 万吨,下降 4.8%。化学需氧量 1.64 万吨,下降 0.7%。全市集中式饮用水源地水质达标率达 100%。

城市污水处理率达到 95%;城市生活垃圾无害化处理率达到 94.5%;集中供热普及率达到 81%;建成区绿化覆盖率达到 45.8%。

安全生产:全年全市共发生各类生产安全事故 838 起,同比减少 44 起,下降 5%;事故死亡 218 人,同比减少 42 人,下降 16.2%,占省政府下达我市控制指标 265 人的 82.3%。亿元 GDP 生产安全事故死亡率由“十五”期末 0.96 下降到“十一五”期末的 0.3,年均下降 13.7%,占年均下降 8%规划指标的 171%。煤炭生产百万吨死亡率由“十五”期末 0.675 下降到“十一五”期末的 0.13,超额完成了 0.8 的规划指标。

文　献

中共晋城市委常委会工作报告

——2010年12月16日在市委五届六次全会上

中共晋城市委书记　张茂才

各位委员、同志们：

受市委常委会委托，我向全会报告工作。

今年是“十一五”攻坚年，也是转型跨越起步年。一年来，面对省委、省政府登高望远谋大发展、干大发展、促快发展的新思路、新要求、新举措，我们坚持以科学发展观为指导，紧紧依靠全委会的同志，团结带领广大干部群众，解放思想、抢抓机遇，振奋精神、埋头苦干，推动全市经济社会发展迈出新步伐、取得新成效。

下面，我先报告常委会今年重点抓的几件大事。

一是不折不扣贯彻落实全省干部大会精神和袁纯清书记在晋城视察指导时的一系列重要指示，全市上下迅速掀起转型跨越发展热潮。“7.29”全省领导干部大会及“7.3”袁书记调研晋城以来，我们及时组织学习，统一思想行动，并对照讲话更新思想观念，紧跟部署创新工作思路，联系实际谋划转型重点，求真务实迈出跨越步伐。多次召开常委会，四次召开全市干部大会，就学习全省干部大会精神、贯彻省委省政府赴津蒙鲁冀学习活动、兴起学习“右玉精神”新高潮和落实全省观摩检查活动精神进行安排部署。同时，我们把袁书记的一系列讲话汇编成单行本，及时发送到了全市农村、企业、机关、学校等7300多个基层党委、总支和支部，在全市上下掀起了一场又一场“学讲话、谋转型、求跨越”的热潮。

二是部署十大调研课题，常委副市长领题理清转型跨越发展思路。十大调研课题分别是招商引资扩大开放、现代煤化工发展、民营经济壮大、特色城镇化推进、农业产业化推进等，形成了一批有针对性和可操作性的调研成果，推出了许多新思路、新举措、新对策。比如在转型跨越发展的总体思路上，提出要突出一个主题（争先发展、转型发展、跨越发展），加快两大转型（经济和城市两大板块全面转型），明确三个定位（建设晋豫区域中心城市、生态宜居城市和重要门户城市），实现五个跨越（由煤炭大市向煤化工强市跨越、由传统农业向现代农业跨越、由内陆小城向开放型区域中心城市跨越、由总体小康向全面小康跨越、由发展不够均衡向全面协调可持续跨越)。提出转型跨越发展的路径选择是:围绕一个载体,实施三大战略。一个载体,就是建设全省以煤为基、多元发展的先行区和示范区。三大战略,就是以"四梁八柱"为重点的产业集群战略,以"一区六园"为重点的园区集聚战略和以泽州、高平、阳城、沁水为重点的强县带动战略。

三是开展多场招商引资活动,紧锣密鼓促进一批大项目好项目签约落地。今年以来,先后组团参加了中博会、能博会、制博会和中小企业博览会。截至目前,全市共签约项目63个,总投资676.8亿元,拟引资额481.2亿元。特别是"7.29"全省干部大会以来,我们先后与深圳、香港32位知名企业家、台湾富士康总裁郭台铭、法国前总理德维尔潘先生率领的50家世界500强和国际知名企业代表、美国沃尔玛、韩国青绿园实业、日本日川制铁、河北立中集团等进行了商洽和会谈,还独立组团赴香港举办了招商引资项目推介会。短短一百多天时间,全市新开工项目23个,其中亿元以上项目18个,总投资216.6亿元。

四是以学习弘扬"右玉精神"为契机,深入开展"五治五督"活动促进干部转变作风。全省对学习弘扬"右玉精神"作出部署后,我们及时组织了专题学习,并把学习弘扬"右玉精神"作为创先争优和建设学习型党组织的重要内容,组织市委常委、四大班子成员和各县市区主要领导分赴右玉进行现场参观、实地学习;召开专题民主生活会进行对照检查,在全市上下进一步营造出干发展、促转型、谋跨越的浓厚氛围。特别是围绕学习弘扬"右玉精神",深入开展治学督能、治浮督责、治懒督勤、治庸督绩、治奢督廉"五治五督"作风纪律大整顿,查处了一批典型案件,让各级党员干部受到警醒和触动,进一步端正了政风行风,提升了办事效率,优化了发展环境。

五是围绕贯彻落实党的十七届五中全会和省委九届十一次全会精神,高度重视"十二五"规划建议制定工作。全方位开展学习宣传贯彻党的十七届五中全会和省委九届十一次全会精神活动,把袁书记在九届十一次全会上的重要讲话编印成单行本,印发1.5万册发放到全市各级各部门和党员干部手中,使讲话精神深入基层、深入群众、深入人心。率先在全省开展干部下乡住村"六个一"活动,市委常委、四大班子领导纷纷下乡住村,带头宣讲全会精神,深入解决实际问题,为全市党员干部起到了带动示范作用。围绕制定"十二五"规划建议,市委、市政府主要领导多次召开座谈会,广泛征求意见,亲自拟定提纲,明确了指导思想和重要内容,增强了前瞻性、引领性和指导性。常委会对"十二五"规划建议进行了多次研究,并提交本次全委会讨论决定。

一年来,市委常委会坚持在抓全局、抓大事上下功夫,取得了新的成效,得到了省委、省政府的充分肯定。在今年10月开展的全省重大工程和重点项目观摩检查活动中,省委书记袁纯清、省长王君对我市的工作给予了较高评价,一致认为,晋城工作全面、成绩突出,班子团结和谐干事,坚持三个“一同推进”,经济社会保持了平稳较快发展,开始步入了科学发展的轨道。

下面,我报告市委常委会一年来所做的其他工作。

一、以产业升级和项目建设为重点,推动经济平稳较快发展

*一是结构调整扎实推进,以煤为基、多元发展势头良好。*按照建设“以煤为基、多元发展的先行区和示范区”的总体要求,以现代煤化工、新能源新材料、装备制造、高新技术四大产业为主攻方向,全力打造“四梁八柱”现代产业新体系,加快“地下转地上、黑色变绿色、资源变资本”步伐。其中,以兰花中石化180万吨甲醇60万吨烯烃等3个百万吨煤化工项目签约为标志,现代煤化工产业步入规模发展阶段;以年抽采能力突破30亿立方米为标志,煤层气新兴产业不断发展壮大,初步形成了抽采、液化、管输、商用等综合开发利用产业链条;以金鼎煤机拥有自主知识产权的成套矿机装备规模化生产为标志,装备制造业不断上档升级,形成100万吨中高档铸件、36万吨汽车零部件、15万吨工程机械机床配件的生产能力;以投资38亿元的富士康A区开工建设为标志,高新技术产业实现超常规发展,涌现出兰花汉斯、鸿诺光电、乐百利特等高新技术企业15家,产值近40亿元。同时,煤炭企业不断向第三产业延伸拓展,文化旅游、商贸物流、房地产等现代服务业呈现出蓬勃发展势头。预计到年底,全市生产总值达到700亿元,增长13%;财政总收入达到154亿元,增长13%;一般预算收入达到55.3亿元,增长15%;城镇居民人均可支配收入达到16980元,增长12%;农民人均纯收入达到5940元,增长13%。

*二是重点工程和重大项目建设进展顺利,经济发展的活力和后劲进一步增强。*今年共启动实施重点工程和重大项目153项,总投资1436亿元。预计到年底,省市两级重点工程可完成投资310亿元,完成年度目标的164%。通过实施20项重点工业项目和100项工业转型项目,进一步拉长了工业产业链,提高了产业集聚度;目前20项重点工业项目10项建成投产,100项工业转型项目40项建成投产。通过实施21个基础设施项目,拉大了城市框架,扩大了城市规模,加快了城乡一体化进程;目前,阳翼高速、环城高速、丹河人工湿地一期、市污水深度处理及再生水配套利用管网工程全面竣工,晋城大学一期、市委党校主体工程已经完工。通过实施135个旅游、商贸、物流等现代服务业项目,搭建了新的物流平台,带动了第三产业优化升级;其中,豪德贸易广场、兰花国际物流园区加快推进,阳城蟒河、陵川上云台、长平古战场大粮山景区全面对外开放。通过实施10个重点农副产品加工转化项目,产业链条拉长,龙头作用显现,品牌效应和规模效益得到提升;其中,与中国民营企业500强雨润集团

联合建设的新胜肉类加工项目,一期投资2.4亿元,形成了屠宰200万头生猪及15万吨冷鲜肉加工的生产能力,年可实现销售收入20亿元,实现利税8000万元。通过实施14个民生及社会事业项目,生产生活条件有了改善,城乡居民收入稳步提高。同时,按照"产业集结、工业集聚、企业集群"的发展路径,规划了高新技术开发区、泽州巴公装备制造工业园、北留城乡一体化工业园等"一区六园"建设,制定出台了《关于加快推进工业园区建设的实施意见》;按照"以产强县、以业兴县、以园活县、以城带县"的发展思路,扎实推进强县战略,形成了主业突出、特色鲜明的县域经济竞相发展新格局。在日前揭晓的第十届全国县域经济基本竞争力评选中,我市高平、泽州、阳城、沁水4县(市)入围中部百强县。高度重视民营经济发展,不断加大对乐百利特、鸿诺光电、维高水泥等一大批民营企业的扶持力度,民营经济占到全市经济总量的61%。

三是"双轮驱动"战略持续推进,城乡一体化发展迈出重要步伐。通过持续推进扶贫攻坚战略,全市累计扶持360个贫困村新发展蔬菜大棚3000多栋,连翘种植基地10万亩、生态养殖项目210个。初步统计,这些村农民人均纯收入由扶贫攻坚前的2453元增长到3300元,增长25.4%,效果是非常明显的。按照新修编的"六区联动、组团发展"城市总体规划,以"三市联创"为抓手,加强城市基础设施建设,进一步提升了城市功能和综合竞争能力。目前,60公里的环城高速公路竣工通车,60平方公里的白马寺山森林公园城市"绿心"建设初具规模,总投资80亿元建市以来规模最大的北石店片区城市化改造工程以及18个城中村改造项目加紧推进。同时,设立了3000万元的特色城镇化扶持资金,狠抓了润城——郑庄沁河流域、北留——周村、环城高速环内等7个城乡一体化示范区建设,形成了一批经济强镇、商贸重镇、旅游要镇、历史名镇和园林新镇。特别是阳城润城镇从当地实际出发,连续四年投资2.1亿元,解决了煤矿采空区以及偏远山区7个村的整体移民搬迁问题。全市城镇化率达到48.4%,高于全省平均水平。

四是高度重视"三农"工作,农业和农村发展成效明显。财政安排"三农"资金增长2408万元,增幅达到18%。粮食直补、农资综合直补、良种补贴等各项补贴水平继续提高,向种粮农民兑现粮食补贴资金1.4亿元,良种补贴资金2269万元。农业生产全面增长,粮食总产首次突破9亿公斤大关,达到9.13亿公斤,创历史新高。畜牧业发展势头强劲,预计全年肉、蛋产量和生猪出栏量分别增长6.2%、4.1%、10.7%。大力发展农村专业合作组织,农民专业合作社达到1650个,带动农户20万户。按照"一村一品、一乡一业、一县一特"农业产业化发展思路,大力推进农产品加工"513"工程,实施10个重点农副产品加工转化项目,新胜肉类、金田农业、古陵山淀粉等农产品加工龙头企业的品牌效应和规模效益得到提升。农田水利基本建设和农业技术推广力度加大,旱作农业和节水农业有了新发展。新型农民科技培训10.5万人,农村劳动力转移技能培训8400人。

五是煤炭资源整合进展顺利,企业兼并重组取得有效突破。在去年开局良好的基础上,按照"一要回头看,二要往前推"的精神要求,市委、市政府主要领导亲自安排、亲自过问、亲自协调,市委常委、副市长、人大政协主要领导包县市区、包整合矿井,推动企业主体到位后的复工复产、改造建设、矿井关闭等工作有序开展。截至目前,全市129座整合保留矿井中,重组整合协议签订率完成99.6%,采矿证换发率完成96.8%,主体接管率完成100%,资产评估报告出具率完成96.7%。整合关闭矿井97座,完成69.3%。整合建设项目开工21座,开工比例30.1%,开工数量居全省前列。全市地方煤矿原煤产量预计完成4400万吨,与去年持平。

六是生态文明建设取得重要成果,城市形象不断提升。精心实施白马寺山沉陷区生态综合整治、环城高速沿线通道绿化和碳汇造林工程,完成造林9.2万亩,植树800万株。围绕"三市联创"工作,城乡一体、连片推进,铺天盖地绿化,漫山遍野造林,新建城区落花寺、泽州龙王山、阳城骏马岭等六个城郊森林公园。继两河改造、东南两个出入口绿化工程之后,煤层气综合利用工程第三次捧得"中国人居环境范例奖",并获得"联合国迪拜国际改善居住环境最佳范例奖"。加强对全市重点耗能企业的监控,今年上半年万元GDP降幅居全省第一;预计到年底,"十一五"期间万元GDP能耗下降25%的任务可全面完成。继续推进"蓝天碧水工程",主城区和4个县城空气质量均达到国家二级标准,实现了历史性的跨越;截至目前,市区二级以上天数达到341天,其中一级天数达到101天。

二、加强民主政治建设,提高依法治市水平

坚持和完善人民代表大会制度,人大工作水平进一步提高。支持人大及其常委会依法履行职能,充分发挥地方国家权力机关作用。组织人大代表围绕制定"十二五"规划进行深入调研,提出意见建议。加强法律监督和工作监督,听取和审议了一系列专项工作报告,依法作出重大事项决定。加强和改进代表工作,组织人大代表开展专题视察,高质量办理代表议案和建议。加强人大常委会自身建设,充分发挥专门委员会的作用。召开了五届人大第七次会议。

坚持和完善中国共产党领导的多党合作和政治协商制度,统一战线进一步巩固。支持和保证人民政协积极履行政治协商、民主监督、参政议政职能。组织政协委员就经济社会发展中的重大问题特别是制定"十二五"规划、推进扶贫攻坚战略进行协商讨论、献计献策。完善同民主党派合作共事机制,深入推进"凝聚力工程"。全面贯彻党的民族宗教政策,坚决抵制境外利用宗教进行渗透破坏活动。加强和改进新形势下的工商联工作,积极推进党外知识分子和港澳台海外统战工作。

扎实推进依法治市进程,基层民主政治建设进一步加强。法治政府建设成效明显,司法体制和工作机制改革稳步推进。"五五"普法重点突出,法律服务和法律援助不断加强。基层群众自治机制进一步健全,基层民主管理制度不断完善。强化城乡社区建设,推进厂务公开,完善政务公开、村务公开和公共企事业单位办事公开等制度。充分发挥工会、共青团、妇联等人民团体联系群众、服务群众、教育群众、维护群众权益的作用。

支持国防和驻市部队建设,双拥共建水平进一步提高。支持国防和驻市部队现代化建设,提高国防动员能力,抓好民兵预备役工作,加强人民防空建设。千方百计解决驻地部队遇到的实际困难和问题,军民融合式发展成效显著,党管武装工作质量不断提高。

三、加强宣传思想工作,推进文化强市战略

加强思想理论工作。深入宣传贯彻党的十七届五中全会和省委九届十一次全会精神,坚持用马克思主义理论最新成果武装广大干部群众,加强和改进意识形态工作。推进党委(党组)中心组理论学习经常化、制度化,市委中心组围绕转变经济发展方式、贯彻《廉政准则》、推进城镇化建设等内容进行了专题学习。推动新一轮思想解放,引导党员领导干部继续解放思想、坚持改革开放、推动科学发展,增强转型跨越发展的责任感和紧迫感。

强化新闻宣传和舆论引导工作。加强党管舆论工作,加强新闻媒体建设,建立健全党委、政府和网络新闻发言人制度,牢牢把握社会舆论的主动权和主导权。加强重大主题、重点工程和重要活动的宣传,为推进党委中心工作营造了良好的舆论氛围。加强网络新闻宣传和管理工作,有效引导社会热点问题和突发公共事件报道。加大对外宣传力度,创新对外宣传形式,成功举办了"第三届中国太行山晋城旅游文化月"活动。

引深精神文明创建活动。推进社会主义核心价值体系建设,开展第三届"公民道德建设先进典型人物"和"晋城好人"评选活动。加强农村和企业思想政治工作,加强志愿服务和诚信建设,加强未成年人思想道德建设。引深市县乡村"四位一体"文明创建活动,在今年全国117个城市(区)公共文明指数测评中,我市由2009年的第57位上升到第43位,前移14位。

加快发展文化事业和文化产业。大力推进文化低保、农村文化基础设施、农家书屋等十项重点项目建设。在荣获全省文化体制改革示范市的基础上,大力推进全省文化产业发展试点市建设。设立3000万元的文化产业扶持资金,引导一大批煤炭企业和民营资本进入文化领域,推动文化产业与传统工艺、其他产业和现代科技相融合。加快文化产业化、产业文化化进程,中国孙悟空动漫迷你乐园项目、500集天文神话动画《二十八宿传奇》制作项目陆续签约，文化产业立项投资规模超过10亿元。“十二五”期间，金融机构还将向我市文化产业发展提供50亿元规模的信贷支持。截至11月底，全市文化产业增加值首次突破20亿元大关，比去年增长35.2%，赢得了全省文化体制改革和文化产业发展现场会在我市召开。

四、着力保障和改善民生，安定和谐局面进一步巩固

常委会始终把民生工程和社会建设放在突出位置，着力为群众办实事、办好事、解难事，谋划和安排了一批民生项目，努力让全市人民共享改革发展成果。

*一是农村“五个全覆盖”超额完成。*村级卫生室、村通广播电视工程去年提前完成，村通水泥（油）路工程通车里程191.4公里，中小学校舍安全改造工程开工118.38万平方米，农村安全饮水工程建成456处，解决了22.32万人的饮水安全问题，整个工作年内可全面完成。在此基础上，高平、泽州等地还启动了户通水泥路、户通自来水等新的全覆盖提升工程，全市农村面貌和农民生活质量得到有效改观。

*二是就业和社会保障工作得到加强。*全面开展国家级创业城市创建活动，完善五级公共就业服务平台建设，加强职业技能培训，开发公益性岗位，完成城镇新增就业3.45万人，帮助城镇就业困难群体实现就业1447人。城镇登记失业率为2.5%，低于3.2%的年度控制目标。沁水、阳城、高平三县市首批纳入全国全省新型农村养老保险试点，参保率达到78%，覆盖面占全市农业人口的59%，居全省领先水平。全市农村低保水平提高到1145元，居全省第一；城市低保水平提高到2940元，达到全国中上游水平。社会福利事业、残疾人事业、老龄事业和慈善事业加快发展。年度为民办的十六件实事基本完成，市区新建经济适用住房2712套，90.6%符合条件家庭的住房困难得到解决。主城区范围内煤层气居民用户新增1万户，达到7.2万户，在全省率先实现了市区居民用户管道燃气全覆盖。全力做好城乡居民冬季取暖用煤保障工作，统筹解决冬季取暖用煤100万吨。

*三是各项社会事业扎实推进。*推动各级各类学校均衡发展，推进基础教育改革，加快职业教育发展，认真落实中等职业学校国家助学金资助工作。全面加强教师队伍建设，积极落实义务教育学校绩效工资政策。公共卫生和疾病防控体系进一步健全，县、乡、村三级医疗卫生机构达标率为95%，超出省定92.53%的目标。农村合作医疗和城镇居民医疗覆盖率保持全省领先水平。人口和计生工作扎实推进。财政对民生的保障作用进一步加强，今年以来，市财政用于教育、卫生、文体、社保等方面的支出分别增长17%、15.5%、15%、16%。

*四是坚持不懈狠抓安全生产。*常委会始终把安全生产放在与经济发展同等重要的地位，严格落实企业安全生产和政府安全监管主体责任，出台了加强安全生产一系列政策措施，深入开展安全生产专项整治，抓好重点行业和领域的安全生产，有效防范和坚决遏制重特大事

故,安全生产形势持续好转。截至目前,全市煤矿百万吨死亡率0.17,比省控指标低55%;全市各类安全生产事故同比减少83起,下降10.6%;死亡人数同比减少43人,下降19.5%,安全生产形势保持了总体平稳态势。

五是全面加强社会管理和维稳工作。深入推进"平安晋城"建设,严格落实维稳责任制,深入推进社会矛盾化解、社会管理创新、公正廉洁执法三项重点工作。加强政法队伍建设,努力提升执法的规范化、科学化水平。加强社会治安综合治理,积极构建"大调解"工作体系,全面落实校园安全保卫工作。严厉打击各种违法犯罪活动和黑恶势力,刑事案件呈明显下降趋势,群众安全感进一步增强。加强基层基础工作,健全完善了社情民意调查机制和应急工作机制。加强信访工作,大力开展信访积案攻坚大会战,信访秩序持续好转,呈现出"四个明显下降,一个根本好转"局面。特别是全国、全省两会和世博会期间,实现了零登记、零通报、零交办,受到省里表彰。社会治安综合治理工作连续13年被评为全省先进市,铁路护路工作连续12年无重大涉路案件发生,受到了中央综治委考核组和国家护路办督导检查组的肯定。

五、全面加强党的建设,为转型跨越发展提供坚强保证

常委会始终高度重视党的思想、组织、作风、制度和反腐倡廉建设,特别是在一些重点工作上下功夫、求实效。

一是深入开展创先争优活动和学习型党组织建设。创先争优活动坚持分类指导、突出特色、创新机制、典型引路,激发了广大基层党组织和党员干事创业的热情,形成了比学习、比工作、比奉献和学先进、赶先进、当先进的浓厚氛围。学习型党组织建设不断拓展学习内容、创新方法载体、完善体制机制、培树"百佳"典型,推动了党员干部观念大转变、视野大拓展、本领大增强、素质大提升。建立和拓展了干部教育"每月一讲"、自主选学"每月一班"、在线学习"每人一卡"和境外培训"每年一批"的"四位一体"干部教育培训平台;围绕经济转型的"七条路径",由国内知名专家学者分别就新型煤化工、装备制造、特色城镇化多个课题进行深入解读,分期分批组织干部到沿海城市脱产学习和挂职锻炼。最近,又组织22名相关干部到日本考察学习新农村建设。

二是切实加强领导班子和干部队伍建设。出台《年度目标责任考核试行办法》,明确了科学发展的导向,完善了干部政绩考核的体制机制。扎实推进干部提名制度改革,加大竞争性选拔力度,健全党政领导干部选拔任用工作责任追究制度,深入整治选人用人上的不正之风。我市组织干部工作总满意度、干部选拔任用评价、防止和纠正用人不正之风评价等五项满意度调查均高于全省平均水平。

三是切实加强基层党组织建设。进一步完善工作机制,全面提升社区党建工作水平。完

善“两推一选”等党建工作新机制，大力推行“四议两公开”工作法。创新党员教育管理服务，建立了阳城县皇城村等5家首批党员教育培训示范基地。积极实施“三联两派一激励”机制，城乡党建有了新活力。积极推进村级组织活动场所建设，除完成省定182个建设项目外，又自加压力完成剩余175个场所建设，在全省率先实现了全覆盖。

四是切实加强反腐倡廉建设。加强中央和省市重大决策部署落实情况的监督检查，对重点工程建设管理情况进行了专项督查。认真落实对煤炭资源整合责任主体加强监督的“十严禁十严格”，深入推进煤焦领域反腐败专项斗争、工程建设领域突出问题专项治理等专项整治工作，重点部门和关键环节反腐败斗争取得新突破。持续狠抓农村基层党风廉政建设，不断创新农村组织监督机制，84个乡镇（街道）全部设立了行政监察室，赢得了全省农廉工作经验交流会在我市召开。深入贯彻落实《廉政准则》，注重加强对干部的廉政教育、警示教育和党性法规教育，注重党风廉政责任制的落实。加大查办案件力度，截至目前，我市纪检监察机关初核违纪违法线索161条，立查案件169件，处分违纪违法人员194人。其中县处级干部16人、乡科级干部55人。12月9日又召开专题大会，对四类17起违纪违规违法案件进行了公开通报。深入开展“惩防体系制度建设推进年”活动，惩防体系建设取得新成效。积极配合中央和省委巡视组开展工作，针对巡视组反馈的意见及时制定整改措施，抓好整改落实。

市委常委会深知实现转型跨越目标责任重大、责无旁贷。为此，常委会高度重视自身建设，始终坚持强化党性锻炼，搞好理论武装，提高政治敏锐性和政治鉴别力，时刻同中央和省委保持高度一致。始终坚持贯彻中央和省委的决策部署，认真执行包县市区、包重点工程、包扶贫攻坚、包安全生产、包信访稳定责任制，在为民、务实、干事上为全市党员干部作出了表率。始终坚持民主集中制原则，坚持重大问题集体讨论、集体决定，不断完善常委会议事规则等各项规章制度，提高科学决策、民主决策水平。始终坚持总揽全局、协调各方，全力支持人大、政府、政协的工作，班子之间相互支持、密切协作，成员之间亲密共事、齐心奋斗，形成了思想同心、目标同求、行动同步的良好局面。始终坚持带头落实《廉政准则》，自觉做到标准更高一些、要求更严一些，树立了领导班子清正廉洁的良好形象。

同志们，一年来工作的开展和成绩的取得，是中央和省委正确领导的结果，是全市各级党组织、广大党员干部和人民群众团结奋斗的结果。特别是市委全委会和各位委员做了大量富有成效的工作。在此，我代表市委常委会对各位委员和各县市区、各部门的负责同志表示衷心的感谢！

我们清醒地认识到，工作中虽然取得了一些成绩，但还有许多不足，还面临不少困难和挑战。一是发展后劲不足的问题还比较突出,项目储备不足、投资规模偏小、产业集中度不高,自主创新能力不强,推动经济转型任务繁重艰巨;二是发展环境不佳的问题还比较突出,一些政府部门和工作人员服务意识不强,投资环境不够宽松,还没有树立起共同发展的开放理念;三是部分群众生产生活困难的问题还比较突出,一些涉及群众切身利益的问题需要抓紧解决,城乡居民增收的难度还比较大;四是影响社会和谐稳定的问题还比较突出,侵害群众利益的问题时有发生,安全生产、信访工作来不得半点马虎;五是部分干部对大发展思想准备不足的问题还比较突出,素质和作风还有待加强等。对此我们要高度重视,采取有力措施加以解决。市委常委会认为,在今后工作中,要深入贯彻落实党的十七届五中全会和省委九届十一次全会精神,在全省竞相发展的大潮中,争当转型发展的示范区,争做跨越发展的排头兵,团结带领全市人民为创造更加美好的"十二五"开好局、起好步。

晋城市人大常委会工作报告

——2010年4月27日在晋城市第五届人民代表大会第七次会议上

晋城市人大常委会主任 孟福贵

各位代表：

我受市五届人大常委会委托，向大会报告工作，请予审议，并请列席人员提出意见。

过去一年的主要工作

2009年，是我市经济经受严峻挑战和重大考验并取得显著成绩的一年，也是全市人大工作服从和服务大局，全力支持和促进发展，积极作为的一年。一年来，在市委的坚强领导下，市人大常委会坚持以邓小平理论和“三个代表”重要思想为指导，认真落实科学发展观，全面贯彻党的十七大和十七届三中、四中全会精神，紧紧围绕全市工作大局，忠实履行宪法和法律赋予的各项职权，为推动全市经济社会又好又快发展，发挥了地方国家权力机关的职能作用。

一、坚持围绕中心突出重点，监督工作取得明显成效

面对国际金融危机带来的经济下行的压力，常委会紧紧围绕全市转型发展、安全发展、和谐发展的战略目标，把推动全市经济社会平稳发展作为人大监督工作的重中之重，依法行使监督职权，综合运用多种监督形式，督促和支持“一府两院”按照市五届人大六次会议确定的目标任务做好工作，确保全市经济社会发展任务的顺利完成。

（一）紧扣发展主题实施监督

力促全市经济稳步增长。保持经济平稳较快发展是去年经济工作的首要任务。在经济遇到严重困难的特殊情况下，进一步加强人大对经济工作的监督尤为重要。常委会以促进“保增长、调结构、促发展”为己任，专题听取和审议了市政府《关于2009年1—7月份经济运行情况的报告》，充分肯定市政府应对金融危机采取的有效措施，客观指出存在的困难和问题，提出了“注重煤炭企业复产复工、加快发展新兴产业、推进工业园区建设、创新金融体制、促进农业产业发展、改善投资环境”等审议意见,并督促整改落实,全力支持市政府坚定不移地推进转型发展、调整经济结构、加快城乡一体化进程,使全市经济保持了平稳较快发展的良好态势。

确保计划预算依法执行。常委会坚持相关工作机构对口审核和专门会议审查相结合、财经委员会审查和常委会审议相结合、沟通反馈审查审议意见和督促整改相结合。一年来,先后听取和审议了市政府2008年市本级财政决算报告和审计工作报告,依法审查和批准了2008年度市本级财政决算,认真监督落实审计查出问题整改情况,促使违规资金得到了追缴,有关问题得到了纠正,增强了计划、预算执行的严肃性。为了依法、科学、合理安排2010年国民经济和社会发展计划及2010年预算,常委会坚持提前介入,调研在先,组织市人大财经委员会听取市政府有关部门专题汇报,对2010年计划、预算草案进行了初步审查,提出了19条意见和建议。市政府积极采纳修改,增强了计划、预算编制的科学性,为本次人代会依法科学确定2010年度计划、预算的“大盘子”奠定了坚实基础。

推动重点工作扎实开展。煤矿企业兼并重组整合是省委、省政府按照“三个发展”要求作出的一项重大战略决策。为支持市政府把这项工作抓紧、抓好、抓出成效,常委会及时将煤矿企业兼并重组整合增列为监督议题,组织专题调研组深入一线开展调研,摸清了兼并重组整合工作中存在的主要症结和突出矛盾。在此基础上,常委会听取和审议了市政府关于煤炭资源整合工作情况的报告,要求市政府加快推进资源价款退还和资产评估工作,妥善解决关闭整合矿井人员的安置问题、农村公益事业发展问题、农民增收问题和重组整合期间的安全生产问题。市政府积极落实整改,使全市煤矿企业兼并整合工作走在了全省前列,为我市煤炭产业的可持续发展打下了良好基础。

推动科技进步。破解“因煤而兴,为煤所困”的发展难题,走出一条依托科技持续发展的路子,是全市上下的共识。常委会对全市科技进步给予了极大的关注,专题听取和审议了市政府关于科技进步工作情况的报告,针对政策、体制、融资、人才、服务等方面存在的问题,提出了五方面的审议意见并督促整改落实,推动了我市科技兴市和人才强市战略的有效实施。

(二)关注民生重点实施监督

千方百计促进农民增收。建设社会主义新农村,农民增收是核心。针对畜牧产业已成为我市农民增收的主要渠道,但服务体系建设仍然明显滞后的现状,常委会听取和审议了市政府关于全市畜牧业发展情况的报告,支持市政府继续加大对畜牧业的扶持力度,注重培育龙头企业,加强服务体系建设,加快发展循环经济,促进全市畜牧产业的健康发展。针对我市在现代农业服务体系建设中存在的突出问题,常委会跟踪监督,支持市政府进一步理顺了基层农业技术推广体制，加快了建立新型农业社会化服务体系步伐，促进了全市农民增收。针对新农村建设中农民素质亟待提高的问题，常委会组织了“构建和谐新农村，送知识进千家万户”大型活动，受到了广大农民群众的欢迎。

大力推动宜居城市建设。统筹城乡生态建设，打造文明宜居城市，是市委的一项重要战略部署，是全市人民的共同期望。常委会顺应党心民心，突出监督重点，讲求监督实效，听取和审议了市政府关于城市园林绿化工作情况的报告，支持市政府进一步完善绿地系统规划，统筹兼顾、全力创建国家生态园林城市；加强了城乡生态环境工作监督，对水污染防治法执法检查建议的落实情况追踪问效，促进了全市集中式饮用水源地保护工作和污水处理工程建设；组织开展了以“保护生态环境，共建绿色文明”为主题的第15次晋城环保行，集中曝光了一批典型案件，促进了有关问题的整改，增强了全社会保护生态环境的意识，为实现2009年市区空气质量二级以上天数352天作出了积极的贡献。

（三）围绕民主法治建设实施监督

切实加强了对基层民主政治建设和公安工作的监督。党的十七大报告指出：“人民民主是社会主义的生命。”基层民主是人民民主的重要基石。常委会高度重视全市基层民主的发展，专题听取和审议了市政府关于村民自治工作情况的报告，针对工作中存在的问题，提出了审议意见，促进了村民委员会组织法的贯彻落实，全市基层民主政治建设进一步得到加强。稳定的治安环境是促进经济社会发展的重要保障。常委会把保证全市政治安定、社会治安稳定作为一项政治任务，深入基层调查研究，准确把握社情民意，专题听取和审议了市政府关于公安工作情况的报告，充分肯定成绩，客观指出问题，提出了四方面的审议意见，并督促公安机关完善相关制度，规范执法行为，提高刑事案件侦破率，强化保障能力建设，为我市经济社会发展营造了良好的治安环境。

认真组织了土地管理法实施情况的检查监督。“十分珍惜、合理利用土地和切实保护耕地”是我国的一项基本国策。为了进一步促进我市合理利用、保护和开发土地资源，推动全市经济和社会持续健康发展，常委会在全市范围内组织开展了土地管理法实施情况的检查监督。执法检查与普法宣传教育相结合，自查和重点检查相结合，市、县两级人大上下联动，合力检查，摸清了情况，找准了问题。在此基础上，常委会听取和审议了执法检查组的报告，针对我市当前用地矛盾和问题，提出了五个方面的意见和建议。常委会将继续跟踪监督执法检查意见的落实，确保我市“保增长、保红线”目标的实现。

扎实开展了规范性文件备案审查工作。对规范性文件进行备案审查，是监督法赋予人大常委会的一项法律监督职责。一年来，常委会依法依规对市政府制定的8个规范性文件进行了备案审查,并督促市政府进一步规范文件制定的程序和内容,严格依照相关规定出台规范性文件,保证了国家法制的统一。

有效完善了群众来信来访工作机制。常委会坚持规范程序、分类处理,带着感情办信访,一年来,共受理群众来信来访435件、1016人次,做到了信访事项件件有登记、事事有回音。坚持定期举行信访联席会议,进一步完善了集体研究、会议决定、事后监督和交办有据的工作制度,促进涉法信访案件得到及时解决,切实维护了上访群众的合法权益,维护了法律的尊严。

二、坚持服从中心服务大局,依法决定重大事项发挥保障作用

讨论决定重大事项,是法律赋予人大常委会的一项重要职权。一年来,常委会坚持服从中心工作,服务全市大局,抓重点、议大事、求实效,紧紧围绕全市经济社会发展的重大事项,认真行使决定职权,先后作出决议、决定11项,有力地保障和促进了全市经济社会的健康有序发展。

依法作决议保障城市建设。建市以来,我市经济发展突飞猛进,城市面貌日新月异。为了尽快实现"六区联动、组团发展"的城市发展战略构架,市政府不断拓展融资渠道,加快城市建设步伐,常委会对此给予了高度关注和大力支持。去年以来,为解决城建项目的资金问题,根据市政府的提请,常委会在认真调研和初审的基础上,先后听取和审议了市政府的专项工作报告,作出了关于批准城市污水深度处理等三个项目采用委托代建模式的决议、关于利用银行贷款加快城市建设的决议、关于利用银行贷款加快白马寺沉陷区综合整治的决议,解决了城市基础设施建设的资金问题,为加快城市建设、创优发展环境,发挥了地方国家权力机关的重要保障作用。

依法作决定推动慈善事业。慈善事业是一项光彩的社会公益事业,是社会文明进步的重要标志。为了促进我市慈善事业的发展,常委会听取和审议了市政府的专题报告,在充分听取社会各界意见的基础上,根据国家有关法律法规,作出了关于设立"晋城慈善日"的决定,将每年3月28日设立为晋城慈善日,这对提高公民道德素质,增强社会责任意识,将起到积极的推动作用。

三、坚持规范程序强化监督,人事任免工作愈益制度化

人事任免是常委会的一项重要工作。常委会坚持党管干部原则和人大依法任免干部相结合,规范任免程序,严格依法办事,强化任后监督,保障了地方国家机关的健康运行。

人事任免程序日臻完善。一年来,常委会先后任免国家机关工作人员43人次。任免工作中,坚持会前审查人事任免议案,深入法、检两院了解情况,组织法律知识考试,主任会议听取汇报制度;坚持常委会会议听取和审议拟任人员提请报告和供职报告,依法表决、颁发任命书制度并举行就职宣誓仪式,增强了任免工作的严肃性,使被任命人员进一步强化了法制意识、公仆意识和人大意识。根据市委的提请,常委会及时依法决定任命了政府机构改革中涉及的11名政府工作部门负责人,为新一轮机构改革的顺利推进提供了坚强的组织保障。

任后监督工作不断强化。坚持承诺公示和公示监督制度,将政府工作部门和"两院"负责人承诺的年度目标内容,通过新闻媒体集中向社会公众明示,公开接受社会监督。坚持市人大及其常委会选举任命人员向常委会递交年度述职报告的制度,并经各有关专工委对口审查,提出审查意见,反馈述职报告人,促进其改进工作。通过承诺公示监督和述职报告审查反馈,进一步深化了任后监督的内容,强化了被选举任命人员接受监督的意识,促进了国家机关工作人员的勤政廉政建设。

四、坚持尊重代表强化服务,代表作用得以有效发挥

人大代表是国家权力机关的组成人员。做好人大工作,必须充分发挥代表作用。常委会充分尊重代表主体地位,不断强化为代表服务的思想,进一步完善工作制度,提高服务水平,支持和保障代表依法履职,为代表作用的充分发挥提供了有力的保障。

代表建议办理工作取得明显成效。常委会坚持"以提高办理质量为重点,以代表满意为标准"的工作思路,完善工作机制,促进制度落实,确保办理质量。一是强化领办、督办机制。常委会在集中交办的基础上,选择了10件事关全市经济发展、社会稳定、人民群众普遍关注的重点建议,交由副市长领办,常委会副主任和对口各委员会跟踪督办,及时发现并解决办理过程中的问题,加快了办理进程。二是检查和审议相结合。常委会坚持邀请代表参与检查督办工作,加强沟通理解,提高了办理工作的针对性。与此同时,常委会专题听取和审议了市政府、市中级法院关于代表建议办理情况的报告,对代表不满意的6件建议提出了重新办理落实的意见,并进行了跟踪督促,使代表建议的办理质量和效果有了明显的提高。三是充分发挥新闻媒体的监督作用。一年来,与市广播电视台联合制作了26期《代表之声》,跟踪报道了60名代表所提40余件建议的办理情况,增强了代表建议办理工作的透明度,彰显了代表风采,促进了办理工作。截至目前,市五届人大六次会议期间代表所提247件建议,已全部办理完毕并答复代表,办复率100%,满意率90%以上,有力地保护和增强了代表依法履职的积极性。

代表服务保障工作得到有力加强。组织80余名代表赴井冈山进行了以新农村建设为主题的专题培训。坚持邀请代表列席相关会议,鼓励代表积极参加各种社会、政务活动。一年来,共邀请28名代表列席了常委会会议,邀请80余名代表参加了常委会组织的专题调研和执法检查等活动,安排近百名代表参加了各类座谈会和行风评议等活动。列席会议和参加活动的代表,事先认真准备,会上积极发言,充分反映群众呼声,为提高常委会工作质量发挥了重要作用。

五、坚持强化思想作风提高工作效能,自身建设迈上新台阶

常委会是国家权力机关的常设机关,肩负着宪法和法律赋予的重要职责。加强自身建设,对于更好地履行职责、做好工作至关重要。一年来,常委会及其机关不断强化思想作风建设,提高工作效能,使自身建设得到了有效加强。

*思想作风建设有了新变化。*从2009年3月下旬开始,市人大机关深入开展了学习实践科学发展观活动。针对影响和制约常委会职能作用发挥的突出问题,提出四个方面19项整改措施,并逐项进行了落实,为常委会领导班子及常委会机关思想作风建设注入了新的生机。

*人民代表大会制度宣传工作取得新成效。*2009年是地方人大设立常委会30周年,常委会组织开展了系列纪念宣传活动。先后组织召开了全市人大工作理论研讨会和座谈会,组织了有奖征文、电视访谈、大型法制讲座、专题文艺晚会等一系列纪念活动,出版了《晋城市人大常委会30年》专辑,从不同侧面回顾总结和宣传了人民代表大会制度在晋城不断发展、不断完善的光辉历程,为我们更好地坚持和完善人民代表大会制度,不断开创人大工作新局面,营造了良好的氛围。我市的《代表之声》栏目被省人大评为"影响山西民主法制建设十项业绩"之一,张家胜、苏红萍代表被评为"感动山西人大代表",乔香平代表获"感动山西人大代表"提名,为我们晋城赢得了荣誉。

*机关建设有了新进展。*常委会自身建设影响和带动了机关建设,促使机关上下一心、风清气正、团结和谐、积极向上,确保了各项工作协调高效运转。2009年市人大机关被市委授予和谐机关称号,树立了人大机关的良好形象。

各位代表,过去一年市人大常委会取得的工作成绩,是市委正确领导的结果;是在原有工作基础上,全体代表和同志们共同努力的结果;是"一府两院"和各县(市、区)人大常委会密切配合的结果;是全市广大人民群众大力支持的结果。在此,我代表市人大常委会表示衷心的感谢!

我们也清醒地看到,在发挥代表作用、增强监督实效、加强自身建设等方面,与人民的期望、代表的要求还有不小的差距。我们将自觉接受人民监督,虚心听取代表意见,不断改进工作方法,更好地发挥市人大及其常委会作为地方国家权力机关、依法履行职责的工作机关和密切联系人民群众的代表机关的作用。

今后一年的工作任务

2010年,是"十一五"规划的最后一年,是谋划"十二五"发展规划的关键之年,也是本届人大常委会任期的最后一年,做好今年的人大工作,责任重大,意义深远。2010年,市人大常委会工作的指导思想和总体要求是:在中共晋城市委的领导下,高举中国特色社会主义伟大旗帜,以邓小平理论和"三个代表"重要思想为指导,认真落实科学发展观,全面贯彻党的十七大和十七届三中、四中全会精神,紧紧围绕全市工作大局和市委中心工作,结合人大工作特点,突出重点,讲求实效,更加注重推进经济发展方式转变和经济结构调整,更加注重促进民生问题的解决,依法、科学、全面履行各项职权,为推动和保障全市经济社会事业健康快速发展作出新的更大贡献。

一、坚持党的领导要更加自觉主动

坚持党的领导,是做好人大工作的根本保证。这既是重大原则问题,也是被实践充分证明了的一条根本经验。在依法履行职权的过程中,我们要更加自觉地坚持党的领导,进一步增强服从党的领导的主动性和坚定性。人大常委会讨论决定重大事项要及时请示市委,重要工作和重大举措要及时向市委报告,真正把党的领导落实到人大工作的各个方面。要切实通过广泛的民主和法定的程序,把坚持党的领导、人民当家做主和依法治国有机统一起来,把市委的意图和主张通过法定程序转变为全市人民的共同意志,使市委推荐的人选经过法定程序成为地方国家政权机关的领导人员,确保人民代表大会制度这一根本政治优势的充分发挥。

二、监督工作要更加讲求实效

常委会要坚持围绕中心、突出重点、讲求实效的监督工作思路,紧紧围绕市委中心工作和人民群众普遍关心的热点难点问题,认真贯彻落实监督法,更加突出监督工作的针对性和实效性,切实推动"一府两院"扎实开展工作,有效促进全市经济社会又好又快发展。

*专项工作监督要突出重点。*常委会把推动经济发展方式转变、促进民生改善、保障依法行政和公正司法作为本年度监督工作的中心任务。要重点听取和审议市政府关于转变经济发展方式情况、关于扶贫攻坚情况和关于依法行政工作情况等五个专项工作报告,并跟踪落实上述报告的审议意见,确保监督实效,着力促进全市保持经济平稳较快发展和加快经济发展方式转变的有机统一,在发展中促转变,在转变中谋发展;着力推进经济社会进步与加快解决民生问题的有机统一,让全市人民更多地享受到公共财政的阳光;着力保障经济建设与

法制建设的有机统一,始终保持和谐稳定的良好局面。

计划、预算监督要加大力度。计划、预算监督是监督法明确规定常委会履行监督职责的重要内容,也是常委会保障经济发展、促进社会进步的重要手段。今年常委会要深入调研"十一五"规划完成情况和"十二五"规划编制情况,重点听取和审议市政府关于2010年1—7月份全市经济运行情况的报告、关于市本级2009年财政决算的报告、关于2009年市本级财政预算执行情况和其他财政收支审计工作情况的报告,加强对财政预算的审查监督,督促市政府加强财政管理,完善预算制度,支持审计机关依法发挥审计监督作用,维护计划预算的严肃性。

执法检查要增强实效。确保法律有效实施,是人大及其常委会的神圣使命。食品安全事关人民群众身体健康和生命安全,人大代表和社会各界广泛关注。今年,常委会要对《中华人民共和国食品安全法》的实施情况组织检查监督。重点检查食品生产、经营状况,食品安全监督管理的工作机制和责任制落实情况,食品安全突发事件应对机制建设情况,违法案件查处情况。通过检查,总结经验,查找问题,提出建议,督促法律实施主体机关加强和改进执法工作,实现食品从田间到餐桌的全程安全,让人民群众吃得放心,吃得安全。

三、人事任免要更加严肃规范

做好人事任免工作,常委会责任重大。常委会要进一步完善制度,更加讲求严肃性和规范性,把坚持党管干部原则和人大依法任免有机结合,认真做好人事任免工作。继续坚持人大及其常委会选举任命干部的承诺公示、公示监督和年度述职制度。总结经验,创新机制,积极探索述职工作的新办法,组织部分人大代表到述职者单位听取意见,了解履职情况,同时选择部分国家机关工作人员在常委会会议上述职,进一步提高任后监督水平,促进被选举任命人员更好地履行职责。

四、代表工作要更加务实创新

充分发挥人大代表的作用,是做好人大工作的基础和保证。常委会要积极探索,大胆实践,强化保障,注重激励,充分发挥代表作用。

强化服务保障。加强对代表小组活动的指导和服务,增强代表活动的实效。进一步扩大代表对常委会和专委会工作的参与,坚持邀请代表列席常委会会议、参与常委会组织的执法检查、视察等活动。认真做好代表调研活动的选题、组织和服务工作。突出培训重点,创新培训形式,切实做好新一届人大代表的培训工作。

完善激励机制。常委会要进一步完善和落实代表活动登记和通报制度,促进代表依法履职。把代表议案建议办理工作与常委会工作有效结合,坚持完善办理机制,落实督办措施,选择重点代表建议,听取和审议承办单位的办理报告,促进有关问题的解决。要总结经验,大胆创新,进一步办好《代表之声》栏目,真正把《代表之声》栏目打造成“提高办理水平,宣传人大工作,展示代表风采”的特色品牌。

五、自身建设要更加注重效能

集体行使职权是人大工作的根本原则。整体水平如何,决定着履职效能的高低。因此,持续不断地强化自身建设始终是常委会永恒的主题。要坚持不懈地克服“短板”,提升整体素质,切实提高常委会及其机关的整体工作效能。

*进一步提升整体履职能力。*要根据常委会各阶段工作的需要,有目的地组织好常委会法制讲座和多种形式的业务培训,深入开展会前专题调研和集中视察活动,提高审议发言质量。坚持实行组成人员履职考核制度,不断增强履职意识,强化履职责任,努力提高常委会组成人员的整体履职能力和水平。

*进一步转变工作作风。*结合人大工作实际,突出重点,科学选题,大兴调查研究之风。坚持调查研究的客观性、科学性和系统性,掌握真情实据,深入科学分析,提出解决方案,提高调研水平,为人大及其常委会科学决策提供可靠保障。

*进一步加强人大宣传、信息工作。*要以增强宣传工作实效为重点,支持和协助新闻媒体加强和改进对人大工作的报道,增强宣传的针对性和实效性,做好代表大会、常委会会议、主任会议以及重大活动的宣传报道工作,扩大人民代表大会制度的影响力。要建立健全人大信息运行机制,强化队伍建设,创新方式方法,及时准确全面公开人大履职情况,把人大工作置于阳光之下,接受人大代表和人民群众的监督。

*进一步引深文明和谐机关创建活动。*完善机关岗位责任制度和激励机制,加强机关管理和服务保障工作,强化责任意识,提高工作效率,保证工作质量。完善信访程序,规范接访工作,提高涉法信访案件办理效率和质量。巩固和谐机关创建成果,扎实推进文明机关创建活动,树立人大机关的良好形象。

明年是我市的换届之年,常委会要责无旁贷地做好换届前的各项准备工作,按照省委、省人大和市委的统一部署,依法指导和监督好代表选举工作,为明年的顺利换届夯实基础。

各位代表,发展中的晋城充满无限生机和希望,人大及其常委会的使命光荣而艰巨。让我们在中共晋城市委的正确领导下,以科学发展观为指导,振奋精神,同心同德,扎实工作,为把晋城建设成为经济发达、富裕文明、生态良好、和谐稳定的新兴现代化城市而努力奋斗!

晋城市人民政府工作报告

——2010年4月26日在晋城市第五届人民代表大会第七次会议上

市　长　王茂设

各位代表:

现在,我代表市人民政府向大会作政府工作报告,请予审议,并请各位政协委员和其他列席人员提出意见。

一、2009年工作回顾

2009年,是我们经受严峻考验并取得显著成绩的一年。一年来,面对国际金融危机带来的经济下行压力,面对全省加快结构调整、推进经济转型的重大考验,面对保增长、保民生、保稳定的艰巨任务,在中共晋城市委的正确领导下,在市人大及其常委会、市政协的监督支持下,市政府团结依靠全市人民,全面贯彻落实党的十七届三中、四中全会精神,以深入学习实践科学发展观为契机,按照省委、省政府转型发展、安全发展、和谐发展的要求,积极应对国际金融危机的冲击,有力、有序、有效地推进各项工作,全市经济社会在2008年平稳较快、协调推进、均衡发展、和谐稳定的基础上,继续保持了从总体平稳到稳步增长的良好态势。全市完成生产总值606亿元,增长7.2%;规模以上工业增加值353.3亿元,增长9.8%;财政总收入136.1亿元,增长20.3%;一般预算收入48.1亿元,增长14.8%;社会消费品零售总额182.3亿元,增长21.4%;全社会固定资产投资366.6亿元,增长37%;外贸进出口总额2.4亿美元,增长15.5%;城市居民人均可支配收入15161元,增长7.2%;农民人均纯收入5255元,增长8.2%。市五届人大六次会议通过的地区经济社会发展指标完成好于预期,继续位居全省前列!为人民群众办的16件实事按进度要求全部兑现!全市上下呈现出经济发展、社会进步、和谐稳定、政通人和的喜人局面。

——化危为机推进转型,宏观调控作用明显。抓住国家扩大内需和促进资源型城市可持续发展的机遇,新上了一批具有长远战略意义和明显拉动作用的重大工程项目,总投资、年计划投资规模和工程数量均创历史新高。阳翼高速、高陵高速、环城高速、嘉南铁路、兰花清洁能源二期、玉溪煤矿、维高水泥、煤矸石电厂、阳城北输变电、雨润肉类加工、晋城学院、市委党校、丹河湿地工程等81项重点工程项目进展顺利。新上了40个重点工业项目和100个工业转型项目，实施了33项城市建设工程，启动了14个城中村改造和北石店区城市化改造工程。及时出台了应对危机的12个政策性文件，继续加大对新型工业、特色农业、现代服务业、科技创新、民营经济和中小企业、城镇化发展等资金扶持力度，实施了企业“五缓四降三补”政策，为应对金融危机，加快转型发展提供了有力保障。煤炭资源整合兼并重组取得重大阶段性成果，全市保留地方煤矿矿井129座，核定产能规模为年产11 230万吨，均为全省第一。新规划了玉溪、东大、沟底、里必、郑庄、胡底、金海、龙湾等一批300万吨以上的大型现代化矿井，为新一轮煤炭产业的可持续发展奠定了坚实基础。加快推进煤化工和煤电化一体项目，天泽煤化工技改项目竣工投产，晋煤合成油项目进入试生产，国投热电厂一期项目开工建设。煤层气产业发展势头强劲，港华、联盛、新奥、中石油、中石化、中联公司等一批采气和液化项目建成投运，形成年抽采23亿立方米、液化3亿立方米的能力。中美能源合作论坛和全国推进煤炭煤层气产业化协调健康发展经验交流暨现场会在我市举办。加快推进富士康项目建设，大力支持乐百利特LED光源、鸿诺光电、路宝铝轮毂、中道能源锂电池等高新技术产品做大做强。着力发展旅游文化产业，皇城相府景区积极创建“国家优秀旅游目的地”，皇城村入选全国首批60个旅游特色村。王莽岭景区成功申报为国家地质公园。珏山和蟒河景区被国家旅游局评为4A级景区，全市4A级景区数量居全省第二。全年完成旅游总收入63.7亿元，增长12.3%。加快发展现代服务业，新上了国贸中心、白马寺接待中心、豪德光彩贸易广场、浙江商贸城、金辇时代广场、金太阳家具城等一批项目。全省煤炭企业转产煤炭城市转型现场会在我市召开。

——“三农”工作全面加强，农村经济稳步发展。各项农业财政补贴全部到位，粮食产量大灾之年达到14亿斤，保持了平年收成。特色产业快速发展，畜牧、蚕桑、果品、蔬菜、小杂粮、中药材等特色农产品基地建设力度加大，成为农民持续增收的新亮点。农民人均纯收入大幅增加，首次超过城镇居民收入增长幅度，被省委、省政府授予“增加农民收入先进市”、“新农村建设先进市”。农业产业化组织和农民专业合作社发展迅速，农业综合开发成效明显。农机化水平快速提升，综合机械化水平达到53%，荣获全省综合考评第二名。“四供八库”水源工程建设继续推进，张峰水库、东焦河水库正式蓄水，围滩、西冶、湾则水库建设工程进展顺利。强力推进扶贫攻坚，市财政2000多万元扶持资金已落实到216个产业项目上；191个机关企事业单位与首批212个贫困村结对帮扶；800户农村住房解困任务全面完成。

贫困农村经济有了新发展,农民生活明显改善。

——*城市建设力度加大,城乡统筹进程提速*。“高速环绕、六区联动、组团发展”的城市总体规划经省政府批准正式实施。城市基础设施建设力度加大,完成了东南出入口通道、泽州北路延伸段、泽州公园改造、玉龙潭公园建设等十大工程。凤凰岭公园、赵树理公园、儿童公园改造等工程进展顺利,市客运东站完成主体工程,经济适用住房、廉租房建设工程基本完成。城市规划展览厅竣工开放,首座公墓弘德园建成运营。积极推进特色城镇化建设,产业集聚、人口吸纳能力显著增强,全市城镇化率达47%。

——*生态环境持续改善,节能减排目标完成*。22个减排项目全面完成,主要污染物二氧化硫、化学需氧量排放持续下降,提前完成“十一五”减排目标。丹河人工湿地一期工程通水运行,市区128台常年燃煤锅炉实现煤改气,全市煤层气、沼气和秸秆气居民用户达到26.7万户。市区二级以上天数达352天,主城区和4个县城空气质量全部达到国家二级标准,实现了历史性突破。环保工作荣获全国第六届中华宝钢城镇环境优秀奖。东南出入口园林景观绿化工程、煤层气综合利用工程荣获“中国人居环境范例奖”。深入实施造林绿化工程,森林覆盖率达到35.7%,荣获“全省造林绿化先进市”、“全省林业建设突出贡献奖”,全国造林绿化现场会在我市召开。

——*社会事业全面进步,人民生活水平进一步提高*。财政支出重点向教育、社会保障、就业、医疗卫生等民生社会事业倾斜,均明显高于全市一般预算支出的增长幅度。各级各类教育发展步伐加快,科技工作和自主创新能力不断强化。医疗卫生、体育事业健康发展。积极开展创建创业型城市活动,以创业带动就业工作效果明显。全年新增城镇就业岗位、输出和就地转移农村剩余劳动力、下岗人员再就业、创业培训、城镇登记失业率等工作均超额完成省定目标。城镇居民医疗保险全面展开,新型农村养老保险积极推进。农村“五个全覆盖”工程进展较快,成效显著。人口计生目标责任制年度考核全省第一。千方百计抓好城乡居民供水、供热、供气、保障性住房、冬季生活供煤等民生工程。市区新建改建供水管网44.5公里,新增供热能力102万平方米。精神文明建设卓有成效,各项城市创建工作扎实开展。广泛开展了庆祝新中国成立60周年系列活动,极大地激发了人民群众的自信心和自豪感。深入开展国防教育和双拥工作,军政军民团结进一步巩固。广播影视、民族宗教、妇女儿童、档案史志、外事侨务、文物保护、人防、气象、统计、地震、老龄、残疾人、红十字、慈善救助等社会事业都取得了新进展和新成绩。

——*发展环境更加优化,社会大局和谐稳定*。政府机构改革进展顺利,事业单位分类改革试点工作有序进行。文化体制改革积极推进,国有企业改革继续深化,全省农村集体林权制度改革试点工作全面完成。举办了中原经济区市长联席会、全国“村长”论坛和国际围棋文化节、“神奇太行·经典晋城”旅游月活动。组团参加了中博会、长春、太原农博会等重大活动，招商引资取得丰硕成果。广泛开展对外交流与合作，与湖北荆门市、浙江台州市、北京大兴区、美国纽约州罗马市、杰克逊市和日本高知县等城市进行友好交往。大力扶持、积极引导中小企业和民营经济发展，对作出突出贡献的民营企业家进行了表彰重奖，营造了全民创业的良好氛围。着力加强政府自身建设，自觉接受人大、政协监督，认真听取各民主党派、工商联和无党派人士意见。全年共办理人大代表建议231件、政协提案251件。政府信息化取得新突破，政务公开和政府信息公开取得积极进展。政风行风评议工作全省第一。法制宣传教育深入推进，党风廉政建设责任制全面落实，行政监察和审计工作进一步加强。组织开展了深入学习实践科学发展观活动，进一步形成了加快转型发展、安全发展、和谐发展的新共识。安全生产工作力度进一步加大，有效预防和控制各类事故的发生，全市安全生产保持了总体平稳的良好态势。深入开展“严打”整治斗争，强化信访和社会矛盾排查调处工作，“平安晋城”建设成效显著，再次荣获全国社会治安综合治理“长安杯”，圆满完成了国庆60周年维稳任务。扎实开展甲型流感等传染性疾病的防控工作，确保了人民群众生命健康。

各位代表，过去一年全市经济社会发展的成就来之不易。这是贯彻执行党中央、国务院和省委、省政府一系列方针政策的结果，是中共晋城市委统揽全局、正确领导的结果，是市人大、市政协大力支持、有效监督的结果，充分展现了全市人民逆势而进、奋发有为的豪迈气概，从容应对、化危为机的聪明才智，同心同德、共克时艰的强大合力。在这里，我代表市人民政府，向全市人民，向驻市解放军指战员、武警官兵和公安干警，向各民主党派、工商联、各人民团体和社会各界人士，向所有关心和支持晋城发展的同志们、朋友们，表示衷心的感谢和崇高的敬意！

总结过去一年的工作，我们更加清醒地看到当前经济社会发展面临的困难和问题。受国际金融危机和全国、全省经济形势的影响，发展的不稳定、不确定因素依然很多；经济增长内生动力不足，自主创新能力不强，加快结构调整、发展方式转变任务艰巨；节能减排、社会就业压力和农民增收难度加大；安全生产形势不容乐观；政府职能转变、作风建设与新形势新任务的要求还有不少差距。我们一定要增强忧患意识，充分利用有利条件和积极因素，努力化解矛盾，更加周密地做好应对各种风险和挑战的准备，牢牢把握工作的主动权。

二、2010年工作安排

2010年,是巩固经济企稳回升势头的关键一年,是全面完成“十一五”规划目标任务的决战之年,是谋划布局“十二五”发展的重要一年。做好今年的政府工作,意义重大。

综观国内外经济形势,全球经济逐步回暖,国内经济整体向好,今年经济社会发展形势总体将好于去年。中央保持宏观政策的连续性和稳定性,继续实施积极的财政政策和适度宽松的货币政策;我市应对国际金融危机的一系列政策措施和重点工程作用逐步显现;特别是在应对危机的实践中,我们既锤炼了队伍,又积累了经验。我们一定要保持清醒的头脑,增强忧患意识,坚定发展信心,更加周密地做好应对各种困难和挑战的准备,不断开创科学发展的新局面,实现晋城新跨越、大发展。

今年政府工作的总体要求是:全面贯彻党的十七大和十七届三中、四中全会精神,在中共晋城市委的正确领导下,以邓小平理论和“三个代表”重要思想为指导,深入贯彻落实科学发展观,以经济发展方式转变为主线,加快推进结构调整和绿色转型步伐,加快推进城乡统筹和现代农业发展,加快推进生态文明和宜居城市建设,加快推进改革开放和体制机制创新,加快推进民生改善和社会和谐建设,努力实现经济社会又好又快发展。

2010年全市经济社会发展的预期目标是:生产总值增长8%左右;财政总收入和一般预算收入分别增长8%;社会消费品零售总额增长16%;全社会固定资产投资增长20%;城镇居民人均可支配收入和农民人均纯收入分别增长9%。约束性指标是:万元生产总值综合能耗下降6.37%;全面完成“十一五”规划确定的节能减排目标,二氧化硫排放量和化学需氧量排放与上年持平;城镇登记失业率控制在4.3%以内;居民消费价格总水平上涨幅度控制在3%以内。

实现上述发展目标,做好今年的政府工作,必须更加注重把国家政策机遇、全省发展战略与晋城发展实际结合起来,走好晋城特色发展之路;更加注重把加快优势资源转化、发展特色产业与培育战略性新兴产业结合起来,推进经济结构调整,进一步提高经济增长质量和效益;更加注重把转变发展方式、调整经济结构与保持经济平稳较快发展结合起来,坚持“好”字为先、“绿”字为要、“民”字为本,树立绿色经济、低碳经济、循环经济理念,建设产业多元、低碳发展、生态优美的现代化宜居城市;更加注重科技进步和技术创新,构建以企业为主体、市场为导向、产学研相结合的自主创新体系;更加注重把加强城市基础建设、推进特色城镇化与新农村建设结合起来,实现城乡一体化发展;更加注重把提升综合经济实力、加强社会建设与改善民生结合起来，进一步提高经济社会发展的协调性，提高人民的生活质量和幸福指数。

今年，要重点抓好以下八方面工作：

（一）坚定不移地推进经济发展方式转变和经济结构调整，加快绿色转型步伐，着力提高经济增长的质量和效益

转变经济发展方式事关全市经济社会发展大局。要把加快转变经济发展方式放在突出位置，在发展中加快转变，在转变中谋求发展，大力推进新型工业化，积极构建现代服务业体系，推动经济进入创新驱动、内生增长的科学发展轨道。

推动传统产业新型化。加快落后产能淘汰步伐，加大技术改造力度，促进传统产业新型化。煤炭产业要在煤矿重组整合取得阶段性成果的基础上，把主要精力和工作重点放在推进技术改造、完善法人治理结构、提高管理水平上来，尽快形成新的生产能力和产业格局。加快推进大型骨干矿井建设，提升规模化、机械化、现代化水平，实现煤炭产业可持续发展。电力产业要积极推进国投晋城热电联供、阳城煤矸石发电、阳城北500千伏变电站等项目建设。装备制造业要重点发展精密铸造、煤机成套装备、瓦斯抑爆设备和汽车零部件等产品，积极承接先进制造业转移，实现传统冶炼铸造向现代装备制造转变，实现精密化、标准化、规模化发展。要统筹规划、合理布局、突出重点，抓好新型材料工业基地建设。

精心培育新兴产业。要把发展新兴产业作为调整结构、培育新增长点的重要举措，打造具有晋城特色的新兴产业体系。现代煤化工产业要拉长产业链条，重点发展下游产品，抓好多元复合肥、精细化工、甲醇深加工、煤制油等拳头产品，推进煤层气、焦炉煤气、煤制气、煤电化一体化，形成煤肥电和醇醚烃并举的格局。要注重新能源的开发利用，加强与中联、中石化、中石油等大企业的合作，拓宽煤层气产业综合利用、高端开发新领域。要加强协调，积极争取地方煤层气采矿权。加快推进碳酸钙造纸项目。要坚持信息化带动工业化、新技术助推产业化，大力发展新能源、新材料、生物医药、节能环保和信息网络产业。特色农产品加工业要重点做强果品饮料、乳制品等传统优势产品，做精丝麻纺织、小杂粮、肉类等特色产品。

加快发展现代服务业。要完善产业规划，认真落实促进服务业发展的各项政策措施，统筹发展交通运输、商贸流通、酒店餐饮等传统服务业，加快发展金融保险、现代物流、信息咨询等现代服务业。大力拓展文化旅游产业。出台文化产业发展规划，加快建设程颢书院、高平非物质文化遗产等文化产业园区，开发地域特色突出的旅游产品，提高文化软实力。继续加大旅游基础设施建设，推进景区标准化建设，打造一流景点，做强旅游景区，提高服务水平，加大营销力度。举办第三届“神奇太行·经典晋城”旅游月活动，不断提升晋城旅游影响力。要将我市深厚的文化底蕴融入旅游业发展,推出一批地域特色鲜明、适合旅客观赏的演艺节目和文化产品,以文化增添旅游魅力,促进文化旅游产业互动繁荣。

*增强园区产业集聚功能。*要把工业园区建设作为打造产业高地的重要载体,理顺管理体制,创新投资机制,强化管理服务,完善基础设施,吸引、承接更多的企业入园发展,提升产业集中度。加快推进北留周村、巴公、高平西部、金匠、阳城建瓷工业示范园区和专业物流园区建设,充分发挥大型企业、工业园区和产业集群对工业经济的带动促进作用。密切追踪富士康集团产业转移动态,争取自动化机器人等高端产品落户晋城,努力实现晋城园区三年创百亿目标。

*全力推进项目建设。*抓住国家继续扩大内需的政策机遇,大力实施项目带动战略,发挥投资对经济增长的拉动作用。下大力气解决好土地供应、信贷投放、环境准入等瓶颈制约,促进项目顺利落地和开工建设。今年突出抓好和扶持省、市、县153项重点工程项目,100项工业转型项目和20项新型工业化重点项目,41个现代服务业项目,44个农副产品加工项目,100个中小企业项目,11个高新技术项目。高质量编制好"十二五"规划,是今年的一项重要工作。要紧紧围绕晋城经济社会发展的重大问题,深入调研、分析、论证,谋划新发展,探求新思路,把编制"十二五"规划的过程作为集思广益、达成共识的过程。

各位代表,转变经济发展方式是一项刻不容缓而又任重道远的宏伟事业。我们必须把加快经济发展方式转变作为推动科学发展的重要目标和战略举措,下功夫解决发展路径单一、资源依赖过度、发展成本偏大的问题,加快实现由单一结构向多元结构拓展,由低端产业向高端产业跨越,由高碳经济向低碳发展努力,由粗放增长向绿色崛起转变,在转型发展的征程上迈出新的步伐!

(二)加快发展现代农业,促进粮食稳定增产、农民持续增收,着力开创"三农"工作新局面

扩大国内需求,最大潜力在农村;实现经济平稳较快发展,基础支撑在农业;保障和改善民生,重点难点在农民。要按照统筹城乡发展的要求,坚持把解决好"三农"问题作为全部工作的重中之重,切实抓紧抓好。

*认真落实强农惠农政策。*继续加大各级财政对"三农"的投入,逐步提高土地出让金、煤炭可持续发展基金等用于"三农"的比例,不断提高对农业的支持力度。认真落实好国家粮食直补、农资综合补贴、良种补贴、农机具购置补贴等政策,继续执行我市已经出台的各项支持农业发展的政策。进一步加强农业支持体系建设,加强基本农田保护,制定农业产业化扶持政策,完善以工补农、以城带乡的社会参与机制,加大全社会支农的力度。

大力发展现代农业。要高度重视粮食生产，确保粮食总产稳定在7.25亿公斤以上。加快农业结构调整步伐，突出抓好畜牧、桑麻、蔬菜、干鲜果、小杂粮、中药材六大特色产业发展。抓好50个200亩以上桑园、6个千亩优质水果、2万亩优质谷子、10万亩连翘等标准化示范基地建设，扶持一批集科技示范、观光采摘、观光养殖、休闲度假于一体的农业示范园。着力推进农业产业化经营，建设25个农副产品加工项目。加强农民专业合作社规范化建设，新发展农民专业合作社700个。新建100个农村可再生能源服务网点建设。

切实加强农村基础设施建设。继续抓好农田水利基本建设和应急水源工程建设，"四供八库"完成扫尾，加大力度新建"一河四供四库"工程。完成全市11座病险水库竣工验收。切实搞好农村安全饮水全覆盖工作，解决农村20万人的饮水安全，新增和改善节水面积3万亩。大力推动农业综合开发，完成高标准农田综合开发3万亩。全面推广农机化新技术，提高农业机械化水平，实施10项农机化新技术示范工程。继续实施村村通水泥(油)路工程，改造县乡公路100公里，完成36个建制村的村通水泥(油)路"全覆盖"工程。

扎实推进扶贫攻坚和新农村建设。继续推进贫困村的产业扶贫工作，实现1万人稳定脱贫。做好新农村建设规划编制，着力抓好127个新农村重点推进村建设，大力实施"四改四化"和"五个一"工程，全面完成"五个全覆盖"工程，改善农村基础设施条件，提升基本公共服务水平，推动城乡一体化发展。

各位代表，高度重视"三农"问题，不仅仅是党和政府对农业、农民的一种关怀，更是全市经济发展和社会稳定的需要。我们要站在全局和战略的高度，毫不松懈地抓好农业和农村工作，努力确保粮食生产不滑坡、农民收入不徘徊、农村发展好势头不逆转，为保增长、保民生、保稳定提供有力的基础支撑。

(三)积极推进特色城镇化，加快城乡一体化进程，着力推进区域经济社会协调发展

城镇化是构建区域经济社会发展一体化新格局的重要载体和推动力量。要坚持"四位一体、整体推进"，把特色城镇化建设作为扩大内需、推动经济增长的战略重点，作为新型工业化的基地，农业产业化的载体，充分发挥其承上启下的纽带作用和产业人口集聚功能，扎实提高中心城市的综合承载能力、县城的辐射带动能力，促进城乡区域协调发展，加快城乡一体化步伐。

首先，要进一步完善城乡规划体系。科学构建城镇体系，坚持规划先行，打破城乡规划分割的局面，高起点、高标准、高质量地编制城乡一体发展的各项规划。着力构建"横向到边、纵向到底、覆盖城乡"的规划体系，不断强化规划对城乡建设的龙头作用和刚性约束。中心城市实现控规和专项规划全覆盖，并编制"十二五"城市建设规划，增强实施城市总规的可操作性。加快推进市县土地利用总体规划、沁河流域特色城镇化规划和四个县城总体规划的修编完善，实现县域城镇体系规划的全覆盖。力争编制完成乡级土地利益总体规划修编和500个新农村建设规划,使新农村建设规划覆盖率达到75%以上,基本实现城乡规划全覆盖的目标。

其次,要提升城市综合承载能力。加快构建"六区联动、组团发展"格局,拉大城市框架,完善城市功能,着力打造城镇群和经济圈。阳翼、环城、高新高速公路高平至陵川段实现通车,开工建设高平至沁水高速公路,全力推进高平至晋城、晋城至阳城两条一级公路建设。做好阳城至济源高速公路的前期工作。开工建设主城区到北石店、金村、南村的快速通道,尽快打通红星街东、西两段和北石店畅安路等城市骨干道路。启动"煤层气利用城乡全覆盖工程"。完善配套城市供水管网、热电联供热网、管道煤层气工程。高平、阳城、陵川、沁水县城年底前都要用上煤层气。加快城中村改造步伐,18个城中村改造项目要全部开工建设。抓好北石店区、晋城学院、市委党校的基础设施配套工程。

第三,要加快特色城镇化建设。从城镇区位、资源特点、功能定位和自然历史条件出发,科学规划,合理布局,分步实施,集中力量建成一批工业带动、资源开发、商贸流通、旅游度假等特色突出、各具优势、设施良好、功能完备、环境优美的特色城镇。要强化城镇产业支撑,注重把发展小城镇与产业发展、园区建设有机结合起来,同农村市场体系建设、农业产业化经营和社会化服务有机结合起来,引导鼓励煤矿和大型企业生活区向中心城镇集中,以新型工业化带动特色城镇化。大力发展商贸、旅游、餐饮、交通运输等第三产业,建设一批有特色的区域性中心市场和知名的专业市场,做到服务农村、繁荣城镇。要坚持高起点、高标准,加快城镇绿化、道路、公共交通、供水、供气、供热等基础设施建设,拓展城镇功能,不断提高城镇的辐射带动能力。

第四,要实现城乡一体化发展。以特色城镇化为纽带,加快发展县域经济,促进城市向农村延伸,农村向城市化方向迈进,带动农民就业转移,构建城乡经济社会发展一体化新格局,实现城乡共同发展。要抓好润城—郑庄沁河流域、北留—周村、环城高速环内等7个城乡一体化发展示范片区建设。加快皇城相府风景名胜区建设步伐,打破行政区划,整合周边资源,形成以旅游业为纽带的融合城乡、引导集聚的城镇化发展新样板。要进行探索性的户籍制度改革,放宽城市落户条件,使在城镇稳定就业和居住的农民有序转变为城镇居民。

各位代表,大力推进特色城镇化,加快城乡一体化进程,我市具有独特的优势条件和扎实的工作基础。我们一定要坚持统筹城乡发展不动摇,缩小城乡差距不放松,破除城乡二元体制不停步,努力实现城乡一体化发展,为推动经济社会平稳较快发展增添新引擎、新动力、新成效。

(四)深入推进生态文明建设,强化生态保护和资源利用,着力提升城市宜居水平和可持续发展能力

在新的历史条件下,建设生态城市和重塑生态文明,已经成为城市综合竞争力的重要因素,是城市可持续发展的前提和基础。统筹规划和建设好城市的山、水、绿、文与人的和谐相融,对于改善生态环境,陶冶市民情操,提高生活质量,实现经济、社会、环境的持续协调发展,具有举足轻重的作用。

一要继续推进节能减排。强化节能减排目标责任制,加强对全市重点耗能企业的监控。加强土地资源管理,促进节约集约用地,发展节能、省地型住宅和公共建筑。严格执行环境影响评价和“三同时”制度,提高环保准入门槛,控制污染物新增量。继续对沁河流域实施总量控制,丹河流域停止建设任何化工项目,开工建设丹河人工湿地二期工程。高平、阳城、陵川、沁水4县(市)生活垃圾无害化处理厂完成建设。已建成的污水处理厂要完善配套管网,陵川县污水处理厂建成投运。市生活垃圾无害化处理厂实现正常运行,提高处理能力,垃圾无害化处理率达到94%。加强对全市煤炭、电力、化工、建材等重污染行业的环境监督检查,确保实现达标排放。

二要大力发展低碳技术和循环经济。以低能耗、低排放、低污染为主要特征的低碳经济是目前国际社会普遍倡导和推崇的经济发展模式,也是国际社会共同应对全球气候变化而达成的普遍共识和采取的一致行动。要鼓励利用低碳技术,培育低碳产业,推广低碳生产。提高工业领域、交通运输、建筑等行业的能源使用效率,加大利用程度。大力推进太阳能、沼气等可再生能源的开发利用。深入实施“节能产品惠民工程”和推广绿色照明,努力建设以低碳排放为特征的产业体系和消费模式。要结合我市实际,进一步抓好延伸煤化工、煤层气、煤转电、煤矸石、新型建材、焦炉尾气利用产业链条,积极推进“国家循环农业示范市”建设,构筑我市循环经济体系。推进城市循环水系建设,在热电厂、河道景观、园林绿化、环卫、洗车等行业全面推广中水回用。

三要加大环境综合整治力度。大力实施环境管理水平提升、体制机制创新、农村群众健康保障、农村突出环境问题治理、市区及周边环境综合整治“五大工程”,全市6个县(市、区)空气质量要全部稳定达到国家二级标准。集中开展扬尘污染专项整治行动,清理整顿市区周边及城乡结合部的各类固废物料堆积场,取缔环城路周边所有土小企业。继续加强机动车尾气污染防治,大力开展饮用水源地专项整治,加强畜禽养殖业污染防治,进一步改善农村环境。

四要加强生态环境建设。要坚持“节约型、多功能、园林式”的绿化理念，努力打造现代低碳宜居城市。精心实施白马寺沉陷区生态综合整治、北出入口景观绿化二期、泽州北路延伸段道路、东南出入口和环城、阳翼、高陵高速通道绿化工程。推进街头绿地建设，市区新增绿化面积174万平方米。完成儿童公园改造工程。大力实施造林绿化工程，组织实施碳汇工程，完成造林10万亩，植树760万株。新建城区落花寺、泽州龙王山、高平西山、阳城骏马岭、陵川崇文、沁水碧峰山等六个城郊森林公园。

各位代表，山水是城市的灵气，绿色是城市的生机，人民是城市的根本。快速发展中的晋城，生态环境与经济发展同等重要，建设任务非常艰巨。我们一定要坚持不懈地实施生态立市战略，大力发展绿色经济，着力打造“太行明珠、宜居晋城”的城市品牌，不断提升全市人民的生活质量和幸福指数，使晋城成为创业者向往、晋城人自豪、外来人羡慕的现代化宜居新城！

(五)切实保障和改善民生，加快推进各项社会事业，着力提升公共服务水平

坚持优先发展教育。全面提升教育教学质量，促进义务教育均衡发展。大力推进中小学校舍改造、义务教育标准化提升、教育信息化和市区教育重点工程建设。继续推进职业技术教育、成人教育和民办教育发展，全面推进教育优质均衡协调发展。做好市中等专业学校迁建、白水新区完全中学和秀水苑学校的筹建工作，着力缓解市区中小学班容量过大等问题。

积极抓好创业就业。创业是发展之基，就业是民生之本。要以创建国家级创业型城市为契机，强化政策扶持、创业培训、创业服务和工作考核“四位一体”的工作机制，优化创业环境，大力推进全民创业，实现以创业带动就业。鼓励高校毕业生、返乡农民工、复员转业军人、下岗失业人员的自主创业、自谋职业。大力发展就业容量大的劳动密集型产业，建立健全公共投资带动就业的增长机制。大力开展多形式、多层次的创业培训和职业技能培训活动，为就业提供良好的条件。重点抓好500个创业项目，完成创业培训3000人，创业带动就业8000人。继续实施“五缓四降三补”政策，帮助困难企业稳定就业岗位。建立和完善失业保险与促进就业的联动机制。高度重视并切实解决“城中村”失地农民的就业和社会保障问题。加强公共就业服务体系和人力资源市场建设，开工建设市人力资源市场，力争年底竣工投入使用。

提高社会保障水平。扩大养老、失业、工伤和医疗保险覆盖面。巩固新型农村合作医疗制度，提高城镇居民医疗保险补助标准和筹资水平，加快解决困难企业职工的医疗保险问题，提高优抚对象抚恤和城乡最低生活保障水平，积极探索医疗保险异地就医管理办法。稳步提高退休人员、失业人员、工伤人员社保待遇，落实基本医疗保险惠民措施。推进事业单位养老保险制度改革。认真组织沁水、阳城、泽州三县实施新型农村养老保险试点，逐步实现全覆盖。

大力发展医疗卫生事业。进一步完善城乡公共卫生服务体系，不断巩固“县提升、乡达标、村覆盖”成果，提高突发公共卫生事件应急处置能力，认真落实好国家基本药物制度，扩大新型农村合作医疗、城镇基本医疗保险制度范围。加强人口和计划生育工作，提高出生人口素质。加强食品药品安全监管，保障人民群众饮食和用药安全。

推进保障性住房建设。进一步优化住房供应结构，加快廉租房、经济适用房建设，推进城中村改造，多渠道解决城市居民住房困难。新建经济适用住房34.3万平方米、4582套，保障率达到76%。北石店棚户区改造新建住房10万平方米、1000套。同时，加大普通商品住房供给，支持居民自住和改善性购房需求。积极开展公共租赁住房的调查研究工作。

各位代表，社会和谐、生活幸福始终是人们的美好追求，高度重视和改善民生是政府的首要责任。我们要高举公平正义的旗帜，加快各项社会事业发展，提供更多更好的社会资源和公共服务，努力使全市人民学有所教、劳有所得、病有所医、老有所养、住有所居，共同享受科学发展的成果，形成一个各尽所能、各得其所、和谐相处的生动局面！

（六）拓宽对外开放领域，加大招商引资力度，着力增强发展的动力和活力

深化重点领域和关键环节的改革。一是推进行政管理体制改革。扎实推进市、县两级政府机构改革，加快事业单位的分类改革，全面完成改革任务。二是深化经济领域的改革。稳步推进国有和集体企业的改革，促进体制机制创新，支持企业进行战略重组整合，提高资本和产业的集中度，增强市场竞争能力。强化国有资产监管。妥善做好破产企业和政策性关闭矿井的后续工作。三是加快社会领域的改革。要稳定农村基本经营制度，促进农村土地有序流转，全面推进集体林权制度改革。

大力开展招商引资和对外交流合作。要着力优化投资环境，创新招商引资方式，提高招商的时效性，做好签约项目的跟踪落实，保证签约成功率。重点要做好上海世博会、南昌中博会、深圳文博会、太原能博会的参展工作。开工建设海关、出入境检验检疫机构大楼。充分利用国际、国内两个市场、两种资源，培育壮大进出口企业队伍，积极开拓新兴海外市场，重视发展加工贸易和服务贸易，提升外向型经济发展水平。大力实施“走出去”战略，鼓励有实力的企业在境外投资建厂、承包工程。加强对外交流合作，尽快融入中原经济圈和城市群。要进一步转变思想观念，营造开放氛围，让开放成为我们的思维方式，让开放成为我们的行为习惯，让开放为我们的发展注入更加强大的动力和活力！

积极扶持中小企业和非公有制经济发展。全面落实国家和省有关政策措施，为中小企业和非公有制经济发展创造更加宽松的环境,在转型升级、技术改造和产品创新方面给予强力支持。完善中小企业信用担保体系,鼓励金融机构扩大对中小企业的信贷投放。要破除体制障碍,推进公平准入,激活民间资本,鼓励非禁即入,支持非公有制经济组织参与国企重组、新兴产业、基础设施、特色城镇化和新农村建设。

着力提高自主创新能力。自主创新是经济结构调整和经济发展方式转变的中心环节。要强化科技支撑体系,以企业为主体,集聚创新要素,激活创新资源,搭建创新平台,转化创新成果,提升科技自主创新能力、开放带动力。实施人才强市战略,组织参加国内外高层次培训,大力培育领导干部和各类实用技术人才,积极引进科技领军人才,建设创新团队,积极为各类市场主体创新提供更加良好的服务。

(七)加强民主法治和精神文明建设,创优社会环境,着力保持社会和谐稳定

推进民主政治建设。认真执行人大及其常委会的决议、决定,依法向人大及其常委会报告工作,自觉接受人大及其常委会的法律监督和工作监督。积极支持人民政协履行政治协商、民主监督、参政议政的职能。认真办理人大代表的议案、建议和政协委员的提案。广泛听取各民主党派、工商联、无党派人士和工会、共青团、妇联等人民团体的意见和建议。不断健全民主制度,丰富民主形式,拓宽民主渠道,完善基层民主自治和企事业单位民主管理制度,依法实行民主选举、民主决策、民主管理、民主监督,扩大政务公开、村务公开和厂务公开的范围和内容,保障人民的知情权、参与权、表达权、监督权。全面落实“五五”普法依法治理工作任务,提高法治晋城建设水平。

加强精神文明建设。紧紧抓住社会主义核心价值体系建设这一根本,围绕提高公民思想道德素质和社会现代文明程度两大目标,深入推进文明城市创建活动,充分发挥道德模范的示范作用,加强和改进公民思想道德建设和未成年人思想道德建设,提升精神文明建设水平。构建完善的公共文化服务体系,健全市、县、乡、村四级文化服务运营机制。加快赵树理文化园区、市图书馆、美术馆、市文化艺术中心等工程建设。大力推进农村“十大文化工程”建设,促进文化资源向农村倾斜。完善文化基础设施建设,丰富群众精神文化生活,推动晋城文化大发展大繁荣。深入开展全民健身活动,办好第四届农民运动会。

强化安全生产工作。要充分认识做好安全生产的极端重要性,牢固树立“以人为本、生命至上”的执政理念,抱着对国家和人民生命财产高度负责的态度,切实抓好安全生产各项工作。要突出落实责任,进一步强化企业安全生产主体责任、部门安全管理责任和政府安全监管责任。严格安全目标责任考核,认真执行各项制度,真正做到安全生产齐抓共管。全面推进“三项建设”,筑牢夯实安全基础。继续开展“安全生产年”、“安全发展落实年”活动,深化安全生产专项整治，扎实推进安全生产“三项行动”，持之以恒地加强煤矿安全生产，抓好非煤矿山、危险化学品、易燃易爆物品、冶金机械、道路交通、建筑施工、煤层气、电力、学校、旅游、公共场所、林业等行业和领域的安全工作，全面排查整治安全隐患，坚决遏制重大事故发生，确保全市安全生产形势持续稳定。

全力维护社会稳定。要完善社会管理机制，健全社区服务和管理网络，积极发挥社区和基层的社会管理作用。进一步加强和改进信访工作，畅通信访申诉渠道。继续建立健全“六级六步”大调解工作机制，积极化解社会矛盾纠纷。全面加强应急管理，健全应急处理机制，完善防灾减灾体系，积极预防和妥善处置重大自然灾害和突发公共事件。全面加强社会治安综合治理，严厉打击各种违法犯罪行为，确保人民群众生命财产安全和正常的社会生活秩序。认真做好法律援助工作。落实好党的民族宗教政策，加强外事、侨务、对台等工作。继续支持国防和军队建设，做好双拥工作，积极促进军民融合式发展。

（八）切实加强政府自身建设，改进工作作风，着力提高执政能力

以政府机构改革为契机，巩固扩大深入学习实践科学发展观活动的成果，进一步加强政府自身建设，努力建设责任型政府、学习型政府、高效型政府、法治型政府、廉洁型政府。

第一，继续解放思想，强化责任意识。要牢固树立执政为民的理念，把实现好、维护好、发展好最广大人民群众的根本利益作为全部工作的出发点和落脚点，践行全心全意为人民服务的宗旨，千方百计为最广大人民谋福祉。要坚持求真务实，深入调查研究，善于发现问题、分析问题、研究问题、解决问题。要提倡敢负责、会干事、作风硬、能吃苦的工作作风，努力形成一个敢抓落实、狠抓落实、会抓落实的良好氛围。

第二，坚持依法行政，强化法制意识。深入贯彻国务院全面推进依法行政实施纲要，完善重大问题集体决策制度、专家咨询制度、社会公示和听证制度，加强对政府规范性文件的监督管理，增强决策透明度和公众参与度，努力提高执行力和公信力。坚持依法行政，严格按照法定权限和程序行使权利和履行职责，积极开展省级依法行政示范县、示范单位创建活动。加强和改进行政执法工作，做到规范执法、文明执法、公正执法。要推行阳光政务，扩大政务公开，提高行政效能。加强行政监督，推行政府绩效管理制度，严肃整治行政不作为和乱作为问题。

第三，切实改进作风，强化服务意识。要加强学习，努力建设学习型政府，提高履行职责的本领。要善于研究新情况、解决新问题，切实增强研判形势、把握大局、应对复杂局面的能力，不断提高推进科学发展的水平。要转变政府职能，优化政务环境，建设高效政府。继续减少行政审批事项，进一步优化工作流程，精简办事程序，提高政府工作的透明度和工作效能。

第四,严格制度约束,强化廉政意识。全面贯彻落实党风廉政建设规定,加快推进惩治和预防腐败体系建设。强化审计监督和行政监察,加大煤炭资源整合、扩大内需项目、政府投资项目的审计监督力度,严肃查处各类违法违纪案件。加强对广大公务员队伍特别是领导干部的廉洁从政教育监督,筑牢拒腐防变的思想道德防线,以反腐倡廉的实际成效取信于民。

各位代表,加强政府自身建设,归根到底就是要常怀敬民之心,勤思富民之策,笃行利民之举,努力建设一个人民满意的服务型政府,切实为人民办实事、办好事,让人民生活得更加幸福、更有尊严,让社会更加公正、更加和谐。

今年,要在全面完成以上各项目标任务的基础上,着力为人民群众再办好以下16件实事:一是改造加固中小学校舍118万平方米,为100所农村寄宿制小学配备科学实验室和小学理科仪器,为100所农村寄宿制学校配备饮食卫生安全设施。二是60%的基层医疗卫生机构实行国家基本药物制度。三是农村养老保险覆盖人数达71.1万人;对1379名就业困难人员实施就业援助。四是新建、改扩建农村敬老院7所;并为300名贫困残疾儿童实施康复救助。五是新开工建设保障性住房2000套,棚户区改造1000套。六是解决好20万农村人口的安全饮水问题。七是为36个建制村新建水泥(油)路191公里。八是全面完成村级卫生室建设任务。九是发展100户旅游星级农家乐,新建200家连锁农家店,新建改造11家配送中心、100家放心粮油店。十是新(改)建182个村级组织活动场所。十一是市区新增管道煤层气用户1万户。十二是市区环境空气质量二级以上天数达到340天以上,空气综合污染指数控制在1.82以下,一级天数达到100天以上;市区集中式饮用水源地水质达标率100%。十三是新启动第二批150个贫困村的扶贫攻坚工程,完成移民搬迁1000人。十四是完成新型农民技能培训10万人,培养一批新农村建设带头人;完成返乡创业培训1000人,带动农民创业5000人。十五是实施放心"菜篮子"工程,新建春秋蔬菜大棚900亩、日光温室100亩;建设农业安全预警监控中心;推广3万亩蔬菜生产组装配套技术,实行无公害生产。十六是实施晋城数字互动电视工程。

各位代表,危机面前,我们沉着应对,逆势而进;复苏路上,我们更应跃马扬鞭,奋勇争先。让我们紧密团结在以胡锦涛同志为总书记的党中央周围,在中共晋城市委的正确领导下,凝聚起全市人民的智慧和力量,锐意创新,积极作为,科学务实,不懈奋斗,全面完成今年和"十一五"规划目标任务,不断谱写经济社会发展新篇章,努力打造更加靓丽、更具魅力的宜居城市,共同建设富裕文明、和谐安康的幸福家园!

政协第五届晋城市委员会常务委员会工作报告

——2010年4月25日在政协第五届晋城市委员会第五次会议上

晋城市政协主席　殷理田

各位委员、各位同志：

我受中国人民政治协商会议第五届晋城市委员会常务委员会的委托，向大会作工作报告，请予审议。并请列席会议的同志提出意见。

一、2009年工作回顾

2009年，是极不平常的一年，面对国际金融危机的冲击，中共晋城市委、市人民政府团结带领全市人民在风浪中前行、在逆境中奋斗，通过采取一系列抓生产、促投资、扩内需、保安全的积极有效措施，使全市经济社会各项事业继续保持了稳健良好的发展势头，取得了极为不易的成绩，值得倍加珍惜。

2009年，也是人民政协事业发展进程中的重要之年，我们迎来人民政协成立60周年。一年来，市政协常委会在中共晋城市委的正确领导和省政协的有力指导下，引领广大委员和各参加单位，高举爱国主义、社会主义旗帜，牢牢把握团结、民主两大主题，紧紧围绕应对国际金融危机、推进晋城科学发展的大局，积极履行工作职能，充分发挥协调关系、汇集力量、建言献策、服务大局的重要作用，与全市人民携手并进、共克时艰，为保持经济平稳较快增长、推进我市改革开放和社会主义现代化建设作出了积极贡献。

一年来，我们把思想政治建设放在首位，坚持用中国特色社会主义理论体系统一思想，指导实践，努力夯实各党派、各团体、各民族、各阶层、各界别人士团结奋斗的思想基础，不断增强政协组织和政协委员坚持中国特色社会主义道路的自觉性和坚定性。我们按照中共晋城市委统一要求，积极开展科学发展观学习实践活动，引导政协委员和各界别以"真情履职、心系民生、服务发展"为实践载体扎实开展教育活动，努力构建服务晋城科学发展和政协工作科学发展的工作机制。我们根据中共晋城市委的安排，认真开展了贯彻十七届四中全会精神的学习活动,市委常委、宣传部长康吉仁同志作了专题报告。通过学习,进一步深化了对多党合作和人民政协事业在党的工作中重要地位和重要作用的认识,增强了坚持中国共产党领导、努力推进人民政协事业发展的使命情怀。我们还抓住新中国和人民政协成立60周年这一喜庆节日,举办了"见证辉煌历程"主题演讲赛、"长江杯"政协知识电视竞赛,在《人民政协报》、《山西政协报》、《太行日报》等新闻媒体开设专版、专栏,出版文史资料专辑等一系列学习纪念活动,使广大政协委员、政协工作者重温中国革命的艰辛历程,重温人民政协的地位作用,进一步增强了做好政协工作的责任感和使命感,坚定了走中国特色社会主义政治发展道路的信念。为了深化理论学习,我们坚持把重点掌握党的理论创新成果、重大决策部署与系统学习中国特色社会主义理论体系有机结合,把中心组学习、常委会学习、委员学习和机关学习协调推进,通过举办理论讲座、专题讲座、情况通报会、形势报告会等多种形式,着力增强学习的针对性和实效性,广大委员和机关干部的理论素养、政治水平有了新的提高,为人民政协事业发展奠定了坚实的基础。

一年来,我们把服务科学发展作为政协工作的重中之重,认真履行政治协商、民主监督、参政议政三大职能,努力为市委、市政府提出科学的切合实际的带有方略性的思路和主张。我们关注中小企业发展,五届十八次常委会重点协商讨论了在国际金融危机形势下如何发展中小企业的问题。经济企业界的委员就金融市场运作进行了研究,提出建立多元投资体系的途径,在如何用好政府的钱、贷出银行的钱、巧用民间的钱和引来外边的钱上有所突破,并提出了切实可行的建议供决策部门选择。市政府设立了多项扶持企业发展基金,下拨近3亿元资金帮助企业渡过难关,为政府赢得了良好声誉。我们重视林权制度改革,这是事关增加农民收入的要紧之事。五届十九次常委会进行了专题讨论,提出的建议言之有理、论之有据、用之可行,受到市委市政府主要领导的充分肯定,也有力地推动了我市林权制度改革,目前我市60%以上的乡镇实现了"山有其主,主有其权,权有其责,责有其利"的改革目标。文化是经济社会的灵魂,文化建设事关经济社会的成败。近年来,我们倾心关注关心文化事业发展,切实提出建议,积极督促落实。五届二十次常委会通过的《关于进一步加强我市公共文化工作的若干建议》市委予以批转,文化体育等部门正在采取措施,积极推进全市公共文化服务体系建设,初步形成了以社会主义核心价值为统领、以市级公共文化机构为主导、以县(市、区)乡两级公共文化机构为骨干、以社区和村级等基层群众文化活动为基础的公共文化工作新格局。我们把议事的过程变成政协参政议政、政府改进工作、党委深化改革的过程,以此得到推动晋城科学发展的目的。

一年来,我们把惠民生、促和谐、保稳定放在心上,抓在手上,开展大量调查研究,提出比较周密的建设性意见，真心实意的把事关民生的事办好办成。针对宏观经济发生逆转、生活困难群众增多的实际，我们依托专委会和各界别，就农村饮水、教育医疗、住房安居、社会保障等问题进行调研，着力促进“五大惠民工程”和农村“五个全覆盖”的推进实施；针对体制转轨、社会转型中利益关系复杂化、利益差别敏感化的实际，我们充分发挥政协社情民意信息“直通车”的优势，及时收集和反映农村土地征用、城镇房屋拆迁、国有企业改制、林权制度改革等事关群众利益和社会稳定的突出问题，及时向党委、政府和有关职能部门反映，同时发挥政协民主监督作用，组织委员参加政风行风评议，选派委员担任廉政监督员，为维护群众权益、促进社会和谐发挥作用。一年来，市政协组织开展集中调研、视察调研 30 多次，报送专题建议报告 12 件；征集提案 319 件、立案办复 303 件；编发《晋城社情民意》130 期，收集社情民意信息 1098 条。市政协通过信息、提案、调研、视察等形式关注民生，反映社情民意，从而使一些带有全面性、普遍性和倾向性的难点、热点问题得到解决。

一年来，我们把发挥委员主体作用作为政协助推发展的重要举措，组织广大政协委员开展“深入企业问经营送对策、深入农村问增收送科技、深入社区问民生送温暖”的助推发展实践活动，在履行职能上进行了新的探索。市政协党组积极为泽州县山河镇新农村建设操心出力、寻计问策，会同市经济技术开发区帮助发展农业开发项目 3 个，道路建设项目 1 个，筹集资金 700 余万元；各民主党派政协委员在推广绿色无公害大棚果蔬项目、秸秆生物反应堆技术以及在新农村建设规划、合作办学、发展农村医疗卫生事业、文物普查等工作中，献计出力，施展才华，赢得社会好评。委员中的企业家们，更是富有远见，务实进取。兰花集团瞄准“百年兰化”目标，加快资源整合，发展新兴产业，勇敢地担当起稳定全市经济发展的重任。富士康科技工业园区在危机时刻不减员不减薪，以宽阔的视野逆势发展，促进就业，成为抗击国际金融危机的排头兵。裕丰实业加快建设我国第一条真正意义上的“民营铁路”，并且拓展发展领域，兼并太平洋大厦，引领我市中小企业向集群和旗舰式发展。森宝商贸公司投巨资打造“浙江商贸城”，用全新的理念积极发展现代服务业。在委员主体活动中，还涌现出全国环卫标兵焦小平、全国工人先锋刘敏、全国十佳公益使者郭响亮，中国戏剧梅花奖获得者陈素琴、国家摄影最高奖“群星奖”获得者秦红宇、省科技推广先进焦宏源、省光彩事业先进彭晋峰、省百佳新闻工作者程旭荣、省创业发展先进郭海林、省扶贫济困先进李红光、三晋收藏鉴赏名家靳旭玲、安全生产管理专家司安民，等等。正是这些委员知名人士、专家学者、优秀代表，构成了推进晋城经济社会发展的有生力量，成就了各行各业的辉煌事业。广大委员用自己的新观念和新思维去影响周围的人解放思想，用自己的丰富学识和特殊才能去解决发展中的具体问题，用自己的委员身份和奋斗业绩去团结各界群众建设家园。也正是委员们的杰出表现,为人民政协升华了荣誉、巩固了地位、赢得了希望。

一年来,我们把党派、界别、委员、机关作为一体进行建设,不断提升履行职能的水平。我们努力搞好民主协商,召开不同层次、不同范围的恳谈会、务虚会,促进党内外人士沟通思想、增进共识,市政协五届四次会议以来,各民主党派市委、市工商联提出提案86件,反映社情民意信息112篇,均得到充分反映和及时办理。我们大力增进民族宗教团结,及时就新疆乌鲁木齐"7·5"事件向民族宗教界人士通报情况、宣讲政策,为增进民族团结、维护国家统一发挥积极作用。我们大力促进对外交流,先后与70多个政协组织开展联谊活动,就产业联动、文化交流、旅游发展等达成广泛共识,大力推进区域交流合作,积极宣传晋城、推介晋城,为引进我市建设发展所需的人才、资金、技术发挥了积极作用。我们全面加强自身建设,通过教育培训、工作实践、激励考评,着力提升委员的政治把握能力、参政议政能力、合作共事能力和干事创业能力,着力提升机关干部的理论政策水平和办文、办事、办会能力;通过思想教育、完善制度、严肃纪律,着力解决作风方面的突出问题,不断增强大局意识、责任意识、协作意识和服务意识,大力弘扬勤政敬业之风、求实创新之风、团结和谐之风、公正廉洁之风,广大委员和机关干部的作风得到进一步改进,并通过自己的实际行动,为政协组织增了光添了彩,在个人和晋城市政协史册上写下了值得纪念的一页!

各位委员、同志们:

过去的一年,我市政协工作取得了新的成绩,人民政协事业得到了新的发展,市委、市政府给予了充分肯定。这些成绩的取得,归因于中共晋城市委的正确领导和市人民政府的大力支持;归因于政协各级组织、各参加单位和广大委员的团结奋进;归因于社会各方面和人民群众的热忱关心。在此,我谨代表市政协常委会,向市委、市人大、市政府,向各民主党派、各人民团体和各族各界人士,向一切关心和支持我市政协事业发展的同志们、朋友们,致以崇高的敬意和衷心的感谢!

二、政协工作的主要体会

坚持中国共产党的领导,是推进人民政协事业发展进步的根本保证。中国共产党是建设和发展中国特色社会主义事业的领导核心。人民政协事业是党和国家事业的重要组成部分。在中国共产党的领导下,不断推进民主政治建设,是历史的选择、人民的选择,也是人民政协产生、存在、发展的依据和保证。市政协自觉接受市委领导,始终与市委保持思想上同心、目标上同向、行动上同步。实践证明,加强党的领导,最主要的就是要加强党对政协工作的政治领导,坚持党的领导,最根本的就是要坚决维护党委的领导核心,把中国共产党的政治主张转化为人民政协各参加单位的一致共识,转化为全体政协委员的自觉行动,转化为全市人民推进科学发展的实践成果。

坚持围绕中心、服务大局的工作方针，是促进经济社会又好又快发展的必然要求。把经济建设搞上去，实现社会主义现代化，进而实现中华民族的伟大复兴，是党和国家的中心任务，也是政协工作必须服从的大局。人民政协只有围绕经济建设这个中心来确定工作思路，只有善于从国际国内形势的发展变化中认识大局，只有善于从市委市政府的中心任务上来把握大局，只有善于从人民群众的呼声和意愿中来维护大局，才能充分发挥自身优势和特点，才能更好地为中心工作服务。

坚持团结民主两大主题，是维护社会和谐稳定的基础。大团结、大联合是人民政协的象征。组织上的广泛代表性、政治上的广泛包容性，决定了人民政协在实现大联合、增强大团结方面具有独特优势和重要作用。因此，人民政协所进行的一切工作、所开展的一切活动，都要从有利于争取人心、有利于凝聚力量、有利于发扬民主、有利于增进团结、有利于创造良好的社会政治环境出发，用团结的理念、团结的言论、团结的行动，促进形成大团结、大联合的社会氛围，引导人民群众朝着全面建设小康社会的目标奋进。

坚持实践与理论的不断创新，是人民政协事业永葆生机和活力的源泉。创新是一个民族的灵魂，是一个国家兴旺发达的不竭动力，也是人民政协事业常做常新、生生不息的源泉。市政协根据晋城发展的需要，大胆实践，积极探索，在政治协商制度建设上，我们形成了全委会整体协商、常委会专题协商、主席会重点协商的格局；在参政议政形式上，我们形成了以“政协论坛报告会”、“专题议政会”和“大会发言”为重点，以反映社情民意为主要内容的议政形式；在民主监督方法上，我们积极探索建立民主监督小组的监督形式，以规范的工作机制把政协单一的民主监督提升为与党委的纪律监督和政府的行政监督相结合的综合监督，创造性地履行了人民政协民主监督的重要职能。在发挥人民政协优势上，我们精心搭建委员活动平台，让这些政治上有影响、经济上有实力、社会上有声望、学术上有造诣的政协委员大显身手，施展才华，激励委员在晋城人民政协和晋城发展史册上留下光辉！

坚持加强自身建设，是提高政协整体工作水平的关键。加强自身建设，是人民政协强基固本的重要举措。在以参加党派、组成界别、政协委员和政协机关“四位一体”的自身建设中，活动是手段，制度是保证，委员是主体。近年来，我们逐步探索到了一条发挥委员主体作用的基本做法，这就是全员培训、提高素质，创建平台、规范行为，营造环境、发挥作用，培养和造就了一支综合素质高、政治热情高、议政水平高的委员队伍和政协干部，为开创政协事业新局面奠定了坚实的基础。

三、2010年工作建议

2010年是我市完成“十一五”规划、谋划“十二五”发展的关键一年,也是我市政协事业稳步发展的重要之年。做好今年的工作,意义十分重大。

要切实加强学习,进一步增强干事创业的能力。学习是人类社会认识自然和社会、不断完善和发展自我的必由之路。人民政协事业要实现科学发展,就必须专心向书本学习,潜心向实践学习,虚心向群众学习,努力提高综合素质。希望广大政协委员从关系党和国家事业兴旺发达、关系人民政协事业长远发展、关系我市全面建设小康社会的高度,把学习作为一种政治责任,切实担负起来,不断掌握新知识,积累新经验,增长新本领,努力做一个有真知灼见的人、有卓越能力的人、有高尚品格的人。

要积极建言献策,进一步提高履行职能的水平。发展是目的、是结果,也是过程和要求;发展需要谋划和实干,这就需要我们政协组织和广大政协委员积极建言献策,推动发展。我们要紧紧抓住转变发展方式这个关键问题,围绕经济结构调整、发展战略性新兴产业、构建现代产业体系、建设绿色低碳新型能源基地等事关我市长远发展的重要问题进行建言献策。广大政协委员要深入实际,以事实为依据,注意把事物放到特定的历史环境中去考察,把问题提到战略的位置去研究,全面地分析问题,科学地建言立论,以求资政于当代,启迪于后世。要坚持讲实情,求真知,不轻浮,不妄下结论;要勇于创新,敢于打破常规,言人所未能言、论人所未能论。如果我们的建言能对我市经济社会发展发挥积极作用,那我们就尽到了责任,也就不辜负全市人民对我们的期望。

要高举团结大旗,进一步凝聚科学发展的力量。市委、市政府提出要实施城乡统筹“双轮驱动”战略,推进转型发展,建设生态文明宜居城市。这一战略目标,既符合实际,又催人奋进,是晋城人民的期盼。但要把蓝图变为现实,设想付诸实践,没有广泛的群众支持,没有良好的精神状态,没有高昂的工作热情,是很难实现的。新时期、新目标、新要求,赋予政协组织促进大团结的历史使命。团结是政协工作的旗帜。要团结晋城市各党派、各阶层、各方面人士共同推动晋城发展。要把全市广大社会主义劳动者的心真正凝聚起来,要把各党各派的智慧最大限度地挖掘出来,要把各族各界人士的潜能尽可能地发挥出来,要动员千千万万的人民群众,组织起浩浩荡荡的建设大军,投身到我市社会主义现代化建设的事业中去。认真做好团结的工作,是我们政协组织义不容辞的责任,我们一定要担负起这个责任!

要密切关注民生,进一步维护人民群众的利益。人民需要政协,政协服务人民。政协委员是各界群众代表,政协工作必须充分反映民情,热切关注民生。广大政协委员要始终扎根于界别之中,扎根于群众之中。要经常深入群众,了解群众的情况,体察群众的情绪,关心群众的疾苦，真心实意为群众办好事、办实事。要进一步畅通社情民意渠道，把群众的愿望和呼声搜集起来，反映上去，协助党委政府做好解民忧、排民难、顺民心的工作，进一步密切党同人民群众的血肉联系。众所周知，真理是具体的，事业是实在的。人民政协的事业正是在为国是建言、为民生立论中前进。关心群众生活，常怀民生之事，这是人民政协的立业之本，也是我们的兴业之道。

要不断开拓创新，进一步激发政协工作的生机。适应新形势和新任务的要求，人民政协的工作必须与时俱进。政协的优势蕴藏在委员之中，要继续发挥好委员的主体作用，按照政协章程规定，保障委员履行职责的权利，增强委员的责任感和荣誉感；要严格委员队伍的管理，促进委员更加自觉地参加履职活动；要热情为委员服务，精心合理安排各项活动；要加强与委员所在单位的联系，关心支持委员的工作和生活。政协机关是为政协履行职能服务的政治机关。要积极推进学习型、效能型、服务型、和谐型机关建设步伐，提高工作质量和效率，保证政协工作的协调统一、规范有序、精干高效；要着眼于统一战线和人民政协事业的长远发展，加强对政协干部的培养、选拔、交流，努力造就一支政治坚定、作风优良、学识丰富、业务熟练的高素质政协干部队伍。

各位委员、同志们！

人民政协的事业光荣而神圣，人民政协的工作任重而道远。让我们紧密地团结在以胡锦涛同志为总书记的中共中央周围，高举中国特色社会主义伟大旗帜，坚持以邓小平理论和“三个代表”重要思想为指导，深入贯彻落实科学发展观，在中共晋城市委的正确领导下，同心同德，开拓进取，扎实工作，为谱写我市人民政协事业新篇章，夺取全面建设小康社会新胜利，推动转型发展、安全发展、和谐发展，加快生态文明宜居城市建设而共同奋斗！

谢谢大家！

关于2009年国民经济和社会发展计划执行情况与2010年国民经济和社会发展计划草案的报告

——2010年4月26日在晋城市第五届人民代表大会第七次会议上

晋城市发展和改革委员会主任　李国继

各位代表:

我受市人民政府委托，向大会报告全市2009年国民经济和社会发展计划执行情况与2010年计划草案，请予审议，并请市政协委员和其他列席人员提出意见。

一、2009年全市国民经济和社会发展计划执行情况

2009年，面对国际金融危机的严重冲击和煤炭资源整合带来的压力，在市委、市人大、市政协的坚强领导和监督支持下，全市上下深入学习实践科学发展观，着力破解难题，勇于逆势而为，坚持改革创新，实施了一揽子既符合中央精神、又切合晋城实际的应对举措，较快地扭转了经济下滑势头，巩固了回升向好的趋势。重点工程建设力度空前，投资快速增长，消费保持活跃，煤炭资源整合和煤矿兼并重组取得重大进展，服务业快速发展，民生事业全面加强，环境质量明显改善，安全生产形势显著好转。全市实现生产总值606亿元，同比增长7.2%，增速居全省第三；财政总收入完成136.1亿元，同比增长20.3%，增速居全省第一，经济社会保持了总体平稳、较快增长的态势，计划执行情况总体好于预期。

(一)把增加投资作为保增长的有效手段，扩大内需工作成效显著

积极争取中央和省级资金。我市见事早，行动快，工作实，措施准，积极主动向国家和省发改委等部门汇报，全力实现“无缝对接”。全年共争取上级资金56 500万元，安排项目362项，其中：国家扩大内需投资22 162.7万元，省级投资34 337.3万元。项目涉及农业、工业、交通、社会事业、旅游文物、城市建设、环保等17个领域。

"十一五"以来全市发改系统争取上级资金情况

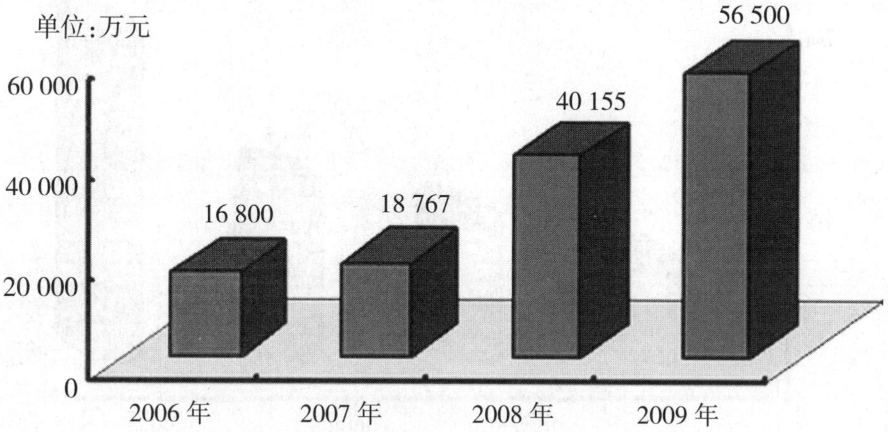

全力推进重点工程建设。按照"在建项目抓投产、新开工项目抓工期、前期项目抓完善、储备项目抓充实"的工作思路,全市 81 项重点工程共完成年度投资 212.3 亿元,增长 440.6%,占全社会固定资产投资的比重达到 57.9%,投资完成率全省排名第一。16 个续建项目已建成运行 14 项,完工率 87.5%;39 个新开工项目中有 38 个已开工建设,开工率 97.4%。在重点工程建设的强力带动下,全社会固定资产投资共完成 366.6 亿元,比上年增加 99 亿元,增长 37%,创下我市近 10 年最高增速。其中,全市服务业投资完成 169.3 亿元,同比增长 89.3%,增速高于全社会固定资产投资增速 52.3 个百分点,占全社会固定资产投资的比重达 46.2%。

2001 年—2009 年全市全社会固定资产投资总额及增速

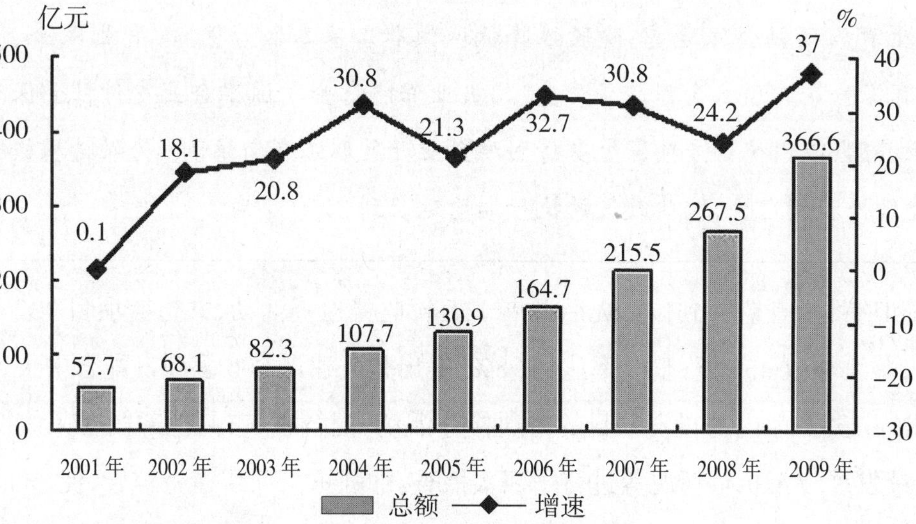

"十一五"以来晋城服务业投资情况

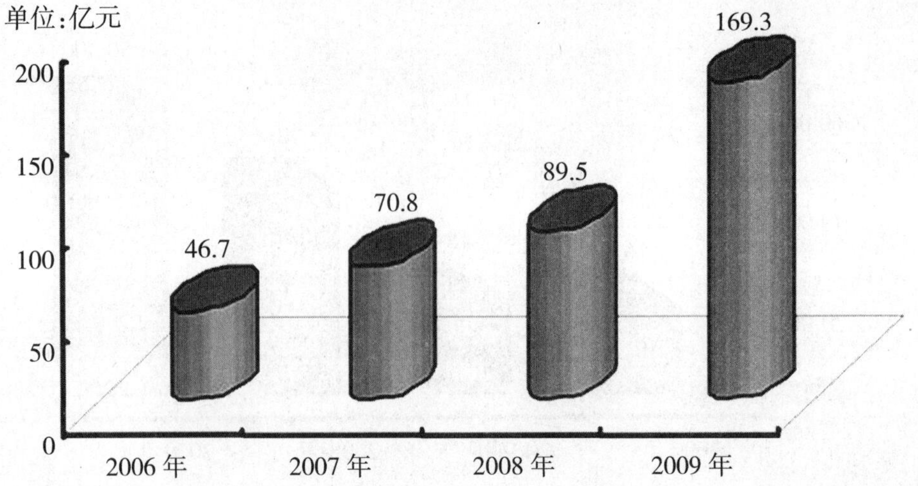

充分发挥市级资金引导作用。2009年,在全市固定资产投资的大盘子中,由市财力统筹安排的65 000万元投资全部下达,资金到位率100%。同时,市级财政还设立了1亿元的地方工业技术进步、3000万元的科技研发、1000万元的民营经济和中小企业发展、近1亿元的农业扶持、3000万元的城镇化发展等专项资金。实施了扶持企业的"五缓四降三补"政策,全年共缓缴社会保险费35 000万元,减收四项保险费7678万元。

"五缓四降三补"就业扶持政策

为应对国际金融危机,国家有关部门于2008年底出台了一系列减轻企业负担、稳定就业形势的措施。主要包括:允许困难企业在一定期限内缓缴养老、失业、医疗、工伤、生育五项社会保险费;阶段性降低城镇职工基本医疗保险、失业保险、工伤保险、生育保险等四项社会保险费率;使用失业保险基金向困难企业支付社会保险补贴或岗位补贴,使用就业专项资金支持困难企业开展职工在岗培训。为保持积极就业政策的连续性和稳定性,这些政策的执行期均延长到2010年底。

投资和项目稽查监管到位。先后开展了五轮监督检查活动,共检查项目132个,发现问题439条,落实整改430条,整改率达到98%,提出整改建议300多项。配合中央、省检查组开展了四次中央扩大内需投资项目的专项检查活动,配合省、市其他部门对采煤沉陷治理、煤炭可持续发展政策执行情况等进行了四次稽查。加强重大项目稽查监管,促进了新增中央投资项目的健康发展,保证了中央、省、市扩大内需促进经济增长政策的有效落实。

居民消费增长稳中趋快。积极落实"家电下乡"、"汽车摩托车下乡"和"汽车以旧换新"等政策，全市共设置"家电下乡"销售网点281个，累计销售冰箱、彩电、洗衣机、手机、计算机等9类产品38 230台(部)，发放补贴款872万元；接受并办理申请补贴的车辆44辆，发放补贴资金32.4万元。全市"万村千乡"市场工程农家店累计达到1387个，覆盖全市82%的乡镇和60%的行政村，农村商业就业人数达到21 900余人，大大促进了农村居民消费。全年社会消费品零售总额实现182.3亿元，增长21.4%。

(二)把保增长与调结构紧密结合，转型发展步伐不断加快

传统产业得到显著提升。煤炭行业，兼并重组后，全市保留矿井数量为129座，规划产能规模为11 230万吨/年，保留矿井总数和产能规模均居全省各市地方煤矿第一位，平均单井规模由32万吨增加到87万吨。继玉溪煤矿开工建设之后，规划建设了沟底、里必、东大、郑庄、龙湾、胡底、大宁金海等一批大型骨干矿井，建设总规模3400万吨/年，预计可新增产值230亿元，新增利税约50亿元。电力行业，全市装机容量达到378万千瓦。国投晋城热电一期2×300MW热电联供、阳城2×135MW煤矸石热电联产发电项目现已经开工建设，今年将建成投运，届时全市总装机容量将达到465万千瓦。煤化工行业，高浓度化肥所占比重达到100%，精甲醇、二甲醚等化工产品投入生产，晋煤集团合成油项目实现生产试运行。截至2009年底，全市尿素生产能力达到358万吨，甲醇81万吨，二甲醚10万吨。铸造行业，福盛钢铁年生产能力已达近400万吨，高平泫氏、泽州春晨兴汇等一批年产10万吨以上铸管企业和泽州清慧汽配、金工铸造等年产万吨以上汽配企业已成为我市冶铸行业的中坚力量。农副产品加工业，形成了高平新胜肉类、泽州彤康、沁水丰田、陵川鸿生、古陵山淀粉等一批农产品深加工龙头企业。丝麻纺织业，高平吉利尔年产100万套丝绸丝麻服装加工生产线开工建设，阳城仙桐制丝年产300万吨白厂丝建成试车、绿洲大麻纺织品生产线改造基本完成。

新兴产业规模效应凸显。高新技术产业，大力支持富士康、乐百利特、鸿诺光电等项目建设，全市高新技术企业累计达到21家，省民营科技型企业累计达到25家，高新技术产业(国家口径)实现工业增加值6亿元，增长1.1倍，高新技术产业增加值占规模工业增加值的比重达到1.7%。建材产业，全市新型干法水泥生产量已占到水泥总产量的60%，新型干法水泥熟料占到水泥熟料产量的80%。阳城建瓷工业园区已建成12条生产线，形成6500万平方米的生产能力，建材业实现了向多元化、中高档方向的转变。煤层气产业，港华、联盛、新奥液化项目建成投运，全市形成了集煤层气勘探开发、管输、液化、民用燃气、工业燃料、瓦斯发电、汽车加装煤层气等产业化体系，煤层气开发利用工作走在了全国前列。现代服务业，投资4.8亿元的晋城豪德光彩贸易广场已经开工，浙江商贸城、美好家园、金辇时代广场等项目已

建成营业,国贸中心、白马寺接待中心正加快建设。市场中介咨询组织和服务体系进一步健全,服务业集聚效应正在形成,吸纳就业人员的能力快速提升,2009 年达到 34.8%,成为晋城历史上最高的年份。

晋城市煤层气开发利用情况

1.煤层气地面抽采能力方面。截至 2009 年底,全市已累计建成地面抽采钻井 2967 口,地面煤层气年抽采能力达 23 亿立方米。

2. 煤层气管道集输方面。沁水—晋城输气管道项目已建成运行;与其并行的沁水—晋城(井下瓦斯气)输气管道项目基本建成;晋城—长治、沁水—侯马—河津和端氏—博爱输气管道项目进展顺利。6 条规划项目全部建成后,煤层气年输送能力将达到 48 亿立方米。

3.煤层气液化方面。港华、联盛、新奥等液化项目已经建成投运。目前,全市已形成煤层气液化规模为日液化 95 万立方米,年液化能力达 3 亿立方米以上。

4.汽车推广使用煤层气工作。全市累计建成投运的煤层气加气站 4 座,建成待投运的煤层气加气站 3 座,煤层气中小型汽车 3000 余辆,煤层气重型卡车 500 余辆,年累计消耗煤层气约 2000 万立方米。

5.煤层气民用及工业燃料方面。全市煤层气居民用户达 13 万余户(其中,城市 10.8 万户,北石店、巴公、阳城、沁水等乡镇村庄用户达 2.3 万户)近 40 万人,市区内部分宾馆、饭店、洗浴行业已采用煤层气作为燃料,年供气规模达 5200 万立方米;工业年用气规模约 5000 万立方米。

6.矿井瓦斯发电方面。全市累计建成投运瓦斯发电厂 27 座 250MW。在建瓦斯发电站 4 座 137MW,全市已建成和核准在建的井下瓦斯发电站总装机容量达到了 387MW,超过了建市以来小火电 300MW 的最大装机容量。

旅游文化产业发展加快。2009 年全市主要景区建设投资 2.4 亿元。皇城相府景区积极创建“国家优秀旅游目的地”,皇城村入选全国首批 60 个旅游特色村。珏山和蟒河景区晋升为国家 4A 级景区,我市 4A 级景区达到 5 家,居全省第二。全年旅游总收入达到 63.7 亿元,增长 12.3%。

(三)把“三农”作为全部工作的重中之重,农业的基础地位得到巩固

强农惠农政策落实到位。全市上下认真落实强农惠农政策,全年财政支农投入达21.9亿元,增长29.4%。其中,全市粮食直补及农资综合补贴1.4亿元,农机购置补贴1880万元、受益农户达2260户。

农业经济平稳发展。全年粮食产量达7亿公斤,大灾之年保持了平年收成。继续加大特色农产品基地建设,特别是畜牧业在政策扶持和规模化养殖保障下,实现了较快发展。全年畜牧业增加值增长26.2%,肉类、禽蛋、奶总产量分别为8.9万吨、4.8万吨和0.5万吨,同比增长6.9%、21.2%和0.2%。农业产业化经营组织发展到206个,实现产值41.4亿元,带动农户24.3万户,实现农民户均增收1380元。

农业农村基础设施不断加强。争取到上级通村油路改造、农村公路通达、危桥改造等农村公路建设资金15 900万元,农村公路累计完成投资63 000万元,全市建制村通畅率达到98.3%,实现了具备条件的建制村全部通公路。完成283处饮水安全工程,解决了595个自然村14.5万人的饮水安全问题。市东焦河水电站和市灾害性天气监测预警系统建设项目竣工,陵川县磨河供水扩建改造工程和张峰水库输水工程等进展顺利,市林木种苗质检中心及种子库建设项目和气象防灾减灾应急服务工程开工建设。农业综合机械化水平达到52.6%,造林合格面积达到13万亩。

扶贫攻坚战略强力推进。市级财政下拨扶贫资金2123万元,争取北京博宥集团、晋煤集团帮扶资金各1000万元,启动了216个产业扶贫项目。市县两级行政事业单位和国有企业与贫困农村结对帮扶,制定并实施了“一对一”、“一帮一”帮扶计划。陵川县大会河流域、沁水县梅河流域以工代赈项目进展顺利。

(四)把城乡统筹发展作为全面小康的根本要求,城乡一体化建设扎实推进

城市总体规划修编完成。新的城市总体规划注重城乡统筹、保护生态、延续文脉、塑造特色、完善功能、优化结构、拓展空间,确立了“四位一体、整体联动”的特色城镇化发展战略,确立了“六区联动、组团发展”的城市空间格局,确立了“为能源和煤化工基地服务的城市、山西省东南部的区域中心城市、山西省通往中原的门户城市”的城市定位。按照规划,到2020年环城高速60公里,城市绿心60平方公里,城市面积可达到80平方公里,城市人口达到近80万。

基础设施建设力度加大。阳翼高速公路、环城高速公路、高陵高速公路、长晋线高平至晋城一级公路、市客运东站、泽州北路公交场站等交通基础设施建设进程加快。实施了30项城市建设重点工程,特别是东南出入口通道、泽州北路延伸段、泽州公园改造、城市管网等城建

工程建设,以及北石店城市化改造,大大提高了城市综合承载能力。新增道路里程 5.98 公里、面积 26.85 平方公里,辐射了周边的 11 个城中村,带动了城市 6 平方公里的开发建设。市区供热面积新增 102 万平方米,新建供水管网 44.5 公里,城市集中供热普及率达到 81%。

特色城镇化建设快速推进。县城建设围绕道路、水、暖、污水处理、学校医院等基础设施,铺开各类城建工程近 100 项,完成投资 27 亿元。加强了高平河西、泽州南村、巴公等已有小城镇的建设,启动了沁水嘉峰至郑庄、阳城润城、北留、泽州周村、城区北石店等一批城乡一体化片区规划建设,促进了这一区域的城镇和新农村向中心城市融入,中心城市向外辐射,城乡一体化发展进程明显加快。2009 年全市城镇化率达到了 47%,比上年提高 1.8 个百分点,高于全国全省水平。

(五)把生态文明作为经济发展的重要目标,生态环境得到持续改善

节能工作取得突出成效。加大节能投入,大力推进工业锅炉改造、余热余压综合利用等 52 项节能重点工程。加快淘汰落后产能步伐,全市共关闭电石企业 2 户,淘汰落后产能 5.28 万吨,关闭小火电 9 户,淘汰小火电装机容量 16.61 万千瓦;关闭水泥企业 1 户,淘汰落后产能 9 万吨。积极推进节能惠民工程,推广节能灯具 91 万多支,相当于国家及省补助我市资金 1000 多万元,可节约用电 1366 万度。

循环经济发展步伐加快。积极推进省级循环经济试点,中期评估结果显示,我市的高平市、泽州巴公工业园区、晋煤集团、兰花集团、兴高焦化、城区泰昌社区 6 个试点特色鲜明,较好地完成了《实施方案》中制定的阶段性任务和目标。以煤炭、电力、冶铸、化工、建材、农业等产业为重点,加快实施煤矸石制砖、余热发电等循环经济重点项目建设。积极推进清洁发展机制项目,全市已有 17 个项目获得国家发改委批准,3 个项目在联合国注册,其中阳城煤矿瓦斯综合利用项目已得到联合国签发。

生态建设和环境保护力度加大。以控制污染物排放为重点实施丹、沁两河流域环境综合整治,对两河沿线化工行业生产工艺通过废水零排放技术改造来控制污染物排放量。推进燃煤锅炉清洁能源改造,加快建设丹河人工湿地工程,积极整治市区及周边环境。丹河流域生态环境综合治理工程全面启动,市污水深度处理工程加紧建设,四县(市)的生活垃圾无害化处理工程前期工作进展顺利。组织实施城市景观绿化工程,新增绿地面积 89.5 万平方米。生态环境综合整治工程取得阶段性成果,城乡环境明显好转。2009 年,市区二级以上天数达到 352 天,空气综合污染指数控制在 1.84,较上年下降 0.17,空气质量稳定达到国家二级标准。二氧化硫排放量和化学需氧量排放量两项约束性指标分别比上年下降了 7.5%和 1.8%。深入实施造林绿化工程,森林覆盖率达 35.7%。

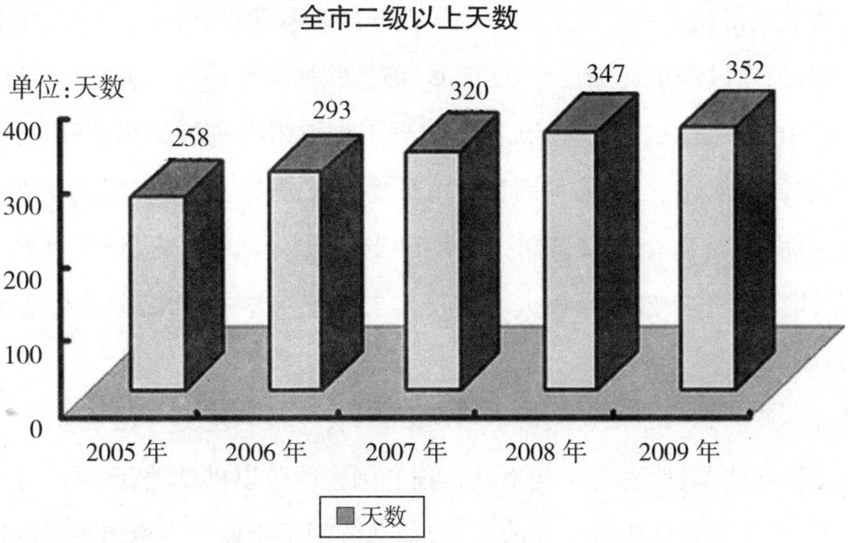

(六)把改善民生作为经济工作的根本目的,社会事业得到全面发展

公共服务水平不断提高。千方百计推进惠民工程建设,着力推进农村公共事业“五个全覆盖”,2009 年财政用于教育、医疗卫生、文化体育等支出,都明显高于一般预算支出的增长幅度。全市一般预算支出增长 20.9%,其中城乡医疗卫生支出增长 24.5%,文化体育与传媒支出增长 25.5%,教育支出增长 28.4%,科学技术支出增长 24%。积极推进中小学校舍安全工程,加快推进市直 10 所义务教育阶段学校的技术装备标准化建设。强力推进农村、社区和公共卫生建设,县乡村三级医疗卫生机构达标率达到 91.94%,新型农村合作医疗参合率达 95.31%,居全省第一。全面推进公共文化服务体系建设,广播电视村村通工程和数字电视整体转换工程稳步推进,积极开展群众性体育活动和竞技体育活动,人民生活丰富多彩。人口和计划生育工作继续保持稳定低生育水平,获得全省 A 类市“人口计生目标责任制考核综合先进奖”荣誉称号。狠抓安全生产和社会稳定工作,平安晋城建设扎实有效,第四次被中央综治委授予“全国社会治安综合治理优秀市”,再次荣获“长安杯”。

就业和社会保障工作成效显著。2009 年,晋城市被确定为全国首批国家级创业型城市,城镇新增就业岗位 3 万个,农村剩余劳动力输出和转移 7.3 万人,城镇登记失业率 2.6%,低于省控目标 1.6 个百分点。社会保障基金支撑能力明显增强,全市各项社保基金累计结存 42.78 亿元,同比增长 50.16%。及时启动城镇居民医疗保险制度,参保人数达 16.8 万人,消除了医疗保险制度上的空白。在泽州、阳城、沁水开展了新型农村养老保险试点,参保人数已超过 75 万人。城乡低保稳步推进,城市居民受保障人数达到 3.19 万人,农村贫困居民受保障人数达到 7.8 万人。社会福利和社会救助能力进一步加强。全年对 2000 户贫困残疾人实施康复救助,对 130 户贫困残疾人实施危房改造。

人民生活继续得到改善。扎实推进保障性安居工程建设,经济适用房、廉租房建设取得阶段性成效,开工建设经济适用住房3282套,廉租住房实现应保尽保,全市818户保障对象中实物配租占16%。晋城矿区采煤沉陷区治理工作取得新进展,小区开工面积15万平方米;基础设施建设全部完工,维修加固和货币补偿完成8397户,占批复的73%。城乡居民收入和生活水平明显提高,全年城镇居民人均可支配收入15 161元,增长7.2%;人均消费性支出9470元,增长2.7%。农村居民人均纯收入5255元,增长8.2%;人均生活消费支出3651元,增长7.9%。

(七)把改革开放作为推动发展的不竭动力,社会发展环境更加优化

积极深化各项改革,所有制结构更趋合理。国企改革以推动兰花、天泽等市属骨干企业快速发展壮大、推动绿州纺织等企业改革、推动部分困难企业有序退出市场的"三个推动"为重点,晋钢、阳丝破产工作已基本结束,市民用器材防爆公司、高平凤凰织品有限公司改制完成。民营企业发展态势良好,发展速度进一步加快,全年民营经济增加值完成370.14亿元,同比增长18.1%,增幅居全省首位。加快企业上市步伐,已上报8家上市储备企业,目前正在运作上市。集体林权制度改革试点取得实效,探索出了"家庭承包、联户经营、股份合作、大户承包、有偿转让"五种模式,着力从林权登记、资产评估、林权流转、林木采伐、造林绿化、资源保护、政策咨询、技术服务等方面推进配套改革。文化体制改革取得新进展,进一步推动了文化产业的繁荣发展。

努力扩大对外开放,发展空间进一步拓展。坚持"走出去"发展战略,先后与阿联酋、南非、美国、日本和国内湖北、山东、天津、江苏、四川、浙江、北京等12个国内外城市建立了友好合作关系,与相关企业签订了多项合作协议,扩大了晋城的对外合作空间。成功举办了中原经济区市长联席会、全国村长论坛、棋子山国际围棋文化节和"神奇太行·经典晋城"旅游月活动。组织参加了第四届中博会、渝洽会、高交会、广交会等洽谈活动,为我市的内外贸企业及产品参与国内外市场竞争搭建了平台。通过帮助解决项目在审批、建设中存在的问题和困难,一批重点招商引资项目落地开工。据统计,2009年累计签订新投资项目30余个,总投资7亿多美元,引资约6亿美元。易高煤层气项目一期工程、新奥、美好家园等项目已投产营业,晋城国贸中心、白马寺接待中心、豪德光彩贸易广场等项目进展顺利。

在充分肯定成绩的同时,我们也清醒地认识到,当前和今后一个时期,我市经济社会发展仍面临严峻挑战。从国际看,虽然世界经济步入了复苏进程,但基础依然脆弱,世界经济发展中的不稳定不确定因素依然很多。从国内看,经济增长的内生动力仍然不足,发展方式转变和结构调整压力进一步加大,推进节能减排任务艰巨,农业稳定发展和农民持续增收的基

础不稳固,就业形势依然严峻。从我市来看,2009年全市经济发展从近年来少有的低谷到实现平稳增长,得益于扩大投资与促进消费并举的政策驱动,得益于政府对企业对农村的帮扶鼓励,得益于煤炭资源整合的措施到位,得益于企业转型发展的积极主动。

但是,经济运行仍然存在一些矛盾和问题,主要表现为:一是经济恢复主要依靠资源政策驱动,适应市场能力不强。我市的主导行业煤炭、化工、电力等均为强周期性行业,2009年受国际金融危机和我省地方煤矿重组整合等因素影响,多数行业营利水平明显下降。产业投资所占比重低,民间投资跟进不够,外需恢复比较缓慢;部分企业特别是中小企业经营还比较困难,中小企业吸纳就业的功能降低与煤炭资源整合造成的就业压力形成了鲜明的反差。二是发展方式转变和结构调整压力仍然很大。一方面经济增长在很大程度上还是依赖物质资源的大量投入,产业单一导致节能降耗矛盾突出,经济发展方式转变还需要在思想认识、体制机制、实施路径上下更大功夫;另一方面转型发展的大项目、好项目还不够多,引领和带动作用不强。三是农民持续增收困难,城乡收入差距继续拉大。2009年以来,我市煤矿数量减少200多座,农民在煤矿务工、运输及相关领域的就业机会减少,工资性收入也明显减少,农民增收难度加大。农业水利设施薄弱,粮食生产靠天吃饭的局面未能从根本上得到改善,城乡居民收入差距继续拉大。四是金融存贷差进一步增大。2005年存差只有282.3亿元,到2009年已经达到679.9亿元,平均每年增加近百亿。存贷差的逐步扩大,表明存款资金资源中有一大部分没有实现优化配置,造成了资金浪费。对于上述问题,我们将高度重视,积极采取有效措施,认真加以解决。

二、2010年经济社会发展的总体要求和主要目标

今年是实施“十一五”规划的最后一年,做好经济社会发展的各项工作,对于应对金融危机、保持经济平稳较快发展、加快发展方式转变、为“十二五”规划启动实施奠定良好基础,具有十分重要的意义。2010年的经济社会发展的总体要求是,全面贯彻党的十七大和十七届三中、四中全会精神,在中共晋城市委的正确领导下,以邓小平理论和“三个代表”重要思想为指导,深入贯彻落实科学发展观,以经济发展方式转变为主线,加快推进经济结构调整和绿色转型步伐,加快推进城乡统筹和现代农业发展,加快推进生态文明和宜居城市建设,加快推进改革开放和体制创新,加快推进民生改善和社会和谐建设,努力实现经济社会又好又快发展。

按照上述总体要求,综合考虑保持经济平稳较快发展、调整经济结构的需要,并与“十一五”规划《纲要》相衔接,主要目标安排如下:

——保持经济稳定增长。关于GDP。2010年确定增长8%左右的预期目标,是全国、全省保持8%增长速度的大局要求,又是我市经济社会发展的内在要求,是为了引导各方面在保持全市经济平稳较快发展的同时,把工作重点放到转变发展方式、调整经济结构、提高经济增长的质量和效益上来。关于财政总收入和一般预算收入。建市以来,经济的快速发展为财政收入的平稳增长奠定了良好基础,但考虑到经济增速放缓、企业利润下滑、增值税改革等,安排8%是有所保留的,也应该是完全可以实现的。关于全社会固定资产投资。我市经济增长主要依靠投资拉动,今年中央政策的稳定性和连续性,仍是我市扩大投资的机遇,但考虑到不少社会投资主体的积极性仍然不高,政府主导性投资对社会投资的拉动作用存在不确定性,安排20%的增幅还是比较积极的。

——优化经济结构。关于三次产业比重。农业发展基础进一步加强,战略性新兴产业和服务业发展加快,第三产业增加值占国内生产总值比重提高一个百分点,达到33.5%。关于节能降耗。2006—2009年,万元GDP综合能耗分别下降3.14%、6.46%、6.28%和5.69%,所以要完成"十一五"规划要求的节能目标,2010年必须下降6.37%,任务仍然艰巨。关于环境保护。二氧化硫排放量下降和化学需氧量排放量与上年持平,全面完成"十一五"规划确定的减排目标;市区二级以上天数稳定在340天以上。

——保障和改善民生。提高农民收入是民生工作的重点,也是不断提高农民生活水平、扩大内需的内在要求,确定农民人均纯收入增长9%,体现了"重民生"的需要。但是2010年仍然将受到煤炭资源整合等因素影响,完成9%的目标还需付出一定的努力。城镇登记失业率控制在4.3%以内,居民消费价格总水平上涨幅度控制在3%以内。

三、2010年经济社会发展的主要任务

从我市实际出发,在全面推进"十一五"规划的基础上,2010年我市经济和社会发展要努力实现"八个突破"。具体为:

(一)努力实现经济平稳较快发展,在持续扩大有效投入上取得突破

着力优化投资结构。要根据中央新增投资方向,做好项目申报衔接工作,积极争取国家和省支持。继续加大对产业项目的支持和投入,围绕发展新兴产业引进和建设一批大项目,培育新的经济增长点。大幅度增加教育、卫生、社会保障、住房保障等方面的财政投入,加大对农业和农村发展、自主创新、能源资源节约、生态环境保护以及重大基础设施项目等重点领域的投入力度,切实扩大内需,通过优化投资结构带动产业结构的优化。进一步激活民间资本,落实鼓励促进民间投资的政策措施,鼓励民间资本特别是从煤炭领域整合中退出的民间资本投向全市的基础设施项目和新兴产业项目。

切实抓好重点工程建设。要继续创新工作方式和工作机制,进一步加大重点工程协调推

进力度，充分发挥重点工程的示范带头作用。2010年我市拟安排省市两级重点工程153项，总投资1432亿元，其中当年计划完成投资215.6亿元。要全力以赴促在建，抓住国家、省重点保在建项目的机遇，进一步加快阳翼高速、环城高速、高陵高速、玉溪煤矿、国投晋城热电、阳城煤矸石热电厂等项目建设进度，力争早日投产达效。要持之以恒抓开工，对高平至沁水高速公路、山西电网输变电建设工程等计划开工项目，逐一制定推进方案，力争尽早开工。要坚持不懈抓前期，对里必煤矿、沟底煤矿、东大煤矿等符合国家和省煤炭产业调整和振兴规划的项目，积极完善项目报批手续，积极协调加快推进。要围绕资金抓监管，认真落实国家政策，进一步研究项目建设用地、环评、节能、信贷、产业政策等重点环节的监管办法，规范项目建设程序。进一步强化对政府投资项目的稽查监督，有计划、分步骤地开展各类监督检查活动，及时查处违法违纪违规行为，确保资金安全和投资效益。

努力扩大消费需求。完善促进消费的各项政策措施，加大家电、汽车、摩托车、建材下乡实施力度，加大家电以旧换新力度。促进合理的住房消费，增加中小套型、中低价位普通商品住房和公共租赁房供应，遏制房价过快上涨势头，抑制投机性购房，满足人民群众的基本住房需求。发展服务消费，大力发展文化创意、影视制作、出版发行、演艺娱乐、会展等文化产业，积极促进文化、旅游、体育健身、教育培训、老年护理等服务性消费。优化消费环境，扩大消费信贷，加快商贸流通体系等基础设施建设，深入推进“万村千乡”市场工程。鼓励流通企业通过延长时间、拓展空间和丰富业态等手段，挖掘现有商业设施潜力，大力培育和发展新型消费，发挥消费对经济增长的拉动作用。

（二）推进产业结构调整和优化升级，在培育新兴产业上取得突破

着力推动传统产业优化升级。巩固煤炭资源整合和煤矿兼并重组的成果，全面提升管理水平和产业素质。兼并重组改造矿井要尽快履行程序，科学、合理安排施工进度，确保重组煤炭项目早日达产达效，确保我市煤炭经济健康运行和煤炭产量稳步增长。积极支持晋煤集团、兰花集团、国投晋城能源投资有限公司、山西高平源野煤业有限公司、沁和能源集团等企业做好已规划大型骨干矿井的前期工作，力争取得国家发改委的核准，早日开工建设。要抓住国家和山西省振兴装备制造业的机遇，积极推进路宝、春晨兴汇和泫氏铸造等企业的项目建设，全面提升产业集中度，提高产品档次，增强竞争力。

依托资源优势延伸产业链条。电力行业，要确保晋城热电一期、阳城热电顺利投运，实现向市区供热和晋城电网输电。继续抓好晋城热电二期、沁水电厂、高平电厂等项目的前期工作，鼓励有条件的县（市）建设热电联产项目，鼓励瓦斯发电、生物质能发电。煤化工行业，要合理控制产能，以兰花、天泽两大企业集团为龙头，延长产业链条，提高附加值。新型建材业，

要以煤矸石、粉煤灰、工业废渣为原料,积极扩大生产规模,提高产品档次,加快资源综合利用步伐。积极推进阳城建瓷园区生产线、合聚水泥等项目建设。煤层气产业,积极做好煤层气产业规划,有序开发煤层气气田;鼓励和支持农村推广使用煤层气,加大煤层气就地消化、转化的能力,尽快实现抽采和利用的总体平衡。

加快工业园区建设。大力发展园区经济,推动企业循环生产、产业循环耦合,最大限度地提高资源利用率。建立和完善园区基础设施,吸引更多的企业入园发展,形成集聚效应。以加快推进巴公工业园、北留周村电化工业园、高平西部煤电化一体工业园、阳城建瓷工业园、金匠工业园等园区建设为重点,加快新型煤化工产业发展,加快农用化工、燃料化工和原材料化工产品的研究和开发,加快煤电、煤电化一体化发展。大力推动自主创新,着力发展高新技术产业,推进富士康科技工业园区光学镜头模组、自动化数控机台、自动化机器人产业转移项目建设。

加快服务业发展步伐。要继续完善和落实支持服务业发展的各项政策,引导煤炭转型过程中出现的社会资本和民间资本投向服务业领域。优先发展生产性服务业,积极拓展消费性服务业。要以公路和铁路运输网络为骨架,建设高效的以煤炭、化肥、工业原材料为主的工业品物流体系;依托小城镇建设,构建大型仓储设施和配送网络,打造集中、高效、现代化的日用消费品物流体系;加快农产品仓储、冷鲜配送、加工包装、检测检疫等建设,构筑农副产品物流体系。继续加快推进豪德、国贸、兰花物流等重点服务业项目建设。要以旅游业为重点,提升旅游业服务水平,促进旅游与科技、信息、中介、餐饮以及旅游纪念品生产企业的结合,带动晋城丝麻产业链条和纪念品生产链条,带动交通运输和餐饮行业等相关产业,提升全市服务业发展水平;做好农家乐旅游的宣传和促销,调动市民近距离休闲娱乐的积极性。

(三)加大“三农”支持力度,在提高农民收入上取得突破

全面落实各项强农惠农政策,切实加强农业基础设施建设。继续加大对“三农”的投入力度,认真落实国家粮食直补、良种补贴、农机具购置补贴、农资综合补贴等政策,继续执行我市已经出台的各项支持“三农”发展的政策措施。继续抓好农田水利基本建设和应急水源工程建设,新建“一河四供八库”工程,特别是要加快张峰水库输水工程、气象防灾减灾应急服务工程建设进度。大力实施耕地综合生产能力建设工程,搞好耕地保护,以高平市、泽州县为重点,集中连片推进中低产田改造。

加快推进农业发展方式转变,拓宽农民就业增收渠道。积极探索现代农业生产模式,大力发展优质高效生态农业。继续加快六大特色农产品基地建设,延伸农业产业链,力争在特色产品上做文章,提高农业经济效益。重点抓好新胜肉类、厦普赛尔浓缩果汁、绿洲大麻和古陵山淀粉等重点项目建设。加大农村劳动力就业转移培训,开展农业适用技术普及培训,改

善农民创业环境，促进农民就业创业和增收。大力发展设施蔬菜生产，在沁水、高平、泽州和城区推进菜篮子产品标准化生产，进一步提高蔬菜市场的均衡供应和质量安全水平。

扎实推进扶贫攻坚战略，进一步改善农村生产生活条件。加大扶贫攻坚力度，继续推进首批 210 个贫困村的产业扶贫工作，新启动 150 个贫困村的扶贫攻坚，完成移民搬迁 2000 人，实现 1 万人稳定脱贫。做好新农村建设规划编制工作，抓好 127 个省级新农村重点推进村建设，大力实施“四改四化”和“五个一”工程，全面完成“五个全覆盖”工程。

（四）加快转变经济发展方式，在节能减排和生态文明上取得突破

继续加大节能减排力度。围绕高耗能行业，强化工业节能监管，做好节能减排的中长期规划、指标分解和政策措施的落实，抓好重点产业、重点企业的节能减排工作。围绕农业农村、交通运输、商贸流通、建筑、公共机构、居民生活、市政服务等重点领域，强化社会节能宣传和监管，继续实施节能工程和节能产品惠民工程。

积极引导低碳经济发展。要着力构建绿色、低碳、健康、文明的生产、消费方式，把“低碳”理念引入晋城的煤、电、化、冶等产业，淘汰落后产能。通过增加煤电转化、高效脱硫除尘、发展煤基燃料、减少耗能排碳、加强生态建设等途径和措施，努力探索高碳产业低碳发展的有效途径，改造提升传统产业，加快晋城低碳绿色新型能源基地建设。

碳汇有关名词

碳汇：从空气中清除二氧化碳的过程、活动、机制。

碳源：是与碳汇相对的概念，它是指自然界中向大气释放碳的母体。

森林碳汇：是指森林植物吸收大气中的二氧化碳并将其固定在植被或土壤中，从而减少该气体在大气中的浓度。森林是陆地生态系统中最大的碳库，在降低大气中温室气体浓度、减缓全球气候变暖中，具有十分重要的独特作用。

林业碳汇交易：1997 年通过的《京都议定书》允许发达国家通过向发展中国家提供资金和技术，开展造林、再造林碳汇项目，将项目产生的碳汇额度用于抵消其国内的减排指标。这对发展中国家说，能够利用减排成本低的优势从发达国家获得资金和技术，促进其可持续发展。

碳汇造林：是我国今后林业对外合作的重要领域，是林业发展的一种趋势，前景十分广阔。2009 年 4 月，山西省启动成立了中国绿色低碳基金山西专项，11 月启动了首批碳汇造林示范项目，安排项目建设资金 3320 万元，在全省 11 个市 26 个县（市、区）规划造林 4.3万亩。

积极促进循环经济发展。抓紧《晋城市循环经济发展规划》的制定和出台。以煤炭、电力、冶铸、化工、建材、农业等产业为重点,实施煤矸石粉煤灰综合利用、秸秆综合利用、太阳能路灯、余热余压利用、热电联供、再生资源回收利用等循环经济重点项目建设。加快推进循环经济试点工作,大力推进企业、园区、社区和县(区)循环经济的发展。大力推进可再生及新能源建设。继续加大清洁发展机制项目的开发力度,重点开展风排瓦斯气的项目研究。

大力实施生态环境保护重点工程。抓好丹河人工湿地生物治理项目建设,加强污染治理和环境保护,确保全市生态环境持续好转。深入实施大规模造林绿化工程,抓好荒山、荒坡、荒地以及通道两侧和村庄的绿化。要推进城市街头绿地建设,完成白马寺沉陷区生态环境治理、儿童公园和泽州公园改造工程。

(五)加快建设现代化宜居城市,在城乡一体化建设上取得突破

加大中心城市的建设力度。要从改善人居环境完善提升城市功能入手,加强城市道路、城市绿地和公用设施建设,保证城市供热、供水、供气和污水处理能力逐步提高。要加大投入,市场运作,多渠道筹集城建资金,以经营城市的理念和市场化运作方式加快旧城区改造和新城建设步伐,扩大民间投资力度,逐步改造城中村,18个城中村改造项目要全部开工建设。要建设完善城市道路网、城市供水管网;建设国投热电一期集中供热管网工程,集中供热普及率达81%以上;完成城市污水深度处理及再生水利用配套管网项目工程,污水处理率达90%以上;垃圾处理厂要通过全面验收投入使用,垃圾无害化处理率达94%;实施白马寺沉陷区生态综合整治工程和植物园改扩建工程,建成区绿化覆盖率力争达45.8%。

完善县城和小城镇集聚功能。要以提高辐射带动能力为重点,突出特色,服务农民,加强中心城镇建设,提升城镇的集聚能力,加快城乡一体化进程。县城建设要以污水、垃圾、集中供热、集中供水为突破口,集中力量加大基础设施和生态环境建设,不断提高承载力和辐射力,扩大建成区面积和人口规模,加快与中心城市的衔接融合。乡镇建设要以规划为龙头,发挥重大项目的带动作用,打造一批各具特色的城乡一体化示范片区,全面提升吸纳农村富余劳动力就近实现安居乐业的能力。

抓紧出台配套制度和办法。要重点开展沁河流域小城镇建设前期工作。研究出台户籍制度改革办法,落实相关配套政策。统筹考虑新型工业化、特色城镇化和农业现代化的发展要求,合理布局,突出重点,科学地规划、构建全市的城镇建设体系。

(六)强化体制和机制支撑,在深化改革和扩大开放上取得突破

切实履行好改革总体指导和综合协调职能。大力发展非公有制经济,加快中小企业发展力度。继续深化投融资体制改革,开展金融创新,进一步调整优化信贷结构。积极促进我市中

小企业担保机构持续健康发展，有效缓解金融存差大与中小企业融资难的问题。进一步简化和规范投资审批程序，健全项目投资后评价、重大项目公示和责任追究制度，健全和完善政府投资管理制度。要加快企业改革步伐，努力培育上市后备资源，加快我市资本市场发展，争取实现至少有1家企业上市。

不断拓展对外开放的深度和广度。加强项目的谋划和落实，积极组织参加上海世博会、第五届中博会和第三届中国（太原）国际煤炭与能源新产业博览会，通过招商引资新上一批市场潜力大、科技含量高、带动能力强、吸纳就业多、综合效益好的大项目、好项目。积极开展境外资源合作利用，提高利用外资的质量。要深化同国内外友好城市的往来，在加强基础设施建设、能源资源、技术等领域开展经贸合作。

（七）注重解决矛盾和问题，在以人为本、关注民生上取得突破

统筹城乡社会事业协调发展。继续加大教育事业和教育基础能力建设的投入，加大中小学校舍改造工程力度，稳步提升基础教育。大力发展职业教育，加快太原科技大学晋城学院建设步伐，着力提升高等院校创新型人才的培养能力。健全基层医疗卫生服务体系，加大力度建设和改造一批县医院、乡镇卫生院、县乡计生服务站、村卫生室和城市社区卫生中心，提升各级各类医疗卫生服务水平。加快农村公共事业建设，确保实现“五个全覆盖”。统筹推进文化、体育、广播电视等各项社会事业全面发展。

进一步扩大社会就业。以创建国家级创业型城市为契机，优化创业环境，推进全民创业，以创业带动就业。全面落实国家和省关于促进就业的各项优惠政策，完善就业服务体系，拓宽就业渠道，搞好上岗培训和自主创业信贷支持等服务工作，引导农村劳动力有序转移，想方设法安排“零就业”家庭和下岗失业人员的再就业工作，重点解决好煤炭资源整合后关闭煤矿的农民工再就业问题，提升城乡居民收入水平。

加强社会保障体系建设。建立健全覆盖城乡居民的社会保障体系和保障制度，继续开展社会保险扩大参保覆盖面和征缴，继续推动城镇居民参加基本医疗保险和新型农村养老保险试点工作，不断扩大参保覆盖面，提高城乡居民最低生活保障水平。抓好保障性住房建设，要切实加快中低价位、中小套型普通商品住房建设，通过城市棚户区改造和新建、扩建、政府购置等方式增加廉租住房及经济适用住房的房源，着力解决城市低收入家庭住房困难。加快建设限价商品住房、公共租赁住房，解决中等偏下收入家庭的住房困难。

（八）抓紧做好“十二五”规划研究编制工作

要以科学发展观为指导，完善规划思路，坚持开门搞规划，围绕资源型城市转型发展、结构调整、节能减排、低碳经济、基础设施建设、城乡协调发展、资源环境保护、生态建设、民生

社会事业发展等关键领域,开展“十二五”规划前期专题研究,抓紧研究提出拟列入规划纲要的重要指标、重大工程项目、重大改革政策,注重做好专项规划的编制,做好与国家、省相关规划和产业调整振兴规划的衔接,尽快形成全市“十二五”规划思路和规划纲要草案。

各位代表,做好今年的工作,任务仍然艰巨。让我们在市委的正确领导下,自觉接受市人大的指导和监督,虚心听取市政协的意见和建议,深入贯彻落实科学发展观,坚定信心,开拓创新,扎实工作,为实现“十一五”规划目标,促进全市经济社会又好又快发展作出更大的贡献!

关于 2009 年全市和市本级预算执行情况及 2010 年全市和市本级预算草案的报告

——2010 年 4 月 26 日在晋城市第五届人民代表大会第七次会议上

晋城市财政局局长　王克平

各位代表：

我受晋城市人民政府委托，向大会报告 2009 年全市和市本级预算执行情况及 2010 年全市和市本级预算草案，请予审议，并请市政协委员和各位列席人员提出意见。

一、2009 年全市和市本级预算执行情况

2009 年，是新世纪以来我市财政经济运行最为困难的一年。去年这个时候，金融危机正在蔓延，经济发展速度明显放缓、煤炭资源整合压力增大、财政减收增支矛盾加剧、经济形势十分严峻。在异常困难的情况下，全市上下在市委的正确领导下，在市人大、市政协的监督支持下，以科学发展观为指导，充满信心，应对危机，着力实施积极财政政策，扎实推进“三个确保、三个发展”，全面完成了市五届人大六次会议确定的各项财政预算目标和工作任务。

全市和市本级预算变动情况。经市五届人大六次会议审议通过的 2009 年全市和市本级预算，在执行中根据省财政厅追加的专项指标及《预算法》的有关规定作了一些相应变动：一是将省追加的专项指标按照预算会计制度规定顺加到了有关科目；二是将办理省与市各项财政结算补助事项所增加的地方财力按规定作了相应安排；三是市、县两级根据各自情况报经同级人大常委会批准增加超收收入和增加调入资金，对预算做出了相应调整。因此，在年度预算执行过程中，全市一般预算支出预算由 618 521 万元调整为 813 261 万元，变动因素为：上级财政下达专项指标 160 550 万元，与省办理 2008 年结算增加结余 10 万元，本年超收安排 33 344 万元，增加调入资金 836 万元。市本级一般预算支出预算由 219 991 万元调整为 223 677 万元，变动因素为：省财政下达市本级专项指标 44 033 万元，与省办理 2008 年结算减少结余 293 万元，本年超收安排 757 万元，补助下级支出 40 811 万元。

全市和市本级预算执行情况。全市财政总收入完成 1 361 365 万元，为预算的 110.4%，比上年增长 20.3%。全市一般预算收入完成 480 742 万元，为预算的 105.4%，比上年增长

14.8%。一般预算支出执行764 896万元,为变动预算的94.1%,增长16%。全市基金收入完成196 065万元,为预算的165%。基金预算支出178 718万元,为变动预算的85.7%。市本级财政总收入完成288 096万元,为预算的102.7%,比上年增长6%。一般预算收入完成165 356万元,为预算的100.5%,增长3.2%。一般预算支出201 211万元,为变动预算的90%,比上年增长3.8%。市本级基金预算收入完成91 725万元,为预算的102.1%;基金预算支出65 989万元,为变动预算的83.4%。全市及市本级预算分别实现了财政收支平衡,略有结余。全市一般预算滚存结余33 638万元,净结余853万元;市本级一般预算滚存结余11 441万元,净结余691万元。

总体来讲,2009年全市和市本级预算执行情况良好,财政收入继续保持了较快的增长速度,增幅高于全国增幅11.7%和全省增幅1.3%的水平,排位稳居全省第一,提前一年实现"十一五"规划确定的125亿元目标。财政支出更加科学、合理,各项法定支出和用于改善民生的重点支出增幅明显高于一般预算支出增幅,市本级用于农业、教育、科技、医疗卫生、环境保护、公共安全的支出分别增长20.7%、15.4%、9.3%、7.1%、32.6%、21.9%。2009年全市财政预算执行可以概括为,财政综合实力进一步壮大,民生财政理念进一步体现,财政宏观调控职能进一步加强,科学理财水平进一步提升,为推进我市经济发展、社会进步、和谐稳定的良好局面发挥了积极作用。

(一)发挥财政调控职能,促进经济较快增长

发挥投资拉动作用。我市各级财政加大投资力度,全力保障各部门抢抓国家和省积极财政政策机遇,千方百计争取外援、筹措资金,为中央扩大内需和省市重点工程配套资金实现100%到位,我市重点工程投资完成率全省排名第一。其中,市本级直接投资生产建设的规模大幅度提高,用于基本建设投资6.5亿元,用于城建融资平台建设投资2亿元,国家和省积极财政政策项目市级配套1亿元,建设项目还本付息1.2亿元,计10.7亿元,是上年的2.23倍。

创优企业发展环境。连续出台了12个应对危机的政策性文件,帮助企业渡过难关;全面落实结构性减税政策,先后为企业批缓基金或收费4亿元,为4家困难企业支付岗位补贴178万元,落实结构性减税9.6亿元,受益企业达到1416家;各县(市、区)全部建立了以财政为依托的中小企业信用担保体系,形成30亿元担保能力,缓解融资困难;投入1.6亿元帮助各类困难企业解决了职工取暖、生活补助等具体生活问题,支持原企业子弟学校和医院分离办社会,妥善安置职工4265人,减轻了企业负担;一大批中小企业靠技改、靠重组、靠联合、靠引进、靠扶持、靠信心,渡过了危机,增强了自我发展能力,53家企业在最困难的2009年

进入了规模以上工业企业,显示出很强的生命力。

增强经济发展后劲。在收支矛盾日益加剧的情况下,市财政安排各类转产转型资金是上年的两倍。尤其是1亿元工业技术进步专项资金、3000万元科技研发资金、1000万元民营经济发展资金、3000万元服务业发展资金、3000万元特色城镇化建设资金、1000万元外向型经济发展资金,8000万元国企改革资金,市县两级财政争取上级资金3.2亿元,为支持全市非煤产业发展发挥了积极作用,呈现出数量多、规模大、技术新、效益好、能耗低的良好势头。全市先后有112项工业转型项目、538项技术创新项目、293项创业项目上马建设,带动企业直接投资300多亿元;民营创业项目、现代服务业项目是有史以来发展最快、规模最大、数量最多的一年;LED超导光源、精密光机电、硅单晶、瓦斯抑爆、灰熔聚流化床粉煤气化、数控加工等高新技术和先进工艺的生产应用,为我市建设全球精密光机电基地、全国光电科技综合园区、全省煤化工基地、机械制造基地、新材料基地奠定了基础;扶持的重点工业转型项目投产率达50%以上;投资额超亿元以上重点项目28家,达产达效后产值可达500亿元,新增3万就业岗位,节能37万吨标煤,当年带动全市单位GDP能耗下降6.5%。

(二)实施积极财政政策,着力缩小城乡差距

特色城镇化建设步伐加快。先后支持了泽州北路延伸和东南出入口通道建成通车;完成了模拟向数字化电视转换6.3万户,清洁煤层气入户8万户,城市供热扩容增加到81%,新增供水管网44.5公里;支持北出入口、西河景观延伸、泽州公园改造、玉龙潭公园以及三个小游园的园林景观绿化,垃圾处理厂投入运行,丹河人工湿地一期完工,完成10.3万株彩叶树栽种、13万亩荒山造林、128个村庄绿化,新增城市绿地面积89万平方米;对市区常年运行的128台燃煤锅炉彻底进行了清洁能源改造,支持建设了全省唯一一家医疗废物处置中心,可满足未来20年城市医疗废物处置需求,支持13项废水处理、8项粉尘治理、5项节能减排,节约原煤5万吨、减排二氧化硫2000吨、烟粉尘173吨,市区二级天数达到352天,一级天数达到103天。所有工程投资完成后,我市保障性住房将新增4000多套,市、县以及工业重镇的污水和垃圾实现达标处理,市区每500米半径内将有一处供市民健身休闲的绿地,偏远贫困地区饮水安全得到解决,农村校舍危房改造目标基本实现;阳翼、高新、高沁、西北环城等高速公路建成后,将实现县县通高速,交通条件将赶上发达城市水平,市区形成60公里环城高速、60平方公里生态区,面积扩大到80平方公里,人口规模达到80万,新增水源2.8亿立方,煤层气开发形成22亿立方抽采能力;不仅从根本上打通了制约我市发展的瓶颈,而且形成了新的发展优势。

农村和农业现代化建设成效显现。从种田不纳税、到农民得实惠,农村生产生活条件越

来越好。全市具备条件的行政村全部实现了通水泥(油)路,90%农户享受粮食燃油农机等各类惠农补贴2亿多元,率先在全省进入农机化中高级快速发展阶段,新增300家连锁经营农家店、80家放心粮油店,万村千乡农家店覆盖82%的乡镇60%的行政村,10%的农户享受"家电下乡"补贴,补贴家电38230台(部),38%的农户用上沼气秸秆气,覆盖率全省第一,40%的农户加入到各类农业合作组织,46%的行政村完成集体林权改革,连续6年扶持畜牧业,全市有48%的农户从事畜牧养殖,形成1325万头养殖规模,生猪出栏占全省1/5,成为支撑农业的半壁江山。

(三)提升民生保障水平,有效维护社会稳定

社会保障水平稳步提高。全市农村低保水平提高到1143元,居全省第一,城市低保水平提高到2940元,达到全国中上游水平,五保户集中供养率达到17.5%,高于省级10%标准。新型农村合作医疗参合率达到95%,城镇居民医疗保险改革试点参保率达到80%,两项覆盖率都保持全省领先水平。大幅提高了企业养老保险年人均补助标准1200元,率先在全国320个县、全省22个县中推行了新型农村养老保险试点,沁水、阳城、泽州3家试点县参保率达到78%,覆盖面占全市农业人口59%,在全省领先,为全市11.8万年满60岁的农村老人发放养老金3870万元,每人每年享受养老金360元。支持818户农村困难群众危房改造,保障2244名残疾人实施了康复救助,帮扶"零就业家庭"中725人实现就业,2177人享受了财政公益性岗位,8827名失业人员实现再就业。

扶贫帮困深入推进。偏远贫困地区行政村通上水泥路,解决了81个贫困村、31.6万人饮水安全,财政还按照每村8000元标准,为全市510个贫困村、219个空白村一次性配备了诊断床、制氧机等16种基本医疗装备,以及健身体育器材,扶持219个空白村修建了卫生所,结束了贫困村没有卫生所的历史。抓住农民增收难的突出矛盾,出台了向偏远山区倾斜的畜牧业扶持办法,投入1534万元扶持210个贫困村各新上一个产业示范项目,以点带面推广;研究制定了《关于促进偏远山区贫困农村增加农民收入的综合性扶持试点办法》,已经在全市贫困面最大的陵川县潞城镇先行试点,为全市大规模扶贫开发摸索新的路子。

维稳工作扎实有效。针对甲型H1N1疫情引发的公共危机,调拨398万元为我市疾控和医疗部门提供了应急物资储备和技术储备,购置了高科技检测检验和甲流治疗专用设备,普及预防甲型H1N1流感和普通流感的健康知识,免费接种、免费诊治、应急防控,全市顺利度过流感高峰,未发生一起死亡病例,确保全市人民群众的生命健康。应对旱灾、雪灾的严重侵害,紧急筹资1116万元,保障40万受灾群众口粮、衣被、取暖及生活需求。围绕平安晋城、科技强警,配备了全省一流的预警、反恐、技侦装备,DNA高精尖技术装备、互联网监控系统、

卫星 GPS 定位系统、高清抓拍系统,所有交通要道纳入 24 小时“天眼”监控网,刑事案件下降 21.5%,顺利摘取全国社会治安综合治理最高奖“长安杯”。

(四)加大财政投资力度,全面推进和谐晋城建设

城乡办学条件得到改善。全市 32 万中小学生全部享受到义务教育阶段免除学杂费政策，农村义务教育生均公用经费保障水平大幅提高，小学由 257 元提高到 344 元，增幅 35%,初中由 395 元提高到 544 元,增幅 39%;农村困难家庭寄宿生生活费生均补助年标准小学由 400 元提高到 500 元,初中由 500 元提高到 750 元;参照公务员平均工资水平提高了义务教育教师工资;农村中小学校舍安全工程改造 16.6 万平方米,进展居全省前列;支持农村中小学完成了 100 所科学实验室、108 所餐厅建设;市直中小学全部完成阅览室、图书室、多媒体室等配套工程,高中、职高全部配备了新课程实验标准化装备,市直学校基本完成了塑胶式操场、水冲式厕所改造。

医疗卫生服务体系更加完备。全市提前一年实现行政村级卫生所全覆盖,乡镇卫生院全面完成国家级标准化卫生院创建,城市社区卫生服务中心(站)实现标准化建设,市人民医院、传染病医院等市级综合性医院完成改扩建,配备 CT 等大型医疗诊断设备均属世界一流水平，乡村医生补助标准由年人均 720 元提高到 4800 元;249 名社区卫生人员解决了工资待遇,86%的城市居民建立了健康档案,88%社区卫生服务机构纳入医保，财政还按照人均不低于 15 元标准,免费为群众提供了基本公共卫生服务,对一些特大的传染病,比如非典、结核、肝炎,都实行了免费医疗和儿童免费注射疫苗,将防治关口前移到每村每户,有效预防碘缺乏、大骨节病等 9 种地方病,市级公共卫生指标达 90%以上;对城乡低保群众中的 2131 名患有恶性肿瘤、尿毒症、白血病等 34 种大病患者进行了救助,人均救助 3400 元。覆盖城乡的医疗卫生服务体系全面形成。

群众性文体事业蓬勃发展。支持了《白马少年》、《陈廷敬》、《长平之战》、《炎帝传奇》等艺术精品,支持新闻宣传装备达到全省领先水平,《太行日报》实现现代化印刷,开办了晋城新闻网,利用中央电视台等国家级媒体,向全国宣传晋城名片,提升了晋城知名度,尤其是旅游业作为朝阳产业,正在被国内外认可;支持了晋城学院、市委党校、城市规划展示厅、客运东站、市跳水馆建设;支持市歌舞团、上党戏剧院、群众艺术馆、书画院、少儿艺术团等单位解决了办公和活动场地,丰富了大众文体生活;支持村村通广播电视、新增体育场地 19.2 万平方米,为提升群众性文化体育活动创造了条件,连续三年支持建设老年公寓 45 所,提高了老年人生活质量;新建乡镇综合文化站 342 个、村级文化活动中心 822 个,形成“县建中心乡建站、村村都有文化点”的生动局面。

(五)加强精细化管理,科学理财水平迈上新台阶

全市预算单位全部纳入部门预算,纳入面100%,部门预算编制更加科学规范、公开透明,项目库管理进一步健全完善,国库集中支付规模继续扩大,执行和监督功能进一步强化,市级公务卡全面推行。政府集中采购规模扩大到5.5亿元,节约资金3879万元,节支率7%。财政投资评审项目318个,评审资金13.45亿元,审定资金11.48亿,节约财政资金1.97亿元,审减率达15%。清理"小金库"工作深入开展,财税监督进一步强化,查出各类违规违纪资金2亿多元。建立了严格、规范和更加科学的部门预算历年结余结转资金的使用管理制度,仅市级压缩近2亿元,为保证重点支出,实现财政平衡发挥了积极作用。

在肯定成绩的同时,我们也深刻认识到,财政经济运行和预算执行中还存在不少困难和问题。从财源建设的内生力和可持续层面来看,虽然一些新兴产业的先兆开始显现,但是基本表现为能源产业的规模扩张,还没有能够出现在全国全省有竞争力的战略性产业突破。从财税征管层面看,一些重点领域和行业漏征漏管问题依然存在;税收收入征收管理机制与现行的财政体制不相衔接,缺乏有效的监督机制。从财政专项资金使用情况看,明显存在"争预算、争资金、轻管理、轻效果"现象。从预算执行效果看,损失浪费、违反财经纪律现象还不同程度存在。为此,我们将高度重视,并采取针对性措施切实加以解决。

二、2010年全市和市本级预算草案

2010年,是深入贯彻落实党的十七大和十七届三中、四中全会精神,全面完成"十一五"规划、布局"十二五"工作的关键一年,也是我市巩固经济回升态势,打牢发展基础,推进结构调整、加快经济发展的重要一年。综观全市经济形势,明显向好的方面发展;但是一些与财政直接关联的政策调整和经济变化因素,对我市财政减收增支冲击较大。从影响收入的角度看,与2009年相比,今年客观存在矿产品税收政策调整、非即期收入缩减和原煤减产等近20亿元的不可比减收因素,需要通过增加生产、提高效益、强化管理来消化。从影响支出的角度看,国家和省出台的一系列用于改善民生、促进社会发展的政策措施比较集中,政策性刚性支出急剧增加,初步匡算,全市政策性增支近6亿元,是当年新增财力的近两倍。所以,今年财政面临的收支矛盾更加突出,平衡预算的难度更大,仍然是经受严峻考验和挑战的一年。做好今年的财政工作,必须进一步加强财税征管,堵塞收入漏洞,为支持经济社会发展提供强有力的财力支持;必须充分发挥积极财政政策和资金在保增长、促转型中的重大调控作用,赢得工作主动权,以结构调整的效应加快经济发展;必须进一步加强精细化、科学化管理,坚决有效地压缩一般性支出,提高资金使用效益,促进收支平衡。

2010年财政工作及预算编制总的指导思想是:全面贯彻党的十七大和十七届三中、四

中全会精神，以科学发展观为统领，紧紧围绕市委、市政府的各项决策部署，实施积极的财政政策，着力推动经济发展方式转型，促进财政经济平稳较快发展；深化财税改革，增强财税调控职能；进一步优化财政支出结构，着力改善民生和促进社会事业和谐发展；强化依法征管，严格堵塞漏洞，着力确保各项收入应收尽收；坚持勤俭节约、厉行节约方针，着力加强财税科学化、精细化管理、提高财政资金绩效；全面提升财税在推进我市经济社会发展中的调控职能，努力为全市经济社会科学发展作出新贡献。

在财政预算编制中，我们把握了以下原则：一是尊重经济和社会发展规律，财政收入增长水平与经济发展水平相适应。二是挖掘收入潜力，加强财税收入征管，把堵塞收入漏洞作为2010年财税收入平稳增长的重要因素。三是财权与事权相统一。四是保工资、保运转、保稳定，着力改善民生。五是保重点、压一般，集中财力保增长、调结构、促转型，用于重点项目建设和经济发展方式转型的财政支持力度不减、投资额度不少，着力解决好经济社会发展中具有普遍性和根本性的主要问题。六是牢固树立过紧日子的思想，勤俭办一切事业，严格压缩一般性开支，没有实质效果的各类研讨、调查、展览、座谈、宣传、评比、内刊、考察、培训、参观等公务活动不得列入预算，严格控制超标超编配置公务用车和高标准配置办公设施，严格审核净化上年结余结转支出。七是鼓励争取外援，对争取到国家和省积极财政政策扶持的项目，要优先安排配套资金。八是坚持法制化、科学化和精细化，要做到依法安排预算、科学论证项目和精细化管理资金。九是收支平衡，不列赤字预算。

根据上述指导思想和原则，2010年全市财政总收入安排为1 469 810万元，比上年增长8%，一般预算收入为519 014万元，比上年增长8%；加上税收返还等体制性转移支付收入，全市当年地方留成财力为621 109万元，比2009年决算同口径增长（下同）5.6%，加上年专项结转支出、上级预分配专项指标以及调入资金102 744万元，安排一般预算支出723 853万元，增长5.8%。全市基金预算收入安排153 516万元，基金预算支出安排209 142万元。

2010年市本级财政总收入安排296 055万元，比上年增长2.8%，一般预算收入为170 885万元，比上年增长3.3%，增加额5529万元；加上税收返还等体制性转移支付收入，市本级当年地方留成财力为213 042万元，增长2.9%，增加额6072万元；加上年专项结转支出11 441万元，市本级一般预算支出安排224 483万元，同口径增长2.8%。各大类支出安排情况为：一般公共服务45 542万元，下降3.5%；公共安全25 769万元，增长2.9%；教育25 634万元，增长5.3%；科学技术5303万元，增长5.9%；文化体育与传媒8004万元，增长2.7%；社会保障和就业12 778万元，增长6%；医疗卫生11 718万元，增长4.4%；环境保护9973万元，增长2.9%；城乡社区事务20 578万元，增长0.5%；农林水事务16 198万元，增长6.2%；交通运输3368万元,增长1.3%;资源勘探电力信息等事务9601万元,增长1.8%;商业服务等事务1376万元,增长0.6%;金融监管等事务支出300万元,增长9.1%;地震灾后恢复重建支出1654万元,下降9.4%;国土资源气象等事务17 008万元,增长1.6%;住房保障支出412万元,增长15.7%;粮油物资储备管理等事务2356万元,增长3.4%;预备费3500万元;其他支出3200万元,下降32.4%。

2010年市本级基金预算收入安排86 776万元,比上年下降5.4%,减收4949万元,其中:考虑到煤炭资源整合影响原煤产量下降的因素,煤炭可持续发展基金安排38 000万元,减收5416万元。

综观2010年支出预算安排,明显体现以下效果:

(一)全面贯彻"调整经济结构、转变经济发展方式"的经济工作总方针,继续发挥积极财政的综合调控职能,着力提升优势产业竞争力,全力促进经济平稳较快发展

坚定不移地推进经济结构调整和发展方式转变,是确保我市当年财政稳定增长与推动财政经济可持续发展的根本举措,是加快工业化、城镇化、现代化发展进程的根本动力。今年,我市减收增支矛盾尽管是最为困难的一年,但是市本级财政用于支持重点建设项目和经济发展方式转型的力度不减、投资额度不少,重点安排6.5亿元的固定资产投资、1亿元的中央扩大内需项目地方配套、1.5亿元的国际金融组织贷款还本付息,以及安排工业科技进步、基础科技研发、民营经济扶持、外向型经济、现代服务业等专项资金2.5亿元,进一步整合各级各类用于转型转产的政策和资金,攥紧拳头,发挥扶持资金引导作用,加快经济发展方式转变。

支持的方向和内容主要是非煤行业的新增投资、新增技术、新增产品、新增项目和新开发领域。重点扶持煤炭、电力、铸造、机械制造、新材料、新能源开发、煤化工等行业的新技术引进、新产品开发、新工艺改造;扶持为产业发展服务的高水平研发中心建设,嫁接国家重点院校和科研机构的先进技术成果,以及节能减排和循环经济发展;支持各级工业园区新上项目的配套建设;支持地方金融和非金融机构发展壮大,进一步巩固政策性融资担保机构的担保实力,建立资金扩充和风险准备金机制,扩充担保本金,增拨风险准备金,提高信用能力,切实帮助中小企业解决融资问题;支持各级各部门、社会各界跑项目、引资金、要政策,最大限度地招商引资;支持国家积极财政政策和省煤炭可持续发展投资项目的配套。

为了最大限度发挥扶持资金乘数效应,确保财政专项资金管理和使用的安全性、科学性、有效性,我们研究制定了《晋城市推进经济发展方式转变项目管理办法》,按照"公开公平透明、扶优扶先扶强"的原则,强化了项目扶持机制,拓宽了扶持范围,提升了扶持规模,进一

步完善了公开竞争制、专家评审制、项目公示制、决策责任制、监察审计制、跟踪问效制、财政资金使用后评估制度，建立了窗口受理、部门联审、媒体公示、领导组审查、监察审计部门全过程监督的运行机制，全面体现财政工作的科学性、合理生、正确性、约束性。

（二）全面落实"城市向农村拓展，农村向城市迈进"的发展理念，着力支持现代化宜居城市和社会主义新农村建设，加快推进城乡一体化发展

加快农村农业现代化建设。继续落实各类惠农补贴政策，提高粮食最低收购价，实施好《关于建立畜牧业发展风险基金促进畜牧业健康发展的办法》，研究出台农业产业化扶持办法，重点扶持农副产品加工和规模经销经济组织；完善农村清洁能源扶持管理办法，扶持整村推进或连片建设的大型清洁能源工程，鼓励规模养猪场配套建设大型沼气工程，支持农村无害化改水改厕4000户。继续支持万村千乡工程、新网工程、放心粮油工程，加大家电下乡、农机下乡、汽车以旧换新和摩托车下乡的财政补贴力度。继续支持农村公路养护，确保路路有人护、村村有人管。继续支持中小学校舍安全改造、村通广播电视、农村安全饮水工程，确保年内"五覆盖"任务完成。

加快现代化宜居城市建设。编制城市近期建设规划、环城高速周边城市化规划、丹河流域生态旅游带规划、市域煤层气普及利用规划、历史文化名镇保护性规划；继续支持环城高速公路沿线绿化和城镇带建设，打通主城区到北石店区和金匠工业园的快速通道，建成红星街东、西两段和北石店畅安路等城市骨干道路。启动"煤层气利用全覆盖工程"、丹河湿地二期工程、旧城小街小巷改造惠民工程，完善配套城市供水管网、热电联供热网，市区生活垃圾无害处理率要达到85%以上，建设高平、阳城、陵川、沁水的生活垃圾无害处理厂。支持白马寺生态治理、儿童公园和红太阳改造、数字化城管建设、新增经济适用房5582套、北出入口和东南通道景观绿化工程、五个游园建设，包括康复医院、体育馆、兰花路、红星街、景西路，新增市区绿化面积174万平方米。

（三）全面提升保障基本民生、维护社会稳定的财政调节功能，继续抓住影响社会和谐构建的薄弱环节，优化支出结构，提高保障水平，促进社会公平

进一步提升社会基本保障水平。继续扩大养老、失业、工伤和医疗保险覆盖面。在巩固新型农村合作医疗基础上，大幅提高新型农村合作医疗补助标准，由每人每年100元提高到150元，城镇居民医保覆盖面力争达到85%以上。继续提高城乡低保水平，进一步增强低收入家庭的生产生活信心。企业退休人员基本养老金今年再提高10%，规模以上非公有制经济单位要全部纳入企业养老保险，城镇职工工伤保险要全面实现市级统筹。继续完善新型农村社会养老保险保障机制，高标准支持老年人社会服务体系建设，为建设全省一流的敬老院

配备必要的设施设备,提高集中供养率达到35%。积极探索医疗保险异地就医管理办法,推进事业单位养老保险制度改革,积极探索被征地农民社会保险制度。

进一步提升困难群体保障水平。继续完善保障机制,加强资金调度,确保各类保障资金,按政策及时足额发放到困难群众手里。进一步提高农村五保、困难老党员、重点优抚对象等城乡困难群众的生活保障水平。免除农村家庭经济困难学生学费,保障农村困难家庭孩子不因贫困而失学;加快解决关、停、破产、及困难企业职工的医疗保障问题,资助困难企业职工参加大病医疗救助。积极支持开辟公益性岗位,继续加大对下岗失业人员、零就业家庭、困难高校毕业生就业援助,确保困难家庭至少有一人就业。支持残疾人创业就业,为残疾人提供公益性就业岗位300个;支持残疾人危房改造,为120户残疾人改善居住条件;支持残疾人康复救助,为300名贫困聋儿实施康复训练,为20个社区配备康复器材,支持残疾人无障碍设施建设,让残疾人生活有保障、就业有门路、康复有支持,提高自信心。继续支持保障性住房建设,解决1250户农村困难群众的住房问题,补贴廉租住房5550户。

(四)全面增强我市人民在安居乐业、文化教育、医疗卫生、全民素质、和谐构建等方面的综合竞争力,加大重点社会事业支持力度,为和谐晋城发展注入新的生机与活力

今年,突出抓好总规模118万平方米的中小学校舍安全工程建设,为100所农村寄宿制小学配备科学实验室,为100所农村寄宿制学校配备饮食卫生安全设施,为农村中小学班级配备多媒体远程教学设备;支持城区学校塑胶操场改建,落实好绩效考核和奖励性绩效工资分配工作。进一步完善基层医疗卫生服务体系,解决全市2239个村、4058名乡医队伍待遇,支持280个村卫生室标准化建设,尽快建立流感监测网络系统,提升市级传染病医院、急救中心、疾控中心、妇幼保健院、血站、荣军疗养院等医疗机构技术装备,积极开展基本药物制度试点改革,率先在60%的政府举办的基层医疗卫生机构推行。加快公益性文体事业建设,抓紧完成程颢书院文化产业区、城市特色餐饮文化街规划,加快实施乡镇文化站、农家书屋、农民体育健康、送书下乡、农村电影放映等工程,努力提高群众文体活动需求。

三、强化措施、狠抓落实,确保2010年预算任务圆满完成

(一)抢抓政策机遇,全力争取外援,切实在支持各级各部门争取国家和省积极财政政策和资金上下功夫、见成效

一是创优发展环境,大力支持各级、各部门积极争取上级项目和资金支持。二是优先保障各级、各部门争取积极财政政策和省可持续发展基金中投资项目的资金配套,确保相关配套资金的落实。三是加快项目开发、储备、申报,为跑项目、争资金特事特办、创造条件。

(二)强化财税征管,堵塞收入漏洞,严格责任追究,切实在维护财政经济秩序上下功夫、

见成效

大力加强税收征管，强化重点税源监控，确保应收尽收。进一步加强政府对财税工作领导，建立健全财税工作考核机制，实行定期召开税源运行分析会制度，严格落实财税目标责任制。重点对煤炭生产及运销、煤化工、房地产、建筑、商贸流通等行业开展专项整治。全面开展税源普查活动，扩大重点税源监控范围，建立税源共享信息平台。健全完善非税收入考核评估机制，完善非税收入征缴核算系统。

（三）有保有压，厉行节约，严格控制和压缩一般性行政支出，切实在遏制铺张浪费、提高财政资金使用效果上下功夫、见成效

严格执行关于厉行节约反对铺张浪费的各项要求，严格压缩行政开支，严格压缩一切没有实质效果的活动、会议、资料印刷和参观考察等费用，严格控制各种办公场所的新建、扩建，加快推进公务接待、公车使用等制度改革，开展节约型机关创建活动，从节约一滴水、一张纸、一度电做起，努力使我市行政运行成本控制在最低水平。

（四）坚持财政管理的科学化和精细化，在民主理财、阳光理财上下功夫、见成效

进一步完善国库集中支付制度，全面推行公务卡管理制度，加强政府采购监管与运行机制，积极推进电子化政府采购，加大财政投资评审工作力度。在党政机关和企事业单位中，深入开展国有资产清查、登记工作，对本世纪以来临时性机构资产全面清查。加快项目支出进度，推行项目支出目标责任制，建立重点支出项目督查机制，确保按进度、保质量、专款专用，对列入年度预算的影响国计民生的重点项目逐项排查，推动实施进度。

（五）完善监督机制，加大查处力度，切实在规范财政资金支出管理上下功夫、见成效

严格执行《中华人民共和国预算法》、《中华人民共和国监督法》等法律法规，牢固树立人大意识，认真执行人大批准的预算，切实把执行人大批准预算的执行力度作为评价依法行政、依法理财的重要标准。继续加强政府性资金和财政运行过程的监督，彻底清理小金库，包括社会团体及国有控股企业。全面贯彻落实《财政违法行为处罚处分条例》，对财政收入、预算编制、预算执行的重点环节、重点领域进行深度检查，对民生、环保、农业、卫生、教育等重点专项资金和工程类重点建设项目进行专项检查，加强对积极财政政策执行、资金分配管理使用情况的监督检查，防止重复建设和挤占挪用，确保资金使用安全、有效。加大政务公开，积极探索重点支出重点公开、重大支出公开听证的新机制，有效扩大社会各方面对财政的知情权、参与权和监督权。

（六）坚持解放思想、创造性工作，在深化财政改革、完善公共财政体系上下功夫

进一步完善财税体制改革，加快金融信贷改革，稳步实行乡镇财政改革、村财乡代管改

革,提升基层政府公共服务能力。进一步细化政府性基金预算,建立国有资本经营预算制度。加大财政资金整合力度,为规范财政资金管理提供机制保证。

各位代表,完成2010年预算和财政工作任务意义重大。我们将在市委的正确领导和市人大常委会的监督指导下,深入贯彻落实科学发展观,坚定信心、抓住机遇,锐意进取,扎实工作,不断开创财政工作新局面,力保全面完成各项财政工作任务,为促进晋城经济社会又好又快发展作出新贡献。

和会堂混合使用,开庭开会冲突,安全隐患十分严重,可以说每次公开审判,都风险很大。同时,也造成了应当允许人民群众广泛旁听监督的,也只能严格控制,无法为人民群众提供一个具有基本条件的诉讼场所,法院的司法职能受到严重限制,为人民司法的文明程度和服务水平受到严重影响。

法官队伍老化,断层更加严重。法院连续数年一直呼吁并经全国人大代表不断向上反映的法官断层问题因为司法人事体制的原因,不仅没有什么进展,而且随着现有人员年龄自然增长而愈发严重,审判质量和效率与审判能力的矛盾更加尖锐。优秀人才进不来,大量的审判任务,集中压在少数业务骨干肩上,造成这些法官不堪重负,身心严重受损。一些不称职的法官又因为人员缺不能及时下岗,法官队伍无法实现优胜劣汰,客观上也造成了审判质量控制困难。

对基层法院的监督指导不力。就现有的审判力量,中级法院很难抽调出业务骨干对基层法院审判业务进行有力指导,加之目前的司法体制和现实状况,没有关于上级法院对下级法院的法庭建设、装备和人员方面权利义务的硬性规定,也没有赋予中级法院明确的、有力的监督指导办法,甚至两级法院之间内部人员进行调整也困难重重,中级法院对基层法院综合、业务指导方面的能力和责任失衡,难以有效承担起基层法院的司法责任。

内部管理还不科学。面对体制和实践中存在的问题和困难,中院还没有行之有效的克服困难的办法。对两级法院的审判质量,缺少有效的制约。对低质量的案件,缺少有力的审查和处理。对应当执行的案件,还缺少强制性等有效机制。我们期望着切实可行的司法体制改革,以及社会各界的支持配合,以增强司法能力,更好地实现人民赋予的神圣使命。

2010 年工作安排

当前,受国内外形势发展变化的影响,人民法院工作正面临着境内和境外因素交织,法律问题和社会问题交织,当事人个体权益与社会公共权益交织的复杂局面,新情况,新问题明显增多,服务发展、保障民生、维护稳定、促进和谐的任务更加繁重。新的一年,我们要认真贯彻全国政法工作会议精神,始终坚持“三个至上”工作指导思想,深入开展“人民法官为人民”主题实践活动,以狠抓案件质量为核心实现司法公平正义,以制度建设为重点推动内部管理创新,以队伍建设和基层基础建设为根本提高司法能力,努力实现人民法院工作的新跨越。

一、狠抓审判质量,认真履行职责

依法严厉打击各种刑事犯罪,加大对黑恶势力犯罪、黄赌毒犯罪、严重暴力犯罪和多发性侵财犯罪的打击力度,绝不允许恶势力在管辖区内形成影响,全力维护社会稳定。依法妥善审理合同纠纷、金融纠纷、涉农、知识产权等各类案件,为维护公平、有序的市场秩序,保障经济持续平稳较快发展提供更好的司法服务。依法妥善审理婚姻家庭、教育、医疗、住房、环境保护、食品安全、征地拆迁、劳动争议案件,尽最大的努力,化解社会矛盾。正确处理好人民法院中立性、被动性的司法规律与适度能动司法的关系,拓展调解领域,注重调解质量,提高调解效率,建立诉讼与非诉讼衔接的矛盾纠纷解决新机制,认真落实便民利民举措,强化立案信访窗口作用,为实现人民群众根本利益,为维护社会和谐稳定提供更好的司法服务。

二、创新工作机制,提高服务水平

建立健全科学的综合考评机制,完善现有的绩效考核办法,奖惩合理、公平、有力。建立健全审判动态分析与平衡机制,及时把握审判工作情况,准确应对社会变化和发展需求。加强案件质量评查和过错责任追究,确保审判质量。创新调解机制,把退下来的老法官组织起来,与业务骨干有机结合,组成速调合议庭,依法简化审理可以简化的案件,提高效率,缓解压力。完善司法公开制度,通过新闻发布、设立开放日等措施,促进阳光司法。建立人大代表邀请制度,主动邀请人大代表监督审判质量,帮助解决法院存在的问题。发挥人民陪审员参与审判案件、监督审判案件、密切联系群众的作用。尝试建立执行快速反应、财产调查与管理、执行规避处置、暴力抗法应对、委托评估拍卖、委托执行案件管理监督等执行工作新机制。继续实行定期接访、带案下访等制度,落实信访终结规定,对确属无理缠访闹访的,坚决予以驳回。进一步加大司法救助力度,成立司法诉讼救助协会,纳入我市慈善事业总体规划,为生活确有困难的刑事附带民事诉讼原告人提供尽可能的司法救助。

三、抓好队伍建设,增强司法能力

一支道德上可靠、能力上可信、作风上过硬的法官队伍,是法院履行司法职能,取信于民的重要保证。要始终把队伍作为人民法院工作的重中之重,从审判业务、职业道德和法院文化等方面,全面加强法院队伍建设。继续深入开展"人民法官为人民"主题实践活动,狠抓学习,通过培训教育、案件研讨、案件评比、法官教法官等办法,着力提高法官的能力水平。在干部调整方面,以德为先,量才使用,严格程序。在有关方面支持下,建立中院从基层法院选调法官的办法。加强审判研讨,努力解决审判实践中的热点、难点、新点问题。大力推进廉政监察员制度和司法巡查制度建设。继续在文化建设方面下功夫,不仅要为全体法官,特别是年轻法官提供更好的学习条件和机会,而且要开展更丰富、更健康的文化活动,以缓解业务骨干的工作压力。

四、加强基层建设，夯实基层基础

大量的案件在基层，基层法院案件质量好坏直接决定着全市法院司法公正程度。今年，市中院将重点强化对基层法院的审判监督指导工作。年初，已经相继召开了全市法院立案、刑事、民事审判监督指导工作会议以及全市法院纪检监察工作会议，制定了一系列加强业务监督指导的办法。下一步，还将通过下发指导性文件、组织培训、召开研讨会等方式，加大对基层法院的指导力度，通过二审裁判、案件评查、司法巡查、违纪审查等办法，加强对一审案件质量的监督。同时，对一审法院严格依法审判的，要大力支持。要充分体谅基层法院的难处，呼吁社会理解支持，力所能及地帮助解决基层法院发展过程中遇到的突出问题。两级法院要严格依法，互相监督，协调统一，共同提高司法水平。

五、加强法庭建设，落实司法为民

法庭是一个地区的司法标志，也是一个地区法治文明的窗口。经市委几位常委呼吁，在市长的直接支持下，中院法庭建设项目已经正式启动。我们要在政府的支持下，加快审判法庭建设进度，尽快改变法庭严重落后和安全无保障的局面，尽快纠正因法庭数量少、功能差造成的开庭不规范、开庭率不足、不安全的问题，满足诉讼参与人的基本需求，为人民群众提供一个安全文明的司法服务场所。新的审判法庭建成后，要加强弱电信息化建设，通过电子、网络等科技手段，改革审判管理、提高工作效率，逐步实现庭审直播、文书上网，增加审判透明度，为参加诉讼的公民提供更多更好的诉讼指引。各基层人民法院也要积极争取政府的理解和支持，解决人民法庭无房危房办公的困境，使我市的司法形象有较大改善，以适应我市经济、社会、文化发展整体水平。

各位代表，站在新的起点，面对新的征程，全市法院一定要在党的十七大精神和本次代表大会通过的各项决议的指引下，开拓创新、求真务实、锐意进取，不断在实现法律功能，推进法治建设，维护公平正义的实践中取得新的更大的成绩！

晋城市人民检察院工作报告

——2010年4月28日在晋城市第五届人民代表大会第七次会议上

晋城市人民检察院检察长　张润才

各位代表:

现在,我代表市人民检察院向大会报告工作,请予审议,并请市政协委员和其他列席人员提出意见。

2009年,全市检察机关在市委、省检察院的正确领导下,在市人大及其常委会的有力监督下,在市政府、政协、社会各界的关心支持下,认真学习贯彻党的十七大、十七届三中、四中全会精神,深入贯彻落实科学发展观,按照市检察院党组提出的"五抓"工作思路,全面履行检察职能,各项工作保持了持续、稳定、健康的发展态势。

一、立足检察职能,服务全市工作大局

针对金融危机持续蔓延给我市经济社会发展带来的严峻挑战,全市检察机关积极履行法律监督职责,着力服务全市转型发展、安全发展、和谐发展大局。

广泛开展"三深入"社会实践活动。为找准检察工作服务"三个发展"的切入点和着力点,结合贯彻落实省检察院《关于充分发挥检察职能,为全省转型发展、安全发展、和谐发展服务的意见》,组织开展了为期两个多月的"深入农村、深入企业、深入社区"社会实践活动。两级院领导带队深入农村、企业、社区,虚心征求对检察机关服务"三个发展"的意见和建议,了解人民群众对检察工作的要求和期待。通过"三深入"活动,进一步密切了与人民群众的联系,完善了社情民意收集、主动服务大局等工作机制,增强了服务大局的主动性和自觉性。

严厉打击危害"三个发展"的犯罪。立足法律监督职能,为"三个发展"营造和谐稳定的环境。全年共批准逮捕破坏社会主义市场经济秩序犯罪48件,78人,提起公诉47件,77人,着力营造有序的经济环境;批准逮捕涉枪涉爆类犯罪45件,84人,提起公诉39件,68人,着力营造安全的社会治安环境;严肃查办发生在工程建设、医药购销等领域的商业贿赂犯罪15件,16人,着力营造公平的市场环境;深入开展查办危害能源资源和生态环境渎职犯罪专项工作,立案侦查6件,6人,着力营造良好的生态文明建设环境。

进一步改进办案方式方法。更加注重维护经济社会秩序，努力实现执法办案法律效果和政治效果、社会效果的有机统一。建立执法办案风险评估机制，针对各个执法环节可能引发的不稳定因素加强风险评估，防止因执法不当引发群体性事件。树立调解也是执法的观念，建立检调对接机制，完善轻微刑事案件和解、民事申诉案件释法说理等工作机制，努力化解矛盾纠纷。依法妥善处理涉及企业的案件，严格做到“六个不轻易”和“六个严禁”，维护企业正常的工作和生产经营秩序。

二、认真履行批捕、起诉等职责，全力维护社会和谐稳定

全市检察机关始终把维护社会和谐稳定放在首位，深入贯彻落实宽严相济刑事政策，依法打击刑事犯罪，努力化解矛盾纠纷。全年共依法批准和决定逮捕各类刑事案件970件，1777人，同比分别上升18%和31.6%；提起公诉1227件，2118人，同比分别上升3.8%和16%。

严厉打击严重刑事犯罪。以新中国成立60周年庆祝活动安全保卫工作为重点，严厉打击影响社会稳定和群众安全感的严重暴力犯罪、多发性侵财犯罪和黑恶势力犯罪。全年共批准逮捕故意杀人、故意伤害（致人死亡）、抢劫等严重暴力犯罪案件206件，387人，提起公诉233件，406人；批准逮捕“两抢一盗”等多发性侵财犯罪案件402件，755人，提起公诉435件，795人；批准逮捕恶势力团伙犯罪案件3件，43人，已提起公诉2件，34人。市检察院依法介入侦查活动，严格审查事实和证据，快速批捕了以赵五庆为首的以开设赌场或组织人员赴境外赌博为主业的恶势力犯罪团伙。

依法从宽处理轻微犯罪。对主观恶性较小、犯罪情节轻微的初犯、偶犯、过失犯和未成年人犯罪等案件，以及因家庭邻里纠纷引发的轻微犯罪案件，落实依法从宽政策，积极探索刑事和解、亲情会见、诉前帮教、快速办理等工作机制，以体现司法人文关怀。全年共依法决定不批捕24人，不起诉22人。

切实加大信访工作力度。认真办理群众来信来访，严格落实检察长接待日制度，共受理群众来信来访481件，其中两级院正副检察长接待来访群众158人（次），批办案件82件。集中开展“信访积案化解年”专项活动，对排查出来的重点、疑难信访积案，逐案分析症结，针对性采取措施，有效化解矛盾纠纷。以做好国庆期间涉检信访工作为重点，认真落实对上访老户回访、零报告等制度，实现涉检赴省、进京“零上访”。

积极参与社会治安综合治理。坚持“打防结合，预防为主”的原则，认真落实检察环节社会治安综合治理任务。加大综合治理宣传力度，送法进农村、进企业、进社区。分析研究当前刑事犯罪的趋势、特点、原因，及时提出检察建议，推动有关部门完善防范机制。积极参与对社会治安存在突出问题的重点地区、重点部位的集中整治,推进社会平安建设。与中小学校联手,开展“青少年维权岗”、“检校联手预防青少年犯罪”等活动,促进平安校园建设。

三、加大查办和预防职务犯罪工作力度,推动反腐败斗争深入开展

坚决贯彻市委、省检察院关于反腐败斗争的总体部署,狠抓职务犯罪查办和预防工作,为经济社会发展营造廉洁高效的政务环境。全年共立查各类职务犯罪案件81件,83人。其中,立查贪污贿赂案件55件,57人,渎职侵权案件26件,26人。

突出查办大案要案。充分发挥市检察院侦查指挥中心的作用,整合办案资源,对重大案件线索统一管理,侦查工作统一指挥,集中力量查办大案要案。共立查贪污、贿赂5万元以上、挪用公款10万元以上大案49件,县处级以上干部犯罪要案3人,大要案比例为94.5%。立查渎职侵权重大案件7件,特大案件6件,重特大案件比例为50%。查办了山西省粮油集团有限公司原副经理、晋城国家粮食储备库原主任马崇知受贿案、晋城市建设局原副局长李守堂受贿案、晋城市地税局原副局长王建钢玩忽职守案等一批案件,引起很大社会反响。

重点查办民生领域职务犯罪。严肃查办发生在社会保障、医疗卫生等领域以及侵害农民利益、危害农业发展的职务犯罪案件,着力维护人民群众切身利益,共查办此类案件33件。其中,查办发生在社会保障领域职务犯罪案件9件,查办发生在医疗卫生领域职务犯罪案件6件,查办发生在涉农领域职务犯罪案件16件。

积极开展职务犯罪预防工作。在《山西省预防职务犯罪工作条例》颁布一周年之际,与市人大法制委员会共同召开会议,大力推进全市预防职务犯罪工作。及时介入国家投资重大工程建设项目,开展专项预防32件,保障政府投资安全。深入重点行业和职务犯罪多发行业,开展预防调查63次,从中发现问题,提出预防建议。广泛开展预防宣传教育,共举办法制讲座、组织警示教育187次。认真开展行贿犯罪档案查询工作,共提供查询600余次,对遏制商业贿赂、推进社会诚信体系建设起到了积极作用。

四、强化诉讼监督,维护司法公正

针对人民群众反映强烈的执法不严、司法不公等问题,强化监督意识,完善监督机制,加强对诉讼活动的法律监督,维护和促进司法公正。

刑事诉讼监督工作。加强刑事立案监督,对应当立案而不立案的,督促侦查机关立案41件。加强侦查活动监督,对侦查活动中的违法行为提出书面纠正意见5件;对应当逮捕而未提请逮捕的,追加逮捕8人;对应当起诉而未移送起诉的,追加起诉11人。加强刑事审判监督,对认为确有错误的刑事裁判提出抗诉11件,提请省院抗诉3件。开展刑事审判法律监督专项检查活动,对全市2008年以来审结的刑事案件进行全面检查,对发现的4起案件依法提起或提请抗诉。

民事审判和行政诉讼监督工作。以解决裁判不公为重点，对认为确有错误的民事行政裁判，提出抗诉 8 件，提出再审检察建议 8 件，向上级检察机关提请抗诉 17 件。同时，对不服正确裁判的申诉人，注重做好服判息诉工作。积极探索监督的新途径，共办理执行监督案件 12 件，督促起诉案件 139 件，支持起诉案件 13 件，保护了国有资产，维护了弱势群体的合法权益。市检察院督促市煤炭资产经营有限责任公司，对未按期归还市级煤炭发展基金贷款本息的 50 余家债务人，通过诉讼途径追偿，依法督促起诉总金额 5000 余万元。

刑罚执行和监管活动监督工作。健全完善纠防超期羁押长效机制，继续保持全市范围内无超期羁押。开展看守所监管执法、监外执行、清查事故安全隐患等专项检查活动，维护了监管场所秩序和在押人员合法权益。加强对减刑、假释、暂予监外执行的监督，经审查，对监管部门提请的尚不具备条件的 70 起减刑、3 起假释，建议暂缓提请，均被采纳，维护了刑罚执行的严肃性。加大监管领域职务犯罪查处力度，立案查处了市看守所原所长程和全贪污案，被告人终审被判处有期徒刑 10 年。

五、强化对自身执法活动的监督，确保检察权依法正确行使

坚持把强化自身监督放在与强化法律监督同等重要的位置，自觉接受外部监督，进一步加强内部监督，确保严格、公正、文明、廉洁执法。

自觉接受人大监督和政协民主监督。强化人大意识，坚持把法律监督工作置于人大的监督之下，主动向同级人大及其常委会报告重大工作部署和重要情况。认真落实同人大代表联系制度，积极邀请人大代表视察、座谈、参加检察机关重大活动和重要会议，主动走访人大代表，虚心听取意见和建议。坚持为代表订阅《检察日报》，年终向代表发出慰问信和工作情况报告，使代表了解和掌握检察工作情况。认真办理代表意见、建议和人大及其常委会转办、交办案件，及时反馈结果，做到件件有回音，事事有着落。主动向同级政协通报检察工作情况，经常听取政协委员对检察工作的意见，自觉接受监督。

深入开展人民监督员制度试点工作。加强对“三类案件”的监督工作，全年 10 起“三类案件”全部纳入监督范围。认真落实“五种情形”告知制度，畅通人民监督员知情渠道。改进和完善联系机制，定期通报工作情况，发送信息资料，为人民监督员履职创造条件。加大宣传力度，将人民监督员的职责、监督案件范围、联系方式等通过媒体向社会公布，将工作动态和重要活动及时报道，提高了群众对人民监督员工作的知情度。

大力加强内部监督。紧紧抓住容易发生问题的关键环节和重点岗位，切实加强对自身执法活动的监督制约。加强内部职能部门之间的监督制约，对重点案件增加关口，由检委会办

公室进行全面审查。加强对查办职务犯罪工作的监督制约,认真落实撤案、不起诉报上一级检察院批准,逮捕职务犯罪嫌疑人报上一级检察院审查决定制度。加强对重点岗位和人员的监督,市检察院对重点执法岗位11名中层干部、11名干警进行了轮岗交流。

六、强化检察队伍建设,不断提高法律监督能力

坚持严格教育,严格管理,严格监督,努力造就纪律严明、作风优良、执法规范的高素质检察队伍。

深入开展学习实践科学发展观活动。围绕服务全社会的科学发展和实现检察工作自身科学发展两大主题,市检察院确定了"强化职能促发展,'四化'建设上水平"的实践载体,扎实开展学习实践活动。在学习调研、分析检查、整改落实三个阶段,共组织理论学习20余次,班子成员带队深入基层调研、形成调研报告20余件,发出征求意见函200余份。针对查找出来的近期能够解决的问题,提出了11条具体整改措施,对客观条件不成熟、一时难以解决的问题,制定长远规划,明确责任分工。

突出抓好领导班子建设。加强民主集中制建设,重大决策、重要案件、大额经费开支等重大事项,坚持集体讨论决定,确保科学决策、民主决策。认真落实党组中心组学习制度、民主生活会制度,提高班子科学判断形势、应对复杂局面和分析解决问题的能力。认真落实市检察院派员参加基层院民主生活会制度和基层院检察长向市检察院述职述廉制度,加强对基层院领导班子和领导干部的监督。

切实加强党风廉政建设。认真落实党风廉政建设责任制,做到党风廉政建设与检察业务工作同部署、同检查、同考核。强化检风检纪督导检查,开展检务督察9次,有效纠正了特权思想、霸道作风。坚持从严治检,先后对7人进行诫勉谈话,对4人责令写出书面检查,对4人进行政纪处分。强化对执法办案活动监督,认真落实"一案三卡"制度,对已有生效判决的自侦案件全部进行回访。

加强队伍专业化建设。继续开展创建学习型检察院和岗位练兵活动,通过举办专题讲座、强化实战训练、组织知识竞赛、法律知识考试、案例抗辩、庭审观摩等活动,为干警提供学习和交流的平台,提升了队伍的整体业务素质和执法办案能力。积极组织和鼓励在职干警参加司法考试,全市检察机关有7名干警取得法律职业资格,为检察队伍注入了新的活力。

加强基层检察院建设。坚持实事求是、因地制宜、分类指导、科学发展的原则,认真落实领导干部联系指导基层院制度,积极推进基层院"四化"建设。加大科技强检力度,完善办公办案软件系统,强化信息化技术的实际运用,不断提升基层院信息化水平。提高基层院执法保障水平,在两级党委、人大、政府的支持下,全市基层院落实预算率达100%,"两房"建设

全部完成。阳城检察院被表彰为全国模范检察院,成为我省唯一获此殊荣的检察院。我市三个基层检察院被确定为全省"四化"建设试点单位,市检察院荣获全省基层检察院建设组织奖。市检察院和三个基层检察院获得了市"公正执法十佳单位"荣誉称号,全市检察机关整体执法形象得到了社会充分肯定。

过去一年的检察工作成绩,是在两级党委领导、人大监督和政府、政协及社会各界的关心支持下取得的。在此,我代表全市检察机关和全体检察干警向各位人大代表、政协委员,向所有关心支持检察工作的各位领导和同志们表示衷心的感谢!

回顾一年来的工作,我们也清醒地认识到,检察工作离党和人民的要求还有很大差距:一是服务大局的自觉性、主动性还不够强,服务的方法、手段、措施还不够具体、有力。二是查办职务犯罪工作还不能完全适应反腐败斗争的需要,尤其是查办重点领域、重点行业中有影响、有震动的大要案还不够多。三是诉讼监督仍显薄弱,监督意识不强、手段不力、不敢监督、不善监督的问题仍然存在。四是部分基层法院办案工作区规范化建设尚未完全达到标准,办案安全工作亟待进一步加强。五是队伍素质不能完全适应检察工作发展的需要,队伍专业化水平有待提高,理性执法、文明执法意识有待增强。这些问题和不足,我们将采取针对性措施,认真整改,尽快解决。

各位代表,2010年,全市检察机关要以邓小平理论和"三个代表"重要思想为指导,深入贯彻落实科学发展观,全面贯彻党的十七大、十七届四中全会以及全国、全省政法工作会议和全国检察机关贯彻政法工作会议、全省检察长会议精神,坚持"抓服务,促发展;抓办案,保稳定;抓监督,护公正;抓预防,求和谐;抓队伍,树形象"的"五抓"工作思路,深入推进社会矛盾化解、社会管理创新、公正廉洁执法三项重点工作,认真贯彻落实山西检察工作科学发展五年规划,全面履行法律监督职能,努力把全市检察工作提高到新水平,为我市转型发展、安全发展、和谐发展提供有力的司法保障。结合我市检察工作实际,今年重点要做好以下六个方面的工作:

一是充分发挥检察职能,服务"三个发展"大局。建立健全服务"三个发展"长效工作机制,把服务意识贯穿于法律监督工作始终。充分发挥打击、保护、监督、预防等职能作用,为经济发展方式转变提供有利环境。抓住关系民生的突出问题加大法律监督力度,促进解决涉及群众利益的热点难点问题。加强对企业合法权益的司法保护,积极营造健康的企业发展环境。加强和改进涉农检察工作,推广乡镇检察联络站、巡回检察室建设经验,服务农村改革发展。

二是紧紧围绕检察职能,深入推进三项重点工作。深刻认识推进三项重点工作的重要意义,认真做好检察环节各项工作。切实履行批捕起诉、查办和预防职务犯罪、开展诉讼活动监督等检察职能,把化解社会矛盾贯穿于执法办案全过程;积极参与社会治安综合治理,加强对未成年人的法制宣传和司法保护,积极参与对特殊人群的帮教管理和社区矫正,加强对网络虚拟社会的研究和分析,推动社会管理创新;全面加强和改进诉讼监督工作,强化对检察队伍自身的监督,着力解决人民群众反映强烈的司法不公、执法不严等问题,确保公正廉洁执法。

三是以维护社会和谐稳定为首要任务,全面贯彻宽严相济刑事政策。依法严惩黑恶势力犯罪、严重暴力犯罪、多发性侵财犯罪和毒品犯罪,加大打击破坏市场经济秩序犯罪的力度。对轻微犯罪落实依法从宽政策,完善未成年人犯罪案件特殊办理机制,探索附条件逮捕、附条件不起诉等办案方式,促进社会和谐稳定。完善维稳工作机制,切实做好涉检信访工作。健全检调对接机制,对民事申诉等案件坚持调解优先原则,加强释法说理工作。妥善处置群体性事件,做到形势判断准确、情报信息快捷、综合措施到位,切实提高处理问题和化解矛盾的能力。

四是更加重视查办和预防职务犯罪工作,促进反腐倡廉建设。继续加大查办和预防职务犯罪工作力度,重点查办领导机关和领导干部中的滥用职权、贪污贿赂、失职渎职案件,商业贿赂犯罪案件和严重侵害群众利益案件,群体性事件和重大责任事故背后的职务犯罪案件,官煤勾结、权钱交易特别是为违法采矿充当“保护伞”的职务犯罪案件,资源开发、利用和整合过程中的职务犯罪案件。扎实开展煤焦领域和工程建设领域反腐败专项治理。加强线索开发管理、发案规律研判、侦查指挥协作、办案基础保障、考核评价激励、要案请示协调等六大侦查机制建设。特别是要加强调查研究,注重分析研究重点部门和行业的发案特点和规律,增强职务犯罪查办工作的主动性和有效性。建立反贪、反渎办案互动机制,深挖失职渎职背后的贪污贿赂犯罪。强化办案安全防范工作,加快办案工作区规范化建设。注重侦查人才培养和选拔,推行职务犯罪侦查资格准入制度。高度重视职务犯罪预防,加强预防调查、宣传等工作,推动侦防一体化和预防工作规范化建设。

五是全面加强诉讼监督,促进司法公正。认真贯彻最高人民检察院《关于进一步加强对诉讼活动法律监督工作的意见》,增强监督意识,提高监督水平,下大力气解决人民群众反映强烈的热点难点问题。坚持打击犯罪与保障人权并重,加强对有罪不究、以罚代刑、刑讯逼供等问题的监督,加强对刑事审判特别是有罪判无罪、量刑畸轻畸重的监督。加大对民事审判、行政诉讼活动的监督力度,切实纠正裁判不公问题。加强对超期羁押和减刑、假释、暂予监外执行不当的监督,促进刑罚执行和监管活动依法进行。

六是加强检察队伍建设,切实提高执法公信力。认真贯彻落实《山西检察工作科学发展五年规划》和2010年工作目标分解，增强工作的责任意识。集中开展“恪守检察职业道德、促进公正廉洁执法”主题实践活动，落实检察官职业道德基本准则，树立良好的职业风尚。认真学习贯彻《廉政准则》，继续加强对自身执法活动的监督制约，健全具有检察特色的“教育、制度、监督”并重的惩治和预防腐败体系，切实加强党风廉政建设，进一步提高拒腐防变能力。坚持理性、平和、文明、规范执法，不断改进办案方式方法，杜绝执法随意性。继续加强教育培训工作，深入开展岗位练兵和创建学习型检察院活动，进一步提高检察人员的素质和能力。积极推进基层检察院“四化”建设，坚持走科技强检之路，切实加强基层基础建设。

各位代表，在新的一年里，我们决心在市委和省检察院的正确领导下，更加自觉地接受人大及其常委会的监督，接受人民政协和民主党派、无党派人士的民主监督，接受人民群众和新闻舆论监督，践行“强化法律监督，维护公平正义”的检察工作主题，不断加强和改进检察工作，为全市经济社会发展提供更加有力的司法保障！

晋城市人民政府机关事务管理局

党组书记、局长　李凤远

晋城市人民政府机关事务管理局组建于1989年，是市政府主管市级机关后勤的工作部门。局下设三室十科：办公室、纪检监察室、节能办公室、财务科、车辆管理科、保卫科、房产基建科、总务电讯科、办公区服务科、生活区服务科、泽州路综合办公楼服务科、凤鸣老干部小区服务科、老干部管理科。

近年来，晋城市人民政府机关事务管理局在市委、市政府的正确领导下，以邓小平理论和“三个代表”重要思想为指导，深入贯彻落实科学发展观，以“管理、服务、保障”为重点，优化服务环境，深化后勤改革，增强保障能力，促进了机关事务工作的全面进步。被省政府机关事务管理局、省总工会、共青团山西省委、省妇联联合授予“山西省机关后勤工作先进集体”称号，连续多年被市直机关工委授予“先进党组织”称号，被市综治委授予“市级安全文明单位”和“依法治理先进单位”称号，被省、市、城区政府授予“爱国卫生先进单位”和“城市绿化年活动先进单位”称号，被市精神文明指导委员会授予“文明和谐单位”荣誉称号，被市委、市政府授予“和谐机关”、“先进单位”称号。

“十二五”时期，市政府机关事务管理局工作发展思路是：以邓小平理论、“三个代表”重要思想为指导，深入贯彻落实科学发展观，紧紧围绕市委、市政府工作大局，坚持管理创新，突出工作重点，推进制度建设，大兴求真务实的作风，推动机关事务工作新一轮跨越式发展，实现“五大管理”（公共机构节能管理、公务用车管理、国有资产管理、办公用房管理、机关大院管理），推行“四项服务”（精准服务、阳光服务、惠民服务、节俭服务），打造“一支”优秀团队的目标。同时，要创新体制机制，理顺权责关系，完善制度标准，强化资源统筹，推动依法行政，实现管理体制、保障制度和服务机制的根本性转变，为转型跨越发展，保障政府运转，降低运行成本，建设廉洁、务实、高效政府机关作出积极贡献。

全国爱卫办专家技术评估团在市委、市政府机关检查

局党组中心组学习

市委、市政府综合办公楼

晋城市经济和信息化委员会

晋城市经济和信息化委员会是全市工业经济综合管理部门，承担着监测、分析、调节工业经济运行，指导工业领域产业布局与结构调整、节能降耗、技术创新、园区建设，协调生产要素配置、供应，促进全市新型工业化发展的重要职责；2009年12月，根据《晋城市人民政府机构改革方案》的要求，以晋城市经济委员会为基础组建而成。设办公室、综合、经济运行、投资规划、电力、交通能源、资源节约与综合利用、技术创新、人事教育、信息、纪检监察室和离退休等12个科室。下属单位有：经贸资产管理中心、节能评估中心、节能监察支队（节能监测办公室）、墙体材料革新与建筑节能领导组办公室、煤炭领导组办公室和经济管理干部培训中心等8家。

2009年是新世纪以来我市工业经济发展最为困难的一年，也是全市工业系统砥砺奋进、经受严峻考验并取得明显成绩的一年。面对国际金融危机的严重冲击和影响，全市工业系统坚持以科学发展观为指导，认真贯彻落实市委、市政府的一系列应对措施，努力攻坚克难，应急、谋远两手抓，保增长、调结构、促转型取得了积极成效。2009年，全市规模以上工业完成增加值353.3亿元，同比增长9.8%，增幅在全省11个地市位居第三；完成销售收入713.39亿元，同比增长13.2%；实现利税180.45亿元，同比增长7.71%；实现利润114.94亿元，同比增长0.1%。2010年是我市经济形势极为复杂的一年，也是工业经济应对国际金融危机冲击取得显著成绩的一年。面对经济增长和节能降耗的双重压力，按照“保增长、降能耗、调结构、促转型、谋跨越、求发展”的基本思路，抢抓机遇，奋勇争先，全市工业经济延续了2009年下半年以来回升向好的态势，实现了快速健康发展。全年全市规模以上工业企业完成工业增加值435亿元，增长19.3%；完成销售收入1000亿元，增长39.12%；实现利税218.9亿元，增长22.04%；实现利润141.6亿元，增长24.66%；全面完成2010年全市万元GDP综合能耗下降8.8%和“十一五”期间万元GDP综合能耗下降25%的目标任务。

两年来，全市工业经济虽然克服重重困难，取得了不错成绩，但增长的基础还比较薄弱，化工、电力行业经营困难、企业亏损大幅上升、煤炭行业一业独大等问题仍在影响和制约着全市工业经济的健康发展。对此，经信委将认真贯彻落实市委、市政府的决策部署，创新工业思路，创新发展方式，创新运行机制，以更加坚定的信心、更加有效的措施、更加扎实的作风，全力以赴推动全市工业经济又好又快发展。

晋城市经信委领导班子

山西制博会期间，工信部和省委、省政府领导观看晋城展区

市委书记张茂才在市经信委调研

市长王清宪在“个十百千万”节能活动现场参观节能产品

市领导在“个十百千万”节能活动现场参观节能产品

主任张建忠在宇光电缆公司调研

主任张建忠深入企业了解项目建设及产品定位情况

主任张建忠向记者介绍全市转型发展情况

晋城市发展和改革委员会

晋城市发展和改革委员会是在2004年11月机构改革时，由原市发展计划委员会改组成立的。内设12个行政科室，分别是：办公室、国民经济综合科（市国民经济动员办公室）、体制改革科、固定资产投资科（市投资许可证办公室）、农村经济科（市以工代赈办公室）、能源地区科、工业交通科、科教科、社会发展科、财金贸易科、城建环保科、监察室。有8个事业单位，分别是：晋城市经济结构调整领导组办公室、晋城市重点工程领导组办公室、晋城市人民政府重大项目稽察特派员办公室、晋城市项目开发中心、晋城市开发性金融合作办公室、晋城市深化医药卫生体制改革领导组办公室、发改委信息中心、市工程咨询中心。现有行政和全额事业人员71人，其中处级以上干部15名。

党组书记、主任 李国继

全市发展和改革工作暨重点工程推进会议

市发改委深入学习实践科学发展观活动学习报告会

市发改委政风行风听证对话会

晋煤集团棚户区改造工程
情暖人间
建筑精品

晋城市发改委机关元宵节拔河比赛

晋城市国资委

主任　阎培烈

晋城市国资委是晋城市人民政府直属特设机构，代表市政府对市属企业（含企业化管理的事业单位）履行国有资产出资人职责。晋城市国资委直接监管企业33户，资产总额达236.79亿元，所属兰花煤炭实业集团、天泽煤化工集团在煤炭、煤化工领域均位居全国同行业前列。“十一五”期间，晋城市国资委积极推进国有经济结构布局战略性调整。一批以兰花、天泽为代表的优势骨干企业快速做大做强；一批以凤织、民爆为代表的企业实现了转制搞活；一批以晋钢、阳丝为代表的特困企业稳步有序关闭破产，到“十一五”末，市属国有企业资产总额、所有者权益、利润、利税等主要经济指标均较“十一五”初翻了一番多，国有资产总量增长了1倍，市属国有经济呈现出“数量减少、总量增大，存量集中、布局优化，产业升级、效益提升”的显著变化。近年来，晋城市国资委在深化企业改革中，始终坚持以人为本，全力维护职工合法权益，高度关注困难职工群众，取得显著成绩。“十一五”期间累计安置改制、关停、破产企业职工近万人，为下岗职工提供再就业岗位上千个，解决职工养老、医疗保险3000余人。连续三年，累计筹措资金1100余万元帮扶救济困难职工、困难党员13 000人次。畅通信访渠道，化解了一大批涉及职工切身利益的历史遗留问题。

晋城市国资委多次被评为市级和谐机关、文明机关，先后荣膺“全市和谐机关标兵”、晋城市“五一”劳动奖状、“全省厂务公开民主管理考核一等奖”、“全省政风行风评议先进单位”等荣誉称号。

市国资委党委召开企业党建工作暨“七一”表彰会

全市创优国有企业发展环境座谈会

市国资委党委对山煤集团晋城分公司创先争优活动进行观摩

市国资委领导深入企业生产一线调研

绿洲纺织公司样品展示间

兰花煤化工有限公司厂区一角

太行民爆公司益寿园蔬菜大棚一角

兰花科创化肥分公司厂区全貌

天泽集团煤气化厂易地搬迁改造“24•40•20”项目投产现场

晋城市国土资源局

谋求保护与保障共赢 全力服务转型跨越发展

党组书记、局长　赵晓华

晋城市国土资源局是2001年市级机构改革中，由晋城市土地管理局和晋城市矿产资源局合并组建的集土地、矿产、测绘管理为一体的政府工作部门。

2010年10月，新领导上任以来，面对"十二五"规划开局之势，站在新的起点，以保障和服务转型跨越发展为主线，以保护资源与保障发展共赢为目标，主动谋划，转变职能，改进作风，优化环境，较好地处理了保障发展和保护资源的关系，受到市委、市政府和社会各界的好评。市委书记张茂才、市长王清宪分别做出批示，充分肯定了市国土资源局的工作。

一是统筹合理安排，做好规划修编。在新一轮规划修编工作中，本着通过修编来缓解矛盾，赢得主动的目的，充分考虑了"十二五"期间各类建设用地需求，合理安排建设项目用地布局，通过各种途径，基本能保障"十二五"期间全市各类建设用地需求。目前，市级规划成果已经省政府批复。

二是积极转变职能，推进简政放权。以深化行政审批制度改革为切入点，出台了《关于优化政务环境，服务转型跨越发展的试行意见》，下放或取消审批权限3类17项，简化审批程序6类20项，减少报件资料1类2项，在全市系统营造了职责明确、运行顺畅、高效透明的政务环境。

三是抢抓政策机遇，先行改革试点。抓住国家政策机遇，全面推开了矿业存量土地整合利用和城乡建设用地增减挂钩试点工作。这两项工作的开展，极大地缓解了全市用地紧张的局面。

四是服务企业发展，提供优惠政策。为保护和支持各业发展，在土地、矿产、测绘等方面出台了一系列优惠政策：对使用未利用地的建设项目等3类5项费用进行了调价或减免。

五是切实改进作风，主动登门问需。积极主动上门对接，用三个月时间完成了晋煤集团351宗近2万亩的土地登记换证工作，解决了晋煤集团整体上市完善土地手续等诸多问题。同时，对国家、省、市重点工程项目和民生项目，开通了"绿色通道"。

领导班子

市委书记张茂才在市国土资源局调研指导工作

市长王清宪听取国土资源管理工作情况

省国土资源厅厅长李建功对市国土资源工作进行指导

局长赵晓华在晋煤集团就项目建设进行现场办公，解决企业发展用地难题

对全市关闭煤矿的土地利用潜力进行调查，积极开展矿业存量土地整合利用工作

全力服务全市经济发展，邀请全市重点工程建设项目单位进行座谈，沟通对接服务工程建设项目用地

市国土资源局领导深入北石店区改造工地，解决改造中遇到的实际问题，加快片区建设步伐

晋城市水利局

下河泉供水管

2009年，全市新增农业节水面积1.5万亩；改善节水灌溉面积3.2万亩；解决15.2万人的饮水安全问题；完成实灌面积50万亩；完成水保治理面积13万亩；实施生态修复面积20万亩；水力发电5000万度；生产成鱼1150吨。获水利部“全国农村水电及电气化建设先进集体”和市委、市政府授予“构建和谐社会工作先进单位”称号。

2010年，全市解决22.32万人的饮水安全问题；完成实灌面积55.8万亩；完成水保治理面积14万亩；生产成鱼1235吨。成功战胜2010·08·18特大洪水，被市劳动竞赛委员会荣记一等功。

“四供八库”工程建设取得阶段性成果，张峰水库枢纽工程于2008年完工验收，蓄水1.3亿立方米。输水工程正在建设中，完成总干及二干输水管道、高平蓄水池，已输水到高平，预计年底巴公蓄水池可以开工建设。东焦河水库枢纽工程全部完成，进行了大坝蓄水验收和水电站机组试运行于2009年正式蓄水。围滩水库、西冶水库、湾则水库大坝主体工程完工。下河泉供水工程于2008年通水，安全运行19个月，向周村北留工业园区供水。任庄水库供水工程于2008年全部竣工，正式投入运行。丹河下游供水一期工程于2008年竣工，向晋煤集团十万吨合成油等企业供水。磨河供水改造工程主体工程全部完工。

加大力度新建“一河四供四库”工程，丹河下游河道治理工程泽州任庄水库上游至高平县界，丹河湿地至龙门湖段已招标，开工建设。任庄水库市区调水工程完成施工招标，开工建设。杜河水库提水工程完成可研设计。郭壁供水改造工程完成可研设计。固县河截潜流工程可研报市发改委审批，批复后即可开工建设。龙门水库完成招标，开工建设。东大河、柿庄、云首水库列入山西省小型水库建设规划，在进行项目前期工作。全市列入全省专项规划内病险水库除险加固任务的14座水库全部完工。

成立了晋城市节水型社会建设委员会，出台了《晋城市节水型社会建设实施方案》；编制完成了《晋城市节水型社会建设规划》，正式启动节水型社会试点市建设。

陵川县磨河供水改造工程调节水池

东焦河水库库区大坝

东焦河大坝

除险加固后的董峰水库

晋城市农业委员会

挂牌仪式

全市六县（市、区）现有84个乡、镇、办事处，2213个行政村，总人口227万，其中农户45万户，农业人口167万人，占总人口的75%。全市耕地总面积307万亩，人均1.35亩。我市不仅是一个资源大市，同时，也是一个传统的农业地区。作为暖温带半湿润季风气候类型，四季分明，冬长夏短，雨热同季，气候温和适中。年均气温11.5℃，无霜期一般在185天左右，年均降水量达600～650mm。森林覆盖率达35.7%。境内生态环境良好，农业物产丰饶。粮食作物主要有玉米、小麦、谷子、豆类、薯类等；经济作物主要有油料、棉花、麻类等。

全市农业产业的特点，可以概括为“小而全、少而优、稀而特”，“小而全”，是指境内三山环抱，物华天宝，资源丰富，物产多样，全市人均耕地仅有1.35亩，农业特色产业规模都比较小。但农作物种类繁多，各种五谷杂粮、各类干鲜果品、蔬菜、蚕桑、食用菌以及多种中草药遍布全市。“少而优”，是指各类农产品数量虽少，但品质优。全市认证的无公害农产品基地面积达204.3万亩，占耕地面积的71%，排全省第一。“稀而特”，是指境内山地丘陵面积占到87%，昼夜温差大，独特多样的小气候，造就出一大批具有地域特色、品质独特的稀有农产品。比如泽州县巴公大葱、泽州红山楂、鲁村小米；高平大黄梨、王报红萝卜；阳城山茱萸、阳城蚕茧；陵川“五花芯”党参、大红袍花椒、黑木耳；沁水七须黄花菜、蜂蜜等。

新组建的市农业委员会由原市农业局、原市新农村领导组办公室整合而成，挂“中共晋城市委农村工作领导组办公室”牌子。主要职责包括：贯彻落实党中央、国务院和省委、省政府有关农业、农村的政策措施和法律法规，统筹、协调各涉农单位，推进农村改革发展；承担市委农村工作领导组的日常工作，拟定新农村建设总体发展规划；研究拟定全市种植业、养殖业、农产品加工业、农业机械化等产业和农村经济发展战略，推进农业依法行政；指导全市粮食等主要农产品生产；负责农经管理、农业产业化、农产品质量安全、农作物重大病虫害防治、农业防灾减灾、农业和农村经济信息、农业科研和农技推广、农村实用人才培训、扶贫开发、农业生态建设、农业贸易等工作。

生态园林示范村山耳东

农业

晋城市畜牧兽医局

党组书记、局长 袁世泰

促进畜牧业发展扶持资金兑现仪式

川底小庙岭猪场养殖区

局长袁世泰在奶站检查指导质量安全工

规模化养猪场的现代化监控室

全省最大的生猪屠宰加工企业新胜肉类食品有限公司

晋城市食品药品监督管理局

晋城市食品药品监督管理局组建于2002年，主要负责全市药品（医疗器械）研制、生产、经营、使用的全过程监管。2004年12月增加了对食品、保健品、化妆品的综合监督、组织协调和依法开展对重大事故查处的职能。2010年7月，将原由市卫生局承担的食品卫生许可、餐饮业、食堂等消费环节食品安全监管和保健食品、化妆品卫生监督管理的职责划入市食品药品监管局，同时将协调食品安全、组织查处食品安全重大事故的职责划入市卫生局。晋城市食品药品监督管理局内设办公室（法制宣教科）、人事科（党务办公室）、规划财务科、餐饮服务许可科、餐饮服务食品安全监管科、保健食品化妆品监管科、药品安全监管科、药品市场监督科、医疗器械监管科、稽查科、纪检监察室11个科室，下设城区、开发区2个分局和市食品药品检验所、市药械不良反应监测中心、市食品药品监督检查大队、城区、开发区食品药品监督检查分队、市局机关后勤服务中心（培训中心）6个事业单位。全系统共有干部职工126人。

近年来，在市委、市政府和省食品药品监督管理局的坚强领导下，市食品药品监督管理局以创建三晋最安全、最放心、最信赖的食品药品宜居城市为目标，按照“一年打基础、二年创特色、三年上台阶、四年进一流”的工作思路，不断夯实监管基础，切实转变工作作风，全面提升监管能力，通过“五抓”并举（抓班子、抓能力、抓制度、抓作风、抓文化），为维护公众健康权益，创优发展环境，服务转型跨越作出了积极贡献。先后受到省级以上表彰13次，市级表彰26次，连续6年被市委、市政府表彰为“打假治劣先进集体”，连续6年被省局和市政府表彰为“政风建设先进单位”。特别是和谐机关文化建设、餐饮服务食品安全“脸谱”公示制、药品安全双层监管责任制等经验，先后被《中国医药报》、《山西日报》等媒体报道，在全省乃至全国系统均产生了一定影响。省食品药品监督管理局将晋城市餐饮服务食品安全“脸谱”公示做法在全省范围内进行推广。

市食品药品监管局党组书记、局长樊林奎督察“两会”餐饮保障工作

市食品药品监管局党组书记、局长樊林奎带队检查建筑工地食堂

市食品药品监管局党组书记、局长樊林奎带队督察药品、保健食品市场

市食品药品监管局党组书记、局长樊林奎带队督察药品安全

晋城市公安局

以创新谋发展　以有为争有位

市长助理、市公安局党委书记、局长李亚力

近年来，市公安局在市委、市政府的正确领导下，牢固树立大局意识，充分发挥职能作用，勇于担当，锐意进取，顽强拼搏，奋勇争先，在维护稳定、打击防范、管理服务等方面取得了可喜的成绩，为全市转型发展、跨越发展作出了积极的贡献，受到党委政府、社会各届和广大人民群众的高度赞誉和充分肯定。市公安局先后被省政府表彰为“政风行风评议先进基层单位”，被省委、省政府授予“山西省模范单位”并荣记集体一等功。一是维护稳定取得新成绩。持续实现了全市影响恶劣的重大群体性事件零发生、重点人员零失控、重大政治活动和敏感节点赴京零上访，“法轮功”邪教组织零滋事、网上舆情导控零失误的“五零”目标，确保了社会政治大局稳定。二是打击防范开创新局面。始终保持了对违法犯罪的严打高压态势，破获了一大批大要案件。先后打掉赵五庆、崔晋霞、毋红梅等为首的一批涉黑势力团伙。命案侦破率保持在95%以上，破获了一大批陈年命案积案，抓获了一批在逃15至20年的命案逃犯。形成了“上有天网、下有巡防”的防控格局。全市刑事发案总量、八类危害严重刑事案件、多发性侵财案件、可防性案件逐年下降，人民群众安全感不断上升。三是管理服务推出新举措。以特殊行业报备管理、民爆物品一体化管理、农家旅馆业协会式管理、消防工作社会化管理为标志，以实名制登记为核心，探索推行了一系列行之有效的社会管理新制度、新方法。以信息化手段为依托，以方便群众办事为目的，推行了“一站式服务”、“预约延时办证”、“便民绿色通道”等服务新举措，进一步延伸了为民服务领域，拓宽了为民服务渠道。四是科技强警实现新突破。购置了动中通、扫描电镜等高精尖科技装备，建成了DNA、指纹等全省领先的实验室，选拔和引进了一大批专业技术人才，建成了“三大平台”，做精了“四大技术”，做强了“五大系统”。扁平化指挥体系基本形成，技侦“两化”建设达到二级水平，全市六县区刑事技术室全省首家全部达一级以上标准，市、县两级公安机关实验室成功通过了国家质量认可。五是规范执法迈出新步伐。完成了对120个执法办案场所的分区改造及“八室”建设，在610功能区域全部安装了网上督察系统，编印了执法规范化建设丛书，制作了窗口单位《执法规范化教学示范片》，提炼了“五大执法标准和流程体系”，实现了所有行政、刑事案件百分之百网上录入、网上办理、网上流转，强化了对执法活动的精细化管理、规范化操作。全省各地市35批（次）千余人先后到我市观摩考察执法规范化建设。全省公安机关执法规范化建设推进会在我市召开，交流推广市局经验做法，市公安局被命名为全省唯一的“执法规范化建设市级标杆单位”。六是队伍建设呈现新气象。组织开展了“阳光行动”、“发扬传统、坚定信念、执法为民”等一系列主题教育活动，培育强化了人民警察核心价值观。制定出台了“双十条”等从严治警制度规定，坚决查处了违法违纪案件，从根本上减少了民警违法违纪问题的发生。引深落实了“向群众汇报工作”、大走访开门评警、警营开放日等活动以及“四个谈话”和“三个延伸”制度，进一步拓宽了内外监督渠道。大力开展了公安信息化、执法规范化等教育培训和达标竞赛活动，全面提升了公安队伍的整体素质和战斗力。

警营开放 开门评警

分色预警 平安创建

巡逻防范

信息化指挥中枢

执法办案网上全流程

晋城市安全生产监督管理局

落实安全责任　强化监督管理
为晋城市转型跨越发展提供安全保障

晋城市安全生产监督管理局是负责全市安全生产综合监督管理的政府组成部门。主要职责是：综合监管全市安全生产工作；承担非煤矿山、危险化学品、烟花爆竹、化工（含石油化工）、医药、冶金、有色、建材、机械、轻工、纺织、烟草、商贸等行业生产经营单位安全生产监督管理责任；承担职责范围内的工矿商贸作业场所职业卫生监督检查责任和安全生产“三同时”工作；组织指导并监督特种作业人员考核工作；承担晋城市人民政府安全生产委员会办公室日常工作。局机关内设办公室、人事教育科、财务科、安监一科、安监二科、安监三科、危险化学品安全监管科、安全生产应急救援办公室、职业卫生安全监管科、纪检监察室共10个科室；下属安全生产执法监察大队、安全生产信息监控调度中心、安全生产应急救援指挥中心、安全生产评价中心、职业卫生监测检验中心、安全生产培训中心、安全生产技术协会、安全生产考试中心、安泰大厦物业中心共9个企事业单位。

市委书记张茂才在兰花集团调研安全生产工作

市长王清宪在陵川县调研安全生产工作

副市长王树新就安全生产大检查情况进行调研

安监局局长高云政在化工企业调研

晋城市政府投入340万元，为全市所有乡镇配备了85辆乡镇安全监管执法车

组织开展“关爱生命、安全发展”论坛征文活动

“安全生产月”期间，市安监局印制安全宣传资料向市民发放

开展群众喜闻乐见的安全宣传形式

举行油库火灾事故应急救援演练

晋城市地方税务局

党组书记、局长　燕青

晋城市地方税务局下设7个直属分局和6个县（市、区）局，机关内设10个科室和7个事业单位。局领导班子成员为：党组书记、局长燕青，党组成员、纪检组长杨宝善，党组成员、副局长岳卫星，党组成员、总经济师延如庆。全市地税系统现有正式干部职工780人，负责全市2万余纳税户的税务征收、管理、稽查和服务工作。

近年来，晋城市地税局在省地税局和市委、市政府的正确领导下，按照“科室工作要有创新，分局工作要有亮点，县区工作要有特色”的工作理念，以科学发展观为统领，以组织收入为中心，以巩固创新“四项建设”为抓手，以开展“纳税服务年”活动为载体，团结拼搏，扎实工作，在组织收入、干部队伍建设、征收管理等各项工作中均取得了较好的成绩。2010年，晋城市地税系统共组织各项收入81.78亿元，同比增长8.73%，绝对额增收6.56亿元，收入规模首次突破80亿元大关。自1994年组建以来，组织收入以年均增长24.19%的速度高速发展，累计完成412.29亿元，首次突破了400亿元大关，为晋城经济社会的健康和谐发展作出了卓越的贡献。

展望未来，晋城市地税局将在省局和市委、市政府的正确领导下，坚持科学的税收任务观、正确的税收政策观、和谐的税收环境观和长远的税收发展观，努力开创科学发展的崭新局面，实现收入质量、征管质效、服务能力、管理水平、地税形象、队伍素质全面提升，为推动晋城市转型跨越发展、实现再造一个新晋城的宏伟目标作出新的更大的贡献！

适应时代要求、充满生机与活力的干部队伍

市委书记张茂才一行莅临晋城市地税局调研

纳税服务年暨税收宣传月活动启动仪式

召开全市地税工作会议对各项工作进行安排部署

举办《廉政准则》及相关条规知识竞赛

举办庆祝建党90周年红歌大赛

全面推行VIS统一标识，不断加大基层基础建设力度

走上街头向市民宣传税法

晋城市交通警察支队

支队长 王福顺

政委 李文奇

晋城市交警支队位于市区文昌东街1278号，为晋城市公安局内设机构、副处级建制，内设科（室）13个，均为正科级建制，分别为办公室、政治处、计划财务科、道路交通秩序管理科、事故处理大队、科技设施科、交通安全宣传教育科、法制科、车辆管理大队、驾驶人管理科、特勤大队、驾驶人教考中心、后勤服务中心；4个直属大队（直属一大队、直属二大队、直属三大队、直属四大队），辖5个县（市）交警大队（高平市交警大队、阳城县交警大队、陵川县交警大队、沁水县交警大队）。全市有正式民警407名，协管员700名。截至2010年12月底，全市机动车保有量为289 704辆，机动车驾驶人数量为317 360人。

近年来，晋城市公安局交警支队历届班子，在市委、市政府和上级公安机关的正确领导下，坚持和落实科学发展观，与时俱进，求实创新，执法规范，科技进步，队伍整体素质不断提高，路面行车秩序明显改观，道路交通事故预防能力增强，人民满意度提升，为促进经济和社会发展做出了突出贡献。

晋城市公安局交警支队以“降事故、保安全、保畅通”为重中之重，在市委、市政府和市局党委的大力支持下，成立了全市预防道路交通事故预防领导组，首创了“三级机构、四级网络”的预防工作机制，控制了交通事故高发势头，由原来每年死亡350多人，减少到220人左右，自2005年以来，保持了连续6年事故平稳下降，事故下降幅度名列全省前茅，事故预防工作得到上级部门的肯定，并将我市独创的“三级机构、四级网络”预防事故工作机制在全省进行了推广，2006年荣获省劳动竞赛委员会“五一劳动奖状”。

全市各级公安交通管理部门和广大公安交警，发扬连续作战、不怕牺牲、无私奉献的拼搏精神，忠于职守，忘我工作，履行了人民警察的神圣职责，出色地完成了党和人民赋予的各项使命，受到了党和人民的充分肯定。24年来，晋城市公安局交警支队以及下属各大队，先后获得省部级以上各类奖项37项次，有25名民警荣获省部级以上的各种表彰和奖励。

而今迈步从头越。晋城公安交警将高举中国特色社会主义伟大旗帜，把公安信息化、执法规范化、构建和谐警民关系的责任和使命系于一身，在市委、市政府和上级公安机关的正确领导下，不辱使命，再铸辉煌！

①亲切关怀
②抗洪抢险
③交通指挥
④建党90周年歌咏比赛
⑤紧急出动

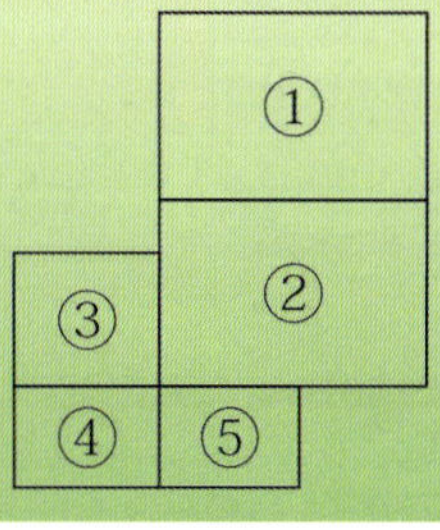

中国人寿保险股份有限公司
晋城分公司

总经理　李玉屯

中国人寿是国内最大的寿险公司，总部位于北京，是一家业务范围涵盖寿险、财产险、养老保险（企业年金）、资产管理、实业投资、保险职业教育等多个领域，并通过资本运作参股了多家银行、证券公司等其他金融和非金融机构的现代金融保险集团。中国人寿保险公司从2003年起至2010年连续8年入选《财富》世界500强企业，2010年在《财富》“世界500强”排行榜中的名次为118位。中国人寿保险股份有限公司晋城分公司是中国人寿在晋城市下设的地市级机构，下辖10个县级支公司,57个营业网点，占到全市可设乡镇的80%，与工、农、中、建、邮政148个代理网点开办银行保险代理业务,服务网络遍及城乡，开办传统、分红等多种类型的人身保险业务，产品涵盖生存、养老、医疗、死亡、残疾等多种保障范围。公司2010年业务规模突破10亿元，占据晋城市寿险市场的近50%。多年来，公司以稳健严谨、诚信厚重的作风赢得了社会各界的广泛赞誉，先后被省、市政府评为“政风行风评议先进单位”，被市委和谐办授予“和谐企业”、被晋城市总工会评为“优质服务先进集体”，市工商局授予“守合同重信用单位”等称号。

一、2009年保费收入及赔付情况

2009年，实现总保费收入9.47亿元，占到晋城市寿险市场的54.76%。寿险首年保费实现61 605.1万元，同比增长5.89%，增幅排全省系统第一。寿险首年期交保费实现10 750.25万元，同比增长10.53%，增幅排全省系统第一。2009年赔付支出为24 716.84万元，其中，死亡给付1393.73万元，伤残给付33.38万元，医疗给付1604.24万元，满期给付20 217.42万元,年金给付268.18万元，赔款支出1199.89万元。

二、2010年保费收入及赔付情况

2010年总保费收入首次突破10亿元，达到10.28亿元。总保费市场份额为49.25%。寿险首年保费实现60 469.47万元，同比增长0.58%。寿险首年期交保费实现10 732.86万元，同比增长43.1%。2010年赔付支出为14 902.12万元，其中，死亡给付1470.38万元，伤残给付40.67万元，医疗给付1126万元，满期给付10 614.18万元,年金给付475.72万元，赔款支出1175.18万元。

班子成员照片

地方党政领导大力支持 中国人寿保险工作

十七届三中全会召开后，晋城分公司积极落实会议精神，服务和支持“三农”建设，开办了针对低收入人群保费少、保额高、保单通俗、理赔简单的农村小额保险、农村小额信贷保险和惠农第一险——“新简身险”，受到市政府的大力支持。图为2009年4月9日，晋城市市委常委、副市长赵学梅（左四）亲临晋城分公司参加惠农保险会议，对保险业发挥功能作用支持服务三农建设作出了重要指示。

一诺千金　理赔及时 受到广大客户的支持和信赖

信守承诺、优质服务是中国人寿晋城分公司的理赔宗旨。2009年，分公司处理各类赔案6353件，给付赔款4671万元；2010年，分公司处理各种寿险赔案6230件，给付赔款4553万元，为客户解决了燃眉之急，受到一致好评。图为泽州县大阳镇村民杜某在接到公司赔付的81余万元保险金后，为公司送上了锦旗。

公司蒸蒸日上　职工凝聚力强

多年来，中国人寿晋城分公司职工文化生活丰富，各类文艺晚会、羽毛球比赛、乒乓球比赛、跳绳比赛、拔河比赛、扑克比赛、登山比赛、益智比赛接连不断，丰富了公司的文化，增强了企业凝聚力。图为2009年2月4日，中国人寿晋城分公司举办元宵节联欢晚会，全体员工载歌载舞，欢聚一堂。

2009年4月,中国人寿晋城公司以其团结奋进的领导班子、民主和谐的用工关系、诚信合规的良好社会形象，被市委、市政府授予“和谐企业”称号。

2010年4月,中国人寿晋城公司被晋城市人民政府授予“2009年度政风行风评议先进单位”称号。

晋城市农村信用社

党组书记、主任　张国宝

晋城市农村信用社，全称山西省农村信用社联合社晋城办事处，是山西省农村信用社联合社在晋城市的派出机构，下辖晋城市城区农村信用合作联社、泽州县农村信用合作联社、高平市农村信用合作联社、阳城县农村信用合作联社、陵川县农村信用合作联社、沁水县农村信用合作联社。

●网点最广　截至6月末，全市农村信用社共有机构网点205个，遍布城乡，实现了全市所有乡镇、大型行政村全覆盖。

●规模最大　截至6月末，各项存款余额达到257亿元，各项贷款余额达到146亿元，存贷款分别占全市银行业金融机构市场份额的18%和24%，均居全市银行业金融机构市场份额之首。

●人员最多　截至6月末，全市农村信用社共有从业人员2474人。从2006年以来，每年都招聘100余名大学生入社，为缓解全市大学生就业压力做出了贡献。

●贡献最突出　近三年每年新增贷款总额占全市银行业金融机构新增贷款的26.9%。特别是今年以来，全市农村信用社加快了支持地方经济发展的步伐，加大了对市县所属重点行业、重点项目建设、广大中小企业和“三农”经济的支持力度，累计投放贷款达到122亿元，占全市银行业金融机构累计投放贷款总额的35%，间接创造50万个就业岗位，极大地缓解了全市的就业压力。同时，大力推进农村金融网络建设工程，改善农村金融服务环境。发行“信合通”银行卡20余万张，覆盖农户总数的41%；投放ATM机56台，投放POS机1000台，极大地满足了客户的金融需求。

●发展愿景　积极致力于农村商业银行改革，着力打造科学化、现代化、规范化的一流金融企业，不断提升金融服务水平，稳固服务“三农”主力军地位，保持支持地方经济建设排头兵优势，实现“信达天下，合作共赢”。

●郑重承诺　始终秉承服务“三农”办社宗旨，发挥点多面广、覆盖城乡、贴近“三农”的独特优势，利用现代化支付手段，大力开展“支农惠民行动计划”，通过小额农贷、“白领通、商户通、农户通”贷款、理财产品和社团贷款等业务品种，积极为农民、市民、社区居民、商户、中小企业和重点建设工程提供全方位的信贷支持，全力解决广大农民、工商户、中小企业贷款难问题，为晋城市农业增产、农民增收、农村经济繁荣和当地经济腾飞再作新贡献。

团结奋进的领导班子

深入实地了解客户需求，为客户发展出谋划策

办公大楼

山西广播电视大学

——晋城分校

校长　赵银锁

山西广播电视大学晋城分校是一所充分利用现代远程教育技术进行网络教学的开放性大学。自2006年秋季建立县级工作站开始，现已形成覆盖全市的远程开放教育体系。系统内开设有开放教育本科、开放教育专科和成人业余大专三种形式。2002年以来，先后和中国医科大学、中国石油大学、东北财经大学、北京航空航天大学、山西经济管理干部学院等院校实行了联合办学。在学习类型和专业设置方面为各类学员提供了充分的选择余地。

学校实行完全学分制。学员在修业年限上享有较大的选择余地。凡在规定年限内修完规定的最低学分标准，通过教育部组织的公共课统一考试，毕业论文答辩合格者就可获得相应的毕业证书，国家承认学历，教育部给予电子注册。本科生达到授予学士学位条件者，可获得学士学位证书。

晋城广播电视大学实行开放型教学管理，学校建有局域网(www.sxjctvu.com.cn;open.sxjctvu.com.cn)，为学员提供了资源丰富的教学平台。学员可直接在网上进行学习、答疑、做作业、进行BBS讨论。学校有一支包括20余名副教授的专、兼职教师队伍，定期对部分主要课程面授辅导。开通了和中央电大、各联合院校的“直播课堂”。学员既可享受到现代教育技术的便捷，还可以接受众多专家学者的指导，学习有保障，成功有保证。

学校实行春、秋两季招生。目前开办的有开放教育本科9个专业，开放教育专科6个专业，联合办学17个专业。

非学历培训主要有：计算机能力、普通话、保险代理人资格、银行任职资格培训与考试等。

晋城电大愿与你共创美好明天，为晋城经济腾飞再创佳绩。

团结奋进的领导班子

美丽洁净的校园

晋城市中等专业学校

晋城中专·打造『素养+技能』质量品牌

团结奋进的校领导班子

晋城市中等专业学校前身为晋城市第一职业中学，属国家级重点职业学校，始建于1992年，2004年升格为普通中专。现有在校生2740名，教职工246名，设有5个系部11个专业。

“十一五”以来，学校领导班子坚持以科学发展观为指导，秉承“德厚技精、自强创新”的校训理念，以服务促管理，以专业创特色，以质量求发展，着力培养“素养+技能”的合格人才，全力打造做人教育的德育品牌和技能教学的专业品牌，学校呈现出协调发展、蓬勃向上的良好态势。一是以“三风”建设为抓手，打造特色校园文化。良好的作风、教风和学风是办好教育的前提和保证。在2009年学习实践科学发展观活动中，学校以弘扬“右玉”精神为契机，大力开展了“三风”建设工程。经过两年来的稳步推进，“求真务实、弘扬正气、促进和谐、文明高效”的育人氛围初步形成，为学校持续协调发展打下坚实的基础。二是注重内涵，规范课程设置和专业建设，把提升教育教学质量提到了中心位置。课程设置是提高教学质量的核心。专业方向不明确，课程安排不规范，必然导致教师教的没数，学生学的没底。经过两年分步推进，2010年，以提高学生能力为本位的课程改革全部完成。并紧紧围绕中心，制定了教学管理及评价等18项相关制度，健全和完善了“专业部为主，处室服务”的二级管理模式。三是教学条件、校园环境、安全工作大大改观。“一支粉笔、一块黑板、一本教材”是过去教学条件的一个缩影。近两年来，在市政府的大力支持下，投资近千万元对汽修、会计、动漫等各个专业配备和完善了基本的教学设施；每个教室安装了“白板”多媒体；学生课桌、床铺及教师办公条件全部更新。与此同时，校园环境也得到很大改善：土操场铺成了塑胶场，燃煤炉换成了燃气炉，厕所改成了水冲式，大喇叭换成了音柱等。校园安全也得到进一步加强：一是实行了校委会成员为组长的安全值班制度，学生错时就餐制度，大小周交替休息制度，地震、消防、卫生防疫等紧急避险制度；二是对综合楼、实习楼、后门、地下室等多处安全隐患加以排查治理，消防设施、应急灯、监控等设备全部配足配齐。“三防”工作的落实到位，促进了校园的安全稳定。

正确的导向和科学的管理大大激发了教与学的积极性，促进了就业质量和教学质量的显著提升。在就业率100%前提下，对口就业率从2008年的52%提升到2010年的78%，学生技能等级证与专业结合率从2008年的75％提高到2010年的90%。与此同时，技能大赛和专业水平稳步提高：2011年，计算机专业网络构建项目获全省第一名，首次代表山西参加了全国技能大赛；音乐专业学生孙晓萌、书法专业徐紫娟、徐紫薇同学也均在全省大赛上获一等奖；对口升学考试一本、二本达线16人，创造了校史上的奇迹。

近年来，学校相继荣膺晋城市“教育系统先进单位”、“依法治校十佳单位”、“和谐校园标兵”、“学生行为习惯养成示范校”、“省文明和谐单位”、“全省学生军训工作先进单位”和“全国群众体育先进集体”等一系列称号。

站在新的起点，面对新的机遇，晋城中专将以我市的转型跨越发展和校园迁建工作为契机，迎难而上，不断进取，努力把学校建成“教师乐教，学生乐学，风清气正、质量一流”的中职名校，为社会培育更多更优秀的高技能人才。

市委常委、纪委书记于若洁莅临该校检查工作

市委常委、组织部长范丽霞在该校调研

副市长王维平在该校调研

举办首届导游讲解大赛

每学期举行一次消防应急演练

汽修系学生在实习

校园新貌

晋城市第二中学校

校长兼党总支书记 张保育

晋城市第二中学校是一所十八轨制的高级中学，是山西省示高中之一。现有教职员工243人，学校师资力量雄厚、结构合理，特级教师1人，高级教师36人，一级教师86人，省、市学科带头人、骨干教师、教学能手40余人。

学校占地面积90余亩，办学条件优越，教学功能齐全，设施备完善。科技楼面积达7000余平方米，内设高标准理化生实验室、生物标本室、科学实验室、语音教室、多功能报告厅等设施齐全套；图书信息中心大楼面积11 000余平方米，藏书20多万册，500台微机规模的电子阅览区，配备了30余万册电子图书和1200G电子期刊；完善的校园网络系统，使每个教学办公场所实现了资共享；天文台为学生提供了学习天文知识、探索宇宙奥秘的场所。新建的艺术楼内有专业化的音乐教室、舞蹈排练厅和管乐排练厅、体操训练厅、乒乓球训练厅、健身房等文体活动场所，有300米跑道的塑胶田径运动场和封闭的塑胶灯光篮球场，为发挥学生特长，展学生个性，提高学生整体素质，促进学生健康、和谐、全面发展提供了必要的物质条件。校园藤架雕塑错落有致，绿树成荫，花四溢，幽静雅致，环境怡人。被市委、市政府命名为“花园式学校”。

多年来，学校坚持全面贯彻党的教育方针，坚持“全面发展，成人为先”的办学理念。不断深化教育教学改革，强化学校管理，推进素质教育。抓“人本”，管理强校；抓“根本”，名师兴校；抓“成本”，质量立校；抓“校本”，特色亮校。逐步形成了“信、真诚、励志、笃行”的校训，“勤恳、严谨、求实、创新”的教风，“勤学、善思、求真、探究”的学风，“文明、和谐、奋、进取”的校风。学校教育教学质量逐年稳步提高，高考成绩一年一个新台阶，为各级各类高等院校输送了一批又一批优秀人才，受到了上级政府的首肯和社会各界的广泛赞誉。先后被授予“山西省文明单位”、“山西省文明学校”、“山西省德育示范校”、“山西省民主管理模范学校”、“山西省育人杯先进集体”、“山西省现代教育技术实验学校”、“山西省依法治校示范校”、“西省创建平安校园先进单位”、“山西省模范单位”等荣誉称号。

校园文化广场

市委书记张茂才在学校调研

历史专用教室

校长张保育主持召开教学质量分析会

学生在化学实验室上课

校棒球队在日本参加国际棒球邀请赛

学校舞蹈队表演的舞蹈《行军风采》在全国第三届中学生校园文化艺术展演活动中荣获一等奖

山西煤炭运销集团晋城有限公司

晋城大酒店外景

绿色环保星级饭店及培训基地——棋源山庄

安全生产月签名活动

积极反哺社会 彰显社会责任

普法宣传日活动

晋城煤销纪念建党90周年红歌大赛

党政工作

党　委

组　织

学习实践科学发展观活动

2009年，按照中央和省委的部署，分别在3月、9月启动第二批、第三批深入学习实践科学发展观活动，参加第二批学习实践活动的有192家单位，共44 732名党员；参加第三批学习实践活动有3063家单位，共77 398名党员。在学习实践活动中，全市各级党组织紧扣省委“三个发展”的主题和载体，围绕“保增长、保民生、保稳定”这一重点，全面实践“转型创新谋发展，双轮驱动促统筹，破解难题惠民生，狠抓落实见成效”的主题和载体，加强调查研究，注重解决问题，全力应对国际金融危机冲击，确保全市经济社会平稳较快发展。

领导班子和干部队伍建设

2009年，面向农村（社区）优秀干部公开择优选拔录用31名乡镇公务员和31名县、乡事业单位工作人员。继续加大选派市、县党政群机关、事业单位优秀干部到基层锻炼的工作力度，全年选派84名副处级后备干部和有发展潜力、培养前途的优秀年轻干部到84个乡（镇、街道）挂职锻炼；选派10名副处级后备干部到市信访局挂职锻炼；安排8名城区选派科级后备干部对口到市直有关单位上挂锻炼。与此同时，安排青海省选派的6名县级后备干部、晋中市寿阳县选派的15名乡镇长到有关部门对口挂职锻炼。

2010年，召开全市提高选人用人公信度会议，市、县组织部门把贯彻情况列为干部选任工作监督检查的一项重要内容，通过召开会议、专题调研、专项督察等方式，督促市、县各部门各单位贯彻落实四个干部监督制度。9月，按照中央和省委的部署，开展严厉整治干部选拔任用工作中行贿受贿行为专项整治工作，并进一步加强制度建设，建立实施干部任用事前职数审批、事中程序审查、事后结果监督制度，建立单位一把手离任选人用人专项审计制度，建立党政机关主要领导五个不直接分管和“三重一大”末位表态工作制，建立信件、电话、网站等“三位一体”的干部监督举报平台。在全省组织工作满意度民意调查中，晋城市五项满意度值均高于全省平均值。进一步健全完善选派干部挂职锻炼工作长效机制，按照“上挂、下挂、平挂、外挂”四种方式，在不同领域培养锻炼干部。6月，选派一批县、乡党政领导干部赴浙江台州等发达地区挂职锻炼。

干部选任工作。2009年,严把职数配备、群众推荐、确定考察对象、征求相关部门意见、组织考察、审核档案、酝酿决定、发布公示等“八个关口”。在职数配备上,坚决避免超职数配备;在群众推荐环节,科学划定推荐范围,让“管他的人和他管的人”参加推荐;在确定考察对象方面,在以推荐票数为基础的同时,充分听取和尊重下一级党组织的意见;在征求相关部门意见环节,认真征求纪检、检察等相关部门意见;在组织考察环节,运用体现科学发展观要求的综合考评办法,全面客观地考察干部的工作实际和德才素质;在审核档案环节,突出对干部“三龄”的审核;在酝酿决定环节,坚持民主决策,集体讨论决定;在发布公示环节,严格执行任前公示制度,进一步完善“12380”电话举报、信访举报和网上举报“三位一体”的举报网络,广泛听取群众的反映和意见,及时查清问题。在省委组织部召开的干部监督工作会议上,晋城市就干部选任、干部监督工作作了典型发言。

2010年,区分县区领导干部与市直单位领导干部的不同,正职与副职的不同,围绕知情了解和提名主体多元化原则,分别研究制定不同的干部初始提名办法。对单位副职,初始提名主体以单位党组织和单位干部群众为主;对单位正职,初始提名主体包括市委委员、单位党组织、干部群众和个人等;对干部交流任职,在以上提名主体的基础上,充分发挥组织部门的职能作用。针对不同类别、不同岗位领导干部的不同特点,研究制定不同的竞争性选拔办法。对于干部群众关注较高的党政领导干部,制定实施“公推公选”办法;对于专业技术性要求高的领导职位,实施“两推一述”办法;对单位中层干部,研究制定《党政机关中层干部竞争上岗暂行办法》,市检察院、市人社局等8个市直机关和6个县(市、区)的21个县直机关对91个中层岗位进行了公开竞聘。5月,在沁水县进行干部任免常委会票决制试点工作。6月,制定《晋城市推行县(市、区)委常委会任免干部票决制的实施方案》,在全市全面推行县(市、区)委常委会任免干部票决制。至年底,城区、泽州、陵川、沁水共进行7次常委会任免干部票决,累计票决干部243人,票决人选全部满票通过。

干部人事制度改革。2009年,集中完成两批参照公务员管理单位的过渡和登记工作,其中,完成第一批87个列入管理范围的人民团体、群众团体和市、县直属事业单位及其369名在编在岗人员、57名离岗退养人员的登记工作,是全省最早履行审批程序、最先上报备案的地市。上报第二批36个列入管理范围单位的登记工作。12月,分4期每期7天对全市420名新过渡和新录用公务员进行岗位初任培训。与此同时,继续采用“两推一述”的干部选任办法,选拔配备7名市直部分学校(院)的校(院)级领导。

2010年,成立以市委书记张茂才为组长的干部人事制度改革工作领导组,建立联席会议制度,制定出台《贯彻落实2010—2020年深化干部人事制度改革规划纲要的实施意见》,

召开深化干部人事制度改革大会,对重点推进的12项改革任务进行分解。

干部档案管理。3月,在沁水县召开全市干部人事档案目标管理达标升级工作推进会。9月,城区、高平、阳城、陵川4个县(市、区)组织部通过省委组织部的检查验收,达到中组部干部人事档案目标管理的一级标准,是全省唯一实现市、县两级组织部门干部人事档案目标管理工作全部达到中组部一级标准的地市。

干部教育培训

2009年,举办干部专题教育讲座12期,邀请龙永图、金一南、陈晋等一批著名专家学者授课讲学,内容涵盖经济、政治、军事、文化、党建等各个方面。自2005年6月以来,"每月一讲"已经连续举办55期,受训干部达25 000余人次。9月,全省干部教育自主选学工作会议在晋城市召开。11月24日,中组部《组工信息》刊发晋城市的做法;新华社《瞭望东方周刊》以《一个地方政府家门口的百家将坛》为题予以报道。开展干部教育培训需求问卷调查,建立领导干部兼职教师师资库。在全市处级干部中开展2010年干部教育培训需求问卷调查,调查对象涉及6个县(市、区)、100多个市直机关、企事业单位的800余名处级以上干部,对干部参训情况、干部培训需求情况进行了解。积极筹划建立县级领导干部兼职教师师资库,按照"政治理论类、政策法规类、专业知识类、文化素养类和技能训练类"等不同类别,把符合条件的人选充实到师资库。

2010年,充分发挥党校在干部教育培训的主渠道作用,加快干部教育培训体制机制改革,着力构建"四位一体"的干部教育培训新机制。一是坚持举办专题讲座"每月一讲"。累计举办72期,直接培训各级领导干部35 000余人次。二是推进自主选学"每月一班"。7月开始,共举办5期自主选学培训班。三是推行在线学习"每人一卡"。建成开通"晋城市干部在线学习网",实现干部学习、考核、管理"一卡通"。四是稳步拓展境外培训"每年一批"。每年安排一批重要岗位、关键岗位和具有较大发展潜力的领导干部到国外名牌大学、著名企业和研究机构学习培训。市财政拿出500万元用于推进这项工作。12月,首批22名赴日本"转变经济发展方式和新农村建设"培训班学员接受为期21天的培训。

人才工作

2009年,重点开展人才发展中长期规划(2009—2020)纲要的编制工作,积极组织山西省海外高层次人才创新创业基地、全国"千人计划"和省"百人计划"的申报工作,经过评选,晋城市经济技术开发区被确定为山西省首批海外高层次人才创新创业基地,伍永安入选国家"千人计划"和省"百人计划"。晋城市被确定为中组部人才工作联系点。

2010年,与北京世界创新研究院人力资源研究发展中心共同研究,完成"1+6规划纲要"

课题。市委出台《晋城市中长期人才发展规划纲要》。扎实推进市、县党委联系高级专家和优秀人才工作。制定《关于开展推荐选拔县级党委联系优秀人才工作,积极构建党管人才工作新格局的指导意见》,在全市6个县(市、区)和晋城经济技术开发区全面推行县级党委联系优秀人才工作,各县(市、区)委确立党委联系人才476人,乡镇党委联系优秀人才906名。编辑出版《奉献者之歌——省、市委联系的高级专家创新创业事迹荟萃》,全面报道晋城市高级专家的创新创业事迹,在全市形成尊重人才、关心人才、开发人才、宣传人才的良好氛围。按照"加速引进、加强培养、加大投入"的工作要求,出台《晋城市引进海内外高层次人才实施办法》及五个配套文件,启动实施"1020计划"。建立市级领导干部联系专家责任制,成立高层次人才项目工作办公室,加强对海内外高层次人才的服务力度。与此同时,抓住"培养、引进、用好"三个关键环节,制定《晋城经济技术开发区海外高层次人才创新创业基地建设暂行办法》。晋城经济技术开发区形成留学人员回国创业的成熟模式,涌现出伍永安、喻晟、施海潮、李军虎等创业典型。

基层组织建设

2009年,集中抓好村党组织换届选举工作,全市2207个村完成换届选举任务,村党支部书记和村委会主任"一肩挑"达85%,党员村委会主任达90%,200名大学生村干部当选为村"两委"班子成员,达到"选好班子、建好队伍"的目的。5月25日、6月25日,中组部《全国基层组织建设工作情况通报》、《组工信息》分别对晋城市农村"两委"换届选举工作中的好经验、好做法予以刊发。

在街道(社区)党建方面,按照中央提出的"有人管事、有钱办事、有场所做事和党建工作区域化"的"三有一化"的要求,加大资金和工作投入,在加强传统街道(社区)党建工作的同时,适应城镇化建设的需要,抓好城中村改造后的社区党建工作。在国有企业党组织建设方面,重点开展"政治素质好、经营业绩好、团队协作好、作风形象好"等为主要内容的"四好"国有企业领导班子创建活动,提升国有企业党组织的凝聚力、战斗力和创造力,推进全市国有企业的改革发展。在新经济组织和新社会组织党建方面,各级党组织采取"兼任式、选任式、选派式"等办法,科学选配党组织负责人和党务工作者,推进非公有制企业党建工作。全市1444个非公有制企业中,361个建立了党组织,占25%,其中,184家规模以上非公有制企业全部建立党组织。在律师、会计师等新社会组织建设上,各级党组织采取"单独建、联合建、挂靠建"等多种方式,全部建起了党组织。

推行农村干部激励保障机制。在农村现任干部方面,认真落实省委关于发放农村"两委"主干岗位报酬和缴纳社会养老保险金"两项制度"的规定,筹集资金3300余万元对全市现任

3195名村“两委”主干发放岗位报酬，并缴纳农村社会养老保险。在农村离任干部方面，筹集资金320多万元，按照800、1000、1200元的标准，为3400余名农村离任村“两委”主干发放生活补贴。7月1日，对连续任职20年以上的优秀村党支部书记进行表彰，授予“功勋支书”的称号，并给予3000到5000元不等的奖金。8月12日，中组部《全国基层组织建设工作情况通报》刊发晋城市农村干部激励保障机制的做法。

实施“五个统筹”，构建城乡一体的基层党建格局。制定《关于构建城乡统筹的基层党建新格局的工作意见》，实施“五个统筹”：一是统筹村党组织书记队伍建设。实施“村村（社区）联建、集中联建、村企联建、城乡联建”等基层组织设置新形式，面向城乡社会，采取“两推一选”、跨村任职、党委选派等方式，选配村党组织书记。二是统筹城乡共建结对帮扶。以“部门包村、领导包户、城乡党员结对”为主要形式，推进城乡优势资源双向流动，双向进入，提升城乡基层党组织的创新活力。三是统筹城乡党员干部激励关怀机制。健全完善农村干部激励保障机制，关心关注农村干部的成长，建立覆盖城乡的党内关爱机制，激发基层干部干事创业积极性、主动性。四是统筹城乡党员教育和管理。加强对党员的教育培训，以有效手段管理城乡党员特别是流动党员，充分发挥城乡党员的先锋模范作用。五是统筹城乡基层组织活动场所建设。加大投入，规范管理，建设具有综合功能的基层组织活动场所，不断提升党组织的凝聚力和向心力。至年底，全市城乡一体的基层党建新格局基本形成，在统筹村党组织书记队伍建设方面，全市建立23个村村（社区）联合党组织，组建22个连片村联合党组织，有185个“村企一体化型”和“村企协作型”党组织，有140名机关、企事业干部驻村任村党组织书记或第一书记。在统筹城乡共建结对帮扶方面，全市1092个机关、企事业单位与520个后进村结成对子，落实资金近6000万元，扶持项目600余个，帮助解决就业、上学、医疗、饮水、道路建设等实际问题4000余个；市、县两级在职县处级和在职副科级以上领导干部9000余人与8000余户困难家庭结成帮扶对子。在统筹城乡党员干部激励保障机制方面，除建立完善基层干部的激励保障机制外，市里连续3年公开选拔102名优秀农村（社区）优秀干部进入乡镇公务员和县、乡事业单位人员队伍；现任村干部中有22人担任省市党代表、21人担任省市人大代表、2人担任省市政协委员，有368人担任县（市、区）党代表、181人担任县（市、区）人大代表、26人担任县（市、区）政协委员。在统筹城乡党员教育管理方面，建立安装“12371”党员服务咨询热线，对全市998名流动党员建立信息资料库，定期组织流动党员开展活动。在统筹城乡基层党组织活动场所建设方面，12月启动第二轮活动场所建设，市、县财政共投资797.64万元用以村级组织活动场所建设。

2010年,制定出台《关于认真做好全市基层党组织换届选举工作的通知》,对换届程序进行规范,选派换届工作指导组到各单位监督指导。全市2478个基层党组织中,到期应换届的有709个,至年底,全部完成换届选举任务。天泽煤化工公司党委坚持"双向进入、交叉任职"体制,被授予全省国有企业"四好"领导班子先进集体。市自来水公司党总支连续两年被建设部命名为"建设系统创建文明行业示范点"。

开展创先争优活动。6月,在全市启动创先争优活动。在各行各业选树先进典型,建立创先争优英雄谱,分类选树了阳城县皇城村、山西兴高能源集团等15个先进基层党组织和组工干部马彭、老政委崔晓满、转型发展带头人孙发亮等26名优秀共产党员。以"创先争优从我做起,挂牌承诺争当先锋"为主题,推动各级党组织和党员认真开展公开承诺活动,全市6888个党组织、12万余名党员承诺事项20余万条(项),全市130个窗口行业、出租车和商业柜组被授予先锋岗、先锋号和先锋柜组等称号。市总工会、团市委、市妇联对113个基层单位分别授予"工人先锋号"、"青年文明号"、"巾帼英雄号"等称号。

推进村级组织活动场所建设。晋城市第二轮村级组织活动场所建设共涉及6个县(市、区)428个村。9月,所有建设项目竣工并投入使用,在全省率先实现村级组织活动场所全覆盖。制定出台《关于进一步加强村级组织活动场所管理和使用工作的意见》,加强村级组织活动场所的管理和维护,充分发挥村级组织活动场所的作用。

全面推行"四议两公开"。1月,在陵川县开展"四议两公开"试点工作。4月,在全市农村全面推行"四议两公开"工作法。邀请河南省邓州市委组织部副部长给全市乡镇党委书记进行专题培训,同时,采取以会代训、远程教育等方式,组织基层党员群众学程序、学方法。全市1700多名大学生村干部担任推行"四议两公开"工作法宣传员、信息员和指导员。

实施"三联两派一激励"机制,统筹推进城乡基层党建工作。在"五个统筹"的基础上,探索推行"三联两派一激励"工作机制。通过实行"村村联建、企村联建、城乡联建",优化基层党组织设置模式,充分发挥不同基层党组织的各自优势;通过实行"选派农村干部跨村任职、下派各级干部到村任职",统筹使用各级各类优秀干部,加强农村基层党组织班子队伍建设;通过实行提升优秀农村干部报酬待遇的"一激励"政策,对连续3次获得"功勋党组织书记"称号的农村党组织书记给予乡科级副职待遇,激励农村干部立足本职、干事创业。

党员队伍建设

2009年,将"群众推荐、党委考察、支部票决、全程公示"的农村发展党员机制,逐步推广到机关、企业、事业单位的发展党员工作中,并加大在国有企业、事业、"两新"组织特别是在高知识群体和大学生村干部队伍中发展党员工作力度。扎实推进农村党员干部现代远程教育建设工作，对全市1937个终端接收站点进行检测排查，保障网络安全和设备正常运行。继续按照“组织起来，分类办班、人才引路、递进普及”的工作思路，开展“教学环境好、设备维护好、管理运行好、群众评价好、学用效果好”为内容的远程教育星级站点评选创建活动，全市建成五星级终端站点47个、四星级站点521个、三星级站点1062个。6月，市委组织部和市电视台联合策划“村官访谈”电视专题栏目，以农村基层组织负责人“扎根基层、奉献基层”的先进事迹为题材，采访录制30期专题纪录片，定期在市、县电视台、远程教育网等有关视频媒体播出。

2010年，开展“推优入党”工作，首批47名入党积极分子接受培训。建立阳城县皇城村、陵川县杨村乡村干部学校等5个市级“党员教育培训示范基地”，阳城县皇城村被省委组织部命名为全省首批“党员教育培训示范基地”。聘请城区北石店村党总支书记张晋洪、泽州县东四义村党总支书记田真炉等9名农村党组织书记作为全市党员教育培训基地的首批特聘教师。市、县、乡三级依托各级各类培训基地举办农村党支部书记集中培训18期，培训村支书2895人次，轮训乡镇、农村党员干部达63 703人次。在实现远程教育全覆盖的基础上，把重点放在学习收看的质量上，继续开展星级站点创建活动，建立远程教育终端接收站点学习收看情况通报制度，提高远程教育终端站点的使用率，点击率达到88%。与市电视台联合开办“村官访谈”专栏，每周一期，完成录制85期，播出83期。

大学生村干部工作

2009年上半年，面向优秀高校毕业生选聘录用259名大学生村干部。全市在岗大学生村干部达到1791名。市、县组织部门全部成立大学生村干部管理办公室，建立大学生村干部工作联席会议制度。组织大学生村干部在农村、社区开展“千人万场”形势报告活动，宣讲科学发展观和党的十七届四中全会精神；深入开展大学生村干部“民情大走访”活动，加强对大学生村干部的能力锻炼；按照大学生村干部的不同专业技能优势，以乡镇为单位，组建起大学生村干部服务小分队，开展服务群众活动。下半年，专门设立“大学生村干部创业基金”，鼓励大学生村干部自主创业，首批11名大学生村干部得到3万元的创业基金资助。

2010年，在大学生村干部管理工作中，制定安全管理、结对帮扶、工作日志、教育培训、工作例会、兼任远程教育管理员、考勤及请销假、工作月报、述职和民主评议、档案管理、考核评价、督促检查等13项工作制度，制成手册分发到每名大学生村干部手中。结合开展的大学生村干部“民情大走访活动”，集编整理大学生村干部的优秀调研文章和工作手记，编辑《来自晋城大学生村干部的心声》一书。市、县两级全部建立大学生村干部创业基金，有64名大学生村干部创办领办企业,带动2000余名农民群众致富增收。9月,对聘任期满的大学生村干部开展聘期考核工作,按照“鼓励留村任职、推荐参加公选、扶持自主创业、引导另行择业、支持学习深造”等五条渠道,健全完善大学生村干部正常流动机制。

组工队伍建设

2009年,继续按照“从严教育、从严管理、从严带队伍”的要求,抓好组工干部“十严禁”纪律要求的贯彻落实,规范组工干部行为。继续开展“创建模范组织部门、争当优秀组工干部”、“坚持公道正派、加强能力建设”、“讲党性、重品行、作表率,树组工干部新形象”等主题实践活动。开展领导干部结对帮扶城乡贫困家庭活动,每名干部与1户城乡困难家庭结成帮扶对子,为他们提供300~500元不等的帮扶资金,帮助群众解决就医、就学、就业等实际困难。9月,在阳城县皇城村举办“全市组工干部和乡镇党委书记学习贯彻党的十七届四中全会精神专题培训班”。在全市组工干部中开展以“学习政治品格,深爱党的事业;学习公仆情怀,深爱百姓;学习职业操守,深爱组工队伍;学习进取精神,深爱本职工作;学习优良品行,深爱组工形象”等为主要内容的“五学习、五深爱”活动,学习河北省邯郸市丛台区委原组织部部长王彦生的先进事迹。

2010年,突出强化组织部门和组工干部的服务、开放、公开、宣传四种意识,提高组织部门和组织工作在新闻媒体和全社会中的认知度。市、县两级组织部门全部建立新闻发言人制度,共举办新闻发布会8次;市、县两级全部建立党建工作专网,接入全国“大组工网”,创建网上信息交流平台,建立组织工作信息员和通讯员制度。全年在省级以上报刊、电视、网络等新闻媒体上刊登播发晋城市组织工作的经验做法、新闻报道和研讨文章300多篇次。市委组织部改建1600多平方米的组织工作服务中心。

(市委组织部)

宣 传

理论武装工作

理论学习。2009年,着眼于建设学习型党组织,加强和改进党委(党组)中心组学习制度,强化调查研究、个人自学、专家讲座、集体研讨等环节,推动各级领导干部的理论学习。市委中心组围绕全国“两会”精神、胡锦涛在十七届中纪委三次全会上的讲话、学习实践科学发展观系列文件、十七届四中全会精神,以及加强作风建设、宗教工作等内容和专题,进行集中学习,中心组成员参加了“每月一讲”干部教育专题讲座。加大对党委中心组学习的考核力度，组织全市各级党委（党组）中心组成员进行理论考试，并将考试成绩作为考核领导班子和领导干部的重要依据，保证领导干部理论学习的效果。编印《学习参考》6 期。

2010 年，市委高度重视学习型党组织建设工作，专题研究制定推进学习型党组织建设的实施意见，市委书记张茂才亲自担任市学习型党组织建设领导组组长。各级党组织把学习型党组织建设列入重要议事日程，科学规划学习内容，建立健全各项制度，采取专题讲座、基层调研、外出考察、理论考试等方式，组织全市广大党员干部积极投身学习活动中。市委中心组把解决实际问题、推动转型发展，作为学习型党组织建设的出发点和落脚点，带头“走出去”，赴津蒙鲁冀等地学习考察；带头“沉下去”，围绕“招商引资扩大开放”、“现代煤化工发展”、“民营经济壮大”等 10 个课题，深入乡村、企业开展调查研究。市委宣传部与市委讲师团联合编印 20 万字的《建设学习型党组织系列丛书》，为各级各部门开展学习活动提供教材。开展选树“百佳典型”活动，审定 63 名先进典型，在新闻媒体广泛宣传。组织“读好书、促发展”和以“读书有益、读书励志、读书创业”为主题的“我的读书生涯”好书读讲系列活动，营造干部理论学习的浓厚氛围。

理论宣传。2009 年，发挥各级党校、讲师团和基层报告员“理论播种机”作用，结合学习实践科学发展观活动，运用干部轮训、集中辅导、专题讲座等形式，宣传普及中国特色社会主义理论体系，推动科学理论进机关、进企业、进社区、进农村。开辟“学习实践科学发展观”的专栏、专题、专版、网页链接和论坛，形成开放、互动的理论宣传格局。组织开展六个“为什么”和党的十七届四中全会精神学习活动，引导党员干部在学习中领会精神实质，在实践中指导推动工作。

2010 年，市四大班子领导带头深入一线，为基层党员、农民群众、企业职工宣讲党的十七届五中全会和省委九届十一次全会、市委五届六次全会精神。组建市委党的十七届五中全会精神宣讲团，编写宣讲通稿，组织党校、讲师团和基层报告员围绕中央和省委、市委全会精神，围绕袁纯清书记讲话精神和加快转型跨越发展等内容，深入机关、企业、农村、社区、学校，开展宣讲活动，推动党的创新理论进村入户、入脑入心。

理论应用研究。2009 年，在学习实践科学发展观活动中，市委中心组成员带头深入基层一线，围绕转型发展、安全发展、和谐发展等专题，开展调查研究，形成一批高质量的调研报告。着眼于中国特色社会主义理论体系的普及应用，着眼于新的实践和发展，组织开展“庆华诞、举旗帜、促发展”理论研讨活动，征集各级各类理论文章 110 篇，汇编为理论研讨论文集。为全省提供 7 篇转型发展优秀调研论文。整合社科资源，加强社科研究，组织参加全省第六届社科优秀成果评奖工作和 2009 年度百部（篇）优秀社科成果申报工作。

2010年,组织“加快经济发展方式转变、推动晋城科学发展”理论研讨活动,出版理论文集。市委书记张茂才的《着力提高农村党支部的学习能力》、《积极探索有晋城特色的转型发展之路》等一批理论文章在国家和省级报刊发表。组织参加全省第六次社会科学优秀成果评奖,《世界共产党现状及发展趋势》、《见证晋城(1978-2008)》两个课题,获得省社科研究成果优秀奖,并分获省社科“百部(篇)工程”二、三等奖。

舆论宣传工作

重大主题宣传。2009年,围绕学习实践科学发展观活动,开设专栏、专版100多个,刊播稿件800余篇,宣传全市上下学习实践科学发展观的具体行动和实际成效。围绕应对危机、转型发展,开设《战危机,促转型》等专栏。围绕重点工程建设,开设《重点工程巡礼》等专栏,推出全市重点工程建设全景式系列报道——《在应对危机中布局长远》,展示经济建设的新成果。围绕党的建设、城乡一体化建设、扶贫开发、党风廉政建设、综合治理、计划生育、抗旱救灾、防控甲流等专题,开展一系列宣传报道,为各项工作顺利开展提供舆论支持。

2010年,围绕中央和省委、市委的中心工作和重大决策部署、重要实践活动,特别是围绕转型跨越发展的主题,以主流媒体为主导,调动各种宣传舆论工具,集中时间、集中人力、集中版面和频道,组织了学习贯彻党的十七届五中全会精神、学习贯彻袁纯清同志重要讲话精神、学习贯彻全市领导干部大会精神、推进学习型党组织建设和创先争优活动等一系列宣传。围绕全市经济工作会议“一条主线”、“两大战略”和“四个大力推进”的总体要求,组织媒体开设《推进经济结构调整,加快发展方式转变》、《城建十大工程巡礼》、《重点项目一线传真》、《扶贫攻坚纵深行》等专题栏目,对新农村建设、城市建设、工业园区建设、重点工程项目建设、扶贫攻坚和城乡一体化、“五个全覆盖”等重大任务、重点工作进行报道。围绕全市精神文明建设、党风廉政建设、和谐社会建设、社会治安综合治理、计划生育、国防教育、防震减灾、人口普查等工作进行宣传。圆满完成党报党刊发行工作,晋城市获“全省2011年度党报党刊发行工作先进单位”。

服务民生宣传。2009年,学习实践活动期间,市级各主要媒体开设“民意直通车”,广泛收集群众对开展学习实践科学发展观活动的意见和建议。市电台《百姓热线》纠风台栏目为群众答复、解决问题1371件,市电视台《行风大家谈》栏目走向基层,现场解决偏远贫困群众在生产生活方面的需求75件,确立农村产业项目27个,为偏远贫困地区争取扶持资金891万元。推出职工居民大病医疗互助、经济适用房和廉租房建设、再就业和教育体制改革等系列报道。

2010年,针对群众普遍关注的住房、就业、医疗、教育、食品药品安全、社会治安、安全生产等热点问题，开展解疑释惑，加强正面引导。“两会”期间，实现音频、视频、网络多媒体同步化、立体化宣传报道，及时全面反映百姓对“两会”的期待和呼声。太行晚报策划“创业故事”系列报道，引导大学生和社会青年树立自主创业观念。《行风大家谈》、《百姓热线纠风台》、《热线001》等一批栏目，反映群众呼声，督促相关职能部门为群众排忧解难。

互联网新闻宣传。2009年，出台《晋城市互联网新闻宣传与管理工作意见》，健全完善网络文化管理体制，协调组织公安、文化等相关部门，联合开展整治互联网低俗之风专项行动。邀请新华网总编室主任朱继东、国家外文局网络信息研究室主任张立达，对全市100多名网络编辑、网管员和网络评论员进行专门培训。加大网上言论监控力度，建立网上舆情信息专报系统和应急预案，编发《网上舆情》、《网络信息管理通报》40期。

2010年，晋城广电网荣登“2010年中国新媒体领军榜”，入选“2010年中国新闻网站影响力百强”名单。开通“新华网·中国晋城网”，搭建对外宣传新平台。实行网上舆情逐日零报告和24小时值班制度，累计编发《晋城舆情》信息专报40期，《每日舆情》273期，报送省委宣传部舆情信息301条。聘请有关专家，就应对网上突发事件和开展网评工作等专题，组织网络评论员、论坛管理员进行三次集中培训。开展了整治互联网低俗之风专项行动。

对外宣传。2009年，强化对外宣工作的领导，理顺市县外宣办管理体制和新闻发布机制，全市六县（市、区）均成立外宣办、新闻办。各媒体单位成立重点新闻报道组，围绕市委、市政府的战略部署，在中央和省级媒体刊播稿件1900余篇。举办第二届中国·晋城棋子山国际围棋文化节，开展围棋赛事、文化活动、旅游推介、经贸洽谈、记者采风等五大类35项活动。举办中原经济区第20届市长联席会和第二届“神奇太行·经典晋城”旅游月活动，组团参加第四届中博会、深圳文博会，提升晋城的知名度和影响力。

2010年，完善重点新闻报道工作方案，先后召开13次专题会议，对各个阶段新闻宣传工作的重点任务进行细化分解、详细部署。在省级以上媒体发稿1700余篇（条）。继续完善新闻发布制度，审核确定50名政府新闻发言人，积极组建党委系统新闻发言人队伍。围绕国土资源保护、城市规划、城市执法、人口普查、旅游开发、统计信息、安全生产、突发事件等内容，举办11场重要新闻发布会。

思想道德建设

社会宣传教育活动。2009年，开展新中国成立60年“具有影响力劳动模范”的宣传评选活动，推进“学习弘扬右玉精神、加强改进作风建设”宣传教育工作，宣传各级各部门抓转型、保民生、促和谐的作风行为。开展诚信晋城建设宣传工作，引深“百城万店无假货”创建活动，弘扬崇实守信的诚信文化。加强革命传统教育和国防教育，沁水抗大太岳分校旧址、晋城烈士陵园、沁水尉迟村赵树理故居、阳城晋豫边区抗日纪念馆被命名为第二批省级爱国主义教育基地。市委宣传部被表彰为全国“全民国防教育先进单位”。

2010年,对全市爱国主义教育基地和诚信示范单位实行届期制管理,重新审核命名了45个市级爱国主义教育基地并开设网上展馆,结合“百城万店无假货”活动,命名表彰21家诚信示范单位。

大力弘扬爱国主义精神。2009年,在新闻媒体开设专栏专题,举办全市60年成就展,组织参加全省大型成就展览,反映全市经济发展、政治稳定、文化繁荣、社会和谐、生态文明的大好形势。组织开展“晋城见证”“晋城记忆”采访、朗诵演讲比赛、书法美术摄影作品展、网上摄影征文比赛和DV展示活动,展示60年晋城市的奋进历程和群众的生动实践。组织开展群众性“爱国歌曲大家唱”和长江支队南下福建60周年纪念活动,组织开展网上“向国旗敬礼”、“向祖国献花”、“祝福祖国留言”活动,组织20万群众参与全国百位“英雄模范人物”和百位“感动中国人物”投票评选工作,激发干部群众爱党爱国爱晋城的热情。

2010年,按照省委和市委要求,结合弘扬晋城精神,在全市开展“右玉精神”宣传教育,深化党员领导干部对世界观、人生观、价值观特别是政绩观的认识。

开展面向基层宣讲活动。2009年,依托县乡理论报告员和大学生村干部,在全市范围内开展“千人万场”形势报告活动,运用讲座、座谈等形式,覆盖全市所有行政村和社区,推动第三批学习实践活动。与基层群众和农民进行面对面地交流, 集中宣讲科学发展观的重要意义、深刻内涵和根本要求,宣讲党的十七届三中、四中全会精神和市委市政府“双轮驱动”的决策举措,宣讲新中国成立60年来的光辉历程、伟大成就和基本经验,推动科学发展观进农村、思想政治工作入农户。

2010年,在全市开展基层思想政治工作大调研,重点关注大学生、农民工、企业职工以及弱势群众的思想动态。整理99个基层思想政治工作案例和典型经验,编辑出版《晋城市思想政治工作创新研究》文集,引导和推动城乡基层、企业学校的思想政治工作。积极开展“三下乡”、“四进社区”活动,通过群众喜闻乐见、通俗易懂的方式,广泛开展基层思想政治教育工作。

公民思想道德教育。2009年,经过基层推荐、社会投票等环节,推出50名第二届公民道德建设先进典型人物。组织参加全国第二届“我推荐、我评议身边好人”活动,全市有10人入选中国文明网“好人榜”。连蜜莲获第二届全国道德模范提名奖。开展道德楷模先进事迹巡回报告活动,开设“道德楷模、文明风尚”新闻专题专栏专访,开展向连蜜莲同志学习活动,开展第七个公民道德宣传日活动,开展“学好人、做好事,为创建文明城市增光添彩”主题活动,掀起学习道德楷模、争当道德楷模的热潮。加强和改进未成年人思想道德教育，扶持7个未成年人小型特色示范教育基地，组织开展“迎国庆、讲文明、树新风”中小学生作文大赛、“向国旗敬礼——做一个有道德的人”网上签名寄语、“我们的节日——清明节祭扫烈士陵园”、我为《白马少年》写续集和“争当白马少年、做一个有道德的人”等主题活动，组织参加全省优秀童谣评选活动，引导和激励未成年人健康成长。加大网吧、音像图书市场、校园周边等环境的整治力度，净化社会文化环境。晋城市获全国未成年人思想道德建设工作先进城市。

2010年，开展全市第三届公德人物评选活动，选出100位公德人物、76位晋城好人。向中央文明办、省文明办推荐了一批道德模范，19人荣登“中国好人榜”，16人荣获全省道德模范。组织道德模范基层巡讲，30万人通过现场讲座、网上视频等方式直接了解了道德模范的先进事迹，中央文明网专门刊登了巡讲活动。未成年人思想道德小型特色示范教育基地总数达到10个。组织“我们的节日”系列主题活动，开展净化社会文化环境专项整治工作，促进未成年人健康成长。晋城市未成年人思想道德建设工作在全国117个城市(区)中排名第28位。

形势政策宣传。2010年，结合宣传思想文化工作面临的复杂形势和重点目标任务，研究制订开展形势政策宣传教育活动的工作方案。重点抓了国际经济、政治、文化、国防形势发展的教育，应对国际金融危机、保持经济平稳较快发展的形势教育，“十一五”成就的总结宣传。

弘扬廉政文化。2009年，把党风廉政建设纳入全市宣传思想工作的大格局，纳入党委中心组学习和考核的范围。推进太行日报《廉政聚焦》专版、市电台《百姓热线》专栏、市电视台《行风大家谈》专题品牌栏目建设，发挥新闻媒体的宣传和监督作用。在晋城在线设立党风廉政建设专题网页，宣传中央和省委、市委的政策规定，展示党风廉政建设的经验成果。推动廉政文化进机关、进社区、进农村、进企业、进家庭，引导党员干部自觉遵守党纪法规。

建设文化强市

完善文化服务体系。2009年，出台《推动农村文化发展和繁荣的指导意见》，召开全市农村文化建设高平现场会，推进文化馆(站、院)建设、文化低保、广播电视“村村通”、农村电影放映、文化信息资源共享、农家书屋建设、农村文化遗产保护、农民体育健身、农村文化旅游示范点建设、农村文化队伍建设等十大重点文化工程建设。整合市、县财政和各类社会资金，以农村为重点，改善文化基础设施和公共服务网络。全市建成乡镇综合文化站42个、村级文化活动中心822个、农家书屋168个、文化信息资源共享基层服务点1029个。

2010年，市美术馆、图书馆、文化艺术中心确定选址，市歌舞团新址改造基本完成，太行山书画写生基地正在建设当中。高平市“三馆”建设全面开工,沁水县和陵川县“两馆”建设基本完工。完成65个乡镇综合文化站、6个文化信息资源共享工程县级支中心、1029个村级站点、680个村级文化活动室的建设任务。

实施文化低保工程。2009年,由市、县财政出资,设立文化低保资金,为贫困村每年演一场戏或一台晚会,每月放映一场电影,每人补助15元的购书款建设农民图书室;每个城乡最低生活保障对象每年补助10元购书款;农民工住地按6500元标准建立流动文化活动室。共为贫困村送戏336场、送电影6337场,送书86 000余册,为农民工驻地建设文化活动室3个,为低保对象发放购书补助卡64 849个。全市近30万文化弱势群体受益于文化低保工程。

2010年,农村文化“十大工程”稳步推进。农村电影实现数字化放映,全年放映电影27 492场。在全省率先完成569个20户以上通电自然村广播电视村村通工程建设任务。“文化低保”工程投入资金229万余元,为贫困村送电影6444场,送戏546场,建立农民书屋120个;为城镇最低生活保障对象发放购书补助卡38 222张,建立农民工文化活动室16个,近50万文化弱势群体从中受益。

推进文化发展。2009年,“两节”期间,组织以“文化晋城·靓丽家园”为主题的七项大型社会文化活动,赴陵川县西河底镇焦会村、附城镇附城村,开展两次大型“三下乡”文化服务活动,丰富群众的精神文化生活。开展评比、会演和展示活动,采取“以奖代补”的办法,引导和推动群众自办文化发展壮大。推进文化创作生产,完成电视连续剧《矿长》、《还是那片情》的拍摄和《皇城相府》的剧本创作工作。新编上党梆子戏《长平悲歌》和动漫片《白马少年》,已公演公映。6件文艺作品获全省第八届“五个一”工程优秀作品奖,市委宣传部获组织工作奖。推进《晋城历史文化丛书》编撰工程和电视文化节目《晋城大讲堂》的录播工作,弘扬优秀地域文化。加强文物普查和非物质文化遗产保护工作,完成田野普查登记文物点5800余处,进度列全省第一,县均完成量全省第一。开展首次“非遗”普查工作,完成普查线索15 000余条。黄一宝、吴国华、张爱珍、张保平被命名为第三批国家级非遗项目代表性传承人。阳城县皇城村和泽州县珏山成为山西省传统节日(重阳节和中秋节)保护示范地。

2010年,春节、元宵节期间,组织以“文化晋城、靓丽家园”为主题的“春节文艺晚会”、“上党梆子艺术节”、“大型说唱剧《解放》展演”等7项社会文化活动。组织“晋城市首届企业职工合唱节”,讴歌全市劳动者为晋城改革开放和现代化建设无私奉献的精神面貌。在市区各大广场开展消夏公益文化活动,每天参与群众达3000余人。积极发展创意文化,举办“景潮杯”创意晋城设计大赛。推进全市文艺创作生产,按照赵树理优秀文艺作品奖励扶持办法,对129件优秀文艺作品进行表彰,对广播剧《基石》、戏剧《申纪兰》等64件作品给予重点扶持。积极申报全省第九届精神文明建设“五个一”工程，电影《徐海东喋血町店》、动漫片《白马少年》、戏剧《红腰带》、广播剧《基石》、歌曲《师魂》等5部作品获优秀作品奖，市委宣传部第七次获组织工作奖。在全省第十二届杏花奖评比中，全市获得戏曲类6个奖项和音舞类4个奖项。聂利民、杨凤楼、孙善玲获得“赵树理文学奖”。《晋城历史文化丛书》出版发行。组织举办纪念赵树理座谈会、赵树理文化沙龙、“蒙情晋韵”四市书法联展，推动文艺创作生产。

深化文化体制改革。2009年，组建市文化广电新闻出版局、晋城广播电视台、市文化市场行政综合执法大队，并挂牌运行。各县(市、区)的“局台队”全部挂牌成立。市县两级电影公司、市少儿艺术团、高平市文工团转制为企业。太行日报社将所属广告、印刷、发行等经营业务剥离出来，转制为企业。公益性文化事业单位、制播分离和县级文化体制改革，取得实质性进展。晋城市被表彰为全省文化体制改革示范市，市广电网络公司和高平市文工团被表彰为全省文化体制改革示范单位和先进单位。组团参加深圳文博会，高平黑陶工艺、沁水竹编工艺、陵川剪纸、布贴画、根艺等展品，广受关注。加大旅游宣传促销力度，提升旅游品牌的文化内涵，推动旅游文化产业发展。

2010年，大力推进文化体制改革，完成改革单位的“三定”工作，启动国有文艺院团的改制工作。在全省率先开展文化产业统计，编制出版《晋城市文化产业发展蓝皮书(2006—2010)》。制定《晋城市“十二五”时期文化产业发展规划》，确立全市文化产业“两地六业”的主攻方向。“两地”即建设全国优秀的文化旅游目的地、以工艺美术品为主的文化旅游产品集散地；“六业”即推动文化旅游业、工艺美术品、新闻影视业、印刷发行业、演艺娱乐业、广告会展业等六大主导产业。设立文化产业发展专项资金，制定文化产业发展招商引资、招才引智的优惠政策，确立金融支持文化产业发展的机制。全年金融机构为文化企业提供资金支持2.5亿元。在全国率先启动互动电视项目工程，与央视动画公司联合开发500集大型天文神话动漫片《二十八宿传奇》，与中国动漫集团合作“孙悟空迷你乐园”动漫基地。促进文化与经济、科技、金融融合发展，重点推动潞绸、琉璃、黑陶、玻璃制品、磁性剪纸、精包装印刷等文化产业化、产业文化化的项目建设。打造太行山文化品牌，举办中国·太行山文化旅游月活动。12月2日，全省文化体制改革和文化产业发展现场会在晋城市召开，推广晋城市的经验做法。

文物保护和非遗产工作。2010年，扎实开展第三次全国文物普查工作，晋城市以普查总数6767处、县均1128处的成绩名列全省第一。11个项目入选第三批国家非物质文化遗产名录，全市国家级非物质文化遗产达到17个、省级47个、市级92个。高平黑陶、陵川布贴画、九州玻璃制品、阳城琉璃灯等项目参加了深圳文博会和北京文博会;阳城琉璃和阳城焙面娃娃、晋氏织造、高平黑陶在上海世博会山西馆展出;晋城八音会艺术团在中央音乐学院进行国家级非物质文化遗产上党八音会专场演出。

精神文明创建

2009、2010 年,坚持城乡统筹、一体发展,构建中心城市、县城、小城镇、新农村“四位一体”的创建格局。

加大文明创建宣传力度。2009 年,在新闻媒体开设专栏,宣传文明创建成果,监督市民文明行为。在晋城在线开设网页,举办庆祝新中国成立 60 周年精神文明建设成就网络展,展出 100 余家单位的创建成果。编印《晋城市文明和谐单位风采录》,收录 127 家文明和谐单位的创建资料,展示群众性文明创建的精神风貌。组织开展精神文明建设工作调研和论文征集活动,推动精神文明建设的工作研究,增强文明和谐创建的针对性和有效性。“做文明晋城人、建文明晋城市”在全市城乡蔚然成风。

2010 年,继续开展“创文明机关、做人民满意公务员”等十大创建活动,在旅游、商务等公共服务行业开展“讲职业道德、树行业新风”主题活动,在大型企业、个体经营户中推进“践行道德承诺,依法诚信经营”教育活动,在农村开展“文明和谐村”、“乡村好人”、“特色家庭”、“文明集市”创建活动。晋城市连续四次获“山西省文明和谐城市”称号,高平市、晋城工行等 137 个单位和个人受到省文明委表彰,613 个文明创建先进典型受到市文明委表彰。

文明城市创建活动。2009 年,针对全国文明城市测评结果的反馈意见,发挥市直各部门、基层各单位和广大市民的主体作用,加大督促检查和舆论监督力度,有针对性地开展“创建文明和谐机关、争做人民满意公务员”、“共铸诚信”等十大文明和谐创建活动,使群众在参与中认识文明、感知文明、实践文明。组织开展“爱心送考”活动、第二届文明礼仪知识竞赛,推动了市民的文明行为养成。完善市级文明和谐单位测评体系,组织开展市级文明和谐先进集体和先进个人申报、公示和暗访工作,推进了文明和谐单位和行业的创建工作。晋城市连续四次获“山西省文明和谐城市”称号。

2010 年,市文明办、纠风办联合制定《晋城市创建文明城市工作督察制度》,每周定期两次进行暗访督查。按照市县乡村“四位一体”的创建思路,组织全市 102 个文明单位与新农村建设重点推进村开展结对帮扶活动,累计投入资金和物资近千万元,组织文体活动、实用科技培训 100 多次,培训农民 3 万人次以上。在全国城市公共文明指数测评中,晋城市名列全国地级市第 43 位,较 2009 年提升 14 位。

农村文明创活动。2009 年,组织开展文明和谐单位与社会主义新农村重点推进村的结对帮扶工作,推动政务、市场、法制、文化、社会、生态等环境建设向农村延伸。全市结对78对,基本完成帮扶实事工程。以村容整洁和乡风文明为重点,推进农村的“五乱”治理、“四改”工作和“六化”达标工作,开展“十星级”文明户、乡村好人、美德家庭、文明村、文明乡镇等创建活动,发挥村规民约、红白理事会、道德评议会、妇女儿童禁毒禁赌会等群众性组织的作用,推动农村乡风文明、社会和谐。

(市委宣传部)

纪检监察

监督检查

2009年,市纪委制定《重点工程建设监督检查方案》和《严肃纪律推进重点工程建设的十项规定》,先后对286项中央扩大内需投资项目和81个省市重点工程项目进行7轮监督检查。检查发现5个方面300余个问题,发出督办建议书45份,召开集体约谈会2次,专项会议督办36次,现场督办160次。查处泽州县周村镇坂上村村委动用中央投资农村公路项目下拨资金搞集体行贿的问题,给予5名相关当事人以党纪政纪处分和组织处理,移送司法机关2人。

2010年,派出5个检查组分3轮对445项中央扩大内需投资项目和153个省市重点工程开展监督检查,督察整改问题190个;围绕加快发展方式转变、淘汰落后产能、推进节能减排、资源环境保护和煤矿安全生产开展监督检查,加强对“五个全覆盖”、校舍安全工程和各级为民办实事等重点民生工程的监督检查。

作风建设

2009年,响应省委“学习弘扬‘右玉精神’、大力加强作风建设”的号召,在全市党政机关开展以“四督四治”(督学、督勤、督绩、督廉;治浮、治奢、治庸、治懒)为主要内容的干部作风大督察、大整治活动。贯彻中央和省、市委关于厉行节约的一系列规定,严把公车配置、公务接待、因公出国(境)的审核审批、经费支出关,全市车辆购置及运行费用支出比近三年平均数分别下降18.7%和15.1%,公务接待费用支出同比下降31.6%;全市因公出国(境)团组和人数比近三年平均数分别下降68%和54%,党政机关因公出国(境)经费支出比近三年平均数下降88.4%,并对1000余名登记备案的国家工作人员持有的因私出国(境)证件进行集中管理。

2010年,学习弘扬“右玉精神”,市委主要领导带领四大班子领导实地感受“右玉精神”,全市六县(市、区)和市直各单位先后组织干部职工到右玉进行考察学习,各级党组织普遍召开民主生活会,对照“右玉精神”找差距、抓整改。出台《关于进一步学习弘扬“右玉精神”推动转型跨越发展的实施意见》,在全市各级各部门深入开展“五治五督”活动,集中整治“吃喝风、玩乐风、闲话风”和“低俗、媚俗、庸俗”等不良风气;认真落实“五个不准”要求,通过多次明察暗访专项行动,对上班时间在休闲娱乐场所活动的89名国家公职人员,给予党纪政纪处分和组织处理。

专项治理

2009年,开展煤炭领域专项清理整治,市、县两级收缴各类违规资金16亿元,立查涉煤案件44件,处理违纪人员53人,其中县处级干部4人,乡科级干部5人,移送司法机关10人。先后两次召开全市煤炭领域典型案件通报暨警示教育大会,公处煤炭领域的典型案件6起,26人。

2010年,继续推进煤焦领域反腐败专项斗争,市县两级共清理收缴各类资金税费19.6亿元,已累计达到30.1亿元,立查涉煤案件29起处分违纪人员58人,移送司法机关4人。组织对煤炭资源整合主体及关键环节、重点岗位负责人进行廉政教育培训;加强煤焦领域教育、监督、预防和惩治制度建设,采取“第三方”介入建制办法,建立煤炭行业复工复产验收、安全生产监管、涉煤中介管理、煤炭生产销售、煤矿经营管理等监管制度12项;在全市推行的煤销站点“三权制衡”权力制约监督和管理机制。加强对整合推进情况的督查,组织5个督导调研组,深入兼并主体企业和煤矿,点对点跟踪督办,面对面解决问题。开展工程建设领域突出问题专项治理,排查百万元以上投资项目885项,集中治理违规招投标、违规变更规划调整容积率、工程质量管理、环境影响评价、闲置土地等问题597个,立查22案处分44人,清缴各类资金1.26亿元。

农廉工作

2009年,围绕中央和省市各项强农惠农政策落实加强监督检查,查处12起坑农害农案件,涉及资金32万元。在农村推行重大村务“四议两公开”民主决策机制,村级财务管理实行全面委托代理、企财村管乡审、联网定期监审三种模式,全面推进村务财务公开,方便群众监督。在乡镇普遍建立便民服务和矛盾纠纷调处中心,积极探索尝试建立集体经济管理中心,强化农村“三资”管理,直接参与监督580多个工程建设项目,组织公开采购360多次,节约资金410多万元。全市1/3的行政村、居委会建立便民服务站点,部分乡镇利用大学生村官资源组建为民服务小分队,实行每周“一三五入村察访民情、二四六回镇代民办事”制度，方便群众办事和说事。总结培树一批城中村、工贸型村、矛盾突出村等不同类型农廉典型。

2010年，以开展清产核资、规范三资管理、落实惠农政策为重点，建成覆盖市县乡村四级的“阳光农廉网”并投入试运行，全市10个矛盾突出村全部转化。省纪委在晋城市召开全省农廉工作会，推广晋城市着力夯实基层基础、创新完善农廉制度的做法。

源头治理

2009年，完成第九批行政审批项目清理取消工作，取消19项，调整57项。市县两级全面推行公务卡制度；继续推行政府投资“三级复核制”和财政投资项目评审制，全年评审项目314个，节约投资1.97亿元；严格执行“收支两条线”规定，国库集中支付拒付不合理支出1101万元。全年监督公开出让经营性用地71宗3613.12亩，出让金6.27亿元；监督集中采购4.1亿元，节约资金3367.5万元；清理“小金库”32个，查出违规违纪金额1.6亿元。不断完善建设工程招投标公开抽取、合理低价、综合评估等中标办法，对被列入建筑市场黑名单的3家施工企业进行通报。

2010年，贯彻《廉政准则》和有关领导干部廉洁自律各项规定，分30期集中对各级领导干部、重点岗位干部6000余人进行培训；全市共确定晋城监狱、城区洞头村等13个廉政教育基地并投入使用；坚持领导干部任前廉政谈话制度和职务消费公示制度，对全市15名县处级、68名乡科级领导干部进行任期和任中经济责任审计。集中整治“假日腐败”和不正之风，认真治理污染校园风气办敬师宴、生日宴、开锁宴的社会陋习，以及婚丧嫁娶大操大办、借机敛财的不正之风，查处顶风违纪案件28起。稳步推进“小金库”专项治理，公务用车购置、公务接待费用明显下降，违反规定公款出国（境）的不正之风得到遏制。

纠风工作

2009年，加大纠风专项治理力度，共查处典型案件46起，57人，涉及金额360余万元。着力解决“看病难”、“上学难”、“行路难”、“负担重”、“保障难”，全市21所医院药品网上集中采购惠民让利2444万元，严查教育“乱收费”，清退违规收费40多万元，查处公路“三乱”问题26件，清理违规资金207万元，督促落实涉农补贴（助）8750余万元，对农村救济、救灾、低保、社保、医保等专项资金监督检查，困难群众实现应保尽保。发挥《百姓热线·纠风台》、《行风大家谈》、《廉政聚焦》等新闻舆论监督平台作用，逐步把政风行风评议工作向基层延伸。

2010年，出台创优发展环境、助推转型跨越发展的“十五条”意见。加大治理商业贿赂力度，全年立查10案10人涉及金额82.3万元；开展中介机构专项治理，依法取缔不法中介56

家,脱钩改制87家,清理违规资金1350余万元,清缴流失税费586万元。坚持纠风惠民,持续整治教育乱收费、公路“三乱”、医药购销和医疗服务中的不正之风,立查公路“三乱”22案,处分37人,清退教育违规收费10.3万元,基本药物惠民让利1.19亿元;开展“政风行风评议基层行”活动,依托“百姓热线·纠风台”、“行风大家谈”等监督平台,解决事关群众切身利益的问题1230余个;回应社会关切,处置网络热点舆情14条,受理举报投诉51件。推进“六项改革”、落实“四项制度”、实行“三务公开”,全年清理取消行政审批许可19项;评审政府投资项目335个,节资1.71亿元,国库集中支付拒付不合理支出4681万元;监督公开出让经营性用地69宗,2462.98亩,增加国土收益12.45亿元。

案件查处

2009年,全市各级纪检监察机关共受理信访举报659件,初核案件157件,立查案件167件;给予216人以党纪政纪处分,其中县处级干部7人、乡科级干部49人,挽回经济损失208万元。

2010年,共受理群众信访举报770件(次),初核违纪违法线索185条,立查192案,给予党纪政纪处分240人,其中县处级干部15人、乡科级干部50人,为国家和集体挽回经济损失3200余万元。召开全市党员干部违纪违规违法典型案件通报大会,对查处的4类17起典型案件公开处理。

制度建设

2010年,在全市各级各部门开展“反腐倡廉制度建设年”活动,梳理、修订、完善各类制度2059项,新建制度862项。以建立“制度+科技+文化”三位一体的廉政风险预警防控机制为抓手,各级各部门通过分岗查险、分险设防、分权制衡、分级预警、分层追责,共清理出公共权力事项6721项,查找廉政风险点30 699个,制定监督防范措施或制度2726条,处理各类预警问题152个。加强对“一把手”的监督,制定出台《晋城市党政正职“五个不直接分管”和“末位表态”工作制度》,建立起决策权、执行权、监督权相对分离、相互制约、相互监督的工作机制。

(市纪委)

统一战线

推进工程

2009年、2010年继续在全市统一战线成员中推进“凝聚力工程”,开展八大活动。一是在民主党派、无党派人士中开展以“献良策、比贡献”为主题的“两个一”活动,“我为应对国际金融危机影响献一策”、“一党一县、智力合作”活动；二是在党外知识分子中开展以“破解难题惠民生”为主题、“百名专家服务团”活动；三是在非公有制经济人士中开展“百村千户”光彩扶贫活动；四是在少数民族中开展“比团结、比发展”竞赛活动；五是在宗教界开展“宗教双五好”星级评比表彰活动；六是在海外统战工作中开展“三缘三情”联谊活动；七是在基层统战工作中开展“一县一特色”活动；八是在统战干部中开展“树统战干部形象、建党外人士之家”活动。开展“我为转型跨越发展献一策”活动，形成意见建议130余条，为党委、政府科学决策提供参考。组织全市50多名民营企业家，就晋城市民营经济发展提意见和建议，经梳理汇总，向市委、市政府提交《以环境创优促进非公经济转型发展的报告》。开展招商引资活动，先后同世界500强企业中冶集团设备技术装备总公司达成项目合作意向，筹备兴建LED光电创业园区。“2010年晋城产业项目（香港）推介会”上，邀请香港侨界、工商界人士200多人参加，签约项目12个，总投资129亿，拟引资90亿。

民主政治建设

2009年，市委召开全市民主党派党务工作研讨会，围绕民主党派的组织、宣传、基层、机关、社会服务和专兼职作用发挥等各个方面的工作，进行深入探讨和交流，编印出版了《民主党派党务工作论文集》。在纪念新中国成立60周年、中国多党合作制度确立和人民政协建立60周年之际，召开全市民主党派加强思想建设座谈会，举办各界人士茶话会，组织民主党派成员赴重庆桂园参观中国民主党派历史陈列馆等活动。3月23日，市纪委召开通报会，向全市各民主党派、工商联、无党派人士通报2008年全市党风廉政建设和反腐倡廉工作情况，并组织党外人士到市广电中心《百姓热线纠风台》、《行风大家谈》栏目组、市政务大厅、市建设工程交易中心、市农廉办、市纪委培训中心等地参观考察。8月25—26日，举办全市党外干部培训班、全市民主党派骨干和部分党外干部培训班，培训民主党派干部、党外干部100余人。9月27日，市委统战部组织各民主党派、工商联、无党派人士、民族宗教界代表人士等对泽州公园改造、医疗废物处置中心、市区燃煤锅炉煤改气、廉租房建设等10大民生工程进行考察，并举行座谈会，听取他们对城市建设与管理的意见和建议。市委、市政府决定从2009年起，为全市民主党派基层组织每年解决专项活动经费2000元，并列入财政预算，专款专用。6个党派市委的办公经费由原来的5万元增加到10万元。

2009年，召开维稳工作会议。安排部署国庆期间民族宗教领域的安全稳定工作，要求各县（市、区）按照各自职责范围进行民族宗教方面的矛盾纠纷排查，确保当地民族宗教领域的安全稳定。启动民族宗教工作应急机制，全面排查民族宗教方面的不稳定因素。加强宗教活动场所的安全检查工作，以县为单位对各宗教活动场所进行安全大检查。市委统战部会同市委组织部、市民族宗教局联合举办全市党政领导干部讲座,特邀原国家宗教事务局局长、党组书记叶小文作《发挥积极作用,宗教促进和谐》为主题的专题讲座。

开展创建“和谐寺观教堂”活动的深入开展,促进宗教活动的正常化和规范化。6月12日,召开全市宗教工作暨创建和谐寺观教堂高平推进会。为纪念新中国成立60周年,组织全市宗教工作干部和宗教团体负责人赴著名的革命传统教育基地——重庆渣滓洞、白宫馆监狱遗址进行爱国主义和革命传统教育。市委统战部与市宗教局共同主办“五教同光颂祖国文艺晚会”,全市300余名信教群众同台表演,1000余人观看了演出。维护少数民族群众的合法权益,在全市开展了《中华人民共和国食品安全法》和《山西省清真食品监督管理条例》宣传咨询活动,发放宣传资料3000余份。8月,在陵川县召开全市发展民族经济暨清真食品监督管理现场会。加强宗教团体建设,筹备召开市伊斯兰教协会第二次代表大会,修改并通过《晋城市伊斯兰教协会章程》、《晋城市伊斯兰教第二次会议决议》,选举产生市伊斯兰教协会新一届领导班子。

2010年,市委统战部市委召开各界人士座谈会,市纪检委召开党风廉政建设暨反腐倡廉工作通报会,传达学习贯彻省委书记袁纯清讲话精神通报会等,就晋城市“十二五”规划编制意见等重大事项和重要活动情况,进行通报和协商。出台《关于支持协助我市各民主党派开展“基层组织建设年”活动的意见》,活动共评选出17个基层先进集体,并编辑出版《民主党派“基层组织建设年”活动资料汇编》。完成民主党派副主委后备干部的推荐和确定工作,共为25名副主委后备干部建立了档案和培养规划。兴办晋城市民主党派后备干部培训班,各民主党派后备干部、骨干成员40余人参加了培训。组织召开党外代表人士队伍建设工作座谈会,起草完成《关于进一步加强党外代表人士队伍建设的实施意见》;组织3名副处级无党派代表人士赴中央社会主义学院学习培训。

2010年,市委统战部组织民族宗教工作干部赴西南少数民族地区学习考察有关防范应对突发事件方面的先进经验和管理机制,并对全市民族宗教干部进行有关应急知识的专题培训。参加豫晋两省三市(焦作、长治、晋城)民族宗教工作联谊座谈会,与长治、焦作市建立民族宗教工作协作机制。制止了省外人员策划成立“耶稣圣心会山西分会”非法宗教活动。大力发展少数民族经济,争取少数民族专项扶持资金60万元,扶持了7个发展项目。聘任10名回族群众为清真食品管理监督员,对全市143个清真食品生产经营点进行巡回检查,规范全市的清真食品生产经营活动。举办“晋城市首届少数民族(回族)运动会”,全市13方清真寺的300多名选手参加了比赛。在山西省第五次民族团结进步表彰大会上,晋城市3个集体和9名个人分别被省政府授予民族团结进步模范集体和模范个人称号。

协助市道教协会召开了第一次代表会议、市天主教爱国会召开了第二次代表会议、市佛教协会召开了第三次代表会议，市级宗教团体主要负责人的平均年龄由78岁下降到47岁。全市宗教界为救灾、扶困、济危、助教捐款捐物50余万元。

2010年，一是完成“建设晋城市华侨光电科技园区的可行性研究报告”，对全市发展光电产业的前景进行详细分析，为政府决策提供理论依据。二是提出“建设我市光电科技园区”建议和议案，并被市政府采纳，并同意先期组建晋城市光电科技研究中心，首期给予100万元的财政经费扶持。三是完成全市侨情、留学生、留学归国人员的调查工作，并建立侨情数据库。四是促成富士康科技集团三期工程扩建。五是协助召开山西省侨联为经济建设服务晋城现场会，市侨联、泽州县侨联在大会上介绍了为经济建设服务和创办侨资企业工作中的成果和经验。

非公经济工作

2009年，“应对危机抓机遇，汇聚智慧渡难关”为主题，两次组织召开非公经济代表人士应对金融危机座谈会，帮助企业分析形势、寻找对策、破解难题；邀请加拿大加达国际商务投资集团总裁闫长明为全市非公有制经济人士作《晋城民营企业如何应对金融危机及国际化发展》专题报告。引导全市非公经济人士主动承担社会责任，做到“不裁员就是作贡献”。加强和改进当前形势下非公有制经济人士的思想政治工作。9月初，市委统战部、市工商联联合举办全市非公有制经济代表人士思想政治工作井冈山培训班，全市非公有制经济代表人士50余人参加了培训。完成光彩事业促进会的筹备工作。通过牵线搭桥，使香港豪德集团光彩贸易广场项目落户晋城，此项目已被列入全国光彩事业重点项目。

2010年，成立晋城市光彩事业促进会，制定出台《光彩事业基金管理办法》、《光彩事业项目管理办法》等各项制度，筹备1100多万元，建立光彩事业基金。召开全市光彩事业表彰大会，授予崔裕峰等39名非公有制经济人士“光彩事业奖章”称号，授予马晋章等48名非公有制经济人士“光彩之星”称号。举办非公有制经济后备人才延安培训班，组织非经济代表人士参观上海世博会。推荐福盛钢铁、兴高焦化、裕丰实业等6家企业受到省委、省政府表彰；推荐15人担任省光彩事业促进会副会长、常务理事、理事。吕中楼、伍永安被授予“山西省光彩事业之星”称号，市光彩事业促进会被评为“省光彩事业优秀组织奖”。

海外统战工作

2009年，召开全市第五次归侨侨眷代表大会，完成市侨联换届工作。会议选举产生了晋城市侨联第五届委员会，史晓莉当选市侨联第五届委员会主席。完成“建设晋城市华侨光电科技园区的可行性研究报告”。应邀组织市侨资企业代表参加在四川召开的第十届西部博览会,组团参加“黑河市侨联与俄罗斯阿穆尔州侨联文化交流促进会”。6月25日,成立了晋城市侨联归国留学生联合会。接待以台湾中国统一联盟前主席陈钦铭为团长的第十一届台湾教师“山西文化之旅”参访团一行27人来晋城参观访问。

宣传调研工作

2009年,市委统战部大力加强调研、宣传、信息三项工作。5月19日,召开全市统战理论研究工作阳城现场会,对8个先进集体和63名优秀论文作者进行表彰。编印出版晋城市统一战线理论研究论文调研报告集《思与行》,全书共收入各类文章百余篇,约5万字。在中央和省委统战部主办的杂志刊发各类稿件、文章100余篇,连续三年被省委统战部表彰为“宣传工作先进单位”。召开全市统战宣传、调研、信息工作会议,对2008年统战宣传、调研、信息工作先进单位和个人进行表彰。邀请中央统战部秘书处原辉处长为全市统战宣传信息员作专题讲座。组织召开了全省统战信息直报点晋城座谈会。举办晋城统一战线“祖国在心中”书画摄影展,编印出版了《晋城统一战线“祖国在心中”书画作品集》。编印《统战知识复习资料》,举办晋城市统一战线电视知识竞赛,提高《晋城统一战线》网站和《晋城统一战线》杂志的工作质量和水平。2010年,市委统战部在中央统战部苏州培训中心举办全市统战宣传调研信息工作培训班。全市各县(市、区)委统战部分管副部长及市统战系统宣传信息员共50余人参加培训。积极做好《晋城统一战线》网站的建设和维护工作,对网站进行了更新改版。编发《晋城统一战线》杂志4期,并在《中国统一战线》、《人民政协报》、《山西政协报》、《山西统一战线 》、新华网、中国网等报纸杂志、网络媒体发表宣传稿件40余篇。先后举办晋城统一战线电视知识竞赛活动,全市共13支代表队参加比赛。此外,还编印了《统战华章——晋城统一战线凝聚力工程纪实》,在市电视台播放《凝心聚力促和谐》电视专题片,举办全市各界人士中秋赏月会晚会。

(市委统战部)

党史研究

研究成果

2009、2010年,一是完成《中国共产党晋城历史(1985—2009)》征求意见稿的修订,送出版社出版。全书30余万字,附历史照片80幅。二是完成《抗日战争时期山西省人口伤亡财产损失调查》(晋城卷)出版工作。全市直接参与抗损调研的工作人员达780余人,配合协调调研工作的总人数达5000余人。各县上报的档案共有160卷,其中阳城43卷、陵川36卷、高平26卷、沁水24卷、城区10卷。6月,完成出版工作。三是完成革命遗址普查及其上报工作。上报遗址总数308处,其中城区22处、泽州63处、高平87处、阳城63处、陵川35处、沁水38处。

宣传教育

2009年,与市委宣传部、太行日报社等单位共同举办"记忆见证——庆祝建国60周年群众口述史"采访活动。完成《晋城历史文化丛书》中《革命烽火》卷,全文30万字。编辑《党史通讯》6期,增设"口述历史"栏目。为晋城市中共党史教育基地——长江支队纪念林挂牌,全市市级党史教育基地达到6处。组织召开张月川诞辰100周年座谈会,撰写纪念文章。2010年,编辑《党史通讯》6期。参与"抗美援朝"、"朱德与山西抗战"等纪念活动,撰写《赖若愚在晋城》、《朱德对开辟抗日根据地的杰出贡献》等论文。开展革命遗址普查工作。

(市委党史研究室)

政策研究

专题调研

2009年,立足晋城实际,特别是无资源地区、边远山区的实际,完成《发展畜牧特色产业大有可为》课题研究,上报市委参考,并在《太行日报》、《晋城工作》、《晋城在线》公开发表。结合晋城创建生态园林城市,完成《开展现代"宜居晋城"建设的有益探讨》课题,探讨建设宜居城市的总体构想、目标任务、基本原则、重点工作。根据市委、市政府全民创业动员和号召,完成《创优发展环境,推动全民创业——晋城市大力发展民营经济的调查与思考》课题,提出"把握三个关系,破解四大难题"的针对性建议。按照十七届四中全会加强党的建设、夯实执政基础的总体要求,完成《关于农村基层党组织建设状况的调查分析与建议》课题,针对基层民主建设、班子队伍建设、教育培训工作、思想作风建设等四个方面,提出意见建议27条。

此外,结合学习实践活动,完成《搞好决策服务,促进科学发展》课题研究。与省改革创新研究会合作完成《加强县级领导班子建设促进科学发展》课题,由中国文联出版社出版发行。对建市以来的重要课题和优秀文章进行筛选,形成《求实·创新·奋进》一书,由山西出版社出版发行。撰写《60年,腾飞的晋城》、《黑白小世界,拓出新天地——第二届棋子山国际围棋文化节随感》、《我市发展休闲农业的模式探讨》等文章多篇。

2010年,市委政研室共完成重大专项课题调研7个,形成建议3个,及时上报市委,并在《山西工作》、《晋城工作》、晋城在线、《太行日报》等报刊以及网站上刊载,其中《关于选派干部到农村任职情况的调查》获市优秀党建论文成果评比一等奖,《在实现经济转型升级中构建现代产业体系》获全市“加快经济发展方式转变、推动晋城科学发展”论文评比三等奖。完成《润城特色城镇化的实践与启示》、《关于市区城中村改造的调查与思考》、《关于我市城市客运出租汽车管理与发展的调查报告》、《关于选派干部到基层任职情况的调查》、《在实现经济转型升级中构建现代产业体系》、《借鉴新理念新经验谋求转型跨越发展》等课题。此外,完成市委交办的《中共晋城市委关于制定“十二五”规划的建议》的起草工作,先后两次征求意见600多人次,十多次修改完善,并在市委五届六次全会上通过。

“百日调研”活动

2009年,市委在五届五次全会上明确提出“扎实推进全市领导干部‘百日调研’活动”,并写进市委五届五次全会《关于加强和改进新形势下党的建设的实施意见》。召开全市党委政研工作会议,并对2008年度“百日调研”工作进行总结和表彰奖励,编辑出版晋城市2008年度领导干部百日调研优秀文集——《求索》,收录优秀调研成果80篇、市级领导调研报告25篇。开展“每周一报”,即在领导干部调研成果中,按照“不苛求文字要求,注重实战,注重解决问题,注重倾向性建议”的要求,每周选报一期,至年底选报15期。

2010年,市委出台《关于进一步加强调查研究工作的意见》,成立由市委书记、市长任组长的全市领导干部调查研究工作领导组,四大班子领导抽出两个月时间开展调研,在“百日调研”中发挥模范带头作用。开展了市委常委、副市长十大领题调研,市委常委加强国有企业党建工作专题调研,市级领导下乡住村“六个一”活动等。全年度党政领导报送调研文章170多篇。继续坚持“百日调研”每周一报制度,全年报送13期。编辑出版“晋城市2009年度领导干部百日调研优秀成果集”——《求索》,收录优秀调研成果80篇、市领导调研文章26篇。

编辑《晋城工作》

《晋城工作》是市委主办的机关刊物,由市委政研室承办。2009年,《晋城工作》主要呈现出三个特点:在政策指导方面,全面传达全委会、经济工作会、扶贫攻坚会、党风廉政建设会、干部作风建设会等会议精神,同时,对重要活动、重要工作开设专题栏目,全年共开设4个专题栏目;在社会实践方面,紧跟全市经济、政治、文化、社会和党的建设进程,选发经济转型、新农村建设、扶贫攻坚、生态环境等方面的调查报告和工作研究,反映晋城建设发展中的宝贵经验,揭示工作进程中的问题矛盾,提出保持晋城又好又快发展的意见建议;在基层基础方面,坚持面向基层、面向群众、面向发展第一线,优先选发基层来的稿子,把基层的真实情况反映给各级党委政府。2009年,《晋城工作》首次进入“全国十佳党刊”行列。

2010年,出版发行《晋城工作》12期,修改编排稿件400余篇近百万字。组织开展办刊以来最大规模调研活动,通过召开座谈会、问卷调查等形式,向基层干部群众广泛征求意见。

政研网站

2009年,"晋城政研网"全新改版,在全市各类网站评比中,再次获"晋城市十佳网站"称号。

2010年,晋城政研网新刊发各类信息300余条,向晋城在线报送信息数十条,增加"市委政研室读书室",更新了"百日调研"2009年度《求索》等栏目。

政策宣传

2009年,市委出台《关于进一步引深和谐创建活动的意见》,市委政研室开办《构建和谐晋城工作简报》、"和谐晋城网"。此外,向省《政研信息》报送信息30余条。在省《政研信息》百期考评中,获集体一等奖。

2010年,上报省委政研室各类信息100多条,被采纳30多条,获省"上党杯"政研信息集体一等奖,个人一等奖1名,二等奖1名,三等奖3名。

(市委政研室)

对台工作

服务台胞

2009年,市对台办通过走访、慰问、信件、电话、贺卡、座谈会等形式与台胞台属进行联系,全年共入户访问86户,解决各类问题39件次。

2010年,接待台胞回乡探亲95人次,交流97人次。

服务台企

2009年5月12日,协同富士康晋城科技工业园组织开展"爱心助残"专场招聘活动,为24名残疾人提供公益岗位。

交流互访

2010年,实现两地交流15项,97人次。其中赴台交流12项,69人次,涉及文化、教育、宣传、生态农业、农机技术、法律服务、志愿者服务等多个领域。

爱物奖学金

2009年,完成第十一届爱物奖学金发放,为200名贫困学生每人发放奖学金5000元。

2010年,完成第十二届爱物奖学金的发放工作,为贫困学生发放奖学金100万。

(市台办)

外宣工作

宣传报道

2009年,市外宣办先后在《人民日报》、《经济日报》、中央电视台、新华网、《山西日报》、《山西经济日报》、山西电视台等中央和省级媒体发表稿件200余篇,此外,在全国"两会"期间、中博会期间、围棋文化节期间,组织国内外媒体进行系列宣传,扩大晋城知名度。加大外宣成品制作和开发力度,先后制作对外宣传片《走近晋城》、介绍晋城人文历史和经济社会综合情况的小册子《晋城概览》,在全市各大宾馆和公共场所播放,并多次在全国性大型博览会、洽谈会等会议期间进行宣传。在重要会议和重大节庆活动期间,以专版形式,在《人民日报》、《中国青年报》、《深圳日报》、《安徽日报》等多家媒体开展了专版宣传,大篇幅、全方位宣传晋城的主要成就、区域特色以及投资优惠政策,成为晋城市对外宣传的一支重要力量,全年发稿总数达800余篇。《发展导报》、《山西青年报》、《三晋都市报》、《山西法制报》、《中国联合商报》等驻市媒体也从不同层面对全市各项社会事业发展进行宣传报道,使晋城的知名度进一步提升。《人民日报》、新华社、《经济日报》、《光明日报》、《中国青年报》等驻省媒体对晋城的关注越来越多,全年发稿30多篇,其中新华社发新闻通稿13篇。

2010年,市外宣办香港投资洽谈会期间,在香港《商报》、香港《文汇报》、《大公报》等媒体对外介绍晋城的历史文化、矿产旅游资源,交通区位优势、投资环境等,同时在香港文汇报、香港商报发表专题系列报道。在香港《文汇报》、《大公报》等媒体上组织晋城整体形象介绍专版、重点企业专版、重点招商引资项目介绍专版和各县区、开发区形象展示专版。"港洽会"期间,共发放宣传资料2000余份。先后在《人民日报》、《经济日报》、《光明日报》、《中国青年报》、新华网、《瞭望》、《山西日报》、《山西经济日报》、山西电视台等中央和省级媒体发表稿件200余篇,此外,在省观摩检查组观摩检查晋城市期间,上海世博会山西活动周期间、中博会期间,多次组织发表专题系列报道。与新华网合作建设了"新华网·中国晋城网"网站。

新闻发布

2009年,举办新闻发布会近20场,发布频率达到历史新高。新闻发布内容涉及国土资源保护、城市规划、城市执法、甲型H1N1情况、旅游开发、统计信息、重大交通事故、煤矿安全以及突发公共事件和百姓关心、媒体关注的热点问题。发布程序日趋规范,审批备案机制不断完善,在组织、审批、发布、流程和模式方面已具备一整套规范有序的组织审批程序。新闻发布由最初相对固定和单一的形式发展为现场发布、座谈会、网上发布、召开新闻发布会等。通过聘请全国知名专家学者对全市新闻发言人进行集中培训、现场观摩、举行模拟新闻发布会，锻炼全市新闻发言人队伍，提高新闻发布质量。至年底，全市6个县(市、区)均成立了外宣办、新闻办。

2010年，市外宣办按照《国务院信息公开条例》的要求，组织实施了新闻发言人制度，出台《晋城市人民政府新闻发言人制度》、《晋城市突发公共事件新闻发布应急预案》等相关规章制度，建立了市直单位新闻发言人网络。重新对全市新闻发言人队伍进行申报审核，确定50名各县(市、区)人民政府、市政府各组成部门新闻发言人队伍，并对他们进行积极配合有关单位组织开展新闻发布，举办新闻发布会12场，其中有重要影响的发布会7场。

记者管理与接待

2009年，市外宣办山西日报社晋城分社、山西广电总电、《山西晚报》、《山西青年报》、《三晋都市报》、《发展导报》、《山西市场导报》、《山西法制报》、《山西画报》、《中国联合报》、《市场信息报》等建立紧密合作关系，经常以新闻通气会、座谈会、新闻发布会的形式加强联系，在围棋文化节和记者节前夕，对驻市新闻媒体进行两次集中评比表彰。全年接待《人民日报》、新华社、《山西日报》等来访记者600余人次，围棋文化节期间，接待国内媒体记者100多人。此外，还接待省政府、山西报业集团、山西广电总台等大型采访团6次。

2010年，实施对外宣传“请进来”工程，邀请中央、省、市主流媒体到晋城市开展集中专题采访活动，发稿30多篇，其中新华社记者采写的新闻通稿13篇。全年接待来访记者和记者团体300余人，其中包括人民日报社前副总编梁衡、新华社山西分社社长王存理、新华网山西总监刘砺平、光明日报山西站长杨荣、山西日报社总编王建武、中国青年报社副总编一行，中国商报山西记者站李效增、半月谈副主编张正宪等。

突发事件应对

2009年，市外宣办多次配合相关单位和媒体协调解决有关曝光稿件的问题报道，并针对网络媒体的曝光报道进行20多次的协调处理和回复。

2010年，出台《全市互联网新闻宣传与管理的意见》，坚持和完善《网上舆情》、《网络信息管理通报》专报制度，在全市部署了“互联网舆情信息监测预警系统”、“RTX”内部通讯预警系统，发挥互联网收集民意、决策参考的功能。建立网络监管部门联动制、不良信息通知删除制，开展网络专项整治行动，净化网络环境。对全市范围内的“吧主”、“网管”、网络评论员及网络编辑进行网络专业知识和思想政治理论培训，协调各网站主管单位落实专职网管人员，健全网络监管体系。针对新闻媒体关注的难点热点问题、新闻突出事件、新闻敏感问题,及时澄清事实真相,对一些曝光稿件和不实报道及时向有关媒体反馈信息,妥善做好后期工作。如对中国经济法制周刊网登载的“六死一伤安全事故背后藏猫腻”严重失实稿件,及时和省委主管部门汇报事实真相,报道属重大失误,及时删除了不实报道;针对今日经济观察网发的“晋城居民一个月停电15天”的严重不实报道,及时了解情况,积极进行应对,使这篇失实报道未见诸各大网站;对高陵高速公路赵庄段塌方事件,及时在新闻媒体上发通稿,妥善处理相关问题;针对泽州大阳煤矿万里井井下事故,我们及时汇报、快速应对媒体采访。此外,还针对网络媒体的曝光报道进行协调处理和回复20余次,对中国商报反映市卫生局行政不作为、乱作为的问题,中国信息网反映晋城北义城农村低保问题严重的问题都进行积极有效应对,把不良影响控制在最小范围内。

(市外宣办)

信访

基本情况

来信来访。2009年,全市发生进京访261人次,其中集体访5批37人次、非正常上访172人次、重复访113人次。发生赴省访257人次,同比下降38.75%,其中集体访19批204人次,个人访53人次。发生来市访7877人次,其中集体访307批6738人次,个人访1139人次,与2008年基本持平;其中非正常上访53批1848人次,占来市上访量的26.95%。市级信访部门受理群众来信526件次,同比上升24%。其中重复信102件,重信率19%;转办509件,转办率97%;立案、交办17件,办结15件,办结率88%。

2010年,全市信访形势总体呈现“四下降一好转、平稳趋好”的态势。进京非正常访、赴省集体访、来市集体访、来市非正常集体访下降、信访秩序好转、信访形势平稳趋好。全年发生进京非正常访68人次,占省下达年度控制指标111人次的61.2%,同比下降60.4%;发生赴省集体访25批次,占省下达年度控制指标40批次的62.5%,同比下降37.5%;发生来市访688批次6366人次,其中集体访272批5703人次,批次和人次同比分别下降28.3%和31.5%;围门堵路等非正常来市集体访61批2457人次,批次和人次同比分别下降27.8%和24.7%;重复集体访136批2735人次,批次和人次分别占当年集体访的50%和47%。受理群众来信454件次,同比下降20.7%。

案件办理。2009年,全市共受理中央、省交办案件189件,办结152件,办结率80.4%,息诉率100%。市级信访部门自立信访案件100件,办结61件,办结率61%。

2010年,接受省交办信访案件12件,办结11件,办结率92%。自立信访案件79件,办结64件,办结率82%。重信治理活动中,省交办40件,办结39件,办结率97.5%。

信访诉求

2009年,群众信访反映的主要问题:反映欠缴养老保险、医疗保险等问题86批1395人次,批次和人次分别占总量32%和20%;反映欠发工资和生活费以及农民工讨要工资等问题56批1111人次,批次和人次分别占21%和16%;反映土地征用、塌陷以及房屋裂缝等问题28批460人次,批次和人次分别占10%和7%;反映企业改制问题26批425人次,批次和人次分别占9.5%和6%;反映城镇道路、房屋拆迁等问题20批750人次,批次和人次分别占7%和11%;反映村财务账目不公开问题12批302人次,批次和人次分别占4%和4.4%;反映部分军队退役人员问题5批253人次,批次和人次分别占1.8%和3.7%;反映换届选举遗留问题4批156人次,批次和人次分别占1.5%和2.3%。

2010年,群众信访反映的主要问题:医保社保低保政策没有或部分未落实问题,占16.8%;土地征收征用补偿款不到位问题,占15.6%;拖欠农民工工资问题,占12.2%;企业改制问题,占10%;煤矿开采导致房屋裂缝及土地塌陷问题,占7.5%;村务管理纠纷问题,占6.3%;城市拆迁改造、供暖问题,占5.2%。

矛盾排查化解

2009年,建立矛盾纠纷排查零报告制度,坚持经常性排查和集中排查相结合,坚持信息汇集和分析研判相结合,先后4次组织开展全市范围的矛盾纠纷"大排查、大化解"工作,共排查矛盾纠纷1077件,化解860件,化解率达到79.85%。

2010年,多次组织开展矛盾纠纷和苗头隐患大排查、大化解活动,共排查各类矛盾纠纷813余件,化解率达到80%。

风险评估

2009年,在实施重大建设项目中,实行信访风险评估机制,由于在项目实施过程中,各部门各相关单位变事后处置为事前预防,注重信访源头的预防和及时就地化解矛盾纠纷,全市先后确定59项重点工程,没有发生一起因土地征用、拆迁赔偿、土地纠纷等方面的信访案件。

2010年,市委、市政府出台《重大决策和重大项目社会稳定风险评估实施办法》,明确规定,各级各部门各有关单位在作重大决策、实施重大项目前,必须进行事先的社会稳定风险评估。

积案化解

2009年,在全国开展"信访积案化解年"活动中,省里交办晋城市信访积案122案215人次,上报结案101件,结案率为83%。全国人大交办信访案件30案,结16案,结案率53%。

2010年,对2009以后尚未解决的91件疑难信访积案实行领导包案解决,有效解决75件,办结率达到82%。11月,晋城市召开了化解疑难突出问题经验交流现场会,在全市推广城区化解疑难突出问题的典型经验。

责任追究

2009年,加大干部下访督导、信访通报和双向责任追究力度。一是在全国"两会"召开前夕,市联席办组成5个督查组,到6个县(市、区)和市直部门进行信访工作督导,促进信访问题的解决。二是在国庆前后,启动"日告知、周通报、大排队、好表扬、差问责"的工作机制。市联席办每天将进京、赴省、来市上访情况告知责任单位,每周进行一次排队、通报。对高平市、城区、泽州县以及兰花集团四个信访问题比较突出的县区和单位主要领导进行约谈,对县、镇两级11名干部信访工作不力的通报批评。三是加大依法处置非正常上访行为的力度。根据省公安厅等五部门下发《关于依法处置信访活动中违法犯罪行为的意见》规定,在掌握确凿证据的前提下,依法处置上访人员53人,其中行政拘留24人。

信访机制

晋城市在信访工作制度建设上进行了积极探索和努力创新,基本上形成了较为完备的信访工作制度体系,为今后全市信访工作的科学发展奠定了较好的制度基础。2010年,市委办公厅、市政府办公厅出台《晋城市信访事项复查复核工作暂行办法》、《关于进一步加强初信初访工作的意见》以及《加强信访基层基础建设,全力推进"三无乡村"建设的实施意见》;市信访联席会议出台《关于在全市推行"信访诉求办理卡"的通知》。市信访局制定实施了《信访局内部管理制度》、《晋城市信访局接待群众来访工作规则》、《晋城市信访局信访事项督查督办工作规则》、《晋城市信访局来信办理工作规则》等规范性工作制度。

《条例》宣传

2010年,组织开展形式多样的《信访条例》宣传普及活动,一是《信访条例》进机关。1月,市信访局组织全体机关干部学习、讨论、研究《信访条例》,推进局机关干部对《信访条例》的学习、理解和应用。二是《信访条例》进课堂。把《信访条例》列为县处级干部学员轮训培训班的必修课、主讲课。三是《信访条例》进家庭。5月28日,市信访局举办《信访条例》电视知识竞赛活动,并3次在市电视台黄金时段集中播放。四是组织开展"信访工作大家谈"有奖征文活动。在全市开展《信访工作大家谈》有奖征文活动,共收到社会各界征文218篇,评选出82篇优秀文章,编印成《信访工作大家谈优秀成果选编》,共印1200册,分发到市、县、乡三级有关领导手中。

(市信访局)

老干部工作

2009年,全市有离退休干部12664人,其中离休干部962人,退休干部11 702人。离退休干部党员6801名,其中市直1263名,县(市、区)5538名。

待遇落实

2009年,离休干部医药费全部纳入财政支付,共支出978万元,人均报销医药费达到9500元。离休干部的津补贴、体检费、疗养费、特需费以及活动经费等全部列入市、县两级财政预算;市、县两级财政用于落实离退休干部生活待遇的资金达至4200万元。市委组织部、市老干部局重新修订《关于困难老干部帮扶救助基金管理办法》,全市困难老干部帮扶基金全部纳入财政预算(市直15万元、县区5万元)。春节、中秋节分两批对近100名生活困难的离退休干部及离休干部无工作遗孀进行救助,救助金额1500~2000元不等。对离休干部开展"五到家"服务,即:报纸杂志送到家、"两费"补贴送到家、福利慰问品送到家、医疗保健送到家、家政服务送到家。仅市直就为离休干部送书送报24批次,上门探望600余人次,生日祝贺385人次,为216名红军时期和抗战时期参加革命工作的离休干部办理提高医疗待遇手续。对所有离休干部和易地安置对象进行慰问,慰问金每人500元。

2010年,全市财政共支出离休干部医药费960余万元,人均报销医药费12 000元以上。建成离退休干部"电子保姆"服务指挥中心,为市直369名离休干部首批安装"幸福一键通"呼叫器。成立离退休干部健康咨询和政策咨询中心,为广大老同志提供个性化、针对性的服务。全市困难老干部帮扶基金达到50万元(市局20万元、县区各5万元)。对120名生活困难的离退休干部以及离休干部无工作遗孀进行救助,对216名提高医疗待遇的离休干部进行看望,对易地安置的离休干部进行慰问。

组织建设

2009年,全市共有离退休干部党支部148个,比2008年增加12个,其中市直有离退休干部党支部43个,比2008年增加6个,单建支部覆盖面达到85%以上。全年共举办老干部党支部书记培训班13期,参加培训的支部书记、委员达到278人。支部建设逐步实现"四有"、"四规范"(即:有工作计划、有活动安排、有活动阵地、有学习资料,做到了场所规范、制度规范、资料规范、活动规范),每个支部有不小于30平方米的固定活动场所,征订"两报三刊",健全七项制度,支部活动做到"五个一"(即:一月一次集中学习、两月一次思想沟通、一季一次情况通报、半年一次党课辅导、一年一次民主生活会。

2010年,在离退休干部党组织和党员中开展以创建“五好党支部”、争当“五好党员”为主要内容的创先争优活动。市老干部局党委被市直工委表彰为“红旗党组织”,机关党支部被表彰为“先进党组织”。

思想政治建设

2009年,市委老干部局组织市直离退休干部通报形势5次,参加通报会的老干部累计达到2000多人次。签名阅读文件31份,人数达1000多人次。组织老干部参观考察工农业生产共计5次,参加人数累计达到500余人次,参观项目达20多个。两次组织地市级老同志和部分担任县处级实职的老干部参观城市建设十大工程和太行山绿化工程。

2010年,全市举办各种形式的离退休干部集中学习辅导和培训37次,参加学习的离退休干部达8000余人次。组织离退休干部参加重要会议、情况通报、参观重点工程项目及上海世博会等活动57场次。

活动阵地

2009年,全市有24个社区和35个乡镇建起老干部活动室,参加活动的老干部人数达1000余人,其中市直日均达300多人。陵川、沁水、泽州县投资120余万元,对活动中心、门球场进行设备更新和改扩建。泽州县老年大学正式挂牌招生,市老年大学在市二中和长治办事处设立了分校。全市7所老年大学共招收学员3188人,设置57个教学班,组建了二胡队、模特队、腰鼓队、古筝队、合唱团等,并多次参加社会演出。10月,陵川县老年大学被中国老年大学协会表彰为“全国先进老年大学”。

2010年,出台《关于进一步推动老干部活动中心(室)“达标创优”的意见》和《晋城市乡镇、社区老干部活动中心(室)“达标创优”考评细则》,市、县两级老干部部门开展老干部活动中心(室)“达标创优”活动和老年大学“示范校”创建活动,陵川、阳城、沁水和市老干部活动中心被评为全省“先进老干部活动中心”,泽州县被评为“达标活动中心”。高平市近3000平方米的老干部活动中心主体工程竣工,城区投资186万元对活动中心进行改(扩)建,市老干部活动中心投资100余万元对凤鸣、凤翔活动室进行硬件更新。市活动中心按照“五个一”活动要求,全年共举办22次活动,市直20个老干部活动室,每天参加活动的人数近300人,每年累计活动人数达9万多人次。陵川、阳城、沁水、市老年大学被命名为全省老年大学“示范校”。

服务工作

2009年,市委老干部局制定出台《关于发挥社区优势做好离退休干部“四就近”工作的实施意见》,全市有24个社区和35个乡镇全面开展“四就近”工作。全市共有一帮一结对服务97对,4050服务人员230余名,就近发挥作用老干部500多人。全年为老同志定期上门体检4300多人次，定点帮扶老同志320多名。6月17日，全省离退休干部服务管理工作经验交流会在晋城市召开，与会代表参观了4个社区和两个乡镇的“四就近”工作示范点。

2010年，市老干部局编印《晋城老干部工作信息》24期，《老干部工作快报》28期，创办《创建学习型部门简报》26期。

发挥余热

2009年，市、县两级离退休干部3000多人在不同行业、不同领域发挥作用，受到各级各部门表彰的离退休干部达到400多人。在老干部居住较为集中的社区和乡镇，以离退休干部为主体成立“五大员”队伍，即：市场物价监督员、环境卫生监督员、社会治安员、社情民意信息员、传统教育宣讲员。10余名离退休干部为学生、青少年做革命传统讲座20多场，参加人数达到5000余人。

（市委老干局）

和谐晋城建设

2009年，广泛开展群众性和谐创建活动，在全社会倡导和谐理念、培育和谐精神，把开展和谐村镇、和谐社区、和谐校园、和谐企业、和谐机关、和谐家庭六大和谐创建同文明创建、平安创建等群众性创建活动结合起来，在全市形成共建共享促进和谐的浓厚氛围。设立“推动社会和谐突出贡献奖和模范奖”，对在促进社会和谐中起到先锋模范作用的集体和个人进行表彰和宣传。对全市第一批84 148个和谐创建先进集体和家庭，包括9个和谐乡镇、352个和谐村、20个和谐社区、379个和谐校园、226个和谐企业、223个和谐机关、82 939个和谐家庭进行表彰。先后组织10余期构建和谐社会专题培训班，对全市880多名县处级干部和200多名构建和谐社会工作人员进行集中培训。编发《构建和谐晋城工作简报》、出版《和谐晋城》杂志和开办“晋城和谐网”。

2010年，按照市委构建和谐社会领导组提出的明确一个目标（争创全市人民满意、全省领先、全国一流的和谐社会建设先进市）、围绕六大任务（坚持协调发展，大力加强社会事业建设；保障社会公平正义，大力加强制度建设；保持社会安定有序，大力创新和完善社会管理；维护社会团结和睦，充分发挥社会各界的积极作用；巩固公民思想道德基础，大力加强和谐文化建设；加强党的领导，为构建和谐晋城建设提供体制机制保证。将任务层层分解落实到6县（市、区）、54个市直单位。推进落实市委出台的《关于建立完善城乡一体的八大惠民服务管理网络的实施意见》，组织各县（市、区）和“八大惠民服务网络”市直牵头单位，开展40天的调研。召开全市和谐社会建设会议,梳理出影响社会和谐的12类突出问题。办好“一报一网一刊”即工作简报、和谐晋城网、和谐晋城刊物“三个宣传平台”,全方位、多层面、宽角度宣传晋城市和谐社会建设工作。全市和谐社会建设基本形成“六有”格局(有明确的工作目标,有具体的工作任务,有得力的工作措施,有示范引路的各类典型,有高效的工作机制,有严格的考评标准)。

(市和谐办)

政 法

维护社会稳定

2009年,全市各级公安机关和安全部门积极整合维稳力量,加强重点时期的对敌斗争,严密防范、严厉打击境内外敌对势力、敌对分子、“三股势力”和“法轮功”等邪教组织的渗透、捣乱破坏活动,查破“法轮功”、“全能神”等邪教组织破坏法律实施案件4起,打击处理邪教违法犯罪人员6人,收缴各类反动宣传品2400份(册、盘、张)。密切关注网上对敌斗争,加强网上舆情引导,及时封堵和删除有害信息4115条,其中本地2517条,通报异地有害信息2234条,申请封堵境外有害网站37个。加强对群体性事件的预警处置工作,进一步完善各类突发事件处置预案,妥善处置一批因企地用地纠纷、民工与用工单位劳资纠纷引发的群体性事件,全年全市未发生一起因政法机关处置不当而导致事态扩大的群体性事件。全面提升反恐怖防范和实战水平,对全市196处反恐防范目标逐一落实防范措施,于9月16日、18日举行全市反恐处演练和350兆无线通信合成演练,加强处突应急力量的协调配合、现场处置和通讯保障能力。

全市政法机关先后开展“打黑除恶”、命案侦破、打击“两抢一盗”、治安整治、打击多发性侵财犯罪、打击拐卖儿童妇女犯罪、打击电信诈骗、假币犯罪等一系列专项斗争和集中行动。全年,全市公安机关共立各类刑事案件7982起,破3845起,破案绝对数5680起,其中八类危害严重刑事案件立579起,破363起;命案立40起,破38起;抓获各类刑事犯罪嫌疑人2560名,其中追捕逃犯953名。打掉各类犯罪团伙162个748人,破获案件1248起;打掉恶势力犯罪团伙11个,抓获团伙成员117人,涉案266起。全市检察机关共受理审查逮捕案件986件1799人,依法批准和决定逮捕970件1777人,同比分别上升18%和31.6%;受理各类移送审查起诉案件1379件2468人,经审查,向法院提起公诉1227件2118人,同比分别上升3.8%和16%。全市两级法院共受理各类案件13249起,审结12162起,结案率92%。其中受理刑事一审案件1448件2493人,审结1408件2364人,受理刑事二审案件238件,审结228件,受理减刑案件806件,审结806件。

2010年,严厉打击境内外敌对势力、敌对分子、“三股势力”和“法轮功”等邪教组织的捣乱破坏活动。查破“法轮功”邪教组织破坏法律实施案件3起,收缴各类反宣品1000余份(册、盘、张);开展整治互联网和手机媒体低俗网站、信息专项行动,将网上巡控触角向各种论坛、QQ群、微博客等空间延伸,坚决打击利用网络违法犯罪活动。

全市公安机关共立各类刑事案件6897起,破3175起,破案绝对数4544起,其中八类危害严重刑事案件立390起,破259起,抓获犯罪嫌疑人2495人,打掉恶势力团伙6个。相继破获了市局“3.15”特大跨省贩毒案、城区“2002.6.15”、泽州“1.1”、高平“2000.8.8”、阳城“10.2”、陵川“2000.8.20”、沁水“1991.9.19”等一大批重特大案件。全市检察机关共受理审查逮捕案件1123件1882人,同比分别上升14.48%和下降5.14%。其中批准、决定逮捕1097件1839人,同比分别上升13.91%和下降4.37%。不批准逮捕45人。受理各类公诉案件1546件2501人,同比分别上升12.85%和下降0.12%。经审查,向法院提起公诉1420件2301人,同比分别上升16.2%和6.63%。不起诉40人。市、县两级法院共受理各类案件13496件,审结12208件,结案率为90.05%。

大力推进科技防范“天网”建设。完成市区GPS卫星定位系统建设和8个环市区、9个出市高清智能卡口建设,市区50辆巡逻车新安装了车载终端,新建视频监控点2057个,九类近600家行业场所全部安装了视频监控。全市市县主要街道、重点单位、要害部位视频监控率达100%。公安机关大力拓展防控空间,打造手机短信宣传预警、小区警情播报、街面电子显示、公共复杂场所预警提示4个平台,市区街面294块固定电子显示屏,800辆出租车车顶显示屏,不间断地播发警务信息。各县(市、区)公安机关全部组建巡防大队,城区200的人巡防队伍,实现对市区全天候巡逻防控。在农村推广“平安互助”工程,为1328个村安装“平安大喇叭”。

防控体系建设

2009年,全市形成以专门机关力量为骨干、以群防群治力量为依托、以社会面防范为基础的“上有天网、下有巡防”、统分结合、整体联动的治安防控体系。市公安局制定《关于加强社会面巡逻防控工作方案》,在重点单位、要害部位和公共复杂场所,新建视频监控2057个,金融等重点单位、要害部位视频监控率达到100%。在市区,完成社区警务室106个,警力达306人、社区巡防队员600余人。在乡镇(街道),组织治保会、治安巡逻队伍和看楼护院队伍。在单位,大力推进保安队伍专业化,共同组成城市基层市区管控力量,分片巡防,实现市区24小时实时防控。全市刑事案件总量、八类危害严重的刑事案件、多发性侵财犯罪同比分别下降0.7%、21.4%和3.3%。

矛盾纠纷排查化解

2009年，按照市委《关于建立社会矛盾纠纷“六级六步”大调解工作机制的实施意见》，规范大调解程序，健全大调解网络，形成市、县、乡有调委会，村有调解员，组有排查员，户有信息员。全市共建立基层大调解机构2462个，确定大调解工作人员10950人。建立“三进三联三调”大调解工作机制，强化人民调解进公安、进法院、进检察院的工作，实现了大调解工作向部门和单位的延伸。全市共调解各类矛盾纠纷12 579起，其中人民调解12 009起，调解成功11 769起，调解成功率98%；行政调解134起，调解成功109起，调解成功率81.3%；司法调解436起，调解成功257起，调解成功率58.9%。防止民间纠纷转化为刑事案件45件130人。

全市共排查和接转中央和省委政法委转办的各类涉法涉诉案件80起，解决68起，息诉罢访率达到85%以上。在化解涉法涉诉信访案件中，探索出“领导包案督办、破案攻坚息诉、司法途径解决、困难救助化解、疑难缠访听证、无理闹访处理”六大工作方法。开展集中清理执行积案活动，市、县两级法院对2007年12月30日以前的旧存案进行归类整理，上报最高人民法院有财产可供执行的案件407件，执结率为100%，无财产执行案件3273件，执结3137件，执结率为96%。

2010年，市委、市政府出台《关于建立重大社会决策、重大工程项目社会稳定风险评估机制的办法》，市、县两级共对12个项目，分红、橙、绿三个等级进行维护稳定的风险评估。综治、公安、国家安全部门的信息中心通过多种渠道，建立5468人的情报信息员网络，收集研判情报信息420余条。

健全市、县、乡、村、组、户六级大调解网络，按照逐级上报的六步程序化解矛盾。全市共建立基层大调解机构2462个，工作人员达10 950人。全市共化解矛盾纠纷13 147起，调解率达97%。采取“领导包案督办、破案攻坚息诉、司法途径解决、困难救助化解、疑难缠访听证、无理闹访处理”六法并进，对82起重点涉法信访积案，由各级领导包案稳控，对82起重点涉法信访积案落实包案稳控，解决62起，息诉罢访率达75.5%。

大力发展行业部门调解，形成全市大调解工作格局。全市民事一审案件调撤率达48.7%以上，民事二审案件调撤率达27.9%以上。公安机关把调解工作列入民警业务学习内容，制定出一整套化解矛盾、处置纠纷预案，成功调处3318起矛盾纠纷，预防群体性事件发生。劳动保障部门在市、县、乡三级设立劳动争议调解委员会，全市劳动纠纷调解和撤诉率占总结案率的83%。市县两级还普遍建立道路交通事故、土地矿业、医患纠纷等五大行业调解组织。

综合治理

2009 年，大力推动基层综治工作和平安建设，晋城市第四次被中央综治委授予"全国社会治安综合治理优秀市"，并再次获得"长安杯"。

夯实基层基础工作。加强综治中心建设，整合综治、公安、司法、法庭、信访、团委、妇联等部门，全市 84 个乡镇综治工作中心全部挂牌运行。规范村级综治组织，建立由党支部书记任组长，集综治、治保会、调委会、巡逻队、普法小组"五位一体"的村级综治办，由支部副书记担任综治办主任。全市 84 个乡镇、街道办事处，配备专职工作人员 117 人。充实基层群防群治力量，城区新组建 200 人的治安巡防队，分四个片巡防，实行对市区的全天候巡逻。社区全部成立 10 人的专职巡防队，加强城市社区单元长、楼长等群防群治组织，充实农村"两会一队"力量，划分村、组、十户联防组织，加强治安防范工作。

推进综治工作进矿山。市委、市政府出台《关于加强矿山企业社会治安综合治理的实施意见》，在矿山企业普遍推行综治组织机构、责任体系、工作机制、部门联动、奖惩考核"五进矿山"工作。8 月 7 日，召开全市综治进矿山现场会，推广泽州县"四制联网"的工作经验。

加强重点领域服务与管理。一是加强民爆等危险物品安全管理专项整治行动，强化对枪支弹药、爆炸、剧毒、放射等物品的严格管理。二是加强户口整顿工作和流动人口、出租房屋治安管理，探索出"以房管人、以业控人、动态跟踪、分组管理"的人口管理新模式，为各基层派出所招聘 182 名流动人口协管员配合工作，提升对流动人口的服务管理水平。三是加强道路交通、消防、监所安全管理工作，全市交通事故四项指数、火灾死伤人数同比全面下降，未发生群死群伤治安灾害事故。五是严保铁路大动脉安全畅通，铁路护路部门按照"五防五保三控"的责任机制，确保全市铁路沿线治安稳定和安全通畅。

2010 年 3 月 10 日，市综治委组织 40 余家综治成员单位，启动综治和平安建设大型宣传咨询活动，发放宣传资料 20 万册。全年市、县两级共集中举办大型宣传活动 15 场次，参与群众达 16 000 余人。加强学校幼儿园的安全保卫，各类学校和幼儿园新增设保卫机构 782 个，新增加专兼职保卫人员 3000 余名，80%的学校按要求安装了监控设施，配备防范器材 2683 件。加强学校和幼儿园的应急预案的演练和校园周边环境的综合整治，责令未取得办学许可证的 64 所幼儿园停办整改。

加强流动人口服务管理。市综治、计生、公安等八部门联合下发《晋城市流动人口计划生育工作"一盘棋"实施方案》，组织开展"百名民警进社区活动"，和计生部门共同开展流动人口服务管理工作，形成"党政领导、综治牵头、各方参与、资源共享、齐抓共管"的工作格局。

探索社会管理新模式。全市司法行政等部门充分调动社会各方面力量做好刑释解教人员帮教安置工作,加强社区矫正工作,健全社区服刑人员管理帮教机制,重点摸排疑似精神病人11345人、精神病人1785人、肇事肇祸精神病人401人(三级以上201人),全部录入信息管理系统。

规范特殊行业经营行为。对14种特殊行业实行报备动态管理办法,对"农家乐"旅馆业推行"协会式"管理模式,对洗浴行业推行夜间留宿登记验证制度,对旅馆业和网吧实行实时监控和管理,民爆业实现爆破作业专业化、民爆物品管理封闭化、爆破服务市场化、民爆物品流向管理信息化。全年交通事故起数、死亡同比下降11.9%、23%。

平安创建活动

2009年,市综治委在全市开展巩固"长安杯",引深"十大平安创建"活动。5月27日至11月25日,市综治委结合六县(市、区)和市直单位平安创建工作特色,分别召开全市平安家庭、平安铁路、平安医院、平安矿山、平安大道、平安市场、平安社区、平安校园、平安单位、平安乡村10大创建工作现场会,助推全市的平安创建活动。同时,因地制宜推进县区平安创建。城区把平安社区创建作为"民心工程"来抓,提高社区居民"社区是我家、平安靠大家"的共创共享意识。泽州县深入推进"板块创建"、"示范创建"和"科技创建"。高平市坚持乡镇巡回交流,一月一乡(镇)一次现场会,12个乡镇巡回督导,全面推动平安建设。阳城县坚持"一乡一品"抓平安创建,东城办事处、北留镇皇城村、西河村分别开展"我为大家巡一夜,大家为我守一年"、"综治进景区"、"保安驻村"等创建活动。陵川县注重以点带面,通过现场会推进,附城镇大槲树村的"十五户联防"、平城镇的"检校共建"、西河底镇"抓两头、两手抓"的维稳方法得到推广交流。沁水县创新领导体制,实现综治和平安建设工作的"四个延伸",推动"平安互助"工程。全市完成800个村的"平安互助大喇叭"安装、调试工作。此外,召开第八次见义勇为表彰大会,对27名先进个人和2个先进集体进行表彰。通过大力实施基层创建活动,全市平安创建水平不断提升,人民群众对平安建设知晓率达到97%以上。《山西日报》等媒体分别以《让平安之花开遍和谐晋城》、《平安晋城建设再谱新篇》、《晋城市着力打造一流平安乡村》等为题对晋城市平安建设工作进行追踪报道。

优化环境服务社会

2009年,全市各级公安机关严厉打击非法集资、传销、金融诈骗、偷税漏税、商业贿赂和制售伪劣商品等经济领域的突出犯罪,共破获各类经济犯罪案件290起,抓获犯罪嫌疑人144人,挽回经济损失636万元。检察机关加大查办职务犯罪力度,突出查办社保、医疗、征地拆迁、安全生产、涉农犯罪等民生领域的职务犯罪,立查各类职务犯罪案件81件83人,其中立贪污贿赂案件55件57人,侦查终结54件56人。立查贪污、贿赂5万元以上、挪用公款

10 万元以上大要案 49 件，县处级以上干部犯罪要案 3 人。立查各类渎职侵权案件 26 件 26 人，提起公诉 20 件 20 人。

全年，两级法院依法审理了涉及资源整合、土地征用、社会保障、重点建设项目以及民生类的案件，共受理民商事一审案件 5849 件，审结 5580 件，受理民商事二审案件 635 件，审结 571 件。受理行政一审案件 52 起，审结 52 件，受理行政二审案件 22 件，审结 22 件。检察机关对重点工程开展专项预防 32 件，开展预防调查 63 件，进行预防宣传教育法制讲座 85 次。司法行政部门开展法律“六进六依”活动和“五拓展、五提高”法律服务，担任法律顾问 296 家，办理刑事案件 826 件、民事案件 1779 件，代理行政诉讼 60 件，办理非诉讼法律事务 261 件。民政部门新增纳入城市低保对象 3900 人、农村低保对象 25 792 人，对全市 60 661 户 109 619 人城乡低保对象实施保障，发放低保金 11 405 万元，下拨灾民生活困难补助金 956 万元，救助灾民贫困户 5.25 万人(次)。

2010 年，公安机关组织开展打击电信诈骗、打击假币犯罪等专项斗争和行动，共立各类经济犯罪案件 95 起，破 80 起，挽回经济损失 613 万余元。检察机关立案侦查各类职务犯罪案件 74 件 82 人，其中，贪污贿赂、挪用公款案件 50 件 58 人；渎职侵权案件 24 件 24 人；重点查办民生领域和涉农领域职务犯罪 28 件。司法行政部门积极参与重点工程、民生工程、公益工程建设，办理各类案件 3364 件。民政部门进一步加强城乡低保工作，全年共保障城市低保对象 31 587 人，农村低保对象 78 100 人，下拨灾民生活困难补助金 452 万元，救助灾民贫困户 3.12 万人(次)。

普法宣传

2010 年，重点推进法律进农村(社区)“六个一”工程，各县(市、区)全面启动“法治乡(镇)”建设，全市所有乡镇都成立了普法依法治乡(镇)办公室。继续深化地方和行业依法治理，不断引深农村、社区、企业、学校等基层依法治理示范单位创建活动，全市共涌现出国家级示范、先进单位 8 个、省级示范单位 51 个、市级示范单位 167 个。全市 85%的行政村开展了“民主法治”创建活动，国家级示范村达到 6 个，省级示范村达到 12 个，市级示范村达到 60 个。

基层综治组织建设

2010 年，规范村级综治组织，成立集综治、治保会、调委会、巡逻队、普法小组“五位一体”的村级综治办，组建社会治安综合治理信息中心，按照一村一名、一镇一名的标准，布建综治信息员 2428 名。在市、县两级和 300 人以上重点企业建立矛调组织 2462 个，大调解队伍发展到 10 950 人。

社会治安综合治理奖

2009 年 5 月 18 日,晋城市再次被中央综治委表彰为全国优秀地市,并再次荣膺全国社会治安综合治理工作的最高奖“长安杯”,成为连续 4 届 16 年受到表彰、山西省蝉联全国“长安杯”的唯一城市。

2010 年,晋城市再次被省综治委评为社会治安综合治理先进市,连续 13 年被评为全省先进市。

国庆安保

2009 年,公安、国家安全、610 办等部门深入开展国庆安保系列行动,维护了大局稳定。在重点时期,全市实现市委、市政府提出的“六个不发生”和进京赴省“零上访”的预定目标。

平安建设

2009 年,市委常委会在年初确定了开展“十大平安建设”的工作目标。市综治委先后召开平安家庭、平安社区、平安铁路、平安大道、平安矿山、平安医院、平安校园、平安市场、平安单位、平安乡镇 10 个现场交流会议,70 余家单位交流经验,实地参观 40 余家先进典型,提高平安建设的覆盖率。12 月 15 日,《山西日报》整版介绍晋城市十大平安建设的做法。

2010 年,在全市建立综治和平安建设党政领导、综治协调、部门参与、齐抓共管的工作机制。市委政法委和市综治委负责组织开展平安建设的具体安排、协调、培训、督查、考核。3 月 10 日,举行“综治宣传月”启动活动,当天向群众发放宣传书籍 20 余万册,大大提高了群众对平安建设的参与率和知晓率。

市县两级综治部门采取暗访抽查、倒查基层、群众评价、模拟测试等办法,对全市 300 余家单位和乡村、社区、学校、企业等进行暗访抽查,对 81 家存在防范漏洞和隐患的部门和单位下发整改通知,多次开展维护稳定和治安防范督查。2 月,市委、市政府对 7 个平安县区、150 家先进单位、150 名先进个人等进行表彰。对 2009 年发生影响稳定问题的 8 家单位实施“一票否决”。

矛盾化解

2009 年,晋城市全面推广了“六级六步”、“三调合一”工作机制,实现市、县、乡、村、组、户六级六步衔接化解矛盾的工作办法, 在人民调解、司法调解和行政调解工作对接上下功夫,把调解工作落实到各级各部门,形成了人民调解为基础、行政调解为补充、司法调解为保障的大调解工作机制。全年通过人民调解化解矛盾 12 009 起,行政调解化解 134 起,司法调解化解 436 起。

2010 年,市委、市政府出台《关于建立重大社会决策、重大工程项目社会稳定风险评估机制的办法》和《推广“六级六步”大调解工作的意见》，健全市、县、乡、村、组、户六级大调解网络，按照逐级上报的六步程序化解矛盾。全市共建立基层大调解机构2462个，工作人员达10950人。全年，全市共化解矛盾纠纷13 147起，成功调处12 742起，调解率达96.9%。采取“领导包案督办、破案攻坚息诉、司法途径解决、困难救助化解、疑难缠访听证、无理闹访处理”的办法，对82起录入系统的重点涉法信访积案，由各级领导包案稳控，解决80起，息诉罢访率达97.6%。中央政法委交办的进京和非进京访案件111起，息诉107起，息诉率为96.4%。市、县两级全部组建信访法律服务中心，配合有关部门做好应急稳控、跟踪教育工作，充分发挥信访“缓冲带”作用。实现人民调解和司法调解的对接，推行全程、全员、全部的“三全”调解法，全市民事一审案件调撤率达60%以上，民事二审案件调撤率达30%以上。公安机关制定出一整套化解矛盾、处置纠纷预案，成功调处3318起矛盾纠纷。劳动保障部门在市、县、乡三级设立劳动争议调解委员会，全市劳动纠纷调解和撤诉率占总结案率的83%。市县两级普遍建立道路交通事故、土地矿业、医患纠纷等五大行业调解组织，人民调解、行政调解、司法调解相互衔接的大调解机制。

预防青少年犯罪

2009年，市委、市政府出台《关于加强和改进农村未成年人思想道德建设工作的意见》，团委、宣传、教育、公安等部门联手，加强专题活动，优化育人环境。9月20日，全省青少年社会教育论坛在晋城举办。11月30日，晋城市被中央文明委表彰为“全国未成年人思想道德建设工作先进城市”。

基层组织建设

2009年，全市84个乡镇全部成立乡镇综治中心，正式挂牌运行。

2010年，全市形成以党组织为核心，自治组织为基础，基层政法综治人员为骨干的工作网络。在乡镇（街道）新成立的社会事务办公室同时挂综治办牌子，由党委书记担任综治委主任，设立政法书记一职，并且担任综治办主任。每个乡镇（街道）各增加1名综治专干，确保每个乡镇（街道）都有2~3名专职综治工作人员。在村（社区）一级，成立集综治、治保会、调委会、巡逻队、普法小组“五位一体”的村（社区）综治办。在市县直属单位，确定一个依托科室，确定一名日常工作联络员。

维护稳定

2010年，全市在注重发展经济的同时，始终把维护稳定摆在重要日程，大力落实市委、市政府出台的《关于开展平安晋城建设的实施意见》、《关于建立社会矛盾纠纷“六级六步”大调解工作机制的实施意见》、《关于加强矿山社会治安综合治理工作的实施意见》等，实施“不稳定因素百日攻坚战”、“社会治安重点地区的排查整治”等工作,把社会治安综合治理引向深入。

集中整治

2010年,全市政法机关坚持严打方针不动摇,不间断地组织开展严打整治行动,对治安重点地区和突出问题进行集中整治。一是加强学校幼儿园的安全保卫。5月3日全国、全省综治维稳电视电话会议之后,市维稳领导组组织综治、公安、教育等部门深入调查研究,出台学校安保措施,并下派7个专项督查组常驻县区督导工作,开展学校安全的大排查、大整治,取得了“六个强化”的明显成效。在强化保卫力量方面,增加保卫人员和门卫值班人员,学校师生数量在500人以下的全都配备2名保卫人员,每递增500人增加1名保卫人员;幼儿园全部设立专职保卫机构,配备不少于3名的保卫人员。全市新增设保卫机构782个,新增加保卫人员842名。在强化科技监控方面,筹集资金1780余万元对未安装监控设施的1277所学校,全部配备到位。在强化技防设施方面,配备了安全防范器材。在强化自救能力方面,加强学校和幼儿园的应急预案演练。在强化重点整治方面,加强校园周边环境的综合整治。在强化安全管理方面,完善了民办学校、幼儿园的安全管理制度,责令未取得办学许可证的64所幼儿园停办整改。

二是开展治安重点地区排查整治工作。3月以来,市综治委、市公安局联合下发实施方案,成立由市委常委、政法委书记原国政任组长的排查整治领导组,吸收28家成员单位共同参与排查整治工作。市综治委共排查整治各类治安重点地区200个。对省、市、县三级挂牌督办的50个重点,各级逐一成立整治领导组,明确整治标准,按期认真整改。

三是推进打黑除恶和民爆等危险物品整治。打掉高平史军舰等5个恶势力团伙,抓获团伙成员39人,破获刑事案件41起。以上海世博安保和广州亚运会安保为重点,加强民爆等危险物品的日常管理、宣传发动、安全检查、清查收缴、破案追逃工作,开展治爆缉枪专项行动,有效预防涉爆涉枪案件和事故的发生,达到省综治委提出的危险物品“不流失、不炸响”的要求。

社会管理创新

2010年,市委常委会将社会管理创新列入2010年工作要点。各级政法部门相继成立以一把手为组长的领导机构,加强组织领导,确保社会管理创新顺利推进。

一是依托科技支撑,构筑立体治安防控网络。大力推进科技防范“天网”建设。完成市区GPS卫星定位系统建设和17个智能卡口建设,市区50辆巡逻车新安装了车载终端,新建视频监控点2057个,9类近600家行业场所全部安装视频监控。全市市县主要街道、重点单位、要害部位视频监控率达100%。公安机关开通手机短信宣传预警平台、小区警情播报平台、街面电子显示平台、公共复杂场所预警提示4个平台，第一时间发送警情指令，提高社会治安控制能力。大力提高群众自防能力。市区街面294块固定电子显示屏，800辆出租车车顶显示屏，不间断地播发警务信息，使安全防范知识得到进一步普及。大力构建地面全覆盖巡逻格局。各县（市、区）公安机关全部组建巡防大队，城区组建200人的巡防队伍，对市区实现全天候的巡逻防控。大力充实城乡群防群治力量。推进内部单位保安正规化，在农村推广"平安互助"工程，在1328个村安装"平安大喇叭"，提升城乡治安防范水平。

二是立足全面掌控，强化重点人群服务管理。市综治、计生、公安联合下发《创新乡镇（街道）流动人口管理的实施意见》，流动人口信息管理，实行一户一档、一人一卡、人卡对照的流动人口"抽屉式"管理办法。公安机关在城市社区安装3万余块"出租房屋提示牌"，并利用市区房产中介掌握的出租房源，掌握暂住人口信息。加大监外执行五种监管对象的社区矫正，实施"五管一"协议管理。重点摸排疑似精神病人11 345人、精神病人1785人、肇事肇祸精神病人401人（三级以上201人），全部录入新建的信息管理系统。

三是着眼长远发展，创新行业场所管理机制。参照旅馆业管理办法，推行洗浴业夜间留宿登记验证制度。在全市景区推行"协会式"、"捆绑式"、"托管式"农家旅店管理模式。市委、市政府出台《加强矿山综治工作的意见》，全面推行综治组织、责任体系、排查机制、部门联动、奖惩考核"五进矿山"模式。

（市政法委）

人 大

2010年,共召开常委会会议8次,听取和审议"一府两院"专项工作报告18个,书面报告5个,对2部法律法规的实施情况进行了检查,就6项重大事项作出决议决定,任免地方国家机关工作人员13人(次)。

监督工作

主题监督。2009年,市人大常委会专题听取和审议市政府《关于2009年1—7月份经济运行情况的报告》,指出存在的困难和问题,提出"注重煤炭企业复产复工、加快发展新兴产业、推进工业园区建设、创新金融体制、促进农业产业发展、改善投资环境"等审议意见,并督促整改落实。听取和审议市政府2008年市本级财政决算报告和审计工作报告,依法审查和批准2008年度市本级财政决算,认真监督落实审计查出问题整改情况,促使违规资金得到追缴,有关问题得到纠正。依法、科学、合理安排2010年国民经济和社会发展计划及2010年预算,组织市人大财经委员会听取市政府有关部门专题汇报,对2010年计划、预算草案进行初步审查,提出意见和建议19条。听取和审议市政府关于煤炭资源整合工作情况的报告,要求市政府加快推进资源价款退还和资产评估工作,妥善解决关闭整合矿井人员的安置问题、农村公益事业发展问题、农民增收问题和重组整合期间的安全生产问题。专题听取和审议市政府关于科技进步工作情况的报告,针对政策、体制、融资、人才、服务等方面存在的问题,提出了五方面的审议意见并督促整改落实。

2010年,组织对市政府1—7月份经济运行情况报告的审议,针对转变经济发展方式中存在的问题,提出"加快推进发展观念转型、构建现代多元产业体系、推进工业园区建设、推进项目建设、创优发展环境"等6个方面的审议意见,并督促市政府整改落实。在2009年听取市政府专项报告的基础上,常委会再次听取和审议全市煤矿企业兼并重组整合情况的报告,就妥善解决资产评估和资金补偿、妥善解决公益事业发展、妥善解决各类人员安置问题和安全生产提出建议和意见。组织"建设生态文明、推动转型发展"为主题的晋城环保行活动,开展集中检查、采访,曝光典型案件,监督支持政府解决了一批环境突出问题。集中听取经济、环保等部门的经济形势分析汇报和教育、科技等单位的部门预算情况汇报。听取和审议市政府关于市本级财政决算的报告、预算执行及其他收支情况的审计工作报告。根据常委会的审议意见,市政府出台《推进经济发展方式转变项目资金管理办法》。

民生监督。2009年,听取和审议市政府关于全市畜牧业发展情况的报告,支持市政府继续加大对畜牧业的扶持力度。针对现代农业服务体系建设中存在的突出问题,支持市政府建立新型农业社会化服务体系步伐。针对新农村建设中农民素质亟待提高的问题,组织"构建和谐新农村,送知识进千家万户"活动。听取和审议市政府关于城市园林绿化工作情况的报告,支持市政府全力创建国家生态园林城市。组织开展以"保护生态环境,共建绿色文明"为主题的第15次晋城环保行。

2010年,建议市政府进一步整合财政资源,继续增加对社会保障、就业创业、文化教育、公共卫生等方面的投入,监督支持政府把超收财力重点用于优先确保教育、农业、科技等法定支出增长,安排教育、农业、科技和改善民生支出8944万元。开展扶贫攻坚和农业综合开发情况专题调研,并听取和审议市政府的专项工作报告,指出工作中存在的问题,提出建立动态管理机制、规范投入帮扶机制、强化考核评价机制等建议,监督支持政府把革命老区重点村列入扶贫范围。

法治监督。2009年,专题听取和审议市政府关于村民自治工作情况的报告,针对工作中存在的问题,提出审议意见。专题听取和审议市政府关于公安工作情况的报告,提出四方面的审议意见。在全市范围内组织开展土地管理法实施情况的检查监督,听取和审议执法检查组的报告,提出五个方面的意见和建议。依法依规对市政府制定的8个规范性文件进行备案审查,并督促市政府进一步规范文件制定的程序和内容。完善群众来信来访工作机制,坚持定期举行信访联席会议,共受理群众来信来访435件、1016人次。

2010年,为加快建立行为规范、运转协调、公正透明、廉洁高效的行政管理体制,创优发展环境,常委会深入开展调查研究,组织召开多种形式的座谈会,随机抽查600余份行政案卷,掌握全市依法行政基本情况。在此基础上,专题听取和审议市政府的专项工作报告,提出加强领导、转变职能、科学决策、落实责任和提高队伍素质等5方面的审议意见,并督促市政府进行落实整改。按照监督法、山西省实施办法及市人大常委会规范性文件备案审查暂行办法的规定,对市政府《外向型经济发展资金使用管理实施办法》等5个规范性文件进行备案审查。加强对司法工作的监督,对市、县两级法院执行工作进行专题调研,提出设立执行救助基金、建立执行联动机制等意见和建议。按照省人大常委会的统一安排,两次召开全市预防职务犯罪工作会议,安排部署宣传和监督《山西省预防职务犯罪工作条例》工作,责成市人大法制委牵头与市检察院等部门组织国家机关工作人员进行有关知识考试,对国土、建设、煤炭、交通等9家单位预防职务犯罪的工作情况进行抽查检查,促进教育、制度、监督三位一体预防机制建设,推进全市预防职务犯罪工作。审议通过《晋城市人大常委会信访工作联席会议制度》修正案,全年受理人民群众来信来访445件1060人次,主持召开4次信访联席会议。

行使决定权

2009年,围绕全市经济社会发展的重大事项,市人大常委会作出决议、决定11项。常委会作出关于批准城市污水深度处理等三个项目采用委托代建模式的决议、关于利用银行贷款加快城市建设的决议、关于利用银行贷款加快白马寺沉陷区综合整治的决议,解决了城市基础设施建设的资金问题。听取和审议市政府促进慈善事业的专题报告,作出关于设立“晋城慈善日”的决定,将每年3月28日设立为晋城慈善日。

人事任免

2009年,常委会先后任免国家机关工作人员43人次。任命政府机构改革中涉及的政府工作部门负责人11名。

执法检查

2010年,组织开展食品安全法执法检查,实地察看52个食品生产经营和餐饮服务单位,审议执法检查组的专项工作报告,针对食品监督管理体制改革滞后、监管力量薄弱、一些食品生产流通行业从业人员安全意识比较淡漠、餐饮服务行业“小、散、乱、差”现象较为严重等问题提出五项整改建议,督促市政府出台《关于加强食品安全监督的“3468”系统工程工作方案》,成立食品安全协调领导组,调整市卫生局和市食品药品监督管理局的工作职能,理顺市级食品安全管理体制,推进县级监管职能的平稳过渡和有序运作。

建议办理

2009年,常委会选择10件事关全市经济发展、社会稳定、人民群众普遍关注的重点建议,交由副市长领办,常委会副主任和对口各委员会跟踪督办,加快办理进程。专题听取和审议市政府、市中级法院关于代表建议办理情况的报告,对代表不满意的6件建议提出重新办理落实的意见,并进行跟踪督促。与市广播电视台联合制作《代表之声》26期,跟踪报道60名代表所提40余件建议的办理情况。至年底,市五届人大六次会议期间代表所提247件建议,全部办理完毕并答复代表,办复率100%,满意率90%以上。

2010年,常委会从市五届人大七次会议上代表提出的262件建议中,选择11件事关全市经济发展、社会稳定、人民群众普遍关注的重点建议,交市政府副市长领办,常委会副主任和各委对口跟踪督办。常委会组成5个检查组,深入各承办单位对代表建议办理情况进行逐件检查,对检查中存在的问题向市政府作了通报,对代表不满意的12件建议责成政府重新办理。试行在常委会会议上专题听取和审议重点办理单位报告的办法,先后听取审议了市农委、教育局、住建局三个单位的办理工作专项报告。在此基础上，集中审议了市政府关于代表建议办理工作报告，并转发审议意见书，对代表不满意的建议办理进行跟踪监督。与市电视台联合制作播出《代表之声》20期，跟踪报道60名代表所提50余件建议的办理情况，举办"聚焦三农"和"促进教育均衡发展"的代表建议面对面专题节目。至年底，市五届人大七次会议期间代表所提建议，全部办理完毕并答复代表，办复率达100%，满意率达90%以上。

代表工作

2009年，组织80余名代表赴井冈山进行以新农村建设为主题的专题培训。邀请28名代表列席常委会会议，邀请80余名代表参加常委会组织的专题调研和执法检查等活动，安排近百名代表参加各类座谈会和行风评议等活动。

2010年，举办建设社会主义新农村专题培训，全市人大代表中的农民代表、涉农部门的代表和部分县(市、区)人大工作者共100多人参加集中培训。为代表订阅《中国人大》等报纸、杂志，推荐10名代表担任市纪检委优化发展环境监督员，50余名代表担任各部门的行风监督员。组织全市选出的省人大代表对全市发展现代服务业进行专题调研，邀请80余名人大代表列席常委会会议、参加有关专题调研、执法检查等活动。

宣传工作

2009年，常委会组织开展地方人大设立常委会30周年系列纪念宣传活动。组织召开全市人大工作理论研讨会和座谈会，组织有奖征文、电视访谈、大型法制讲座、专题文艺晚会等一系列纪念活动，出版《晋城市人大常委会30年》专辑。《代表之声》栏目被省人大评为"影响山西民主法制建设十项业绩"之一，张家胜、苏红萍代表被评为"感动山西人大代表"，乔香平代表获"感动山西人大代表"提名。

（市人大）

政 府

人力资源和社会保障

职能机构

2010年1月,根据《晋城市人民政府机构改革方案》要求,组建市人力资源和社会保障局。将市人事局的职责、市劳动和社会保障局的职责进行整合,划入市人力资源和社会保障局,不再保留市人事局、市劳动和社会保障局。

就业再就业

2009年,全市新增城镇就业岗位27 870个,占省政府下达年计划数的113.8%。全市农村剩余劳动力输出与就地转移73 264人,占年计划数的122.1%,其中,对外输出17571人,就地转移55 693人。下岗失业人员再就业7165人,占全年目标的115.6%。城镇登记失业人员6970人,城镇登记失业率为2.6%。下岗失业人员培训14 352人,农村劳动力培训15 917人,困难企业在岗职工培训和转岗培训3256人,新成长劳动力技能培训10 030人。完成职业技能鉴定6552人,其中高级工364人,中级工5300人,初级工888人。完成创业培训3720人,扶持创业848人,自谋职业2500余人,带动就业8700余人。

2010年,全市新增城镇就业岗位42 503个,占年计划数的178.6%。全市农村剩余劳动力输出与就地转移21 496人,其中,对外输出8101人,就地转移13 395人,占年计划数的117.5%。下岗失业人员再就业5775人,占年计划的105%。其中就业困难人员就业1677人,占计划的121.6%。组织开展各类技能培训40 530人次。其中,完成下岗失业人员培训7990人,完成劳动预备制培训4700人,完成农村劳动力(在岗农民工)技能培训27 240人,完成困难企业职工转岗培训600人次。完成职业技能鉴定9172人,发证7965人,涉及电工、焊工、厨师、美容美发等77个工种,其中,初级工鉴定1303人、发证1193人,中级工鉴定3642人、发证6556人,高级工鉴定287人、发证216人。完成创业培训3870人,培训合格率达98%以上,培训后成功创业883人,带动就业8280人。全市城镇登记失业人员6719人,城镇登记失业率为2.4%,低于省控目标1.8个百分点。

创建国家级创业型城市

2010年,市委、市政府高度重视创建工作,成立副市长焦光善任组长的创建领导组,下达《晋城市创建国家级创业型城市部门工作职责及目标任务分解意见》。6月25日，召开创建国家级创业型城市工作推进会，在总结前期创建工作的基础上，针对工作中所存在的问题做了进一步的研究推进。至年底，"十大创业孵化基地"全部落实到位，陵川县马兰花蔬菜种植孵化基地开始运作；启动实施"十百千万"创业工程；建立由政府、工商、税务、金融部门和行业协会、企业家参加的创业指导专家队伍，常年为创业者提供项目评审、开业指导和后续服务，组织全市首届创业项目入库评审工作，创业项目与全国82个城市实现联网共享；启动金融机构扶持创业项目，市商行"100亿小企业信贷工程"，全年发展新客户772户、放贷1亿元。建行的"成长之路"、工行的"信贷通"、农行的"惠农卡"等信贷产品为创业者创造了良好的融资环境。

就业优惠政策落实

2010年，开展就业困难人员就业援助工作，组织专人到晋钢、太印、市树脂厂等社区进行进乡入户调查，了解下岗失业人员就业情况，完善就业援助台账，为696名市直下岗失业人员及零就业家庭人员发放岗位补贴和社保补贴162.94万元；鼓励天泽太行机械制造公司、天巨重工、金三角建筑材料、晨虹达咨询公司吸纳就业困难人员355人。城区政府结合创建创业型城市工作，安排就业扶持资金1000万元用于就业援助，开发保洁、保绿公益性岗位安置困难人员就业746人。

招聘活动

2009年，针对返乡农民工、下岗失业人员和新成长劳动力开展"春风行动"专场招聘会、大中专毕业生供需洽谈会、民营企业招聘会等专场招聘活动，全年共举办各类劳动力招聘会85场，参加单位1200余户，提供就业岗位4万多个，参加求职10万余人次，达成就业意向1.8万人。其中，市职业介绍服务中心举办各类招聘会21场，收集就业岗位10530个，涉及工种26个，达成用工意向3800余人。开展劳动力市场清理整顿专项行动，取消从事劳动保障事务代理和劳务派遣业务的民办中介机构5户，吊销职业介绍许可证1户。

2010年，组织以"服务进城务工、帮助就近就业、扶持返乡就业"为主题的"春风行动"农民工专项招聘会，全市共开展活动32场次，提供就业岗位2.5万个，为农民工发放《求职指南》、《农民工维权手册》10万份，达成求职意向9629人。5月20—26日，在市物茂广场隆重举行全市"民营企业招聘周" 活动，共有445个单位提供岗位12549个，前来咨询应聘的下岗失业人员、高校毕业生、农村富余劳动力和复退军人共计约16万人次，达成就业意向5913人，占岗位总数的47.1%。求职成功396人，占提供岗位数的3.2%。2月、7月、9月三次为富士康(晋城)工业园区举办专场招聘会，为该工业园招聘各类员工3699名。与晋城职业技术学院联合举办“晋城市2010年大中专毕业生供需洽谈会”,组织参会单位150多家,提供就业岗位4000多个,达成用工意向2515人次,其中本科学历的42人次,大专学历的1853人次,中专及其他学历的620人次。“晋城人才网”采取会员制管理,吸纳单位会员1200余家,个人会员2.5万余人,通过发布企业人才需求信息、个人求职信息和有关人事人才政策,集合网络招聘、网上求职、政策宣传等多项服务,日均点击率3.5万次左右,通过网络招聘实现就业5600余人。

大学生就业工作

2010年,市人才中心与公安、教育、住房公积金管理中心等单位联系,为各类流动人才提供档案管理、党团关系挂靠、户口挂靠、转正定级、工资调整、职称申报、社会保险代缴、推荐就业等18项人事代理服务,人事代理单位达到166家,管理档案11 295份,实行代理5500余人(转出1800余人),挂靠户口1500余人,流动党员153人。通过人才交流洽谈会、晋城人才网收集岗位信息安排大中专毕业生就业,全年共安排大中专毕业生就业2.4万人。对大中专毕业生就业开展就业指导、创业培训等专项服务,在市劳动力市场、人才市场开设大中专毕业生创业培训服务窗口、就业服务窗口,完成大中专毕业生创业培训60余人,“三支一扶”安排15人,安排高校毕业生就业见习533人,事业单位招聘428人。

技能竞赛

2010年,与市总工会联合举办第二届职工职业技能大赛、首届全市机关事业单位职工技能大赛,与市教育局联合举办第四届职业学校技能比赛,涉及工种14个,参赛选手近千人。组织参加全省机关事业单位汽车驾驶员、文秘资料员技能大赛,高平市许保国获文秘资料员硬笔书法二等奖,阳城县贾德忠、沁水县都永等3人获文秘资料员硬笔书法、汽车驾驶员优秀奖,晋城市代表队获团体优秀奖。晋城市第二届职工职业技能大赛,历时近4个月,共39支代表队344名选手参加竞赛,涉及金融、电力、煤炭、化工行业共12个工种,对王俊峰等24名优秀选手颁发高级技能职业资格证书,对宋冠超等36名选手授予“晋城市技术能手”称号,为张旭静等36名选手分别记一等功、二等功、三等功。

劳务输出

2010年,市就业管理服务中心积极联系用人单位,先后向江苏太仓中集、江阴大桥、河北省富士康等外省企业输出劳动力180名。陵川县成立劳务输出领导小组,出台《陵川县关于进一步加强劳务输出工作,加快劳务经济发展的意见》,组织专人到12个乡镇挨家挨户开展城乡劳动力资源调查,分类统计、造册建档,先后与北京昊华能源股份有限公司长沟峪煤矿、广东惠州索尼LG集团签订长期合作协议,每年可新吸纳富余劳动力600余名。向北京鑫方盛集团有限公司、天津中集集装箱有限公司等大型企业输送电焊工、厨师等技术工人300余名。全年全县共转移输出劳动力7411名,其中规模输出2088人,劳务经济达亿元。

社会保险

2009—2010年全市社会保险情况表

内容 保险类别	年份	参保人数（人）	保费征缴（万元）	保费支付发放		基金累存（万元）
				人数(人)	金额（万元）	
企业养老保险	2009年	148 058	103 945	33 589	45 060	234 571
	2010年	157 900	144 459	35 963	57 030	347 266
机关事业养老保险	2009年	53 125	19 048	5941	13 816	38 781
	2010年	55 735	29 527	7052	21 454	50 405
失业保险	2009年	196 663	9622	3430	1441	31 472
	2010年	204 566	12 340	6333	1482	41 250
工伤保险	2009年	172 511	5512	1928	3182	10 362
	2010年	204 120	6396	1604	4288	12 400
医疗保险	2009年	467 157	39 433		31 001	65 909
	2010年	505 698	53 793		43 625	76 077
女工生育保险	2009年	110 671	1058		820	1706
	2010年	146 080	1461		1138	2029
农村养老保险	2009年	758 647	14 522.9	112 076	4033	45 000
	2010年	783 300	23 838.39	151 999	6650.36	80 000

2009年，全市共征缴各项社会保险费192 907万元，占年计划征缴总额12.5亿元的154.3%,各项社会保险累存42.78亿元。

2010年,继续对困难企业实施“五缓四降三补”帮扶政策(共减征四项保险费10 240万元。其中,减征失业保险费2658万元,涉及948户、158 212人;减征工伤保险费865万元,涉及871户、13.4万人;减征医疗保险费6000余万元,涉及1800余户、18万人;减征生育保险费700余万元,涉及1200户、11万人,为17户困难企业发放岗位补贴949万元,稳定岗位12 221个),共完成各项社会保险费征缴271 814万元,占省下达全年计划168 164万元的161.64%,支付各项社保待遇135 667万元,社会保险基金累存609 427万元,较2009年末增加181 627万元,增长42.46%。

事业单位改革

2010年,全市共有478个事业单位核准岗位设置方案,其中,市直单位361户,占市直应设置岗位事业单位总数406户的89%,各县区117户,占县区事业单位总数1747的6.7%。全市共设置事业岗位13 000个,其中市直9300个,各县区3700个。全市共签订事业单位聘用合同35 178人,占事业单位实有人员56 615人的62.1%。

招才引智

2010年,建立晋城招才引智网站,开设走进晋城、晋城招才引智政策、信息收集系统、人才项目、企业信息等栏目,搭建海内外高层次人才与市重点企事业单位的交流平台;组织参加大连海外人才创业周活动、省委省政府赴美招才引智活动和深圳国际人才交流大会,协助兰花集团、乐百利特等单位现场招聘急需的高层次留学人才。

职称评审及日常管理

2010年,会同主管部门完成高级职称推荐申报316人,其中卫生系列108人、教育系列96人、工程系列96人、农业系列16人;完成工程技术、新闻、党校教师、乡镇企业等职称评审工作,共评审中级职称800余人,初级职称700余人;组织卫生、会计、经济、统计系列职称考试5480人次,合格1300余人;根据省厅要求,调整8个中级、11个初级专业技术职称评审委员会,向省里推荐享受国务院特殊津贴专家1人、"333"人才工程省级人选1人,发放事业单位高级职称岗位津贴1359人、77.4万元。完成事业单位初、中级专业技术人员继续教育培训5800人;组织对全市政府系统第二批参照公务员法管理单位人员培训430人。全年组织各类专业人员考试2万余次,其中全国职称外语等级考试3700人、山西省职称外语等级考试180人、专业技术人员计算机模块考试15 120个。组织4238人参加的2010年山西省行政机关公务员录用考试晋城考区的考务工作,组织1811人参加2010年度全国经济系列资格考试,206人参加全国执业药师考试,168人参加2010年山西省招募高校毕业生到农村基层从事"三支一扶"工作考试晋城考区的考务工作;完成聘用制干部培训300人,学历认证500人。

劳动信访

2009年,全市共接待来信来访案件862起,涉及劳动者951余人次,其中,来信33起,来访829起，接待率和处置率均达100%。其中，集体来访14起，涉及劳动者211人次。

2010年，全市共接待来信来访案件671起，比2009年下降27.2%。涉及劳动者1056人次，其中，来信20起，来访651起，接待率和处置率均达100%。其中，集体来访11起，涉及劳动者205人次。

劳动争议

2009年，全市共受理劳动争议案件507起，涉及劳动者640人，结案487起，法定期限内全部结案，其中，调解结案264起，占54.2%；裁决结案174起，占35.7%；撤诉30起，占6.2%；其他方式结案19起，占3.9%。期末未结案20起。在结案的487起案件中，劳动者胜诉243起，占49.9%；双方部分胜诉216起，占44.4%；用人单位胜诉28起，占5.7%。按劳动争议内容分，社会保险待遇类330起，经济补偿金、违约金、赔偿金类47起，确认劳动关系类26起，劳动合同类51起，辞职、辞退类23起，其他10起。其中市直受理161起案件，审结155起，法定期限内结案率达100%；其中，调解结案83起，裁决结案33起，撤拆22起，其他方式结案17起，分别占结案总数的53.5%、21.3%、14.2%、11%。

2010年，全市共受理劳动争议案件317起，比2009年减少37.5%，涉及劳动者416人，结案314起，结案率达99.1%，涉及金额863万元。其中，调解结案167起，裁决结案129起，撤诉17起，其他方式结案1起，分别占结案总数的53.2%、41.1%、5.4%、0.3%。按争议类型分，劳动报酬类25起，社会保险待遇及福利类204起，经济补偿金、违约金、赔偿金类37起，确认劳动关系类8起，履行劳动合同类1起，解除劳动合同类26起，终止劳动合同类11起，辞职类1起，其他1起。市直共受理101起，结案99起，结案率达98%；其中，调解结案69起，裁决结案22起，撤诉7起，其他方式结案1起，分别占结案总数的69.7%、22.2%、7.1%、1%。

劳动保障监察

2009年，全市劳动保障监察部门主动监察用人单位2900户，占全市企业总数的46.4%，涉及职工25万人。书面审查用人单位资料750户，涉及劳动者7.3万人。劳动者投诉立案320件，全部按期结案。为6500名农民工追讨工资1700万元，为219人追回押金15.3万元。在监察中，责令500户用人单位为3.8万名职工补缴社会保险费550万元，补签劳动合同2.7万人。

2010年，组织开展劳动用工专项检查7次：春节期间加班工资支付情况专项检查、打击非法职介专项检查、劳动用工执法专项检查、最低工资标准执行情况专项检查、《山西省高温津贴标准》贯彻落实情况专项检查、社会保险费征缴专项行动、维护妇女劳动权益专项执法检查。全市劳动保障监察人员全年主动监察用人单位1915户,涉及劳动者17.55万人;全市监察立案259件,结案247件,结案率95.4%。超过省控目标90%的5.4个百分点;共审查用人单位规章1400件(其中书面审查673户);纠正用人单位规章数360件,督促用人单位补签劳动合同2.51万人份,补缴各项社会保险费874.41万元,办理参保登记60户,涉及劳动者0.42万人;监察中,为59名劳动者追讨风险抵押金2.99万元,为4800人追讨欠薪1999.72万元;

法律宣传

2010年,组织开展"人力资源和社会保障法律法规政策宣传年"活动。7月,全市人社系统普遍开展"四进"、"四送"为主要内容的政策法规宣传活动,即"进企业、进社区、进机关、进乡村","送岗位、送信息、送政策、送服务"。利用各种招聘会向广大劳动者赠送《就业促进法》、《中华人民共和国劳动合同法》、《劳动合同法实施条例》以及农民工进城务工注意事项、农民工维权手册等宣传资料10万余册;在《太行日报》、市电台、市政府网站、市人力资源和社会保障网等媒体开辟专栏开展劳动保障政策宣传。

农民工培训

2010年4月,召集31家成员单位召开全市农民工联席会议,对工作要点进行分解。6月,对市区使用农民工较集中的200户用人单位进行4期农民工住宿标准培训,培训内容包括劳动合同、工资支付、职工名册、工伤保险、住宿标准等,督促用人单位改善用工环境,提高农民工待遇,依法维护农民工合法权益。全年共培训农民工9600人,涉及机械制造、电子电器、计算机运用、餐饮业、家政服务、服装加工等20余个工种。

劳资关系

2009年,全市国有及国有控股企业、股份制企业劳动合同签订率达到100%,城镇集体企业、劳服企业劳动合同签订率达到99%,乡镇集体企业和私营企业劳动合同签订率达到94%以上。对市直45户企业集体合同和工资协议进行审查备案,涉及职工4万余人,审查备案率达100%。对全市14个行业60户企业的3500余名职工2008年度工资性收入进行抽样调查,在《太行日报》发布本年度劳动力市场工资指导价位,涉及14个行业120个工种。

2010年,制定出台《关于加强工资宏观调控,建立健全职工工资正常增长机制的指导意见》,组织实施最低工资支付标准大检查。5月,发布全市劳动力市场工资指导价位,涉及90个行业120个工种。推进986户规模以上企业建立企业工资集体协商制度。完成全市机关、事业单位正常调资工作,涉及行政人员2000余人、事业单位6000余人,人均增资27元。全市国有及国有控股企业劳动合同签订率达100%,集体企业、外商投资企业劳动合同签订率达到98%以上,民营企业、个体工商户劳动合同率达到60%。

(市人力资源和社会保障局)

民　政

社会救助

困难人口调查。2009年4月1日至5月30日,在全市开展"进万家门、察万户情、暖万人心"关注民生实践活动。全市近万名党员干部组成调查组,深入全市84个乡(镇、街办)、2334个村(居)委,对城乡困难群众进行较为全面、客观的调查摸底,并对城乡低保对象进行普遍复核。直接入户调查达10.5万多户;经调查核实共取消或因家庭成员收入发生变化主动退出不符合条件的农村低保对象11 135人,城市低保对象4174人;同时新增农村低保对象25 792人,城市低保对象3900人;新纳入农村五保对象368人。

城乡低保工作。2009年底,全市共有城市低保对象14 582户、31 652人,占全市非农业人口总数的5.8%;发放城市低保金5862万元,月人均补助154元,比2008年提高8元。农村低保对象46 079户、77 967人,占全市农业人口的4.8%;全年共发放农村低保金5543万元,年人均补助711元(月人均60元),比2008年提高130元。制定出台《晋城市城乡居民最低生活保障分类施保暂行办法》,明确低保对象的分类和补助资金的比例。城区低保中心被省民政厅评为低保工作规范化建设先进单位。

2010年上半年,在全市开展城市低保对象全面复核工作,清退因收入发生变化等原因不符合城市低保条件的714户、1503人,新增792户、1854人。从7月起,按照省政府规定要求,提高全市城市低保保障标准,每人每月提高10元。积极探索农村最低生活保障制度和扶贫开发政策的衔接,确定陵川、沁水两个县开展试点工作。全年全市共保障城市低保对象31 587人,发放城市低保金6104万元,月人均补助161元,高出全省平均水平25元。共保障农村低保对象78 100人,发放农村低保金6999万元,月人均74元,高出全省平均水平12元。

五保对象供养。2009年,全市有农村五保供养对象5178人。其中,分散供养对象4120人,集中供养对象1060人,集中供养率达到20.5%,比2008年提高7.8%。全年各级共计支出五保供养金1157.6万元,其中集中供养对象人均达到3633元;分散供养对象人均1876元。2010年,全市共有五保供养对象5244人,发放五保供养金1242万元,集中供养率达到24.7%。

城乡医疗救助。2009年,全市共救助城市困难群众535人,发放救助金215.8万元,人均救助4033元;救助农村困难群众2662人,发放救助金783.3万元,人均2942元;资助贫困对象参加新型农村合作医疗支出117.4万元。

2010年,市民政局与市卫生局、人社局联合出台《关于进一步完善城乡医疗救助制度的意见》,在救助形式上增加医前救助、临时医疗救助、大病关怀救助,缓解困难群众看病难问题。全市共救助城市患大病对象457人(次),发放救助资金193.5万元;资助城市低保对象和困难家庭参加城镇居民基本医疗保险18 201人,资助资金109.281万元。共救助农村大病对象3667人(次),发放救助资金871.92万元;资助农村低保对象和困难家庭参加新农合29 402人,资助资金88.3万元。

重点优抚对象救助。2009年,中央、省和市共下拨重点优抚对象抚恤补助资金6577万元,全部兑现到重点优抚对象手中。六个县(市、区)全部出台《重点优抚对象医疗保障实施细则》和《一至六级残疾军人医疗保障实施办法》,全市11250名重点优抚对象分别参加了新型农村合作医疗保险、城镇职工医疗保险和城镇居民医疗保险,1–6级伤残军人医疗保障标准达到90%以上,其他优抚对象保障比例也达到省里的相应要求。

2010年,出台《晋城市重点优抚对象补助金社会化发放实施意见》,提高部分优抚对象等人员抚恤和生活补助标准。对三年来中央、省、市下拨的优抚安置专项资金20 240.62万元开展专项检查。为军队移交政府的离退休人员和全市重点优抚对象下拨生活补助7029.02万元。继续完善重点优抚对象医疗保障制度,为4700多名重点优抚对象报销医疗费302万元。对51名残疾军人进行残情鉴定,为符合条件的30名人员评定残疾等级。

退役军人安置。2009年,全市共接收退伍军人1411名。其中应在城镇安置工作的转业士官、进藏兵、城镇义务兵等518人。完成455名退伍军人的安置任务,有8人办理了自谋职业手续,征收有偿转移安置资金300多万元,城镇退役士兵安置率达到90%以上。完成6名军队退休干部的接收安置任务,军休干部住房保障体制改革基本完成。

2010年,共安置符合条件的城镇退役士兵500人,按规定征收2009年度退役士兵有偿转移资金180万元,安置率达到95%以上。

服务国防和军队建设。2009年,对全市11250名重点优抚对象、驻市团以上部队和市直优抚事业单位集中供养的革命功臣进行重点走访慰问,送去慰问金、蚕丝被、新鲜肉类等慰问品价值150多万元。对全市1145名参加过核试验(包括原8023)效应部队退役人员分别进行审核认定和体检,对48名残疾军人进行残情鉴定,保障他们享受国家新政策优待的权益。

2010年,组织军休人员参加全省"阳泉杯"门球赛,开展纪念抗美援朝60周年暨"老兵才艺展"表彰评选活动。元旦、春节、"八一"期间,对重点优抚对象、驻市部队官兵和集中供养的革命功臣进行走访慰问，送去鲜猪肉、面粉、水果等价值50多万元的慰问品。

保护特殊群体合法权益。2009年，组织实施“霞光计划”建设项目，全市共新建、敬老院5所、改扩建7所，年度增加床位达到700张以上。全市下拨福利彩票公益金231.9万元，下发省厅资助图书3000册，共资助老年福利机构及农村福利设施建设项目30个。“重生行动”、“明天计划”等助医项目取得实效，全市共有27例手术适应症的儿童获得相应项目的治疗。全市共办理收养登记69例，其中涉外收养登记4例。全面落实各项福利企业优惠政策，重点对全市57个社会福利企业的1098名残疾职工上岗情况、劳动保护设施情况、“四险”缴纳情况进行年度检查，保障残疾职工的合法权益。

2010年，继续实施“明天计划”，为全市19名孤残儿童开展康复矫治手术。积极参与全国性慈善公益项目，为全市436名孤儿落实医疗保障。对全市55个福利企业残疾职工的上岗情况、劳动保护措施、四险交纳情况进行年检。上级民政部门在晋城市建立84个夕阳红图书室，援助图书1.72万册。

灾害紧急救援。2009年，建立健全灾害应急救助体系，全市乡村两级灾害应急预案全部出台。制定灾民生活救助方案，下拨灾民生活困难补助资金1366万元，救助灾民贫困户5.85万人次；开展防灾减灾宣传，在“防灾减灾日”期间，全市民政系统统一组织开展防灾减灾周宣传活动，城区西马匠社区被民政部评为全国“减灾示范社区”。开展访贫问寒活动，各级领导干部重点走访贫困群众2377户，共计下拨捐助资金210万元，救助各类贫困群众1.32万人(次)。市、县两级民政部门共计接收社会捐款358万元，其中市直单位和群众捐赠64.5万元。市民政局获“山西省援川抗震先进集体”。

2010年，晋城市自然灾害频发，先后出现低温、干旱、大风、冰雹、暴雨等灾害天气，涉及六县(市、区)84个乡镇(办)，直接经济损失27810万元。8月19日，城区发生洪涝灾害后，市、县民政部门协同相关部门转移安置受灾群众991人，及时发放棉被、衣服、食品、饮用水等生活用品，确保受灾群众的基本生活。全年全市共下拨救灾资金452万元，救助受灾群众3.12万人(次)。此外，组织开展“支援青海玉树地震灾区”和“向舟曲灾区人民献爱心”社会捐助活动，共接收社会各界捐赠款310万元，全部上缴省民政厅。开展“访贫问寒送温暖”活动，共下拨资金210万元，救助困难群众1.32万人(次)。开展救助管理工作，全年共有效实施救助各类服务对象达1255人(次)。

敬老院建设。2010年，晋城市承担省政府安排的6所新建、改扩建农村敬老院建设任务，至年底，泽州县北义城镇刘轩窑敬老院、阳城县凤城镇敬老院投入使用，陵川县平城镇敬老院完工，城区北石店镇大张村敬老院、高平市神农镇敬老院、沁水县端氏镇敬老院完成主体工程。6月,召开全市农村敬老院建设暨规范化管理阳城现场会,启动“星级敬老院”创建活动。各县(市、区)围绕“基础设施、管理服务、规章制度、院办经济、人员机构”五个方面深化创建活动,共有21所敬老院申请了评审,13所敬老院达到星级标准,其中6所达到“四星级”以上标准,7所达到“三星级”以上标准。

2010年,积极鼓励和支持民办养老机构发展,在全市6所老年福利机构中开展养老服务示范化活动。全市农村敬老院达到54所,总床位数达2600多张。市民政局和阳城县分别被民政部授予“全国农村五保供养工作先进单位”、“全国养老服务示范活动示范单位”称号。

社会行政事务管理

基层政权建设。2009年,对村委会干部进行培训,全市共培训22批(次),培训村委成员1500余名,培训率达到99%以上;市民政局与市纪委、组织部等10部门联合出台“难点村”治理工作《实施方案》,开展为期三年的“难点村”治理工作。

2010年,以村务公开和民主管理“难点村”治理工作为重点,加强村(居)民自治组织能力建设。按照《晋城市村务公开和民主管理“难点村”治理工作实施方案》的要求,稳步推进“难点村”治理工作,全市39个难点村有31个得到完全治理,达到80%的目标任务。召开全市农村基层组织“四议两公开”工作推进会,在陵川开展试点工作,深化村务公开民主管理。

社区建设。2009年,市政府出台《关于加强和改进社区服务工作的实施意见》,全市创建国家级和谐社区1个、省级和谐社区13个、市级和谐社区32个。开展农村社区设置、农村社区建设探索活动。第三届城市社区居委会换届选举工作有序展开。

2010年,推行社区志愿者注册制度,出台《晋城市推行志愿者注册制度安排意见》,全市共有社区志愿者4.1万,其中注册人数2.3万,注册登记的社区志愿组织14个。继续健全和完善新型社区服务体系建设,由国家、省资助的城区南街办事处社区服务中心建成并投入使用。

登记工作。2009年,新登记社会组织34个(社团18个,民非16个),变更登记13个,民间组织年检率达到92%。全市民间组织达到551个。举办市直社会组织建设培训班,培训各类社会组织秘书长和骨干200多名。对市直11个重点行业协会进行专题调研和监督检查。

2010年,新登记社会组织34个,其中社会团体18个,民办非企业16个。全市民间组织总数达到604个。

专项社会事务。2009年,继续开展平安边界建设,完成“晋豫”省界晋城新乡段、晋城济源段联检以及泽州高平线的联检任务;积极应对、参与处置“晋豫”省界“宛子城”、沁水和翼城等界线争议;完成小区、街路的规范命名,开展街路名称有偿使用的探索,街、路牌管理得到加强。全市共办理婚姻登记 18 200 余对，婚姻登记合格率达到 100%。高平、阳城婚姻登记处被民政部授予“全国婚姻登记规范化建设单位”。开展公墓清理整顿，印发宣传资料共计 1.2 万份，全年火化尸体 358 具。组织市县干部、职工、学生、各界人士 2 万余人参加清明文明祭扫活动。加强对城市生活无着流浪乞讨人员救助工作，全市救助站救助各类服务对象达 2045 人（次）。

2010 年，泽州县、沁水县民政局两个婚姻登记处达到民政部规范化建设标准。全市六县（市、区）全部完成“十一五”婚姻登记规范化建设的目标任务。市民政局获民政部表彰，成为全省唯一的“全国婚姻登记规范化建设‘十一五’突出贡献单位”。市政府出台《晋城市殡葬改革实施意见》，划定火化区，启动低保、五保、重点优抚对象丧葬费政府出资的惠民政策。全年共火化尸体 350 具，接待治丧群众 7000 余人。完成沁水高平线、陵川高平线的联检，开展“临汾晋城线”的联检。全市乡镇村设标工作取得实效，共安装地名标牌 350 余块。

公共服务设施建设

市级民政公共设施建设。2009 年，市弘德公墓建设完成一期工程。市殡仪馆股份制改造全面完成，殡仪馆迁建工作完成项目规划、可研论证等开工前的准备工作。市社会福利院迁建工程动工建设，老年公寓 1#、2# 楼完成主体工程，儿童部和办公楼项目业动工兴建。市流浪未成年人救助保护中心和救灾物资储备库建设项目完成选址、规划、征地、设计、勘察、勘探等工作。市荣康医院精神病专科医院经国家、省、市批准立项，荣康医院升为二级乙等专科医院。市烈士陵园对园内纪念设施进行维修，搜集革命文物 50 余件、照片 300 余幅。

2010 年，市福利院迁建工程主体建设全面完工；市荣康医院精神专科医院项目楼前期工作基本完成；市流浪未成年人救助保护中心和救灾物资储备库完成开工前准备工作；市弘德园公墓开园。

基层民政公共服务设施建设。2009 年，陵川县社会福利中心完成主体建设，沁水县综合社会福利中心开工建设。县级救灾物资储备库和救助管理站设施得到完善。高平市开展了新建殡仪馆项目的规划、立项等工作，开始办理相关土地手续。

2010 年，陵川、沁水两县综合社会福利中心建成，阳城社会福利服务中心新建项目进展顺利。

福利彩票销售

2009 年，共销售福利彩票 9845 万元，为国家筹集公益金近 3500 万元，比 2008 年增长 5%。2010 年，共销售福利彩票 10 500 万元。

（市民政局）

人口和计划生育

2009年,全市共出生14 652人,出生率为6.81‰;自然增长人数2171人,自然增长率为1.01‰;政策内出生13 511人,符合政策生育率为92.21%;出生男孩7355人,出生女孩7297人,出生性别比为100∶100.79。无政策外多孩生育。

政策落实

2009年,全市享受中考加分的农村独生子女对象1487个。在集体林权制度改革中,落实优惠政策的计划生育家庭13 114个,优惠林地总面积达80 250.189亩。落实计划生育“一票否决”制度,仅市级人口计生部门就审查单位和个人461个,其中审查个人214人,审查单位247个。市级财政预算安排计划生育各项经费共计2639.25万元,预算安排计划生育专项事业经费2361万元,其中,预算安排计划生育家庭奖励专项经费1262万元,预算安排市直机关事业单位独生子女父母奖励经费200万元, 预算安排农村计划生育工作人员报酬经费62万元。到位资金达2595万元,占预算资金的98.33%。成立市计划生育工作督调队,为科级全额事业单位,确定人员编制6名。

2010年,全市确认当年奖励对象共102 454人(户)。国家、省、市、县四级共需配套资金6526.71万元,其中市级配套1834.52万元。市委、市政府决定“农村独生子女家庭在原有新型农村合作医疗报销比例的基础上,增加五个百分点”,市人口计生委、市卫生局联合制定《关于在新型农村合作医疗中给予独生子女家庭优先优待的实施办法》, 确保优先优待政策惠及农村独生子女家庭。落实计划生育“一票否决”制度,市级人口计生部门审查单位和个人186个, 其中审查个人93人, 审查单位93个; 市级财政预算安排计划生育各项经费共计3632.2万元,预算安排计划生育专项事业经费3357.4万元,其中,预算安排计划生育家庭奖励专项经费1834.52万元,预算安排市直机关事业单位独生子女父母奖励经费200万元,预算安排农村流动人口计划生育手术减免费165万元, 预算安排农村计划生育工作人员报酬经费65万元。到位资金3383.75万元,占预算资金的93.17%。

社会抚养费征收

2009年,全市共征收社会抚养费1293.01万元,其中历年社会抚养费征收507.4万元,历年社会抚养费征收兑现率达92.62%。当年征收785.61万元,当年社会抚养费征收兑现率达87.99%。

至2010年9月,全市共征收社会抚养费1464.34万元,其中当年征收932.7万元,历年征收 532.27 万元，当年社会抚养费征收兑现率为 89.1%，历年社会抚养费征收兑现率为 92.6%。

长效机制

2009 年，共落实长效节育措施 23 777 例，其中上环 19 167 例，绝育 4610 例，已婚育龄妇女长效节育率达到 89.84%，同比提高 1.23 个百分点。在全市开展计划生育“三无”乡（镇、办）创建活动，明确规定：凡是实现计划生育“三无”的乡（镇、办），不仅授予集体荣誉称号、给予经济奖励，党委书记和乡（镇）长、办事处主任同时获得“国策书记”、“国策乡镇长（主任）”光荣称号，所在县（市、区）在年终目标责任制考核中还要给予加分奖励。集中开展共产党员和国家工作人员计划生育情况专项检查活动，共查出 2003 年 5 月 1 日以来违法生育对象 467 个。全市符合政策生育率同比提高 3.26 个百分点，政策外二孩比同比下降 7.67 个百分点。

至 2010 年 8 月，全市共落实长效节育措施 17 219 例，其中：上环 14261 例，结扎 2967 例，皮埋 1 例，长效节育措施落实率为 89.49%。共查环查孕 362 028 例，孕情监测怀孕总人数 43 119 人，其中政策外怀孕 1126 例，落实补救措施 821 例。

自身建设

2009 年，先后举办人口信息化建设、出生缺陷干预、技术服务、流动人口管理服务、计划生育依法行政、药械管理服务等培训班 15 期，培训人数达 1600 余人次。继续开展岗位练兵、技术比武活动，基层计划生育干部队伍的整体素质得到明显提升。

人口信息化建设

2009 年，依托省、市、县、乡四级信息网络，进一步完善全员人口信息管理系统网络版；启动视频会议系统，实现省市互联互通；扩大省市光纤线路容量，优化网络运行环境，提高信息传载速度；组织实施全市网络版行政区划规范变更、村级人员信息档案建设和全员身份证信息匹配工作；开展全省手机直报系统市、县、乡、村四级人员身份信息采集工作，建立健全信息直报系统组织网络。

2010 年，对近十年出生人口信息开展核查，全市出生信息的核查、录入和变更工作基本完成。同时，对全市 1 月 31 日、4 月 30 日、6 月 30 日三个时点核查数据进行比对和分析，据统计，全市常住人口为 222.98 万人，2000 年 1 月 1 日至 2009 年 10 月 31 日共出生人口 23.34 万人，比原有出生人口增加 2.1 万人，圆满完成信息核查各项工作任务。

基层服务体系建设

2009 年，基层服务体系建设启动借国债项目，全市申请获得国债项目 13 个，争取项目资金 195 万元。市、县、乡共落实配套资金 987 万元，其中市级 104 万元、县级 365 万元，乡级

518万元。至年底,13个国债项目主体工程全部竣工,部分投入使用。此外,新建、改扩建服务站8个,总投资达到260万元。投资650万元,对1000个村服务室进行标准化建设。投资150余万元,为基层装备新型B超、血细胞分析仪、尿液分析仪、半自动生化仪、红外光治疗仪等先进技术设备。

2010年,通过验收、评估,表彰命名乡级示范服务站10个,先进服务站18个,先进服务站标准化建设达到33%。开工建设第二批2个国债建设项目。全面实施以群众需求为主导,多层次、全方位、广覆盖的"优质服务按需选择",搭建与育龄群众生殖健康需求相关的服务平台。选择城区北石店、阳城县町店镇、蟒河镇和高平寺庄镇为市试点乡镇,组织医疗技术人员组成技术服务组,为政策内怀孕夫妇提供健康教育、优生检查、风险评估、咨询指导等孕前优生健康检查服务,对308人进行孕前优生体检。

流动人口管理

2009年,以强化部门区域协作为途径、以信息采集为关键、以提升服务管理水平为目的,全面启动流动人口计划生育服务管理工作。成立以综治牵头、有关部门参与的工作领导组,建立健全责任追究、告知登记、区域协作、核查激励四种机制,市、县两级共安排专项经费110万元,确保信息采集不漏片、不漏户、不漏人、不漏项,保证信息准确、真实、可靠。

2010年,一是加强流动人口信息统计工作。截至2010年9月,全市流动人口入户登记率达95.5%以上,流动人口信息采集和录入率均达90.7%,移入移出有效信息处理率达99.97%,实现流动人口信息网上查询、交换和迁移。二是开展流动人口免费技术服务。每季度开展一次"流动人口计划生育集中服务月活动",开展优生优育、生殖健康知识咨询和定点定期查环查孕等技术服务工作,全市各级为流动人口育龄妇女免费服务达到8万人次。三是构建区域信息共享平台。根据国家、省人口计生委《流动人口计划生育区域"一盘棋"工作方案》,市、县两级与郑州、焦作、安康、长治、晋中、运城、临汾等10多个周边市县签订双向服务管理协议书,建立信息互通制度和区域联席会议制度,协作双方通过网络、信函和会商等形式完成区域信息通报、个案处理、政策告知和层级交流等工作。四是强化综合治理工作机制。全市各级综治部门从强化综合治理工作机制入手,发挥综合协调职能,建立健全联席会议、综合执法、信息通报、督查督办等制度。6月,在全省流动人口计划生育工作太原现场会上,晋城市的综合治理流动人口计生工作经验在会上进行了交流。

专项整治

2009年,集中开展计划生育药械市场专项整治行动,全市共出动执法人员7848人次,检查对象3663户,查处无证299户,下发督查意见1249户,警告174户,责令改正260户,暂停执业户 42 户，暂停执业人 10 人，停业整顿 12 户，罚款 4 万余元。

2010 年，一是开展计划生育基层文明执法专项活动。将文明执法专项活动与“阳光计生行动”、便民维权活动、行风评议活动结合起来整体推进。二是开展共产党员、国家工作人员计划生育情况专项检查活动。共查出 2003 年 5 月 1 日以来违法生育(收养)428 例，其中国家工作人员 237 人，农村干部 162 人，党员 84 人。428 例违法生育人员均受到党政纪处分，征收社会抚养费 2 925 011 元。

“五到家”活动

2009 年，根据全省开展计划生育“五到家”活动的意见精神，举行全市计划生育“五到家”活动启动仪式，在全市开展“五到家”活动，制定出台《全市开展“计生服务暖万家”活动的意见》，将“五到家”内容具体拓展到业务指导、优质服务、政策法规、关怀关心、婚育新风、优生优育、生殖健康、跟踪随访、奖励扶助、科技致富等 10 个方面。全市各级共投入资金近 100 万元，制作《山西省人口和计划生育条例》瓷砖壁画、宣传围裙、资料袋、宣传折页等宣传品，直接送村到户；投资 8 万元，定制盥洗盆 2 万个，免费发放到广大育龄妇女手中；聘请省生殖保健技术服务中心有关专家组成生殖保健服务队，到六县(市、区)开展生殖保健巡回服务活动，共到 10 个乡镇的 50 个行政村，普查已婚育龄妇女 2554 人次，共查病患 1582 例。在全市设立免费避孕药具服务网点 108 个，发放药具 110 多万元。投入奖励经费 4550.89 万元(市级配套 1262 万元)，对 90 393 人(户)进行奖励，农村计生家庭奖励兑现率达 100%。对 41 名基层计划生育工作者和 3 名独生子女患病家庭，发放救助金 11.2 万元。投资 2.4 万元，为 475 个独生子女家庭办理独生子女意外保险。全市各级共投入 230 万元，对 3000 个农村计划生育家庭进行种植、养殖等方面的帮扶。投资 25 万元，购置“斯利安”药品 126 件 35 264 瓶，发放到干预服务对象手中。

2010 年，开展健康普查服务。对全市育龄妇女进行生殖健康免费普查，检查项目包括妇科病的诊治、乳腺疾病的诊治、妇科盆腔 B 超、妇科宫颈刮片、宫颈切片等检查，全年共普查育龄妇女 2 万人次；开展优生优育服务。县、乡两级计生服务机构均设立“优生咨询”门诊，全年接受优生咨询人数达 25 728 人次；定期、不定期组织开展优生优育科技宣传工作，发放预防出生缺陷及早期教育宣传资料和用品达 89 000 人次；全年共举办出生缺陷一级干预培训班 213 期，受训人数达 25 250 人次；全年共发放斯利安 10 628 份，应干预人数为 25 381 人，实际干预人数为 22 860 人，干预率达到 90.1%。开展生育关怀行动。市级投入 9.8 万元救助金对 37 名基层计划生育工作者和 6 名独生子女患病家庭进行紧急救助。投资 3 万元，为 515 个独生子女家庭办理独生子女意外保险。此外，全市各级共投入 320 万元，对 4000 个农村计划生育家庭进行种植、养殖等方面的帮扶。

计生宣传教育

2010年,市人口计生委与农民办、少工委、文联、教育等9家单位联合开展情系农民工关爱留守儿童影视文化送温暖活动。与晋城电视台联合,在新闻频道、图文信息频道开设图文短片、计生专栏等形式多样的宣传栏目,滚动播出,并推出《计生家庭典型事迹展播》栏目。针对不同人群,分类发放《婚前指南》、《优生优育手册》、《五到家系列宣传册》等科普宣传资料。举办生殖健康、优生优育培训班,开展上门个性化咨询服务。为全市2335个行政村、社区,定制、张贴新《条例》瓷砖宣传画,做到一村一版面。为双女户和独生子女户拍摄"全家福"照片23 500余张。利用"5·29"、"7·11"、"9·25"等人口主题宣传日以及春节、元宵、五一等重大节日,开展计生知识宣传、法律咨询服务、知识竞赛和三下乡活动。在纪念"9·25"公开信发表30周年之际,在市电视台举办"国策·民生"人口计生专场文艺晚会,在市物茂广场搭建文化长廊,开展30年人口计生工作成就主题宣传活动。

(市计生委)

外事工作

友好城市建设

2009年10月,中国人民对外友好协会正式批复省外办,同意晋城市与南非卡卡杜市和美国罗马市建立友好城市关系。11月,市委书记张茂才到南非卡卡杜市、市长王茂设到美国罗马市进行友好访问。

外事活动

2009年2月,举办"中美新能源科技论坛暨煤矿气回收利用会议",形成共同研发新能源的《晋城宣言》。此外,举办大型国际会议4次:一是在纽约举办晋城·纽约国际经济合作洽谈会,在美国首都华盛顿考察环保和节能排减项目。就环境保护等合作项目与当地企业进行了洽谈,达成合作意向。在纽约州罗马市和怀俄明州杰克逊市,就教育、卫生、农业等项目达成合作意向。二是在日本高知县举办晋城市文化旅游推介会,介绍晋城市的历史和丰富的旅游资源。三是在阿联酋迪拜举行一系列国际商务合作宣传推介活动。四是在南非卡卡杜市考察畜牧、纺织企业,就农业、纺织、旅游等合作达成意向。

审批管理

2009年,市外事侨务办公室开展"公款出国境旅游管理治理年"活动,加强公款出国境旅游管理，对全市公款旅游进行全面整顿和治理。全年共审批因公出国(境)45人次，其中成行39人次。本市9个团组29人次，成行8个团组22人次。

外事接待

2009年，接待“中美新能源科技论坛”美国代表团、中德清洁能源合作项目代表团、美国亚美大陆煤炭有限公司、GE(通用电气)能源集团、荷兰艾斯特空冷技术有限公司、日本客商盐谷外司一行、世界银行亚太区可持续发展部中蒙局局长羿艾德、亚洲开发银行副行长格林伍德一行等涉外团体。参与组织晋城棋子山国际围棋文化节等涉外活动的外事接待。承办全省外事信息工作会议。

对外宣传

2009年，在中央电视台新闻联播和全球资讯榜等栏目以及《人民日报》、新华网等媒体进行宣传报道，提高晋城知名度。在外交部和财富论坛举办的投资中国十大城市评选活动中，晋城市获得中小城市魅力奖，连续三年获得该奖。编辑《晋城—中国魅力城市》中英文对外宣传活页册。办好《晋城外事》、《世界产经》刊物。

侨务工作

2009年，对困难归侨侨眷进行走访慰问和救济，发放救济经费3万元。收集本市海外硕士以上人才在外生活发展情况资料，与他们沟通联系，介绍家乡变化，传递招商引资信息。晋城籍留美博士伍永安回乡投资创办公司，生产半导体纳米光源环保项目，产品远销欧美市场。

（市外事办）

编制工作

市县政府机构改革

截至2009年底，市级政府机构改革方案已由省委、省政府批复。各县(市、区)政府机构改革方案已和省编办进行沟通，并基本得到认可。市直各部门及涉及改革的事业单位的“三定”规定大部分拟定。制定《晋城市人民政府机构改革方案》，拟定了市直部门“三定”工作意见、市直各部门领导职数、市直行政编制情况、县级政府机构改革有关问题的意见等各项政府机构改革的配套文件。

2010年，市直原有政府机构38个，经过改革，严格按照省政府批复的机构改革方案，设置政府工作部门32个，部门管理机构2个，比原来的机构减少4个，精减比例为10.5%。同时,精减处级领导职数7名。取消了政府部门承担的一些微观管理、评比表彰等工作;将一些技术性和具体事务的职责交由事业单位或中介组织承担。共调整职责131项,其中取消10项,划转27项,增加36项,强化58项。

明确和强化了部门责任。按照“有权必有责”、“以责定权、权责对等”的原则,明确和强化了41个单位的80余项责任,梳理和解决了80多个职责交叉和关系不顺的问题。

事业单位分类改革

2009年,初步拟定了《晋城市事业单位分类改革方案》和《晋城市市直事业单位分类改革实施意见》。向各县(市、区)下发了《关于加快推进全市市县事业单位清理规范和分类改革工作的通知》,对全市市县事业单位清理规范和分类改革工作提出了明确要求。按照事业单位分类改革的精神,进行了一些尝试性改革。一是撤销了一批事业机构。先后撤销了7个市政府驻外办事处、种鸡场、水利建筑队、演出公司和10个事业机构,收回全额预算事业编制160名,同时通过竞争上岗的办法把这些单位的人员安置到了缺编的事业单位。二是合并了一批事业机构。将食品研究所、丝绸研究所、冶金研究所三个所整合为一个科研所,把展览馆和文体宫合到一起,做到了人力资源的综合利用。三是改制了一批事业机构。将原为全额拨款的种子公司转为了企业。并准备对纯经营性的实习饭店、老干部活动中心和煤气站等单位也实行全面改制。四是探索实行了岗位管理制度和工勤人员聘用制度。五是探索实行了政府购买公共服务的事业单位改革模式。

截至2010年底,市直科级事业单位的清理规范工作已经全部完成,其中,撤销事业单位7个,对16个事业单位进行了整合,规范了27家事业单位的名称,经过清理,保留事业单位428家,已全部予以批复。市属95家处级事业单位的“三定”草案已经市编委会研究同意,等省里确认相应的规格和职数后,即可下发正式的“三定”方案。其中市畜牧局、市农机局、市园林局、市城镇集体工业联合社、市中小企业局、市住房改革领导组办公室、城市客运管理处等7家处级事业单位的“三定”方案已在政府机构改革时重新制定并印发。对各县(市、区)的事业编制总额和副科级以上事业单位相关事项进行重新确认。各县(市、区)的股级事业单位的清理规范工作已基本完成。

文化管理体制改革

2009年,编办与宣传部门配合,积极开展文化管理体制改革,拟定了《晋城市文化广电新闻出版局主要职责内设机构和人员编制规定》、《关于成立晋城市文化市场综合执法大队的意见》、《关于晋城市广播电视台机构设置的初步意见》,根据市委、市政府《关于深化文化体制改革的实施意见》精神,按照稳步推进艺术表演团体转企改制的要求,将市少儿艺术团、市少儿文化艺术培训中心、市电影公司转为企业;按照全面推进新闻单位宣传与经营“两分离”改革的要求,撤销了太行日报社内设机构广告部、经营部、发行部,全市文化管理体制改革迈出了实质性步伐。

机构编制管理

2009年,继续坚持和完善“三个一”审批制度、机构编制管理证制度、控编进人通知单制度、“三公开”的制度(公开编制使用、公开办事程序、公开办事结果)、“实名制”管理制度、机构编制管理与财政预算管理相互配套协调的约束机制等,特别是对涉及合并、撤销、职能调整、改变隶属关系的20个单位的机构编制进行冻结,防止了这些单位趁机构改革之机突击进人和提拔干部。

加快电子政务建设。督促各县(市、区)严格按照市编办《关于加强全市编办系统电子政务建设的通知》和《晋城市编办系统电子政务建设实施方案》的要求,加快机构编制部门的电子政务建设。目前,各县(市、区)编办大都建立了机构编制数据库,实现了机构编制数据的及时、准确、自动统计,机构编制变化调整的及时更新等。规范事业单位登记管理工作。2009年,全市共办理登记、年检和补领证书等事项2000余项。严格执行《事业单位登记管理暂行条例》关于每年1月1日至3月31日为法定年度检验日期的规定,对个别未及时年检的事业单位,及时送达了《催办通知书》。事业单位登记档案也实现了规范化、标准化管理。向各县(市、区)和市直各单位印发关于认真贯彻《中央编办<关于进一步加强党政群机关事业单位网上名称管理工作的通知>》的意见(晋市编办字〔2009〕65号)。市直绝大部分有网站的行政事业单位都办理了1~5年的政务和公益域名注册。

乡镇机构改革

2010年,印发了我市《关于全面推进乡镇机构改革的实施意见》,及时批复了各县(市、区)的乡镇机构改革方案。

其他相关体制改革

2010年,继续深化文化体制改革,对各县(市、区)的广播电视台、文化市场综合执法大队在机构编制上给予保障,继续推动有关文艺团体的转企改制。

围绕医疗卫生体制改革,对全省试点县(区)高平市和城区、全市新型农村合作医疗、市县两级疾病预防控制机构和医疗救治机构建设积极提供机构编制支持。

围绕纪检管理体制改革,参与制定了《关于对全市派驻纪检监察机构实行统一管理的实施意见》、《关于加强全市乡(镇、街道)级纪检监察组织建设的意见》,对全市46个单位的纪检监察双派驻或单派驻机构的人员编制和领导职数整体划归市纪委监察局单列管理。围绕全市经济社会发展大局,对重点工程建设、养老保障、农民工工作、劳动就业、城乡低保、移民开发、城市管理、建筑节能、环境监察、高层次人才等工作给予了机构编制倾斜。进一步加强了各县(市、区)应急管理机构、治理车辆超限超载机构、人防机构的建设。

(市编办)

民族宗教

民族工作

帮助少数民族发展经济。2009年,市财政拨款20万元对少数民族经济发展项目进行扶持。同时,为泽州县大阳镇规模化舍饲养殖场、陵川县伊园牧业有限公司、阳城县西河北任村屠宰加工厂、高平市河西镇奶牛养殖场、城区工程机械修理厂五个少数民族经济发展项目,争取扶持资金21万元。并对少数民族经济发展扶持资金使用情况进行专项检查。

2010年,市财政拨款20万元,扶持少数民族发展项目7个。为5个少数民族项目争取扶持资金35万元。11月26日,在城区召开发展少数民族经济座谈会,广泛听取对发展少数民族经济的建议。

清真食品监督管理。2009年,在市物茂广场举行全市《中华人民共和国食品安全法》宣传月活动启动仪式大会,开展现场宣传咨询活动和流动巡回宣传活动,共发放《中华人民共和国食品安全法》和《山西省清真食品监督管理条例》宣传材料3000余份,现场接受群众咨询300余人,出动宣传车1辆,展出宣传版面一块。对城区和陵川的30多户清真食品生产经营户进行检查,对检查中发现的问题现场进行指导纠正,并要求其限期整改。

2010年,市宗教局委托市伊斯兰教协会,协助市宗教局对清真食品生产经营活动进行监督,并聘任马小龙等10名回族群众为清真食品管理监督员,对城区143个清真食品生产经营点进行巡回检查。

会议、表彰、活动。2009年,召开全市民族宗教工作会议,传达贯彻全省民族宗教工作会议精神,安排部署全市民族宗教工作任务。召开发展民族经济暨清真食品监督管理陵川现场会,组织与会人员参观附城清真牛肉丸食品厂、附城伊兴苑饭店、伊园牧业有限公司和平城古兰养殖场等民族企业。组织全市30多名少数民族干部群众代表开展登山活动,庆祝首个全民健身日。

2010年,利用报纸、电视、网络等宣传媒介,宣传党的民族政策。继续开展民族“三比”活动。继续开展“比团结、比发展、比贡献”竞赛活动。协助伊协举办少数民族运动会。5月29日,市伊斯兰教协会举办“晋城市首届少数民族(回族)运动会”,全市13方清真寺的300多名选手参加了羽毛球、乒乓球、踢毽子、跳绳和太极拳等6项竞赛项目,产生一、二、三等奖各12名。在山西省第五次民族团结进步表彰大会上,陵川县等3个集体和市伊协会长马祥太等9名个人分别被省政府授予民族团结进步模范集体和模范个人称号。

宗教工作

宗教人士教育培训。2009年,在市佛教协会、市基督教两会召开的常务理事会议上,传达省民族宗教工作会议精神,提出学习贯彻的具体要求。市、县两级宗教局领导到重点宗教活动场所宣传省、市民族宗教工作会议精神。召开宗教工作暨创建和谐寺观教堂高平推进会,全市统战、宗教工作干部、各宗教团体负责人和重点宗教场所负责人共120余人参加会议。组织宗教团体负责人到重庆渣滓洞、白公馆接受革命传统教育。9月26日,举办“五教同光颂祖国文艺晚会”,300余名信教群众同台表演,1000余人观看演出。选派4名宗教工作干部,参加国家宗教局举办的宗教工作干部培训班和县处级领导干部培训班。

2010年3月26日,召开全市民族宗教工作干部和宗教界代表人士参加的座谈会,总结《条例》颁布实施五年来的工作情况,听取民族宗教工作干部和宗教界代表人士对进一步贯彻落实《条例》的意见和建议。泽州县制定《关于进一步贯彻落实〈宗教事务条例〉的实施意见》。9月2日,市宗教局举办期宗教界人士树立和践行社会主义核心价值体系培训班,各宗教团体负责人、重点宗教活动场所负责人共80余人参加了培训。此外,组织民族宗教工作干部和宗教团体负责人共17人赴上海参观世博会。

宗教协会建设。2009年5月6日,在珏山宾馆组织召开晋城市道教协会筹备会议。7月9日,组织召开伊斯兰教第二次代表会议,全市75名伊斯兰教界人士和穆斯林代表参加会议。会议听取并审议晋城市伊斯兰教第一届常务委员会工作报告,通过了新修订的伊斯兰教协会章程,选举产生了晋城市伊斯兰教协会新一届领导班子。

2010年,市道教协会召开第一次代表会议、市天主教爱国会召开第二次代表会议、市佛教协会召开第三次代表会议,选举产生新的协会领导班子,市级宗教团体主要负责人的平均年龄由78岁下降到47岁。市天主教爱国会、基督教会举办了骨干成员培训班。

民族宗教领域稳定工作。2009年9月1日,召开各县(市、区)宗教局长及市级宗教团体负责人会议,安排部署国庆节期间民族宗教领域的安全稳定工作,要求各县(市、区)按照各自职责范围进行民族宗教方面的矛盾纠纷排查,确保节日期间当地民族宗教领域的安全稳定。启动民族宗教工作应急机制,全面排查民族宗教方面的不稳定因素,对排查中发现的可能诱发群体性事件的各种不稳定因素,及时妥善处理。

2010年9月1日,市宗教局从有关方面获悉,有省外人员到陵川县太和天主教堂,非法策划成立“耶稣圣心会山西分会”,立即采取紧急行动,成功制止这起非法宗教活动。10月20日,组织民族宗教工作干部到河南省焦作市参加豫晋两省三市(焦作、长治、晋城)民族宗教工作联谊座谈会,并与长治、焦作市建立民族宗教工作协作机制。

宗教活动场所管理。2009年,城区、泽州县、陵川县的11个寺院申请设立宗教活动场所和固定处所,经省宗教局审核,新审批4个宗教活动场所和7个固定处所。加强宗教活动场所的安全检查工作,以县为单位对各宗教活动场所进行安全大检查,重点对防火、防盗、食品卫生、安全用电、房屋建筑等方面进行检查,对存在安全隐患的宗教活动场所要求暂停活动,限期整改。2010年,在宗教界组织开展创建和谐寺观教堂活动,25个宗教活动场所受到表彰。

(市宗教局)

政务集中管理

2009年1-11月,市政务大厅30个窗口单位和国税、地税、工商、交通、车辆管理5个分大厅共办理行政许可81 707件,非行政许可审批724件,年检等服务事项73 699件,按时办结和提前办结率达到99.76%。财政局收费窗口完成行政许可环节收费762.5万元,完成高中、大学、幼儿园收费8270万元。市政务大厅组织基本建设项目的联合审批11批50项。企业和群众对办事效率、服务态度的满意度达到99.0%。

市政务大厅对全市各机关原来保留的406项行政许可项目进行清理,保留行政许可350项,非行政许可审批32项、年检7项,归入其他行政职权46项,依照法律的废止取消3项。将法律法规规定由县级以上行政机关实施的8项行政许可下放到县级机关实施,市级机关不再办理。市级行政机关减少审批环节24个,为申请人减少许可时间52个工作日。将全市部分单位保留的行政许可、非行政许可审批事项受理环节的5个工作日进行取消,减少办事时间65个工作日。将决定环节时间超过7个工作日的压缩为5个工作日,减少办事时间64个工作日。将6个单位的17个行政许可事项的受理环节和审核环节实行合并,由窗口工作人员一次完成,减少办事时间19个工作日。取消《不予受理通知书》、《监督管理通知书》,规范办事程序。

2010年,市政务大厅43个窗口单位共办理各类行政事项230 794件。其中行政许可118 426件,当即办理105 688件,占89.24%;承诺办理12 738件,占10.76%。非行政许可审批2982件，当即办理2192件，占73.5%；承诺办理790件，占26.5%。年检等服务事项109386件,均为当即办理。全部事项按时办结和提前办结率达到99.76%。接待办事群众10万余人。财政局收费窗口完成行政许可环节收费1281.22万元,完成高中、大学、幼儿园收费9530万元。市政务大厅组织基本建设项目的联合审批11批52项。企业和群众对办事效率、服务态度的满意度达到99.5%。

继续对全市各机关原来执行的行政许可项目进行清理,保留行政许可339项,非行政许可审批29项。率先在全省建立事项的名称、依据、条件、数量、程序、期限、类别、流程、对象、收费、机构、地址、联系方式、办理方式、服务对象、应用主题等23个项目的公开内容,并在市政府门户网站、政务大厅网站和政务公开公示栏进行公示。对六县(市、区)的行政许可、非行政许可审批和其他适合在行政审批中心办理的行政服务事项进行统一清理,全市六县(市、区)的行政许可、非行政许可审批和其他行政服务事项基本统一。

（市政务大厅）

档案工作

档案业务

2009年,市、县(市、区)档案馆侧重接收了部分涉及民生的知青、医疗、婚姻、房地产等方面的档案资料。加强档案法制建设工作,在全市组织进行两次档案行政执法检查。加强档案基础业务建设,做好新农合、新农村建设、社会养老、计划生育、林权改革、扶贫开发、节能减排、环境保护、就业培训、民情民意、土地流转等民生档案的监督指导。加强农业农村档案管理,每个县(市、区)均抓了一至三个农村档案规范管理试点。做好集体林权制度改革档案工作,市档案局和市林业局出台《晋城市集体林权制度改革档案管理办法》,侧重抓了泽州、阳城县的林改档案试点工作,每个县(市、区)抓了一个乡(镇)村的林改档案工作。加强各级各单位2008年度档案的归档整理指导工作,完成2008年度档案归档工作。全年市档案馆共接待查阅1260人次,3695卷(册、件)次,复印摘抄4078页。

2010年,市档案局按照省档案局的总体部署,实施档案系统新的“六大工程”,即市、县(市、区)档案馆的基础设施建设工程、馆内业务建设工程、机关企事业单位及重点工程档案业务监管工程;农业农村档案业务指导工程;林权制度改革档案业务指导工程;民生档案管理工程。全年接待查阅利用者1353人次，调阅档案资料和已公开现行文件、政府公开信息1982卷(册、张)次,复印2536张,出具证明285份,为社会各界和人民群众解决各类问题达

286个。

档案馆建设

2009年,《晋城市人民政府工作报告》中提出把新建市档案馆列入2009年全市重点工程前期准备项目。各县(市、区)编制上报了县级综合档案馆建设规划。制定《晋城市档案局馆档案工作突发事件应急处置预案》,完善开放档案复制和摘抄、政府信息查阅等制度。加大档案目录数据库建设工作,市档案局馆新添置6台计算机、1台打印机和1台扫描仪。

2010年10月20日,市档案馆新馆建设开工。新档案馆建筑面积指标属市级一类标准,馆藏量50万卷,主要包括档案库房、对外服务用房、档案业务用房和技术用房,办公室用房及附属用房、建筑面积为12 351平方米,计划2012年投入使用。

(市档案局)

地方志编纂

2009年,完成新编《晋城市志》送审稿,共计约360万字。编辑出版《晋城解放以来纪事》和《晋城市纪检监察志》。审定出版《晋城军事志》、《晋城教育志》、《晋城开发区土地志》和《高平市志》、《陵川县志》等多部志书。点校出版了明万历《泽州志》。完成《晋城年鉴》(2007—2008)资料征集任务和《山西年鉴》等资料上报任务。组建成立了晋城市史志服务中心,该中心为自收自支事业单位,编制3人。

2010年5月,省地方志办公室组织专家、学者对《晋城市志》进行评审,10月通过复审。新修《晋城市志》共计43卷200多章300多万字。编辑出版《晋城年鉴》(2007—2008),全书计70万字。完成《晋城人物传》初稿,计30余万字。参加山西省纪念新方志工作30周年的各项活动,报送学术论文6篇,报送参展书籍300余册(套)。完成《山西年鉴》等资料上报任务。市地方志办公室获“全国方志工作先进集体”(山西共7个)和山西省唯一的“全国地方志系统先进集体”称号,受到人力资源和社会保障部和中国地方志指导小组的表彰。

(市地方志办)

公务接待

2009年,继续实行定点接待制度。凡是市委、市政府的公务接待,原则上安排在晋城宾馆、老干部活动中心、市纪委培训中心等7家宾馆招待所，在餐饮方面突出地方风味。每次接待活动，要求具体承办人员在三天之内上报接待费用，由承办科长、分管副主任和主任层层把关，逐级审批下达结算单。每次接待活动后，就接待对象、团组、接待计划等有关资料要详细记录，建立完整的接待档案。

全年共接待各级各部门来宾930批次、10 600余人次，其中省部级以上领导125余人次、厅局级1140人余次，大型会议、庆典和来访团队96批。

（市接待办）

老龄工作

2009年，全市共办理非农老年人优待证4160个，其中60岁以上1341个，70岁以上2819个；农村老年人优待证6291个，其中60岁以上3750个，70岁以上2541个。

2010年，共办理城镇老年人优待证4331个（60岁以上1609个，70岁以上2722个）；办理农村老年人优待证4516个（60岁以上2457个，70岁以上1680个）。

“银龄行动”

2009年6月，市老龄委以“银龄助农”为主题，先后在阳城县凤城镇牛抵虎庄村、泽州县下村镇杨庄村、陵川县崇文镇炉家村、西河底镇秦山村举行“银龄行动”启动仪式，结合“开发式”扶贫助老活动，投入资金4万元，援助当地开展花椒树种植、养猪、养羊业，收入用于救助这4个村的85名特困老人。组织全市20余位林业、农业、畜牧业等方面的老年专家志愿者对受援村提供带培助手、信息咨询和技术指导等服务工作。高平市积极开展“银龄行动”，组织100余位老年专家志愿者为山区百姓送医疗、送技术、送文化，惠及2000多人。

2010年，“银龄助农”进一步面向基层，狠抓落实，在六县（市、区）实现全覆盖。5月，先后在沁水县郑庄镇南大村的百亩果园、陵川县古郊乡东上河村的百亩药材基地、高平市三甲镇赤祥村的百头养猪场、阳城县白桑乡东岭村的石碾小杂粮加工厂、泽州县北义城镇河底村的老年西瓜基地和城区西街办五龙河西社区的爱心诊所、西大街社区的爱心超市等举办晋城市第二批“银龄行动”启动仪式。共投资7.5万元，当年所得收益的1/3用于救助当地的100多名特困老年人，1/3用于项目再生产，1/3存入该村（居）老年基金专账，专款专用，专人负责。全年“银龄助农”项目实现经济效益5万元，受助老年人可享受该项目补贴金100~300元。开展“关爱银龄·助老御险”活动，参保人数达6913人，保费84720元。

基层老龄工作

2009年,把基层老龄工作规范化建设延伸到乡镇一级,要求乡镇老龄工作要达到"一中心"标准,即乡镇为老服务中心,具体是"八建立":建立为老服务中心组织机构、建立综合性为老服务场所、建立老年福利基金、建立规范长效的养老补贴制度、建立为老保健服务工作制度、建立老年维权工作体系、建立为空巢、高龄、失能老人服务的队伍或机构、建立为居家老人服务的工作体系。全年共验收合格"一中心"乡镇1个,"五有"村76个,"两地"村3个,整体合格乡镇2个。

2010年11月,市政府出台《关于加强基层老龄工作的意见》,共验收合格"一中心"乡镇6个,"五有"村56个,"两地"村4个,整体合格乡镇3个。

宣传工作

2009年,市老龄编发《晋城老龄工作信息》13期,刊载典型工作信息100余条,2万多字。被省老龄办选用30余条,被《晋城政务信息》采用8条。创办《晋城老龄问题研讨》2期,编发老龄工作研究、学术、问题研讨及典型事例等专题文章达30多篇7万多字。在《太行日报》、《太行晚报》、市电视台、市电台、晋城在线共报道老龄工作信息30余条。10月26日,在《太行日报》创办老年专刊",在"晋城在线"建立"晋城老龄信息网",内设《政策法规》、《老龄事业》、《权益保障》、《成员单位》、《基层老龄》、《调查研究》、《老龄动态》、《爱心孝心》、《金秋风韵》和《祝您健康》10个栏目。

2010年,共编发《晋城老龄工作信息》21期,刊载典型工作信息100余条,2万多字。被省老龄办选用30多条,被《晋城政务信息》采用9条。创办《晋城市老龄问题研讨》2期,编发老龄工作研究、学术、问题研讨及典型事迹等专题文章达30多篇7万多字。在《太行日报》、《太行晚报》、市电视台、市电台、晋城在线共报道老龄工作信息40余则。10月26日,在《太行日报》创办"老龄专刊",在全市各级行政事业机关、学校、厂矿企业、各社会团体和社会各界发放宣传资料3万余份。全年上传老龄工作信息及典型事迹等文章100余条(篇),被中国老龄网、山西老龄网、晋城在线选载20多条。

承办全省农村老龄工作晋城现场会

2009年9月26—27日,全省农村老龄工作现场会在晋城市召开。各市分管老龄工作的领导、老龄办主任、全省18个示范县的分管副县(市、区)长、老龄办主任等150余人参加会议。

召开市直老龄工作规范化建设晋城公路分局现场会

2009年11月26日,市政府召开全市市直老龄工作规范化建设晋城公路分局现场会。各县(市、区)老龄办主任、市直及驻市各单位老龄委负责人40余人参加会议。会上,与会代表实地参观了晋城公路分局的老龄工作,晋城公路分局、晋城煤业集团、晋城市一中、晋城市二中4个单位作了经验介绍。

送温暖活动

2009年,一是在老年节前夕,对全市48名农村特困老人进行慰问。二是在“九九”重阳节期间,市老龄办共为97名95~99岁老人和8名百岁以上老人发放养老补贴金14万元,其中95~99岁每人1200元,百岁以上每人2400元。各县(市、区)共为3400多名高龄老人发放养老补贴金110万元。三是在春节前夕,为700余名特困老人发放救助款15万元。各县(市、区)也相应开展了特困救助工作,共为2200余名特困老人发放特困救助款43万元。

2010年春节前夕,共为700余名特困老人发放救助款15万元。各县(市、区)也相应开展特困救助工作,共为2200余名特困老人发放特困救助款43万元。

抽样调查

2009年,山西省老龄办和山西省社会科学研究院联合在包含晋城市在内的6个市开展1‰人口抽样调查,共抽调省、市、县20名督导员、访问员到全市3个县(市、区)、7个乡镇、14个行政村、5所养老院进行走访调查。从8月11日开始,到22日结束,历时12天,共召开市、县、村座谈会12次,填写调查问卷684份,汇总相关资料、数据近百份。

2010年,晋城市60周岁以上老年人口达24.5万人,其中80%以上的老年人生活在农村。市老龄到6个县(市、区)的18个乡镇、54个村居和1080户进行调查,共召开座谈会60多次,填写调查表1080份,并撰写了《晋城市农村老年人生活状况调研报告》。8月,山西省应对人口老龄化战略研究调研组到晋城市进行调研,先后到市老年大学、城区晓庄老年公寓、阳城县北留镇皇城村、县老年大学、阳城县凤城镇岳庄村、泽州县法律援助中心、县老年大学、泽州县巴公镇巴公二村、东四义村就老年养老保障、为老服务、农村老龄工作、老年教育与思想政治工作、老年文体体育工作、老年社会参与、老年权益保障工作和老年群体社会管理等进行了实地调研。

举办全市首届老年文化艺术节

2009年5月至10月26日,市老龄委举办全市“金秋韵、和谐曲”首届老年文化艺术节活动。本次活动分老年风采大赛(歌舞、健身、服饰表演三个类别)、老年书画大赛和晋城市老龄事业图片展。400余名中老年队员参加老年风采大赛,百余名老年书画爱好者参加老年书画大赛,市老龄事业图片展展出百余幅精选图片。

敬老献爱心活动

2009年4月,把城区晓庄老年公寓作为全市首家“爱心护理工程试点”单位,10月18

日被中国老龄事业发展基金会授予“全国爱心护理工程建设基地”称号。与山西华洋工贸有限公司联合开展“庆五一迎国庆讲文明树新风”活动,华洋汽贸公司向60位与共和国同龄的农村低收入老人赠送60份贺礼、60份康寿人寿保险、60个生日蛋糕和60份贺卡,同时向社会各界提出“庆五一迎国庆讲文明树新风尊老敬老”倡议。5月12日,与晋城市快乐歌友合唱团联合开展庆祝建团一周年敬老节目演出。

开展“敬老月”活动

2010年10月,全国第一个“敬老月”期间,晋城市开展了一系列丰富多彩的敬老助老活动。市老龄委下发《关于在全市开展“敬老月”活动的通知》,在市文体宫广场举办晋城市开展“敬老月”活动启动大会。在《太行日报》设立“老龄专刊”,对全市老龄工作进行全方位、大范围的宣传,市物茂广场大型显示屏每天滚动播放老龄宣传标语30多次。为109名95~99岁高龄老人每人发放1200元慰问金,8名百岁以上老人每人发放1400元,为48名山西省特困老人发放每人500元的山西省老年特困救助资金;对“四老寿星”和“感动晋城老龄人物”进行登门慰问。高平市为205名90岁以上高龄老人每人发放800元慰问金,阳城县对全县2966名老年人发放了68万元慰问金,沁水县、泽州县、城区、陵川县也分别对本区域内的87名、275名、101名、89名90岁以上老人分别发放1000元、800元、600元和300元的慰问金。各乡镇、村、各单位也普遍开展慰问工作,累计发放慰问金1000余万元。在市文体宫广场举办晋城市老龄工作“十类百佳”先进集体和个人表彰暨庆重阳“乐龄人”文艺展演。表彰了全市十佳老龄工作红旗乡镇、十佳老龄工作先进村、十佳老龄事业公益企业、十佳助老爱心超市、十佳孝亲敬老楷模、十佳感动晋城老龄人物、十佳彩虹人生奉献典范、十佳彩虹人生志愿者、十佳彩虹人生文体骨干和十佳彩虹人生健康老人。高平市举办第二届老年人运动会,2300余名老年体育健儿参加比赛。阳城县举办“庆祝重阳老年节文艺晚会”。泽州县举办了“庆重阳促发展”老年人汇报演出、老年书画展、老年体育竞赛和老年人游园趣味有奖游戏等系列活动。市公路分局、市百纺公司、晋城监狱、省运等单位组织开展快板、京剧、太极拳、书法绘画、魔术、诗朗诵、门球、乒乓球、射击、钓鱼、扑克、麻将等竞赛活动。

(市老龄委)

机关事务管理

安全保卫

2009年,市机关事务管理局制订《关于迎国庆,反恐怖,加强机关安全保卫工作的实施方案》和《关于市委市政府机关开展一级安全保卫工作的应急预案和实施方案》，制作汽车通行证和人员出入证，并配合武警中队严格执行凭证出入机关办公大楼的管理制度，机关大院和办公大楼的工作秩序明显改变。

节能工作

2009年，组织开展“节能宣传周”和“公共机构节能条例”宣传月活动。印制“节约用水”、“节约用电”、“节约用油”“节约用纸”宣传画500份，除在机关大院、办公大楼、车队、食堂、会议厅（室）等公共场所张贴外，并发放到市直单位。6月5日、9月4日，开展“能源紧缺体验日”活动，停开公共场所照明、电梯、电器。6月14日至20日，与市经贸委、发改委联合开展以“推广使用节能产品，抓好绿色机关建设”为主题，以《中华人民共和国节约能源法》和《公共机构节能条例》宣传贯彻为主线的公共机构节能宣传周活动。投资100多万元，把市委、市政府机关所有高耗能灯具更换为LED高效节能灯具，电功率降低50%以上，全年可减少耗电量48余万度，可节约燃煤192吨，减排二氧化碳400多吨，减少碳排放130多吨。会同市发改委、市财政局在市直单位推广使用节能灯管12万支。对凤翔小区22栋住宅楼和玉屏小区32户住宅楼的围护结构和采暖供热系统进行节能改造。

2010年，全市公共机构用电、用水、用气、用油指标在2009年基础上降低5%。其中节电1193万度，同比下降15%；节水63万立方米，同比下降9.6%；节油142万立方米，同比下降8.6%；节气1.08万立方米，同比下降5.8%；推广节能灯具10万支，全市公共机构推广使用率实现100%；既有办公建筑节能改造5.2万平方米。

物业管理

2009年，成立秀水苑住宅小区业主委员会，组织召开两次业主委员会会议，初步制定《晋城市秀水苑住宅小区业主委员会议事规则》和《业主公约》。

后勤保障

财务管理。2009年，全年预算经费3610.51万元，支出2961.24万元。2010年，配合财政部门完成37个代管单位的移交工作。为市地税局、市医保中心等7个单位代扣税费保险227万元。

车辆管理。2009年，全年动用车辆3.5万台次，运行280余万公里，未发生重大责任事故。保障市委、市政府机关的各种大型会议和活动用车80余台次。2010年，共动用车辆3.5万台次，累计行驶300余万公里，未发生重大责任事故。

综合治理。2009年，保卫科配合市消防大队和泽州路派出所，对机关综合车库、综合办公大楼、档案楼、汽车修理厂等要害部位进行大检查，对办公大楼的消防通道进行清理，更换灭火器100多个。配合公安、武警、信访等部门妥善处理20多起群众集体上访事件。2010年,开展“平安机关”创建活动,对机关20多个重点单位进行反恐知识培训。

电讯管理。2009年,全年共召开电话会议56次,未发生电气设备和人为责任事故。

基建管理。2009年,对凤翔、凤鸣小区售出部分产权的公有住房进行摸底、统计和办理产权买断手续,向住户和住户所在单位发放买断通知800余份,在小区张贴资料达近100份,初审并移交到房改办400余户。积极与煤气公司协调,解决了凤鸣小区22号楼煤气安装费的补贴。完成建设北路公有房屋的租赁合同续订以及租赁费的收缴工作。2010年,共为64个单位630户办理产权买断手续,完成率达到90%以上。

保障服务。2009年,全年服务各类会议、讲座、培训等520余场次。对空调设施设备进行巡查,清洗盘管风机750多个,维修主机和其他设备30多次。加强办公区卫生保洁和绿化亮化工作,集中对机关大院、玉屏小区花草树木修整30余次,补栽各类景观树50余株。完成单身楼管网设施更新改造,对单身楼157个宿舍管网进行全面改造。2010年,共服务各类会议、讲座、培训等530余场次。为玉屏小区更换热水管100多米。对单身楼卫生间进行改造,解决了顶棚漏水、下水道不通的问题。为办公大楼每个卫生间安装排风扇,解决异味排放问题。对机关大院、玉屏小区花草树木进行修整、补苗,共补栽花苗1000余株,移栽草坪200多平方米。

管理服务。2009年,完成凤翔小区841户、玉屏小区32户和单身楼159户的输电任务,收缴水电费43.9万元。对凤翔小区和泽州路综合办公楼的路灯、亮化设施和电表的线路进行维修,抢修凤翔小区和泽州路综合办公楼上下水管道、暖气管道故障38次。对凤鸣老干部小区铁艺围栏做防锈处理,维修倒塌围墙156米。

(市机关事务管理局)

政 协

参政议政

一是全委会议进诤言、谋大计。2009年,五届四次全会上,委员们协商讨论了《政府工作报告》和其他报告,积极提出意见和建议。五届四次全会的联组讨论会上,委员们就积极应对金融危机,扩大内需,保增长、保民生、保稳定,转型发展、安全发展、和谐发展等问题进行了热烈讨论。会上,委员们踊跃发言,内容涉及新农村建设、民营经济发展、城市转型发展、社会文化建设、农村医疗卫生服务、教育工作等问题。共提交书面发言36份,11位委员在大会上发言。

2010年,五届五次全会上,委员们协商讨论了《政府工作报告》和其他报告,积极提出意见和建议。五届五次全会的联组讨论会上,委员们就转变经济发展方式、煤炭资源整合、教育发展、生态文明和宜居城市建设、“三农”问题、文化体制改革、和谐社会建设等问题进行了热烈讨论。发言大会上,委员们踊跃发言,内容涉及低碳出行、法律援助、学前教育、改善投资环境、农村文化建设、教育均衡发展等问题。共提交大会发言34份,8位委员在大会上发言。

二是常委会议议重点、献良策。2009年,市政协常委会认真贯彻中共十七届二中、三中、四中全会精神,全面落实科学发展观,围绕保增长、保民生、保稳定,转型发展、安全发展、和谐发展这一主题,选择事关全市全局的中小企业发展、集体林权制度改革、公共文化工作等课题进行调研,提出了一批有价值的意见和建议,并报送市委、市政府,引起了市委、市政府领导及有关部门的高度重视。市政协五届十八次常委会议把应对金融危机,促进中小企业健康发展作为本次会议的主要议题。常委们经过认真讨论,通过了《关于积极应对金融危机努力促进全市中小企业健康发展的若干建议》,提出了完善政策体系和发展环境,加强解决中小企业融资难题;转变发展方式,提高中小企业发展质量和水平;苦练内功,提高中小企业整体素质和市场竞争力;制度创新,建立有利于中小企业发展的体制机制;健全服务体系,改善对中小企业的服务等建议,上报市委、市政府。五届十九次常委会议重点讨论了全市集体林权制度改革问题。经过认真协商讨论后,通过了《关于加快推进我市集体林权制度改革的若干建议》,提出了切实提高思想认识,全力推进集体林权制度改革;加强林改工作指导,确保改革任务圆满完成;深入推进配套改革,不断巩固和扩大改革成果;强化林业管理体制,为林业健康发展提供优质服务;加快发展林业产业,不断提高农民经营林业的经济效益等建议,上报市委、市政府。五届二十次常委会议重点讨论了全市公共文化工作的问题。常委们经过热烈讨论,通过了《关于进一步加强我市公共文化工作的若干建议》,提出了加强对公共文化工作的领导;做好公共文化服务机构的规划工作;加大公共文化设施的建设力度;构建多元公共文化投入机制;深化公共文化体制改革;做好公共文化服务日常工作。这些建议上报市委、市政府后,引起市委、市政府领导和有关部门高度重视。

2010年,市政协五届十七次主席会议和五届二十五次常委会议把本市经济发展方式转变作为议题,常委们经过认真讨论,通过了《关于加快推进我市经济发展方式转变的若干建议》,提出了进一步更新观念,转变作风,加强组织领导,积极创优发展环境;以推进转变发展方式为目标,加快制定高新技术项目发展规划;创新体制机制,构建支撑体系;贯彻落实国家《人才规划纲要》,构筑多层次的人才支撑体系;加强创新平台建设,完善科技创新体系;运用高新技术改造传统产业,促进产业优化升级;以园区建设为载体,打造新兴产业和科技创新企业集群;培育科技服务中介机构,完善社会化服务体系等建议,上报市委、市政府。市政府出台了《晋城市推进经济发展方式转变项目扶持资金管理办法》,并下发通知,要求各级各部门站在全局和战略的高度,大力抓好转型发展项目的扶持。五届二十六次常委会议上,市政协常务副主席申会向常委们传达了袁纯清书记《以转型发展为主线,为实现山西经济社会跨越发展努力奋斗》的讲话精神,激发了常委们再造一个新山西的昂扬斗志。五届十八次主席会议和五届二十七次常委会议重点讨论全市扶贫攻坚问题。常委们经认真协商讨论,通过了《关于推进我市扶贫攻坚战略的若干建议》,提出了统一思想,提高认识,确保全市扶贫攻坚战略跨越发展;完善措施,加大投入,推进扶贫攻坚政策落到实处;统筹规划,因势利导,促进脱贫致富产业做大做强;完善机制,强化监督,动员全社会扶贫帮困力量不减弱;转变作风,优化班子,充分发挥基层党组织的战斗堡垒作用等建议,上报市委、市政府。《建议》受到市委市政府主要领导的充分肯定,有关部门认真研究并充分采纳吸收。五届十九次主席会议和五届二十八次常委会议重点讨论了全市"十二五"规划编制问题。常委们经过热烈讨论,通过了《关于编制晋城市国民经济和社会发展第十二个五年规划的若干建议》,提出了总结经验、因势利导,坚持走符合晋城实际的科学发展道路;突出重点、明确任务,实现经济社会又好又快发展;加强领导、集思广益,确保"十二五"规划编制工作顺利进行。这些建议上报市委、市政府后,引起市委、市政府领导和有关部门高度重视,有力推动了全市"十二五"规划的编制工作。

三是委员视察抓关键,求实效。2009年,市政协把组织委员视察作为履行职能的关键环节来抓,开展了主题鲜明、内容丰富、形式多样、成效明显的视察活动。全委会和常委会前组织委员进行了会前视察。3 月 27 日,文教委组织部分委员到泽州县山河镇洞八岭中心小学、岭东中心小学进行视察,委员们就进一步加大偏远山区学校基础设施建设,改善偏远山区学校教师和学生生活环境提出了意见和建议。4 月 10 日,文教委和文史委共同组织委员到传染病医院、上辇社区医疗服务中心等单位对全市医疗卫生工作进行了视察。4 月 16 日,市政协主席殷理田带领市政协部分常委、委员深入市经济技术开发区,郝匠社区城中村改造工程现场、富士康晋城科技工业园区进行了实地查看,并详细了解了市经济开发区经济社会发展情况。委员们一致认为开发区坚持以科学发展观为统领,突出创新发展、规模发展、和谐发展,经济社会发展取得了可喜成绩。5 月 23 日至 30 日,经科委组织委员到城区九州玻璃制品有限公司、兰帝煤制品公司、高平福鑫铁合金有限公司等重点中小企业进行视察,形成了《关于我市中小企业应对危机逆势发展的调查报告》。6 月 3 日至 20 日,社会委组织委员就全市大学生就业开展视察,形成了《关于我市大学生就业情况的调查报告》。7 月 15 日至 22 日,农村委组织委员就金融服务"三农"工作情况深入六县(市、区)和市直有关单位进行视察,形成了《关于晋城金融为农业发展和农民增收服务情况的调查报告》。8 月 15 日至 9 月 10 日,农村委组织委员就全市集体林权制度改革情况深入六县(市、区)和市直有关单位开展视察,形成了《关于我市集体林权制度改革情况的调查报告》。9 月 24 日,农村委组织委员就高平市实施"五个全覆盖"深入高平市三甲镇、永录乡、马村镇等地方进行视察,形成了《关于高平市实施"五个全覆盖"工作情况的调查报告》。10 月 13 日至 26 日,文教委与文史委共同组织委员深入全市六县(市、区)对全市公共文化事业发展情况进行视察,形成了《关于我市公共文化情况的调查报告》。10 月 14 日至 15 日,提案委组织委员深入市畜牧局、市交警支队、市教育局等单位对部分重点提案进行视察督办。10 月 14 日至 21 日,经科委组织委员深入晋煤集团、兰花集团、沁和能源等重点企业对全市煤炭企业兼并重组整合和煤炭企业生产经营、项目建设情况进行视察,提出了加快推进煤炭企业重组整合工作和统筹安排煤炭生产的建议。11 月 13 日,文教委组织委员对太原科技大学晋城学院进行了跟踪视察。通过委员视察,提出了很多操作性强的意见和建议,促进我市各项事业的快速发展。

2010 年 3 月 5 日至 15 日,文教委组织委员配合省政协教科文卫体委员会对全省文化产业进行调研,形成了《关于晋城市文化产业发展情况的调查报告》。4 月 13 日,经科委组织委员视察城市规划展厅和市区园林绿化工程,委员们就进一步做好市区园林绿化工程提出了意见和建议。4 月 6 日至 16 日,社会委组织委员对全市城市少数民族流动人口管理现状工作进行调研,形成了《关于我市少数民族流动人口管理工作的调研报告》。4 月 16 日,市政协副主席郭一峰、王陆升带领部分政协委员对我市正在建设中的东南出入口通道、客运东站、国际贸易中心、豪德光彩贸易广场等重点工程进展情况进行视察,委员们就城市建设与管理提出了意见和建议。5月26日,社会法制委组织省、市政协有关委员对晋城市检察院机关反渎职侵权工作进行了视察,委员们就加强检察工作特别是反渎职侵权工作提出了意见和建议。6月1日至3日,农村委配合省政协专题调研组,对我市发展乡村旅游、促进农民增收进行了专题调研,委员们就进一步推动城乡一体化建设步伐提出了一系列意见和建议。6月21日至30日,社会委组织有关委员,对我市的"三资企业"开展调研活动,形成了《关于我市三资企业总体情况的调研报告》。7月2日,市政协副主席马德和带领农林界委员,先后深入火车站、汽车站、花园头社区、凤台社区、垃圾收集站、书院街等地,对我市城市环境卫生进行了视察。9月15日,市政协副主席王陆升率领部分市政协委员对我市消防工作进行了视察。9月25日至29日,农村委组织委员深入涉农部门对我市农业和农村经济发展"十二五"规划情况进行了详细调研,并提出了建议和意见。10月22日,文史委组织委员到天井关进行了视察,委员们就我市文化旅游资源的开发和文化旅游业的发展提出了意见和建议。11月24日,经科委组织委员到环城高速公路、阳翼阳城至沁水段高速公路和沁水县进行了视察,提出了加大城镇化规划建设力度的建议。一年来,市政协组织委员外出学习考察10多次,广大委员的理论素养、政治水平有了新的提高,为委员更高质量的履行职能奠定了坚实的基础。

四是做好文史资料收集、整理出版工作。2009年,按照省政协和市政协常委会2009年工作要点的安排,贯彻落实省政协阳泉会议精神,加强文史资料工作研究,规划部署我市的民主政治史料的征集工作;编辑出版《晋城文史资料》第七辑;发起了戏曲史料的征集工作;召开我市纪念人民政协文史资料工作50周年座谈会,回顾光辉历程,展望工作前景。

2010年5月26日,文史委召开座谈会,规划部署了全市戏曲史料的征集出版工作和以五小工业和乡镇企业为代表的20世纪下半叶工业经济史料的征集工作;积极组织委员参加六集历史文化纪录片《经典晋城》的录制审查工作。

五是举办政治论坛报告会。2009年举办了2次政协论坛报告会。6月29日,第21期政协论坛报告会邀请我国著名金融专家曹红辉教授作了题为《国际金融危机的趋势与对策》的专题报告。12月10日,第22期政协论坛报告会邀请我国著名军事专家张召忠教授作了题为《国际战略形势与军事热点》的专题报告。两次政协论坛报告会受到各方面的广泛关注和好评。

六是完成了山西政协年鉴·晋城卷编纂工作。2009年,配合省政协研究所完成了晋城卷(2008)编纂工作,整个稿件共分:工作概述、全体委员会议、常务委员会议、专门委员会工作、专题活动、组织概况六大部分，约2万余字。

2010年，配合省政协研究所完成了山西政协年鉴·晋城卷(2009)编纂工作，整个稿件共分：工作概述、全体委员会议、常务委员会议、专门委员会工作、专题活动、组织概况六大部分，约2万余字。

民主监督

深化提案办复工作。2009年共收到提案319件，立案303件，其他作为意见处理，并及时交付有关部门进行办理。经过认真遴选，确定了由市政府领办的《关于我市煤层气开采经营的几点建议》、《加强寄宿制中小学校传染病防治工作的建议》等10件重点提案，内容涉及工业、农业、教育、交通、卫生等百姓关心的问题。按照“分级负责、归口办理”的原则，交给有关部门办理。为确保提案落到实处，采取政协主席领衔督办、电话信函督办，重点提案反复督办等形式，有力地促进了提案的办理和落实。

2010年，共收到提案301件，立案283件。经提案审查委员会研究，确定了由市政府领办的《关于加快发展服务业推进转型发展的建议》、《关于科学合理设置交通标志的建议》等十件重点提案，内容涉及教育、交通、卫生等百姓关心的问题。市政府领导亲自督办视察，推动了提案的办理落实。经过认真遴选，在《晋城政协网》选登了43件提案，内容涉及社区卫生、农村医疗、城乡建设、残疾人保障、农村养老等民生问题，以期引起广大人民群众的关注和监督，扩大政协提案工作在社会上的影响力。截至2010年底提案已全部办理完毕。4月24日，提案委积极参加全省政协提案工作经验交流会，会议就提高提案质量进行了深入探讨，进一步推动提案工作从“答复型”向“落实型”的转变。

积极参加政风行风评议工作。2009年，被聘为民主监督员的委员，参加了财政、农业、公安、国土、安监、教育、银行、交警等部门组织的行风评议，提出了70余条可行性的意见和建议，受到有关部门和单位的重视。

2010年，被聘为民主监督员的委员，参加了国税、工商、安监、烟草、金融等部门组织的行风评议，提出了80余条可行性的意见和建议。共组织政风行风监督员参加市广播电台《百姓热线·纠风台》栏目15次，政风行风监督员对上线单位及其工作人员履行职责、执行公务和遵纪守法活动等情况实施现场监督，有力地推动了我市政风行风工作制度化、规范化开展。

进一步加大社情民意反映力度。一是领导高度重视。4月2日，市政协党组就学习实践科学发展观，做好社情民意工作到沁水县进行专题调研，强调要让社情民意工作成为知民情的直通车、聚民心的连心桥、政府决策与民众意见之间良性互动的纽带。二是狠抓信息队伍建设。为多层次、多渠道地扩大信息来源，狠抓了政协委员、骨干信息员、机关人员三支队伍建设,形成了以委员为主体,以信息员和机关人员为拓展的"一体两翼"信息工作新格局。三是组织信息员外出考察学习,开阔视野。10月13日至20日,组织市政协机关和各县(市、区)政协负责社情民意信息工作的同志共15人赴华东上海、南京等五市进行了考察学习。四是由各专委会每月组织委员围绕专题反映社情民意,确保社情民意反映渠道畅通。五是以《社情民意》内刊为载体,以普报或专报形式报送市有关领导和有关部门参阅。全年共编印《社情民意》130期,采用信息284条。其中10余条信息引起了市委、市政府领导的高度重视和批示,要求有关部门对提出的问题认真调查研究,采取相应措施予以解决。如《我市非法营运煤炭黑窝点亟待取缔》得到王树新副市长的亲自批示;《基层集体林权制度改革存在的困难和问题不容忽视》等4条信息被《晋城政务信息》采用。

2010年,从参加政协的各民主党派、人民团体和各专委会聘请信息员,建立了队伍,确保信息来源的稳定。由各专委会每月组织委员围绕专题反映社情民意,确保社情民意反映渠道畅通。通过视察、调研、来信来访等途径收集社情民意。以《社情民意》内刊为载体,以普报或专报形式报送市有关领导和市有关部门参阅。全年共编印《社情民意》161期,编印《特情专报》1期,采用信息350余条。其中,10余条信息引起了国家、省、市领导的高度重视和批示,要求有关部门对提出的问题认真调查研究,采取相应措施予以解决。如市政协提案委主任李景栓《关于煤炭规划矿区与煤炭煤层气隶属一个开发主体的建议》被全国政协采用,得到国务院领导的重视并转送有关部门。

联谊工作

举行活动。2009年6月24日,市政协组织机关党员干部赴城区钟家庄办事处洞头村考察学习。听取洞头村党支部书记王全富有关洞头村建设社会主义新农村的情况介绍,党员干部们又实地参观了洞头村发展生态旅游的情况。大家表示,要认真学习洞头村党支部学习实践科学发展观,建设社会主义新农村的好做法和好经验,努力搞好人民政协的各项工作。同时,市政协积极组织干部职工参加市直工委举办的"我身边的共产党员"网上有奖征文活动和"科学发展观在身边"演讲比赛活动。

2010年1月中旬开始,市政协组织开展"感动晋城十大政协委员"评选活动,活动历时三个月,通过组织推荐、公众投票、评委打分三个环节的评选,司安民、刘敏、孙德利、李红光、陈素琴、郭响亮、葛保顺、焦宏源、靳旭玲、彭晋峰被评为"感动晋城十大政协委员"。4月25日,市政协在市电视台演播厅举办"和风扬帆"履职评选活动颁奖晚会,隆重表彰"精品提案奖"、"最佳社情民意奖"、"优秀调研报告奖"的获得者和"感动晋城市大政协委员"。市委书记张茂才,市委副书记、市长王茂设等到比赛现场观看晚会,并为获奖者颁奖。重视与各民主党派、工商联、人民团体以及各界人士的联系沟通。邀请民主党派、工商联的政协委员参与调研、视察和行风评议活动,积极发动各民主党派、工商联以党派、团体名义提出提案,并重视他们的提案办理落实等形式,更好地发挥参政党在参政议政中的作用。

加强与各级政协的沟通。2009 年 4 月 8 日,省政协副主席韩儒英调研本市中小企业应对危机健康发展情况;4 月 28 日,省政协副主席李雁红在本市调研农民工创业情况;9 月 16 日,省政协提案工作调研晋城座谈会在本市举行;9 月 16 日至 17 日,以省政协副主席周然为组长的省政协视察组在本市就重大项目开工落地和重大基础设施建设进展情况工作进行了视察;10 月 13 日至 15 日,原九届全国政协副主席杨汝岱在本市就依托人文历史,促进旅游产业发展和新农村建设工作进行了实地考察;10 月 11 日至 13 日,全国人大常委会副委员长、民革中央主席周铁农在本市就新农村建设进行了调研。此外还先后接待辽宁、河南洛阳、江西抚州、江苏苏州、河北邢台等地的政协领导来我市参观考察。全来,先后接待兄弟省、市政协考察团 30 多个,300 余人次。

2010 年 8 月 2 日,全国政协副主席厉无畏在本市就旅游产业发展、新农村建设等工作进行视察;8 月 23 日,全国政协副主席、民建中央第一副主席张榕明调研本市民建组织建设和发展工作;11 月 4 日至 6 日,全国政协常委、人口资源环境委员会主任张维庆就生态环境保护、生态文明建设等工作在本市进行调研;5 月 5 日至 7 日,省政协副主席、民进山西省委主委卫小春调研本市旅游文化产业发展情况;6 月 1 日,省政协副主席李雁红调研本市旅游产业发展情况;6 月 23 日至 25 日,省政协副主席韩儒英调研本市加快特色城镇化建设情况;6 月 24 日至 25 日,省政协副主席令政策就文化产业发展情况在本市进行了调研;7 月 23 日,省政协副主席、省九三学社主委刘滇生,河南省政协副主席、河南省九三学社主委张亚忠在本市调研现代农业食用菌项目;9 月 6 日,省政协“宗教与和谐社会建设”座谈会在本市举行;11 月 10 日,原省政协主席郭裕怀出席在本市举行的山西省矿用塑料产品技术研发中心揭牌仪式,并在凤泰工业园区进行了调研。11 月初,市政协主席师建平专程赴重庆,考察重庆万州区、渝北区、北碚区政协工作的先进经验,并进行了工作交流。此外还先后接待河南、河北、安徽阜阳、新疆乌鲁木齐、内蒙古包头、山东烟台等地的政协领导来晋城市参观考察。全年先后接待兄弟省、市政协考察团 50 多个,800 余人次。

此外,市政协领导经常深入各县(市、区)政协调研,听取意见,指导工作,使各县(市、区)政协工作日益活跃。5 月 12 日,市政协党组书记、主席师建平,常务副主席申会,副主席郭一峰、王陆升、金德祥、马德和、陈改玲、王克平在泽州县政协机关召开座谈会,就进一步做好政协工作与泽州县政协机关领导干部进行了交流;5 月 13 日,市政协党组书记、主席师建平,常务副主席申会到城区豪德光彩贸易广场开发有限公司及建设工地、晋城国际贸易中心等地,就重点工程建设进行了专题调研;5月20日,市政协党组书记、主席师建平,常务副主席申会,副主席王陆升就城市基础建设情况到沁水县污水处理厂、教育园区进行了调研;5月25日,市政协党组书记、主席师建平,常务副主席申会,副主席王陆升就城市建设情况到阳城县阳高泉森林公园、侨枫瓷业有限公司、阳翼高速公路县城连接线等地进行了调研。6月9日,市政协党组书记、主席师建平,常务副主席申会,副主席王陆升到陵川县仕图苑六畜通顺养鸡有限公司、磨河供水扩建改造工程和潞城镇千亩大棚蔬菜基地就特色农业发展进行了调研。通过与县(市、区)政协联合开展调研、研讨工作、交流经验,加深了理解与沟通。

(市政协)

国防建设

晋城军分区

思想政治建设

2009年,晋城军分区紧紧围绕“三个确保”的时代课题,大力加强思想政治建设。采取两级党委带机关统一组织、统一实施的方法,加强理论学习,完善“五评一考”制度,提高党委中心组和机关理论学习质量。开展当代革命军人核心价值观教育,组织以当代革命军人核心价值观为主题的诗歌创作和朗诵活动。加强对基层理论学习、政治教育的指导,营造浓厚的教育氛围。针对国内外发生的重大事件,及时安排形势教育,引导大家把思想认识统一到党中央、中央军委的决策部署上来;持续开展大谈心活动,确保官兵的思想稳定。

2010年,建立健全理论学习“七项机制”和年终政治工作“五评一考”制度,持续开展“每人一档、每月一讲、每月一考”和“评比学习尖子、评比岗位能手”活动。采取统一专题、异地同步的方式,组织官兵学习“两会”、党的十七届五中全会精神以及胡主席关于国防和军队建设的重要论述,安排专题辅导,组织理论考核,提高党委中心组和机关理论学习的质量。完成省军区赋予的“崇尚学习强素质,爱军精武立新功”主题教育试点任务,组织了知识竞赛、参观见学、短信互动、体会交流等活动。选派2名干部参加省军区“四会”政治教员比武,取得总评第二名的成绩。

军事斗争准备

2009年,对“三室两库”进行整合,修订完善两大类16种方案及各种配套保障方案;对辖区内12座大中型水库、29个关隘、38座桥梁隧道、56个军事和经济目标进行实地勘察,掌握区域内的军事地理环境和战略价值。加强军事训练,组织两级首长机关完成年度军事训练;对人武部全体干部进行业务技能和体能考核,参考率达到95%;组织全省参谋指挥所演习集训,进行以信息化条件下城市防空袭作战为课题的指挥所演习试训;参加北京军区组织的“铸盾—2009”网上战役演习,两次受到省军区的通报表扬;组建晋城市民兵受阅方队,参加全省“联动—2009”实兵演练;组织民兵高炮分队参加省军区实弹射击考核,取得优异成绩。对市、县两级国动委和所属“八办”机构进行整治和规范;组织国防动员潜力调查,拓展完善国防动员指挥系统,实现市、县两级互联互通。

2010年,按照省军区小型作战会议要求,整合“三室两库”,配齐战备物资;修订完善作战方案和配套保障计划,建立重点目标和晋城地区兵要地志数据库;筹资70万元资金对国防动员综合指挥信息系统进行扩容升级。参加北京军区“铸盾—2010”战役演习,开展基础训练比武竞赛,参加省军区组织的比武考核,取得专武干部个人第十名和总评第三名的成绩。沁水、陵川县人武部分别被省军区表彰为军事训练先进单位和战备工作先进单位。编制完成《晋城市“十二五”期间国防动员发展规划》。

党委班子和干部队伍建设

2009年,按照省军区统一部署,在全区开展“三个正确对待”思想风气建设教育整顿,提高两级党委领导部队科学发展的能力。规范干部教育管理,树立3名干部标兵,选送10名干部到上级机关、军事院校代培深造。开展向吕梁军分区和高平市人武部党委学习的活动,市委、市政府和军分区联合作出《关于在全市范围内开展向高平市人武部学习活动的决定》。

国防文化建设

2009年9月,举办晋城市首届国防文化节,活动期间,组织了“晋城杯”获奖作品和“钢铁长城”大型图片展。结合征兵宣传,组织“钢铁长城”大型图片到各县(市、区)进行巡回展览,直接受教育人数达5万余人。

“双服务”活动

2009年,继续开展“双服务”活动,组织民兵1.2万人次,植树20余万株;出动民兵3000余人,扑灭山林火灾4起;国庆期间,组织民兵1260人次,动用车辆10台次,在市区主要街道进行巡逻执勤;面对特大旱情和雪灾,迅速出动13支民兵应急分队参加救灾。

2010年,组织全区官兵和广大民兵预备役人员先后10余次完成抗洪抢险、矿难救护和森林灭火等急难险重任务。积极参加“6.3”郊南煤矿事故救援、“8.19”抗洪抢险活动。市委、市政府、军分区联合下发《关于积极推进军民融合式发展的意见》,发动民兵预备役人员参与“四市”联创,援助新农村建设示范点12个,植树370余亩。

民兵组织建设

2009年,对全市的行政区划、产业结构、人口分布、适龄人员流动趋势、专武干部和民兵干部的建设现状等情况,进行详细摸底。组织两级机关全体现役干部、专武干部、市直部分行业系统的负责人,进行以民兵整组为重点内容的国防后备力量建设研讨培训。对全市42个乡镇基层武装部、46个民兵营(连)部进行全面检查验收。拓宽民兵编组渠道,在大宁煤矿等21个中外合资企业、大中型企业成立武装部,建立民兵组织;在华洋汽贸等13个私营企业编组民兵队伍;在13个餐饮业组建饮食保障分队;在10个旅游景点组建向导分队。拟制《常备民兵应急分队规范化建设标准》,规范常备民兵应急分队建设。协调地方党委、政府加大对专武干部的选拔、配备、调整和使用力度,指导沁水县人武部对全县14个乡镇的专武干部进行调整和培训。

2010年，持续开展“外学吕梁、内学高平”活动，组织“学典型、找差距、促发展”大讨论，号召各单位与高平市人武部结成帮学对子。高平市人武部被北京军区表彰为先进旅团单位，城区、泽州县人武部被省政府、省军区表彰为先进人武部。选送2名人武部主官到沿海发达地区参观学习，选送14名干部到部队院校和地方党校学习培训，继续支持1名干部在职攻读研究生，选派6名专武干部参加省军区组织的业务培训。

正规化建设

2009年，研究制定《关于进一步加强部队安全稳定工作意见》，成立安全领导委员会，层层签订《安全管理责任书》，建立严格的责任追究和奖惩制度。在全区开展“百日安全评比竞赛活动”，建立计时牌、安全警示牌，设立网上活动专栏，印发宣传资料；落实省军区“三统一、一定向”制度，封存28台使用率低、技术状况差的车辆；调整民兵武器装备仓库干部，配强警卫力量，购买执勤器材，加高围墙，维修高压电网，改造监控设施，全面提升民兵武器装备仓库防范能力。制定《军分区机关工作规范》、《人武部精细化管理细则》，对47个岗位职责进行细化，对军事、政治、后勤三方面27类60项工作进行规范，并在城区、高平和军分区机关召开精细化管理现场观摩会。

2010年，编印《晋城军分区机关工作规范》、《人武部机关工作规范》、《常备民兵应急分队规范化建设细则》，对军、政、后三大类29个方面的工作进行细化。完成省军区赋予的学习贯彻新条令暨正规化管理现场观摩集训任务，人本管理、法制管理、责任管理、文化管理“四位一体”管理模式被省军区在全省范围内推广。按照北京军区和省军区的要求，采取“统一组织、同步展开、条块结合、按级负责”的方法，扎实开展“十项治理”活动，代表省军区接受北京军区联合检查组的验收。晋城军分区被省军区表彰为安全管理先进单位。

后勤保障

2009年，圆满完成战役勘察、参谋集训、冬季适应性训练、国防文化节等活动及平时工作的保障任务。加强基础设施建设，投入150余万元对办公楼和综合楼进行修缮。积极协调地方政府加大对人武部基础设施建设的力度，沁水县人武部新建了办公大楼，阳城人武部选定搬迁新址。与莒山煤矿结成军民共建单位。

2010年，按照“一保战备，二保生活”的要求，深化后勤“双配套”常态化建设、军民融合保障建设。修订完善后勤应急保障预案，对全市应急保障企业进行潜力调查，投入资金30余万元补充应急保障器材。开展“三项治理”整顿，解决财务、营房、车辆管理上存在的问题。晋城军分区被北京军区表彰为社会化保障先进单位，被省军区表彰为党委理财先进单位、审计工作先进单位。

（晋城军分区）

消　防

2009年,全市共发生火灾132起,直接财产损失206.2万元,无一人因火灾死亡受伤。全市消防部队出动342次,出动警力4107人次,出动消防车642台次,抢救、疏散群众449人,保卫国家和群众财产价值5000余万元。市支队被评为全省先进支队,支队班子考核排名全省第二。

2010年,全市共发生火灾167起,直接经济损失187.5万元,火灾零死伤。全市消防部队先后接警出动613次,出动警力6903人(次),出动消防车1078台(次),抢救、疏散被困群众881人,抢救国家和人民群众财产价值8000余万元。

思想政治教育

2009年,市消防支队统一购置学习教材6类290本,编写主题教育、党建系列丛书、“三句话”辅导读本等教材5本,组织制作教育课件26个,制作教育示范片1部,组织制作主题教育版面40块,组织外出参观学习4次50余人次。制定《心理健康咨询室建设标准》,支队机关完成心理健康服务站建设,组建由地方、学校、部队11名专家组成的专家组,一中队、二中队、高平中队建立了心理咨询室,举办心理健康专题辅导讲座2次,对全市消防官兵和合同制队员共308人进行心理健康普查和测试。组织开展向抗洪英雄宋文博、全国优秀士官周勇生、深井救人英雄王兆鹏烈士等学习活动。

2010年3月24日,举办基层警营文化骨干培训班。9月28日,在高平市召开全市消防部队警营文化建设推进会,丰富消防警营文化。成立篮球、乒乓球、羽毛球俱乐部和红门文学社,丰富警营文化生活。

规范化建设

2009年,支队编制5大类32项执法制度,规范16类法律文书和台账,修订22项执法制度,出台10项便民利民措施,成立执法服务队,及时开展督查指导工作。先后6次对监督人员进行培训和交叉检查,选聘100余名社会监督员对消防执法工作进行监督,对反馈回来的300余条意见和建议认真梳理,及时制定措施。全市消防机构依法办理行政处罚案件240起,办理各类行政许可446项。

2010年,共完成社会单位消防安全“四个能力”达标建设399家、消防控制室达标建设252家,培训消防安全“明白人”754人,举办消防控制室培训班13期、培训人员195人。11

月17日，在皇城村召开构筑社会消防安全“防火墙”工程现场会。

消防宣传

2009年，充分发挥各级电视、广播、报刊、网络等媒体优势，利用户外大型广告、电子屏幕、公交车载电视等固定和流动方式，进行全方位、立体化、网络化的消防宣传。消防教育馆和消防站接待社会各界群众参观10万人次，各县（市、区）组织大型文艺会演20余场。8月，12个部门联合出台《晋城市消防志愿者行动实施意见》，成立消防志愿者服务总队，举行“3+X”家庭消防志愿者行动启动仪式，与团市委、市青年联合会共同举行“12.5国际志愿者日青年志愿者活动”，在各类新闻媒体发布消防宣传稿件1000余条。市消防支队被总队评为消防宣传先进单位。

2010年，支队消防教育馆和消防站共接待社会各界群众参观10万人次。

消防队（站）建设

2009年，总投资950万元、建筑面积5000平方米的特勤消防站动工建设。市政府出台《晋城市北留、巴公煤化工工业园区消防队暨危险化学品应急救援基地建设方案》，开始建设阳城县北留镇、泽州县巴公镇、沁水县端氏镇3个政企联办消防站，沁水县端氏镇的政企联办专职消防队配备30名队员、4台消防车。在全市专职队伍中开展争先创优达标活动，沁水、陵川两县专职消防队队伍达到相关标准。省总队为支队新增现役官兵编制20名，总编制达到240名，批准晋城市组建特勤中队、沁水县、陵川县三支现役中队，支队新成立开发区、北石店大队。

2010年，完成特勤消防站主体工程建设，是全市规模最大、标准最高、功能最完备、设施最先进的现代化消防特勤站。阳城县北留镇、沁水县端氏镇政企联办消防站建成，泽州县巴公站完成主体工程。泽州、高平、阳城、陵川四个大队累计投入520万元，完善营区基础设施。

消防基础建设

2009年，支队本级和6个大队的消防业务费预算指标总额达到2000万元，全支队人均预算指标达到9.5万元。全年共投入930万元为各大队、中队配备一批高、精、尖的器材装备，更新1台移动指挥车、3台主战消防车，为5个铁军攻坚组配备价值600万元的器材装备，在全省率先按标准完成灭火攻坚组装备器材配备任务。全市消防部队各类执勤消防车辆达40台，常规、特勤灭火救援器材达12类3078件（套）。继续抓好营房设施建设，投资300余万元完成机关加层改造和营院翻建及后院绿化美化工作，完善多功能视频会议室、综合体能训练室及相关设施。高平大队新增营区面积1160平方米，陵川大队投资20余万元进行维修改造，沁水大队投资90余万元完善端氏消防站附属设施。全市消防部队共装修改造建筑面积近1万平方米,占总建筑面积的60%。加强晋城市消防训练基地建设,一期工程完工并投入使用。加大指挥系统平台建设,为每名干部配备“消防通”,为执勤车辆安装GPS车辆动态管理系统,建成单兵图像传输系统和重大危险源灾害评估系统。

2010年,市政府投资2480万元,在西武匠村建设全省领先水平的消防训练基地,完成油罐、化工生产装置、气体储罐、电气火灾事故处理、化学危险品槽车等训练区和消火栓、消防水池、消防训练塔等设施。

消防队伍

2009年7月10日,召开晋城市消防协会成立大会暨第一届全体会员大会,首批发展单位会员160个。至年底,协会发展单位会员260个,个人会员120个。开展消防职业技能培训业务,安保公司举办3期消防控制室操作人员专业化培训班,对全市333个消防重点单位控制室操作人员进行专业培训,培养了一大批消防安全管理的专业技术人才。

消防安全整治

2009年,以国庆安保、两节两会、冬季防火等重要时段消防安保工作为重点,开展以高层地下建筑、人员密集场所、消防控制室和中小学校为主的12次专项整治,督促三处重大火灾隐患单位提前销案摘牌,对发现的火灾隐患督促整改。全年共检查单位13348家次,发现火灾隐患8675处,整改火灾隐患8127处,责令“三停”138家,查封单位346家,罚款271.8万元,拘留44人。

2010年,全市共检查单位1959家,整改重大火灾隐患单位9家,整治消防安全隐患1969处,下发《责令改正通知书》780份,罚款71万元,责令“三停”7家,行政拘留104人。

执勤岗位练兵

2009年,组织开展驾驶员培训,班长培训、指挥员培训、灭火救援预案和重大危险源系统软件培训等专项培训,提高全体官兵的整体素质和作战水平。对辖区内所有高层建筑、人员密集场所、化学危险品企业等重点单位的灭火预案制作修订率达100%,开展实地演练230余次。进行高层建筑供液测试、空气呼吸器使用测试等一系列测试性训练,建立健全车辆、装备性能基础台账资料,确保器材装备在实战中发挥作用。8月26日晚,在晋城市喜临门家居博览中心举行公众聚集场所跨区域灭火救援实战演练,全市4个现役中队、2支企业专职消防队、长治支队以及晋城市医疗、环保、电力等部门,共20辆消防车、7辆社会保障车,150余名官兵和社会人员参加演习。

2010年,加强对实战练兵工作的领导,开展“冬春杯”大比武活动和“十佳灭火救援尖兵”评选活动。开展灭火救援业务理论培训,组织全市消防部队成立灭火救援战例学习班。开展大跨度、大空间建筑灭火救援战术、战法、战例研讨，提高基层指挥员的科学决策水平。完善消防水源、重点单位灭火救援预案、重大危险源预案等基础资料，提高指挥系统快速反应和灭火救援组织能力。完成应急救援队伍组建任务，组建灭火救援攻坚组，开展“六熟悉”训练和测试性训练，对高层建筑、地下工程和化工场所开展跨区域实战灭火演练。在省总队举行的“打造三晋公安消防铁军体能比武竞赛”和“全省消防部队打造铁军体能大比武”中，获得全省第四名、第一名的成绩。

（市消防支队）

防 空

“结建”工作

2009年,严格执行项目联审机制,所有建设项目审批事项全部进入市政务大厅管理中心,建设单位在领取建设工程规划许可证之前,必须填报《建设项目人民防空审查申报表》,由市人防办出具人民防空工程建设审查批准书,方可办理规划许可证。市人防办现场踏勘工程项目51项,提供《建设项目人民防空工程设计条件》28件,受理结合民用建筑修建防空地下室设计图纸审核及出具审查批准书23件。各县(市)也将“结建”工作程序进入当地服务大厅,实行联审机制。成立人防工程质量监督站,人员编制13人。全市新批建人防工程7.2万余平方米,收取易地建设费234.46万元。其中:市办修建58 187.85余平方米,收取易地建设费120.86万元;高平市修建6639平方米,收取易地建设费20万元;阳城县修建6600平方米,收取易地建设费56.6 万元;沁水县修建559.17平方米,收取易地建设费38万元。

2010年,开展人防工程建设、易地建设费欠缴、不缴情况专项检查,共查出存在问题人防工程项目6个,未缴、欠缴易地建设费192万元,追缴人防易地建设费50万元。全市新建人防工程102 417平方米,收取易地建设费567万元,其中:市办修建63 000余平方米,收取易地建设费364万元;高平市修建10 875平方米,收取易地建设费93万元;阳城县修建28 542平方米,收取易地建设费73万元;沁水县收取易地建设费37万元。市政府投资4000余万元,开始修建面积达13 404平方米人防工程;沃尔玛公司决定投资2亿元修建人民广场地下人防工程,面积达3.5万平方米。

指挥机制

2009年,完成指挥自动化系统建设,建立指挥自动化数据库,并录入指挥数据。确立疏散地域,制订疏散方案,完成钟家庄办事处和高都镇示范点建设。修订完善《晋城市信息化条件下人民防空袭方案》、《晋城市人民防空袭应急行动方案》、《晋城市重点目标防护方案》。认定辖区内重点目标28个,并制定具体的防护方案和防护措施。搞好专业队组训工作,组建7支专业队,各支专业队组织专业训练和演练不少于两次。

2010年,制定《晋城市信息化条件下人民防空袭方案》、《晋城市人民防空袭应急行动方案》、《晋城市重点目标防护方案》,并实现与政府应急预案相衔接。对各支专业队人员名单重新登记备案,并建立专业队成员个人档案。

防空演练

2009年，全市共有警报器19台，其中，市办12台、高平市3台、阳城县3台、沁水县1台。投资1.5万元对市区8台警报器安装GPS卫星校时接收器，实现同步报时。市区警报完好率、鸣响率和统控率都达到100%。4月28日、9月18日，组织两防空袭警报试鸣活动。

2010年9月18日上午10时，组织第二次全省警报统一试鸣活动，警报鸣响率达到100%，音响覆盖率达100%。购置人防指挥机动车，增加警报器18台。

防空宣传

2009年，在中小学、大中专院校开设"两防"教育课，为机关、学校发放《防空与应急知识读本》，覆盖面达到80%以上，同时，编印《人防工程监督管理知识》宣传手册1000份，发至各县(市、区)人防办，市直有关部门和企业。在全省9·18人防警报统一试鸣日期间，开展声势较大的宣传活动，发放宣传资料30 000余份，在城市主要街道悬挂条幅50多条，在指挥所前摆放展板30多块。

2010年，印制《人民防空知识读本》2000本，发至各县(市、区)和市本级中小学。在《太行日报》开辟纪念人防创立60周年专版，总结回顾10年来取得的成绩，宣传人防建设中的先进典型事迹，并发表纪念文章。组队参加省人防办组织的全省人防电视知识竞赛活动，获得三等奖。举办人防60周年有奖知识竞赛，制作人防宣传片，制作人防建设宣传展板20块。此外，在9·18警报试鸣日、国防教育日、法制宣传日期间，组织各种宣传活动。

（市人防办）

双拥工作

宣传教育

2009 年,市双拥工作领导组拟定《2009 年全市双拥宣传工作方案》,市电视台开设《寻访战友》、《军嫂》新栏目,摄制《咱当兵的人》系列片。先后邀请国防大家教授金一南、原总参军训兵种部原政委田永清、武汉通信学院教授季仆枚等为全市副处以上领导干部讲授国防教育课。9 月 15 日,举办晋城市首届国防文化节。市双拥办、市文联联合发行《晋城双拥》增刊。与太行日报社联合组织"祖国钢铁长城"有奖征文活动,共收到征文 300 余篇。

2010 年,市、县两级电台、电视台和报刊,先后转载双拥法规 30 多篇(次),播放双拥知识讲座、知识竞赛、国防教育报告、双拥文艺晚会 20 多场次,报道军地双拥活动及双拥先进事迹、经验 20 多篇(次),书写宣传标语 100 多条。组织全市各级各部门开展以"唱响主旋律、共建和谐城"为主旨的爱国主义歌曲歌咏比赛;集中播放在解放、建设和改革过程中人民子弟兵为祖国、地方不畏牺牲、英勇奉献的爱国主义影片;先后邀请国防大学教授金一南、孟祥青、朱康有、石家庄陆军学院王建华、军事科学院毛新宇等军事专家深入机关、厂矿、企业、学校宣讲国防安全形势 12 场,直接受教育人数达到 2 万余人。坚持对初中、高中每年新生入学进行一周的军事培训,全市培训初、高中学生 2 万余人。各级国防教育中心、农民夜校、党团、工会组织开设国防教育课,培训人员达到 8 千余人。

"双服务"活动

2009 年, 军分区确定泽州县犁川镇崔河村小学和阳城县寺头乡寺头小学为援建对象,军分区党委分别投入资金 15 万元和 5 万元帮助学校完善基层设施建设,帮助"胡底希望学校"完善配套设施。各县(市、区)人武部检结对帮扶 6 所贫困学校。军分区、驻市部队积极响应市委、市政府号召,支持地方经济发展、参加地方维稳救灾工作,出动官兵 300 余名参加市区南出口的植树造林活动,种植面积 20 亩,植树 2500 余株。组织发动民兵 1.2 万人次,种植 13 余万株树,植树规模达 1700 多亩,组织民兵参加地方的维稳救灾工作。春节期间,组织对军烈属进行慰问,协调地方有关部门对特困军属进行救助,帮助退伍战士安排工作。开展支援贫困山区教育事业活动,帮助各级中学组织军训,训练学生达到 20 000 余人,帮助地方部门、宾馆军训员工、服务员 3000 多人,到各小学担任辅导 78 人,上辅导课 200 余次。

2010 年,各人武部与 8 所小学结成帮扶对子,资助贫困学生 50 名。组织机关干部、职工和专武干部开展“一帮一、手拉手”爱心助学活动，共捐资10万元。泽州县人武部为部队输送大专以上学历适龄青年5人。阳城县人武部开展“聚本籍官兵情、圆家庭学子梦”和“捐一点工资，为山区教育事业做贡献”活动。驻市某部为驻地投资60余万元，修建文化活动中心。组织发动民兵12 000余人次，植树近6万株，面积达1300多亩。在“6.3”矿难救援、“8.19”抗洪抢险中，军分区组织城区和泽州常备民兵应急分队主动出击，为社会挽回各种损失近千万元，市委、市政府为军分区记集体一等功，为8名个人分别记一、二、三等功。开展培育当代革命军人核心价值观主题教育，组成演讲团到各县(市、区)人武部和常备民兵应急分队进行巡回演讲，宣传国防知识。组织开展支援灾区的募捐活动，先后为玉树、舟曲灾区捐款8万元。

双拥活动

2009年，市委、市政府大力支持驻市部队建设，先后投入1500余万元，为部队解决实际困难。其中，为军分区、驻市部队投入340万元，为武警支队投入493万元，为消防支队投入645万元。6月24日，国家双拥办调研组莅临晋城，对阳城县、陵川县进行调研检查。“十一”前夕，市委书记张茂才带领市委相关领导，慰问看望部分老红军、老转业干部。市双拥办、市民政局、市妇联等单位，深入驻市部队开展文艺联欢活动。市团委、市文化局、市总工会等成员单位根据各自的职能和特点开展“雏鹰练翅”等活动。

2010年，市双拥办根据《关于印发＜在全省开展“双拥活动月”活动的方案＞的通知》精神，召开专门会议，制定《在全市开展“双拥活动月”活动方案》，在全市开展“双拥活动月”活动。召开市委议军会，专门研究部署为驻市部队、晋城军分区办实事及国防后备力量建设等重大问题。7月26日，市委、市政府举行庆“八一”拥军招待会，军地双方在金辇大酒店欢聚一堂，共话军民深情，共商发展大计。市民政局组织开展优抚政策落实情况大检查、优抚对象大慰问活动，所有优待抚恤金、义务兵家属优待金，全部按时足额发放到位。慰问重点优抚对象1万余户，发放赠送空调、电冰箱、电视机、现金等，折合人民币50余万元。市双拥办、武警晋城支队组织开展主要成员单位军事日活动。

优抚工作

2009年，全面落实重点优抚对象抚恤补助政策，发放各项经费5400余万元。其中：伤残抚恤金1400万元，三属定期抚恤金1180万元，老复员军人定期定量补助1100万元，带病回乡军人生活补助600余万元，优抚事业单位建设220万元。参战参试人员生活补助500万元。开展“爱心献功臣”活动，解决优抚对象医疗补助9809户，400万元；解决生活困难户304户，15万元。元旦、春节期间，为全市优抚对象发放对联83副，年画67张，慰问重点优抚对象800户，发放慰问金16万元，为新中国成立前的老党员发放生活补助300余万元。发放义务兵家属优待金503万元,户均2500元,进藏兵增加30%。

2010年,市、县两级政府为驻市部队投入4000多万元,其中:市政府为军分区投入690余万元,为消防支队投入1400余万元,为武警晋城支队投入1000余万元。沁水县政府为县人武部建办公楼投入1000余万元。市、县两级为随军未安置家属发放生活补助近30万元;"八一"建军节、新年春节慰问资金达到100余万元。

(市双拥办)

法　制

公　安

维护政治稳定

2009年,全市各级公安机关始终坚持“稳定压倒一切”的方针,把维护稳定置于各项工作的首要位置,确保了全市政治大局持续稳定。一是健全完善维稳情报信息分析、研判机制。国庆安保期间,全面启动重大不稳定因素日报告、分析研判周例会制度,对各类情报资源及时进行整合、梳理,对重要情报线索实行动态跟踪、预测;开展矛盾纠纷排查,对全市87个重点工程项目开展摸底排查,分级、分层次落实稳控措施,成功劝阻了涉军、村企纠纷、村委换届等多起群体上访事件。二是重点强化信访维稳工作。积极开展公安涉法信访案件专项治理工作,严格实行重点信访案件领导分级包案制度。针对疑难信访问题,摸索出领导挂牌督办、破案攻坚息诉、司法途径解决、疑难缠访听证、经济救助化解、无理闹访处理等六大方法,全市公安涉法信访呈现出进京进省访人数下降、越级访人数下降、重信重访量下降、缠访闹访情况减少“三降一少”的态势。三是继续加大群体性事件的预警处置力度。进一步完善各类突发事件处置预案,妥善处置了晋煤集团长平公司企地用地纠纷事件、寺河煤矿职工与房地产公司建房纠纷等多起群体性事件, 特别是对相继发生的4起民工与用工单位劳务纠纷事件进行串并分析,及时发布预警信息,成功打掉由60余名安徽籍民工参与的“斗工地”犯罪团伙。全市未发生一起因公安机关处置不当而导致事态扩大的群体性事件。四是全面提升反恐防范和实战水平。9月16日和9月18日,举行全市反恐处突演练和350兆无线通信合成演练,检验全市处突应急力量协调配合、现场处置能力以及通讯保障水平。实现全市影响恶劣的重大群体性事件零发生、重点人员零失控、国庆期间赴京公安涉法零上访、“法轮功”邪教组织零滋事、网上舆情导控零失误的“五零”目标,市公安局被表彰为“全省公安机关排查化解矛盾纠纷先进集体”。

案件侦破

2009年,全市公安机关始终坚持“以打开路、打防并举”的工作方针,在打防结合中促进稳定。一是始终保持对各类违法犯罪主动进攻、持续打击的高压态势。相继开展了“打黑除恶”、侦破命案、打击多发性侵财犯罪、打击拐卖儿童妇女犯罪、打击电信诈骗、打击假币犯罪、打击公路沿线吸贩毒犯罪等一系列专项斗争和集中行动,先后成功破获“5.15”高速公路特大飞车盗窃案、城区“4.28”故意杀人碎尸焚尸案、泽州“3.16”恶性杀人焚尸埋尸案、高平

“3.30”故意杀人案、阳城“1.04”部督特大销售假烟网络案、陵川特大撬盗保险柜团伙案、沁水“3.3”特大抢劫盗窃团伙案、北石店特大招工诈骗案等一大批重、特大案件。城区打掉流窜7省13个地市作案100余起的撬车盗窃车内财物团伙,高平市打掉以赵利军为首涉案100余万元的特大流窜、职业性盗销汽车团伙,阳城县打掉10人跨国拐卖妇女犯罪团伙。省、市、县三级公安机关共同联手,打掉以赵五庆、崔晋霞、毋红梅为首的三个有组织犯罪团伙,抓获犯罪嫌疑人48名,涉案金额10亿多元,追缴违法所得、非法财物价值约1.3亿元,涉嫌赌博、开设赌场、绑架、寻衅滋事、非法买卖爆炸物、故意伤害、非法经营、骗取贷款、诈骗、伪证、掩饰隐瞒犯罪所得、帮助毁灭证据、窝藏等犯罪15类195起,有效遏制了赌博犯罪滋生蔓延的势头和由此引发的诸多治安问题。二是严防严控,最大限度地挤压违法犯罪的空间。为加强社会面防控,有效提升对动态社会的管控能力,在加强“天网”工程建设、组建市区网格化巡防队伍的基础上,以科技防控为支撑,继续推行街面巡控、卡点堵控、科技监控等防控模式,巩固和完善“上有天网、下有巡防”治安防控格局。以“金盾二期”工程建设为契机,先后完成市区GPS卫星定位系统建设和17个智能卡口建设,为城区公安分局50辆巡逻车安装了车载终端,在市区45个主要交通路口安装了83台视频监控摄像机,在全市重点单位、要害部位和公共复杂场所的技防建设,新建视频监控点2057个,全市金融等重点单位、要害部位视频监控率达到了100%。城区不断创新巡逻模式,科学摆布警力,构筑起了全时空、立体化、网格化的防控格局;阳城在县城出口新建了14个高清智能卡口系统,对嫌疑车辆和嫌疑人实时监控和自动比对;高平市在市区范围安装2000余个监控探头,并在干线公路架设高清抓拍系统,构织“天眼”监控网。国庆安保期间,全面启动联勤武装巡逻机制和全市14个交通治安检查站,组织军警民全天候对市区重点区域、重点部位进行巡逻查控,对车辆、人员和物品实施全天候、无缝隙管控。2009年,全市刑事发案总量、八类危害严重刑事案件、多发性侵财案件同比分别下降0.7%、21.4%和3.3%。

加强管理

各级公安机关牢固树立“管理就是服务”、“在服务中实施管理、在管理中体现服务”的理念,将公安执法、管理成果更多、更直接地体现在服务民生、促进发展上。一是按照精细化、信息化、动态化要求,进一步加强对流动人口、出租房屋和特种行业、公共场所的管理。在流动人口、出租房屋管理方面,大力开展户口整顿工作和加强流动人口、出租房屋治安管理专项行动,对辖区实有人口进行摸排清查;加大户籍服务改革力度,制定出台《晋城市常住户口登记管理规定》,建立健全流动人口、出租房屋管理制度,探索出“以房管人、以业控人、动态跟踪、分级管控”的人口管理模式;为基层派出所招聘了182名暂住人口协管员,为城区招聘

100名暂住人口信息员。在公共场所、民爆、特种行业管理方面，相继组织开展“扫黄打非”、公共复杂场所、旅馆业治安清查、民爆物品整治、网吧、游戏厅清理等集中整治行动。对出租房屋、旅馆业、留宿洗浴场所、网吧等重点场所及治安状况复杂的重点地区，不间断开展治安检查和重点清查；对存在的各类隐患和漏洞进行集中整治；对二手手机市场、废旧金属收购站点等重点部位，加强日常巡控。同时强化对枪支弹药、爆炸、剧毒、放射等危险物品的生产、储存、使用、运输、销售等各个环节的管理措施。改进和加强道路交通、消防、监所安全管理工作。在交通管理方面，开展了严厉整治酒后驾驶、涉牌涉证交通违法行为等专项治理，全市交通事故起数、死亡、受伤人数、火灾死伤人数同比全面下降，未发生群死群伤治安灾害事故。在消防管理方面，开展了对人员密集场所和煤化工企业的消防安全大检查和专项治理行动。在监所安全管理方面，开展了监所执法专项整治。三是推出便民、利民、惠民新举措。户政部门开通便民服务热线，提出“1234”工作承诺，放宽小城镇落户政策；出入境部门出台签证提醒、上门宣传、定期联系沟通等工作新举措，并在全省率先实现全市范围公民按需申领护照工作；交警部门通过合理布建车管业务网点，对各车管大厅进行升级改建，搭建了互联网服务平台，出台改善驾管工作五项服务措施。

信息化建设

2009年，以“金盾二期”工程建设和全省新版警务综合平台试点工作为契机，不断加大公安信息化建设力度。在硬件方面，投资2000余万元，为刑事技术部门购置扫描电子显微镜、紫外分光光度计、气相色谱仪等配套设备，完善DNA建库高精尖技术装备；对110接处警系统、350M无线群呼系统、信息中心机房、“一机两用”监控设备、5个看守所和2个拘留所的数字监控系统进行升级改造，购置卫星通信指挥车，建成安全边界接入平台、手机短信平台及数据库备份系统。在软件方面，组建了市局信通支队和情报信息研判中心，建立市、县、所队三级研判机构；举办领导干部、业务骨干等不同层次的培训班，对全警进行信息化应用培训，提升民警的实战水平。在全省公安机关信息化基本技能考核中，晋城市成绩总体达到优良。

规范化建设

2009年，制定出台《执法执勤标准及操作流程》，健全完善115项执法制度，形成了较为完备的执法制度体系；推行典型案例讲评、重要执法指标月考评通报、阳光执法机制、疑难案件会商、执法巡察、个案评查等举措，加大监督考核力度；推行执法办案网上流程管理、网上审批、网上监督和网上考评，建立“信息网上走、案件网上办、台账网上建、绩效网上考”的工作模式；组织法制民警和兼职法制员开展“法律业务素质考试、案件审核水平考察、复议应诉技能考核、文书制作能力考评"竞赛,提高民警执法办案能力和水平。全市重要执法指标均高于省公安厅规定指标。和谐警民关系建设。2009年,以"大走访"爱民实践活动为契机,在全市开展"进村入户访民意、帮贫扶困解民忧、问计求策促民安"主题实践活动,将大走访活动进一步制度化、常态化;增强公安工作的透明度,开展向辖区群众报告工作、警民恳谈、警营开放日等一系列开门评警活动。相继召开了全市和谐警民关系建设高平现场会、信息化建设阳城现场会、执法规范化建设泽州现场会和思想政治工作沁水研讨会,对各地经验进行推广交流。

队伍建设

2009年,全市公安机关坚持"以人为本、严管厚爱"的治警育警理念,积极构建"大教育"、"大培训"、"大督察"工作格局,全面加强队伍建设。一是政治建警。开展学习实践科学发展观活动,查摆出民警在思想、工作和作风中存在的35项突出问题,广泛征求社会各界意见、建议五类471条,确定整改问题21个,群众测评满意率达99.2%。二是从严治警。严格落实"五条禁令"、"五个严禁"、"六条警规"、"双十条"等各项措施,出台《110接处警定期抽检回访制度》、《户政回访督查规定》,实行户籍等热点岗位轮岗制度;开展纪律作风整顿、整改执法突出问题、"两整治两规范"、清理"小金库"和煤焦领域反腐败等专项整治行动;加强对执法环节的管理和督察,严格落实责任倒查追究制。三是文化育警。以庆祝建党88周年为契机,组织开展拔河、登山、警营摄影书画展、主题征文、专题党课辅导、组织优秀党员外出参观学习等活动,举办庆祝新中国成立60周年爱国歌曲歌咏比赛。四是素质强警。市公安局分3期对全市179名基层科所队长进行集中轮训。各级公安机关组织了多种形式的业务练兵、体能练兵、岗位练兵和信息练兵,提高广大民警的综合素质和实战本领。在全省公安系统军用枪射击比赛中,晋城市代表队获得团体第三名。五是从优待警。进一步修订完善民警带薪年休假、人身意外伤害保险、大病医疗救助保险等制度。

2010年,全市各级公安机关世博安保、亚运安保为重点,把维护稳定置于各项工作的首要位置。一是突出隐蔽战线工作。出台《全市公安机关隐蔽战线工作意见》,对各类深层次、预警性、内幕性情报信息进行及时搜集,对重要情报线索实行动态跟踪和预测研判;健全反恐怖组织领导机制,规范县级公安机关反恐职能、工作模式,开展反恐怖防范安全知识宣传教育"进学校、进社区、进重点单位、进公共场所"活动,对全市反恐重点目标、要害部位逐一落实安全防范措施。二是深化矛盾纠纷排查工作。建立各级党委政府综合协调、相关职能部门各司其职、社会各界广泛参与的"大调解"工作体系,探索出"矛盾化解六步工作流程",推行"阳光调解"模式;针对各类矛盾纠纷可能引发突发性事件的规模特点,出台处置预案,明确处置程序、处置策略和处置方法，全面落实重点群体、重点人员排查稳控措施，防止矛盾的堆积、激化。三是开展信访积案攻坚大会战。对全市尚未息诉罢访的涉法案件逐一进行核实，对排查出的积案制订包案攻坚方案，明确包案领导、工作专班、办理责任和办结时限，创造全年无新增公安涉法信访案件的记录。

2010 年，对市、县两级指挥中心进行升级改造，构建起以视频监控、350 兆无线通信、GPS 定位、高清智能卡口、应急通信系统为支撑的指挥调度体系；扩容改造公安四级网，新建公安信息网安全边界接入平台和短信平台，购置“动中通”卫星通信车，在全市出租车安装 GPS 定位系统，为基层一线执法执勤民警配备了现场执法记录仪、警务通等装备，确保决策与实战、上级与下级、指挥中心与一线民警的实时联通。出台《市区接处警扁平化指挥调度试行办法》，明确“一级处警”、“就近出警”和“分类处置”要求，提升紧急状态下的快速反应和合成作战能力。全面启动市、县两级实验室国家质量认可体系建设，大力推进 DNA 建库、微量物证、指纹自动识别、刑事案件现场勘察等系统的实战应用，购置扫描电子显微镜、红外光谱仪、模拟画像、全波段照相系统等专用设备及仪器，初步形成集网上打、防、控、管、侦于一体的综合手段体系。推进“大情报”平台建设，对市公安局情报中心进行改建，有效整合各级公安机关、各警种、各部门情报信息和技术手段资源，推行治安类警情日发布周研判、维稳警情日报告周研判、重大不稳定因素和重特大案件及时报告联席会商等制度，实现信息资源关联共享、技术手段并轨应用，初步构建“124”情报收集研判工作体系。

案件侦破

2010 年，始终保持对各类刑事犯罪的严打高压态势。先后开展“2010”严打整治行动、命案侦破、打黑除恶、打击“两抢一盗”多发性侵财犯罪、打击电信诈骗、打击拐卖妇女儿童犯罪等一专项行动，成功破获城区“2002.6.15”出租车司机被杀抛尸案、泽州“1.1”两人死亡特大故意杀人案、高平“2000.8.8”河西镇牛庄村命案积案、阳城“10.2”下孔村三人死亡特大杀人案、陵川“2000.8.20”三死五伤特大命案积案、沁水“1991.9.19”故意伤害致人死亡案、北石店“1995.10.28”故意伤害致人死亡案等一批重、特大恶性案件。市公安局摧毁了聂亚丽、毕二线为首的特大吸贩毒网络，破获“3.15”特大跨省贩毒案，打掉以肖艳辉为首的特大出售假发票犯罪团伙；城区公安分局打掉技术开锁、撬毁单元楼顶层防盗门盗窃、砸撬汽车玻璃、撬汽车牌照敲诈、盗窃商场黄金首饰等 24 个重大流窜犯罪团伙，泽州县公安局打掉一票面可开具金额近 3 亿元的特大制售假发票团伙，高平市公安局打掉一特大跨省流窜盗窃高档汽车犯罪团伙，阳城县公安局打掉 11 人特大跨省拐卖儿童犯罪团伙，陵川县公安局打掉省厅挂牌督办的特大系列盗窃摩托车团伙，沁水县公安局打掉一跨省盗窃团伙，北石店分局打掉一非法拘禁、赌博恶势力团伙。推进社会面和内部监控系统建设。出台《关于强力推进社会面及内部监控资源整合工作实施方案》,推进市、县、所三级视频监控图像交换平台建设,在市区小区出入口、金融网点、宾馆饭店、大型商场、企事业单位及出租车安装了电子显示屏,在茶楼、网吧、歌舞厅等9类行业场所及内部单位安装监控探头,在中小学校全部安装监控报警设施,启动重点单位与110视频联网报警系统;建成覆盖市区主要街道、路口、重点目标的718路视频监控探头,形成了由8个环市区、9个环市域高清智能卡口和102个环各县主城区高清智能探头组成的三大环状防控网络。发挥社区警务工作功效。出台《关于进一步推进全市社区和农村警务战略的实施意见》,依托社区警务室,发掘、整合流动人口信息员、基层治保组织、老年义务巡逻队、"4050"人员、离退休老公安等力量,形成以社区为依托、以社区民警为主体、以社会辅助力量为补充、齐抓共管、综合治理、群防群治的局面。与教育、文化、工商等部门联合对各中小学校、幼儿园内部及周边治安秩序进行整治,组织交警、巡警、特警、派出所民警在重点时段、重点部位加强治安巡逻和交通疏导,全市未发生一起侵害学生人身安全的恶性案件。

规范化建设

2010年,一是完成执法场所功能分区及"八室"建设,对全市执法办案场所进行功能分区改造,对办案区、接待区、办公区、生活区"四区"最大限度地实行物理隔离,对"八室"进行高质量、高标准、一体化改建,实现从安全检查到辨认、候审、询(讯)问及信息采集全部流程作业和全程封闭办案;在全市执法场所办案区、各警种接处警室、接待服务窗口、监管场所建立网上督察系统,实现对现场执法行为24小时无缝隙、全天候、可视化监督,提升民警规范执法的意识和水平。二是建立了系统完善的执法标准,实现对执法活动的精细化管理、规范化操作。编印完成《执法场所分区设置和管理规范》、《执法岗位标准规范》、《执法执勤行为语言标准规范》、《执法规范化建设制度汇编》、《执法不规范典型案(事)例选编》、《执法规范化建设典型经验汇编》、《实践与探索》、《警营之窗》等10套执法规范化建设丛书;制作了户政、指挥中心、刑事技术、消防、法制、交警、出入境、信访等8个执法窗口单位《执法规范化教学示范片》,提炼形成覆盖全警、精细操作、配套完善的执法主体、执法行为、执法语言、执法裁量、执法管理"五大执法标准和流程体系",实现靠习惯、凭经验执法到靠法律规定、凭执法制度的转变,杜绝随意执法、粗放执法。三是强化执法主体建设,提升队伍的执法素养和履职能力。以《公安机关执法细则》为基石,采取专家授课辅导、视频教学等形式,开展多种形式的教育培训活动;搭建网上学法、教育训练"两大平台",建立"周法制员例会、月法制大讲堂、季案件质量评查、年法律知识考试和业务技能比武""四个一"常态练兵机制;开展民警执法资格等级认证工作，组织全市民警分批参加了2010年度执法资格基本级测试，合格率达94.52%；健全完善案件五级审核把关制度，在基层所队设立159名专兼职法制员，前移、延伸执法监督管理职能。四是实行网上办案审核审批单轨运行，实现执法办案网上全程流转。实现"两个百分之百"，即所有行政、刑事案件百分之百网上录入、网上办理、网上流转，所有办案民警百分之百熟练掌握网上办案流程操作；建立执法单位和民警电子执法档案，建设市、县两级法制部门、办案单位法制员三级执法考评和监督平台，实现执法信息网上录入、执法流程网上管理、执法活动网上监督、执法档案网上建立和执法绩效网上考核。在市政府组织的全市行政处罚案卷评选活动中，市公安局被授予"行政处罚案卷优秀单位"称号。五是催生警务机制、勤务方式的全面变革，达到执法效率和效果的最优化。以功能区改造为契机，在办案区同步设置指导监督室，指挥前沿设置指挥席，各级领导岗位前移，一线值守，变"机关化"办公为"岗位化"办公，实现领导与民警、职责与岗位的"零距离"，改变工作衔接不紧密、信息互通不流畅、案件运转不顺畅的状况，做到资源集约化、岗位前移化、服务一体化、办案效能化。全省各地市35批(次)千余人先后到晋城市观摩考察执法规范化建设。全省公安机关执法规范化建设推进会在晋城市召开，交流推广晋城市公安局的经验做法。

加强管理

2010年，一是流动人口、出租房屋管理。以第六次人口普查和户口整顿为契机，开展出租房屋流动人口"百日整治"行动，探索出"以证管人、以房管人、以业管人"和"一般人口常规管、外来人口跟踪管、高危人群重点管"动态跟踪、分级管控模式。城区分局制作了"出租房屋管理提示牌"；高平市公安局研发了可离线采集、查询、比对的"暂住人口租赁房屋管理系统"；阳城县公安局推行了暂住人口租赁房屋网上便民超市管理模式；陵川县公安局研发了责任区工作信息应用平台，实现由传统的档案登记、簿本式管理模式向信息化、智能化管理手段转变，提升了流动人口服务管理的信息化水平。二是行业场所、民爆物品管理。出台《关于加强全市特殊行业管理的意见》，将废旧金属收购业、印刷业、二手手机业、桑拿洗浴等14种行业列为特殊行业管理；以全国、全省公安情报平台联动应用实地测试为契机，对全市旅馆业和网吧业开展专项整治，严格落实住宿实名登记、持"二代证"上网等制度，对全市网吧免费发放《网吧实名上网管理规范》提示牌；在各县区组织了专职爆破服务队，成立专职搜爆队伍，推行购买、运输、贮存、使用"一体化"模式，确保"不流失、不炸响"。三是道路交通、消防、监所安全管理。在交通管理方面，开展了严格车辆和驾驶人监管、公路客货运交通安全、机动车涉牌涉证违法行为、酒驾和超限超载车辆等专项治理，完善道路交通事故"三级机构、四级网络"综合预防体系，全市道路交通事故四项指数同比全面下降。11月11日，全省公安交警执法规范化建设推进会在晋城市召开，推广晋城市交警执法规范化建设的经验。在消防管理方面，启动社会消防安全“防火墙”工程，开展人员密集场所、公众聚集场所、易燃易爆单位、高层建筑、地下工程火灾隐患排查整治工作，加大对消防重点单位的消防安全监督检查力度。在监所安全管理方面，开展预防涉案人员非正常死亡监所执法专项整治，全年未发生一起监所安全事故。四是网上公共服务管理。建立了市、县两级公安机关互联网门户网站，探索出“网上派出所”、“网上警务室”、车辆和驾驶人网上管理、网上服务等公共服务新模式，研发了网上行政审批系统。

队伍建设

2010年，制定出台《关于加强全市公安队伍建设的意见》、《关于加强全市公安纪检监察、警务督察、审计工作的意见》等规范性文件，构建起了“大教育”、“大培训”、“大督察”的工作格局。一是开展学习型党组织建设和创先争优活动。广泛征求社会各界意见、建议五类471条，查摆出民警在思想、工作和作风中存在的21项突出问题。市公安局被市直工委推荐为“全市创先争优暨学习型党组织建设优秀单位”。二是加大从严治警力度。开展“狠刹四种不良风气、强化队伍作风建设”、“查思想查执法查纪律查作风查工作”、“五治五督”、队伍管理隐患排查等纪律作风和内部安全整顿；加大对监管场所、枪支管理、涉案车辆等执法环节的督察力度，开展警车和涉案车辆、涉案人员非正常死亡等专项整治。三是落实从优待警各项措施。继续执行节假日、双休日超时补贴和休假、体检、大额医保、意外伤害保险等制度；建立身心健康保护工作机制，邀请专家教授进行了心理健康专题讲座；开工修建市人民警察训练学校及沁水县公安局业务用房，理顺开发区分局管辖职能，成立城区分局白水街派出所。四是打造晋城公安警察文化品牌。以“警营之窗”主阵地为依托，组织了登山、射击、歌咏朗诵比赛、三八文艺晚会、警营书画摄影展等丰富多彩的文化体育活动和文化作品比赛。6月16日，在全省公安思想政治工作会议上，晋城市公安局做了《坚持实施文化育警着力促进队伍建设》的典型发言。五是狠抓了民警教育训练工作。通过“警营大讲堂”、“国保大讲堂”、“法律法规学习专栏”、“执法办案专题讲座”、“廉政文化教育学习专栏”等学习平台，开展多种形式的业务练兵、岗位练兵和信息练兵，对全市179名基层科所队长集中进行轮训，举办了派出所长基层基础工作、推动和谐警民关系建设论坛。在省厅组织的全省警务实战技能比武活动中，市公安局31名同志被授予“标兵能手”，市公安局被表彰为“全省公安系统警务技能先进单位”。六是推动和谐警民关系建设。引深“警民恳谈”、“向群众报告工作”、“监所开放”以及“大走访”开门评警等活动，全市13个监管场所全省首家实现对外开放。

（市公安局）

检　察

打击各类刑事犯罪

2009 年，全市各级检察机关共受理各类审查逮捕案件 986 件 1799 人，同比分别上升 14.5%和 28.3%，依法批准和决定逮捕 970 件 1777 人，同比分别上升 18%和 31.6%；受理各类移送审查起诉案件 1379 件 2468 人，同比分别上升 5.8%和 21.7%，经审查，向法院提起公诉 1227 件 2118 人，同比分别上升 3.8%和 16%。批捕故意杀人、故意伤害（致人死亡）、抢劫、强奸等 4 类严重暴力犯罪案件 206 件 387 人，起诉 233 件 406 人；批捕“两抢一盗”等多发性侵财犯罪 402 件 755 人，起诉 435 件 795 人；批捕恶势力团伙 6 个 77 人，起诉 88 人。批捕三个以开设赌场、代理境外赌博网站或组织人员赴境外赌博为主业的犯罪团伙。

2010 年，共受理审查逮捕案件 1123 件 1882 人，同比分别上升 14.48%和 5.14%。其中批准、决定逮捕 1097 件 1839 人，同比分别上升 13.91%和 4.37%。不批准逮捕 45 人。受理各类公诉案件 1546 件 2501 人，同比分别上升 12.85%和下降 0.12%。经审查，向法院提起公诉 1420 件 2301 人，同比分别上升 16.2%和 6.63%。不起诉 40 人。审查批捕黑恶势力犯罪、严重暴力犯罪、“两抢一盗”等多发性侵财犯罪及毒品犯罪类案件 592 件 959 人，起诉 616 件1002 人。此外，开展“涉法涉诉积案攻坚大会战”专项活动，受理群众来信来访 396 件。正副检察长接待来访 147 人（次），批办案件 95 件。开展“举报宣传周”活动，开通 12309 全国检察机关统一举报电话，举行为期两天的“检察开放日”活动，邀请各界代表 480 余人参观解检察机关。高平市检察院制定《关于刑事案件不起诉、不抗诉答疑说理工作规定》，对不起诉案件 3 件 5 人、被害人申请抗诉案件 2 件 2 人进行人性化、个性化处理。

查办和预防职务犯罪

2009 年，共立查各类职务犯罪案件 81 件 83 人，其中，立查贪污贿赂案件 55 件 57 人，侦查终结 54 件 56 人，撤案 1 件 1 人，已提起公诉 47 件 48 人，法院作出有罪判决的 46 件 49 人；立查渎职侵权案件 26 件 26 人，侦查终结 27 件 27 人（含往年积案），提起公诉 20 件 20 人，法院作出有罪判决 22 件 22 人。

2010 年，立案侦查各类职务犯罪案件 74 件 82 人。其中，贪污贿赂、挪用公款案件 50 件 58 人，同比分别下降 7.41%和 1.69%；渎职侵权案件 24 件 24 人，同比下降 4%。

查办大案要案。2009 年，共立查贪污、贿赂 5 万元以上、挪用公款 10 万元以上大案 49

件,县处级以上干部犯罪要案3人,大要案比例为94.5%。立查渎职侵权重大案件7件,特大案件6件,重特大案件占立案总数的50%。2010年,立查贪污贿赂、挪用公款大要案36件,占立案总数的72%。渎职侵权重特大案件12件,占立案总数的50%。

查办重点领域职务犯罪。2009年,共查办发生在社会保障、征地拆迁、医疗卫生、安全生产等民生领域的职务犯罪20余件。2010年,查办社会保障、教育医疗等民生领域职务犯罪20余件。查办涉农领域职务犯罪22件22人。查办煤焦领域职务犯罪10件14人。

开展职务犯罪预防工作。2009年,对重点工程开展专项预防32件。市检察院与晋城市环城高速公路和高陵高速公路建设工程管理部门签署《工程建设中预防职务犯罪工作的实施意见》,对招投标、物资采购、大额资金拨付等环节进行监督。全年开展预防调查63件。市检察院对兰花集团及下属大阳煤矿、煤化工公司等企业的招投标活动进行调查。陵川县检察院对全县养老保险、医疗保险、失业保险、工伤生育保险、住房公积金等“四险一金”,开展为期一个月的专项预防调查。进行预防宣传教育,共开展法制讲座185次,组织开展警示教育2次。市检察院和晋煤集团共同举办“预防职务犯罪知识竞赛”,城区检察院利用市区物茂广场、人民广场的大型电子显示屏滚动播放预防职务犯罪公益广告,并在《太行日报》开辟预防职务犯罪宣传专栏。开展行贿犯罪档案查询范围,在城乡建设、道路交通、政府采购、医药采购、矿山企业等多领域推进查询工作,全年共提供查询600余次。2010年,市委成立预防职务犯罪领导组,在全省首家实行预防职务犯罪一票否决制。市检察院积极开展预防宣传教育,主办法制讲座80次,组织开展警示教育7次,深入重点行业、基层组织进行预防调查50件。与晋煤集团联手筹建职务犯罪预防警示教育基地,组织《山西省预防职务犯罪工作条例》知识考试和有奖征文活动。继续推进行贿犯罪档案查询工作,受理并提供查询800余件。

诉讼监督

刑事诉讼监督。2009年,共发出《要求说明不立案理由通知书》39份,公安机关主动立案30件,通知公安机关立案6件,对自侦部门立案监督5件。加强对侦查活动的监督,下达纠正违法通知书5件,纠正漏捕8人,纠正漏诉11人。加强刑事审判监督,共提出抗诉11件,办结8件,其中2件改重,1件改轻,3件发回重审,2件维持原判。开展刑事审判法律监督专项检查,建立审查起诉案件管理、备案审查等制度,对全市2008年以来办理案件的情况进行摸底,对5起案件提起抗诉或提请省院抗诉。2010年,要求公安机关说明不立案理由62件,公安机关主动立案59件;对自侦部门立案监督3件,已立案。纠正漏捕12人,纠正漏诉14人。检查行政处罚案件2839件,刑事案卷1069件,发现应当立案而不立案线索5件,不应当立案而立案线索1件。依法开展刑事审判监督，提出抗诉19件，支持抗诉11件。出台《关于进一步加强刑事审判法律监督工作的规定（试行）》，加大刑事审判法律监督工作力度。

民事审判和行政诉讼监督。2009年，共受理民行申诉案件116件，立案审查100件，向法院提出抗诉8件，提出再审检察建议8件，向上级检察机关提请抗诉17件。抗诉再审改判10件，维持原判3件。沁水县检察院与县法院共同出台《关于民事行政案件执行监督的若干意见》，对执行监督的范围、办法等作了规定。市检察院向市煤炭资产经营有限责任公司发出督促起诉意见书，督促其对1995年来发放的市级煤炭发展基金贷款中，未按期归还相关贷款本息的50余家债务人，通过诉讼途径追偿，涉诉总金额5000余万元。全年共办理执行监督案件12件，督促起诉案件139件，支持起诉案件13件。2010年，对认为确有错误的民事行政裁判提出抗诉9件。抗诉再审已有结果的4件，改判2件、发还重审1件、调解结案1件。监督方式上，采取再审检察建议的形式进行监督纠错。确定沁水县检察院为开展公益诉讼工作试点单位。

刑罚执行和监管活动监督。2009年，审查监管部门呈报减刑1069起、假释2起，同意提请减刑957起、假释2起。办理又犯罪案件12件12人，服刑人员申诉案件2件2人。开展看守所监管执法、监外执行、清查事故安全隐患、刑事审判法律监督等专项检查，维护监管场所秩序和在押人员合法权益。泽州县检察院在监外执行专项检查中，发现两名监外执行罪犯处于脱管状态，及时向县公安局发出检察建议。城区检察院发现一起羁押到期案件，及时提出检察建议，防止超期羁押现象发生。2010年，建立预防超期羁押长效机制，对2006年6月30日前羁押在晋城市看守所仍未审结的久押不决和超期羁押案件进行全面排查，与市中级人民院、市公安局、市司法局联合制定《晋城市社区矫正试点工作方案》。市检察院完成与市看守所的监控联网。晋普山检察办理一起刑期计算错误案件，当事人被先期羁押的10个月零14天得以折抵刑期。

控告申诉检察。2009年，开展“信访积案化解年”和“争做文明接待窗口、争做文明接待员、争做人民群众贴心人”专项活动，实行举报线索“先横后纵”的分流办法，健全双向承诺服务、公开听证制度，妥善处理涉检信访问题，实现涉检赴省、进京“零上访”。市、县两级检察院共受理群众来信来访481件；办结举报初核案件116件，移送立案34件；办理刑事申诉复查案件7件；办理刑事赔偿案件1件，执行赔偿款12 581.40元；奖励实名举报人1人5000元。检察长接待日接待来访群众158人（次），批办案件82件。开展“举报宣传周”活动，在全省率先开通网上密码举报系统。9月，在全省首家完成二、三级网络举报线索网上分流的互联互通。

基层基础建设

2009年,全市6个基层检察院中有3个被评为全省示范化基层检察院,占全省22个示范院的13.6%。将检察服务网络延伸至农村,沁水县检察院在全省首家成立乡镇检察联络站,并选任、培训检察联络员182名,初步形成县检察院——乡镇联络站——村联络员"三位一体"工作机制。陵川县检察院在两个乡镇成立巡回检察室。市检察院编发《晋城检察情况反映》178期,被高检院、省委、省院、市委、市政法委采用81条。接收机要通道文件981件6403页,发出机要通道文件468件3730页。开展统计培训3次,下发《统计数据质量通报》6期。为涉密人员配备"保密优盘",解决优盘内外网交叉使用问题。收集归档各类档案1157卷,提供档案查阅70人次190余卷。对全国性大型网站、专门网站和本市网站的涉检信息跟踪监测,共编发《快报》11期,收集各类贪污贿赂、渎职侵权犯罪线索10余件,自侦部门从中立案2起。办理各类检验鉴定案件3件,出具检验鉴定文书3份,文证审查意见书21份,技术协作4次。进行讯问职务犯罪嫌疑人同步录音录像81案93人。市检察院法警支队共出警2463人次,协助拘留、逮捕、监视居住265人次,看管犯罪嫌疑人623人次,参与处置突发事件93人次。

2010年,出台《晋城市检察机关基层人民检察院"四化"建设分类指导标准》,各基层检察院均制订《基层院"四化"建设实施方案》。组织基层检察院检察长赴武汉市汉阳区院、江汉区院、杭州市萧山区院和宁波市鄞州区院等检察院实地考察学习。阳城县检察院被表彰为"全国模范检察院"。组织召开全市乡镇检察联络站工作现场会,在全市推广该项工作。将检察联络站改设为"巡回检察联络站",由各县(市、区)检察院党组成员和部门负责人担任"巡回检察联络员",在各村设立"巡回检察联系点",在各镇区搭建基层检察工作"流动岗"。

(市检察院)

审　判

2009 年，全市法院共受理各类案件 13 289 件，办结 12 195 件，同比分别上升 6.5%和 12.6%，结案率 91.8%，同比提高 4 个百分点。其中，市中院受理案件 2444 件，办结 2275 件，结案率 93%。

刑事审判

2009 年，全市法院共审结刑事案 2466 件，其中，市中院审结重大刑事一审案 60 件，刑事二审案 228 件，刑事再审案 23 件，减刑假释案 806 件。严厉打击严重刑事犯罪，依法从重从快判处杀人、抢劫、绑架、拐卖儿童案件，积极参与禁毒和打击“两抢一盗”等专项斗争，依法审理非法经营、虚开增值税专用发票等破坏市场经济秩序的案件以及贪污、贿赂、徇私舞弊等职务犯罪案件。坚持“宽严相济”的刑事政策，对烧死两人、烧伤一人的汪某、拐卖儿童 30 余人的张某、抢劫杀人的韩某等，依法适用死刑。对确有自首、立功等法定从轻减轻情节，或有积极悔改、主动退赃、主动赔偿等酌定情节的，依法从宽处理。全市法院一审生效裁判 1152 件 1950 人中，给予刑事处罚的 1856 人，免予刑事处罚的 86 人，宣告无罪的 8 人。依法办理减刑假释案件 806 件，其中经审查不予减刑或假释的 24 件。以纠正监外执行脱管漏管为重点，参与对全市 1156 名罪犯监外执行的情况进行专项检查。配合省高级人民法院完成死刑二审案件案发地开庭工作。

民商事审判

2009 年，全市法院共审结各类民事案 6193 件。其中，市中院审结民事一审案 34 件，民事二审案 571 件，民事再审案 40 件。审结劳动争议案 250 件，买卖、租赁、建设工程承包纠纷案 689 件，借款、票据、信用卡等金融纠纷案 1107 件。审结涉及医疗、人身损害、权属确权等案 1321 件。审结婚姻、赡养、抚养、继承等案 2257 件。审结以在晋煤集团找工作为名诈骗钱财达上百万元的诈骗案件，在过境高速路行进中的货车上团伙流窜盗窃作案的案件，以及在全市有较大影响的一批商业贿赂案件。针对生产生活中非法使用炸药比较普遍而司法解释规定的量刑标准畸轻畸重的客观情况，及时向最高人民法院提出修改建议并被采纳。审理了电信服务合同纠纷、村民资格确认、机动车强制保险、农村住房买卖等一系列新类型案件。

行政审判

2009 年，全市法院共审结各类行政案 134 件。其中，市中院审结行政一审案 8 件、行政二审案 22 件、行政再审案 1 件，审查非诉行政执行案 24 件。

执行

2009 年，开展“集中清理执行积案”活动，全市共排查清理出有财产可供执行的案件 407 件，清理出特殊主体、特困群体、重复信访等六类重点案件 661 件，截至 8 月，有财产可供执行的案件执结 406 件，执结率为 99.7%，六类重点案件执结 556 件，执结率 84%。全年，全市法院受理执行案 3594 件，执结 2929 件，结案率 81.5%，同比提高 18.8 个百分点，其中，市中院受理本院一审生效的执行案 39 件，执结 32 件，执结率 82%。

司法为民

诉讼调解。2009 年，坚持“调解优先，调判结合”的原则，实行全程调解，全市法院审结民事一审案 5580 件，调撤 2647 件，调撤率 47.4%，审结民事二审案 571 件，调撤 172 件，调撤率 30%以上。调解过程中，邀请当事人的亲戚朋友以及有一定社会威望的人有序参与，化解社会矛盾。市中院在审查非诉行政执行案件过程中，通过主动协调促使当事人达成和解的 11 件，占 45.8%。市中院在审理重大刑事案件过程中，尽力做好矛盾化解工作，审结的一审刑事附带民事案件，全部或部分调解 20 件，调解率达到 55%，赔偿金额 321.85 万元。

便民诉讼。2009 年，针对群众反映案件移送登记不规范、立案调卷下庭时间较长等问题，开展“规范立案秩序，创建文明窗口”活动。在继续实行诉讼指引、风险提示、排期开庭、案件催办的基础上，实行电脑分案，着装上岗，严格制度，强化管理，文明服务，改善立案工作秩序。此外，还在诉讼服务、调查取证、档案查询、诉讼退费、公民旁听审判等方面为群众提供便利，完善简易案件速裁机制，提高审判效率，完善司法救助制度，依法为当事人减免缓诉讼费 684 845 元。

涉诉信访。2009 年，市中级人民法院开展“两案三评一访”活动。审查申诉案件 40 件，其中，提起再审 21 件，驳回申诉 11 件，通过答疑当事人服判息诉 7 件。对省高级人民法院和市政法委交办的重信重访、越级上访等案件，逐案调卷评查，约见信访人，依法解决问题，并及时回复当事人。涉法涉诉非正常进京上访人数在全省 11 个中级法院中最少。

自身建设

2009 年，全市法院选派 540 余人次参加各级各类培训，7 人通过司法考试。落实“五个严禁”规定，运用信访、电话、网络“三位一体”举报反映机制，加强对重点岗位和重点环节的监督，对管理混乱违反程序的一个部门予以通报批评，2 名个人责令书面检查。全市 153 名陪审员共参与审理案件 475 件。加强对基层法院的监督与指导，审结 821 件二审案件中，改判占 12.5%，发还占 17.4%。全年，43 人被最高法院授予“功勋天平奖章”，6 个集体、10 名个人受到省级表彰。

（市中院）

司法行政

法制宣传

2009年,市司法局组织全系统法律骨干编写了普法教材《法律讲堂》,包含法律法规46部,为普法宣传提法制教材。开展“法律六进”活动,加大对领导干部、公务员、青少年、农民等普法重点对象的普法宣传教育。与市委组织部、市人事局联合下发《关于2009年度全市公务员法律知识考试的通知》,组织全市200名正处级领导干部和2万多名公职人员参加了法律考试。赴陵川县附城村、西河底村、焦会村开展送法进村和送法入户活动,赠送法律书籍3万余册。农村法治文化阵地建设得到加强,法治宣传广场、法治文化大院、法治一条街等典型经验在全市逐步推广。加大法制宣传力度,在《山西日报》整版刊登《“法治晋城”建设的铿锵足音》,在《太行日报》举办了司法行政恢复重建30周年知识竞赛,在各类媒体发表法制宣传文章200余篇。我市代表队取得了全省青少年现场法律知识竞赛第一名和全国第二名的好成绩。

2010年,组织开展“五五”普法工作自查,组织全市“五五”法律知识考试,28000余人参考,参考率达100%。同时,成立“五五”普法检查验收小组,完成了全市“五五”普法检查验收工作。并编撰出版了《法律讲堂》第二集。市司法局被中宣部表彰为“五五”普法中期先进单位。市依法治市办与市委组织部、市委宣传部联合下发《关于建立健全领导干部、公务员学法用法“五项制度”的通知》,即:党委(党组)理论中心组学法制度,领导干部、公务员法制培训制度,领导干部、公务员学法笔记制度,重大事项决策法律咨询制度,领导干部、公务员法律考试考核制度。“五项制度”进一步促进全市领导干部、公务员学法用法常态化、制度化和规范化。围绕社会主义新农村建设,不断加强了农村法制宣传教育阵地建设,深入开展农民工依法维权法律宣传。重点推进法律进农村(社区)“六个一”工程,为泽州县金村镇赠送法律书籍2500余册。积极扶持农民夜校、社区法制学校,将开展农村(社区)法制宣传教育与公益性法律服务有机结合。

“法治晋城”建设

2009年,召开晋城市依法治市10周年暨法治晋城建设启动工作会议,对法治城市创建工作进行安排部署,全面开展“法治晋城”和“法治县区”创建工作。开展依法治理示范单位和示范村(社区)创建活动,全市共涌现出国家级示范、先进单位8个、省级示范单位51个、市级示范单位167个。全市85%的行政村开展了“民主法治”创建活动,国家级示范村达到6

个,省级示范村达到12个,市级示范村达到60个。

2010年,把法治城市建设延伸到乡镇一级,实现了乡乡镇镇都有普法依法治乡(镇)办公室,各县(市、区)都启动了"法治乡(镇)"建设。继续开展依法治理示范单位创建活动,全市共涌现出国家级示范、先进单位8个、省级示范单位51个、市级示范单位167个。全市85%的行政村开展了"民主法治"创建活动,国家级示范村达到6个,省级示范村达到12个,市级示范村达到60个。

矛盾调解

2009年,健全大调解网络,建立"三进三联三调"大调解工作机制。开展"6.17"《人民调解委员会组织条例》施行20周年宣传活动,发放宣传资料40 000余份、解答群众咨询1800余人次。落实人民调解补助经费,共向6县(市、区)下达人民调解工作补助经费30万元。全年,全市共调解各类矛盾纠纷12 579件,其中人民调解12 009件,调解成功11 769件,调解成功率98%;行政调解134件,调解成功109件,调解成功率81.3%;司法调解436件,调解成功257件,调解成功率58.9%。防止民间纠纷引起自杀案件9件13人;防止民间纠纷转化为刑事案件45件130人。加大培训力度,提高基层法律服务人员的政治和业务素质。6月11日至12日,在阳城县举办全市社区矫正工作业务培训班。全市六县(市、区)司法局局长、分管副局长、基层科科长,全市85个司法所所长,以及部分人民调解员和基层法律工作者共计120余人参加了培训。还下发了《社区矫正工作资料汇编》800余册,组织全体人员观看了《东方之花》和阳城县司法局拍摄的《洪水无情人间有爱》等人民调解光盘。

2010年,在全市集中开展"人民调解化解矛盾纠纷专项攻坚活动",有效化解了一批多年积累的矛盾纠纷。全市共调解各类纠纷13 147件,其中婚姻家庭纠纷5469件,占41.6%;邻里纠纷3090件,占23.5%;合同纠纷473件,占3.6%;赔偿纠纷828件,占6.3%;劳动纠纷145件,占1.1%;村务管理纠纷92件,占0.7%;土地承包纠纷670件,占5.1%;征地拆迁纠纷289件,占2.2%;房屋宅基地纠纷592件,占4.5%;其他纠纷1499件,占11.4%。其中人民调解12 580件,调解成功12 378件,调解成功率98%;行政调解140件,调解成功116件,调解成功率83%;司法调解427件,调解成功248件,调解成功率58.1%。劝阻群众上访49起,制止群体性械斗15起,全市未发生"民转刑"案件。5月13日至14日,市司法局组织全市社区矫正人民调解工作业务培训班,邀请省政法干部管理学院院长、省社区矫正工作专家组组长谭恩惠和原阳城县人民法院副院长王建华给学员们上课。全市六县(市、区)司法局也分别对司法助理员、人民调解员进行了培训。205名刑释解教人员逐一进行排查摸底,并对不正确信息进行修改,对在本辖区但在信息中未出现的刑释解教人员进行补录、登记。推进安置帮教基地建设，市刑释解教人员安置帮教基地（阳城县三利珍农业综合开发有限公司），共接收刑释解教人员 11 名。2010 年，全市累计接收社区矫正对象 275 名，解除矫正 4 人，社区矫正对象无重新犯罪。

基层司法所建设

2009 年，全市司法所建设资金达到 1952 万元，其中落实地方配套资金 1391 万元（市级 425 万元，县及县以下 966 万元），完成四批司法所建设 14 715 平方米，每个司法所平均建筑面积达到 216 平方米，全市 84 个标准化司法所全部建成。

构建安置帮教工作新格局。对省司法厅下达的 603 名释解人员进行认真排查摸底、登记建档，做到不托管、不漏管。开展刑释解教人员“和谐回归”活动。确定阳城县三利珍农业综合开发有限公司成为我市的刑释解教人员安置帮教基地，安置释解人员 300 名。在全市总结推广了安置帮教“五个三”方法：一是工作三清（底子清、问题清、困难清）；二是机构三建（建机构、建制度、建档案）；三是对象三包（村干部、党员、亲属三包一）；四是任务三定（定人员、定责任、定任务）；五是方法三会（见面会、亲友会、访谈会）。2006–2009 年全市共帮教释解回归人员 1951 人，安置 1776 人，安置率达 91%。

推进社区矫正工作试点。按照全省社区矫正工作会议要求，召开社区矫正试点启动工作会议，成立晋城市社区矫正工作领导组，市委、市政府下发了《关于转发〈晋城市社区矫正试点工作方案〉的通知》。组织首期社区矫正业务培训班，编写《晋城市社区矫正工作资料汇编》，积极推进社区矫正工作试点。至年底，全市共有社区矫正“五类人员”1502 名。对社区矫正对象实行“双保险”：即“人力保险”每个矫正对象都实行“五管一”。由一名司法所长、一名调委会主任、一名党员、一名直系亲属和一名社会志愿者共同管理教育一名社区矫正人员，签订协议，落实到人头；“科技保险”要求每个县区配备一套社区矫正信息化系统，保持与社区矫正对象的 24 小时联络。

2010 年，市委、市政府出台《关于加强司法行政基层基础工作的实施意见》，在全市范围内开展“加强基层基础年”活动。市司法局制定了《2010 基层基础年活动检查验收评分表》，组织六县（市、区）司法局局长、基层科干部对全市六县（市、区）活动开展情况进行了检查验收。进行司法所的规范化建设，实施装修、家具、电脑、交通工具、工作器材“五个统一”配套工程。至年底，全市有 78 个司法所实现五个统一配套，占全部司法所的 92%。

法律服务

律师。2009 年，在全市律师队伍中集中开展了中国特色社会主义法律工作者主题教育实践活动，律师队伍政治素质不断提高。律师服务工作，重点向企业改革改制、各级政府和市场经济服务转变。全市律师担任法律顾问296家,办理刑事案件826件,民事案件1779件,代理行政诉讼60件,办理非诉讼法律事务261件。

2010年,继续在全市律师队伍中开展"中国特色社会主义法律工作者"主题教育实践活动,全市律师共办理各类案件3587件(其中:刑事949件、民事1974件、非诉讼法律事务275件、行政45件、法律顾问344家)。

公证。2009年,共办理各类公证业务2170件(民事公证1412件,经济公证758件),涉外公证644件,涉台、港、澳公证17件。

2010年,共办理各类公证事项2360件,其中民事公证1154件,经济公证480件,涉外公证726件。

法律援助。2009年,全市共办理法律援助案件972件,义务解答群众法律咨询5000余人次,为困难群众争取直接经济利益600余万元。市法律援助中心被司法厅评为"第三届全国法律援助先进单位"。

法律咨询。2009年,市县两级"12348"法律服务热线共接听群众来电咨询1万多个,接待群众来访5000余人次,解答率达100%。

2010年,全市共办理法律援助案件1012件,其中刑事132件,民事658件,行政21件,非诉讼201件,代写法律文书249件,来电、来访咨询12 524人次,受援人总数达到全市总人口的56‱,受援人满意率达98%。没有发现举报投诉现象。市司法局被司法部表彰为"第三届全国法律援助先进单位"。

司法鉴定。2009年,司法鉴定范围由过去的人身伤害鉴定向交通事故、经济领域鉴定发展。举办了新批设立司法鉴定机构、司法鉴定人培训班,加强了司法鉴定机构规范化建设,成立晋城市司法鉴定人协会。全年共办理司法鉴定案件487件。

2010年,建立和完善司法鉴定质量管理体系,组织开展司法鉴定案卷评查活动。启动司法鉴定机构认证认可工作,推荐金城司法鉴定中心为司法鉴定认证认可省级试点单位。全年全市共办理鉴定案件600余件。

(市司法局)

依法行政

2009年，市法制办先后获得“全省行政复议工作先进单位”、“全市依法行政十佳单位”、“全市政务信息工作红旗单位”、“全市电子政务应用先进单位”等称号，晋城市政府法制网站被评为“晋城市十佳网站”，1人被评为全国行政复议工作先进个人，1人被评为山西省行政复议工作先进个人，8人获得晋城市政府法制工作先进个人、晋城市政务信息工作先进个人等称号。

2010年，先后获得“全市化解社会矛盾先进集体”、“全市政府系统信息工作红旗单位”、“全市政府网站建设先进单位”、“市直文明和谐单位”等称号，晋城市政府法制网站被评为“晋城市十佳网站”。

考核体系

2009年，出台《晋城市全面推进依法行政规划》(2009—2013年)。4月，召开全市依法行政工作会议，4个推进依法行政工作先进县（区）、12个推进依法行政工作先进单位、12个推进依法行政工作先进集体、10名政府法制工作标兵和35名政府法制工作先进个人受到市政府表彰。按照《山西省开展省级依法行政示范县示范单位创建活动实施方案》安排，组织开展省级依法行政示范县、示范单位创建活动。市政府建立政府常务会议学法制度，大多数行政执法机关建立“学法日”制度，保证行政机关领导干部和工作人员每年学法时间不少于40学时。

2010年，在依法行政示范县、示范单位创建活动中，阳城县等2个县(市、区)、市安监局等3个市直工作部门和陵川县公安局等3个县(市、区)工作部门成为首批省级依法行政示范县、示范单位。出台《晋城市人民政府重大行政决策规则》。出台《特邀行政执法监督员工作规则》，聘请16名各界人士，担任市政府特邀行政执法监督员，并对特邀行政执法监督员进行业务培训。

行政执法监督

2009年，组织编写《行政处罚文书示范文本》，规范行政处罚行为。对37个市直行政执法主体、16个驻市行政执法主体、16个法律法规授权执法主体和12个受委托执法单位进行民意调查，参与人数达到1600多人次。确认行政执法主体73个。对1413名申请领取行政执法证件的人员进行培训，对4421名持证行政执法人员的执法证件进行年检。对国家统计局晋城调查队、市公安消防支队等部门的具体执法行为进行专题监督检查，发出行政执法监督通知书 6 份。对市直和驻市行政执法部门报送的 17 起重大行政处罚决定进行备案审查。

2010 年,举行 2008—2009 年度行政处罚案卷评选比赛,全市 6 个县(市、区)和涉及行政处罚案件的 23 个市直及驻市行政执法单位参加评选比赛,共选送案卷 351 份,泽州县人民政府等 6 个县(市、区)政府和市直及驻市行政执法单位获"2008—2009 年度行政处罚案卷优秀单位"称号,城区人民政府等县(市、区)政府和市直及驻市行政执法单位选送的 6 份行政处罚案卷分获一、二、三等奖,获奖案卷的 10 名承办人员获"2008—2009 年度优秀行政执法人员"称号。继续开展行政执法民意调查,对 37 个市直行政执法主体、16 个驻市行政执法主体、16 个法律法规授权执法主体和 12 个受委托执法单位进行民意调查,参与人数达到 4194 人次。对 4570 名持证行政执法人员的执法证件进行年检。开发行政执法人员查询系统,方便行政相对人查询行政执法人员的相关信息。落实《山西省重大行政处罚决定备案办法》,对市直和驻市行政执法部门报送的 27 起重大行政处罚决定进行备案审查。

规范管理

2009 年,市政府出台《晋城市人民政府常务会议审议规范性文件草案的若干规定》,以市政府和市政府办公厅出台的规范性文件,在向省政府法制办公室报送备案的同时,一并向市人大常委会报送备案。全年共审查市政府、市政府办公厅拟发布的规范性文件草案 26 件,其中出台 22 件,不予出台 4 件。同时,向省政府法制办报送备案市政府和市政府办公厅发布的规范性文件 12 件,向市人大常委会报送备案市政府发布的规范性文件 10 件,备案审查县(市、区)政府发布的规范性文件 19 件。

2010 年,共审查市政府、市政府办公厅和市政府工作部门拟发布的规范性文件草案 26 件,其中出台 22 件,不予出台 4 件。向省政府报送备案市政府和市政府办公厅发布的规范性文件 12 件,向市人大常委会报送备案市政府发布的规范性文件 4 件,备案审查县(市、区)政府发布的规范性文件 37 件。

行政复议

2009 年,印制发放《中华人民共和国行政复议法》宣传手册 5000 册。举办纪念《中华人民共和国行政复议法》颁布实施 10 周年有奖知识竞赛,2600 多人参与答题。组队参加全省行政复议法律知识竞赛,取得团体第二名的成绩。开通行政复议网上通道,通过网上通道受理行政复议案件 63 起,办结 59 起,办结结转案件 9 起。全市行政复议案件的询问调查率达到 50%以上,实地取证率达到 30%以上,听证率达到 10%以上。制定出台《晋城市行政复议调解办法》,加大行政复议调解、和解力度,通过撤销、变更、确认违法、责令履行义务等方式直接纠错的比例为 15.9%,通过撤回申请、调解、和解等方式结案间接纠错的比例为 25.4%。

2010年，通过网上通道受理行政复议案件134起，办结128起，办理结转案件5起。全市行政复议案件的询问调查率达到40%以上，实地取证率达到30%以上，听证率达到10%以上。办结的行政复议案件中，通过撤销、变更、确认违法、责令履行义务等方式直接纠错的比例为16%，通过撤回申请、调解、和解等方式结案间接纠错的比例为25%。全年办理涉及市政府的行政应诉5起。

仲裁工作

2009年，共接受咨询280余次，受理案件158起，涉案标的9200万元，是2008年的3倍。办结案件135起，快速结案率达到100%，和解调解率达到76%，自动履行率达到90%以上。

2010年，共接受咨询470余次，受理案件125起，涉案标的8900万元。办结案件95起，快速结案率达到100%，和解调解率达到54%，自动履行率达到90%。6月，华北区仲裁工作座谈会在晋城市召开。

（市法制办）

交 警

道路交通事故四项指数

2009年,全市共发生一般以上道路交通事故655起、死亡213人、受伤720人、直接经济损失228.79万元,与去年同期相比四项指数三降一升,分别为事故次数减少125起,下降16.03%;死亡人数减少11人,下降4.91%;受伤人数减少179人,下降19.91%;经济损失增加15.2万元,上升7.17%,未发生一次死亡5人以上特大道路交通事故和严重交通拥堵,全市道路交通安全形势总体平稳。自2005年以来,连续5年保持了道路交通事故起数、死伤人数逐年下降。

2010年,全市受理一般以上程序处理道路交通事故715起,造成234人死亡、808人受伤,直接经济损失228.1万元,四项指数与去年相比全部下降,分别下降3.38%、4.10%、1.7%、14.94%;发生一次死亡3人以上特大道路交通事故3起,未发生一次死亡5人以上特大道路交通事故。

交通违法行为查处

2009年,全市共查处各类交通违法行为329 666起,其中无证驾驶597起,酒后驾驶219起,醉酒驾驶94起,超速行驶64 228起,客车超员257起,货车超载103起,其他违法行为264 168起。

2010年,全市共查处各类交通违法行为35万余起,其中无证驾驶1983起,酒后驾驶230起,醉酒驾驶198人,客车超员314起,超速98 130起,行政拘留820人。

信息化建设

2009年,全市公安交警依靠"金盾工程",实现总队、支队、大队、中队四级联网。基层大、中队接入网开通率达100%,基础警务信息综合平台推广至所有中队。投资22.2万元建立计算机培训中心,为全市交警系统开展培训创造条件。全年,共组织举办专门计算机知识培训9期,基础工作业务水平进一步提高。强化信息平台应用。4月份开展为期一个月的以抓好"四个环节"为内容的交警信息平台数据采集录入月活动。活动期间,全市交警系统共采集录入各类交管业务信息2万余条,查询量累计达到3万余次。以此次活动为契机,完善信息平台应用制度,使全市违法信息查询录入成为一种常态工作。利用西班牙贷款405万欧元,对辖区道路交通安全设施进行完善,完成了17个治安卡口、市区44个路口监控设施、支队交通管控中心建设。

2010年，一是利用互联网建成“网上车管所”，开通网上提交身体证明，网上预约驾驶考试、网上查询交通违法信息等业务。二是建成“流动车管所”。定期组织车管民警深入农村乡镇集中办理机动车注册登记和定期检验业务，解决边远地区群众办理车管业务难问题。三是积极开办车管业务代办点。在市区形成由驻长河检测线车管工作站、驻通达检测线车管工作站、驻三安检测线车管工作站、驻华洋4S店车管便民服务点和支队车管所业务大厅的业务网络；“满分学习考试，注销回复”业务下放到各交警大队，极大地方便群众办理车驾管业务，2010年车管服务站的业务量已达到总业务量的50%。四是与市广播电视台建立交通信息共享和实时调度处置系统。通过应用该系统，及时播报交通信息、保持交通信息互通，并开设利用互动电视查询交通违法信息功能，提升交管部门服务群众的能力，为群众出行提供高效快捷的信息服务。

执法规范

一是加强规范执法培训，提高民警执法能力和执法水平。通过集中办培训班、开展常用法律法规“一口清”活动、组织异地跟班执法交流、外出观摩考察等多种形式，各大队、各科室民警结合岗位职责要求，按专业岗位分类，普遍举办培训班，强化了执法教育培训，基本实现了所有民警全部轮训一遍，进一步打牢了执法为民的思想基础。2009年，共举办集中培训班20期，其中全员轮训9期，事故处理培训班3期，秩序管理培训班3期，举办法制培训班3期，宣教培训班2期。坚持理性、平和、文明、规范执法，不断改进执勤执法方式，努力实现执法效果与社会效果的有机统一。一是对全市道路交通监控设备的设置和使用情况进行检查，解决交通监控设备设置和使用中存在的不科学、不规范、不合理等群众反映强烈的突出问题。并通过报纸、广播公布了全市固定式监控设备设置地点，明确规范相应交通行为的交通标志和信号，进一步杜绝隐蔽执法。二是对全市所有测速设备和酒精检测仪进行摸底排查，对未按规定进行年检的一律停止使用。三是进一步加大影像记录仪、测速仪、酒检仪、数码相机、摄像机、录音笔等执法装备配备和应用力度，将88台现场执法音像记录仪配发至基层交警大队。推出执法示范单位，以点带面，提高执法质量。按照省厅交管局在全市组织开展的执勤执法“示范标准岗”创建活动标准，2009年，在全市确定首批3个示范大队、20个示范中队，12条示范街(路)、10个示范岗。目前，示范大队比例达到40%，示范中队达到15%。积极开展“大走访”爱民活动，推出便民利民措施。

紧紧围绕“构建和谐警民关系，促进社会和谐稳定”这一主题，深入开展“四进”(进农村、进社区、进企业、进家庭)“四送”(送温暖、送平安、送法律、送服务)工作。2009年，组织全体民警走访货运企业69个,走访客运站34个,进农村452个,进企业423个,进学校226个,进社区153个;召开社会各界代表座谈会13场次,回访交通事故受害人372名,慰问困难群众421名,走访交通违法当事人978名。

扎实落实便民利民新措施。2009年,全市各级公安交警从道路交通违法处理、车辆驾驶人管理、交通事故处理等与广大人民群众密切联系的业务岗位、窗口单位着手,进一步转变管理模式,强化服务保障,研究制定一系列服务群众的管理模式和便民措施。推出车驾管"一站式"、"一窗式"便民服务。落实"引导员"、"咨询台"、智能叫号排队、"限时办结"、"延时办公"、预约、上门服务等措施。车管业务向县级交警大队延伸。延伸车管业务。将车管业务延伸到了"两站一店",即市通达汽车检测站、长河汽车检测站和华洋汽贸公司(4S店)。坚持教育与处罚相结合、重在教育,确定我市轻微违法行为口头警告16种违法行为。2009年,全市交通违法处罚减少29.8%;教育比例增加了21%;罚款总额减少了28.6%。组织民警下乡、上门,为企业、偏远山区集中办理摩托车登记、检验及其驾驶证申领等业务。全面推行交通违法罚款异地处理自动对账系统。推行轻微交通事故快速处理、快速理赔机制。创设推行道路交通事故人民调解员制度。将人民调解机制引入道路交通事故处理领域,进一步扩大了交通事故损害赔偿纠纷的解决渠道。实行交通肇事逃逸案件侦办进展情况定期向受害人或其家属通报制度,2009年,全市共发生逃逸事故72起,侦破67起,侦破率为93.5%。

2010年,一是优化执法标准。支队围绕交通秩序管理、交通事故处理、车辆及驾驶人管理等业务,先后对法制、秩序、车管、事故等执法岗位进行全面梳理,编印《公安交警执勤执法指南》和《执法规范化教育示范片》。坚持硬隔离、硬改造、硬配置"三硬"标准,对所有功能区进行科学合理的规划和设计,加强"四区"(办案区、办事区、办公区、生活区),"八室"(讯问室、询问室、调解室、信息采集室、物证室、辨认区、档案室、醒酒室)建设。

二是深化典型培养。在全市公安交警系统开展了"示范标准岗、示范中队、示范单位、示范公路、示范车管所"创建活动。确定市区钟飞、地税岗为两个示范岗,高都中队为示范中队;直属一大队、阳城大队为示范大队;凤台街、泽州路为两条示范城市道路;沁水县许嘉线为示范县乡道路,陵沁线为示范省道,国道207线高平与长治县交界至晋城市东上庄立交桥路段为示范国道公路;高平车管所为示范车管所。通过树立标杆、典型引路,起到了以点带面,全面提高的示范作用。

三是加强执法监督。支队纪检监察部门定期组织人员采取明察暗访的方式对民警执勤执法、窗口服务、事故处理等工作进行监督检查,一月一考评,一月一通报。

交通安全保卫勤务

2009年,全市共完成各级道路交通安全保卫勤务188起,其中一级勤务1起,重要会场勤务21起,共出警475人次,出动勤务车377辆次,行驶里程达3.2万公里。特别是在5月24日至25日圆满完成了我市近年来勤务级别和规格最高的“916团”一级勤务。

2010年,共出警1400余人次,出动勤务车700余辆次,行驶里程达5万余公里,完成各级勤务380起。其中省级勤务45起,重要会议、大型活动勤务45起,其他勤务290起。6月3日晚,郊南煤矿突发透水事件发生后,从6月3日至7日,支队领导带领勤务人员不分昼夜往返事故点10余次,保证各级领导及时赶赴事发点的道路交通安全畅通。10月24日至25日,圆满完成省委、省政府“101”观摩团莅临我市进行观摩检查期间的交通安全保卫勤务。

集中整治

多措并举严查机动车涉牌涉证违法行为。开展内部整顿。在机关和四个直属大队民警中开展涉牌涉证整治活动。将民警和配偶的个人车辆情况进行摸底登记,并提出明确要求,民警及其家属子女个人车辆一律禁止使用假牌、套牌,对民警及其家属子女有涉牌涉证违法行为的一律严处。开展交叉检查。分别于6月底、8月中旬、9月初组织开展三次异地交叉检查活动,共查处违法行为1654起。成立查缉小分队。由支队秩序科牵头,抽调各大队骨干人员组成查缉小分队,不定期进行路面流动检查。大力开展集中整治日行动。在全省确定的集中整治统一行动日的基础上又组织开展了4次全市集中整治行动,在每一次的整治行动中,支队机关及各大队除留必要的值班人员外,全员上路,形成高压严管态势,有效遏制机动车涉牌涉证违法行为高发势头。强化部门配合。加强与交通、工商等部门的协作,组成联合检查组对二手车交易市场、汽车修理厂、报废车回收企业等重点场所进行了检查。联合刑侦、治安、特警、督察及部队警备纠察等部门,多警联动、重拳出击,开展治安清查整治。集中整治期间,全市共查处涉牌涉证违法行为1400余起。全市机动车临时登记完成指标8118个，完成率81.18%,全市机动车临时管控登记总量39 782辆。

“四个一律”严厉整治酒后驾驶违法行为。2009年，全市共查处酒后驾驶违法行为84起,其中醉酒驾驶27起,行政拘留26人。特别是陵川大队将2名醉酒驾驶的党政机关人员依法行政拘留,极大震慑了酒后驾驶违法驾驶人。

逢车必查从严整治客运车交通违法行为。

在公路客运交通安全整治工作中,各大队积极与当地运管部门联系,对客运企业和驾驶人队伍进行交通安全隐患排查工作。同时,加强路面管控,充分利用测速仪、POS机等科技装备,读取客运车行驶仪数据,检查客运车超速、驾驶人疲劳驾驶记录,对7坐以上的客车做到逢车必查,在依法对超速50%以上和超员20%以上等严重交通违法行为予以查处的同时,将处理结果抄告运管部门。整治期间,共查处客车超员48起。

开展冬春两季客运车和旅游客车专项整治行动,预防重特大道路交通事故。

从2009年11月10日开始,在全市开展今冬明春客运车和旅游客车专项整治行动。在行动中,突出"客运车和旅游客车、山区道路和事故多发路段,以及雨、雪、雾、路面结冰等恶劣天气"三个工作重点,通过督促客运企业落实安全生产主体责任,全力整改交通事故隐患路段,加强客车通行秩序管理,遏制重特大道路交通事故。专项整治行动期间,共查处违法行为62 178起,其中无证驾驶149起、酒后驾驶62起,醉酒驾驶38起,超速驾驶13 376起,客车超员24起。

2010年,积极开展警车和涉案车辆违规问题专项治理,警车管理和使用进一步规范。对全市公安交警系统警车使用和涉案车辆管理问题进行全面摸排,对排查出的各类问题,逐一研究提出整改意见和措施。大幅裁减警车,取得了明显整治效果。警车年检率达到100%,警车保有量由原来的201辆,减少到101辆。

事故预防

2009年,全市公安交警进一步健全完善"政府统一领导、部门各负其责、社会普遍参与",齐抓共管、综合治理的"三级机构、四级网络"交通事故预防工作格局。6月23日,由支队牵头,与市安监局、市公路分局、市城建局组成联合小组,在辖区大队的配合下,现场办公,对直属四个大队辖区的安全隐患进行彻底排查。2009年,共排查公路危险路段18处,整改18处,整改率100%;其中市级8处,县级10处。

2010年,市政府出台《进一步加强道路交通安全工作的决定》和《关于成立道路交通安全委员会的通知》等指导性文件,明确了健全完善预防事故工作机制的任务和目标。在市政府、6个县(区、市)政府及84个乡镇办事处全部设立了由政府分管领导任组长,多个职能部门组成的交通安全委员会;乡镇交安委与乡镇安监站合署办公,乡镇交安委工作人员、办公经费以及办公场所全部落到实处;全市528个行政村建立了交通安全管理小组;在沿线村庄、单位、车辆维修企业聘请交通安全信息员、兼职宣传员1963人。全力消除一批交通安全危险路段及事故多发路段。2010年,在全市辖区实现与国省道、主要县乡道路沿线相接的交叉路口支线全部设置减速带,主要临崖、临沟路段修建防护墩。全市公安交警,积极会同市交通运输、安监、公路等部门对全市道路开展多次全面排查。2010年,在全市范围内共排查出道路交通安全隐患278处,已落实整改及正在整改的241处。加大交通肇事逃逸案件侦破力度，严厉惩处交通肇事违法犯罪行为。

2010年，全市各级交警部门通过加大路面查缉力度，强化部门协作配合，利用多种侦察手段开展侦破行动，侦破一批重大交通肇事逃逸案件。全年共发生交通肇事逃逸案件65起，侦破61起，侦破率93.8％；其中死亡逃逸案件发生21起，侦破18起，侦破率85.7％，侦破往年交通肇事逃逸案件2起，抓获负案在逃人员4人。全年共计办理交通肇事刑事案件123起，追刑116人，行政拘留91人，吊销驾驶证49人。

交通安全宣传

2009年，支队制定下发《创建"十佳"交通安全示范村、校、社区、企业活动实施方案》，成立创建活动领导组。在全市公路沿线975个行政村、635所中小学校，全市94个社区和334个企业部署开展创建"十佳"交通安全示范村、校、社区、企业活动。7月3日，直属一大队在辖区秀水苑社区建成了全市第一个社区交通安全服务站，高平大队在辖区各公路沿线和大有车单位确定了34个创建点(12个村庄、10所学校、10个企业和2个社区)。

从3月15日至6月底，支队联合晋城市委宣传部、市教育局在全市范围内开展中小学生交通安全征文、漫画大赛活动，共有635所学校，19万名学生踊跃参加。上报省大赛组委会优秀中小学生作文、漫画作品32篇，并将获奖作品整理汇编成册，作为中小学生交通安全宣传教育读本。

2009年，支队出资30余万元分别在市电视台、广播电台、太行日报和晋城在线等媒体开设了交通安全宣传专栏。特别是和电台共同举办了"交通广播双声道"栏目，每期安排一名科级以上领导作为特邀嘉宾，现场与群众交流。1至12月份，在省电视台播发新闻15条，市电视台播发新闻78条。全市交通安全宣传形成了报纸有文、电视有影、电台有声的宣传格局，营造了浓厚的宣传氛围，广大交通参与者交通法律法规知识的知晓率明显提升，道路交通安全意识和守法意识明显增强。

2009年，交通安全宣传活动共出动警力21 526人次，宣传车783辆次，设立咨询点326个，展出宣传展板3354块，宣传标语6258条，挂图2360余幅，发放宣传品120万份，发放提示牌6500个，在各级各类媒体发稿3149篇，警营开放45次，宣讲交通安全课620次，进农村197次，进学校256次，进社区158次，进企业186次，播放警示教育光盘3800余次，受教育群众达132万余人。

2010年，共出动警力21 380人次，宣传车245辆次，设立咨询点331个，展出宣传展板3896块，张贴宣传标语6275条，展示挂图2980余幅，发放宣传品110万份，发放提示牌6500个。在各级各类媒体发稿2460篇。进农村197次，进学校286次，进社区159次，进企业 210 次，宣讲交通安全课 1080 次，播放警示教育光盘 4700 余次，受教育群众达 138 万余人次。

车驾管业务办理

2010 年，全市机动车保有量为 289 704 辆，其中汽车保有量 193 674 辆，摩托车保有量 91 415 辆，分别占全市机动车总量的 66.85%、31.55%。全年共办理各类机动车业务 158 466 辆(次)，其中注册登记 40 226 辆，转移登记 9138 辆，变更登记 2151 辆，抵押登记 2043 辆，注销登记 1412 辆，转入业务 1805 辆，档案更正 2208 辆，车辆年检 80 892 辆，其他 18 591 辆，办理临时号牌 6865 辆。

2009 年，全市机动车保有量为 259 853 辆，新注册登记 32 612 辆，达到强制报废机动车 6696 辆，与 2008 年底机动车保有量相比增加 25 916 辆，增长 11.08%。全市机动车驾驶人数量为 283 533 人，与 2008 年底相比，增加 30 019 人，增长 11.84%，其中拥有汽车驾驶证的人数为 229 402 人，与 2008 年底相比增长 17.32%。

2010 年，全市机动车驾驶人数量为 317 360 人，与 2009 年度相比，增加 33 827 人，增长 11.93%，汽车驾驶人 259 694 人，占全市机动车驾驶人总量的 81.83%。共办理各类机动车驾驶人业务 179 701 起，其中初次申领 52 953 起，增驾申请 6308 起，满分学习 1150 人次，注销登记 1964 起，档案更正 1768 起，年度体检 62 271 人，驾证转出 456 人，补证换证 47373 本。

(市交警支队)

党派群团

民革晋城市委

自身建设

2009年，民革晋城市委会组织市委委员和骨干党员学习中共十七届三中四中全会精神,先后安排党员20人次参加民革山西省委、市委统战部和市政协组织的各级各类学习培训活动。举办“我和我的祖国”主题演讲比赛,对30多名新党员进行党史知识培训。组织市委委员、支部主委及部分骨干等18人赴南京中山陵、侵华日军南京大屠杀遇害同胞纪念馆等地，现场接受爱国主义教育和民革优良传统教育。赴辽宁省与民革丹东市委会进行对口交流,并与民革丹东市委会结为友好市委会。8月,民革山西省委在晋城市召开“办公室工作、祖统联谊、社会服务”工作会议。民革晋城市委先后获得“山西省凝聚力工程‘强素质、树形象’先进集体奖”、“参政议政先进集体”、“统战宣传先进集体”、“文史资料工作先进单位”、“晋城市统战理论研究工作先进集体”等称号。

2010年,民革市委安排党员30多人次参加中央社院、民革山西省委、市委统战部和市政协组织的各级各类学习培训活动。主委张湘君的论文《浅谈孙中山与时俱进的革命思想和精神对民革履行参政党职能的指导意义》,被民革省委主编的《孙中山与山西》一书收录。开展“学习践行社会主义核心价值体系”活动,民革晋城市委被民革中央表彰为“学习践行社会主义核心价值体系活动先进集体”。在民革各基层组织中广泛深入开展基层组织建设年活动,出台《民革晋城市委基层组织建设年活动方案》和《基层组织工作目标量化考核细则》。6月20日至22日,民革中央组织部部长叶莉君调研组一行,就基层组织建设工作情况在晋城开展调研,对民革晋城市委会的自身建设、组织工作和组织发展给予肯定。各支部开展“一支部一特色”活动,阳城支部被评为“民革全国先进基层组织”,市直一支部、沁水支部被民革山西省委表彰为“民革全省先进基层组织”。在组织发展方面,严把组织入口关,对2010年新加入民革组织的党员进行新党员谈话,并集体进行党章党史知识培训。

参政议政

2009年,在各级人大、政协会议上,提出6篇集体提案,90多篇个人提案,提案《整合私人和集体诊所资源》在《太原晚报》新闻时政版发表,《新农村建设中的文物保护与利用》被评为“山西省凝聚力工程‘献良策、比贡献’优秀成果奖”。各级组织和党员共提交社情民意130多条。围绕新农村建设、文物保护与利用、城市建设、环境污染与保护等课题广泛开展考察调研,撰写调研报告。在"我为应对金融危机献一策"活动,共提出各级各类建议120多条,有30多条被有关单位采纳。6月,赴陵川县夺火乡寄宿制小学,启动"每人每天一个鸡蛋"营养食品工程,与200余少年儿童建立"手拉手健康成长"方案,为孩子们的身心健康实行全程跟踪指导服务。《团结报》以《六一节特稿·一个都不能少》为题进行了报道。7月,在北留镇沟底村建立"民革市委生态农业阳城示范基地",并把从辽宁丹东引进"秸秆生物反应堆技术"在这里进行项目试点。9月,在阳城县凤城镇卫家凹村举办"送文化、送医疗、送科技"三下乡活动,为村民进行文化、科技服务和咨询,发放相关科技资料100多种2000多份。

2010年,市委主委张湘君赴广西参加由民革中央副主席钮小明带队的调研组,就"少数民族地区职业教育问题"进行专题调研。民革文史工作委员会、经济工作专员会和妇女工作委员会的11名党员,组成联合调研组,先后三次到阳城县沟底村、光壁村和陵川县,就农村职业教育情况、"物质文化遗产保护情况"等进行实地考察和调研。城区、泽州、沁水、高平等支部针对所在县区群众关心的热点难点问题,多次组织支部党员进行详细调研。共向各级人大、政协会议提交大会发言、提案议案90多篇,其中,市委提交大会发言9篇,集体提案4篇,个人提案40多篇。市委会集体提案《社会主义新农村重在培育新型农民》、《关于做大做强炎帝文化旅游产业的建议》、《关于将失地农民尽快纳入医疗保障体系的建议》等被市政协评为精品提案。主委张湘君在省政协十届三次大会上提交的提案《充分利用燃气资源》,在《中国网》和《山西晚报》上发表,提案《关于进一步建立和完善公共安全体系的建议》被山西省政协评为"优秀提案"。市政协提案《关于进一步加强养老保险制度落实的建议》被确定为晋城市2010年市政府领导领办的10件重点提案之首,提案《农村食品安全急需引起重视》,被市政协评为"精品提案",还就晋城市城市交通发展状况接受了晋城广播电视网的专访,受到广泛好评。李明霞、袁麦林、刘文瑞等《关于有偿家教问题应予重视》、《关于教育均衡发展的破解之道》、《改善我市城市道路交通现状的建议》等70多篇社情民意,分别被《人大代表报》、《山西日报》、《山西政协报》、《晋城社情民意》等国家、省、市报纸杂志刊登。党员李立宏等5名党员分别被聘为"市纪委优化发展环境特邀监督员"、"特邀行政执法监督员"等。刘海元、常海云被泽州县纪检委和纠风办聘请为政风行风评议员。

联谊工作

2009年6月,民革市委召开民革台属党员座谈会,学习胡锦涛对台工作"新六条"精神。9月,举办"迎中秋、庆国庆"联谊会。民革党员姚承辉、白魁伟、姚继红等6人赴台湾进行经济文化交流活动。牛芳凯的《台北少女》等三篇文章分别获得民革中央和《团结报》"台湾记忆"有奖征文活动二、三等奖。

2010年，民革市委慰问或探访党员中的“三胞”眷属，并通过他们对其所联系的台胞、侨胞，宣传党的对台方针和政策，做好海内外亲友的联谊工作。8月24日至28日，组成专题调研组，赴民革福建莆田市委参加“发挥民革优势，促进祖国和平统一工作研讨会”，与民革厦门市委会召开座谈会，就“民革参政议政工作如何为当地经济建设服务”专题进行探讨交流，并就厦门对台经济贸易发展区进行专题考察调研。与民革莆田、民革厦门市委就组织建设、社会服务、机关建设等方面进行座谈交流。在晋城大酒店召开“民革市委2010年中秋联谊会”。

（民革晋城市委）

民建晋城市委

自身建设

2009年,全年发展新会员8名,平均年龄38.8岁,其中本科学历5人,大专学历3人。共推荐后备干部3名。并增补一名副主委。召开5次主任委员会议、5次全委扩大会议。市委主要负责人参加中央社会主义学院各民主党派骨干培训班,各支部负责人和机关干部参加晋城市党外人士培训班。举办庆祝中华人民共和国成立60周年"红歌诗歌"联欢会,表达对祖国的热爱之情。

2010年,民建晋城市委下发《关于"学习践行社会主义核心价值体系"活动的阶段性方案》,进一步促进全市民建的各项工作。继续开展"基层组织建设年活动",城区支部和高平支部被评为"基层组织建设先进支部"。在民建省委召开的纪念中国民主建国会成立65周年大会上,城区支部和三名会员获得表彰。8月,增补柴慧青为二届市委副主委。全年共发展会员六名,平均年龄36岁。

参政议政

2009年,两会期间,市委会组织人大代表、政协委员就经济、民生等各方面问题进行专门研讨,共写提案24篇,议案8篇,社情民意26篇。

2010年,积极参加中共市委、市政府的各类视察活动,行风特约监督员现场参加"行风大家谈"和"百姓热线"的评议工作。先后参加民建中央组织在西安召开的"全国非公有经济论坛会"、山东聊城的"五省十二市联谊会"。与民建沧州市委、邢台市委进行交流学习。全国政协副主席、民建中央第一副主席张榕明和民建中央副主席辜胜阻莅临晋城进行调研。

服务社会

2009年,民建市委会全体会员为晓庄敬老院捐书达200余册,并带着慰问品和老人一起欢度中秋佳节。

2010年,组织会员为玉树灾区捐款10 000元。会员王建华创办的城区晓庄老年公寓,获得"全国爱心护理工程建设基地",是晋城市唯一为城市高龄老人提供专业护理服务的爱心护理院。在全省开展的非公有制经济人士感恩社会活动中,会员柴慧青、李仙爱、王建华等会员投身光彩事业,共捐款10万元。

(民建晋城市委)

全市工会组织数达到3528个，会员人数达到48.4万人。

开展以创建“五好县(市、区)总工会、六好乡镇(街道)工会、七好基层工会”为主要内容的“三级联创”活动，不断规范和完善各级工会的组织体系、工作制度、运行机制、重点活动和工作档案，加强改制企业工会重建工作，对2650名工会会员进行了重新登记。召开市工会第四次代表大会，选举产生市总工会新一届领导班子。成立市总工会干部培训基地，举办8期工会干部理论和业务知识培训班。

2010年，全市各级工会开展“工会组建月”和“创先争优、党工共建”活动，截至10月底，全市共新组建工会117个，覆盖基层单位556个，发展会员28 315名。

维护职工合法权益

2007年，先后开展创建劳动关系和谐企业活动、“平等协商月”活动、“安康杯”竞赛活动，制定《晋城市重特大安全事故应急救援预案》和《晋城市较大以上安全生产事故责任追究沟通协调工作联席会议制度》，与市政府召开第六次联席会议，就改制(破产)企业、困难企业部分退休职工进不了社保、破产企业工会干部编制等情况进行协商，并形成《纪要》。至年底，全市参加“共同约定”协议书，其中国有(控股)企业388家、集体企业456家、民营企业122家，签订企业覆盖职工26.8万余名(其中农民工6.9万名)；全市建会企事业单位签订劳动合同282 732份，签订集体合同968家、工资集体协议585家，签订区域性、行业性集体合同45份，签订女职工专项集体合同628家，办理女职工特病保险9820人。国有、集体及其控股的700家企业全部实行厂务公开并建立职代会制度，531家规模以上非民营企业实行厂务公开；全市成立劳动保护监督检查委员会587个，聘任基层工会劳动保护检查员2115名，特聘煤矿安全群众监督检查员1974名，煤矿企业、煤化工企业、大中型非公企业劳动保护监督检查员组织组建率达100%，非公企业组建率达到60%以上。

2010年，在全市开展“工资集体协商百日攻坚行动”，制定《晋城市总工会工资集体协商“百日攻坚行动”实施方案》，印发《工资集体协商资料汇编》，建立工资集体协商员、指导员队伍，首批聘任10名工资集体协商专职督导员；分4期对工资协商员、指导员和督导员进行工资协商法律法规、基础知识和操作技巧方面的培训。截至11月底，全市共签订集体合同、工资集体协议534份，覆盖企业892个，覆盖职工204 720人。其中签订区域性工资集体协议16份，覆盖企业229个，覆盖职工77 481人；签订行业性工资协议17份，覆盖企业178个，覆盖职工11 694人。签订集体合同、工资集体协议的企业占全市生产经营正常企业总数的85%以上。出台《申报和认定“星级”职代会的实施方案》，制定《关于非公企业建立职代会的实施意见》、《关于加强非公有制企业职工民主管理工作的意见》，翻印《职工(代表)大会八项制度》工作手册10 000余册,促进企业职代会工作。全市国有、集体及其控股的1655家企业全部建立了职代会制度,633家事业单位实行内部事务公开并建立职代会制度,526家非公有制企业建立职代会制度。加强工会劳动保护组织建设,全市共成立工会劳动保护监督检查委员会587个,聘任基层工会劳动保护监督检查员2115名,特聘煤矿安全群众监督员1974名。进行群众安全监督员专项培训,共培训6期,培训1200余人。开展"安康杯"竞赛活动,参赛企业达391个,参与职工达21.87万名。深化"安全班组"创建活动,全市参与企业达310个,参与班组达3560个,参与职工达21万余人。

召开全市第二批"劳动关系和谐企业"命名表彰大会,77家企业被命名为"晋城市劳动关系和谐企业"。市总工会被省总工会授予"工会组建工作先进集体"称号。

帮扶困难职工

2009年,市总工会出台《援助农民工十项行动实施细则》,创办农民工培训基地36个,培训农民工1.8万余人(次),培训后成功创业或自谋职业者达1.7万余人;配合劳动保障部门召开农民工专场招聘会8场,达成用工意向4000余人;公布用工信息1.8万条,接待求职咨询1.2万人次。"两节"期间,全市各级工会共筹集送温暖慰问资金1029万元,走访慰问困难企业300个,慰问困难职工17 150户、困难劳动模范65人、农民工1148人,共发放慰问款968.7万元。

大力开展"金秋助学"活动。全市各级工会共发放助学金126.55万元,帮助670名困难职工、农民工子女上了大学。开展职工大病医疗互助活动,第二期参加职工16.4万人,共筹集互助金811.35万元,补偿患病职工1276人,补偿互助金380.82万元。第三期大病医疗互助活动参加职工17.2万人,收取互助金856.3万元。

2010年,市、县两级工会全部建成"五星级"困难职工帮扶中心,乡镇建成帮扶中心或帮扶站,企业建立了帮扶点。开展"冬送温暖、夏送清凉"活动,共走访慰问困难企业348个,慰问困难职工23 431户,发放慰问款1025万元,其中农民工2918户,发放慰问款87.54万元。开展"金秋助学"活动,为974名困难职工和农民工子女发放助学金218.17万元,积极推进职工大病医疗互助活动,第四期参与职工达到19万多人;第二期补偿患病职工2013人、发放互助金812.45万元。

举办"春风行动"、"困难职工家庭高校毕业生阳光就业行动"、"民营企业招聘周"等活动,推动实现就业13 600人,其中农民工8411人。市总工会被省政府授予"创业就业工作先进集体"称号。

(市总工会)

共青团

截至2010年底,全市共有青年60.5万名,团员11.5万名,团员占青年总数的19%。全市共有直属团委10个,基层团委253个(其中:乡镇团委75个,办事处团委10个,学校团委54个,企事业单位团委44个),团总支303个,团支部4272个。团干部5812名,其中,专职团干部168名。

青少年思想政治教育

2010年,广泛开展爱国主义教育,20多万名青少年参与"我与祖国共奋进,我与晋城同发展"、"青年月"等主题实践活动,10多万名青少年通过实物、手机、网络等多种媒体参与国旗、党旗、团旗、队旗"红色传递"爱国主义教育活动。在全市所有中小学校发放《少先队漂流册》,规范入队仪式。10多万名农村青年参加"青春建功新农村"行动,8万多名青年职工参加"青年安全示范岗"、"青年文明号"、"青年突击队"、"青工技能大比武"等活动,城市7万多名社区和进城务工青年参加青年创业就业、社区志愿服务等活动,2万多名大中学生参加创业就业指导、青年志愿者、社会实践、"三支一扶"、青年马克思主义者培养工程等活动,20多万名少年儿童参加争当"四好少年"、"手拉手"等活动。加强未成年人思想道德建设,对青少年进行感恩教育、诚信教育、法制教育和体验教育。开展青年志愿者活动,全市注册青年志愿者4万余名,分会14个,理事单位42个,"一助一"志愿服务500余对,全年参加活动5000余人次。

社会实践活动

2010年,举办以创业就业为主题的"青年大讲堂"7场,联合市电视台、市人社局等单位录制"青年创业·沟通"节目5期,开展"晋城市十大杰出创业青年"评选表彰活动和"兴高杯"晋城市首届青年创业项目大赛。在晋城青年网开辟"青年就业创业行动"专栏,开通"晋城城区青年就业创业服务中心"网站,创办《青创资讯》。市农信社、邮储银行,发放小额贷款2.12亿元,帮助3723名青年实现创业,带动1万余名青年实现就业。依托职业技术学院和各类培训机构,为4061名青年提供创业就业培训;举办就业招聘会9场,帮助1605名青年达成用工意向,750人实现转移就业;建立大学生就业见习基地20个,提供岗位218个,567人上岗见习实习,见习结束聘用204人。全市共建成2个青年创业就业服务中心。

青少年维权工作

2010年,开展宣教活动20余场次,普法宣传教育4万人次,为青年农民工、农村留守儿童、问题青少年等特殊青少年群体提供咨询服务1200余人次。结合“优秀青少年维权岗”创建活动,壮大青少年维权工作骨干队伍。利用“五老流动家长学校”,对未成年人家长进行辅导和培训。依托山西尽诚律师事务所,成立晋城市未成年人法律维权中心,建立青少年维权专业律师志愿队伍。以“互联网与青少年健康成长”为主题,举办“共青团与人大代表、政协委员面对面”活动7次。12 355青少年维权热线共受理青少年及家长各类咨询求助842人次,解决涉及法律、心理、就业等方面的个案39起。

团组织建设

2010年,县、乡、村三级团委进行换届。6个县级团委、85个乡镇团委和2211个村级团组织完成换届工作。在全市181家非公有制企业和9家新社会组织中建立团的组织。开展团组织格局创新试点工作,选举产生社区党支部书记、企业总经理和大学生村官组成的编外副书记。建立涵盖全市109 002名团员基本情况、身份证号等基本信息的团员数据库。组建晋城共青团QQ工作群和少工委工作QQ群,实现基层团组织的网络全覆盖。

(共青团晋城市委)

妇 联

参与经济建设

2009年,全市各级妇联开展“巾帼文明岗”创建活动,涌现出市级以上巾帼文明岗300多家。晋城市工商行政执法局城区分局、市人民医院妇产科、阳城县桥枫瓷业有限公司获“全国巾帼文明示范岗”称号。

在“巾帼创业行动”中,全市命名10个妇女创业就业见习基地。先后组织苏红萍、崔书兰、崔旭艳、张小香等10余名巾帼创业女性组成“巾帼创业报告团”,开展巡回报告80余场(次)。阳城县妇联以“新解放、新发展、新跨越”巾帼创业活动为主题,向全县妇女发出“点燃创业激情,争做创业女性”的倡议,由乔香平、吴美棠等14名创业女性组成的巾帼创业报告会,在乡镇、县直单位作报告18场;城区妇联对全区18–55岁的农村妇女剩余劳动力和下岗女工进行调查摸底、登记造册,组建巾帼家政服务中心;高平市妇联与农村信用社联合开展小额贷款扶持女性创业活动,为17户具有较好发展前景的种养加工户发放贷款48万元。全年,全市新增妇女企业12家,帮助1000余名妇女解决就业问题。

3月,市妇联组织全市13个优秀“巾帼文明岗”与六县(市、区)的13名担任农村支部书记和村委主任的“一肩挑”女村官结成帮扶对子。市畜牧局(巾帼文明岗)帮扶泽州县南岭上村(巾帼文明村)建成5000只规模养鸡场和200头小尾寒羊养羊场。

5月,市妇联与市农业局联合开展科技宣传周、送科技进乡村活动,共举办果树栽培、种桑养蚕、养猪养鸡等技术培训16期,培训妇女3043人次。加大农村妇女劳动力培训工程,参与各类培训的妇女达27万余人次。实施“科技致富带动项目”,各县区、乡镇妇联对女科技示范户建立专门档案,实行跟踪服务。陵川县妇联围绕畜牧、药材、旅游、杂粮等特色产业抓科技培训,全县涌现2000余名科技致富女能手、科技示范户等。11月,市妇联组织全市60名有代表性的女科技养殖带头人进行优良品种养殖技术培训。

2010年,引导、支持、鼓励各类女致富带头人、女经纪人、女创业者创办各类合作经济组织,陵川县夺火乡妇女许雪梅成立“夺火乡高谷堆土鸡养殖专业合作社”、“晋翘中药材专业合作社”,解决农村剩余劳动力20人,发展社员150多名。城区北街酿造厂下岗职工熊红霞建起红霞蔬菜农业合作社。全市各类农业专业合作社发展到1423家,其中种植业合作社793个、畜牧养殖业合作社566个、服务业合作社46个、农产品加工专业合作社18个,入社农户4.58万户。

在"巾帼创业行动"中,创建全国"巾帼文明岗"13个,省级巾帼文明岗60个、市级巾帼文明岗500多个。市级13个巾帼文明岗与帮扶村结成对子,为结对村投入资金92万余元,新上脱贫及创业项目15个,开展科技培训23班(次),兴办合作社2个,帮扶贫困家庭20余户。

对文化程度较低的妇女进行种植、养殖、家政、手工编织等一般技术培训,对文化程度较高的妇女开展计算机、SIYB、缝纫、食用菌栽培、大棚蔬菜种植等相关知识培训。5月18日,市妇联在陵川县马圪档乡风景旅游区举办"农家乐旅游接待知识、星级创评培训会",聘请市旅游局专业人员为农家乐经营户进行星级标准、法律知识、卫生防疫、服务质量与烹饪基本技能等知识培训,110余名妇女参加培训。7月12日,在阳城县横河乡山里人家旅游服务中心进行旅游服务星级创建工作培训指导。7月26日,举办妇女SIYB创业培训班,全市30位女性接受为期10天的封闭式免费创业培训。全年,市、县、乡三级妇联,举办各种培训210期,23 000余名妇女参加培训。

市妇联成立促进妇女创业就业活动领导组,制定《关于做好妇女创业就业工作的实施意见》,帮助妇女创业就业。3月1日,在市阳电体育广场举办"春风送岗位"暨餐饮食宿业大型人才招聘会,有50余家企业入场,提供就业岗位3000余个,其中服务员、迎宾员等女性专职岗位1400余个。9月3日,召开晋城市妇女创业成果展暨创业就业推进会,26家企业进行成果展示,近80家企业通过版面进行创业情况介绍。

参与和谐社会建设

2009年1月,市妇联向全市干部家庭发出开展"廉政文化进家庭"活动的倡议,联合市纪委、监委组织各县(市、区)书记、县长家属、市直单位一把手家属、女领导干部等150余人召开座谈会,参与"倡导廉政文明新风,做好家庭助廉守门人"签名活动。

6月,市妇联、市综治办在城区前进路社区召开"全市平安家庭创建活动现场会",推动"平安家庭"创建工作。全市各类"文明家庭"、"和谐家庭"、"平安家庭"创建参与率达到98.3%。"三八"期间,市妇联表彰选出"平安家庭先进户"90户,表彰"平安家庭标兵户"10户。

7月,市妇联组织举办"颂党恩,爱国歌曲大家唱"活动。"八一"前夕,市妇联、妇儿中心组成文艺宣传队深入驻晋部队慰问演出。阳城县妇联举办"迎国庆、抒豪情"演讲会,城区妇联举办"爱我中华、爱我家园"文艺晚会,高平市妇联举办"祖国在我心中"演讲赛,陵川县妇联举办"庆三八、促和谐家庭"演唱会,沁水县妇联举办"立足科学发展,促进妇女事业"成果展。

在全国卫生城市创建中,市妇联组织1000余名"巾帼志愿者"多次走上街头,捡拾垃圾。

全市150多支巾帼志愿者队伍积极参加保洁护绿、文化宣传、便民服务、民调安保、交通协管等工作。

2010年,广泛开展"美德进万家"、"学习型家庭"、"节能减排家庭"、"廉政文化进家庭"、"文明礼仪进家庭"等特色家庭创建活动。6月1日,表彰全市10名"双合格家长"。3月24日,联合市文明办、市发改委举行"低碳家庭、时尚生活、绿色晋城"节能减排主题活动启动仪式,200余名与会群众在"低碳家庭、时尚生活、绿色晋城"的条幅上签名。组织节能减排志愿者走上街头,向群众宣传节能减排知识、方法,发放环保购物布袋4500余个和家庭低碳15件事宣传资料30 000余份,帮助1000个家庭建立低碳生活家庭小台账。

维护妇女儿童合法权益

2009年,在广大妇女群众中广泛宣传《妇女权益保护法》、《婚姻法》、《未成年人保护法》等法律,开展各类法律宣传咨询活动21余场(次),发放维权宣传资料32 000余份。各级妇联组织受理妇女维权案件112件,协同相关部门办结96件。"六一"前夕,市妇联在陵川县夺火寄宿制小学举行"情系贫困儿童结对助学活动",为100名贫困学生送去30 000元助学金。各县(市、区)妇联以结对救助为主题,开展互苗成才工程、社会妈妈活动、爱心救助、春蕾计划等活动;市妇联为泽州县山河镇来岭小学、凤兰农民工子弟小学、市社会福利院、阳城县阳光特殊儿童学校的孩子们送去价值6000余元的书籍、书包、文具等学习用品和牛奶、玩具等节日礼物。11月4日,2009年度"恒爱行动"山西启动仪式在晋城市妇女儿童文化中心举行,300余人出席启动仪式。与市妇幼保健院、市疾控中心、晋城现代女子医院联合开展"关爱女性健康行动",惠及12.65万名女性。组织专家到农村为贫困妇女进行免费普查、健康义诊活动。阳城县在农村妇女中实施"两癌"检查项目。帮助、救济泽州县犁川镇南河村患白血病妇女赵小先、城区西街办事处五龙河西社区零就业家庭段远娥等十余户贫困妇女,为她们筹措医疗费用12 000余元。市妇女儿童文化中心开放台球、乒乓球活动厅、天文观测台、妇女之家等活动场所。

2010年3月1日,市妇联举行"三八"维权周活动启动仪式。2月8日,市妇联与市司法局联合成立"妇女维权法律援助工作站",开通"12338"妇女维权服务热线。全年,各级妇联组织共受理妇女维权案件82件,调处率达90%以上。慰问从事25年以上的贫困村妇会主任40名,单亲特困母亲12名。市妇联与市妇幼院、市疾病预防控制体检中心联合发出《关于在全市开展妇女病普查普治的通知》,2万余名妇女接受妇科病普查体检。组织医务人员为农村妇女和城市下岗女职工开展妇科病免费检查,免费体检6000余人。开展"阳光心态、快乐人生"心理健康知识讲座和"科技活动周送妇女健康知识下乡"活动。

组织建设

2009年2月17日至19日，晋城市第四次妇女代表大会在市妇女儿童文化中心召开，市妇联主席成爱蓉代表市妇联三届执委会向大会作题为《坚持改革创新、加快科学发展、团结带领全市妇女为全面建设小康社会作出新贡献》的工作报告，并选举产生新一届妇联领导班子。高平市、城区妇联完成换届选举工作。全市84个乡、镇(办事处)妇联干部全部配齐。村级妇代会组织经过整建，100%基本达到合格妇代会标准，30%的妇代会达到先进妇代会标准。市直单位妇委会组织率达到98%。

2010年，各级妇联大力实施"强基固本"工程和妇联基层组织示范创建活动，按照"有班子、有制度、有活动、有阵地、有队伍"的标准加强基层组织建设，100%的村建有妇代会组织，90%的市、县直机关企事业单位建起妇委会，妇委会组织向新经济组织延伸。全市2338个村(社区)全部建起妇女之家。高平市三甲镇获全国妇女基层组织建设示范乡镇、全市21个村(社区)获全国妇女基层组织建设示范村(社区)称号。

创先争优活动

2010年，制定《关于在全市妇联党组织和党员中深入开展创先争优活动的实施方案》，在妇联组织中开展创先争优活动。9月28日，组织全市处级以上女领导干部、各县(市、区)妇联主席、部分市直机关妇委会主任召开"全市女领导干部深入开展创先争优座谈会"。11月5日，举办"山西省妇联创先争优先进典型事迹巡回报告会晋城分会"，各县(市、区)妇联主席、市直单位妇委会成员、部分女党员300余人参加报告会。

庆祝活动

2010年3月1日，市妇联在市妇女儿童文化中心举办巾帼书画展，展出书画作品150余件。3月2日，市妇联以"我运动、我健康、我快乐"为主题，组织政府、党群、农业、城建、卫生、经贸等市直机关10支代表队，200余名妇女代表举行拔河、踢毽子、跳绳等体育比赛。3月5日，召开庆"三八"表彰大会，授予10名"三八红旗手标兵"、13名"优秀女村官"、11名"岗村牵手"帮扶先进个人、10名赴四川对口援建"巾帼先进个人"、100名"三八红旗手"、3个赴川对口援建"巾帼先进集体"、4个"妇女思想宣传工作先进集体"。3月8日，组织全市近万名妇女在白马寺山开展登山活动。

(市妇联)

工 商 联

建言献策

2010年,围绕全市非公有制经济持续健康发展的热点、焦点、难点、疑点问题,进行调查研究,撰写了《关于进一步优化我市发展环境,推进我市非公经济转型发展的建议》、《关于加强对民营企业转型发展项目的扶持力度的建议》等调研报告,促成《关于进一步创优发展环境支持民营企业发展的实施意见》、《晋城市推进经济发展方式转变项目扶持资金管理暂行办法》等多个政策性文件的颁布。

服务企业

2010年,市政府举办"晋城市民营企业招聘周"活动,共445个企业(其中民营企业304个)参加招聘,提供就业岗位12 549个。为作出突出贡献的民营企业家进行免费健康体检,并建立健康档案。9月6日至10日,在延安举办"晋城市非公有制经济后备人才思想政治工作培训班"。

对外交流

2010年,先后组织"孟津县招商引资项目推介会"、"'晋城—鹤壁'工商联暨民营企业经济工作交流会"等对外经济交流活动。组织民营企业家代表参加山西省委、省政府召开的"全省民营经济转型跨越发展大会",福盛钢铁有限公司、兴高能源股份有限公司、裕丰科技集团有限公司、新胜肉类食品有限公司、鸿诺光电有限公司等民营企业家以及市工商联、城区工商联、泽州工商联受到省委、省政府表彰。组织协调160余名香港商界人士参加"2010晋城产业项目香港合作推介会"。

回报社会

2010年,全市2千余家民营企业及非公经济代表人士通过各种渠道和形式自发向灾区捐款捐物,累计金额达510余万元。省优秀社会主义建设者郜志成、省光彩事业先进彭晋峰、省创业发展先进郭海林、省扶贫济困先进李红光等,通过光彩事业促进会、慈善总会向社会捐助2600余万元。凯永养殖、泽地萃食用菌产业化项目、双丰农业等项目,累计解决农村就业岗位18 000余个,为新农村建设投资8000余万元。

(市工商联)

侨　联

换届工作

2009年,市侨联召开市五次侨代会,选举产生新一届领导班子,并确定今后五年侨联工作目标。

服务侨胞

2009年,组织开展"献爱心、送温暖"活动,市、县两级侨联对全市118户困难侨户、重点侨户进行走访慰问,送去慰问金、慰问品5万余元。举办新春座谈会、庆中秋茶话会、喜迎新中国成立60周年书画展等活动,丰富归侨侨眷生活。春节期间,共向海外重要嘉宾、客商和侨联顾问等发送贺年信(片)300多件(封),发电子邮件、手机短信拜年。形成对归侨侨眷"患重病必访、发生困难必访、婚丧嫁娶必访"的遇事访问制度,及时帮助解决问题。把全市的留学归国人员组织起来,成立"留学归国人员联合会"。

2010年,对118户困难侨户、重点侨户进行走访慰问,送去慰问品、慰问金5万余元。在归侨侨眷中开展"向海外亲属发一封信、打一个电话、发一条短信"为主要内容的"三个一"活动。举办"侨界委员春节联谊会",近百名侨联干部和市侨联委员参加了活动。市、县两级侨联为归侨侨眷解决住房、就业、子女升学等问题5件,为困难侨户办理城市居民和农村最低生活保障3户,为归侨侨眷提供法律援助13件,为海外侨胞提供服务11件。全市各级侨联共接待来自美国、英国、德国、加拿大、南非等多个国家和地区的华侨、华人16人次,聘请海外联络员20名。建成海外科技人才信息库。开展"亲情中华世博行"活动,组织归侨侨眷30余人参观世博会。

参政议政

2009年,"两会"期间,组织代表委员积极建言献策,共撰写建议、提案30余份,反映侨界群众的呼声。

2010年,市、县侨界人大代表、政协委员共提交团体和个人提案、议案及建议30多件。阳城县侨界政协委员提出的《关于加快析城山景区开发的建议》和《关于推进新农村建设的几点建议》等提案,被县委、县政府采纳。沁水县侨联主席牛芳凯被政府有关职能部门聘为改进工作的监督员。

侨情调研

2009 年，会同市人事局等部门联合下发《关于在全市开展侨情和海外留学人员调查工作的通知》，在全市范围全面开展侨情调查活动。

扶持侨企

2009 年，支持留美博士伍永安回乡创办乐百利特科技有限公司，完成《建设晋城市华侨光电科技园区的可行性研究报告》，提出“建设我市光电科技园区”的建议，被市政府采纳，并同意先期组建“晋城市光电工程技术研究中心”，首期给予 100 万元的经费扶持。帮助伍永安申报国家“千人计划”和省“百人计划”，获得国家、省各 100 万元的生活补贴。同时，帮助乐百利特公司申报国家、省、市科技项目。

2010 年，促成乐百利特科技有限公司与世界 500 强企业中冶集团达成项目合作意向，伍永安入选国家“千人计划”和山西省“百人计划”，并获得国家、省、市、开发区共 400 万元的生活补贴。对富士康（晋城）科技工业园区建设进行跟踪服务。12 月，全省侨联为经济建设服务现场会在泽州县召开，市侨联和泽州县侨联在会上作了经验交流。

自身建设

2009 年 7 月，在全国第八次归侨侨眷代表大会上，市侨联被国家人力资源社会保障部、中国侨联授予“全国侨联系统先进集体”称号。12 月，在全省第九次归侨侨眷代表大会上，被省侨联授予“全省侨联系统先进集体”称号。

2010 年，全市 6 县（市、区）全部建立侨联组织，晋煤集团成立了企业侨联组织。在有侨联的乡镇（办事处）、社区、学校聘请了联络员。成立了留学生归国联合会、侨联青年委员联合会等民间社团性质侨联组织。在全市侨联系统建立统一的工作十项制度（岗位目标责任制、调研、学习、会议、廉政建设、来信来访、联系侨户、信息采编、档案管理、财务管理和固定资产管理制度），把侨联工作量化分解成五项三十条，制定《侨联工作测评考核千分表》，并对县级侨联工作进行量化考核。在全市侨联系统开展“内强素质、外树形象”，“我为侨联作贡献”等主题活动。11 月，中国侨联在温州召开“中国侨联基层组织建设经验交流会”，晋城市作为全国内陆地区市级侨联代表在会上进行了经验介绍。

（市侨联）

残 联

“助残日”活动

2009年5月,全国第十九次“全国助残日”期间,全市残联系统围绕“关爱残疾孩子,发展特殊教育”主题,开展丰富多彩的助残宣传活动。市残联组织城区残联、泽州县残联、市聋儿语训部和有关单位在人民广场开展大型宣传义诊活动。城区、泽州残联和市聋儿语训部的残疾人工作者,向过往群众发放残疾人康复、教育知识等宣传资料。市康复医院、荣康医院的医务工作者,为群众进行义务诊断、按摩和治疗。阳城残联同县眼科医院、妇幼保健院、法律援助中心、康乐盲人按摩中心等单位在县城广场、街道上设立咨询台,向群众宣传普及残疾孩子享受教育、核发二代残疾人证、残疾早期干预和白内障复明、残疾人法律咨询等有关知识。沁水县残联在沁水宾馆举行捐赠仪式,为贫困残疾人进行爱心捐款。高平市残联在长平广场开展新《残疾人保障法》和康复知识宣传咨询活动,为残疾人免费发放50个助听器和部分拐杖等用品用具。陵川县残联与县教育局、司法局在棋源广场,开展宣传、扶贫、助学、发放辅助器具等形式多样的系列庆祝活动,县盲人曲艺宣传队、盲人说唱团义务演出文艺节目,县残联康复中心医务工作者为群众进行义诊,县残联为30名特困肢体残疾人赠送轮椅,为20名盲童学生发放助学金。

2010年,市残联走访慰问六县(市、区)18户贫困残疾人家庭。城区残联走访慰问8户农村特困残疾人家庭,在凤西广场开展宣传、咨询、义诊活动,区中医院专家为过往群众免费进行听力、视力咨询、测试和检查。泽州县残联筹集资金4万元,对200户特困残疾人进行帮扶救助,开展互助结对助困“一助一”活动,筹集资金5万元,对220户特困残疾人户进行帮扶。高平市残联举办“二00九年度高平市扶残助残先进集体表彰暨颁奖”文艺晚会。阳城县残联在县府南广场开展大型宣传咨询活动,访慰问康馨精神托养服务中心、白桑乡敬老院、河北镇敬老院的残疾人。沁水县残联举行“全国助残日”捐赠活动,为2名残疾人家庭大学生和12名身患残疾的中学生分别发放2000元和1000元的助学金,为8名聋哑儿童发放1台电脑和一些生活用品。陵川县残联在棋源广场设立咨询台,举办陵川县首届残疾人体育比赛,县肢残人协会举办爱心售货厅招商会。

为残疾人办实事项目

2009年,省政府下达晋城市为残疾人办实事项目的任务是:对1920名贫困残疾人实施康复救助，为15个社区配备康复训练器材。市政府为残疾人办实事项目的任务是：对2000户贫困残疾人实施康复救助，为130户贫困残疾人家庭进行危房改造。

康复救助项目。开展对全市贫困白内障患者、听力残疾人、聋儿、肢体残疾人、智力残疾人、精神残疾人等受助对象的摸底调查工作，市财政将康复救助款81万元下发到各县（市、区）。全市救助白内障复明手术80人、助听器配戴20人、聋儿康复训练40人、肢体训练40人、智残康复训练40人，精神病服药200人的救助款全部发放到受助残疾人手中。同时，向残疾人配发辅助器具1680件，发放轮椅144辆。对陵川、沁水两县残疾人康复中心各补助2万元的资金也全部下发到位。

社区康复器材配备项目。完成15个社区的康复器材安装。

残疾人危房改造项目。沁水县完成138户残疾人危房改造任务，陵川县完成25户危房改造任务。

2010年，省政府下达晋城市为残疾人办实事项目的任务是：对105名贫困残疾儿童实施康复救助，为10个社区配备康复训练器材，对90户农村贫困残疾人家庭进行危房改造。市政府为残疾人办实事项目的任务是：对300名贫困残疾人儿童实施康复救助。

康复救助项目。省政府为残疾人办实事项目，完成35名残疾儿童助听器配发、30名聋儿语训、30名肢残儿童康复训练和10名智残儿童康复训练的康复救助金发放。市政府为残疾人办实事项目，完成300名贫困残疾人儿童实施康复救助任务。

社区康复器材配备项目。10个社区康复器材全部配发到位并投入使用。

残疾人危房改造项目。城区20户、沁水县70户农村贫困残疾人户危房改造工程全部完工。

康复工程

2009年，市委、市政府出台《关于加快残疾人事业发展的实施意见》。全市79个社区初步形成“以社区康复为基础，以残疾人家庭康复为依托”的残疾人康复服务网络。开展“爱耳日”活动，组织市聋儿语训部、市康复医院、市荣康医院、市眼科医院，泽州荣康听力中心，在市体育场开展宣传义诊活动，共发放宣传资料5000份，义诊咨询200余人。开展“爱眼日”活动，组织市眼科医院医务人员开展宣传义诊活动，为6000余名青少年进行义诊、普查，发放宣传资料10 000余份，张贴宣传标语160余幅。阳城县被确定为全国残疾人康复示范县。市聋儿语训部被省残联批准为全省首家地级市“儿童孤独症定点机构”。12月2日，省残疾人康复协会会员代表大会暨残疾儿童康复管理与技术研讨会在晋城市召开，各地市120多名残疾人康复方面的专家参加会议，听取了2009年山西省残疾人康复协会工作总结报告，通过《山西省残疾人康复协会专业委员会管理办法》,增补山西省残疾人康复协会理事。全年,全市共完成白内障复明手术990例,盲人定向行走训练10人,低视力配用助视器80例,低视力家长培训10人,新收训聋儿28人,培训聋儿家长28人,智力残疾儿童康复训练30人,智力残疾儿童家长培训15人,肢体残疾人康复训练30人,接受医疗救助的贫困精神病人220人,孤独症儿童康复训练10人,辅助器具供应1400件,装配普及型假肢35例。完成国家彩票公益金项目,精神病免费服药200人,免费住院20人。完成富士康爱心助残工程项目,贫困聋儿配戴助听器20人,贫困聋儿康复训练30人,假肢装配11人,轮椅捐赠70辆。

2010年,全市完成白内障复明手术990例;盲人定向行走训练15人;低视力配用助视器80例;低视力家长培训10人;新收训聋儿28人;培训聋儿家长28人;智力残疾儿童康复训练30人;智力残疾儿童家长培训15人;肢体残疾人康复训练30人;接受医疗救助的贫困精神病人220人;孤独症儿童康复训练10人;辅助器具供应1400件;装配普及型假肢35例。完成了国家彩票公益金项目,精神病免费服药200人,免费住院20人。完成了富士康爱心助残工程项目,贫困聋儿配戴助听器20人,贫困聋儿康复训练30人,假肢装配11人,轮椅捐赠70辆。

残疾人就业工作

2009年,全市共完成城镇残疾人就业200人,农村残疾人就业400人。完成城镇残疾人职业技能培训250人,农村残疾人实用技术培训740人,盲人电脑培训25人,盲人保健按摩22人,医疗按摩9人。全年完成征收残疾人就业保障金750万元,其中,行政事业单位征收保障金220万元,地税部门代征保障金530万元。高平市委、市政府出台《关于进一步推动全民创业加快民营经济发展的意见》,阳城县委、县政府出台《关于扶助残疾人家庭就业工程的实施意见》,全县100多名残疾人实现自主创业。

2010年,共完成城镇残疾人就业200人,农村残疾人就业400人。完成城镇残疾人职业技能培训250人,农村残疾人实用技术培训740人,盲人电脑培训25人,盲人保健按摩22人,医疗按摩9人。完成征收残疾人就业保障金550万元,其中,行政事业单位征收保障金150万元,地税部门代征保障金400万元。

维权工作

2009年,加强残疾人法律援助和法律服务工作,建立维权工作责任制,市、县两级举办维权信访培训班7期,为残疾人提供法律援助75宗,解答法律咨询500多人次,为残疾人挽回经济损失180多万元。

2010年,市、县两级法律援助机构为残疾人提供法律救助36件,市残联共接待残疾人来信来访 35 人次,全市无一例越级上访事件。

无障碍建设城市创建

2009 年,制定《晋城市创建全国无障碍建设城市实施方案》,开展全国无障碍建设城市创建工作。晋城市在城市道路、公共建筑、特殊设施、居住小区、信息交流等方面的无障碍建设有了较大发展,无障碍环境得到明显改善。至 2010 年底,新建、改建、扩建的城市道路无障碍设置率达到 100%。铺设盲道 25.7 公里,缘石坡道 281 个,设置盲人过街提示信号装置 16 个。新建公共建筑无障碍率达 90%。新建长途客运站无障碍设施设置率达 100%。新建与残疾人密切相关的康复设施(如市残疾人康复中心)、残疾人综合服务设施、养老机构、老年人服务设施无障碍建设率达 100%,市区三所老年公寓无障碍设施配置率 85%。新建、改建、扩建居住小区、居住建筑无障碍设施建设率 85%。

基层组织建设

2010 年,是全省残疾人"基层组织建设年",按照省残联《基层残疾人组织规范化建设验收标准(修订)的通知》要求,晋城加大基层残疾人组织建设规范化建设工作力度,全市 1416 个行政村、96 个社区建立了残疾人协会。基层残疾人组织进一步完善各项规章制度,实现"五有十上墙"管理模式(五有即:有阵地、有牌子、有人管、有资料、有版面。十上墙即:基本情况、组织机构、学习制度、会议制度、服务项目、残疾人基本情况分布图、残联主席团工作职责、残联理事长工作职责、残疾人证作用及申办程序、来信来访制)。

其他工作

2010 年,组织报送新闻作品 6 件参加省残疾人事业好新闻评选活动;围绕"全国助残日"、"国际残疾人日"、"特奥日"等重大活动开展了专项宣传活动。完成《中国残疾人》、《三月风》、《山西残疾人》征订任务;完善市盲文及盲人有声读物图书馆建设,安装方便盲人操作的计算机软件,购买 12 000 元的盲文图书和有声读物光盘,有 10 多万册电子图书、600 多本盲文图书可供盲人阅读;组织参加省残疾人声乐、器乐会演,陵川县盲人曲艺宣传队演奏的器乐类参赛节目《和谐乐》获一等奖,《庆丰收》获优秀奖。组织开展残疾人群众性体育活动,在晋城煤业集团和高平市开展全市残疾人体育比赛各 1 次,参赛运动员 80 人,比赛项目有田径、轮椅太极拳、轮椅健身操等;按国家、省"特奥活动示范社区"标准开展工作,全市有 6 个社区、3 所特教学校、3 个福利企业,开展"残疾人文化体育基层示范点"建设工作;继续推动特奥家庭支持联络网的扩网工作,网络扩展到 50 人;组团参加山西省第九届残疾人运动会,获得金牌 6 枚,铜牌 1 枚,市残联获得"体育道德风尚奖"。

(市残联)

科 协

创建活动

2010年,在全市开展创建2011-2015年度全国科普示范县(市、区)申报工作。高平、城区、泽州、阳城4个科普示范县(市、区)完成申报工作。高平市、泽州县参加了2011-2015年度全国科普示范县(市、区)创建活动。

科普宣传

2009年,全市新建科普宣传栏451块,维修改造宣传栏602块。至年底,科普宣传栏覆盖全市1126个行政村和社区。与已建的827个科普服务站和市、县两级电台、电视、手机、报刊、专栏、专版、专刊等,共同构成全市科普宣传教育网络体系。市长办公室会议把科技馆建设列入前期准备重点项目工程。主办"科学发展看晋城"新闻采风活动。整个活动历时44天,共组织特刊一期,专版35块,撰写文章135篇。先后在泽州县北义城镇和沁水县柿庄镇举办了晋城市"百村千户万人"农民实用技术培训现场直播活动。全市6县(市、区)科协联合相关部门举办农民实用技术培训班206期,4万名农民接受养殖、种植方面的专业技术培训。

2010年,市委宣传部、市科技局联合举办了以"携手建设创新型晋城,实现转型发展、安全发展、和谐发展"为主题的2010年科技活动周活动。市科协组织农科技术专家在高平市石末乡、泽州县孟匠村举办科学养蚕、科学养蜂知识培训,共培训农民300余人次。市委宣传部牵头组织了科教文卫"三下乡"活动,在泽州县金村镇向农民宣传科普知识,发放科普资料、农民实用技术资料1万余份。开展了以"节能减排、生态文明、安全生产、健康和谐"为主题的晋城市第十九届科技之春宣传月活动,共培训农民2000余人次,发放技术资料、科普资料2.5万余份。在人民广场举行了以"节约能源资源、保护生态环境、保障安全健康"为主题的2010年"全国科普日活动"。市科技情报协会、市环境科学学会等10个学会参加了宣传活动。在秀水苑小区建设长18米、高2.5米的第三代示范性科普画廊,对市区的26块科普宣传栏定期更换和清理。坚持"开展科普在平时,重大活动有特色"的方针,发放各种科普资料1.5万余册,为3000多名群众进行免费义诊、咨询。在全国科普日活动期间,与市环保局、市经信委联合在《太行日报》开展"晋城市低碳生活科普知识竞赛"活动,共收到答题卡1323份。市科协与市广播电视台开办的《科普时空》、《科普15分》栏目共播出90期,出《太行日报·晋城科协》专刊5期。市科协网站共发布各类工作、科普信息280条,浏览人数达2万人次。编写科协简报17期。市科协被省科协授予先进奖。

科技服务

2009年,市委组织部、市科协在木林森大酒店举办提高全市社会主义新农村建设乡村负责人科学素质培训,来自全市各乡村的200名优秀村官分两批参加了为期一周的培训。各县(市、区)先后举办建设社会主义新农村科学素质村官培训班12期,共培训村官1020名。开通市科普110服务中心热线,共接访农民种植、养殖方面遇到疑难问题496人次,农科专家通过电话、上网解决疑难208次,上门服务65次。六县(市、区)的6个"三站合一"站点和12个"三站合一"试运行站点,全年为1.6万户养殖、种植农户提供优良品种、测土配肥、优质农药200余吨,平均增产15%,增收资金总计达700万元。

开展"科普惠农兴村"和"科普示范基地"推荐命名工作。推荐科普惠农兴村计划先进农村专业技术协会7个,农村科普示范基地3个,科普带头人2人。中国科协、财政部分别授予陵川县礼义镇光明玉米协会为"全国科普惠农兴村先进单位",泽州县金村镇小刘家庄村农民王永敢为"全国科普惠农兴村先进个人"。阳城县中药材协会、陵川县沙六泉食用菌专业技术协会、高平市北诗镇果树技术协会、城区冯匠村惠康禽业科普示范基地被省科协、省财政厅授予省科普惠农兴村先进单位。此外,市科协获"山西省科普惠农通道工程先进集体"。开展了第四批山西省农村科普示范基地的推荐申报工作。

2010年,市科协在高平市河西镇举行"百村千户万人"农民实用技术培训走进高平现场直播活动,科技专家现场为农民提供技术培训和科技服务,200余名农民群众参加了现场培训。各县(市、区)科协也积极开展此项活动,共培训农民3.5万余人次。科普110服务站点从原来的6个增加到18个,服务"三农"覆盖面达到430个行政村,共计28万农民。市科协投资30万元建起并开通视频会议系统,目前,已有9个站点与市科普110中心实现视频对接,各站点可与农科专家进行面对面交流。

组织建设

2009年,召开全市科协第四次代表大会,回顾总结第三次代表大会以来工作,安排部署后五年全市科协主要工作,并选举产生市科协第四届领导班子,张高峰当选为市科协四届委员会主席。出台《关于进一步加强企业科协组织建设的意见》,新组建企业科协20家。

2010年,全市共有市级学会50家,县级学会117家,新增加会员457人,科技工作者会员总数达到85 083人。继续抓好企业科协组建工作,新成立企业科协15个,企业科协总数达到35个。

学术交流

2009年,各学会创办的专业学术刊物达21种。如土木建筑学会主编的《晋城建筑》出版2期,发行2000册,在全国各地市交流;市优生优育协会自筹资金创办的《优生与健康》,全年出版4期,印刷量已由原来的1000册增至3000册;市预防医学会创办的《预防与健康》、市情报学会主编的《科技信息参考》、供热协会主编的《晋城供热》以及市丝麻协会主办的《晋城丝麻》,为广大科技工作者搭建了良好的学术交流平台。全年全市各学会共召开学术交流会11次,举办学术报告21场,有四个学会6人参加中部崛起专家论坛,有2个学会6人参加省科协"信息化与科技发展论坛"。市气象学会特邀省气象专家举办"气象学术茶座";市科协和优生优育协会、市残联等五家联合召开"保障弱势群体、关注儿童健康"医学专家座谈会;市预防医学会组织本会会员在北京召开重大疾病防控和医改座谈会。有64名科技工作者受到省级表彰,有125名科技工作者受到市级表彰。

2010年,共征集论文240篇,交流论文141篇,开展高层次学术交流会65次,参会人员1362人,举办学术报告20场,开展科技培训班327期,人数3万余人,科技考察8次,科技咨询138人次,制作科普展板109块,发放宣传资料4万余册。在全市范围内开展"晋城市第十二届优秀学术论文"征集评选活动,共征集优秀论文33篇,评出一等奖6篇,二等奖8篇,优秀奖19篇。45篇论文推荐参加山西省第十五届优秀学术论文评选。由市食品工业协会提出的《全市"十二五"食品工业发展规划》建议,获省科协科技工作建议奖,市科协获省科协学会工作先进单位称号。联合市水利局在晋城大酒店共同举办全市水利资源保护与开发利用研讨会,50余人参加会议,各县(市、区)水利资源利用问题作交流发言。12月15日,召开纪念胡锦涛总书记在中国科协成立五十周年大会上重要讲话发表两周年暨学会秘书长座谈会,市级各学会秘书长共50余人参加会议,市教育心理学会、优生优育学会、护理学会、质量学会等12个学会代表分别就各学会的工作进行汇报。

《纲要》实施

2009年,市、县两级科协认真宣传贯彻落实《科普法》和《全民科学素质行动计划纲要》,举办科学素质达标村负责人培训,并将科学素质教育列入年底公务员测评考核中。高平市科协与宣传部门连续四年举办"科普大讲堂";泽州县科协与组织部门共同举办"构建新农村,科普进万家"演讲比赛;陵川县组织开展第十八届"科技之春"科普月活动;沁水县科协与组织部门对全县大学生村官进行科学素质专题培训;阳城科协与劳动保障部门共同编印《农民工进城务工科普系列读本》。在"全国科普日"期间,市、县两级科协与统战、广电、农业、畜牧等部门联合开展"百村千户万人"农民实用技术培训活动。围绕"2009年国际天文年",市、县两级科协分别组织千余名中小学生到市、县气象观测站观测“全日食”,同时进行天文科普知识培训、展览;围绕 5·12 国家首个“防震减灾日”城区科协与地震等相关部门在市物茂广场举办防灾减灾专题宣传教育活动。市科协先后编印《预防甲型 H1N1 流感》、《心理健康》等 8 套科普系列手册,印刷总量达 10 万本。市级各学会,全年共组织技术下乡活动 130 次,科技培训班 75 期,受训人数达 4400 人次,制作科普展览 65 块,发放科普宣传资料 5 万余册,发放科普挂图 1.5 万张。市林学会在陵川、沁水等偏远山区举办 6 期林农干果栽培管理培训,受培训林农 760 人次;市气象学会专家到市职业技术学院旅游系为全体师生作《旅游与气象》专题知识讲座。

2010 年,继续围绕“节约能源资源,保护生态环境,保障安全健康”的活动主题,大力实施《全民科学素质行动计划纲要》。

晋城市全民科学素质工作领导组第二次会议,传达省全民科学素质工作领导组第二次会议精神,对 2009 年实施全民科学素质纲要工作的 15 个先进单位和 15 名先进个人进行表彰,并讨论通过全民科学素质九项重点实施方案。继续推进对重点人群开展以科学素质培训为主要内容的培训工程,制定“四大重点人群”的培训计划,开展“党员干部远程网络培训”、“农民阳光培训”、“青少年科技月培训”、“劳动技能培训”等各种科学素质培训 20 多项,培训人数达 2 万余人。并率先在全省推进数字科普电视的启动工作。6 月 11 日,省纲要监督组莅临晋城,就全民科学素质工作进行督查指导。9 月 4 日,以中国科协科普部部长杨文志为组长的国务院纲要督查组一行莅临本市,就实施《全民科学素质行动计划纲要》情况进行督查指导,对晋城市实施全民科学素质纲要工作给予高度评价。

青少年科技工作

2009 年,市科协牵头与教育局、科技局共同举办全市“首届学生科技月”暨第七届青少年科技创新大赛活动,其中 169 件作品参加全国、全省青少年科技创新大赛,1 件获第 24 届全国青少年科技创新大赛二等奖,79 件分获全省一、二、三等奖。

2010 年,组织开展全市第三届学生科技月活动、第八届青少年科技创新大赛评选表彰活动,共征集获奖作品 80 件,并推荐优秀作品参加省第二十五届青少年科技创新大赛。在市第八届青少年科技创新大赛中,评选出市级一等奖 17 项,二等奖 22 项,三等奖 29 项,优秀指导教师奖 17 名,优秀组织奖 8 个。在参加省第二十五届青少年科技创新大赛中,晋城市 25 件作品分别获得一、二、三等奖,两名科技辅导员分别获科技辅导员项目类一等奖、二等奖。两件作品获第 25 届全国青少年科技创新大赛三等奖。组织晋城一中学生参加在太原举办的第十届中国(山西赛区联赛)青少年机器人竞赛,获二等奖。组织参加第七届山西省宋庆龄少年儿童发明奖的评选活动,分别获一等奖2项,二等奖4项,三等奖30项。市科协青少部获第七届山西省宋庆龄少年儿童发明优秀组织奖。此外,市科协联合市教育局开展命名第二批“晋城市青少年科技教育基地学校”活动。推荐晋城四中等3所学校参加“山西省第二批青少年科技教育基地学校”命名活动。

科技兴企

2010年,市科协与市经信委、市总工会联合下发《关于在全市企业工程技术人员中开展“讲创新、比贡献”竞赛活动的意见》,在全市科技人员中开展“讲、比”竞赛活动。此次活动,科技工作者革新改造项目完成646项,技术攻关121项,引进新技术、新品种763项,提出科学的合理化建议2160余条,直接创造经济效益总值达3.6亿元。与市竞赛委、市总工会联合下发《关于在全市企业评选优秀工程技术人员和“十佳工程师”的通知》,在全市范围内开展评选活动，共收到符合条件的申报材料43份，评选出20名优秀工程技术人员和“十佳工程师”。“十佳工程师”被市劳动竞赛委授予市五一劳动奖章,20名优秀工程技术人员荣记一等功。实施“金桥工程”,转化科技成果,全市金桥工程申报登记项目2项,申报登记山西省金桥工程项目2项,年增利税3500万元,节约资金230万元。全市参加项目实施人员50人,其中科技人员16人。

2009年，全市各学会组织所属会员提合理建议6500余条，其中被相关部委局采纳的4080余条。市水利学会组织下属会员深入15家煤矿进行污水再利用规划设计;市科技情报学会组织下属会员先后完成《建设晋城新型煤化工基地之人才技术问题研究》、《用竞争情报服务我市能源产业》等课题研究。全市各企业科协组织本企业科技工作者开展“讲理想、比贡献”活动,共完成革新改造项目56项,提合理化建议274条,采纳91条,创造经济效益1200万元。规范科普110服务工作,初步形成“站点→科普110→农科专家→农民服务”循环网络,覆盖农民人数增加到目前的35万。市财政配套“科普惠农兴村计划”资金50万元,为3个农村专业技术协会奖补资金9万元,为5个农村科普示范基地奖补资金20万元,为3名农村科普带头人奖补资金9万元,为18个“三站合一”点奖补10万元。陵川县生态农业科技推广协会获中国科协科普惠农兴村先进,阳城县红薯经济协会、泽州县测土配方施肥科普示范基地获省科协科普惠农兴村先进单位。

(市科协)

晋城市交通运输执法局

局长　张慧锋

山西省晋城交通运输执法局是按照省编委和省编办的文件规定，在山西省交通征费稽查局晋城分局原有机构框架的基础上，整体转变职能，组建而成的正处级建制单位。辖城区、泽州、高平、阳城、沁水、陵川六个交通运输执法分局，一个督察支队。具体职能配置：对公路路政、道路运政（包括城市客运管理）、水路运政和地方海事执法实施监督。对交通运输行业治超工作政策、制度和标准执行情况及路面治超、道路货物运输源头治超实施监督。对收费公路的收费实施监督，做好通行费收费站（点）的设置审批、撤销和收费许可证年检等工作。负责所辖收费站（点）的收费管理工作。对交通运输安全生产执法行为实施监督，参与安全突发事件应急处置工作。负责交通运输行政执法、治超工作和安全生产执法等相关投诉案件的调查，并经调查核实后提出处理建议。承办所属企事业单位财务收支、预算资金、固定资产投资项目等的内部审计，以及重大交通基础设施建设项目的跟踪审计工作。研究指导全市交通运输综合执法改革工作，推进交通运输执法体制创新。

董事长、总经理 廉继俊

党委书记、监事会主席 郜光明

山西江淮重工有限责任公司

山西江淮重工有限责任公司是中国船舶重工集团所属驻晋国有独资企业，占地面积100多万平方米，固定资产6个多亿，拥有员1400多人，其中各类专业技术人员460余名。公司始建于1966年，40多年来，在上级机关和晋城市人民政府的亲切关怀和大力支下，经过公司全体员工的辛勤努力，特别是经过近10年的军工专项建设，江淮重工实现了跨越式发展，已成为具有精密机械加工、强度铝合金铸造、火工装药、总装调试、热表处理、理化分析、计量检测以及包装箱设计与制造等较强综合实力的大型骨干军工业，为国防军工建设和地方经济建设作出了突出贡献。

江淮重工坚持“军品为本，民品兴业”的发展战略，充分发挥精密机械加工和高强度铝合金铸造优势，积极实施战略转型，正努力把公司打造成为我国重要的大中型机械装备制造企业。公司现有三条高强度铝合金铸造生产线，拥有国内先进的压差铸造设备可完成各种大型薄壁铝合金铸件的生产，工艺技术达到国内一流水平。公司拥有美国、瑞士、德国及国内知名品牌的五轴联动数控铣加工中心、五面体加工中心，系列大型数控车床、数控高压水射流切割机床、数控线切割机、焊接机器人、精密电火花成型机、型数控等离子切割机、变极性等离子焊接等各类高、精、尖数控设备300余台套，可承担各类复杂零部件的加工。拥有先进的计量测理化分析设备及新型焊接、热表处理生产线，计量检测手段先进，已成为服务于晋城及周边地区的区域性、产业性大型复杂零部机械加工及工业计量检测中心。

公司以军工技术为依托，结合自身特色建成了煤机装备、风电及工业制动器、核级特种设备、太阳能系列产品等多条民用生线。煤矿采掘用液压立柱已经具备ϕ500mm缸径的加工能力，并形成3个多亿/年的生产规模，正在开发的煤机装备还有矿用大型破机、矿井救生舱等产品。“军爵”牌汽车及工业制动衬片先后被评为“国家推荐品牌产品”，“山西省著名商标”，产品获得了自进出口权。新开发的BSSF-300型、BSS-2000/3000型、BSY-75/90/120型等风电制动器通过了国家级鉴定，并投放市场，形成量生产，能为5MW以内的风力发电机组配套。合作研发的AP1000核电站爆炸安全阀项目已得到国家核安全局的全面受理，市场前广阔。集成式太阳能热水器获得国家专利，太阳能采暖、太阳能沼气热水循环增温系统等产品已在市场全面推广。拟发展的项目还森林灭火弹、爆炸复合材料、转子发动机等产品。“十二五”末公司经济总量可达15亿元，将建设成为我国重要的大中型机械装备造企业。

江淮重工依托中船重工在国际国内的品牌优势，积极融入地方经济建设，发扬“自强、自信、求实、求精”的精神，靠一流的术、优质的服务、良好的信誉，竭诚与各界同仁精诚合作，共谋发展大业，共创美好明天。

省委书记袁纯清参观公司生产的核阀产品

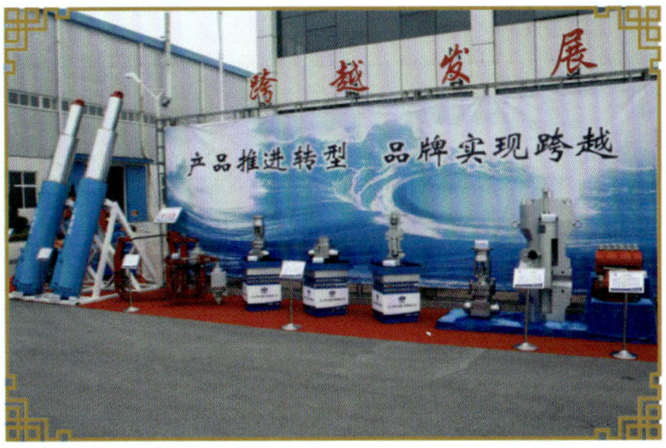

公司参展产品

公司新厂区

风电制动器

液压立柱

数控车间

工业制动器

泽州县国家税务局

领导班子高瞻远瞩，谋划远景

泽州县国家税务局成立于1994年8月，现有正式干部职工93人，内设9个股室，下设1个稽查局、3个税务分局和1个事业单位,担负着全县17个乡镇，1300余户纳税人的征收管理工作。

“十一五”期间，在县委、县政府和市国税局的坚强领导下，取得了令人瞩目的成绩。一是国税收入实现较快增长。五年间共完成各项税收收入30.7亿元，为泽州县域经济发展做出了贡献；二是在全市率先推行“财税库银”横向联网系统，使广大纳税人足不出户即可完成缴税义务,提高了国税机关的运行效率和服务质量；三是随着县局办税服务大厅的启用，服务功能不断完善，将原有的缴纳方式由分散变为集中，方便了广大纳税人;四是加强队伍建设，组建了一支素质硬、专业强的队伍，连续两年在晋城市国税系统业务标兵竞赛中获得第一名。该局先后被省文明委授予“山西省文明和谐单位”，被市委市政府授予“模范单位”、“财税收入征管先进单位”、被市委和谐办授予“和谐机关标兵单位”，被泽州县委、县政府授予“泽州县行风评议免评单位”、“党风廉政建设先进单位”等荣誉称号。

“十二五”期间，将按照市局和县委、县政府的战略部署，围绕“制度+文化”的总体要求，以组织收入为中心，以科学管理为主线，以队伍建设为保障，改革创新，争先创优，为泽州经济发展和社会和谐作出更大的贡献。

税收宣传月启动仪式

重温入党誓词，十二五再立新功

齐唱红歌展示国税干部精神风貌

宽敞明亮的办税服务大厅

山西晋焦高速公路有限公司

总经理　王志俊

山西晋焦高速公路有限公司成立于1998年6月10日，主要负责晋城至焦作高速公路的收费、路政、养护、桥隧管理和经营开发等工作。下设10个职能部门，即：综合办公室、财务部、养工部、电力工区、丹河收费站、丹河超限检测点、路政大队、清障救援大队、稽查大队、经营开发部。

晋焦高速公路是山西东南部通往河南省的主要通道（属国高网G5512山西段）。1997年10月开工建设，2001年7月竣工，2002年12月22日通车运营。全长32公里。为全封闭、全立交、全部控制出入的双向四车道高速公路。全线有桥梁22座，隧道11处。其中，丹河特大石拱桥单孔跨度146米，创大世界吉尼斯纪录。

近年来，晋焦公司以交通运输部“三个服务”为宗旨，秉持“服务大众、奉献社会、回报股东、成就员工”的使命，坚持两个文明一起抓，积极推行人性化、科学化、精细化管理，不断建立健全“制度、考核、文化”三位一体的绩效管理体系，为社会公众提供了一条“安全畅通、文明和谐”的阳光大道，进一步实现了企业又好又快发展。公司先后荣获“国家档案管理二级企业”、“山西省模范劳动关系和谐企业”、晋城市“文明和谐单位标兵”、省交通运输厅“先进基层党组织”、“政风行风工作先进单位”等百余项荣誉称号。所属丹河收费站荣获“国家青年文明号”、“省厅文明和谐示范窗口”。同时，公司被山西省劳动竞赛委员会荣记“集体一等功”一次。公司于2004年通过ISO9000、2006年通过OHSAS18000体系认证。

在新的发展时期，团结务实的晋焦人将以“缔造高速公路行业卓越品牌”为愿景，大力弘扬“团结奋进、合力向上”的企业精神，全力为公众打造“畅、安、舒、快、美”的通行环境，为实现转型跨越发展的宏伟目标谱写新篇章。

政风行风听证对话会

创先争优动员大会

迎亚运暨第三届职工运动会

山西省劳动竞赛委员会授予“集体一等功”

晋城市文明委授予“文明和谐单位标兵”

阳城县

阳城县位于山西省东南部，太行、太岳、中条三山交汇处，也是太行与中原的交接地。全县总面积1968平方千米，辖10镇7乡1个办事处，总人口40万。

阳城县气候温和。属于暖温带大陆性气候，平均气温11.7℃，平均日照时数2400小时，无霜期180天左右。多年平均降水量627毫米，年蒸发量在2000毫米以上。

阳城县资源丰富。自然资源种类繁多，地下拥有矿产资源20多种，其中以煤炭、陶瓷黏土和铝矾土储量最多。地上有动植物资源1100多种，列入国家一、二级保护的有40多种，是我国四大山茱萸产地之一。旅游资源极具特色，有被称为“中国北方第一文化世族巨宅”的国“5A”级风景区皇城相府、被誉为“华北小桂林”的国“4A”级风景区蟒河以及以华北地区目前保存最好的斯特封闭式洼地、亚高山草甸类草地而闻名的析城山等

阳城县历史悠久。阳城古称获泽，西汉初年置县，有两千多年的历史。自隋朝科举以来，先后出过2名相、4名尚书、123名进士。远在周朝就开始养蚕，金时代冶铸全国领先，明清时期琉璃工艺品成为贡品、为京故宫和十三陵等重要建筑物上使用的上品。解放战争间，曾是太岳行署领导机关和八路军太岳军区司令部驻地。

县委书记　冯志亮

县长　王晋峰

立交桥全景

游泳馆

污水处理厂

寄宿制小学操场

阳城发电站

陶瓷园区现代化生产线

东新貌

润城泊水新村

阳高泉森林公园

凤西生态公园

陽城

九女仙湖

皇城相府景区

滨河两岸

蟒河景区水帘洞

阳城县东城办事处

阳城县东城办事处位于县城东7公里处芦苇河下游，总面积19.2平方公里，7个行政村，16 396口人，是“全省环境优美乡镇”。境内交通便利，企业密集，有山西绿洲纺织有限责任公司、山西兰花科创股份有限公司阳城化肥厂分公司、阳城县芦河大麻编织有限公司、征弘食品有限公司、晋豫食品有限公司、阳城县鲜惠蔬菜农民专业合作社、阳泰集团西冯街煤业有限公司、阳泰集团尹家沟煤业有限公司、晋煤集团上孔煤业有限公司、阳城火车站等大型企业集中于此。近年来，东城办事处紧紧围绕“项项工作争一流”的总要求，按照“转型跨越发展要走在全县前列、全面小康建设要走在全县前列、民营经济发展要走在全县前列、和谐社会建设要走在全县前列、农村党建要走在全县前列”的五个前列总思路，上下同欲，合力攻坚，全镇综合实力快速增长，2010年全年完成地区生产总值107 738万元，完成税金4820.23万元，农民人均收入达6821元，人均GDP、人均税金、人均收入连年在全县领跑。“十二五”，全镇人民将在县委、县政府的坚强领导下，围绕“五个前列”，朝着“亲水型生态园林镇、现代特色物流镇、文化体育强镇、城郊型生态农业镇、全面小康建设先行镇”的五镇建设目标阔步迈进。

▲ 东城办领导班子合影

▲ 华铁集团科发公司一期年产5万吨铸件生产线

▲ 芦河大麻厂

▲ 龙飞陶瓷生产线

▲ 征弘食品有限公司馍片生产线

▲ 日光温室大棚蔬菜

阳城县寺头乡

党委书记 原前卫

乡长 刘王锋

寺头乡位于阳城县北部，距县城25公里，属于典型的半山丘陵地带。东连町店，西接芹池，南邻西河，北交沁水。全乡总积72.6平方公里，辖21个行政村，3204户，10 038口人，32个党支部，558名党员。有耕地28 000亩，林地51 700亩。寺头称甘国，曾是阳北县抗日政府所在地，有较为深厚的红色历史和蚕桑农耕文化底蕴。

以蚕桑和食用菌两大特色产业为主导，全乡有19 000亩优质桑园，农民人均收入中有近50%来自于这两项产业，寺头蚕茧量高、茧质优，2006年曾代表“阳城蚕茧”被评为国家地理标志保护产品，2009年又被评为“晋城市十大名片”之一，素有北蚕桑第一乡”美誉。地下煤炭和天然气资源丰富。境内有以煤炭、白厂丝、纯绿色桑椹饮料生产为主的仙桐丝业有限公司、源饮品有限公司和阳泰集团主井口等规模企业和阳城北500千伏输变电站。全乡黑（煤炭）、白（丝绸、猴头菇）、绿（蚕桑帅源饮品）产业三足鼎立，各领风骚。

境内“两山（仙翁山、牛头山）两水（万泉河、大乐河）”孕育了勤劳、智慧、质朴、善良的甘国儿女。镇区内甘国寺森林公园风景绮丽，万泉河景观秀美，形成了“一河、一园、一路、一镇”特色集镇新格局。乡域交通道路四通八达，有出境公路三条。镇区内有一个乡级中学和一个全寄宿制吉利希望小学，一个乡级卫生院和一个乡级计生服务站，21个达标村级卫生所，建有乡派出所、乡敬老院、乡综合文化站、乡兽医站、乡供销社，各站所齐全，服务功能完备。

寺头乡远景

蚕桑产业研讨会

演讲大赛

规模化养蚕

魅力寺头 歌唱祖国

现代舞培训

镇党委书记　赵中怀

镇长　原红海

腾飞中的芹池

芹池镇地处太行、太岳、中条三大山脉交汇处，苍翠挺拔的竹林顶坐卧其中、四季清秀的芦苇河流淌而过，东与寺头相连，南与西河、礼、固隆接壤，西北与沁水县搭界，全镇总面积136.1平方公里，辖行政村27个，16 269口人，耕地总面积45 000亩，是阳城县乃至晋城市要的能源大镇、经济强镇、文化重镇。

芹池镇物产丰富，资源优厚。辖区境内矿产资源已探明无烟煤可采储量7.4亿吨，拥有大中型生产和基建煤炭企业9座，煤层气可采储量470亿立方米，水资源年可利用量达1366万立方米，张峰水库引水工程留有配水口。晋韩公路、八芹公路、芹张公路、羊固公路纵横交错，侯高速公路穿境而过，建有互通口，铁路运煤专线开工在即，为转型跨越发展奠定了坚实的基础。

芹池镇党委、政府立足镇情，发挥优势，坚持以科学发展观统揽经济社会发展全局，全面贯彻落实袁纯清书记提出的“工业新型化、农现代化、市域城镇化、城乡生态化”的转型发展要求，大力实施“规划立镇、产业富镇、项目强镇、基础兴镇、生态绿镇、和谐稳镇”的发战略，主攻“蚕桑、花椒、陈醋、畜禽、煤炭、化工”六大产业基地建设，按照“保增长、保就业、保民生、保安全”的总体要求，明思路抓调产，求创新，促发展，有力地推动了全镇经济社会的又好又快发展。2010年，全镇农村经济总收入达到3.23亿，农民人均纯收入达5448元。

芹池镇正致力于1100万吨清洁煤基地、600万吨现代煤化工基地、500万吨大型物流配送基地的全面建设之中。不久的将来，昔日繁华的阿古县城将焕发出更加兴旺的勃勃生机，一个经济发达、社会和谐、环境优美、人民幸福的新兴城镇必将在三晋大地迅速崛起！

源源醋业

养鸡场

八芹公路

芹池广场

芹池广场

皇城相府
HOUSE OF THE HUANGCHENG CHANCELLOR

皇城村

皇城村隶属山西省晋城市阳城县北留镇，是清康熙朝文渊阁大学士、吏部尚书加三级、《康熙字典》总阅官、康熙皇帝之恩师、曾佐康熙帝半个世纪之久的一代名相陈廷敬的故里。全村279户，771人，辖区面积2.5平方公里；村党总支辖16个党支部，343名党员。)10年，农民人均纯收入达到3.4万元。近年来，村集体先后获得“全国先进基层党组织”、“全国文明村”、“全国新农村建设明”、“中国历史文化名村”、“全国生态文化村”、“全国综合治理先进集体”、“全国尊老爱幼模范村”、“中国十大魅力乡”、“全国文化产业示范基地”、“全国农业旅游示范点”、“中国十佳小康村”等荣誉称号。

改革开放后，特别是1998年以来，皇城村在以党总支书记张家胜为首的村两委的有力带领下，坚持以煤为基、多元发展、转型发，大力实施“旅游文化强村、现代服务富民、高新技术兴企”的发展战略，经过农业转工业、地下转地上、黑色变绿色等三次艰苦创和积极转型，先后建成皇城相府国家5A级文化生态旅游景区，兴建起生物制药、锂离子节能电池、蜂蜜酿酒、现代煤化工等高新技术业，兴办起房地产建筑、商贸物流等现代服务业，初步形成了一个“以旅游文化业创品牌、以现代服务业促民富、以高新技术业求跨”的多元化产业结构，实现了绿色发展、可持续发展，成为一个拥有20个企业、总资产27亿元、员工6000余人的现代企业集团。

与此同时，皇城村始终坚持走共同富裕道路，全村青壮劳力全部实现就地就业，家家都住上了花园式别墅，用上了煤层气清洁能，实现了集中供暖供热，开上小汽车，上了互联网，入了养老、医疗保险；18岁以下的未成年人，每人每年不仅可享受600元的营养补，而且从幼儿到大学甚至到研究生和出国留学的学费全由村集体承担；村民生病住院费用全由村集体支付；60岁以上的老人每人每年受1200元至1680元的养老补贴；村集体每年给每个村民定量供应粮油肉蛋菜生活补贴等8000余元。同时，村里建有休闲广场、农民公、露天舞场、音乐喷泉、水雾电影，运动场、篮球场、图书室和青老年活动中心等基础设施，初步实现了基本生活有保障和少有优、壮有所业、老有善养，构建了一个和谐稳定、文明富裕、生活幸福的社会主义新农村。

省委书记袁纯清视察皇城相府景区

省长王君在皇城相府考察

全国十大魅力乡村

中国十佳小康村

全省新农村建设示范村

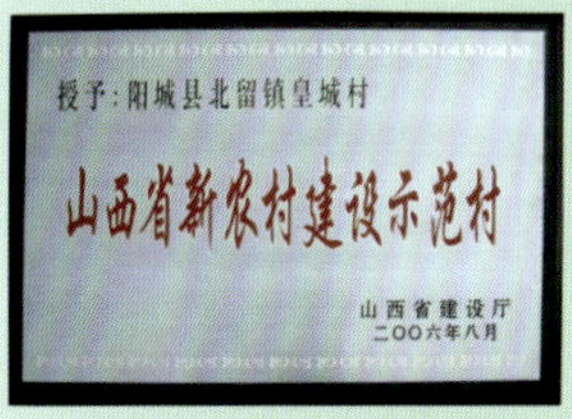

全国先进基层党组织

市县领导为皇城5A景区剪彩

村总支书记 张家胜

中国历史文化名村

中国驰名商标

阳泰集团晶鑫煤业股份有限公司

发挥集体智慧，描绘发展蓝图

阳泰集团晶鑫煤业股份有限公司是1996年由地方国营E庄煤矿改制成立的国有控股企业，现有员工1600余人，拥有固定资产4.5亿元，下设一座45万吨生产矿井、一座120万吨基建矿井、一个60万吨洗选公司和三个非煤分公司，有70多年的发展历史，是阳城县重点骨干企业之一。

近年来，针对企业资源少、人员多、负担重的发展现状，公司坚持多元化发展道路，步入了转型跨越发展的快车道。克服资源匮乏、条件艰苦等困难，完成了采煤机械化升级改造任务，资源回收率和生产效率大幅度提高，矿井寿命大大延长；不断加大安全投入、狠抓责任落实、强化培训教育，打造安全高效型矿井成效显著，“十一五”期间综合效益平均增长幅度超过30%；武甲煤矿120万吨扩能改建工程全面开，井筒开拓、基础设施建设快速推进，2012年可建成投产；坚持以煤为基、多元发展，60万吨洗选公司经营效益显著攀升，产3000万块煤矸石制砖项目建成投产，生产辅助、综合服务等非煤产业健康发展，企业综合竞争力持续增强；职工收入年均增幅度超过10%，矿区生产生活环境不断改善，企业文化建设蓬勃开展，文明品位和社会声誉持续提升。

公司连年获得“省级文明和谐单位”、“省级青年文明号称号”，先后获得“山西省优秀中小企业”、“安全生产工作先进单位”、“生态示范矿井”、“模范职工之家”，“晋城市和谐企业标兵”、“模范单位”，“阳城县红旗单位”等荣誉称号。

民主管理增合力，群策群力谋发展

安全生产调度监控中心

正在建设中的120万吨武甲接替矿井

安全高效的现代化综采工作面

举行集体安全宣誓签名活动

园林式办公区

高效运营的60万吨洗煤厂

璀璨靓丽的矿区夜景

举办操作技能比武 不断提高全员安全素质

公司为职工制作劳保用品和休闲服饰

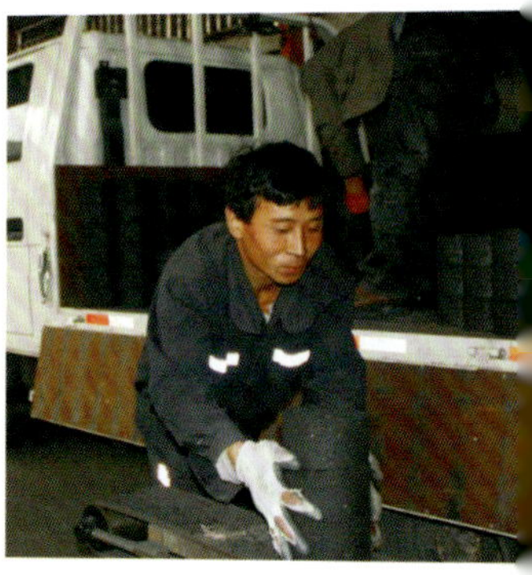

公司每年为职工制作
配送350万块福利煤球

环境优美的花园式工业广

阳泰集团晶鑫煤业股份有限公司

yangtaijituanjingxinmeiyegufenyouxiangongsi

企业职工合唱艺术节

参加全市“企业职工合唱艺术节”歌咏比赛取得优异成绩

弘扬劳模精神 深化创先争优

丰富多彩的职工文化生活

沁和能源集团有限公司

董事长　吕中楼

总经理　赵学锋

沁和能源集团是一家集煤炭开采、销售、洗选加工、铁路运输、煤炭转化、能源开发、金融投资等综合业务于一体的中外合资企业，是晋城市地方骨干煤炭企业之一。集团煤炭年生产能力675万吨，年洗选能力200万吨，铁路年发运能力400万吨，焦炭年生产能力60万吨。现有总资产66亿元，职工7500余人。

集团业务涉足煤炭、煤转化两个能源板块和金融一个非煤板块，现有8座生产矿井、2个发电厂和1个焦化厂，均地处全国最大的无烟煤基地沁水煤田腹地，资源优势突出，主要产品为优质无烟煤和优质型焦。此外，年设计生产能力800万吨的大宁金海煤矿将于近期开工建设，年设计生产能力600万吨的永和煤矿也已进入规划设计阶段。

沁和集团创建以来，致力于打造具有国际竞争力的大型现代化企业集团，坚持以做大、做强煤炭产业为主线，走生产经营和资本经营相结合的道路，不断实践着“铸能源基地 建百年沁和”的战略构想。在夯实煤炭主业的同时，集团还成立了沁和投资有限公司，组建了天和化工有限公司，并参股山西兰花煤炭实业集团有限公司、山西天泽煤化工集团股份有限公司和晋城银行，初步形成煤、焦、电、气、化、金融共同发展的新格局。

沁和能源集团凭借良好的经营业绩和稳健的发展速度，得到了各级政府和社会各界的充分肯定，现已跻身“全国煤炭行业效益十佳”、“山西省百强民营企业”、“晋城市工业十强”，先后获得“山西省五一劳动奖状”、“省、市优秀外商投资企业”、“晋城市纳税大户”等多项殊荣。

市委书记张茂才在该公司检查指导工作

沁和公司领导班子照

原山西副省长陈川平在端氏煤矿检查指导安全生产工作

和公司新农村建设千万帮扶基金发放仪式

沁和公司调度指挥中心

沁和公司自主建设的沁水县首座综和机械化矿井端氏煤矿

和公司为构建“煤—焦—电”一体化产业
资新建的沁泽焦化厂和东沁余热发电厂

沁和公司为构建“煤—气—电”一体化产业链投资新建的和瑞端氏瓦斯发电厂

沁和能源集团有限公司总部

沁和能源集团有限公司永红煤矿

党总支书记、矿长 李新锁

沁和能源集团有限公司永红煤矿在沁水煤田东南部。矿井位于晋城市沁水县东南部嘉峰镇南、沁河西侧，其行政区划受沁水县嘉峰镇管辖，属沁水县县营股份制企业。矿井占地面积为154 040平方米，资源整合后矿井井田面积9.3422平方公里，生产能力为120万吨/年，批准开采3#、9#、15#煤层，现开采3#煤层为特低硫、低中灰、中磷分、高强度，特高热值无烟煤2#，热稳定性好，浮煤回收率为良，该煤层现保有储量53716kt，煤层平均厚度5.94米。

多年来，该矿在矿长李新锁带领下，始终坚持“安全第一、预防为主、综合治理”的指导方针，严格落实上级部门有关安全生产的法律法规，以强化安全基础管理为出发点，加强现场管理，坚持“三同时”、“五落实”原则，建立健全了安全生产长效机制。近年来，该矿加大安全生产科技投入，提升装备水平，建设完善井下安全避险“六大系统”，全面提升矿井安全保障能力；加大职工安全意识的宣传力度，组织开展“3·18反思日”、“4·24警示日”、安全专项整治、“安全生产月”、“白国周班组管理法”等一系列安全宣传活动，并组织职工观看安全警示教育片，增加职工的安全防范能力和自觉遵章守纪的安全意识，提高职工整体素质；狠抓特种作业人员培训和全体从业人员岗前培训，并接受上级部门的考试，合格率100%，提高了职工的综合知识水平和业务操作能力；深化安全目标管理，狠抓内部责任制落实，层层签订安全生产目标责任状，继续实行风险抵押金制度，健全完善各项安全规章制度及各类应急预案，制定出相应的安全管理规章制度，进一步明确各级管理人员的安全生产职责，形成了人人齐抓共管安全工作的良好工作氛围，用制度来促安全、构和谐、保稳定。

总之，该矿从学习贯彻落实科学发展观以来，在沁和集团领导的大力支持下，牢固树立“以人为本”和安全发展的理念，全方位地将安全工作自觉抓、长期抓、超前抓、反复抓，创下了连续16年无瓦斯事故，安全生产周期5840天的骄人奇迹。并时刻把安全与日常工作紧密结合起来，坚持不懈地打好安全生产攻坚战、持久战，建设“百年沁和”、“百年永红”的新局面。

安全生产月宣誓

安全生产月教育讲座

安全知识竞赛

永红

120万吨升级改造工程质量认证

矿综合调度楼

矿务公开栏

公园一角

铁路运输线

元旦文艺晚会

矿井全貌

安全第一 预防为主 综合治理
预测预报 有疑必探 先探
通风可靠 抽采达标 监控
预测预报 防突措施 效果检验 安全
安全第一 预防为主

矿区办公楼

沁和能源集团有限公司端氏煤矿

端氏煤矿是沁和能源集团有限公司下属的一座新型骨干矿井，位于山西省晋城市沁水县端氏镇的东部，工业场地距端氏镇1.0公里，侯月铁路及端润一级公路和曲辉线分别从矿区西边、北边通过，区域优势明显，交通十分便利。

矿长 李建军

矿井井田面积9.4平方公里，可采煤层有3#、9#、15#三层煤，地质储量1.28亿吨，现采3#煤层，地质储量6835.5万吨，可采储量4187.2万吨，煤质为优质无烟煤，结构简单，顶底板岩性良好，开采条件优越。矿井生产能力120万吨/年，采用斜井开拓，中央并列式通风方式，分层综采采煤方法。主提升为大倾角皮带运输，双回路供电，机械化程度达95%以上，煤矿质量标准化达到国标二级，安全质量标准化达到国标一级，建有二级质量标准化调度室，准备全天候的瓦斯、产量和人员监控系统，为矿井安全生产奠定了良好的基础。

为了紧跟煤炭产业的步伐，在集团公司的大力支持下，坚持“高起点、高标准”的建设理念，借“十二五”规划开局之年的东风，该矿还将进行一项采全高采煤方法的技术升级。同时，也正在进行180万吨/年洗煤厂和铁路发运站的建设。

端氏煤矿按照集团公司的战略部署，正向“管理一流、装备一流、效益一流”的高产高效型、发达环保型矿山迈进。

团结务实的矿领导班子

安全宣誓

机电大比武

士敏公园一角

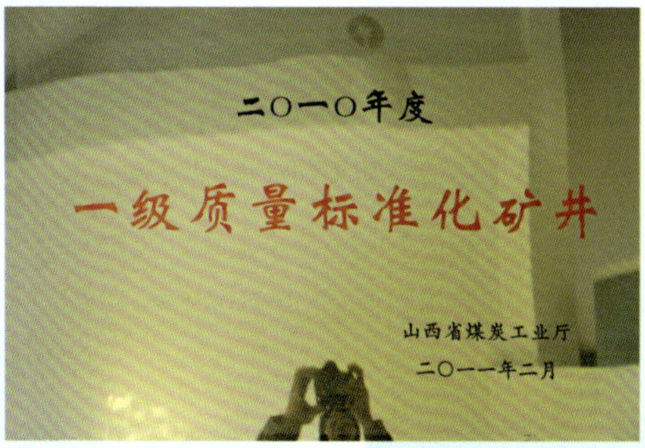

一级质量标准化矿井

沁和能源集团有限公司侯村煤矿

矿长 闫加强（荣获省劳模称号）

沁和能源集团有限公司侯村煤矿位于沁水煤田东南部
水县郑村镇侯村村境内，距晋城市45公里，距阳端公路1
里，拥有铁路专用线2.78公里，与嘉峰编组站相连接，设
站台一个，可整列装车。有年入洗60万吨的洗煤厂一座，
经侯月铁路可发往全国各地。矿井地理位置优越，交通十
利，现为沁和能源集团有限公司的骨干矿井之一。

该矿始建于1990年8月，井田面积12.1795平方公里，
采3#-15#煤层，现开采3#煤层，核定年生产能力为120万吨

矿井开拓方式为斜井开拓，中央对角式通风，运输
为皮带连续运输，煤炭自井下开采直接由皮带输送到地
经过筛分系统传送到洗煤厂，可直接上专用线外运。煤
沁水煤田优质无烟煤，具有含炭量高、含硫低、热稳定
等特点，是电力、冶金、化工、建材等行业的理想原料。

为全面提升安全装配水平和矿井机械化程度，该矿投
亿元于2007年3月开始对矿井进行综合机械化采煤方法改革。在升级改造过程中，制定了采改进度时间表，定出了各个项目的完
限，落实了相关责任人，把采改项目共分成了8大项26小项。在完成一系列的采改升级工程后，经市、县煤炭局两级部门验收
2009年5月13日，3310首个综采工作面投入试产，综掘机也已投入运行。2009年8月27日，经晋城市煤炭工业局910号批文，同意
转为生产矿井并恢复正式生产。目前，矿井装备一个综采面，两个综掘面，安全生产运作正常。矿井的机械化水平，安全质量标
建设全面跃上一个新的台阶。

经过20年的发展，侯村煤矿现有职工1200余人，大、中专生以上文化程度人员360余人，初级以上技术职称人员130余人，下设19个科室。特别是近年来，全矿坚持以科学发展观为指导，按照“安全第一、预防为主、综合治理”的安全生产方针，紧紧围绕集团公司的经营理念、经营方针、经营策略，以质量标准化建设为主线、以安全生产为重点、以增强经济效益为目标，坚持走“安全发展、稳定发展、和谐发展”之路，形成了发展步伐不断加快、安全形势持续稳定、经济效益稳步提升、和谐建设扎实推进的良好态势，企业发展的综合水平位列公司乃至全县的前列。矿井先后被上级评为“一级标准化矿井”、“和谐企业”、“先进集体”等荣誉称号。

矿领导班子

目前，侯村煤矿认真贯彻落实科学发展观，加速向高产高效矿井迈进，愿为地方经济和社会进步作出更大贡献。

侯村煤矿办公楼

职工餐厅

侯村煤矿工业广场

公园一角

董事长吕中楼深入一线

庆祝建党90周年文艺晚会

参加艺术节合唱大赛

和谐企业标兵

山西沁和能源集团中村煤业有限公司

矿长　车泽晖

山西沁和能源集团中村煤业有限公司位风景秀丽的国家级自然保护区——历山脚下矿区距314省道（沁东线）3公里，侯月铁路水集运站25公里，地理位置十分优越。矿井田面积5.3497平方公里，开采2#、15#煤层，低硫、低灰、高发热量的优质无烟煤，是理的炼焦用煤及化工用煤。

近年来，企业秉承集团公司“诚信、作、学习、务实”的经营理念和“产业规化、队伍职业化、管理现代化、资本社会化的经营方针，不断加大科技创新、人才创新管理创新和企业安全文化建设力度，以资源并整合重组为契机，矿井生产规模从30万吨升至90万吨/年，实现质的飞跃。目前，矿井已完成基本建设投资近1.6亿元，完成了主要井巷工程及大型设备购安工作，预计2011年10月底可进入联合试运行。

矿井的综合发展，赢得了上级部门的全面肯定。先后获得了全国总工会颁发的“全国优秀职工书屋”、山西省人民政府安全生管理局颁发的“安全生产先进单位”、山西省环境保护局颁发的“绿色企业”、中共晋城市委、晋城市人民政府联合颁发的“和谐业”等一系列荣誉称号。

忆往昔，几许峥嵘岁月；展宏图，未来任重道远。中村煤业将以“安全发展、跨越发展、和谐发展”为己任，不断提高，不断越，以更加饱满的激情和高昂的斗志实现企业更加灿烂的辉煌之路。

公司全貌

县长范兆森在公司调研工作

集团领导在公司检查工作

安全月宣传活动

消防演练

技术比武

矿防风抑尘网

综采设备库

投资200余万修建的“盛世园”

投资80余万元完成的河道治理工程

山西沁和能源集团曲堤煤业有限公司

构建平安曲堤　创建园林矿井

山西沁和能源集团曲堤煤业有限公司，始建于2000年10月，2007年12月正式投产，总投资1.8亿元。公司位于沁水县城东部，沁河中上游，东依端润一级路，西临侯月铁路线，南通晋阳高速，交通十分便利。这里山清水秀，气候宜人，矿产资源丰富，是“无烟煤”的盛产地。公司拥有先进的通讯设施和环境优美的办公条件，矿区美化、绿化、亮化，是沁水的一座园林式高标准现代化矿井。

矿长 张琪

山西沁和能源集团曲堤煤业有限公司属股份制企业，矿井六证齐全，是一座合法的生产矿井，投产后的曲堤煤业现已安排社会富余劳力460余人，解决下岗职工再就业80余人。公司班子成员均具备中专以上文化程度，其中大专文化程度13人，中专文化程度17人，具有专业职称人数20余人。公司占地面积46 076平方米，井田面积为1.5958平方公里，设计生产能力为45万吨/年，矿井采用立井开拓，主要开采3#煤层，矿井安全设施投入到位，运行正常，性能稳定可靠。

公司自成立以来，牢固树立安全第一的思想，“六长”和安全生产技术人员配备齐全，逐年加大安全监管力度，做到职责明晰，任务明确，责任到人。大力开展煤矿安全生产“三项行动”活动，坚持“安全第一，预防为主”的安全生产方针，坚持对煤矿安全生产进行全员、全过程、全方位管理，狠抓安全隐患排查治理工作，成立“安全隐患排查治理工作领导组”，做到“责任、措施、资金、时间、预案”五落实到位；治理纠正违规违章行为，切实加强和解决煤矿安全生产薄弱环节和突出问题；加强安全培训教育，牢固树立安全发展观，增强安全意识，不断提高作业人员安全生产技能和综合素质；完善各项制度建设，提高了全体员工安全治理工作的主动性和自觉性，加大宣传力度，落实安全生产责任制，建立、健全了安全生产的长效机制。建立、健全了各项安全管理制度，安全目标管理制度、安全管理制度、安全生产管理制度、安全检查制度、事故隐患排查制度、安全活动日检查制度、事故分析及调查处理制度、安全质量标准化管理制度、安全监督检查制度等各项安全管理制度，内容具体，责任明确，具有针对性和可操作性。

切实搞好质量标准化工作，以提升安全基础管理水平和本质安全水平，推动公司安全生产工作上一个新的台阶。在质量标准化建设过程中，坚持高境界定位、高标准动作、高起点创新、全员发动，全员参与，不断强化安全基础工作，狠抓现场工程质量提高，有力推动了公司安全生产形势的稳定发展。

班子成员

安全教育

办公大楼

文化活动

煤矿全景

山西沁和能源集团南凹寺煤业有限公司

矿长 张喜军

山西沁和能源集团南凹寺煤业有限公司建于1976年，1978年正式投产。公司位于水、阳城两县阳端公路16公里处的永安村，晋侯高速、端润一级公路相连接，距侯月铁嘉峰站4公里，交通十分便利。这里山清秀，气候宜人，矿产资源丰富，是“无烟煤的盛产之地。

山西沁和能源集团南凹寺煤业有限公司股份制企业，矿井“六证”齐全，是一座合的生产矿井，2006年煤矿企业资源整合时“沁水县嘉峰镇南凹寺煤矿”改制为“山西水中嘉南凹寺煤业有限公司”。2009年经西省煤矿企业兼并重组整合工作领导办公室晋煤重组办发[2009]38号批准为单独保留井，煤矿主体为沁和能源集团有限公司，企业称变更为“山西沁和能源集团南凹寺煤业有限公司”。重组后生产规模为60万吨/年，井田面积为2.5023平方公里，批准开采3#—15#层。现有职工450余人，其中大专学历31人，中专学历73人，专业技术人员65人，设立有三级安全管理机构：即矿级、科级和队级。导机构健全，知识机构合理。

人命如天，对于任何一个企业，安全和质量都是天下第一的大事。南凹寺煤业有限公司借势全国煤矿发展的形势，突出以人为的理念，努力实现了2400天安全生产无事故。

煤矿的安全，首先是人的安全，人的安全有了保障，煤矿就安全了。人的安全是第一位的，就需要每一个人都能够有足够强的全意识，才能为煤矿安全提供保证。科技是促进煤矿发展的需要，也是保障煤矿安全的需要，顺应全省煤矿整合重组的要求，借风帆，在各个工艺、设备、环节上全面升级，实现了综采、综掘采煤工艺；三条线全面到位；井上下“五大监控”齐全有效，不留角；“六大系统”其中五大系统已建设完善，紧急避险系统正紧锣密鼓的进行，先进的工艺、设备、设施，在减轻劳动强度的同时大大提高了安全系数。

在“安全生产月”期间，开展了安全知识竞赛、演讲比赛、技术大比武等活动，对表现优秀的团队和个人进行了奖励，通过这活动营造浓厚的学习氛围，提高了职工学习的主动性和积极性。

组织全员培训“白周国班组管理办法”，做到有记录、有笔记、有学习心得体会，通过宣传和培训学习，使职工牢固树立了安第一的理念，遵章守纪的自觉性和主动性得到很大提高。

坚持做好隐患排查治理工作，按照上级部门各阶段的重点工作要求，及时制定实施方案，认真组织开展隐患排查治理，并对隐落实情况进行“回头看”，通过此举措，多年来三老问题一再出现的现象明显减少，进一步夯实了安全生产基础。

开拓进取的领导班子

办公楼

沁和能源集团有限公司永安煤矿

矿长 王国强

沁和能源集团有限公司永安煤矿位于沁水县嘉峰镇永安村，矿井始建于1954年，1956年投产，核定生产能力60万吨/年，矿井六证齐全。井田面积3.8587平方公里,地质储量4588.8万吨，可采储量1195.5万吨，现开采的3#煤层，煤层厚度为6.25米左右，地质结构简单，为全区稳定可开采煤层。1996年所产4.76吨的巨型块炭至今仍陈列在山西省煤炭博物馆内，被誉为“中国煤炭之王”。全矿现有职工835人，其中：大专学历120余人，中专学历260余人，专业技术人员46人，特殊工种120人，全矿共设置安全生产管理科室9个，后勤科室10个，机构齐全。

矿井采用综合机械化采煤方法，斜井开拓，中央边界式通风，主提升为大倾斜角皮带运输，双回路供电，井下运输和机械化程度达95%以上，装备了全天候的瓦斯、产量和人员监控系统，为矿井的安全生产奠定了良好的基础。

2009年以来，沁和能源集团有限公司永安煤矿在上级部门和公司的正确领导下，紧紧围绕“保安全、保稳定、保民生、求发展促和谐”的工作思路，一切从实际出发，全面加强制度建设和安全管理体系，严格落实安全生产责任制，狠抓现场管理，加强员工能培训，以提高职工安全素质为突破口，全方位开展企业安全文化建设工作，煤矿安全质量标准化达到了国标二级。

面对新的挑战，永安煤矿将按照集团公司的战略决策和部署，为努力创建“科学发展型、安全稳定型、节约高效型、环境舒型、文明和谐型”五型矿井，实现跨越发展而努力奋斗。

矿领导班子

安全生产月宣誓

矿安全生产指挥中心

现陈列于“山西煤博”的巨型块炭（重达4.7T）

矿井口群监工作站

矿调度楼

矿第五届登山活动

矿工间操比赛

山西保利平山煤业股份有限公司

矿长 李松柏

山西保利平山煤业股份有限公司，是保利能源公司的控股子公司，地处晋城市沁水县郑村镇，矿井井田面积4.4平方公里，地质储量5384万吨,设计能力90万吨/年。矿井采用立井开拓方式，工作面采用长壁开采一次采全高采煤工艺，是一座按现代化矿井要求设计施工和装备的煤矿，目前正处于基本建设阶段，预计2012年投产。

保利能源控股有限公司是中国保利集团专业从事煤炭等资源投资开发的平台公司，目前在山西和新疆控制煤炭资源量9.35亿吨，煤炭产能1085万吨/年，并取得了山西省晋中、临汾、晋城3个市煤炭资源整合主体资格。

保利集团是国务院国资委监管的120多家央企之一，企业已形成贸易、地产、矿产资源开发、文化和民爆五大主业，经营业绩、综合实力、品牌影响方面均排名国内前列。

山西保利平山煤业股份有限公司坚持“先抽后采，监测监控，以风定产”的十二字方针，突出“一通三防”和瓦斯治理，认真彻落实“安全第一、预防为主、综合治理”的安全生产方针，建立健全安全质量管理长效机制，矿井基本建设工作正在有序推进。

如今，市县两级政府对平山煤业寄予了厚望，同时给予了多方的关心、重视、鼓励和支持，“手指山河，前方无限好”，平山业将按照市县的统一部署，在两级领导和保利能源公司的正确领导和大力支持下，始终坚持“解放思想，开阔眼界，实事求是，做做大”的指导思想和“扎实工作，勇于承担，团结包容，廉洁自省”的工作作风，扎实做好基础性工作，厚积薄发，致力于打造质、高效、创新、和谐的现代化矿井。

办公大楼

保利大厦

保利集团公司总经理张振高、保利能源公司副董事长安胜杰检查建设情况

安全工作会议

深入一线检查工作

安全工作会议

文艺晚会

消防演习

华昱公司

沁水县华昱工贸有限公司是在顺应市场潮流中成立的一家民营有限责任公司，公司经营主要土石方工程施工、货物吊装、道路普通货物运输、货物专用运输、商品混凝土搅拌项目筹建为体。公司注册资金2000万元，资产7142万元，职工人数210人，现有工程机械25台，普通货物运车辆20台，货物专用运输车辆18台，工程技术和管理人员18名，其中工程技术人员11名，管理员7名，中级职称8名，项目经理2人，公司下设技术室、项目部、调度室、财务室、办公室5个职科室，公司内部管理和运行机制严格按照现代企业制度的要求进行，公司坚持合法经营、以质胜、讲求信用、重视人才的经营理念，不断拓宽业务经营领域，经过较短时间的努力，现已发展为比较规范的现代化民营企业。

公司秉承“质量第一、用户第一、信誉第一”的企业宗旨，严格按照管理要求施工，近三年先后承建的工程有：沁城煤矿土石方工程施工；港华煤层气液化站土建工程；顺泰煤层气液化站建工程；辽河二建增压站土建工程；山西能源气站土建工程；沁水环城路土建工程；中石油、联、蓝焰井场前期土建工程及井场搬运业务。多次被评为“先进民营企业”、“重合同、守信用企业等称号。

为配合当地新农村建设规划,公司购买土地11 656.3㎡,投资4200万元,建设大型生态居住社区个。为服务三农，公司投资3000万元，成立了沁水县华银小额贷款公司。正在承建的工程有港华期液化气站土建工程,山西和瑞瓦斯发电站土建工程,蓝焰增压站土建工程,中油井场道路及管道程，山西能源基础回填工程。近年来，上缴国家税收600余万元，扶贫济困资助公益事业200万元。

2006年，先后获“先进单位”、“先进民营业”、“重合同、守信用”等荣誉称号。2007年中共沁水县委员会、沁水县人民政府评为“优秀业”。2008—2009年先后获得“汶川抗震救灾捐先进单位”、“全国第十三次光彩服务周活动先单位”、“爱心助残先进单位”、“晋城市光彩业先进单位”、“省、市重合同、守信用单位”荣誉称号。2010年，再次荣获“晋城市光彩事业进单位”；“省、市重合同、守信用单位”等荣称号。2011年晋城市工商业联合会、晋城市总商授予“优秀会员企业”。

在未来的岁月里，华昱公司将一如既往的与各精诚合作，共谋发展，同创美好辉煌的未来。

总经理 王华

团结奋进的领导班子

中层领导会议

积极进取的团队

工程机械

中联煤层气有限责任公司

中联煤层气有限责任公司（简称中联公司）是1996年经国务院批准成立的煤层气骨干企业，在国家计划中单列。其主要任务是从事煤层气资源的勘探、开发、生产、输送、销售和利用，同时享有对外合作煤层气的勘探、开发、生产专营权。作为国有煤层气骨干企业，在国家财政的扶持下,先后在14个省区实施各类煤层气勘探、开发项目49个，施工各类煤层气钻井1500余口，并于2001年在沁水盆地南部率先获得煤层气探明储量402.19亿立方米。

中联公司是国家16个科技重大专项之一“大型油气田及煤层气开发”项目的牵头单位之一，是“山西省沁水盆地南部煤层气高技术产业化示范工程”的承担单位，也是“九五”、“十五”期间国家科技部煤层气科技攻关项目的牵头组织单位。主持、承担并完成不同层次的科研项目近100项，其中国家级项目20多项，包括“九五”科技攻关、“十五”科技攻关、973项目、863项目、国家科技合作计划支撑项目、全国油气战略选区项目以及新一轮煤层气资源评价和地质大调查项目；建设了四个先导性试验项目，目前年产能已达5亿立方米；先后与15家外资企业签订了27个产品分成合同，累计利用外资38亿元。

中联公司自成立以来，在我国煤层气产业的发展过程中一直都发挥着牵头和示范作用。发展中的中联公司将以深入学习实践科学发展观为动力，以实现煤层气产业快速发展为目标，坚持“团结拼搏、创业报国”的企业理念，遵循“奉献清洁能源，创建和谐社会”的宗旨，做强做大煤层气产业，为国家、地方的能源发展，安全发展和谐发展作出积极的贡献。

“山西省沁水盆地南部煤层气开发利用高技术产业化示范工程”

为了推进我国煤层气产业发展，国家发展和改革委员会于2004年12月22日以发改办高技【2004】2395号文正式批准中联煤层气有限责任公司实施“山西省沁水盆地南部煤层气开发利用高技术产业化示范工程”。该示范工程自2004年9月开始设计，11月进入钻井施工，至2009年10月完成了示范工程（一期）全部150口井的钻井、压裂和地面集输工程，并建成了一座日供气能力8万立方米的潘河供气站，以及一座日供气能力50万立方米的潘河煤层气增压站，工程总投资3.64亿元人民币，现已正式进入商业化生产阶段。在国家发改委的精心指导和高度重视下，在山西省各级政府和中国中煤能源集团的大力支持下，经过中联煤层气有限责任公司全体员工的不懈努力以及项目设计、建设、施工、监理、质量监督等相关单位的通力合作，示范工程顺利建成投产。这标志着我国煤层气产业步入快速发展的轨道，尤其是单井的高产和良好的经济效益，极大地推动了沁水盆地南部煤层气开发的热潮，从而加速了我国煤层气产业化的进程。

国家科技重大专项——“山西沁水盆地南部煤层气直井开发示范工程”

中联公司作为国家科技重大专项“大型油气田及煤层气开发”的牵头单位之一，承担着“山西沁水盆地南部煤层气直井开发示范工程”项目，计划建设产能5亿立方米，目前该项目的各项工作已全面展开。

公司领导陪同国资委监事会主席高怀忠莅临潘河采气厂检查指导工作

中国科学院院士刘光鼎一行莅临晋城分公司检查指导工作

增压站场

中

晋城分公司办公大楼

压裂现场

联

正在作业的钻机

上级领导莅临晋城分公司检查指导工作

沁水县郑村镇

书记 张海芳

镇长 王海军

【主要经济指标】2010年，全镇社会生产总值完成14.39亿元，同比增长18.9%；民营经济总产值完成13.8亿元；财政总收入达到1.96亿元；实现固定资产投资1.85亿元；农民人均纯收入达到6078元，同比增长17%；粮食产量达到10 218吨。

【产业结构调整】一是湘峪"三都古城"旅游开发。2010年"三都古城"旅游开发工作取得了突破性进展，2011年可投入试运营。二是矿区服务业发展。以半峪、候村、夏荷、肖庄、赵庄等村为主的矿区服务业逐步发展起来。三是半峪煤矸石烧结砖厂。总投资1800万元，年生产砖6000万块，已进行了试生产，2011年正式投入生产。四是养殖业发展。全镇的养殖业在政府扶持政策的激励下，呈蓬勃发展势头，现有各类规模养殖企业33家。五是海公司郑庄煤矿建设已和晋煤集团达成合作意向，并已开工建设。

【重点工程建设】一是道路改造工程。投资1100万元完成了郑村至赵庄2.5公里公路拓宽改造工程,并架设钢筋砼桥梁一座；投资600余万元完成了武公路6.1公里改造工程。二是郑村镇寄宿制中心小学建设工程。投资2960万元，建筑面积19 016m^2,可容纳学生1200人，已全面开工建设，2011年份将投入使用。三是集中供水工程。总投资560余万元，已完成深井钻探、净水设备安装、蓄水池建设等工作，铺设输水管道已接近尾声，2011年前半可投入使用，将彻底解决9个行政村、2104户、6492口人以及郑村寄宿制小学和肖庄移民安置点群众的安全饮用水问题。四是煤矿采空塌陷区移民点安工程。投资1.7亿元，共规划居民住宅楼26栋，可安置780余户，已完成基础建设工程，首期工程预计2011年7月份完工。五是湘峪"三都古城"旅游开工程。投资2500万元，2010年完成了景区内房屋评估、总体规划、移民搬迁及停车场前期工程，2011年准备投入试运营。六是半峪煤矸石烧结砖项目工程。总投资1800万元，年生产规模6000万块，已进行了试生产，2011年将正式投入生产。七是煤层气利用工程。规划对沿路主村和煤矿周边12个1930户居民安装使用清洁能源，总投资1158万元，可确保全镇70%以上居民用上煤层气。目前已由陕西省燃气设计院完成了规划设计正逐步实施。村、夏荷两村已完成设备安装，并投入使用。八是煤炭资源整合工作。全镇7个煤矿的资源整合工作已接近尾声。九是村级组织活动场所建设工程。列入第二轮村级组织活动场所建设的村有6个，其中新建5个，改建1个，总投资187万元，已于2010年7月前全部投入使用。同时，郭庄村也自行投资3元建起了432平米的村级组织活动场所。此外，该镇20个行政村的45项村级重点工程都按计划全面完成。

【环境卫生整治】一是成立由镇长任组长的整治工作领导组。二是组建城镇建设办公室，配备了专门工作人员，拥有一支十余人的专业保洁队伍，购置了洒水车等保洁工具，出台了新农村建设和环境卫生整治工作百分制考核办法，考核结果与村干部工资挂钩。三是全镇20个行政村共修建垃圾380余个，共计清运各类垃圾7500多吨。四是组织国土所、工商所、派出所、交警队等单位，对乱堆乱放、乱搭乱建等违章建筑进行了集中清理，拆除乱搭乱建30余处，清理煤堆、土堆及其他乱堆乱放约40处，收到了良好的效果，极大改善了人居环境。

郑村镇煤矿采空塌陷区移民安置工程

郑村镇寄宿制中心小学建设工程

【党建工作】一是狠抓党员干部的学习培训。充分利用镇党校和远程教育平台对广大党员进行教育培训，先后进行了廉政教育专题讲座、全镇党千部培训、形势报告会等，并组织党员干部到右玉等地参观学习，提高了广大党员干部的思想认识，更新了观念，学到了宝贵经验。二是抓支部活动也建设不松懈。2010年总计投资224万元完成马头山、许村、北落、耿山、常店、轩底、郭庄7村的村级组织活动场所建设。三是认真落实农村干部动保障机制，出台了一系列考评办法，并严格实施。四是狠抓后进村支部整顿工作。先后有许村、枣树腰、北落三个后进村实现转化，许村村在0年一跃成为新农村建设的重点村。五是在全镇20个行政村全面推行“四议两公开工作法”。六是严格按照“三推五审四公示”发展党员20名。

【社会事业】一是教育事业进一步发展。2010年，投资2960万元修建郑村寄宿制中心小学，工程已全面开工建设，并已按计划完成了2010年度建设任务。二是卫生事业得到加强。村级卫生室实现了全覆盖，全镇的医疗卫生机构达标率百分之百，2010年农村新型合作医疗保险参保人数达到%,征收社会养老保险费130.82万元，困难群众实现了应保尽保。三是计划生育工作成效显著。经过一年时间的不间断工作，计划生育圆满完成了各壬务，做到了无一例漏报，无一例错报，无一例瞒报，“五网”核对工作在省、市、县计生工作检查中受到了好评。四是切实做好安全工作。始终把安全放在各项工作的首位来抓，强化安全教育，严格进行隐患排查，严密监察监控，打击非法违法行为，把事故苗头及时消灭在萌芽状态，创下了续九个安全平稳年；强化校园安全管理，加强安全教育，落实安全责任，定期开展学校安全隐患排查，建立健全警校联动、家校联动机制；切实抓好林防火工作，加大宣传力度，狠抓责任落实，户户签订责任状，成立了专门救火队伍，设立了7个防火检查站，特别是在防火特险期，坚持每天巡确保了无森林火灾。五是扎实做好信访稳定工作。成立了矛盾纠纷排查调处中心，每周一至周五由班子成员轮流带班，双休日或节假日由值班领导导，接待群众来信来访。小事由值班领导处理，大事难事由党政班子联席会议研究后，专人负责处理。全年共接待群众来信来访36件，处理34件，保小事不出村，大事不出镇。六是狠抓综合治理工作。充分发挥“六级六步”大调解作用，坚持半月一排查制度，将各种矛盾消除在萌芽状态；坚持治安重点地区排查整治工作，每周排查一次，全年共确定2个重点整治站，经镇村两级干部努力，取得了明显成效；通过查漏补缺，进一步加大法宣传力度，圆满通过了“五五”普法验收；认真开展反邪教集中教育整治大行动，共发放宣传资料约5000份，广大群众的反邪教意识明显提高，在会”和各种重大节日活动期间，对重点人员进行稳控，力保不出事。七是群众文化成果丰硕。镇里建起了职工活动中心和文化活动广场,全镇20个村全部建起了文化活动场地；充分利用春节、元宵节、“三·八”、“五·一”、“五·四”、“七·一”等节日，组织开展了健身操、演讲赛、赛、八音会擂台赛、广场文化等丰富多彩的文体活动，极大调动了群众参与精神文明建设的积极性，丰富了群众的精神文化生活；侯村村立足市级和谐村的创建目标，跃入了省级文明村行列。全镇和谐创建主体的数量不断增加，质量不断提高，群众精神文明创建活动内容不断丰富，形式更加，群众参与热情越来越高，形成了村村争创文明村、户户争当文明户、人人争做文明人的良好氛围。在2010年度县精神文明建设和和谐建设经验交会上郑村镇做了经验交流。

新建煤矸石砖

亿豪铸业

扎实推进新农村建设

郑村镇集中供水工程

郑村镇村级组织活动场所

绿 化

群众休闲娱乐广场

正在开发的湘峪三都古城

起步腾飞中的山西省沁水监狱

党委书记、监狱长、执行董事　田文彪

山西省沁水监狱地处山西省沁水县龙港镇国华村，距县城约5公里，监狱总占地面积703亩（其中监狱用地420亩），设计押犯规模1500名，现有民警职工581名。监狱由山西省晋城监狱沁城煤矿、山西省沁城煤矿建设指挥部和原山西省霍州监狱（王庄煤矿）整合而成。

山西省沁水监狱项目是山西省落实司法部关于监狱布局调整而组织实施的第一大工程，是山西省委省政府2004、2005年度重点工程，是山西省为促进山西监狱经济可持续发展而建设的一座现代化的监狱煤矿。项目筹建工作于2001年3月启动，2002年12月省监狱管理局批准成立项目建设指挥部，2006年6月28日正式开工建设，2009年7月8日竣工验收，2010年3月正式设立监狱，同年5月20日实现首批押犯。

项目所属山西省沁城煤矿，地质储量为2.0108亿吨，设计生产能力为90万吨/年，服务年限101年。目前已进入工作面布置和设备安装阶段。

监狱建设得到了司法部监狱管理局、省司法厅、省监狱管理局党委的高度关注和大力支持，得到了晋城市、沁水县、龙港镇三级政府部门的大力支持和配合。在省监狱管理局党委的正确领导下，在以监狱长田文彪为核心的监狱党委班子的坚强领导下，沁水监狱党委班子得到了加强和完善，机构和队伍得到了完善和整合，基层及基础工作得到了加强，煤矿建设步伐进一步加快。在实现安全生产无事故的基础上，领导班子和队伍建设走上正规化，监管改造工作实现常态化，矿井的建设工作进入最后的冲刺阶段。

回眸沁水监狱的建设过程，在一片荒芜的杨河河滩上，一座现代化的监狱煤矿在沁水这片沃土上拔地而起；展望沁水监狱的明天，这座新兴崛起的现代化监狱煤矿必将会展翅高飞，为山西监狱事业和监狱经济的发展注入新的活力，必将为繁荣沁水县地方经济、共创和谐社会作出重大贡献。

山西省沁水监狱主办公大楼

监狱长田文彪陪同驻监检察院检查长赵仰政在监内检查工作

建设方案研讨会议

2005年5月监狱所属沁城煤矿举行开工奠基仪式

时任省政法委书记杜玉林、省司法厅厅长张高宏、晋城市政法委书记王安民、省监狱管理局局长冯征等领导参加监狱项目奠基仪式

举行秋季运动会

监内教育综合楼

高平市野川镇

野川镇位于高平市西部，该镇距市区6.5千米，驻地大野川村。2001年，与杜寨乡合并为新的野川镇。镇境东与北城、南城接壤，南与原村乡、马村镇毗邻，北与寺庄镇相连，西和沁水县交界。南北长20公里，东西宽5000米，总面积93.1平方公里，总耕地面积36 482亩。辖24个村民委员会，59个自然村，6347户，22 837人。2010年人均纯收入4842元。

过去的五年，是不平凡的五年。五年来，该镇在高平市委、市政府的正确领导下，高举邓小平理论和“三个代表”重要思想，深入学习实践科学发展观，紧紧依靠全镇党员干部群众，弘扬艰苦奋斗，不畏艰险的老区精神，团结奋进，开拓创新，成功应对金融危机和挑战，全力克服矿井关闭、煤矿资源整合重组停产，遭受百年不遇水灾、旱灾等不利因素，正确处理改革、发展与稳定的关系，不断解放思想，深化认识，完善思路，全面完成了“十一五”提出的各项奋斗目标，经济社会发展步入了又好又快的良性发展轨道，呈现出人民群众安居乐业、农村经济强力推进，社会事业健康发展的良好态势。

▲ 野川中学

镇党政领导在研究工作

新建的抗日战争高平纪念馆

新建的野川中心卫生院

新建的野川文化站

新建的野川外环路

新建的乔家沟村文体活动广场

正在兴建的野川镇农业科技示范园

山西高平科兴赵庄煤矿

矿长 秦学东

总支书记 何建文

山西高平科兴赵庄煤矿始建于1958年，地处七佛山脚下，西邻高平市区，晋长、沁辉、太洛公路近在咫尺，铁路专用线（6.67公里）直通矿区，现有职工2300人，年生产能力90万吨，资产总额6.9亿元，矿区占地面积26.36公顷，井田面积19.76平方公里，目前正在进行120万吨/年矿井改扩建工作。该矿秉承“学习赢得明天”的矿训，奉行“自强不息、厚积薄发”的企业精神，十分重视企业的全面和谐发展。在实现了采掘机械化、安全生产自动化监测和以信息化为中心的现代化管理的同时，通过对生产、生活、办公环境的改善，实现了花园式矿山建设目标，经济效益逐年递增。2009年销售收入完成4.21亿元，实现利润1.28亿元，上缴税款1.27亿元，2010年销售收入完成5.23亿元，实现利润1.88亿元，上缴税款1.69亿元。先后获得“全国煤炭工业行业一级安全高效型矿井”、“安全质量标准化国标一级矿井”、“全国‘安康杯’竞赛优胜企业”、“山西省厂矿（厂）区绿化模范单位”、“中国企业信息工作先进集体”、“山西省厂务公开先进单位”、“山西省煤炭科技创新双十佳矿”、“晋城市和谐企业”、“高平市生态示范矿井”等荣誉称号。

远景规划图

开拓创新 奋发有为的领导团队

花园式矿区

平安桥

矿区小公园

综合机械化采煤设备

山西高平科兴南阳煤业有限公司

山西高平科兴南阳煤业有限公司为地方国有企业,列入山西省“55”煤炭规划项目和晋城市“2316”工程建设项目，井田面积18.9096平方公里，保有储量17 143万吨，现有职工1300余人，核定生产能力120万吨/年。

近年来，南阳煤业在市委、市政府的坚强领导下，以科学发展观为指导，突出“安全、稳定、发展”的核心理念，坚持“安全优先，发展优先，效益优先，民生优先”的发展理念，实施科技兴矿战略，提升矿井装备水平，矿井实现了综合机械化放顶煤采煤工艺和综合机械化掘进工艺，采掘机械化程度达到了100%。健全完善了企业管理制度，全面推行精细化管理，大力发展循环经济，全力打造绿色环保新型矿山，全矿呈现出安全持续稳定、经营成果丰硕、职工实惠增多、企业形象提升的大好局面。企业先后荣获安全质量标准化国标一级矿井、全国煤炭工业安全高效矿井、国家级安全质量标准化煤矿、全国先进煤矿，山西省优秀企业、晋城市和谐企业、纳税突出贡献单位，高平市安全生产优秀单位、先进集体等荣誉。

今天的南阳煤业众志成城、人心向上，以高昂的斗志、务实的作风、扎实的工作向“做强做大，做精做优”的安全高效现代化煤企阔步前行！

矿长 明科栋

办公楼

团结务实的领导班子

庆“七一”文艺晚会

职工餐厅

升国旗仪式

职工体育盛会

现代化安全生产调度指挥中心

山西高平科兴申家庄煤业有限公司

董事长、总经理　张春荣

滔滔丹水河畔，巍巍韩王山下，在中华民族农耕文化发祥地，长平古战场遗址——山西省高平市永录乡泉则头村，矗立着一座现代新型化矿井，它就是享誉三晋煤海的山西高平科兴申家庄煤业有限公司。该公司成立于1952年，前身为高平市申家庄煤矿，1996年企业改制为山西高平申家庄矿业有限公司，2010年资源整合重组后变更为山西高平科兴申家庄煤业有限公司，隶属于山西科兴能源发展有限公司。

该公司现有井田面积31.5208km^2，占地面积23.43公顷，资源储量2.31亿吨，可采储量1.17亿吨，服务年限69.7年，证载能力120万吨/年，现有生产能力60万吨/年，开采煤层3″-15″，注册资本4.4亿元，现有固定资产1.6亿元，员工2300余人，法人代表张春荣。

该公司现已形成井下一综两掘、地面两洗（年洗选能力为21万吨和30万吨的洗煤厂）两辅（一个型煤厂、一个托辊厂）的现代化生产格局。公司现开采煤层为3″煤层，产品主要有原煤、精煤、精块、洗末煤等，且全部为优质无烟煤，具有硬度强，光泽度高，低灰低硫，高发热量、高效能高环保的特点，是十分理想的电力和动力用煤，其中0～13mm洗沫煤曾获“山西省优质产品”称号，产品远销海内外市场。

2010年以来，在以董事长、总经理张春荣为核心的党总支、董事会的正确带领下，该公司顺应煤炭产业发展大势，高瞻远瞩，运筹帷幄，围绕“三年再造一个新申矿”总体思路，大力实施120万吨矿井及洗选配套项目建设，开启了申矿转型跨越发展历史新篇章。

由于成绩突出，该公司先后荣获中国煤炭工业协会“全国煤炭工业行业二级安全高效矿井”、山西省“煤炭科技创新先进单位”、安康杯竞赛“安全明星企业”、“企业环境行为蓝色等级”、晋城市“模范集体”、高平市“红旗单位”、“安全生产优秀单位”等荣誉称号。

宽敞舒适的办公大楼

团结奋进的矿领导班子

洗选能力为51万吨的洗煤厂

山西高平科兴牛山煤业有限公司

矿长 连国明

牛山煤业始建于1959年，隶属于山西科兴能源发展有限公司。生产能力30万吨，干部职工980人，拥有年入洗能力60万吨洗煤厂座，铁路专用线一条，核定生产能力30万吨/年，现开采3号煤层，保可采储量160万吨，服务年限5.3年，井下生产布局采用“一采掘”，采用轻型综采放顶煤工艺和综合机械化掘进方式，基本实现机械化作业，是一座集煤炭开采、加工、销售为一体的综合型煤炭业，是高平市主要煤炭支柱企业之一。该矿地理位置优越，公路、路运输十分便利,生产的无烟煤具有低灰、低硫、发热量高之特点，化工、冶炼工业的最佳原料，产品远销浙江、江苏、湖北、山东、南等十多个省市地区。

近年来，牛山煤业在高平市委、市政府的正确领导下，以科学展观为指导，以实现120万吨矿井为目标，努力提升质量标准化水平大力实施“科技兴矿、人才强矿”战略，成功上马“综采、综掘”备，完成了主井提升系统的改造,全面实现了采、掘、提、运机械化抓住省煤炭资源重组的契机，对矿井进行了120万吨矿井的规划设计对现有的3#煤层进行了精探和采掘布局，实现了效益的最大化；积响应省、市“转型跨越发展、地下转地上、资源转资本”的号召，资400万元新建了蔬菜工业园区，严格执行矿级领导带班、跟班制度创新安全管理长效机制，加强日常安全培训，扩大培训范围，注重全文化建设，完成了瓦斯监控系统、人员定位系统、井下无线通信联络系统、压风自救系统、供水施救系统5大系统，实现了安全生2700余天，生产效益稳步提升，为高平社会经济又好又快发展做出了积极的贡献。

2009年在省煤矿企业兼并重组整合中，牛山煤业被批准为单独保留矿井，由原高平市牛山煤矿和已关闭的原山西高平庞晋煤业有公司、原山西高平北苏庄煤业有限公司整合而成，主体企业为山西科兴能源发展（集团）有限公司，批准矿井生产能力为120万吨/年批准开采3号、15号煤层，整合后的井田面积为11.77km^2，设计可采储量5618万吨，矿井服务年限30.4年。

牛山煤业始终坚持“以人为本、安全至上、和谐发展”的企业经营理念，不断加强基础设施建设，努力提高职工收入和生活水平下大功夫改善矿区环境，倾心打造企业文化，构建花园式矿山，取得了显著成效，企业呈现出持续、稳定、和谐的发展态势。连续多被晋城市委市政府、高平市委市政府授予“和谐企业”、“安全生产先进单位”、“经济效益红旗单位”、“环境保护工作先进位”、“林业生态建设先进单位”等荣誉称号。

矿长连国明深入一线检查安全生产

救援演习

职工技能比武

牛山煤业120万吨矿井规划鸟瞰图

丰富多彩的文体活动

公司领导班子研究120万吨矿井改造方案

开展电教培训，适应现代化网络办公

干净整洁的井下机电硐室

三机配套试验

牛山煤业办公楼

牛山煤业蔬菜园区

新建的职工餐厅

投资250余万元建设的防尘抑尘网，有效改善了矿区环境

东峰煤矿

北岩、东峰煤矿有限公司董事长 张锦生

兰花集团公司董事长李晋文到东峰矿检查指导

矿区一角

公司领导班子研究120万吨矿井改造方案

开展电教培训，适应现代化网络办公

干净整洁的井下机电硐室

三机配套试验

牛山煤业办公楼

牛山煤业蔬菜园区

新建的职工餐厅

投资250余万元建设的防尘抑尘网，有效改善了矿区环境

山西高平科兴龙顶山煤业有限公司

矿长 焦高庆

书记 刘德明

山西高平科兴龙顶山煤业有限公司，隶属山西科兴能源发展（集团）有限公司，位于高平市东南10公里处风景丽的龙顶山麓，距长晋高速路6公里，曲辉路4公里，现有职工1000余名，资产总额5.3亿元，年生产能力90万吨，田面积8.2096平方公里，属沁水煤田，赋存3#、9#、15#三个稳定可采煤层，资源储量6800余万吨，地质构造简单属低瓦斯矿井。

龙顶山煤业有限公司"十一五"期间紧紧围绕以人为本、科技兴矿的治矿方针，顺应煤矿企业兼并重组发展势，抢抓发展机遇，认真落实各项目标任务，坚持用先进科学的理念引导安全生产，努力拓宽经营思路，公司全体部职工始终坚持发扬艰苦奋斗、勇于创新、永攀高峰的企业精神，不断加大安全投入，推进技术创新，优化科技装升级，强化基础管理，实现了安全生产、经济效益目标的双丰收。公司在跨越发展过程中以科技统领发展全局，大实施采煤方法改革，围绕综合机械化开采这一主攻目标，先后投资一亿多元购置国内先进的综采支架、采煤机等综设备，完成了矿井综合机械化采煤升级改造，开创了我市下组15#煤延伸综合机械化开采的先河，实现了以新装备变传统产业，高科技保障安全生产的可持续发展战略，为进一步向现代化、安全高效矿井迈进奠定了坚实的基础。入2009年，随着省市煤炭资源整合重组工作的不断推进，公司抢抓机遇，提升能力，壮大队伍，顺利实现了30万吨/到90万吨/年矿井的巨大飞跃。为了实现可持续长远发展战略，走产品结构调整、煤炭深加工提值增效的路子，公年产90万吨的高科技智能化、现代化洗煤厂的顺利投产，将会为公司争创更高的经济效益。为了保障安全生产，加提升员工素质，公司全面引进技术管理人才，优化职工队伍知识结构，每年到各大院校招聘优秀毕业生，建立人力源储备库，为公司的发展壮大提供了智力支撑。同时，公司始终坚持人与自然和谐发展的理念，高标准完成了储煤喷淋设施，防风抑尘网、矿井水处理厂、生活污水处理厂等环保设施，绿化矿区周边荒山200余亩，真正达到了矿绿、绿养人的和谐境界。

"十一五"期间，龙顶山煤业有限公司坚持物质文明、精神文明、政治文明、生态文明同步发展，先后荣获山省一级质量标准化矿井、山西省生态示范矿井、晋城市和谐企业、安全生产红旗单位、目标化管理红旗单位等荣誉

展望"十二五"，企业前景广阔，壮丽蓝图催人奋进，龙顶山煤业有限公司将继续贯彻落实科学发展观，以建安全高效现代化矿井为目标，坚持"安全第一、发展为要、人和为本"的理念，以更加昂扬的姿态，不断向更高、新的目标迈进。

办公区

城市煤炭工业局局长赵晚畴莅临该矿检查指导工作

高平市委书记谢克敏莅临该矿检查指导工作

市煤管局局长王扎根深入井下检查安全工作

安全签字仪式

绿色和谐矿区

职工休闲钓鱼广场

设备先进的综采工作面

生产区

山西高平科兴米山煤业有限公司

董事长兼总经理 张满山

党总支书记 成云富

山西高平科兴米山煤业有限公司前身为米山煤矿，1958年建矿，1998年改制为米山煤业有限公司，2009年资源整合过程中更名为山西高平科兴米山煤业有限公司，隶属于山西科兴能源发展（集团）有限公司，属地方国有企业。现有职工800余人，总资产38 360万元，现为基建矿井，设计生产能力为90万吨／年，可开采煤层为3#、15#。

近年来，高平科兴米山煤业有限公司在高平市委、市政府及上级主管部门的正确领导下，响应国家“关小、限中、建大”的煤炭产业政策，积极推进煤炭企业兼并重组工作，克服人才匮乏、技术力量薄弱、3#煤资源枯竭、金融危机的不良影响等诸多不利因素，找差距、挖潜力、调动一切积极因素，团结带领公司干部职工，坚持技术创新、管理创新、制度创新，在企业内部推行目标责任制管理模式，引进全面预算管理，抢抓机遇，及时把工作重点转移到关乎企业生存与发展的二次创业上来，倾其全力进行90万吨矿井建设。针对90万吨矿井建设开工手续办理既繁琐又多变的情况，米矿人发扬“特别能吃苦，特别能战斗”的精神，抢时间，赶速度，于2010年11月，隆重举行了90万吨矿建开工仪式。从此拉开了公司跨越发展的历史新篇章。

“十一五”期间，公司累计实现产值98 544万元，上缴利税48 074万元，为高平市国有骨干企业，利税大户。同时积极参加治理丹河大会战、七佛山绿化、道路绿化、定点扶贫、汶川地震募捐等公益活动。先后被高平市委、市政府授予“红旗单位”、“先进集体”,晋城市委、市政府授予“和谐企业”等称号。

团结有为的公司领导班

90万吨矿井建设开工仪式

丰富多彩的职工文艺活动

正在建设的90万吨新营业室

公司大门

公司办公楼

正在建设中的封闭式储煤场

新调度楼效果图

山西高平科兴龙马煤业有限公司

矿长 李文义

山西高平科兴龙马煤业有限公司隶属于山西科兴能源发展有限公司，位于高平市西南15公里处马村镇马村北，南距沁辉一级公路0.5公里，西距兰花集团唐安矿铁路专用线2公里，交通十分便利。矿井核定年生产能力60万吨，拥有固定资产5000万元，职工673人。

矿井现开采3#煤层，属沁水煤田野川区优质无烟。始建于1983年，1985年建成投产。井田面积3.3329平方公里，保有储量267万吨，属低瓦斯矿井。按国家相关规定，井下生产布局为“一采一掘”。

矿井开拓方式为斜井开拓，主斜井长度264米，坡度17°，担负矿井主提升，内装备SPJ-1000型固定胶带输送机，输送长度为510米，带宽1000 mm，电动机率132kw。剐斜井长度246m，坡度20°，供行人运料，矸石提升，内装备绳索运人猴车。提升为串车提升，装备JDP-1.6提升绞车，电动机功率为115kw。

通风方式为中央并列抽出式，回风井筒为立井，担负矿井回风和安全出口。井筒直径2.5m,垂深128m，安装有行人梯子。主扇风机为FBDZ-6-NO型两台，功率2X75kw。同时配备有200kw自备电源。

矿井供电系统采用双回路供电，电源分别取自马村11OKV变电站和陈庄35KV变电站，供电电压为10KV。配备有自备电源，分别为300kw和200kw发电机组一台。井下供电为I0KV高压入井供电方式，变压器选用矿用隔爆型移动变电站。高压配电设备为BGP-10型防爆高厩配电装备。实现采掘分开供电和掘进双风机，双电源供电方式，满足矿井安全供电需求。井下运输力方式为胶带输送机，运输长度800米。

采煤工艺为综采放顶煤。支护录用ZF2800/16/24ZG型液压支架，装备有4MG200-wl型双滚筒乐煤机和SGZ630/180型刮板输送机、MRB-C型乳化泵及KXP250/5.5型喷雾泵、73G-4.5/160煤尘注水泵，掘进方式为综掘机作业。选用EBZ00E型综掘机，功率为l00kw，支护方式为锚索锚杆支护、KCS-225LZ型煤矿用湿式螺坛除尘风机。

在矿井监测监控方面安装有KJ83N型安全监控系统、人员定位、产量监控三大系统，通信系统方面有SOT600(S/E)集团程控电话以及KTI05A 无线通讯系统，且全部运行良好。井下防风、防尘、通信系统全部按规定安装，符合“三条线”设计要求。

矿井有健全的安全管理机构和完善的管理制度，设有安全生产管理委员会，专职安全管理人员50多名。深入落实三级安全责任制和联带责任制。本着管理、装备、培训三并重原则，坚持以人为本强素质，深化管理保安全，依托科技谋发展的指导方针，着力构建安全生产长效机制，安全生产各项管理工作迈上了一个新台阶。极大地保障了矿井的安全生产，保证了矿井的稳定、健康、持续发展。连年被晋城市、高平市、马村镇授予“安全生产先进单位、优秀单位、红旗单位”等荣誉称号。

龙马煤业标准化安全生产监控系统

计量柜
814

山西兰花集团北岩煤矿有限公司

山西兰花集团北岩煤矿有限公司前身为晋城市北岩煤矿。2003年5月26日公司注册成立，位于晋城市城区西上庄办事处，距市中心不足3公里，沁陵一级路、环城高速路从矿区北边穿过，有一条铁路专用线经晋城北站与太焦线相连，地理位置优越，交通条件便利。

北岩煤矿1957年建矿，生产能力为60万吨/年，现开采$9^{\#}$煤层。所产产品为具有“三低、三高”特点的正宗的“兰花”无烟煤系列，是化工造气、冶金喷吹、烧结、发电和建材等优质用煤，深受广大用户青睐，产品行销海内外。

北岩煤矿是我国地方煤炭战线的先进企业之一，是晋城工业的长子。建矿至今获得各种荣誉310多项。1988年首批晋升为“国家二级企业”，1990年被评为中国煤炭行业的优秀企业，荣获“金石奖”，1991年被评为“山西省最佳企业”，1996年被煤炭工业部授予“地方国有煤矿部特级质量标准化井”。1997年12月，国家煤炭工业部授予“中国煤炭工业现场管理先进企业”，国家质量技术监督局授予“煤炭质量合格企业”，为晋城市的经济社会发展作出了巨大贡献。

根据晋城市政府常务会议决定，2001年12月25日北岩煤矿正式接管东峰煤矿。东峰煤矿位于高平市原村乡境内，井田属沁水煤田野川精查勘控区，井田内地质条件简单，储量丰富，可采煤层为$3^{\#}$、$9^{\#}$、$15^{\#}$煤。经广大职工的不懈拼搏，东峰煤矿于2008年5月26日正式投产。借资源整合之机，2009年底东峰煤矿完成了60-120万吨/年能力提升，实现了新的跨越发展。

2010年，根据山西省煤矿企业资源兼并重组整合方案，经兰花集团公司授权，东峰煤矿开始整合阳城县芦河包，芦河包批准建设生产能力90万吨/年，目前，已全部接管，采矿证换发资料已上报山西省国土资源局等待批复，整合各项工作正在稳步推进中。

北岩煤矿有限公司在领导班子的带领下，将继续发扬“合力向上，奋进不止”的兰花企业精神，秉承“创新赢得明天”的经营理念，朝着构建和谐矿山、实现小康社会的宏伟目标阔步前进。

市委书记张茂才在该矿检查工作

市委副书记冯建平慰问该矿老干部

“安全家书”演讲会

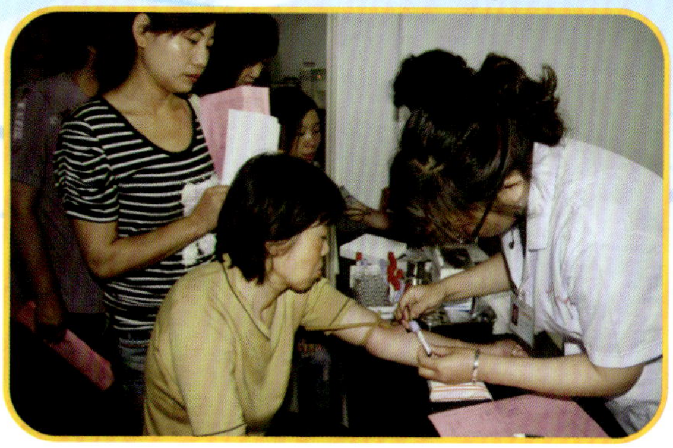

职工体检

多彩的文化生活

岗前宣誓

调度中心

宽敞气派的调度控制中心

气势宏大的塑胶运动场

采煤工作面

东峰煤矿

北岩、东峰煤矿有限公司董事长　张锦生

兰花集团公司董事长李晋文到东峰矿检查指导

矿区一角

矿区绿化

调度指挥中心

井下安全文化长廊

先进的井下综采工作面

技术比武大赛

晋城市城区西上庄办事处
北闫庄村

北闫庄村位于晋城市区北部，隶属城区西上庄街道办事处，北靠著名的白马寺山森林公园，面向古矿和市区，建设中的陵沁一级公路从村中通过，西连晋韩路，东接泽州路和规划中的建设北路，交通便利，区位优势明显。总面积约1.8平方公里，耕地面积700多亩，全村240户，930口人，设有5个村民小组，22名村民代表，党员29名。现有集体企业一个（绿盛农副产品批发市场），引进企业6家（三鑫祥达现代后勤、昱博商贸公司、恒达食品公司、东方玻璃厂、市蔬菜公司闫庄基地）及本村股份制企业两家（金田地农业股份公司、昱兵后勤服务公司）以及森源苗木基地一个。

近年来，在各级党委政府的领导、关心、支持下，两委班子聚精会神搞建设，一心一意谋发展，经济建设、村镇基础设施建设和精神文明建设取得了辉煌成就，历年被市、区、乡评为“先进党组织”、“红旗单位”。2011年被市委、市政府，城区区委、区政府定为发展“一村一品”建设新农村示范村。

北闫庄村资源丰富，区位优势明显，两委班子坚强团结，社会稳定，村民蓬勃向上。在“十二五”期间，依照“转型、发展、跨越”的理念，加快经济发展，增加村民收入，建设美好社会主义新农村，北闫庄人真诚欢迎社会各界有识之士前来投资发展，携手共创美好明天！

两委班子

绿盛农副产品批发市场

祥达现代后勤

北闫庄小学

经济监管

宏观调控

计划规划编制

2009年至2010年，市发改委改进计划编制方法，测算新的地区经济社会发展指标。研究制定地区经济社会发展指标的年度计划，科学制定全市经济社会发展的目标计划，积极向市人大及其常委会报告全市国民经济和社会发展计划执行情况计划草案、重大项目建设情况和固定资产投资情况，并根据人大审议的意见，及时修改完善。做好经济运行的监测、预测和预警。综合分析经济形势，向市政府、省发改委汇报计划执行情况及存在问题，并提出建设性意见，保证全市经济和社会发展顺利运行。积极协调、督促建设资金按时足额到位。2009年，市级投资计划安排的65 000万元投资到位46 032.2万元，到位率达70.8%。完成对"十一五"规划《纲要》的中期评估并积极开展"十二五"规划编制的前期工作。

积极开展循环经济规划编制工作。市级循环经济发展规划完成初稿，县区循环经济发展规划的评审工作已经完成。晋城市煤矸石规划、粉煤灰规划、秸秆综合利用规划等已经顺利完成。积极配合市政府创建国家循环经济标准化试点城市工作，使其发挥示范带头作用，2009年底，正在进行中期评估工作。节能灯的宣传和推广工作取得显著成效，共推广节能灯达91万支。

积极配合做好《晋城矿区总体规划》的修改和审查工作。努力做好煤层气的安全发展工作。4月，配合省发改委对全市煤层气加气站进行专项调研和检查。6月，按照省发改委要求，对《山西煤层气产业安全发展的建议》进行了认真研究，对已建成未投运的三座煤层气加气站情况，报省安监局，顺利办理《危险化学品安全生产许可证》，为早日投运创造条件。农村公路规划修编工作取得阶段性进展。截至2009年底，已编制出全市农村公路改造工程规划修编草案。编制卫生、职教专项规划。先后会同教育和卫生主管部门分别编制了《晋城市中等职业教育基础能力建设规划（2010—2015年）》和《晋城市农村医疗卫生服务体系建设方案（2009-2011年）规划》，教育《规划》二期的实施，将进一步完善我市职业学校办学条件，提高办学水平，扩充优质特色中等职业教育资源。

启动"十二五"规划编制工作。2010年2月，全面启动了"十二五"规划编制工作。2010年底，"十二五"规划前期的10个重点研究课题已经付印，规划《纲要》和40个专题规划已基本完成初稿。

资金和项目管理

2009 年,积极争取国家和省投资资金。争取国家、省级投资项目 493 项,争取资金 27 643.2 万元,主要用于防护林工程、天然林资源保护工程、农村饮水安全工程、农村沼气工程、农村基层计划生育服务体系、乡镇综合文化站、污水处理、廉租住房、教育、农村卫生基础设施及农村公路、政法等。积极为项目服务,努力推进重大项目建设。2009 年,完成了金海大宁煤矿、沟底煤矿的申报工作,省发改委正式出文上报国家发改委。积极抓好重点电源项目建设。2 月 10 日,国家发改委以发改能源(2009)390 号文正式核准晋城热电厂一期工程项目,截至 2009 年底,累计完成投资约 8 亿元。阳城热电厂项目完成投资主体的重组工作,正式开工建设,截至 2009 年底,已累计完成投资 1.4 亿元。根据相关产业政策,积极协调推进省、市重点工业交通项目,阳城县太岳水泥厂 2500t/d 熟料生产线、综合利用废渣生产水泥 142 万吨 / 年及配套建设 4.5MW 低温余热发电项目通过核准, 陵川县佳瑞镁业有限公司年加工 50 000 吨镁合金项目、清慧汽车配件有限公司年产 10 万吨汽车配件及机电设备特种铸件项目通过备案。晋煤集团年产 10 万吨煤制合成油示范工程调整设计概算及设计变更得到批复。丹河流域生态环境综合治理工程启动,建设工期为 3–4 年。晋城矿区采煤沉陷区治理项目 2009 年被省、市政府列入重点建设工程项目。农村住宅治理项目进度加快。涉及 37 个村庄的农村住宅治理工程,截至 2009 年底,开始治理的村庄 32 个。城区古委小区结合城中村改造已建成 2 栋多层住宅安置 108 户,前书院住宅楼修好,安置 151 户,其他工程在做开工前的准备。晋北小区目前 11 栋 6 层楼已经开工,开工面积 15 万平方米,多数已经开始修六层。预计年底前完成主体。2 栋 18 层、4 栋 24 层正在进行桩基处理,预计年底前桩基完工。

截至 2010 年底,共争取中央投资 26 958.4 万元、项目 149 个,省级资金 24 977.6 万元(其中煤炭可持续发展基金 17 979.6 万元、其他资金 6998 万元),项目 233 个,主要涉及农业、科教、工业交通以及旅游、抢救性文物、民政等领域项目。鼓励和引导民间资本投资。通过政府鼓励和引导民间资本投资基础设施、新兴产业和社会公共事业。鸿诺光电、融高太阳能、唐一新能源、华洋实业等一大批民营企业投资基础设施、新兴产业和社会公共事业。主要涉及旅游文化产业、养老服务等领域,其中旅游文化产业投资约 4.65 亿元,主要包括皇城相府、沁水县柳氏民居、高平大粮山、沁水历山、陵川县凤凰欢乐谷等旅游景区。养老服务行业投资约 1500 万元,主要包括:晓庄老年公寓、白云社区老年公寓、高平老马岭老年公寓、沁水夕阳红老年公寓等。

项目稽查

2009 年,先后对扩内需促增长政策措施落实情况开展了四轮监督检查。针对新增 1000

亿元项目问题整改情况和新增1300亿元项目推进情况，配合中央、省检查组开展了4次专项稽查活动。

2010年，由市发改委组织开展了6次重大稽查活动，对扩大内需项目、专项治理工作以及第一批市级服务业发展引导资金共2250万元99个项目进行了稽查，对高平市、沁水县的17个服务业项目进行了评价考察。

重点工程建设

2009年，我市共安排重点工程81项，其中省级重点工程21项(新开工9项、续建9项、前期3项)，市级重点工程60项(新开工7项、续建23项、前期21项)，省市重点工程总投资709.8亿元，年度计划投资107.8亿元，实际完成投资114.4亿元，完成率106.1%(完成率全省排名第二)，提前两个月完成全年目标任务。其中，21项省级重点工程完成投资71.2亿元，续建项目中，晋煤合成油投入试运行，张峰水库、廉租住房、经济适用住房、阳翼高速、兰花玉溪煤矿、采煤沉陷治理、港华煤层气项目7个项目进展顺利；新开工的嘉南铁路、高平至陵川高速、西北环城高速、国投晋城热电、陵川220千伏输变电、阳城煤矸石热电、阳城北500千伏输变电、端氏—博爱煤层气输气管道工程8个项目已经开工建设，全市6项污水和垃圾处理工程中，市区污水深度处理、陵川、阳城、沁水污水处理4项已开工建设，阳城、高平垃圾处理11月份开工建设。前期项目3项，总投资165.64亿元。分别为山西至江苏直流输电、高平煤电一体化和金海大宁煤矿项目，正在积极推进，待国家发改委核准后即可开工建设。60项市级重点工程完成投资43.06亿元，完成率126.4%。

2010年，全市共安排重点工程153项，总投资1436亿元，计划完成年度投资189.02亿元，占全社会固定资产投资计划的42.9%。其中承担省级重点工程31项，全部列为市级重点工程，总投资670亿元，计划完成年度投资93.47亿元；市级重点工程122项，总投资766亿元，计划完成年度投资95.55亿元。1-10月份，省市两级重点工程共完成投资204.03亿元，完成年度目标的107.9%；1-11月份省市两级重点工程共完成投资246亿元。省级重点工程进展情况。2010年1-10月份实际完成投资84.2亿元，比去年同期增加12.8亿元，同比增长20%，1-10月份投资完成额占年度投资计划的90.1%，投资完成率与去年同期持平。市级重点工程进展情况。2010年，1-10月份实际完成投资119.83亿元，比去年同期增加76.77亿元，同比增长178.3%；2010年，1-10月份投资完成额占年度投资计划的125.4%，投资完成率与去年同期持平。加快其前期工作进度，项目的可研报告已经通过省发改委的评审。丹河流域生态环境综合治理工程农林项目进展顺利。陵川县以工代赈廖东河流域生态综合治理项目已完成生态防护林6550亩，经济林500亩，种草100亩，建设小型淤地坝2座，谷坊10

座,区间道路 10 公里,农田 224 亩,完成投资 230 万元;沁水县以工代赈梅河流域王寨段生态综合治理项目已完成经济林 600 亩,淤地坝 4 座,完成投资 61 万元。基础设施建设。阳翼、环城高速西北段已经建成通车。高陵(高平至陵川)段目前已完成投资 31 亿元。嘉南铁路完成投资 6.6 亿元。晋高一级公路开工奠基,已经完成投资 3.8 亿元。晋阳一级公路工程可研已批复。

经济结构调整

加大服务业发展力度。2009 年,为认真贯彻落实《晋城市人民政府关于加快发展服务业的实施意见》(晋市政发〔2008〕22 号)文件精神,根据市政府“项目带动、全民创业带动”的战略要求,在我市服务业领域实施“1850”工程。先后征集各县(市、区)、市直 12 个行业牵头单位的两轮申报,从 206 个项目中初选出涉及 18 个行业的 100 多个项目作“1850”工程初选项目,并于 5 月中旬对初选项目进行细致的调研考察,共审定 50 个服务业发展工程 100 个项目作为 2009 年的扶持和奖励引导对象,这些项目本年度的投资预测规模为 145 679 万元,项目完工后,可实现销售收入 282 156 万元,新增税收 10 936 万元,新增就业岗位 1 万多个。推进清洁发展机制项目的进展。出台《晋城市推进清洁发展机制 CDM 项目开发管理办法》,加大申报工作力度,积极做好风排瓦斯气综合利用的研究开发。截至 2009 年底,我市已有 17 个项目获得国家发改委批准。加快高新技术产业化步伐。圆满组织我市参加省第四届“高展会”,我市绿洲大麻、富基新材料有限公司年产 3000 万片泡沫陶瓷砖项目获得优秀高新技术示范项目、山西乐百利特科技有限公司被挂牌为“山西省半导体照明工程研究中心”、泽州县被授予高新技术工作优秀县(市、区)。大力推进瓦斯发电、生物质能发电等可再生及新能源建设。鼓励支持发展瓦斯发电,积极做好瓦斯发电项目的审查上报和核准工作。先后完成阳城东冶生物质能发电项目、侯甲煤矿瓦斯发电站项目、武甲煤矿瓦斯发电站项目、伏岩山煤矿瓦斯发电站项目、清池煤矿瓦斯发电站项目、竹林山煤矿瓦斯发电站项目、赵庄瓦斯发电站项目的审查和上报工作。井下瓦斯和生物质能资源的有效利用,节约资源,使环境得到保护,企业运行质量和效益进一步提高。组织相关方面专家对晋城市润宏煤层气发电有限公司马坪头煤矿瓦斯发电项目和晋城市丰润瓦斯综合利用有限公司大宁煤矿瓦斯发电项目、晋城市丰润瓦斯综合利用有限公司瓦斯发电项目等项目进行了验收。

体制改革

2009 年,以“加快进入程序企业改革,加大不稳定企业改革,分步实施稳定企业改革”为市属国有企业改革目标,稳步推进国有企业改革。纳入改革重点的市属国有企业有 18 户,其中:已经完成的 2 户,即将结束的 3 户,正在实施的 13 户。推进行政管理体制改革和事业单位改革。2010年,以“经济调节、市场监管、社会管理、公共服务”为目标,进行了市县两级政府机构改革。现有的38个市级正处级政府机构,将通过消化、合并缩减为32个。政府机构改革将于年底完成。全力推进煤矿企业的兼并重组整合。努力培育上市后备资源。建立了晋城市资本市场发展联席会议制度,起草了《晋城市人民政府关于鼓励和扶持企业上市促进晋城经济发展的实施意见》,加快资本市场发展,确定8家上市储备资源企业:晋城蓝焰煤业股份有限公司(省属企业)、山西天泽煤化工集团股份公司、山西兴高能源股份有限公司、沁和能源集团有限公司、阳城县阳泰煤业集团有限公司、山西厦普赛尔食品饮料股份有限公司、山西省高平化工有限公司、山西皇城相府集团。

招商引资

2009年,在中博会上,全市签订27个招商项目,签约额42 851.8万美元,引资额28 092.6万美元,其中工业类项目15个,农业类项目5个,服务业类及其他项目7个。

2010年,在第三届能博会和第五届中博会上共签订211个招商项目,总投资额55.5亿美元,拟引资额45.7亿美元。在太原能博会上,签约47个项目,总投资达538.1亿元,引资381.2亿元;在香港合作推介会上,签约12个项目,总投资128亿元,引资90亿元。

推进社会事业发展

“校安工程”进展顺利。全市“校安工程”涉及规划改造项目校367所、单体项目923栋,改造面积118.38万平方米,规划投资11.18亿元。城镇居民、市直城镇职工的基本医疗保险以及大额医疗保险待遇大幅提高。在深化医药卫生体制改革,建立完善覆盖城乡居民基本医疗保障制度方面,4个县级医院,3个中心乡镇卫生院,50个村卫生室争取到的国债资金已全部到位,所有项目已全部开工建设。城镇居民基本医疗保险最高支付限额提高至5万元,市直参保职工在一个保险年度内基本医疗保险和大额医疗保险共可报销30.5万元。出台了《关于实施十百千万工程,推动全民创业的意见》,提出了八条配套政策措施并成立了组织领导机构。“十百千万”工程是指从今年起,用两到三年时间,在全市范围内建设10个创业基地,培养100名创业领军人物,1000名创业带头人和10000名创业者,最终实现增加10万个就业岗位的目标。千方百计化解采煤沉陷工程难题。截至2010年10月底,完成投资12 768万元,占年度目标的106%;完成农户住宅治理650户,占年度目标的86%;开工面积达20万平方米,占年度目标的100%;其中,18栋住宅楼主体完工。通过多次协调,晋煤集团寺河煤矿最终同意出资4785.2937万元用于阳城大安头村的整村搬迁。大力发展循环低碳经济,推进生态环境综合治理工程和煤层气产业一体化发展。2010年,完成了6县(市、区)循环经济发展规划批复工作,市级循环经济发展规划编制完成;推广高效照明产品60.2327

万支,开展了为期一个月的限制生产销售塑料购物袋活动,在物茂广场举办了节能与资源综合利用成就展。兰花集团年产 4 万吨纳米碳酸钙项目已经省发改委立项批复。兰花集团年产 4 万吨纳米碳酸钙项目主体建成。总装机 35WM 的兰花大宁瓦斯发电厂已建成投产。推进生态环境综合治理工程。丹河流域为重点的生态环境综合治理林业造林绿化工程进展顺利。全市上报 4 个林业项目,项目涉及城区、泽州、高平、陵川四个县(市)。总体建设规模为荒山造林 19 000 亩,封山育林 12 000 亩,护岸林 1000 亩。项目总投资 1616.1 万元,其中省煤炭可持续发展资金 806 万元,市级配套 278.8 万元,县配套 531.3 万元,并于 10 月 20 日上报省发改委。1–10 月份,晋城市丹河人工湿地二期工程已开工建设,晋城市污水深度处理及再生水配套管网工程主体已建成,陵川县污水处理主体工程基本建成。预计年底前,丹河人工湿地二期工程完成 400 万元, 污水深度处理及再生水配套管网工程和陵川县污水处理工程投入试运行。推进煤层气产业一体化发展。2010 年,1–10 月份,全市煤层气地面开采 10.8 亿立方米,全市井下瓦斯抽采 9.23 亿立方米。兰花大宁煤矿井下瓦斯地面预抽放项目已启动,总投资 9856 万元。9 月 2 日,市发改委以晋市发改备案[2010]44 号文出具大宁煤矿井下瓦斯地面预抽放项目的备案证,阳城县国土部门完成了项目现场踏勘、井口定位,项目单位在 10 月中旬与阳城县芹池镇政府签订了供气协议和临时用地协议, 待市国土局批复临时用地手续后方可正式进场建设。

(市发改委)

物价管理

价格调控

2009年，强化价调基金征管工作，修订《价格调节基金管理使用、审批、拨付制度》、《项目档案管理制度》等4项制度，新制定《价调基金使用工作规则》、《价调基金第一个五年使用规划》，提高宏观调控能力。全市共征收价调基金9546万元，动用754万元用于价格补贴。

2010年，全市居民消费价格总水平为102.5%，低于全省0.6个百分点，低于全国0.8个百分点，在全省11个地市中按从高到低排序居第九位。一是市政府专门召开政府常务会议研究部署全市稳定物价工作，制定《关于运用价调基金扶持市长“菜篮子”工程建设有效保障人民生活的方案》、《关于运用价调基金对市场粮油肉菜实行价格补贴以稳定物价保障民生的方案》，下发《关于稳定消费价格总水平保障群众基本生活的通知》，制定17条稳价措施。二是市物价局采取多种措施确保农产品价格稳定，对市区12家大型农贸市场和超市的市场摊位费、超市进场费全部实行减半收取或全免优惠政策，商家共计让利100余万元，降低农副产品流通环节费用，蔬菜主要品种价格出现明显下降，最高降幅达到25%。全面清理降低涉及“三农”的各项收费项目和标准，开通农副产品运输绿色通道政策。12月1日，市物价局对晋城市境内晋焦、长晋、晋阳、阳翼、环城等5个收费站落实绿色通道的情况进行督促检查，当日绿色通道车辆流量达498辆，计免收通行费101 490元；组织8个检查组，对农贸市场和超市进行不间断巡查。协调民政、财政等相关部门落实临时价格补贴政策，共计发放补贴823.327万元。

价格改革

2009年，推进以“阶梯式水价”为重点的水价改革，制定《晋城市市区城市供水价格改革方案》。对晋城市力达源科技开发有限公司泽州县南村镇煤气工程费和陵川县县城煤气工程费及煤层气销售价格进行核定。对陵川鑫源冶炼有限责任公司、沁水县永青矿机有限公司生产用电停止执行差别电价政策，每年可为企业减少电费支出400余万元。对晋城市坤达煤化磁材有限公司化肥生产用电执行优惠电价政策，年可为企业减少电费支出100余万元。调整公有住房租金标准，一类六层楼房2.30元/月·平方米，二类二层楼房1.50元/月·平方米，三类平房1.30元/月·平方米，城市低保对象、下岗人员等困难家庭及军烈属的租金减半收取。制定市区出租汽车GPS卫星定位系统服务费和高平市出租车运价，公布晋城市区2009

年普通住宅重置价格。

2010年,一是推进水资源价格改革。3月1日起,市区供水价格实行“阶梯式水价”政策,居民生活用水从3立方米/人·月及以下到4立方米/人·月及以上分三级水量,价格为2元~6元/立方米。同时,对限制类、淘汰类和污染严重的企业实行“差别水价”,对城市公共供水覆盖区范围内的自备水源井实行惩罚性水价。二是开征污水处理费。从11月1日起,提高市区污水处理费征收标准,达到省政府要求的居民生活用水不低于0.80元、其他用水不低于1.00元的要求。高平、阳城、陵川、沁水也从11月1日起全部开征城市污水处理费,并统一执行市区标准。三是实行“差别电价”。自7月1日起,对能源消耗超过国家和山西省规定的单位产品能耗(电耗)限额标准的晋城福盛钢铁有限公司产品生产用电实行惩罚性电价,比照差别电价限制类电价加价标准,每千瓦时加收0.10元。对全市已列入执行淘汰类差别电价的市钻石水泥有限责任公司、泽州县凯旋铸造厂等4家企业重新核实,执行允许类电价,每年可为企业减少电费支出1500余万元。四是推进供热价格改革。制定出台市区两部制热价标准,对达到供热计量收费设施要求的居民住宅和公共建筑全部实行两部制热价。五是适时调定价费。调整车用压缩煤层和市区出租车价格,下发阳城县、高平市的居民生活用气价格和泽州县部分乡镇集中供热价格,调整皇城相府、王莽岭景区、珏山等5处景点门票价格,新核定郭峪古城堡等3处景点门票价格。

价格管理

2009年,全市物价部门共年审《收费许可证》(含副本)1277个、《经营性服务收费登记证》112个,年审率100%。对群众反映强烈的游览参观点门票价格、数字电视收费等收费行为进行清理整顿,4月1日起,停止市博物馆、阳城县博物馆门票收取和数字电视IC卡费、数字电视机顶盒的安装服务费,取消有线电视用户申请办理开通、移机、停机、复机、过户等手续收费,降低凤凰欢乐谷、天坛山、孙文龙纪念馆门票价格。

2010年,全市物价部门共年审《收费许可证》正、副本902个,年审率100%。取消租赁房屋治安许可证、门(牌)工本费、“职工退休证”工本费、高中信息教育费、小水电管理费、预防保健代理费等9项收费;纠正一些医疗机构在部分医疗服务项目价格时的错误算法,规范医疗服务项目收费行为;对1995年以前制定的收费项目逐一清理,保留12个单位的31项收费、提高4个单位的6项收费、新增1个单位的1项收费。共年审《经营性服务收费登记证》135个,新办证6个,注销1个,年审率达到100%。废止汽车配件市场服务费、炉料交易生铁交易服务费、餐饮业价格等级评审费等10项收费;降低有形建筑市场交易服务费、娱乐业治安管理信息系统网络服务费、晋安诚信数字证书服务费等12项收费标准;放开家电维修收费，实行市场调节价。

价格监督

2009 年，全市共查处价格违法案件 215 件，实施经济制裁总额 1550.57 万元，其中：退还用户 372.21 万元，没收违法所得 571.77 万元，罚款 615.55 万元。全市共追缴煤炭专项基金 1200 万元。

2010 年，积极开展涉农、涉企、协会收费和电力价格专项检查，全市共查处价格违法案件 172 件，实施经济制裁金额 928.46 万元。其中：退还用户金额 134.31 万元，没收违法所得金额 684.53 万元，罚款金额 109.62 万元。全市共追缴煤炭专项基金 1200 万元。开展节日市场价格巡查，对生活必需品、交通、旅游等与群众节假日消费密切相关的商品价格和收费进行不间断巡查，并通过媒体大力宣传价格政策和消费过程中可能出现的虚构原价、虚假折扣等 14 种价格欺诈行为。全市各级价格举报中心共受理价格咨询投诉案件 689 起，属于咨询 564 件，立案查处 125 件，实施经济制裁总金额 85.69 万元，其中：退还消费者 76.84 万元，上缴财政 8.85 万元。市物价局获全国价格监管服务先进集体。

价格监测

2009 年，把促进资源节约、减排降耗及涉及人民群众切身利益相关项目作为成本监审的重点，对全市 9 个国有、集体、民营企业实施城市自来水供水成本、污水处理成本、集中供热成本、管道燃气工程安装成本、管道燃气运营成本、居民小区物业服务成本、景区门票价格成本等 10 项定价成本监审，共核减企业不合理成本 4160.94 万元。

2010 年，共完成日常监测报告 329 期，上报监测数据 8793 个，完成《山西省重要商品价格监测》应急监测报告 42 期，上报监测数据 1312 个。针对 7 月份蔬菜等农副产品价格上涨较快情况，启动晋城市重要商品价格每日应急监测制度，完成应急监测报告 163 期，采集价格数据 27 750 个。市物价局获全国价格监测工作优秀单位。

价格宣传

2009 年，利用“5·1”价格法纪念日、“12·4”法制宣传日设立咨询点，印发宣传资料 10 000 多份。在电台、电视台、太行晚报、晋城在线网站等市级主要媒体公布价格信息 1000 余期，编发《晋城价格监测》月刊 12 期 1440 册，《晋城市场与物价》6 期 2300 册，《晋城物价》82 期。

2010 年，通过“两刊 + 网络”信息宣传平台，引导和带动经营者诚信经营。如市区金辇超市作出超市进场费两个月减半收取、让利 40 万元的承诺后。全年共编印《晋城物价》86 期，编发《晋城价格监测》12 期、《晋城市场与物价》6 期，及时披露价格政策信息和市场价格变化情况。对境内从事煤层气开采、压缩、液化业务的中联公司、中石油、晋煤集团等大型企业就煤层气产销情况进行实地调研,形成《煤层气开发利用价格管理现状及建议》、《煤层气生产和经营企业价格构成实证分析》、《煤层气成本利润价格的理论和现实比较》等调研报告。市物价局获全国价格宣传先进单位。

价格服务

2009年,全市各级价格认证机构共进行各类价格鉴证、认证1800余起,鉴定金额6.85亿元。对市恒光热力有限公司五期热源厂2008年供热(蒸气)主要原材料(燃煤、电)差价补贴进行核定,市财政向供热企业补贴煤、电差价1000余万元。

2010年,全市各级价格认证中心共受理刑事、民事、行政等各类涉案物品价格鉴定144件,鉴定金额达1356.47万元,价格认证967件,认证金额46 794.5万元。对市恒光热力有限公司北片区域集中供热亏损问题,市政府对该公司2008—2009年供热亏损按区域供热价格给予补贴,补贴金额171.46万元。开展“价格诚信单位”评选活动,命名银都购物中心等10家单位为2009年晋城市“价格诚信示范单位”、晋城大酒店等29家单位为“价格诚信单位”。引深“价格服务进万家”活动。在价格服务进学校、进医院基础上,重点推进价格服务进企业、进商场、进景区、进农户、进社区工作。泽州县物价局印制1000余份涉农价费公示牌和13万册涉农价费实用手册,实现涉农价费公示全县全覆盖。市物价局获市长热线办理先进单位称号。

依法治价

2009年,全市共受理价格咨询投诉633起,查处价格举报案件93件,实施经济制裁82.58万元,其中:没收违法所得3.06万元,罚款7.28万元,退还消费者72.24万元。

2010年,市物价局组织开展第八届全市价格监督检查案卷评查工作会,被市政府授予“行政处罚案卷优秀单位”。组织各县(市、区)物价局法制工作人员以及供水、供气、供暖、公交、客运等涉及公用事业价格的单位和相关人员进行《政府制定价格听证办法》培训。举行水价改革听证会、皇城相府和王莽岭景区门票调价听证会、调整市区出租车运价听证会。对全市29家涉及供水、供热、煤层气、出租车、景区、物业、环保、教育等20个价费项目实施调定价监审和定期监审,核减企业不合理成本7732.70万元。市物价局获全省物价系统普法工作先进集体。

(市物价局)

国有资产监督管理

企业经营状况

2009底，纳入市国资委直接监管的市属国有企业资产总额达312.62亿元，同比增长50.73%;所有者权益136.80亿元,同比增长42.37%;国有资本保值增值率达121.15%。全年累计完成工业增加值77.17亿元,同比增长63.12%;实现营业收入209.33亿元,同比增长87.62%;上缴税金30.82亿元,同比增长131.73%(注:2009年起全市煤运系统市县两级财务实行合并报表)。兰花集团全年生产原煤1257万吨,生产尿素133万吨。天泽煤化工完成销售收入22.57亿元,实现利税1.39亿元,实现利润1.2亿元。山西煤销集团晋城分公司完成煤炭销量2789万吨,实现销售收入138.4亿元,实现利润10.36亿元。

2010年,监管企业资产总额达241.53亿元,同比增长18.30%;所有者权益108.83亿元,同比增长18.32%;实现全年营业收入98.84亿元,同比增长15.81%;实现利税38.83亿元,同比增长8.17%;实现利润22.51亿元,同比增长23.94%。

"十一五"期间,监管企业资产总额从83.26亿元增加到241.53亿元,增长190.09%;营业收入从40.1亿元增加到98.84亿元,增长146.48%;实现利润从9.77亿元增加到22.51亿元,增长130.40%;实现利税从16.36亿元增加到38.83亿元,增长137.35%。

项目建设

2009年,兰花集团在晋城、朔州、临汾等地整合煤矿10座,新增无烟煤资源储量2.39亿吨、焦煤资源储量1亿吨、动力煤资源储量2.86亿吨,新增产能近1000万吨。太行民爆公司成立爆破公司、绿色发展公司,探索"一业为主,多业并举"发展思路。市属骨干企业新建、续建项目23项,累计完成投资8.4亿元。其中,兰花科创"3052"大颗粒尿素项目进行初步设计，玉溪煤矿240万吨/年新建项目开工建设，王莽岭旅游景区开发项目工程建设基本完成,大宁煤层气发电项目正在进行设备安装调试;天泽煤化工技改项目竣工投产,40万吨/年氨醇项目、60万吨/年大颗粒尿素项目前期工作进展顺利。兰花集团实施技术开发项目21项,课题研究8项,直接产生经济效益2000余万元;原煤综合能耗4.04千克标准煤/吨,同比降低6.48%;合成氨综合能耗1532千克标准煤/吨,同比降低2.68%。天泽煤化工全面推行循环经济发展战略,实行"三五五"工作法、"六管一算"管理模式,吨氨综合能耗继续在全省同行业保持领先水平。绿洲公司采用高新技术改造提升传统产业,完成《抗菌纤维材料功能化过程的界面物理与化学研究》,获国家技术发明二等奖。兰花科创获"2008 年度中国上市公司价值百强"奖,入选"山西十佳最具发展潜力品牌"。

2010 年,推动监管企业参与煤炭资源整合重组,兰花集团在临汾、朔州、内蒙古收购和托管 6 个煤矿,在晋城整合 5 个煤矿;尿素年产能达到 140 万吨,甲醇达 40 万吨,二甲醚 20 万吨。市属骨干企业新建项目 7 项,续建项目 11 项,全年完成投资 5 亿多元。其中兰花重庆太阳能一期建成投产,兰花大宁煤层气发电项目建成投运,兰花集团取得伯方区块煤层气探矿权,兰花国际物流园区奠基开工,王莽岭旅游景区开发项目发展势头良好;天泽煤化工继续实施项目带动战略,年产 40 万吨氨醇、60 万吨大颗粒尿素项目前期工作进展顺利。"山西纺织行业丝麻技术中心"在梅花丝麻集团挂牌成立。绿洲纺织公司采用高新技术改造提升传统产业,完成《抗菌纤维材料功能化过程的界面物理与化学研究》,获国家技术发明二等奖。

国企改革

2009 年, 纳入改革的市属国有企业 18 户 (破产清算和解散的企业 12 户, 改制企业 6 户),涉及职工 10 228 人(在册职工 6891 人,退休职工 2787 人,遗属抚恤及其他人员 550 人),安置职工 8820 人,占 86.2%(在册职工 5862 人,退休职工 2477 人,遗属抚恤及其他人员 481 人)。其中:市凤凰织品有限公司、市民爆器材专营公司、市钻石水泥有限责任公司 3 户企业改制工作基本完成。晋钢、阳丝、端丝、盛唐丝纺四大重点企业的破产工作即将结束,阳丝和端丝经营性资产、非经营性资产、低值易耗资产整体移交和转让。丝麻行业所属其余几户企业改革工作接近尾声。晋东南印刷厂的改革工作全面完成,人、财、物已整体移交,原企业职工在新企业重新上岗。粮食行业 3 户企业的改革进入攻坚阶段。市农机公司的破产清算工作加快推进。春光热电有限公司的破产清算工作即将启动。稳步推进各县(市、区)国企改革,泽州县积极推进煤炭企业与地面企业改制重组;高平市盘活企业国有资产,筹措改革专项资金;沁水县依托国有资产经营公司,加快企业改革重组步伐。城区、泽州、高平、阳城等县区以大局为主,接收中央、省、市驻地方企业学校,支持国有企业改革。

2010 年,市凤凰织品、民爆器材、钻石水泥、晋东南印刷厂 4 户企业改制基本完成,新企业运转正常。市阳丝、端丝,丝绸试验厂、丝绸进出口公司沁水分公司 4 家企业破产。市农机公司完成破产资产处置,职工安置基本结束。晋钢破产扫尾工作稳步推进,原晋钢医院移交城区政府管理,妥善安置工伤人员 262 名,首批 220.7 亩土地及地面资产拍挂处置,获得资产处置收益 6 亿多元。市盛唐丝纺公司职工安置基本结束,进行资产处置。全年累计安置职工总数达 10239 人。启动市粮油食品工业公司、森鹅服装公司改制和凤源食品公司 3 户市属企业破产工作,森鹅服装公司改制方案经市政府第 65 次常务会议批准实施,市凤源食品公司破产预案经市国企改革办审核并批复企业，市粮油食品工业公司改制预案正在修改完善。会同财政部门对回购的165户市属国有企业金融资产包分类进行处置，其中市直资产包移交市国鑫资产经营公司进行处置。

国资监管

2009年，市国资委出台《关于直接监管企业执行“三重一大”决策制度有关规定的通知》、《国有及国有控股企业监事会监督管理暂行办法》等规定，规范国资监管工作。搭建国有资产运营平台，以太行民爆、竞成食品为试点开展国有资产授权经营工作。加强财务监测和清产核资，完成2008年度全市国有及国有控股企业财务决算审核和国有资产统计。督导部分市属企业对清产核资后应核销的各项不良资产、不良债务、不良投资及实物资产损失，成立专门机构进行清理和追索。委托国有资产经营公司对企业不良资产进行处置，避免国有资产流失。推进产权管理与产权交易工作，承办全省企业产权登记年检及数据汇总工作培训会议。开展企业国有产权登记年检，共年检企业180户，其中市属企业98户，县级企业82户，办理企业产权占有登记22户，变更登记21户，注销1户。制定《关于认真做好煤矿企业兼并重组整合中清产核资资产评估工作的意见》，指导各县（市、区）做好煤炭资源整合中的资产评估工作。完成市级财政性委托贷款摸底核查，截至2008年底，市级财政性委托贷款资金余额65 098万元，应收利息13 603万元，本息合计78 701万元。贷款涉及市直、各县（市）区400多个单位，其中大部分单位因为停产、倒闭，还贷困难，形成呆死账本息共计26 401万元，占到贷款余额本息的33.5%。

2010年，市国资委与天泽煤化工集团、兰花集团、市城建开发总公司、绿洲纺织、市医药药材、市竞成食品6户企业签订《2010年度经营业绩责任书》，并完成上述6户企业2009年度经营业绩责任考核工作。对市直企业工资支付情况进行专项检查，完成市属国有企业军转干生活补贴的审定上报。开展企业国有产权登记年检，共年检企业144户，其中市属企业78户，阳城县22户，泽州县40户，城区2户，开发区2户。办理企业产权登记29户，其中占有登记3户，产权变更登记25户，产权注销登记1户。完成太行无烟煤集团资本减持工作，变更为国有独资公司。完成山西兴高能源股份有限公司国有股权转让的确认工作。积极推动国有煤炭企业资源整合和兼并重组，出台《关于认真做好煤矿企业兼并重组整合中清产核资资产评估工作的意见》，规范市属煤炭企业兼并重组整合中有关资产评估的核准和备案程序，加强对各县（市、区）煤炭企业兼并重组整合工作的监督指导。对兰花科创在朔州拟收购两处煤炭资源资产评估进行备案，对山西蓝盟科技开发有限公司出资45%实物资产评估予以核准。

（市国资委）

审 计

2009年,对5大类项目467个单位进行审计和审计调查。按审计统计口径计算,共查出违规金额165 250万元、管理不规范金额447 299万元、损失浪费金额661万元;通过审计应上交财政58 352万元,应减少财政拨款或补贴610万元,应归还原渠道资金23 676万元,应调账处理32 028万元。审计提出建议351条,已被有关部门和被审计单位采纳273条。全市审计机关提交审计专题、综合性报告和信息简报259篇,被各级领导批示、新闻媒体采用189篇次。

2010年,共审计(调查)经济责任等类别的361个项目(单位),按审计统计口径计算,共查出违规金额195 678万元、管理不规范金额498 960万元;应上交财政51 117万元,应归还原渠道资金39 887万元,应调账处理10 080万元。审计提出建议424条,已被有关部门和被审计单位采纳324条。全市审计机关提交审计专题、综合性报告和信息简报312篇,被各级领导批示、新闻媒体采用176篇次。

财政审计

2009年,共对151个同级一级预算单位2008年度预算执行情况进行审计,查出违规金额85 553万元、管理不规范金额176 114万元,应上交财政54 462万元。对3个县(区)、12个乡(镇)2007、2008年度财政决算进行审计。重点查处了收支不实、专项资金管理不严、隐瞒截留、漏征少征各项预算收入、违规分配使用预算资金和转移支付资金、挤占挪用专项资金、决策不当造成损失浪费、国有资产流失以及效益不高等问题,力促区域经济健康、协调、可持续发展。

2010年,共对162个同级一级预算单位2009年度预算执行情况进行审计,查出违规金额124 990万元,管理不规范金额215 113万元,应上交财政31 113万元。全市审计机关按照省审计厅安排,结合预算执行审计,上下联动,完成对土地开发整理专项资金、污水处理厂和垃圾处理场建设运营情况、地方政府债务、应急水源工程专项资金、养老等六项社会保险基金、城乡低保资金和福彩公益金、扩大内需新增投资项目实施情况、节能和淘汰落后产能及循环经济专项资金、旅游景区环境综合整治专项资金、保障性住房建设资金等10项专项资金的审计或审计调查,揭示存在的问题,针对性地提出审计建议。对3个县(区)、11个乡(镇)2008、2009年度财政决算进行审计。重点查处了收支不实、专项资金管理不严等问题。

企业审计

2009年,根据省审计厅授权,对晋城无烟煤矿业集团有限责任公司对外投资情况进行审计。该公司对外投资逾百亿元、投资范围涉及八个省市的七十多家单位。市审计局统筹整合审计力量,历时两个月的紧张工作完成审计任务。审计中把国有资产安全和企业经营风险作为关注的重点,客观揭示投资决策不尽规范、损益核算不尽真实等问题。

社会保障审计

2009年,对全市汶川地震救灾资金物资进行跟踪审计,重点审核了承办单位是否及时将捐赠款物如数逐级上缴相关单位及专户,有无拖延、隐匿、挪用、浪费等问题。对我市援助地震重灾区过渡安置房建设工程进行决算审计,审计资金6041万元,经过调查核对,核减工程价款44万元。市县审计机关开展2007、2008年度救灾资金和城市低保资金专项审计,及时反映各级财政投入大幅增长、低保覆盖面和受益群体进一步扩大、最低生活保障标准明显提高的积极变化。

2010年,对全市玉树地震抗震救灾物资资金和舟曲特大山洪泥石流灾害救灾资金物资进行跟踪审计。全市共审计资金1210.87万元,督促有关部门及时上缴捐赠资金64.43万元。

建设项目审计

2009年,市、县审计机关分别对本级部分重点建设项目竣工决算进行审计。全市共审结55个项目,审计投资总额120 872万元,审计核减工程款9051万元,提高建设资金使用效益,维护国家、建设单位和施工企业的合法权益。

2010年,开展全市中小学校舍安全工程和全市村级组织活动场所建设项目的定期跟踪审计和审计调查。市、县审计机关根据同级人民政府安排,分别对本级部分重点建设项目竣工决算进行审计。全市共审结62个项目,核减工程款逾2亿元。

经济责任审计

2009年,共对全市12名县处级、67名乡科级领导干部和12名国有及国有控股企业负责人进行任期(任中)经济责任审计,查出违规金额12 125万元、管理不规范金额4226万元,对被审计领导干部履行经济责任情况作出评价,对所存在问题的相应责任进行划分。

2010年,共对全市12名县处级、60名乡科级领导干部和11名国有及国有控股企业负责人(处级3人、科级8人)进行任期(任中)经济责任审计,查出违规金额5385.14万元、管理不规范金额8125.86万元。

专项审计

2009年,全市审计机关根据省审计厅和市政府的安排,结合我市经济工作的重点,对国土、农林水、教育、科技、污染防治等15项专项资金及项目进行审计或审计调查。

2010年,对全市6个县(市、区)农村信用联社及其39个基层农村信用社2008、2009年度资产负债损益情况进行审计。揭示贷款形态分类不真实、违规放贷等问题金额36 909万元,从加强信贷管理、规范财务核算、防范经营风险等角度提出了审计建议,以促进农村信用社规范经营、提高效益,更好地为社会主义新农村建设服务。

其他审计

2009年、2010年,在依法实施审计监督、积极推动问题整改的同时,市审计局,配合纪检、监察、财政、发改委等部门,实施煤炭领域反腐败、治理"小金库"专项斗争、扩大内需重点项目监督检查、工程建设领域突出问题专项治理等工作;县级审计机关也配合纪检、司法、信访等部门做了相关工作。

依法审计

2009年,全市审计机关贯彻落实国务院《全面推进依法行政实施纲要》,严格执行各项审计质量控制制度,切实将审计行为置于法定职权之内和监督制约之中,努力提高审计项目质量。一是改进审计复核方法。市局在"三级复核"的基础上,采取各业务科复核监察员复核与法制机构专职人员复核相结合,将复核关口前移,对审计项目实行全程跟踪复核检查,构建"立体复核"体系,为保证审计质量打好基础。二是坚持集体审定制度。在出具审计报告之前,审计组所在科室将小组报告和被审计单位意见一并提交局审计业务审定委员会讨论,集体对审计程序、审计事实、审计证据、适用法律、审计评价及问题定性等进行核定,促进了审计处理的公平公正。三是加强监督检查。坚持审计回访和审计督察制度,及时发现和纠正了审计执法中存在的一些瑕疵和漏洞,进一步规范审计行为,促进依法审计。

审计信息化建设

根据审计署《地方审计机关信息化建设指导意见》和省审计厅工作目标要求,市审计局将审计信息化建设列为重点工作并取得进展。2009年,市审计局已完成机房建设、硬件采购、设备安装、系统集成等基础工作。

2010年,3月份组织全市审计管理系统(OA)培训和两期现场审计实施系统(AO)培训,市、县审计机关120余人参加培训,首批参加审计署认证考试的通过率达到80%。

(市审计局)

国土资源管理

耕地保护

2009年，一是大力实施“造地改田”工程。把围滩造地和基本农田整理、工矿废弃地复垦相结合，全年新增耕地7480亩。二是实行耕地保有量倒查措施。对各县（市、区）耕地保护目标的考核，不仅检查占补平衡的落实情况，还考核违法占地的数量。三是建立耕地补充保证金预缴制度，不能足额预缴的不予受理用地报批。四是建立约束激励机制。对耕地保护不力、违法占地面积达到新增建设用地总面积5%的，停止报批建设用地；对统筹落实占补平衡做出贡献的县（市、区），以及新增建设用地中盘活存量达到20%以上的或者开发利用未利用地达到30%以上的，都给予一定的指标奖励，形成差别化的用地计划管理。

2010年，一是继续实施土地开发复垦整理工程。全市完成立项49个项目5791.2亩，完成后可净增耕地4532.25亩；对历年完成的19个项目进行验收，面积达1615.35亩，净增耕地1011.56亩；置换土地复垦采面积达547.8亩。二是严格落实占补平衡。实行“除城区外各县（市）耕地占补自求平衡”制，审核上报中小学校舍安全工程、白马寺山生态环境治理工程等批次农用地转用和单选项目共19个，面积3603.64亩，其中耕地1928.17亩，全部做到先补后占、占补平衡。三是加大普法宣传教育。“6·25”土地日期间，共安排大型普法宣传活动10项，举办全国“土地利用与发展方式转变”高峰论坛、全国30家知名网络媒体“晋城国土行”采风活动，以及“送法下乡”文艺演出、县乡村干部国土资源法律法规培训、电影展播周、“两台一报”（市电视台、电台、《太行日报》）专栏宣传等。

矿产资源保护

2009年，全力推进矿山企业资源整合兼并重组工作，对煤矿企业重点解决资源重叠问题，对非煤矿山企业重点解决布局零乱、环境污染问题。全市煤矿企业应换发采矿许可证的128座矿，118座领取采矿许可证，2座报省待批；完成9座铁矿、2座铝土矿的换证工作，由市级发证的124座石灰石矿换领采矿许可证110座。按照属地管理的原则，对辖区内所有勘查施工单位，进行不定期的巡检，杜绝以勘查为名进行采矿的行为。严格监督考核煤矿企业的“三率”，全市所有生产煤矿资源回采率达70%。市国土资源局出台《煤矿“三区一厚度”监管意见》，加强对采空区、无煤区、不可采区和煤层厚度的管理。全市无一座煤矿企业擅自进入“三区”采掘，预防了越层越界开采行为。

2010年,未换领采矿许可证的8座煤矿,3座煤矿换领采矿许可证,5矿正在协调落实;已换领采矿许可证的123煤矿,120座煤矿编制完成资源储量核实报告;非煤资源整合和有偿使用工作顺利推进,全市共保留非煤矿山127座,其中:铁矿9座,铝土矿2座,石灰岩等小型建材类矿116座。共审核设置18座石灰石等小型建材类采矿权。同时,修改完善《相邻煤矿相互入坑检查制度》、《“三区”监管办法》、《晋城市矿产资源开发利用信息化建设的意见》,采取现场联检的办法对全市矿山企业进行年检和回采率考核。对全市5个煤层气矿业权进行全面检查,促进煤层气勘查开采加工利用规范化管理;对11家探矿权勘查活动进行检查,杜绝违法勘查行为。

土地审批

2009年,一是优先保障重点工程用地。用地指标优先保障环城高速、经济适用房、镇源污水处理厂等城市基础设施和民生工程的用地需求;对石灰石等建材类矿种采矿权设置适当放开,阳城、高平、陵川等县(市)为阳翼、高新高速等交通设施建设设置石灰石等小型建材类采矿权47个,资源储量2468万吨,生产规模达557万吨/年;对2007、2008年农村地质灾害治理工程进行扫尾工作,共完成房建工程4612套,建水源井21眼,土地复垦856.8亩;继续采取土地置换的办法,有效解决移民并庄、旧村整理和空心村整治等用地需求;推进地质找矿工作,全市完成6处新矿种(点)的调查。二是优化用地布局。通过先期开发未利用地,全市陶瓷、铸造、化工等产业集中布局、远离城镇;土地利用集约度较高的优先安排土地利用计划;对169宗9849.34亩批而未供、供而未用土地进行清查,提出处置意见。三是提高土地节约集约利用水平。全市新增建设用地面积中耕地和未利用地各占50%,同时,复垦关闭煤矿建设用地1500余亩,盘活改制企业土地832.3亩。重点推进北石店区城市化改造,改造总面积8.65平方公里,拟定70%的土地用于回迁安置,30%的土地用于城市住宅和商业开发。

2010年,一是有保有压,确保重点。全市供地167宗7745.05亩,其中:划拨61宗2990.8亩;协议出让36宗1494.26亩;公开出让69宗3127.34亩;租赁1宗132.65亩。二是内涵挖潜,推进改造。北石店区城市化改造全面推进,全部完成拆迁,畅安路建设完成总投资的75%,东王台、北石店、南石店、司徒4个城中村改造已建成回迁楼930套,31家涉及拆迁的单位(企业)209.14亩土地置换正在做规划设计。三是服务改制,盘活存量。完成9个改革企业27宗土地资产处置,面积707.04亩,显化土地资产1.22亿元。同时,完成全市274个国有企业22 688.95亩土地的土地利用效益调查。四是规范置换,灵活整合。完成农村居民点整理土地置换11宗,拟用地106亩,开发、复垦补充耕地242亩;开展了煤矿建设用地置换试点调研工作,全市共调查煤矿闲置建设用地18 322亩,可用于复垦利用的7223亩,各县(市)

都选了2~3个乡镇进行试点准备工作。五是统一有序,规范市场。修改出台《关于进一步规范国有建设用地使用权公开出让意见》和《规范划拨国有建设用地(住宅)使用权转让的意见》,在全市开展房地产市场用地清理整治和房地产用地核查,使房地产企业严格按照批准的建设工期、用地面积、规划设计条件进行建设。全市国土纯收益完成9.65亿元,占年度总任务的96.5%,其中市区国土纯收益2.275亿元;全市共办理土地使用权转让83宗28.48亩、抵押33宗567.96亩,土地一、二级市场健康发展。六是调整使用批而未供土地。对批而未供未使用土地,采取调整项目、整合利用的措施,加快处置。按照省厅指示精神,符合条件可调整使用的市区9宗土地,面积865.452亩,已报省待批复后供地;各县调整使用土地正在审查上报。

执法监察

2009年,进一步健全联席会议制度、联合执法制度,构建与纪检监察、公检法等部门密切配合、齐抓共管、部门联动的新机制,理顺国土资源行政执法与刑事司法间的关系,畅通涉嫌犯罪的移送渠道。充分发挥村(矿)协管员、信息员的作用,实行重奖举报,鼓励群众参与监督,形成政府主抓、部门协调、群众监督的共同责任体系。加强对拟用地项目和已批建设用地的巡查力度,推广泽州县国土资源局以图管地、以图管矿的做法,推进执法监管信息化建设;全年,全市共发现土地违法行为68起,全部得到及时制止和查处。

2010年,对全市214块9360.89亩土地进行内外业核查、数据上报。开展打非专项行动和打击非法采矿百日行动,将3个县、32个乡镇、123村、80条沟、98座山作为重点区域进行重点排查。对沁水县、泽州县2起非法采矿案进行严厉查处,7人被判刑、8人被行政拘留。对排查发现的6处40个关闭不达标坑口,按照“六条标准”予以彻底关闭取缔。全年全市共发现土地违法行为30起,都及时依法处理到位;对高平果则沟村委违法占地建游泳馆项目进行立案查处,对3名责任人给予党政纪处分。全年共受理国土资源信访件250件(重复件44件),办结193件,13件正在办理中。

基础业务

2009年,一是完成第二次全国土地调查和土地利用规划修编工作。二是规范矿政监督管理、地质环境保护、测绘管理三项基础业务。矿政监督管理方面,出台《晋城市矿山企业采掘动态监督管理办法》、《晋城市国土资源部门关于煤矿变更(复工)的验收办法》;地质环境保护方面,持续开展汛期地质灾害气象预报,完成12个关闭矿、6个生产矿的矿山环境恢复治理项目,阳城、沁水县被省国土资源厅表彰为地质灾害防治“十有县”,陵川县王莽岭地质公园成为全市首个国家级地质公园;测绘管理方面,GPS基础测绘控制网项目内、外业成果通过验收评审,累计完成1000平方公里1:2000基础测绘。三是提升信息化水平。市局、县局、基层所基本实现局域网互通,建立起土地、矿产“批、供、用、补、查”统一信息监管平台。

2010年,一是地籍管理。第二次土地调查加快扫尾,农村部分11月底通过省里验收,完成沁水、城区土地批供用补查一体的“一张图”建设试点工程;累计发放各类土地证书56.5万余次,土地登记档案扫描入库6391次;更新并公布实施高平、阳城、沁水、陵川四县城和北石店区及32个建制镇基准地价。二是规划修编。新一轮土地利用总体规划修编,市级规划大纲经省厅评审通过,县级规划大纲编制完成,乡级规划编制完成前期准备。三是地质环境保护。对全市455个地质灾害隐患点进行全面排查,对73个重要的地质灾害隐患点设立警示标志,实行地质灾害隐患点动态监测,编制印发《突发性地质灾害应急预案》、《地质灾害防治方案》,完成采矿影响村庄地质环境调查;开展了汛期地质灾害气象预报和汛期地质灾害防治检查,全年未发生地质灾害引发的险情和事故;完成泽州县地质灾害群测群防“十有县”建设;阳城县析城山和沁水县历山申报省级地质公园。四是测绘管理。“数字晋城”地理空间框架建设项目完成三围建模、地名地址调查和三个比例尺的建库工作和地理信息平台建设;完成全市25家测绘单位资质复审换证;编制市区街区图;开展全市131个测量标志保护和地图市场检查抽查;5县(市)县域地图编制及1:2000基础测绘项目正在实施。

(市国土资源局)

工商行政管理

目标任务

2009 年，全市新发展各类企业 2415 户，总数达到 15 155 户，其中私营企业 1530 户，总数达到 8768 户，新发展个体工商户 7844 户，总数达到 46 176 户。同比分别增长 8%、2%、12.5%。新登记农民专业合作社 592 户，总数达到 1129 户，出资总额达到 7 亿元。泽州县工商局新登记农民专业合作社 170 户、陵川县工商局新登记农民专业合作社 112 户。

2010 年，全市新登记企业 2439 户，总数达到 16 281 户，其中新登记私营企业 1741 户，总数达到 9595 户，新登记个体工商户 11 310 户，总数达 43 891 户，分别比上年增长 7.4%、9.4%、3%。减免下岗职工、高校毕业生、农民工创业就业登记费用 1 万多元。

服务企业

2009 年，根据省工商局开展“万名工商干部进十万家企业帮扶大行动”的部署和要求，市工商局制定出台 61 条具体帮扶意见，出动 1055 人，走访 6218 家企业，发放宣传资料 20 000 余份，召开座谈会 244 次，发放问卷调查 5491 份，收集各类问题 920 多个，帮助解决 130 多个，与其他部门协调解决 70 多个。为 24 家企业办理动产抵押金额 13.29 亿元，帮助贷款 4.8 亿元，为 1 家企业办理股权出质登记，帮助融资 7000 万元。搭建银企信用信息对接桥梁，为个体工商户发放信用贷款 1 亿多元。开发区分局通过政策推动、服务促动、融资助动、品牌带动，为企业发展提供引导式、零障碍、个性化、全方位服务。高平市工商局、沁水县工商局创建信用商户，帮扶个体工商户融资贷款成效明显。城区分局开辟“绿色通道”，为总投资 4 亿元的豪德光彩贸易广场项目推进提供延时服务、高效服务。全年共帮助企业解决实际问题 200 多件，帮助企业融资 6.5 亿元。

2010 年，凡落户晋城的外商投资企业，只要通过网络向省工商局申报材料，经核准，就可在晋城当地拿上营业执照，为外商在晋城投资创业营造良好的市场准入环境。全市 219 户外资企业通过网上远程登记办理年检、变更、登记手续。实行企业网上年检，在金融、保险、通信、石油四大行业进行网上年检试点工作，全市 1455 家企业进行网上年检。国务院纠风办《纠风工作动态》编发了晋城推行企业“网上年检”的做法。9 月，全省工商系统企业注册监管工作会议在晋城召开，市工商局介绍了开展网上年检、网上外资企业远程登记的经验和做法。继续引深“创建信用市场、评定信用商户”活动，搭建股权出质融资、商标出质融资、动产抵押融资、信用贷款融资以及支持组建小额贷款公司的民间资本投资等五大服务融资平台,帮助1200家个体经营户及私营企业办理各类小额贷款7942万元,办理企业动产抵押登记38份,帮助企业融资4亿元,帮扶和指导成立小额贷款公司11家,注册资金达5.7亿元。开展红盾护农行动,查处各类农资案件97起,为农民挽回经济损失4万元。加强“家电、汽车下乡”市场监管,全市家电下乡产品销量超过10万台,实现零投诉。新登记注册经纪人31人,总数达到246人。新登记农民专业合作社482户,总数达到1691家,比上年增长49.7%,出资总额超过10个亿,入社农户超过5万户,转移农村富余劳动力1.6万人。

商标注册

2009年,围绕全省第三届品牌节活动,积极指导企业注册商标,加强培育、推荐山西省著名商标、中国驰名商标工作,帮助30户企业申请商标注册,帮助注册农副产品商标20余件,新增山西省著名商标15件。全市累计注册商标1380余件,农副产品商标累计注册140件,全省著名商标60件,中国驰名商标2件。

2010年,帮助企业申请商标注册350件,帮助农副产品商标注册52件,29件商标被新认定为全省著名商标,“兰花”商标被推荐争创中国驰名商标。全市拥有注册商标1380件,驰名商标2件,山西省著名商标56件。

市场监管

2009年,组织开展流通环节食品安全监管、反垄断反不正当竞争、治理商业贿赂、打击商标侵权、打击虚假违法广告、打击传销、打击合同欺诈、查处取缔无照经营、治理超限超载等十项专项执法行动。查处案件3636件,万元大案270件,同比分别增长8%和5%。其中,10万元以上大案7件,20万元以上案件1件。查办食品违法案件506件,查处不正当竞争案件22起,查处垄断案件4件,查处商业贿赂案件16起,查处商标侵权案件264件,查处广告违法案件235件,取缔传销窝点9个,查处无照经营案件1065件,查处合同违法案件28件。反垄断、反不正当竞争、治理商业贿赂工作走在全省工商系统前列。在全省工商系统率先推行食品安全电子监管网络平台建设和“一票通”制度,在40家食品批发企业和6家大型食品经营超市建立食品安全电子监管网络。泽州县工商局全面规范执法行为,推行案件主办人制度。开发区分局、泽州县局创建打击传销工作“四无”活动。阳城工商局配合有关部门开展学校及周边治安综合治理、甲型流感等疾病防控,以及打黑除恶、扫黄、禁毒、反假币、反洗钱等专项工作。

2010年,全市工商系统以流通环节食品安全监管为重点,开展反垄断、反不正当竞争等一系列专项执法行动,共办理各类案件3116件,一般程序2572件,简易程序544件。

流通环节食品安全监管和专项整顿。开展农村食品市场、奶制品市场、食品添加剂和地沟油等专项整治工作，与乳制品经营者签订清查问题乳制品责任书3773户，创建食品安全示范店2000余户，确保每个行政村都有示范店，在全市200户食品批发企业推行电子台账管理，全市核发食品流通许可证2028个，查处食品违法案件99件。

打击侵犯知识产权和制售假冒伪劣商品专项行动。查办商标侵权案件262件，侵犯驰名商标案件165件，侵犯著名商标案件45件，没收侵权商品21类，价值155.8万元。

反垄断与反不正当竞争执法工作。查处商业贿赂案件10起，查处不正当竞争案件30件，查处其他公平交易违法违章案件691件。

虚假违法广告专项整治。查处各类违法广告案件309件。

打击传销规范直销工作。全市6个县(市、区)共85个社区、2185个行政村全部开展创建“无传销社区、无传销村镇、无传销院校”活动。取缔传销窝点1个，遣散传销人员45人。

打击合同违法专项执法取得新成效。查处违法案件97件。加强中介机构专项整治，对全市952家中介机构进行摸底。

规范市场主体行为专项整治。查处“两虚一逃”案件4件，无照经营案件965户，违法经营网吧42户，取缔黑网吧10户。

同时，配合有关部门开展安全生产大检查，排查煤矿、非煤矿山、危险化学品、公共聚集场所等经营主体8764户，收缴被吊销煤矿企业营业执照78户，立案查处无照经营、超范围经营、前置许可过期、未按规定年检等违法经营行为37起，下达责令整改通知书77份，规范办照69户。

消费者权益保护

2009年，建立市、县、所三级联网的“12315”综合执法网络体系，实现与国家局和省局的联网运行。通过12315消费者申诉举报网络受理消费者各类信息2226条，其中咨询1821条，申诉1288条，举报560条。为消费者挽回经济损失16.10万元。

2010年，建立和完善消保科、12315申诉举报中心、消费者协会“三消”合一的联动机制。加强“一会两站”建设和12315“五进”覆盖面，全市消协分会达到83个，消费者投诉站和“12315”联络站达到822个。全年受理消费者申投诉举报2700多件，为消费者挽回经济损失200多万元。

信用体系建设

2009年，在信息化与工商业务有机融合方面，着力推进“网上监管、网上登记、网上办案”。对全市65 361户各类市场主体实行“三级四类”网格化监管。实现外资企业远程登记、网上审批、当地发照,提高效率,方便企业。通过信息化平台,将行政处罚案件从立案、调查取证、审批、结案等各个执法环节的内部审批手续以及对外法律文书都通过网上流转,自动生成,不按规定进行网上流转的案件,无法进入下一环节,确保执法程序的规范。在部门信息联网方面,制定《晋城市行政机关信息资源共享联网实施方案》,建立晋城市信用体系建设联合征信系统,与市财政、国税、地税、人民银行、中国银行、邮政储蓄银行、商业银行等13个部门实现联网和信息共享。共征集企业信息66 482条,企业信用信息66 667条,注(吊)销企业信息22 626条,守合同重信用企业信息267条,纳税人基本信息21 808条,未办理税务登记企业信息58 353条,注(吊)销非正常纳税企业信息1070条。在信用产品的运用方面,与市邮政储蓄银行联合开展"创建信用市场、信用企业、信用商户"活动,累计评定信用商户1800余户,信用市场11个,帮助融资达1亿元。11月18—20日,省工商局在晋城市召开全省工商系统信用建设现场会,与会人员现场观摩了阳城北留工商所运用工商综合业务系统进行市场准入、信用分类监管、网格化管理、案件管理情况;市工商局搭建银企合作桥梁,以创建信用市场、信用商户、信用企业为载体,推进金融创新,解决中小企业贷款融资难的做法;市工商局流通环节食品安全监管网络平台应用情况。市工商局被省工商局授予"全省系统信用建设和信息化建设先进单位"。

2010年,在全市工商系统开展"信息化建设推广应用攻坚年"活动,与28个政府部门进行联网。城区成立信用信息中心。

(市工商局)

质量技术监督

科技兴检工程

2009年,省质量技术监督局批复同意在晋城市设立山西省煤层气产品质量监督检验中心。市检测所投资120万元增加和完善检测项目,质量检验能力达到236种产品,1154个参数,计量检测新建最高社会公用计量标准5项,新增9个检定项目和9个校准项目。完成国家实验室认可的前期准备工作,等待国家认监委的监督评审。市特检所投资200多万元购置TOFD检测设备、21元素光谱分析仪和高温测厚仪、电梯限速器测试仪等5台(套)设备。

2010年,煤层气质检中心得到省局的资质认定和市发改委的建设批复。省质量技术监督局批准晋城市质量技术监督局成立山西省食品检验中心、山西省民用四表检定中心和山西省车用气瓶检验中心。市检测所开展国家实验室认可工作,通过中国合格评定国家认可委员会(CNAS)的现场监督评审,取得资质证书,进入国家级实验室的行列,并被国家质检总局确定为国家实验室基本能力建设试点单位。市特检所接受国家质检总局专家评审组的资质评审,取得检验资质。此外,开展了把中心建到园区、把中心建到企业、把中心建到市场的检测中心"三进"活动。

质量工作

2009年,市政府办公厅出台《关于调整晋城市质量兴市领导组和晋城市名牌战略领导组组成人员的通知》和《晋城市质量兴市领导组关于各成员单位按时上报各部门(行业)质量状况的通知》,指导全市相关各部门开展质量状况分析工作,各成员单位及时上报本部门质量状况,市质量技术监督局于10月中旬完成《上半年全市质量状况分析报告》上报市政府,作为政府宏观质量工作决策的主要依据。推进实施名牌战略,成立"晋城市名牌战略推进队",对全市名优企业创名牌工作帮扶指导,7家企业的7种产品获得"山西省名牌产品"称号、2家企业获得AA级山西省质量信誉称号、23家企业获得A级山西省质量信誉称号。市政府全额兑现2007年度名牌产品的奖励资金,沁水县政府召开"创优发展环境推动全民创业动员大会",对5家质量信誉等级企业进行表彰和奖励。

2010年,市县两级质监部门对全市申报AAA级质量信誉的22家企业和申报AA级质量信誉的44家企业进行评审,对全市19家水泥获证企业和部分高耗能企业进行淘汰落后产能清理检查,淘汰晋城市奥鑫实业有限公司落后产能6300KVA电石炉一座,每年可节约用电3400万度。全市共有37家企业申报山西省名牌产品。

标准化工作

2009年6月,国标委对晋城市申报国家循环经济标准化试点城市工作进行考察,对晋城市标准化试点工作给予肯定。同时,继续完善申报准备工作,制定循环经济评价指标体系,帮助晋煤集团、兰花、兴高能源等规模以上企业建立完善标准体系,山西铭石煤层气物流服务业标准化试点获得国家标准化管理委员会批准,成为全省4个服务标准化项目之一,全省唯一一个物流服务业标准化试点一类项目。加强标准化的基础性工作,在全省首家实现《太行质量网》与国家标准网络的系统对接。

2010年,泽州甜糯玉米、高平无公害蔬菜、沁水波尔山羊、阳城肉牛四个示范区通过国家农业标准化示范区考核验收。市质量技术监督局组织泽州彤康有机小米、陵川党参、高平黄梨三个示范区参加国家标委在西安举办的全国农业标准化成果展。与市农委联合发布《钢架大棚建造技术规范》和《高效节能日光温室建造技术规范》两个晋城市地方标准,高平市质监局出台《无公害番茄设施生产技术规程》等5个高平市地方标准。探索服务业标准化工作,泽州珏山景区申报为国家级服务标准化试点单位。6月,国标委确立晋城市为国家循环经济标准化试点城市。

计量工作

2009年,大力开展"关注民生、计量惠民"活动,加大对定量包装商品的计量监督力度,加大对种子、化肥、农药等涉农物资的计量监督力度,加大对医疗卫生单位在用计量器具的监督力度,加大对群众生活所用"三表"、出租车计价器、加油机等计量器具的计量监督工作,保护广大人民群众的合法权益。加大能源计量工作力度,泽州县世纪球墨铸造有限公司通过计量检测保证能力评定。开发区分局加大帮扶力度,支持辖区内的公司,按照现代小区管理模式,搞好能源计量标准化管理,开辟小区物业标准化管理的新路子,在全市起到了示范引导作用。

2010年5月,全国供热计量器具监督管理研讨会在山西召开,市质量技术监督局在全省率先开展的热能表检定工作得到肯定。督促和帮助6家法定计量技术机构完成《山西省质监系统计量管理检定测试校准系统软件》的资质导入工作。组织执法检测人员对全市范围内的煤矿生产企业、矿用计量器具检定机构开展专项监督检查,确保安全生产。

认证认可工作

2009年,加强对强制性认证产品生产企业的证后监管,不定期对获证企业进行现场监督检查,进一步规范3C产品生产企业生产经营行为。加强对获证组织的监督管理,对晋煤集团、巨能电网有限公司、晋城江淮工贸有限公司等管理体系认证企业和卧龙山甜糯玉米、巴公大葱、丰田食品等食品农产品认证企业进行专项监督检查。加强对认证机构的监督管理，对进入晋城市的认证机构开展活动进行现场监督。

2010年，组织开展管理体系认证监督检查，对辖区内山西长晋高速公路有限责任公司等20余家管理体系认证企业进行专项监督检查。组织开展食品农产品认证监督检查，对晋城市强民乳业有限公司等5个食品农产品认证企业进行专项监督检查。加强CCC认证企业巡查，开展家电下乡产品专项监督检查。此外，还组织开展了获证实验室监督检查。

“质量和安全年”活动

2009年，按照国家总局和省局的安排和要求，开展“质量和安全年”活动，组成8支服务队，即质量安全宣传队、农资产品检查队、家电下乡监督队、食品监管巡查队、标准推广服务队、节能减排服务队、特种设备隐患排查队和名牌战略推进队，到工矿企业、社区农村、田间地头等开展服务。

食品安全监管

2009年，推进食品质量安全市场准入步伐，全市获证企业总数达到158家。加大《食品安全法》的宣传力度，举办专题讲座、开展现场咨询。组织开展打击违法添加非食用物质和滥用食品添加剂专项整治、春节元旦期间的“迎两节，促消费，保安全”食品安全集中整治、“3.15”食品安全专项整治、对重点产品进行专项检查和乳制品生产企业的监督检查，确保食品生产加工环节不出问题。

2010年，强化食品添加物质的监管，建立食品生产企业“一承诺、一报告、一警示、两台账、两严禁、五统一”食品添加物质监管制度。全市食品生产企业全部签订承诺书，建立食品添加剂采购、查验记录和台账及生产使用记录和台账，递交使用食品添加物质自查报告。强化企业分类监管工作，制定全市食品生产企业分类、分级监管细则（试行）和食品质量安全风险分类目录、食品生产企业分级评价方法、产品风险评价表、企业分级评价表、监管分等评价表，对全市食品生产企业进行分类分级。并根据监管等级，确定监管频次。把全市划分为监管区域48个，对所有食品生产加工企业以及食品相关产品生产企业进行监管。开展“质监邀您看企业、食品安全大家行”活动，市、县两级质监部门共举办活动18次。全市累计获得食品生产许可证企业总数达到174家。

特种设备安全监察

2009年，建立以特种设备安全监察为主体、技术检验为支撑、行政执法为先导、法制监督为保障的“四方联动”工作机制，召开全市特种设备安全生产专项整治工作会议，启动为期一年的特种设备安全生产三项行动,先后组织开展“土特种设备”、起重机械、压力管道元件专项整治、特种设备安全生产隐患排查治理和督促检查行动以及两节期间、春季、“五一”期间、安全生产月期间、国庆期间等重要时段的特种设备安全大检查,预防了全市特种设备安全事故的发生。

2010年,对全市特种设备进行安全隐患全面排查,共发现141家特种设备单位存在200处安全隐患,并督促消除。市政府出台《晋城市车用气瓶安全监督管理办法》,明确公安交警、交通等有关职能部门对CNG车辆的管理职责。各县局也加大特种设备安全监察力度,开发区分局举办了电梯事故应急救援演练活动,城区分局取缔后河村的2台土锅炉,查封白马寺的超期未检滑道,处理3家单位无证生产单位。

打假治劣

2009年,全市系统共组织元旦、春节热销产品、农资产品、强制性认证产品、家电下乡产品、中秋国庆两节热销产品等二十余项专项整治行动,出动执法人员6560人次,检查生产、经销、使用单位1638家,查获案件126起,查获违法货值61.1万元,罚没款77.33万元。

2010年,开展“农资打假下乡”集中行动,执法检验人员共进村156个、入户686家、监督抽样26份。在危化品专项整治方面,对2家危险化学品违规企业实行“黄名单”警示监控,全市危险化学品包装物、容器检验覆盖率达到96%。此外,开展了集中排查“地沟油”和不合格一次性筷子专项行动。

农业标准化工作

2009年,对列入第六批国家级农业标准化示范项目的泽州甜糯玉米、高平无公害蔬菜、沁水波尔山羊、阳城肉牛四个示范区进行规范指导,申报泽州黄小米、泽州巴公大葱、沁水虹鳟鱼和高平四明山苹果四个农业标准化示范区为省级农业标准化示范区,泽州黄小米、沁水虹鳟鱼示范区被确立为省级农业标准化示范区。加强乡镇农村质监工作,出台《晋城市基层质量技术监督工作站工作规划》和《关于进一步加强基层质量技术监督工作站建设的通知》,9月,实现每乡一站的建站目标,在全市建立84个高标准、配置齐全的基层质监工作站。

(市质监局)

盐 政

2009年,共销售各种盐20 053吨,其中食用盐销售11 534吨,品种盐销售7051吨。共查处涉盐违法案件8起、查处违法盐产品1.68吨、没收违法盐产品1.68吨,罚没款7980元。

盐务监管

2009年,在全市开展春季盐业市场查私打假活动,对重点区域、重点行业、重点单位进行检查。开展3次专项检查和对重点地段进行市场复查、日常检查,累计出动执法人员655人次,车辆3000余台次,累计检查乡、镇、村庄914余个,门店超市2460个,饭店1776家,食品加工企业、工业用盐单供64余家,校园54所。开展入户调查,走访居民户383家,发放各类宣传资料5000余份以及碘盐知识宣传画册2000份。

2010年,共出动执法人员2300人次,检查超市饭店3847个,检查乡镇、村庄960个次,查处涉盐违法案件248起,查处违法盐产品18.38吨、没收违法盐产品11.63吨,罚没款4.715万元,破获打掉5个贩销私盐窝点。

农村用盐安全

2009年,根据省盐务局《关于"食盐安全示范村"创建工作实施方案》,在全市开展创建"食盐安全示范村"活动,分别在阳城县董村乡赤头村、陵川县秦家庄乡庞家川村、泽州县大箕镇大箕村、高平市米山镇南朱庄村、沁水县张村乡冯村举行授牌仪式,完成每个县创建一个"食盐安全示范村"阶段目标。各县(市、区)政府把"食盐安全示范村"创建工作列入县级盐政管理工作考评内容,把食盐安全列入农村"三个文明"建设内容。

至2010年12月,全市共创建"食盐安全示范村"22个,发放食盐102.48吨,价值34万余元,惠及人口达4.6万余人。其中泽州县创建食盐安全示范村14个,配送食盐70.996吨,惠及人口15 210人;高平市创建示范村4个,免费发放食盐50件营养礼品盐,惠及人口2046人;阳城县创建示范村2个,配送食盐11.014吨,惠及人口2329人;陵川县创建示范村1个,配送食盐1吨低钠盐,惠及人口630人;沁水县创建示范村1个,配送食盐17.5吨,惠及人口26 000人;城区创建示范村2个,配送食盐1.725吨,惠及人口1506人。

质量管理

2009年,共抽检26批次,盐样261份,合格率达100%,共检测直调盐6915吨,其中绿标盐2436吨,处理因短缺分量不足质量事故4起。对城区、泽州、高平、陵川20个乡镇43个自然村居民户食用盐采样检测,检测结果全部达标,平均测算非碘盐率为1%,碘盐覆盖率为99%,碘盐合格率为100%,合格碘盐食用率为99%。对6县(市、区)1740户碘盐检测,非碘盐率为0.2%,碘盐覆盖率为99.8%,碘盐合格率为96.8%,合格碘盐食用率为96.7%。

2010年,共抽检28个批次,合计252份盐样,经定量检测碘含量合格率达100%。晋城盐业分公司盐产品全部为江苏公路直调,其中孟匠批发部和泽州县盐业公司调入为绿标盐、硒盐;阳城、高平、陵川、沁水调入硒盐。孟匠批发部调入3016吨绿标盐,183吨硒盐,各县调入4039吨硒盐,516吨绿标盐。居民入户抽检检测结果:碘盐覆盖率为100%、碘盐合格率为100%、合格碘盐食用率为100%。增设16个无碘盐销售网点,共销售无碘盐11.375吨。

(晋城盐务分局)

食品药品监督

食品综合监督

2009年,一是积极组织开展为期4个月的打击违法添加非食用物质和滥用食品添加剂专项整治行动。共出动执法人员10 174人(次),检查单位9823家,查处案件7起,整治重点地区(单位)711家,重点产品101个。牵头组织各县(市、区)政府和市直各有关部门,集中开展国庆中秋节期间食品安全大检查行动。二是认真学习贯彻宣传《食品安全法》。去年5月19日,在物茂广场隆重举行《食品安全法》宣传月活动启动仪式。组织有关部门开展现场宣传咨询活动和流动巡回宣传活动,设置现场咨询台12个,展出宣传版面20面,出动宣传车11辆,发放宣传材料6万余份,现场接受群众咨询投诉1000余人(次)。三是扎实开展餐饮服务食品安全状况调研活动。食品药品监督管理局以“学习新知识、掌握新情况、迎接新挑战”为主题,采取全面调查、重点抽查、典型分析等方法,积极开展食品、保健品、化妆品安全现状大调研活动,走访相关单位25家(次),发放收集调查表2135份,撰写调研报告7篇。其中,《晋城市餐饮服务业食品安全状况及对策思考》一文,先后被《晋城工作》、《晋城政务信息调研专刊》刊载。

药品医疗器械监督

2009年,一是以“药品安全整治百日行动”为契机,以案件稽查工作为抓手,严查大案要案。先后开展节假日药品市场、非药品冒充药品、计划生育药械市场和冬季感冒药品等专项整治行动,查处山西天九制药有限公司生产劣药案、阳城昂生六店和阳城万锦大药房经营假药花蛇解痒胶囊案等一批典型案件。针对甲流防控开展了冬季感冒药品集中整治行动。2009年药监系统共出动执法人员3487人次,监督检查涉药单位3361家,查处药品和医疗器械案件80件,上缴国库罚没款17.06万元。二是以落实“药品安全双层监管责任制”为切入点,强化日常监管,狠抓责任落实。在生产环节以高风险企业、高风险品种为重点,不断加大检查频次,将安全隐患消灭在萌芽状态。在流通环节以换发《药品经营许可证》为契机,严格换证标准,坚决淘汰了一批经营滑坡、管理失范、屡查屡犯的药品零售企业,全市706家药品零售企业有602家取得新的《药品经营许可证》。全年完成112家药品零售企业的GSP认证现场检查和跟踪检查,对已达标授牌的县、乡、村三级医疗机构“规范化药房”进行跟踪回访。三是以构建药品安全信用体系为目标,不断完善科学监管长效机制。对全市外埠药品销售人员309

名进行登记备案；对血液制品、疫苗、中药注射液、第二类精神药品等四大类重点品种实行全过程电子监管；安装药品保健食品医疗器械违法广告监测设备，加强对电视、广播等媒体刊播药品广告的监测力度，并暂停“参七脑康胶囊”等6种广告严重违规药品的销售。四是不断加大药械抽验和不良反应（事件）监测力度，全年完成医疗器械抽样任务15批次，药品监督抽样171个品种，318批次；收集上报药品不良反应653例。

（市食品药品监督局）

安全生产监督

安全生产指标

2009年,全市共发生各类生产安全事故799起,同比减少93起,下降10.4%;事故死亡229人,同比减少22人,下降8.8%。分行业看:道路交通事故655起,同比减少125起,下降16.0%;事故死亡213人,同比减少11人,下降4.9%。工矿商贸企业事故11起,同比持平;死亡16人,同比减少10人,下降38.5%;其中发生煤矿事故7起,死亡9人,同比事故起数减少2起,下降22.2%,死亡人数减少15人,下降62.5%;另4起事故为其他行业发生的高处坠落事故,死亡7人,造成直接经济损失165万元。非煤矿山、危险化学品等其他工矿商贸企业未发生事故。

全市各类事故死亡人数占省控指标的86.7%,道路交通事故死亡人数占省控指标的98.6%,工矿商贸事故死亡人数占省控指标的41.0%。其中,煤矿事故死亡人数占省控指标的34.6%。

亿元GDP安全生产事故死亡率、工矿商贸10万从业人员死亡率、煤炭百万吨死亡率分别为0.38、2.1、0.11,比去年同期分别下降21%、63%、89%,分别比省控指标低17%、58%、89%;万车死亡率为8.197,比去年同期增加110%,比省控指标低1.4%。

2010年,全市共发生各类生产安全事故838起,同比减少44起,下降5%;死亡218人,同比减少42人,下降16.2%,占省政府下达我市控制指标265人的82.3%。

工矿商贸企业事故7起,同比减少4起,下降36.4%;死亡15人,同比减少1人,下降4.1%,占省控指标25人的60%。其中,煤矿事故3起,同比减少4起,下降57.1%;死亡10人,同比增加1人,上升11.1%,占省控指标19人的52.6%。危险化学品事故1起,死亡1人,去年未发生事故,省控指标为0。建筑施工事故1起,死亡2人,占省控指标2人的100%。其他工矿商贸企业事故2起,死亡2人,占省控指标3人的66.7%。道路交通事故715起,同比减少25起,下降3.38%;因统计周期调整,死亡人数为234人,比照2009年统计周期减少17人,下降6.77%,与省控指标持平。消防火灾事故162起,同比增加31起,上升27.5%,未造成人员死亡,省控指标为2人。铁路事故1起,死亡1人,占省控指标4人25%。其他行业发生事故2起,死亡6人。全市地方煤矿百万吨死亡率为0.13,比省控指标0.3784低65.6%。亿元地区生产总值事故死亡率为0.30,比省控指标0.39低23.1%。工矿商贸从业人员10万人安全生产事故死亡率1.9,比省控指标3低37%道路交通万车死亡率为5.64,比省控指标7.02低19.7%。10万人口火灾死亡率和特种设备万台死亡率均为0。

专项整治

2009年,制定《晋城市人民政府关于在全市开展安全生产专项整治的通知》、《晋城市政府办公厅关于进一步推进安全生产"三项行动"的通知》和市安委会关于安全生产执法行动、治理行动和宣传教育行动三个实施意见,共排查各类生产经营单位13 073家,其中:一类企业1403家,二类企业1126家,三类企业10 544家。对直接监管的行业生产经营单位进行全面排查摸底,共排查职责范围内生产经营单位2064家,其中:一类企业231家,二类企业377家,三类企业1456家。分行业看:化工行业503家,其中:一类企业53家,二类企业81家,三类企业369家;非煤矿山417家,其中:一类企业127家,二类企业215家,三类企业75家;机械、轻工、纺织、烟草、商贸生产经营单位1144家,其中:一类51家,二类81家,三类1012家。督促各县(市、区)对231家化工、非煤矿山、机械等行业一类企业进行关闭,占应关闭企业的100%,其中:化工企业53家、非煤矿山企业127家、机械等行业企业51家。对377家二类企业进行停产整顿,占应停产整顿企业的100%,其中:化工企业81家、非煤矿山企业215家、机械等行业企业81家。经整顿,32家危险化学品、6家非煤矿山企业恢复生产。全年,市安监局共出动执法人员3000余人次,检查生产经营单位1255个次,下达各类行政执法文书和现场检查记录800余份,查处各类隐患5000余条,行政罚款12万元。对职责范围内的生产经营单位开展为期半年的省、市、县三级联动检查。对全市503家化工生产经营及储存单位进行全面检查,查处各类安全隐患2320条,下达执法文书391份;检查非煤矿山企业417家(次),查处各类隐患1250余条;检查机械、轻工、纺织、烟草、商贸方面企业1144家(次),检查覆盖面100%,查出各类隐患6960条,下达执法文书994份。2009年,共完成各类安全评价项目134个,其中:煤矿40个、非煤矿山企业13个、危险化学品企业81个。制定《关于印发晋城市2009年危险化学品和烟花爆竹企业安全标准化活动实施方案》,10家烟花爆竹企业全部关闭。

2010年,集中开展安全生产隐患排查治理专项行动和安全生产大检查,市、县安监部门共检查企业4150家(处),查处隐患1700条,停产整顿16家;集中开展严厉打击非法违法生产经营建设行为专项行动,市、县安监部门共排查生产经营单位1260家,停产整顿36家,关闭取缔27家。加大二类企业整治力度,对39个整改无望的二类企业转为一类企业实施关闭注销,64个二类企业转为三类恢复正常生产。此外,开展安全生产大检查、安全生产专项整治、打击非法违法专项行动等工作,全市各级各部门共排查治理隐患企业12 216家(处),其中排查一般隐患 31 683 条，排查重大隐患 39 项，列入治理计划和落实治理任务 21 项，落实治理资金 3519 万元。共关闭取缔 74 家，经济处罚 158 家（1132.2 万无），追究行政责任 45 人。组织开展联合执法行动 30 次，其中，煤矿联合执法 5 次、道路交通联合执法 3 次、消防联合执法 8 次、建筑施工联合执法 3 次、非煤矿山联合执法 9 次、交通运输联合执法 2 次。市安委办组织 7 个督查组，开展三次集中督查活动，督查市、县行业部门 105 个次，督查煤矿、非煤矿山、危险化学品、建筑施工、人员密集场所等各类生产经营单位 273 个次。

基层监管网络

2009 年，市安监局制定《关于印发晋城市乡镇安监站标准化建设验收方案的通知》、《晋城市乡镇安监站职责规定》、《晋城市乡镇安监站执法工作手册》等文件，规范乡镇安监体系建设。先后召开高平现场会、泽州推进会，将高平市陈区镇、南城办事处、泽州县下村镇、川底乡和阳城县白桑乡作为典型，向全市推广。市财政投入 340 万元，为全市所有乡镇配备 85 辆乡镇安全监管执法车，全市乡镇安监站车辆达到 152 辆，培训乡镇安监员近 600 名。大部分乡镇安监站做到机构、人员、经费、职责、档案、车辆、装备和办公用房“八到位”，并建立村（企）监管网络。对全市 85 家乡镇安监站进行全面验收，全市 85 家乡镇安监站达到一级的 36 家，二级 45 家，占全市乡镇的 95.3%。

2010 年，进一步完善基层监管网络，强化乡镇安监体系建设，对乡镇安监站站长、副站长进行全面培训；开展乡镇安监站升级达标活动，共有 42 家乡镇安监站达到升级标准，其中一级升标准化 14 家，二级升一级 25 家，三级升二级 2 家，三级升一级 1 家。加强村级、社区安监机构建设，完善市、县机构建设。组建晋城市危险化学品安全监管中心、安全生产考试分中心，督促六县（市、区）安监局设立非煤矿山、危险化学品、职业健康、应急救援等专门监管科室和专业执法队伍。

督查检查

2009 年，市安监局先后组织 7 个督查组，对市直有关部门和六县（市、区）政府、开发区管委会开展 3 次督查。

煤矿方面。对全市 105 座生产矿井、12 座停产矿井、22 座建设矿井、45 座停工矿井、80 座未复产（复工）矿井以及政策性关闭矿井进行全面排查整治，查处各类隐患 4667 条。全市 123 座一类政策性关闭矿井全部按“六条标准”关闭到位，除个别矿井因整合利用暂且保留外，其余矿井全部移交国土资源部门实施监管。

道路交通方面。交警部门开展治理酒后驾车集中行动，行政拘留 177 人；交通部门排查各类客运企业 21 家、货运企业 792 家，查处各类交通违法 35 712 起。对 483 家一类企业全部进行取缔;303家二类企业中,175家企业予以取缔;对1380家三类企业100%进行隐患排查治理。

消防方面。消防部门开展"迎国庆、保安全、促和谐"消防安全保卫专项行动,责令重点消防单位停业整改30家,罚款39.81万元。对1217家人员密集场所及重点消防单位进行检查,查处火灾隐患1755条,对列入一类企业的陵川县紫月弯KTV和陵川县皇都宾馆实施关停。

建筑施工方面。检查建筑施工企业66家,市政运营单位44家,在建建筑工程项目87项,在建市政基础工程8项。依法取缔建筑施工企业2家,停业整顿企业8家。责令全部停工整改在建建筑施工项目12项,责令局部停工整改在建建筑施工项目55项。

水利方面。检查水利企业173个,查出隐患167处。其中:一般隐患157处已全部落实整改;重大隐患10处正在整改。

旅游方面。对全市85家旅游企业全面开展隐患排查治理,取缔1个一类企业,4个二类企业中已有3个经过整治转为三类企业。

学校方面。对全市2所大学、1279所中小学、556所幼儿园进行了全面检查,查出各类安全隐患805条,查出危房71 237.2m^2,其中D级危房23 873.89m^2。

民爆方面。公安部门与各级各类涉爆企业层层签订了安全责任状,组织开展了"护城河"、"霹雳"等多次集中搜爆和收缴非法枪支弹药、爆炸物品统一行动,查处涉爆违法犯罪案件23起,涉案人员27人,捣毁制造非法爆炸物的窝点1个,收缴炸药22 575公斤,雷管3535枚,导火索2958米。

特种设备方面。对全市范围内801家各类特种设备单位、8606台各类特种设备、30.863公里压力管道和96 376支气瓶,全面进行了隐患排查治理。立案查处特种设备案件12起,罚款8.2万元,取缔特种设备13台,停用整顿特种设备1293台。对156家特种设备使用单位因不具备安全生产条件已被责令停止使用设备,对2家特种设备生产单位被责令停产整顿,查封取缔特种设备使用单位8家。

农机方面。对37 735台拖拉机、348台联合收割机全面进行了检查,下发整改通知书21 899余份,排查隐患71 881条。

电力方面。对全市6县(市、区)政府和63家供电、发电、承装(修、试)电力设施企业进行了督查,实施关停的小火电企业8户,已全部签订关停目标责任书。

2010年,共检查危险化学品、非煤矿山、烟花爆竹、冶金机械、民爆物品等企业872个次。其中,检查非煤矿山企业282个次,占年度计划的215%;检查危险化学品、烟花爆竹企业274个次，占年度计划的127%；检查冶金机械等行业企业135个次，占年度计划的200%;检查有毒物品企业和劳动防护用品企业181家,占全年计划的136%。共查出隐患1900余条，立即整改1860条，限期整改40条，下达各类行政执法文书和现场检查记录460份。

宣传培训

2009年,安全专项整治期间,共发布移动安全信息300余万条,发放宣传资料40 000余份,悬挂条幅60条,播出30余条电视专项整治警句标语。建立信息报告制度,接收各类信息600余条,编发简报60余期。开展以发送一条手机短信、播出一条公益广告、召开一次警示会议为主要内容的“3.18安全生产警示教育活动”。在《中国安全生产报》开展“走进晋城”系列报道活动,开辟“唱响安全发展、建设和谐晋城”专版。全年刊出《安监月报》12期、《晋城安全通讯》6期、《安全生产信息》60期、《专项整治动态》88期、《乡镇安监体系建设简报》52期。加大从业人员安全培训力度,全市共培训、复训煤矿、非煤矿山、危险化学品管理人员、特殊工种5170人。

6月,安全生产月期间,市安委办组织开展8项活动。一是开展咨询日宣传活动,16个市直安委会成员单位在物茂广场进行安全知识咨询;二是开展“关爱生命、安全发展”论坛征文活动,征集论文400余篇,邀请国家安监总局政策法规司司长彭玉敬作专题报告;三是开展手机短信宣传活动,发送安全生产手机短信300余万条;四是开展电视公益广告宣传活动,在晋城电视台播出一个月的公益广告;五是开展千企万人宣誓活动,全市各级各类企业组织干部职工进行了安全宣誓;六是开展安全文化下乡进社区活动,向基层赠送《山西省安全生产条例》1.8万本;七是开展职业安全卫生宣传展览活动,组织15家市内外劳动防护用品生产经营企业在物茂广场进行产品展览;八是开展安全生产警示教育活动,在市、县、乡、企播放生产安全事故案例,10万余人受到教育。

2010年,组织危险化学品、烟花爆竹、非煤矿山安全管理人员、特殊工种以及职业危害管理人员等各类培训班50期,培训5109人次,同比增长67.5%。此外,组织市安委会成员单位分管领导、安全监管科室负责人,县(市、区)政府分管领导、安全助理,县(市、区)安监局长安全监管培训班,邀请博士生导师刘铁民,国家安监总局规划科技司副司长施卫祖,省政府副秘书长、省政府应急办专职副主任孙跃进,省安监局副局长、高级工程师刘德政等领导和专家,进行专题辅导。组织“安全生产月”活动。围绕“安全发展,预防为主”主题,开展宣传咨询日活动、手机短信宣传教育活动、电视公益广告宣传教育活动、警示教育宣传活动、应急救援演练周活动,以及安全法律法规、安全文化、安全知识进企业、进学校、进农村、进家庭“四进"活动,在企业开展安全宣誓活动,在学校开设安全课程,在村镇张贴标语、出版板报,印制60万份安全知识小册子,发放到全市所有家庭。在电视台、报社等新闻媒体开设专栏,集中报道安全生产情况,利用手机渠道,发送安全生产短信300余万条,利用报纸渠道,刊登安全生产各类信息和公告30多条。

安全监管

2009年,加强建设项目"三同时"管理,对全市重点建设工程项目安全生产"三同时"进行专项检查。加强化工企业安全设立、安全设施设计、试生产及竣工验收环节管理,全年设立安全审查38个(次)项目,否决7次项;安全设施设计审查25次,否决3次项;竣工验收10个项目,否决2次项。加强职业安全健康监管工作,对全市职业危害情况进行摸底调查,20家企业对现场职业危害因素进行检测。开展有毒物品使用企业许可工作,下发《关于在使用有毒物品生产经营单位开展职业安全卫生许可工作的通知》,严格按照有关法律法规要求制定许可依据、许可条件以及行政许可的十二项公开内容,在全省率先开展职业安全卫生许可工作。加强劳动防护用品管理,对劳动防护用品生产经营网点重新进行规划,对全市劳动防护用品企业进行备案登记。

2010年,加强安全标准化建设,15家危险化学品企业向省安监局提出二级达标验收申请,10家危险化学品企业自动化控制基本达到了要求,10家规模较大的非煤矿山企业开展安全标准化试点工作。危险化学品方面,严格设立审查、竣工验收、延期审查、乙种经营许可证颁发等行政审批事项,共审查各类企业92家;非煤矿山方面,共许可企业63家。在安监局网站开设举报专栏,开通12350举报电话。市安监局被省委、省政府授予"山西省模范单位",被省安监局授予"非煤矿山安全监管先进单位"。

应急救援

2009年,制定《推进全市安全生产应急管理体系建设工作实施方案》、《关于进一步加强2009年安全生产应急管理工作的实施意见》、《关于进一步加强安全生产应急物资储备工作的实施意见》等一系列规章制度和《晋城市安全生产事故应急救援预案》、《晋城市矿山事故灾难应急救援预案》、《晋城市危险化学品事故灾难应急救援预案》、《晋城市煤层气事故灾难应急救援预案》等专项预案,对兰花、天泽、蓝焰等15家企业安全生产应急预案进行评审。六个县(市、区)均设立兼职的应急救援机构,在主要的化工园区建立应急救援基地。开展危化品运输事故应急救援演练,检验应急救援预案,锻炼应急救援队伍。

2010年,加强和完善市、县两级应急机构建设,市应急救援指挥中心开始独立办公,六县(市、区)、兰花公司、天泽公司充实人员,强化应急救援专兼职队伍,健全应急救援物资,提升应急救援能力。指导、督促市直部门完善部门预案，全市各级各类生产经营单位预案备案率达到85%以上。组织开展油库火灾事故应急救援演练。全市累计组织各类应急救援演练达256次。

（市安监局）

统 计

信息化建设

2009年,市统计局投资130余万元,增购2台高档PC服务器(总数量达10台)、1台高性能路由器(总数量达3台)、1台精密空调、1台配电柜、3台机柜、900个VPN客户端;进行市至县广域网升级扩容(升级为10+2M)、市统计局因特网出口拓展(由10M扩展到30M)和网络核心技术的升级换代;在国家、省、市、县、乡五级联网的基础上,通过给试点企业安装VPN客户端,将统计信息网络延伸到所有"三上企业";构筑充分满足企业统计"一套表"试点要求的网络工作平台。统一购置视频会议设备,利用网上视听系统举办"统计讲坛"16期,进行业务知识培训25期。贯彻落实市政府办公厅《关于加强和完善服务业统计工作的实施意见》精神,集中骨干技术力量研发和建设服务业统计信息平台。成立统计信息化建设领导小组,确定网上直报联络员、数据库联络员,对"网上直报"、"网上办公"、"电子台账"等信息化基础工作进行全面检查。宏观数据库建设近尾声,加载25个专业分类、23个年度数据。编辑出版《统计信息化工作手册》和《晋城统计信息化情况概述》。

2010年,完成中心机房统计信息工程扩建项目,全市15个统计专业、3600多个用户通过统计网上直报平台进行统计报表。启用国家统一的报表平台,全市"三上企业"及劳资企业实现通过国家企业统计"一套表"平台报送。完善统计数据库建设,25个专业和建市以来的年度数据实现网上公开查询。

统计服务

2009年,一是召开部门联席会议,对工业经济运行情况、重点工程项目建设推进情况、房地产企业投资情况等进行统计;二是对"新农村建设五个全覆盖"跟踪监测统计;三是开展专题调研活动,完成《金融危机对晋城经济影响的初步分析》、《转变发展方式、提高发展质量》、《关于目前我市煤层气开发利用情况的报告》等10余篇专题调查报告;四是向社会各界发布2008年全市国民经济社会发展统计公报和2008年全市及各县(市、区)单位GDP能耗等指标的公报;五是编辑出版《晋城统计报告》12期、《晋城经济运行监测》12期、《晋城统计》6期、《统计专报》18期和《2008数据晋城》、《晋城统计资料提要—2008》、《晋城统计年鉴—2009》;六是整理撰写《辉煌晋城60年报告》。

2010年,建成《统计内部信息网》、《晋城统计信息网》(外网)和《晋城市宏观经济数据库》,编辑出版《晋城统计报告》(月刊)、《晋城经济运行监测》(月刊)、《晋城统计》(双月刊)和《2009数据晋城》、《晋城统计资料提要—2009》、《晋城统计年鉴—2010》等书刊。完成市创业型城市领导组和市委宣传部委托调查的创业型城市、文化产业发展状况专项调查。对全市分行业、分部门、分区县节能目标进行分解、监测和研究。全年在各类媒介发布统计分析、统计新闻和统计信息3000余条次。初步完成《晋城市"十一五"经济社会发展综合评价及"十二五"时期主要发展目标预测分析》。市统计局被国务院第二次经普领导小组、省人民政府分别授予"第二次全国经济普查先进集体",被省委、省政府授予"山西省劳动模范集体"。

人口普查

2010年,成立市人口普查领导组及办公室,下发《关于认真做好我市第六次全国人口普查工作的通知》,普查登记220多万人。

标准化管理

2009年6月,晋城市被国家统计局确定为企业统计"一套表"工作试点之一。经过初期准备、先期试点、全面推进和巩固完善等阶段,完成机构组建、方案制度制定、网报条件完善、工作平台搭建、宣传动员、队伍培训、任务布置等工作,实现对试点企业调查数据的采集处理上报。

统计业务

2009年,全市各级统计部门圆满完成GDP核算、综合统计、农林牧渔业、工业、能源、固定资产投资、房地产、建筑业、运输邮电、财贸、劳动、科技等各专业常规年报、定报工作任务,并整理完成专业统计台账;完成城镇私营单位劳动工资调查、妇女儿童监测统计专项调查。开展了农村住户、城市住户、规模以下工业、人口等抽样调查工作和城乡劳动力抽样调查、社区普查、体育及相关产业专项调查等多项调查任务;完成了公路和水路运输能源消费调查、乡(镇、街道)统计工作基本情况等调查任务。与市人事局联合开展非公有制企业人才现状与需求状况抽样调查工作。开展了干旱、农民就业情况、畜牧业生产情况和特色农业生产情况的专项调查工作。

经济普查

2009年4月24日12时,全市经济普查数据经过程序培训、普查登记、数据录入、逻辑审核改错、数据汇总、初步数据结果评估等工作,全市经济普查数据上报省统计局。5月中旬,组织开展市级第二次全国经济普查数据质量抽查自查自纠。6月中旬,省统计局对沁水县经济普查数据质量进行抽查验收,涉及龙港镇永宁和新城两个居委的300多个单位和800多家个体经营户。

执法检查

2009年，市统计局协同省执法检查组完成省经普执法检查组赴运城的执法检查任务，城区统计局处理一起经普紧急突发事件。规范统计法制工作,制定《统计法制工作规范化指南》。组成联合核查组,对全市45家企业的生产情况进行核查检查。

（市统计局）

工　业

综 述

经济指标

2009年，受国际金融危机等不利因素的冲击，工业经济发展遇到前所未有的困难和挑战，主导产品市场萎缩、价格大幅下滑、工业生产下行的状况持续出现，对此，市政府出台《应对金融危机力保全市工业经济平稳较快增长的实施意见》，从市级财政中拿出1亿元资金，对112个工业技术进步项目进行扶持，拉动投资48.1亿元；原材料供应方面：加大协调服务力度，为天泽煤化工、天脊中化、晋城钢铁集团等企业协调原料煤和铁矿石1000余万吨，保障企业正常生产经营；电力方面：加强电力需求侧管理，协调有关部门加快电网建设，陵川、珏山两座220千伏安变电站竣工投运，阳城北500千伏安输变电站土建完工，保障全市城乡居民生活和重点单位、重点企业的用电需求；产品运输方面：全年全市出省外运煤炭3668万吨，其中铁路外运1528万吨，公路外运2140万吨；出省外运化肥420万吨；公路外运焦炭58万吨、型煤3万吨、煤泥3万吨、炉渣30万吨；全市工业产品产销率达到98.83%。全年全市规模以上工业完成增加值353.3亿元，同比增长9.8%，增幅在全省11个地市位居第三；完成销售收入713.39亿元，同比增长13.2%；实现利税180.45亿元，同比增长7.71%；实现利润114.94亿元，同比增长0.1%。重点考核的30户工业企业完成销售收入562.68亿元，实现利税155.43亿元，实现利润98.46亿元，同比分别增长21.75%、23.04%、18.43%，分别比全市平均水平高8.52、15.33和18.33个百分点。其中晋城煤业集团股份有限公司完成销售收入252.7亿元，实现利税72.21亿元，实现利润43.21亿元，同比分别增长25.25%、48.82%、46.15%。兰花集团完成销售收入90.45亿元，实现利税44.54亿元，实现利润30.19亿元，同比分别增长18.5%、24.27%、19.66%。特别是天泽煤化工公司在全国同行业普遍低迷、大幅亏损的情况下，各项经济指标继续保持了同行业领先水平，完成销售收入22.57亿元，实现利税1.39亿元，实现利润1.2亿元。

2010年，全年全市规模以上工业企业完成工业增加值435.7亿元，增长19.30%；完成销售收入1000.1亿元，增长39.12%；实现利税218.9亿元，增长22.04%；实现利润141.6亿元，增长24.66%；单位GDP综合能耗下降幅度完成省定目标。

产业结构调整

2009年，编制完成煤化工、冶金及装备制造业、新材料、食品四大产业调整和振兴计划草案,出台《晋城市加快工业经济转型发展的实施意见》。8月6日,市委、市政府在泽州县召开全市转型发展现场会,9月11日,全省煤炭产业转产煤炭城市转型现场会在晋城市召开。市政府确定的100项工业转型项目和40项重点工业项目进展顺利,达到预期目的。100项工业转型项目有93项开工建设,51项建成投产，累计完成投资101亿元，当年投产率达81%,新增销售收入167.5亿元,新增利税21.9亿元。40项重点工业项目有37项开工建设,20项建成投产,累计完成投资61.8亿元,当年投产率达91%,新增销售收入35亿元,新增利税8.9亿元。

煤炭产业:129个煤炭资源整合矿井取得实质性进展,产业集中度明显提升,规模进一步扩大,全部投产达效后总产能将达到1.12亿吨,比整合前增加2834万吨;煤化工产业:在尿素产能达到351万吨的基础上,以醇醚烃为主的碳一化工明显提速,形成煤肥电、醇醚烃及精细化工并举的产业链条;电力产业:华能阳城电厂煤电一体化项目落户晋城,国投晋城热电一期2×300WM热电联供、阳城2×135MW煤矸石热电联产发电项目先后开工建设,全市电力装机容量达到376万千瓦;煤层气产业:全国第一座数字化规模化煤层气田示范工程——中石油沁水煤层气田工程建成投产。全市建成地面抽采矿井2703口（水平井108口),年抽采能力达到13亿立方米,煤层气日液化规模达90万立方米,建成投运瓦斯发电厂25座,总装机容量22万千瓦。煤层气产业完成销售收入14.2亿元,实现利税超过2亿元,拉动工业增加值2.6个百分点;建筑及陶瓷业:阳城建瓷工业园建成20条生产线,形成6500万平方米的生产能力,年实现销售收入8.4亿元;高新技术产业:全市高新技术企业达到15家,其中富士康集团产业转移步伐加快,厂房改造、设备安装进展顺利,全年实现销售收入12.11亿元。

2010年,结合编制“十二五”工业经济发展规划,先后组织20余人深入基层进行调研,形成《推进煤炭产业循环发展之研究》、《加快转变经济发展方式推动工业经济转型升级》和《以发展现代煤化工产业为重点 实现工业经济转型发展新跨越》等调研报告。认真分析全市工业经济运行中存在的突出矛盾和问题,及时进行调控。全年全市出省外运煤炭2950万吨、化肥362万吨、焦炭40万吨、炉渣40万吨。高平新胜肉类“年产15万吨冷鲜肉”、山西骏通公司“年产20万吨离心球墨铸管”等新项目的投产拉动经济增长4个点。山西装备制造业博览会期间,组织山西兰花汉斯、路宝铝轮毂、太印等27家企业携带60多种产品进行参展,签订销售合同3亿元。鸿诺光电和印度尼西亚艾格拉公司签订167万片硅片销售订单。市政府确定的100项工业转型项目,93项开工建设,60项建成投产;20项重点工业项目有18项开工建设,12项建成投产。向省经信委申报121个技术改造项目,其中97项列入省级计划,环球利特、东方、伊健、华燕等10户企业获省级挖潜改造及中央中小企业资金2000万元。编制完成晋城市“十二五”工业经济发展和煤化工产业发展两个规划，并通过由省经信委主持的专家评审。筛选出“十二五”拟建、续建工业项目286个（不含煤炭项目）充实完善项目库，其中，拟建150项占52.4%，续建136项占47.6%。

煤电一体化产业：国投热电2×30万千瓦热电联供项目具备向市区供暖1100万平方米的条件，阳城500千伏输变电工程接近尾声，晋煤能源公司2×13.5万千瓦煤矸石综合利用热电联产项目即将试车投产，华能阳城电厂4×100万千瓦、高平6×60万千瓦煤电一体化项目正在加速推进；煤化工产业：由传统煤化工转向新型煤化工和精细煤化工发展，国投360万吨甲醇120万吨烯烃、山西兰花与中石化合作的180万吨甲醇60万吨烯烃等一批储备项目正在推进；冶炼及装备制造产业：泫氏铸业年产12万吨离心铸铁排水管、昌平煤机制造公司煤机输送设备、山西禾木佳矿山机械制造等项目竣工投产，天巨重工年产500台煤矿专用机械、福川制铁有限公司年产9万吨汽车配件项目开工建设，山西兰花汉斯抑爆系统配套采煤装备产品通过了专家评审，全市装备制造业形成钢铁冶炼、球墨铸管、汽车零部件、精密铸件、采煤机械、通信设备六大系列上千个品种和年产300万吨钢材、250万吨普通铸管铸件、100万吨中高档铸件、36万吨汽车零部件、15万吨工程机械机床配件的生产能力；新能源产业：通过输气管网、运输槽车、中心集气站等途径使煤层气走进企业工厂和千家万户，从“井下杀手”变成“低碳能源”；新材料产业：高平采源反光公司年产300万平方米反光材料、泽州天坤特种材料公司年产6万吨低碳高铝刚玉、富基公司年产3000万片泡沫陶瓷过滤器等项目建成投运；高新技术产业：高平唐一新能源高能量纳米锂离子电池项目破土动工，晋城富士康工业园完成销售收入30亿元，就业人员达到1.8万人，产品主要包括光通讯连接器、光学镜头模具、相机模具、精密模具和机器人、工业自动化设备等，乐百利特公司批量生产出LED光源产品；新型建材产业：高平维高水泥有限公司日产4800吨新型干法水泥熟料生产线一期工程建成投产，山水太岳日产2×5000吨水泥熟料新型干法生产线一期工程进展迅速，阳城建瓷园区入驻12家企业，建成生产线20条，形成7000万平方米的生产能力，一批炉渣、煤矸石砖场建成投产；农副产品加工产业：高平新胜肉类食品有限公司年加工15万吨冷鲜肉项目建成投产，厦普赛尔公司新增年产十万吨果汁系列饮料加工项目正在实施，年产10万吨谷物早餐饮品和年产9000吨食用菌工厂化生产项目落户。

节能降耗

2009年，对6个县（市、区）和4户“双百企业”2008年度节能目标完成及措施落实情况进行评价考核，并公告社会。对50户重点耗能企业建立能耗情况和产品单耗台账，实行动态监控,对指标变化较大或产品单耗超限额标准的企业,责令限期整改。开展以"推广使用节能产品、促进扩大消费需求"为主题的节能宣传周活动。加大节能投入,推进工业锅炉(窑炉)改造、余热余压综合利用等52项节能重点工程项目,并择优向工信部推荐10个,向省经信委推荐18个,市财政对其中18个节能项目给予1600万元资金支持,52个项目有26项完工,达效后可实现节能量37.3万吨标煤。加快淘汰落后产能步伐,关闭电石企业2户,拆除设备4台,淘汰落后产能5.28万吨;关闭小火电企业9户,淘汰小火电机组38台,装机容量16.61万千瓦;关闭水泥企业1户,拆除 $\phi 2.5\times10m$ 机立窑一座,淘汰落后产能9万吨。全市万元工业增加值能耗同比下降6.8%,万元GDP能耗同比下降7.06%,超额完成省定万元GDP综合能耗下降6.5%的年度目标。

2010年,市政府出台《关于进一步加大节能工作力度确保完成"十一五"节能目标任务的实施意见》和重点耗能企业节能降耗目标的通知等指导性文件,对高耗能企业进行摸底排队,对见效不明显、能耗不达序时进度和工业增加值贡献率低的14户企业,采取限期整改、限产限电、休眠整顿等措施,减少用电10亿千瓦时,减少能源消费约100万吨标煤。对电力、化工、冶铸、建材等高耗能行业和50户重点耗能企业实施重点监管,对限电限产的高耗能企业实行电耗日报制度,实施连续电力监控,定期检查执行落实限电检修情况,确保能耗下降。围绕十大节能工程,重点实施节能技术改造项目45个,完成28个,全部达效后可实现节能量约76万吨标煤。帮助企业争取各级资金6537.6万元,其中省级节能专项资金1320万元、省淘汰落后产能补偿及拆除资金2603万元、中央淘汰落后产能奖励资金369.6万元、中央关闭小企业补助资金2245万元。全年共关停炼铁企业12户,拆除高炉11座,淘汰落后产能180.5万吨;关停水泥企业1户,拆除 $\Phi 2.5\times8.5m$ 机立窑1座,淘汰落后产能6万吨;关停电力企业4户,拆除机组12台,淘汰落后装机容量7.8万千瓦;关停电石企业2户,拆除电石炉3座,淘汰落后产能3.7万吨。

企业自主创新

2009年,全市省级技术中心达到6户,市级技术中心达到18户。对符合条件的28项技术创新项目上报省经信委,并全部列入省级计划,通过率达100%。在全省90户省级企业技术中心评价中,厦普赛尔、丝麻集团、兰花科创、汉通机械、泫氏铸业5户企业技术中心分列全省第11、20、31、40和52位。汉通技术中心承担的"铸态高强度球铁研发"、泫氏铸管技术中心承担的"DN100－400离心机研制"、绿洲公司承担的"大麻纤维纺布"、森鹅公司承担的"牛奶纤维针织面料及成衣开发"、九洲玻璃承担的"自动控制换热式煤层气玻璃配色炉工艺技术开发"等5个技术创新项目先后通过省经信委的验收。

2010年，全年共组织认定市级企业技术中心7家，申报并获批省级企业技术中心1家。全市共有企业技术中心32家，其中国家级1家、省级7家、市级24家。向省申报的“汉麻高档T恤开发”、“电动车锂离子电池”等20项技术创新项目全部列入《山西省2010年企业技术创新项目计划》，其中厦普赛尔技术中心承担的“果蔬加工节水技术研究”项目获得省60万元专项资金支持。向省推荐的4项重大科技成果转化项目中，乐百利特公司的“半导体照明用荧光粉、150流明以上高亮度LED成果转化项目”获国家发明专利；晋煤集团的矿井局部通风群控系统、安全供电关键技术研究等配套设备开发项目获国家科技进步二等奖，并获省财政重大科技成果转化项目资金扶持资金37万元、80万元；绿洲公司的“大麻纤维功能技术成果转化”获国家技术发明二等奖，并获得省财政重大科技成果转化项目资金扶持37万元。对2个技术水平高、附加价值高、关联度大、市场前景好、出口创汇能力强的重大技术创新项目给予115万元的市级资金支持。

服务能力

2009年，市经信委规范全市煤炭运营秩序，为73户煤炭经营企业办理合法证件。帮助企业寻求上级资金、政策支持，全年共获得国家、省资金支持6558.6万元，其中经济运行调节专项资金850万元，节能专项资金2800万元，淘汰落后产能资金1488.6万元，技术改造资金1420万元。

2010年，对原有各项工作制度进行充实和完善，形成包括综合管理、作风纪律、廉洁从政、行政审批、行政效能五大类58项的《晋城市经济和信息化委员会制度汇编》。

（市经委）

煤　炭

工作目标

煤炭产销:2009年,全市地方煤矿完成原煤产量4432.35万吨,同比减少353.46万吨,减幅7.39%;煤炭现价工业总产值完成202.72亿元,同比减少20.43亿元,减幅9.15%;煤炭外运量完成3673.44万吨,同比减少417.05万吨,减幅10.20%,其中:铁路外运量完成1533.17万吨,公路外运量完成2140.27万吨,同比分别减少11.10%和9.53%。

2010年,全市地方煤矿完成原煤产量4625.10万吨,同比增加192.75万吨,增幅为4.35%;实现现价工业产值286.23亿元,同比增加83.52亿元,增幅为41.2%;实现工业增加值190.3亿元,增幅为39.15%;实现现价销售产值266.86亿元,增幅为37.73%。煤炭外运量完成2950.41万吨,同比减少701.7万吨,减幅为19.21%,其中,铁路外运量1622.68万吨,同比增加110.84万吨,公路外运量1327.73万吨,同比减少812.54万吨。发放煤炭销售票票量2744.77万吨,稽查处罚违法煤炭645.16万吨。

重组整合:2009年,地方煤矿兼并重组整合规划保留矿井129座,数量压减比例为50.8%;产能规模11 230万吨/年,增加2834万吨/年;平均单井规模87.05万吨/年,增加55万吨/年。其中单独保留矿井63座,产能5755万吨/年,整合保留矿井66座,产能5475万吨/年。120万吨/年及以上矿井29座,占22.4%;90万吨/年及以上矿井数73座,占56.6%,保留矿井数量和产能规模均居全省各市之首。

2010年,全市地方煤矿重组整合保留矿井129座,规划能力为11 230万吨/年,其中晋煤集团35座2385万吨/年,山西煤运集团26座2445万吨/年,山西煤炭进出口集团1座60万吨/年,地方及省外主体企业67座6340万吨/年。兼并重组整合协议应签订227座,签订227座。《采矿许可证》应换发126座,换发124座。主体企业应进驻接管矿井256座,接管256个。晋煤集团整合煤矿安全监管责任移交应移交35座,移交35座。应补偿资金225亿元,按协议进度应到位资金172亿元,到位资金186.5亿元,未评估或评估报告未确定的矿井预付资金0.26亿元。

安全生产:2009年,生产事故7起,死亡9人,占省、市控制指标26人的34.6%,事故起数同比减少2起,死亡人数同比减少15人,原煤生产百万吨死亡率为0.11,同比降低0.42。

2010年,发生生产事故3起,死亡10人,事故起数同比减少4起,死亡人数同比增加1

人，死亡人数占省控指标 19 人的 52.64%，原煤生产百万吨死亡率为 0.1297，比省控指标 0.3784 低 0.2487。

矿井建设：2009 年，省级重点工程兰花玉溪煤矿开工建设；阳城山城、史山、泰晟、高平龙顶山、新庄 5 座矿井竣工，新增产能 180 万吨 / 年；机械化改造项目开工 24 座，建设规模 928 万吨 / 年，竣工投产 13 座，产能 525 万吨 / 年，联合试运转 11 座，产能 403 万吨 / 年。

2010 年，兼并重组整合改造建设项目 68 个，建设规模 6330 万吨 / 年。全年累计批复地质报告 61 个；批复初步设计 46 个；批准开工 40 个，建设规模 3105 万吨 / 年；竣工投产 3 座（沁和南凹寺 30 万吨 / 年、陵川苏村 90 万吨 / 年、兰花百盛 30 万吨 / 年），联合试运转 1 座（沁和永红 120 万吨 / 年）。

整合关闭：2009 年，123 座"十关闭"矿井，按"关井六条标准"关闭 112 座，其余 11 座由于重组利用井筒等情况，实行专人驻矿监管。在已批复的兼并重组整合方案中确定 133 座矿井为整合关闭对象。

2010 年，全年关闭矿井 135 座，其中：94 座移交国土部门，41 座正在验收移交。

瓦斯治理：2009 年，严格执行《煤矿安全规程》，对 179 座煤矿开展瓦斯等级鉴定。全年共抽采瓦斯 6.44 亿立方米，比预定目标减少 0.26 亿立方米；利用瓦斯 2.11 亿立方米，比预定目标增加 0.51 亿立方米。

2010 年，组织完成 43 矿的瓦斯涌出量预测，22 矿的瓦斯抽放改造设计，50 矿的瓦斯等级鉴定评审上报工作。全年抽采瓦斯 4.61 亿立方米，利用瓦斯 1.62 亿立方米，利用率 35%。

发展质量：2009 年，地方煤矿采掘机械化程度达到 47%，超目标 2 个百分点。矿井采区煤炭资源回采率达到 68%，超目标 1 个百分点。《煤炭生产许可证》年检合格率 100%。建成安全高效矿井 8 座，新建标准化矿井 24 座，其中一级 8 座，二级 16 座。累计建成标准化矿井 69 座，超额完成省厅下达的 60 座指标。

2010 年，地方煤矿生产矿井采掘机械化程度达到 90%，超目标 45 个百分点。矿井采区煤炭资源回采率达到 68%。《煤炭生产许可证》年检率 100%。完成 23 座生产矿井能力核定工作，新增生产能力 692 万吨 / 年。

安全整治

2009 年，开展"安全专项整治年"、"安全责任落实年"活动，制定出台煤矿安全管理八项基本制度，推行安全诚信承诺、安全生产诫勉谈话、安全事故和重大隐患约谈，实行《安全工作日志》和《安全检查备忘录》，构建起分级负责、联合执法、监督考核、责任追究四大体系，强化煤矿安全生产主体责任、主体企业安全管理责任和政府安全监管主体责任。组建煤矿安全生产指挥中心,开展“安全为天、共创和谐”、“3.18”警示日、安全生产宣传月、重大事故警示教育活动,召开推广“白国周班组管理法”推进座谈会。组织参加“653 工程”专题培训 71 人,矿长培(复)训 142 人,全员培训 6 万余人,特种作业人员初复训 5869 人,全员培训合格率和特殊工种持证上岗率达 100%。推广大功率钻机和“长钻孔、大孔径、高负压”抽放技术,高瓦斯矿井全部建立抽放系统,累计建立永久抽放系统 45 个,移动抽放系统 25 个。开展节后复产复工验收、“一通三防”百日安全大会战、雨季三防、国庆 60 周年治理、百日安全专项行动等安全整治行动,市煤炭局共出动执法检查人员 6517 人次,督查检查煤矿 931 座次,查出隐患 5497 条, 下达整改指令 745 份, 作出行政处罚 25 矿次。加强应急管理, 培训救护队员 1140 名,组建煤矿企业专(兼)职救护队 77 支,应急演练 265 次,参演人员达 29 800 人。

2010 年,市煤炭局共出动安全执法检查人员 2500 余人次,督查检查煤矿 722 座次,排查隐患 1673 条。组织开展反风避灾应急救援演练,参加郊南煤矿透水事故、坡底煤业井下火灾、亚美大宁火灾事故等救援及技术服务 9 次。

资源整合

2009 年,企业名称预核准完成 111 个,主体进驻接管矿井 125 座,换发《采矿许可证》 115 座,换发《煤炭生产许可证》104 座。重组整合规划保留 120 万吨 / 年及以上矿井 29 座,占 22.4%;90 万吨 / 年及以上矿井数 73 座,占 56.6%,淘汰 45 万吨 / 年以下矿井。新增 120 万吨 / 年以上矿井 20 座,新增 90 万吨 / 年矿井 40 座,平均单井规模由 32 万吨 / 年增加到 87 万吨 / 年,增加 55 万吨 / 年。晋煤集团、山西煤炭运销集团、山西煤炭进出口集团 3 家国有大集团办矿 62 座、产能 4890 万吨 / 年,分别占全市的 48%和 44%。国有控股经营煤矿 115 座,产能规模 9750 万吨 / 年,分别占全市的 89.2%和 86.8%。

2010 年,各主体企业均向被整合煤矿派驻了煤矿“六长”和相关管理人员,进驻接管率 100%。对晋煤集团重组整合的煤矿进行安全监管责任移交,移交接管率 100%。出台《关于煤矿企业资产评估指导意见》,对有争议的评估项目和内容,经重组双方查实凭据认可,提交县政府专题会议批准。兰花集团在全国煤炭企业销售收入百强榜中排名第 34 位,煤炭产量五十强中位居 41 位。

升级改造

2009 年,推广应用新技术、新工艺、新材料、新装备,加快机械化改造,开工改造矿井 24 座,建设规模 928 万吨 / 年,完成投资 5.34 亿元,竣工投产 13 座,联合试运转 11 座,生产矿井机采产能达到 2755 万吨 / 年, 占到全市生产矿井产能的 55.48%。建成安全高效矿井 8 座,新建成安全质量标准化矿井 24 座,其中一级 8 座,二级 16 座,累计建成标准化矿井 69

座，超额完成省厅下达的60座指标。191座矿井完成安全监控系统升级改造，191座矿井建成井下作业人员管理系统,信息化改造投资1.3亿元。

2010年，开展“整合改造建设年”活动，整合改造建设进度位居全省前列。全市兼并重组整合改造建设项目68个，建设规模6330万吨/年，开工项目总投资107.36亿元，实际完成47.31亿元，累计批复地质报告61个，批复初步设计46个，批准开工40个，建设规模3105万吨/年。

绿色矿山建设

2009年，加大矿区生态环境整治重建力度，新增造林面积2350亩，绿化面积29.4万平方米，矿区绿化率达到45%以上。

2010年，兰花集团投资3240万元完成唐安煤矿矿井水复用管网、望云煤矿矸石山二期治理等28个环保治理项目。全市新增造林面积4664.1亩，绿化面积10.2万平方米，矿区绿化率达到41%，完成了“十一五”确定的植树造林、采空沉陷区治理、矿井水净化利用、选煤厂煤泥水治理回用等重点任务。

（市煤炭工业局）

煤矿安全监察

辖区煤矿基本情况

2009年,辖区现有各类矿井273座,其中:晋煤集团10座,省监狱管理局2座,晋城市营煤矿9座,城区4座,泽州县61座,高平市64座,阳城县68座,沁水县40座,陵川县15座;按瓦斯等级划分:煤与瓦斯突出矿井7座,高瓦斯矿井79座,低瓦斯矿井187座;截至12月30日,辖区煤矿持有安全生产许可证的矿井为121个。

省煤矿企业兼并重组整合工作领导组办公室批复保留矿井141座,现有矿井中2009年年底前关闭60座,2010年年底前关闭矿井73座。现确定2010年过渡期保留矿井40座,合计2010年晋城辖区内生产建设矿井总数为181座。

晋城辖区经资源整合兼并重组后,保留矿井141座,其中12座原国有重点煤矿没有参加资源整合,原地方煤矿经资源整合兼并重组后保留矿井129座。保留的141座矿井中,由晋煤集团管理的矿井45座,省监狱管理局管理的矿井2座,地方监管的矿井94座。

全年,通过复产验收矿井共61座,现处于生产状态的矿井53座(其中保留主体生产矿井50座,过渡期生产矿井3座),开工建设矿井20座。辖区内持有安全生产许可证矿井87座,其中66座有效,21座过期;持有安全生产许可证的煤矿企业4个。

安全生产指标完成情况

2009年省局下达的死亡人数控制指标总数为31人,其中国有重点煤矿为5人,地方煤矿为26人。截至2009年底,晋城辖区内共发生煤矿死亡事故10起,死亡12人,其中:国有重点煤矿发生事故3起,死亡3人,地方煤矿发生事故7起,死亡9人(国有地方煤矿4起4人,乡镇煤矿3起5人);一般事故9起,共死亡9人,较大事故1起,死亡3人(该矿为十关闭矿井,不在09年执法计划之内)。比省控制指标31人少死亡19人。与去年相比事故起数减少4起,下降28.6%;死亡人数减少18人,下降60%。

煤矿事故情况

今年下达煤矿生产安全事故死亡人数控制指标总数为31人,其中国有重点煤矿为12人(原国有重点煤矿为5人,整合矿井为7人),地方煤矿为19人。全年,晋城辖区内共发生煤矿死亡事故10起,死亡20人,其中:国有重点煤矿发生事故7起,死亡10人(原国有重点煤矿发生事故5起,死亡5人,整合矿井发生事故2起,死亡5人),地方煤矿发生事故3起,死亡10人。一般事故8起，共死亡10人，较大事故2起，共死亡10人。比省控制指标31人少死亡11人，与去年相比事故起数持平；死亡人数增加8人，上升66%。两起较大事故都是停产矿井发生的。

煤矿安全监察

2009年，扎实开展“三项监察”执法工作。2009年1—12月份，安监局共监察矿井433矿次，其中重点监察167矿次，专项监察182矿次，定期监察84矿次，查处各类安全隐患1799条，下达执法文书1424份，月计划执行率达100%。严格事故调查处理工作。全年调查煤矿较大事故1起，一般事故9起，均按时批复，规定时限内结案率100%；全年核查举报事故案件45起，均全部进行核查、回复；对08年14起事故进行了督查回访，结果全部落实到位。严格煤矿建设项目设计审查、验收及煤矿安全许可工作，全年审查安全专篇31个，验收安全设施20矿，办理安全生产许可项目38项。均在规定时限内批复、核查。扎实开展安全培训工作，共考核安全生产管理人员2409人，组织安管人员再培训506人，对副矿长进行资格审查505人。积极参与省市联合执法活动。参加省督查组对阳泉煤矿安全专项整治督查、配合省督查组对晋城辖区煤矿安全专项整治督查、参加市政府煤矿节后复产复工验收及打非专项行动等活动，共督查验收101矿次。强化地方监督指导工作。全年开展监察执法交流座谈会议30余次，开展煤矿安全生产专题讲座2次。大力开展宣传教育活动，组织观看煤矿重大事故警示录像2次，开展文艺演出活动4次，组织19矿开展了安全公开承诺活动，参加市安委组织的安全生产月咨询活动，发放传单1000余份，营造浓厚的安全生产氛围。开展“六个办法”试运行工作。结合省局要求，制订了分局“六个办法”实施细则，并结合三项监察，完成对辖区75座矿井、4个集团公司的安全状况评估工作。

加大事故查处力度，严格按照“四不放过”的原则，强化行政问责，严肃处理事故责任人。

为确保责任落实到位，2009年4月份，晋城监察分局牵头，联合晋城市监察局、公安局、总工会、检察院对2008年事故责任人的责任落实情况进行了督查，经督查，去年14起事故责任追究落实情况均已到位。已批复的10起事故共处理责任人122人，其中移送司法机关追究刑事责任9人，建议给予党纪处分13人，决定给予行政处分53人，决定给予行政处罚64人，责令写出书面检查5人。上级批转和群众举报的45起煤矿事故案件，已经全部进行核查，并已将核查情况向省局或者有关部门进行了回复。源头治理，强化建设项目和安全许可管理工作。严格建设项目审查验收工作，在具体执行中突出“两个重处”，即凡是安全专篇或开工报告未经批复擅自开工建设的，一经发现坚决予以重处；凡是安全设施和条件未经验收合格或虽验收合格但矿井证照不齐全擅自投入生产的，一经发现，坚决予以重处。

认真查处煤矿事故,落实事故责任。2010年,调查处理煤矿事故10起,批复10起,共处理事故责任人95人,其中建议追究刑事责任9人,建议给予党纪处分5人,决定给予行政处分48人,决定给予行政处罚34人。

强化“三项监察”,做好“三项评估”

根据资源整合方案批准矿井的基本情况,精心编制了2010年度监察执法工作计划,逐月编制月度监察计划并认真组织实施,月计划执行率达100%。全年,分局实施“三项监察”矿井195矿次,占全年计划的101.5%,其中重点监察62矿次,占全年计划的103.3%,专项监察100矿次,占全年计划的100%,定期监察33矿次,占全年计划的103.1%,查处各类安全隐患1023条,下达执法文书653份。根据评估办法,对辖区内证照齐全有效处于生产状态的矿井进行了动态评估,做到了监察一矿评估一矿,共评估61座113矿次,其中:A类19矿,B类42矿,评估覆盖率100%。评估煤矿主体集团公司9个,其中:属分局评估的地方骨干集团公司7个(A类1个,B类6个);属分局初评上报省局评估的省属企业2个(A类1个,B类1个)。对5个县(市)行政辖区、1个市行政辖区进行了初评,均评估为B类。

煤矿安全设施设计审查、竣工验收和安全许可是确保煤矿实现安全生产的两项重要基础性工作。全年,共受理安全专篇51项,其中兼并重组项目48项,变更专篇1项,单项工程2项。安全设施竣工验收受理16项。安全许可受理共75矿次,按照安全生产基本条件全面进行现场核查。

(市煤炭安全监察局)

电　力

目标任务

2009年，售电量完成94.36亿千瓦时，同比增长14.95%；综合线损率3.61%，同比下降0.21个百分点；电费回收率100%。

2010年，完成电网建设投资5.68亿元，新增110千伏及以上变电容量500兆伏安，输电线路251公里；售电量完成100.1亿千瓦时，同比增长6.09%。至年底，实现连续安全生产2654天无事故，创历史最高纪录。

安全生产

2009年，实现安全生产长周期2288天。一是开展季节性检修维护工作，加强对重要枢纽变电站、输电线路和重要用户的巡视检查，保证用电高峰期间的电力有序供应。二是开展安全生产“三项行动”、“三查一整改”专项整治活动，建立分专业的重大隐患监控责任制、排查常态机制和定期报告制，对梳理明确的10大隐患进行重点监控，并全部纳入督办任务。三是组织开展安全知识竞赛、“安全伴我行”巡回演讲、安监管理与业务应用培训、新版安规宣贯等活动。举行以“保护电力设施人人有责、破坏电力设施违法犯罪”为主题的咨询日活动。四是推进应急和风险管理体系建设，完成工区（县支公司）51项应急预案及现场处置方案的编制与审核。组织开展全员风险管理知识培训，举行三次电网应急演练。五是推进状态检修、标准化作业、220千伏无人值班建设、红旗变电站、线创建和“SG186”生产管理系统（PMS）推广应用工作。状态检修和220千伏红旗变电站、线创建通过省公司验收，除珏山220千伏变电站外，其他7座220千伏变电站实现无人值班。PMS系统输变电设备台账完整率、变电运行日志完成率均列11个分公司之首，输电、变电、城网各模块均进行了常态化应用状态。六是完成辖区内118座政策性并闭矿井停电工作。

2010年，实施“状态检修+集中检修”的春季集中检修模式，落实防止主变近区短路、迎峰度夏、迎峰度冬反事故措施，保证设备安全稳定运行。积极开展珏山、北义城大检修试点，推进调控一体化试点建设。建立营销、生产等专业联动机制，确保特殊供用电形势下全市电力的平稳有序供应。加强应急救援体系建设，修订完善50个现场应急预案，组织开展联合应急演练，完成晋煤集团郊南煤矿抢险保电和刘家川抗洪抢险工作，避免因用户设备原因造成的岳南、唐安、大阳三座煤矿突然停电。

电网建设

2009年,修订完善《晋城电网“十二五”发展规划》、《晋城城网“十二五”发展规划》和《晋城农网“十二五”及煤层气电源发展规划》,将《城网“十二五”发展规划》纳入城市总体规划。完成220千伏北义城变电站增容改造工程、110千伏土沃、水东输变电工程、下村站增容改造工程的前期工作和220千伏泽州东、110千伏町店输变电工程的可研编制。500千伏阳城北输变电工程、220千伏陵川输变电工程等一批省、市重点工程相继开工建设,220千伏珏山变电站增容工程、110千伏台头、尹庄、郑庄、五柳庄等输变电工程投入运营。

2010年,编制完成《晋城电网“十二五”发展规划》和配电网、中心城区城网等7个专项规划报告,开展《晋城电网智能化规划》和《晋城市统一坚强智能电网规划》编制工作。500千伏阳城北、南部电网完善工程如期推进,220千伏珏山站改造、北义城站增容、晋城热电2×300兆瓦机组送出等重点工程圆满完成,220千伏秦川输变电工程顺利投运,实现220千伏变电站全覆盖。与五个县(市)签订共同推进电网建设框架协议,启动新一轮农村电网改造升级工程。取消架空线路缆化入地改造过程中的管沟建设费,城市附加费主要用于城市电网建设,解决了城网建设改造资金缺口难题。

供电服务

2009年,开工建设500千伏阳城北输变电工程,晋城电网单一电源支撑局面将得到改善;通过实施220千伏珏山变电站增容改造,开工建设220千伏陵川输变电工程、110千伏平城输变电工程等项目,使电网输送能力能够适应晋城东部地区、陵川地区的负荷增长需求;加强自供区管理,完成阳城电厂、北留电厂关停后的用户接收工作。引入速递机制、报装答复机制、警示机制,对35千伏及以上专线客户实行全程服务;畅通供电服务“绿色通道”,推行客户服务中心客户经理制、限时办结制,实行“一口对外”,“一站式服务”,促进新增用电工程早投产、早用电。跟踪省、市重点项目建设,建立重点工程项目供电服务联系员制度,实行重点服务;加强计划检修管理,制定电网事故分级应急措施,推行联合检修、集中检修、状态检修、零点检修和带电作业,加快故障抢修速度,缩短用户平均停电时间,增加电量约51万千瓦时。建立10个电力服务示范社区,采取设立服务点、推行便民服务卡等方式,为客户提供“电保姆”贴身服务;配备移动POS机、自助缴费机,推行邮政代收费业务。

2010年,实施“塑文化、强队伍、铸品质”供电服务提升工程,推行首问责任制,建立营销人员定期走访制度。推进多元化收费,自助终端交费、银行批扣、农村信用社代收、超市代收等多种收费方式投入使用,所有县支公司均实现坐收以外两种以上收费方式。开展“电力进社区”、“青年文明号”服务队、上门服务日、“服务进万家、满意百分百”等活动,为客户提供用电业务指导。实施“三新”农电战略，开展农村电气化建设，建成3个电气化乡、34个电气化村。

集约化经营

2009年，逐步推行“会计集中核算、资金集中管理、预算集约调控”，深化财务集约化管理。严格执行资金收支两条线，实行电费专户资金全额上缴省公司。出台《预算管理审计办法》，开展预算执行审计，促进预算管理规范。加大反窃电力度，共查处窃电21起，追补电量3.2455万千瓦时；查处违约用电19起，追补电量0.3954万千瓦时；查出计量故障漏计电量户7户，追补电量86.69万千瓦时。同时，查出存在窃电隐患的用户85个，发现计量装置与实际不相匹配的14户。开展“三节约”活动，在变电站设计中推广使用密集型装配式设计，减少变电站占地面积；在变电站选址中依托废弃砖厂和铁厂作为站址，节约耕地约1.73公顷；在线路工程中应用不等高插入式基础、掏挖式基础、紧缩型线路，减少开挖和混凝土方量。

规范化管理

2009年，积极推动公司管理技术和管理理念的整体升级，ERP项目于9月30日上线运行，比计划提前22天，市供电公司获省公司ERP项目建设先进单位称号。以科技开发项目为引领，推动各专业科技信息化工作的开展，全面推进总计524.5万元的11个科技开发项目。落实人才强企战略，选聘首届晋城电力技术院专家。组织开展状态检修、信息系统运行维护、装表接电、ERP项目模块教学等43项培训竞赛，培训人员3007人次。

2010年，获得实用新型专利授权4项，申请专利7项，软件著作权2项。完成国网标设营销管理系统、ERP系统、协同办公系统等建设推广应用工作。出台《晋城电力技术院专家考核管理办法》、《高级专业技术职务聘任管理办法》等制度，开展财务人员“青蓝同辉、帮带成长”等活动，建立人才管理考核和帮扶互助机制。与市总工会联合举办职工职业技能大赛，开展变电运行、用电检查、农网配电等五个专业的技术比武活动，获晋城市第二届职工职业技能大赛特别组织奖，30名员工获晋城市技术能手、晋城市五一劳动奖章等称号。

（晋城供电公司）

非公有制经济

主要经济指标

2009年,全市民营经济增加值完成370.14亿元,同比增长18.09%;总产值完成1040.40亿元,同比增长14.86%;营业收入完成916.62亿元,同比增长14.92%;上交税金55.43亿元,同比增长18.44%。规模以上工业企业完成增加值69.10亿元,同比增长11.05%;工业总产值完成195.53亿元,同比增长22.31%;销售收入完成184.22亿元,同比增长20.02%;上交税金完成14.88亿元,同比增长17.50%。

2010年,全市民营经济增加值完成440.48亿元,同比增长19%;总产值完成1252.28亿元,同比增长20.37%;营业收入完成1104.26亿元,同比增长20.47%;实现利润总额完成102.73亿元,同比增长18.15%;上交税金完成64.05亿元,同比增长15.55%。规模以上工业企业增加值完成75.15亿元,同比增长11.91%;销售收入完成232亿元,同比增长25.83%;实现利润总额完成17.88亿元,同比增长36.76%;上交税金完成16.04亿元,同比增长7.78%。

发展环境

2009年,通过中小企业网站和《晋城中小企业与民营经济》刊物,积极宣传国家、省、市关于鼓励支持全民创业、大力发展民营经济的方针政策。与《太行日报》、市广播电台、市电视台联合开办《创业者之歌》专栏,编辑出版《创业者之歌》,宣传创业典型。沁水县委、县政府出台《关于进一步创优民营企业发展环境推动全民创业的若干意见》,高平市出台《关于进一步推动全民创业加快发展民营经济意见》和《2009年全民创业行动实施方案》,泽州县确立“1111”创业发展目标,即建成亿元以上企业10个、5000万元以上企业10个、1000万元以上企业100个、新创办实体100个,阳城县开展“万民兴万企”活动。

2010年,全市民营经济增幅超出2009年1个百分点。规模以上工业企业实现利润增幅高出增加值增幅近25个百分点。全市民营企业完成出口交货值18.12亿元,创历史新高,同比增长58.46%,是增幅最大的一年。市中小企业管理局被省政府表彰为“促进中小企业发展先进单位”。

产业结构调整

2009年,在9个行业中推荐筛选出100个成长性强、符合调产转型要求的项目列入年度重点技改项目规划,并印制1500份重点项目推介书分发给各银行、担保机构和有关部门。全年共为40个项目申请省级以上资金支持。实施重点新建技改项目100个,竣工投产82个。

2010年,集中力量抓了100个重点新建技改项目和500个创业项目。100个重点项目完成投资52亿元,其中46个项目竣工投产,39个项目正在建设,15个项目完成前期准备工作;500个创业项目完成投资13亿元,360个项目建成投产。

银企合作

2009年5月21日,由市政府主办,市中小企业管理局与市财政局、人行、银监局联合承办"晋城市中小企业民营企业重点项目融资推介会"暨"中小企业金融产品与重点项目展示对接活动",9家商业银行与14家中小企业签订2.6亿元的贷款协议,并有60多个项目与金融部门实现对接,达成贷款意向。开展信用信息征集和评价工作,全年共采集中小企业信息4220户,信息录入更新1700户,申报"诚信企业"130多家,其中九州玻璃等13家企业被市诚信企业建设领导组评定为"诚信企业"。市政府出台《关于银行支持中小企业发展的指导意见》,市中小企业局与市人行、市银监分局联合签署《支持中小企业金融服务合作框架协议》。各级金融部门为中小企业贷款14亿元,为150多个重点企业下拨专项资金1000万元,争取省级以上扶持资金近4000万元。

2010年,精心筛选出兰花汉斯、鸿诺光电、厦普赛尔、天巨重工等55个科技含量高、转型发展快、产业前景好的项目向省各大银行进行推介。为绿洲纺织、红萍服饰等43个项目争取国家中小企业发展专项资金、国家中小企业工业技术改造资金、省中小企业成长工程煤炭可持续发展基金和省中小企业发展专项资金863万元,215个项目得到市民营经济发展资金扶持。

"十百千万"工程

2010年,市委、市政府出台《关于实施"十百千万"工程推动全民创业的意见》,启动"十百千万"全民创业工程。6月11日,"十百千万"全民创业工程启动仪式在物茂广场举行,为首批20个创业实习基地授牌,为500名创业新秀代表颁发证书。市中小企业管理局与晋城移动公司联合开展"信息助创业、创业促发展"为主题的中小企业信息化项目建设,解决中小企业在发展过程中遇到的成本控制、商机获取、资金支持和效率管理等问题。开展民营企业"双十佳、50强"活动评选,并与团市委、市妇联分别开展"十大杰出创业青年"、"十大杰出创业女性"评选工作。全年民营企业(包括个体工商户)发展到5.5万家,净增企业5283家,新增就业岗位2万余个。

服务企业

2009年,把建设服务体系、完善服务功能作为推动中小企业、民营经济发展的重要手段,完成晋城市民营企业外籍投资商联合会、民营企业文化促进会、农副产品加工、机械制造、轻纺、建材、乳制品、建筑、陶瓷等十大行业商(协)会的筹备工作。组建维权投诉、信息宣传、人才服务、创业辅导四个服务中心。加快融资服务体系建设,全市共发展信用担保机构11个,小额贷款公司8个。同时,完善晋城市中小企业、民营经济网站,建立民营企业人才和项目库,改版《晋城中小企业与民营经济》刊物。

2010年,市委、市政府出台《关于加快中小企业服务体系建设的意见》,加快服务体系建设。推进诚信企业建设,评选出新华线缆、兴达铸件、金工铸业等诚信企业30家。组织召开全市第一次中介机构座谈会和全市首次农副产品加工企业品牌建设推进会。

安全监管

2009年,开展"安全发展落实年"活动,先后下发《关于2009年安全生产监管工作安排意见》、《晋城市非煤矿山安全生产专项整治工作方案》、《晋城市非煤矿山重特大事故应急救援预案》等有关安全生产文件34个,组织召开安全生产例会6次,安全生产联席会议1次,深入企业调研检查安全工作4次,制定"晋城市非煤矿山安全生产监督管理考核办法",开展以"关爱生命、安全发展"为主题的宣传咨询活动和"千企万人宣誓"活动。全市282个非煤矿山企业全部建立基本情况档案和隐患排查治理档案。

2010年,继续开展"安全生产年"活动,深化非煤矿山安全生产专项治理。相继开展元旦、春节、"五一"、"十一"、安全月等综合性安全生产大检查。以开展"安全生产月"活动为契机,向群众发放安全生产宣传资料1000余份,发送手机短信近万条,编写了《晋城市非煤矿山企业安全生产监管工作手册》。11月26日,组织召开全市非煤矿山标准化建设会议,推进非煤矿山安全标准化建设。

对外交流

2009年,组织民营企业参加第六届中国国际中小企业广州博览会、青岛APEC技展会等各类经贸洽谈会,引进资金11.6亿元,引进新技术、新工艺9项,引进各类人才3400余人,开发新产品17种。如清慧汽车配件有限公司从上海运急国际贸易公司引资2亿元,合作开发10万吨汽车配件项目;科通衡器电子机械有限公司引资6100万元,开发年产3000台电子衡器项目;富士康科技集团在合并深圳、佛山园区布局到晋城园区的基础上,将越南园区整合进入晋城园区,累计转移设备840余台,价值2336万美元,新增员工3875人,总数达到1万多人。

2010年,组织企业参加乌洽会、中博会、能博会、制博会和港洽会等各类经贸洽谈活动,组团参加第六届APEC(福州)中小企业技术交流展览会和第七届中国(广州)中小企业博览会。全年民营企业签订引资项目95个,合同协议投资达203亿元,到位资金54亿元。投资38亿元的富士康A区项目、投资20亿元的豪德物流项目、投资15亿元的唐一科技纳米锂电池项目、投资12亿元的福川制铁30万吨高铁及汽车配件项目以及香港恒基兆业、江苏雨润、山西鲁能等一大批国内外知名企业相继落地。

人才培养

2010年3至4月,连续举办7期中小企业、民营企业专业技术人才和企业管理人才培训,培训各类人员1100余人。组织行业专家对申报中级职称的技术人员进行面试和答辩,全年累计通过初级以上职称评定和职务评聘的人员达到1062人。组织兴高能源、厦普赛尔、沁和能源、皇城相府等意向上市企业到太原参加省政府和上海证券交易所联合举办的2010年山西省上市融资和并购重组培训会。举办全市首次中小企业上市融资专题培训班。12月27日,富基新材料股份有限公司在天津股权交易所成功挂牌交易,成为全省第一家实现公司经营场外交易市场融资的民营高新技术企业。

(市中小企业局)

城镇集体工业

主要经济指标

工业总产值:2009年,完成272 939万元,为2008年同期的100.3%,后半年较前半年提高31.9个百分点,四季度较一季度提高76.7个百分点。2010年,完成365 616万元,同比增长34%,是"十五"期末的3.1倍,年均增长25.4%。

工业增加值:2009年,完成17 720万元,为2008年同期的99.4%,后半年较前半年提高15.2个百分点,四季度较一季度提高77.6个百分点。2010年,完成230 116万元,同比增长29.9% ,是"十五"期末的3.2倍,年均增长26.5%。

销售收入:2009年,完成221 296万元,为2008年同期的76.1%,后半年较前半年提高33.2个百分点,四季度较一季度提高41.5个百分点。2010年,完成286 638万元,同比增长29.5%,是"十五"期末的2.1倍,年均增长16%。

利税总额:2009年,实现76 393万元,为2008年同期的61.8%,后半年较前半年提高33.5个百分点,四季度较一季度提高38.2个百分点。2010年,完成129 661万元,同比增长69.7%,是"十五"期末的2.72倍,年均增长22.2%。

实现利润:2009年,实现41 149万元,为2008年同期的46.6%,后半年较前半年提高30.6个百分点,四季度较一季度提高37.8个百分点。2010年,完成84 050万元,同比增长104.3%,是"十五"期末的2.7倍,年均增长22%。

亏损企业亏损额:2010年,亏损4585万元,同比下降17.5%。

企业改革

2009年,在全系统开展优化股权结构改革,市东方玻璃制品有限公司、高平电线电缆厂、泽洲县周宇玛钢公司等十余户企业,因地制宜地进行股权结构的调整。原树脂厂经过"双置换"改革,新上2万吨铸钢生产线。陵川行源建材有限公司等十户企业,引进和新上煤渣烧结砖、矿用电缆、果蔬冷冻、煤矸石发电等新产品和新项目十余个。高平电线电缆厂与恒宇电网工程公司、电力金具厂共同出资组建股份公司,开发高架绝缘电缆和矿用电缆产品。积极推进煤炭企业产权制度改革,全系统17户煤炭企业,有2户独立经营,2户进行资产转让,13户实行参股经营。

2010年,集体企业改革稳步推进,改组改制企业累计达到60家,其中双置换改革12

家，股份制改革17家，兼并重组企业10家，租赁合营18家，转产企业19家。高平市对长期停产的8户地面企业全部进行“双置换”改革，筹措资金7000万元，按照“转变身份，经济补偿、承认工龄、续接社保”的办法，对1050名员工给予经济补偿。沁水县按照“统筹兼顾，全盘考虑，有序推进，逐步退出”的改革思路，采取“整体捆绑，集中清算”的办法，对王庄铁厂、轻工厂、塑料厂、二部、安装公司等5户企业实施改革。

结构调整

2009年，全系统计划投资95 292万元，实施技改项目24项，截至年底24个项目全部开工建设，13项投产运营，累计完成投资54 000万元，占总投资的57%。

提升改造传统产业。高平牛山煤矿120万吨增能提升项目、泽州县天户煤矿年产90万吨技改、伏岩山煤矿30万吨变90万吨提升工程、苏村煤矿90万吨扩建等15个煤炭建设项目，计划投资79 970万元，完成投资22 074元。完成高平龙顶山煤业有限公司、高良煤业有限公司等4户企业的机械化升级改造工程。

促进新兴产业发展。城区东方玻璃制品有限公司煤层气综合利用、阳城红旗机械厂煤炭矿石筛选设备开发项目、泽州县周宇玛钢公司球墨可锻铸铁钢帽、陵川县工具有限公司数控螺纹丝锥生产线等15个新型工业技改项目，计划投资22 327万元，完成11 600万元，占总投资的52%。高平电线电缆厂的矿用电缆和架空电缆、陵川行源建材1亿块烧煤矸烧结砖等3个项目投产见效。全系统研制开发出新产品、新技术、新工艺20多种，其中3项填补国内空白，2项填补省内空白。

循环经济建设。积极推进阳城屯城煤矿、阳城沁海公司、龙顶山煤业有限公司等4座60万吨洗煤厂的建设，完成投资6000万元。阳城伏岩山煤矿与阳城新源电力开发公司共建瓦斯发电项目，完成土建工程及配套管路安装。阳城县联社投资900万元，与晋煤集团联合开发2*13.5千瓦煤矸石发电项目，初期注册资本3亿元。

2010年，新建、在建项目共计26个，总投资29.5亿元，当年完成投资8.02亿元，完成项目10个。

煤炭产业发展壮大。全系统17座煤矿资源整合后保留14座。年产量达120万吨的矿井1座，90万吨的9座，60万吨的1座，45万吨3座。井田面积由原来的63.5平方公里扩大到130平方公里，设计生产能力由原来的年产500万吨增加到1125万吨。经过技改扩能后，8座矿井当年扩建当年投产。

地面企业转型发展。市兴隆山煤化工有限公司年产2万吨整体钢铸防爆电机机壳项目、陵川双河钙业50万吨活性氧化钙项目、兴源河公司10万吨PVC专用钙项目、高平电线电缆厂10千伏、35千伏架空绝缘电缆、泽州周宇玛钢公司球墨可锻铸铁钢帽等17个技改项目开工建设进展顺利,部分项目形成批量生产。

第三产业项目。全年新上三产项目7个,续建项目12个。

(市城镇集体工业联合社)

财政税务

财 政

收入

2009年,全市财政收入完成136亿元,增长20.3%。一般预算收入完成48亿元,增长14.8%。一般预算支出完成76.3亿元,比上年增长20.5%,增支13亿元。财政收入情况明显好于全省平均水平。财政总收入超计划10.4个百分点,增幅高于全省19个百分点;一般预算收入超计划5.8个百分点,增幅是全省平均增幅的两倍。

2010年,全市财政总收入完成153.2亿元,同比增长13%,超年初预算近5个百分点,比省定12%的增长目标超出近1个百分点;一般预算收入完成55.5亿元,同比增长15%,超年初预算6.5个百分点,比省定13%的增长目标超出2个百分点;与我市确定的"十一五"财政目标相比较,收入规模超过了125亿元的预期目标,由2005年的61.7亿元增长到2010年的153.2亿元,年均增长20%,我市也是唯一一家在全省连续10年保持快速增长的地市;收入规模5年时间突破了9个10亿元大关,扩大了2.5倍,平均一年跨越20亿,5年累计完成收入575亿元,比"十五"时期总量增长3.4倍,比建市以来"七五"到"十五"时期的总和增长了2.3倍。2006年、2009年增速排位全省第一。财政收入占GDP比重提高到22.5%;税收收入占财政收入的比重提高到92.3%,在全省领先6.9个百分点,财政经济运行质量明显优化。

支出

千方百计帮助企业渡过生产经营难关。保民生、保稳定。应对金融危机冲击中小企业资金链短缺的严峻形势,由市县两级财政注资,占总资本金93%,新增担保能力30多亿元,解决中小企业流动资金14亿元,是上年新增贷款的近5倍。针对经营困难企业,实施"五缓四降三补"扶持政策和结构性减税政策,共计为1416家企业让利减负4亿元;特别是结合国有企业实际困难,财政投入1.6亿元,帮助凤凰织品、钻石水泥顺利改制,成功接管晋煤集团下属10所学校,累计安置职工4265人。

支持产业创新取得重大突破。市财政新增1亿元地方工业技术进步专项资金,支持101家企业112项工业技术项目;新增3000万元科技研发资金,支持10家研究中心的新技术研发和104项科技计划项目;市县两级财政共同争取上级资金3.2亿元,支持424项技术创新项目;累计带动企业技术及科研投资74亿元。

引领全民创业步伐明显加快。市财政增设民营经济发展专项资金1000万元、服务业发展资金3000万元、外向型经济发展专项1000万元,对民营创业型小企业提供了5~20万元的小额补助,累计扶持293项民营创业型项目,27家民营服务体系建设。

培育新一轮财源经济增长点正在形成。财政扶持的200家重点调产项目中,投资额超亿元以上的有28家,投产后,年产值将达到500亿元以上。

为发挥投资拉动经济增长的重要作用,大幅度增加财政投融资规模18.95亿元,包括市财政新增积极财政政策配套资金1亿元,新增特色城镇化专资金3000万元,争取中央新增我市投资项目建设资金2亿元,争取财政部核定我市地方债券资金2亿元,争取省可持续发展基金2亿元,筹措重点交通工程项目资本金4亿元,协调落实新增投资项目市级配套资金1亿元、家电下乡补贴1500万元,市本级新增固定资产直接投资6.5亿元,比上年增长62%。所有财政资金累计融通各类社会资金716亿元,组织实施重点工程368项,目前实际完成固定资产投资293亿元。

2009年,争取中央扩大内需项目286项,总投资6.6亿元,市级配套9948.8万元已全部到位;主要用于支持防护林工程、天然林保护工程、饮水安全工程、沼气工程、农村基层计划生育服务体系、乡镇综合文化站、污水处理、廉租住房、教育、农村卫生基础设施、基层医疗卫生服务体系、农村校舍改造、农村公路工程、重点流域水污染治理工程、城镇垃圾处理设施工程、农产品质量检验检测体系、重点镇供水及基础设施建设、历史文化名城名镇名村保护设施建设、抢救性文物保护设施建设、农村小水电、荒山荒地造林、旱作农业示范基地等。

配套省级投资重点项目21项,总投资规模410.6亿元,年度完成投资80.3亿元;主要用于支持晋煤合成油、张峰水库、廉租住房、经济适用住房、阳翼高速、兰花玉溪煤矿、采煤沉陷治理、港华煤层气项目、东焦河水电站、围滩水电站、磨河供水工程、湾则水电站、曹河水电站、磨滩水电站、西冶水电站、嘉南铁路、高陵高速、西北环城高速、国投晋城热电、陵川220千伏输变电、阳城煤矸石热电、阳城北500千伏输变电、端氏—博爱煤层气输气管道工程、6项污水和垃圾处理工程、山西至江苏直流输电、高平煤电一体化和金海大宁煤矿等。

组织实施市级重点工程60项,总投资规模298.79亿元,年度完成投资50.16亿元。主要用于支持市委党校、晋城学院、丹河人工湿地、廉租住房、经济适用住房、泽州北路延伸项目、市区东南出入口、图书馆、晋煤集团门前道路、晋城至高平一级公路等。

落实消费补贴,活跃城乡市场。启动财政资金直接补贴消费领域,全面开展"家电下乡""汽车摩托车下乡""汽车以旧换新"的补贴兑付工作,全年共补贴"家电下乡"九大类补贴产品35 788台,销售额7482万元,补贴"汽车摩托车下乡"产品4137台,销售额10 965万元,受理"汽车以旧换新"46辆。共计兑付补贴资金1500多万元。

扶贫攻坚首战告捷。市财政按照“低门槛、广覆盖、普受惠”的原则，建立了上不封顶，下不低于2000多万元的扶贫开发专项资金，全力支持我市偏远贫困山区510个贫困村建设，累计组织实施重点帮扶项目420个，在解决看病难、吃水难、行路难等方面取得明显改观。先后制定了三年解决314个贫困村饮水安全计划，市财政已投入600万元，实施75处饮水安全工程，解决了81个贫困村、31.6万人的饮水安全问题；市财政投入3135万元，为561个贫困和空白村配置了基本医疗设备，支持219个空白村修建了卫生所；财政支持具备通路条件的贫困村实现了“村村通”；新增文化低保资金，为贫困村每年演一场戏或一台晚会，每月放映一场电影。研究制定了《关于促进偏远山区贫困农村增加农民收入的综合性扶持试点办法》，在全市贫困面最大的陵川县潞城镇先行试点，建设5万亩中药材基地、30万只散养鸡基地、6500亩核桃基地、1000亩蔬菜基地。

社会保障在全省领先。提高农村低保人均年补差达到672元，比上年提高80元，超过省级标准；提高水平标准1776元，年补差提高了96元，城市低保人均年补助高于全国平均水平。新型农村合作医疗参合率扩大到95.12%，人均住院补偿提高到1763元；启动城镇居民医疗保险改革试点，市财政按未成年人100元/人·年、成年人280元/人·年的标准，对市级学校学生全额负担，对陵川和城区负担70%，其他县区负担40%，参保率达到80%，在全省名列前茅，人均补偿1458元，城乡医疗保险参保总人数达到112万人，占全市总人口1/2。按每人每年1200元平均水平提高了养老保险，启动了新型农村养老保险试点，市财政按为年满60岁的农民每人每年发放360元养老金，75万人参加农村养老保险，占试点区农业人口79%。保障农村五保户供养标准2067元/人·年，集中供养标准3633元/人·年，集中供养率高于省定要求；按年人均840元标提高了优抚对象补贴标准；支持2.6万名城乡困难弱势群众和1340名困企业职工解决了医疗保险，救助城乡患病困难群众2131人，人均救助3400元，保障2244名残疾人实施了康复救助；支持800户农村困难群众和138户贫困残疾人危房改造，新建经济适用房2712套，132套廉租房全部入住。按800元、1000元、1200元标准为2976名村级组织离职干部发放生活补贴，对现任村主干按两倍于当地农民人均收入标准发放工作补贴，2976名曾长期担任主干的农村老干部享受了养老补贴，建立了300万元生活困难党员帮扶基金，帮扶8391名困难党员。

就业形势保持稳定。财政连续第五年支持各类新型农民科技培训15.1万人，创业培训3720人，创业成功人数183名，创业带动就业人数达3100人，新增城镇就业岗位2.79万个，输出和就地转移农村劳动力输出转移1.17万人，市中小企业信用担保公司开办下岗失业人员小额担保贷款，担保金额从2万元上浮到5万元，对吸纳下岗失业人员占企业用工30%

的企业提供2~100万元贷款,对领办项目的大学生村干部提供创业基金担保贷款,贷款期限一般为3年,累计贷款608笔,金额1601万元,扶持下岗再就业职工818人。财政支出2094万元,帮扶困难弱势群体就业,725人享受"零就业家庭",2177名人员享受了财政公益性岗位,8827名失业人员实现了再就业。

应急救灾成效显著。针对甲型H1N1疫情蔓延,及时调拨398万元,支持应急和技术储备,有效防控了疫情传播;针对旱灾、雪灾疫情,及时调拨救灾款1116万元,确保了全市近40万名受灾群众口粮、衣被和取暖等生活需求;财政支出公共卫生专项5034万元,免费为城乡居民提供9种基本公共卫生服务,有效支持妇幼保健、疾病预防、地方病防控等。财政补贴、煤炭企业让利达3亿元,千方百计解决居民冬季取暖用煤92.5万吨。

在社会主义新农村建设方面,先后大规模补助220个村通水泥路,村村通里程达到860.2公里,通达率98.3%,全市具备条件的建制村通水泥(油)路实现了全覆盖;支持新水源供水能力2.8亿立方米,新增农村饮水安全工程299处,解决了616个村15.2万人饮水安全;发放粮食、农机等各类惠农补贴2亿元,45万户159万农民从中受益;财政补贴农机具3773台,农机化高于全国水平,新增沼气秸秆气服务网点270个,用户规模占全市农村总户数38%;支持118个农民专业合作社,其中示范合作社66个,品牌合作社52个,发展社员3540人,带动农户11 800家,拉动农民收入增长25%。支持移民搬迁完成2000人,贫困人口由本世纪初15万人下降到近6万人;争取国家、省农业综合开发项目13个,建成优质桑园基地15万亩,干鲜果基地66万亩,小杂粮基地94万亩,中药材基地20万亩,蔬菜基地17万亩;连续5年扶持畜牧业由小到大,占领农业经济半壁江山,扶持规模养殖场1080个,各类适度规模养殖场户10 200个,形成1153万头养殖规模,农业产业化经营组织发展206个,带动农户24万户,户均增收1380元。

现代化宜居城市建设步伐加快。运用财政政策和资金累计融通社会资金166亿元,启动了28项城建工程,提升城市的公共服务功能,为我市建设自然、生态、园林、文明、和谐的现代宜居城市,顺利摘取中国特色魅力城市200强、中国魅力中小城市50强、中国人居环境范例奖"等桂冠。先后支持了阳翼高速、高新高速、西北环城高速,泽州北路延伸段、东南出入口等通道工程,中心城市面积扩大到80平方公里;启动了投资28亿元的北石店区城市化改造、投资91亿元的14个城中村改造工程;支持了数字化城管工程,完成数字电视转换6.3万户,城市供热扩容1055万平方米,热化率达81%,供水管网改造44.5公里,日供水能力达到10万吨;支持"蓝天碧水工程",市区128台燃煤锅炉清洁能源改造完成,年节约标煤5万吨,城市污水深度处理工程开工建设,垃圾处理厂投入运行。支持了北出入口绿化、西河景观延伸、泽州公园改造、玉龙潭公园，以及三个小游园等园林景观绿化工程，丹河人工湿地一期工程建成；启动造林绿化工程，新增十万株大树、10.3万株彩叶树、13万亩荒山造林、1.57万亩干果经济林，人均增绿2.7平方米，城市绿化覆盖率达48%，市区空气质量二级以上天数352天，一级天数103天。

在科技、教育、文化、卫生、体育等事业方面。公共卫生覆盖城乡，提前一年实现村级卫生所(室)全覆盖。先后支持市医院建设了内科住院大楼，新增CT等大型医疗诊断设备，新增加标准病床单位282张，市传染病医院扩建了传染病病区门诊、住院部大楼，总建筑面积达1.2万平方米。支持了10个社区卫生服务中心和25个社区卫生服务站达标建设，为249名社区卫生服务中心工作人员解决了工资待遇，为城市86%的居民建立了健康档案，88%的社区卫生服务机构数纳入医保，形成预防、保健、医疗、康复、健康教育、计生指导"六位一体"的社区卫生服务网，率先在全省完成社区卫生服务站标准化建设。按照34种基本医疗设备为全市116个乡镇卫生院、1741个卫生所，以及撤乡并镇时保留的原乡镇卫生院配备了医疗标准化设备，率先在全省完成国家级标准化卫生院创建。市财政按照每村8000元标准，为512个贫困村和219个空白村一次性配备了诊断床、制氧机、急救箱等16种基本医疗装备；大幅提高乡村医生补助标准，由原来每人每年720元调整为每人每年不低于4800元。

教育投入大幅增长，办学条件明显改善。参照公务员平均工资水平大幅提高了义务教育教师工资，大幅提高了农村义务教育经费保障水平，农村义务教育生均公用经费标准小学从257元提高到344元，增幅34%，初中从395元提高到544元，增幅38%，新增农村中小学生取暖费40元/人。农村困难家庭寄宿生生活费补助小学由400元提高500元，初中由500元提高到750元，18 272人享受补助资金1208万元；全部免除了城市义务教育阶段学生学杂费，惠及学生6.9万人；支持108所农村寄宿制中小学完成餐厅建设，解决了3.57万学生的就餐；支持109所农村小学配备科学实验室，支持10所中小学完成教育技术装备标准化建设。启动了2008—2010年农村中小学校舍安全工程，全市规划危房面积20.3万平方米，支持134所项目学校完成危房改造，改造危房面积11.9万平方米，超过省定34.2%目标任务。支持晋城一中、二中等高中学校配备了新课程实验教育技术装备；支持市直所有学校完成塑胶操场建设和旱厕改造，市直95%的学校基本实现教室、实验室、多媒体室、图书室、塑胶操场、餐厅标准化建设。

启动了图书馆、档案馆、美术馆，支持了晋城学院、市委党校、客运东站、公路场站、市跳水馆、社会福利院及老年公寓等一大批公众活动场馆建设。支持市歌舞团、上党戏剧院、群众艺术馆、书画院、少儿艺术团等单位解决了办公和活动场地。支持了奥运文艺演出、国际围棋比赛、神奇太行·经典晋城、第八届全民运动会等大型文体活动,支持了《白马少年》、《陈廷敬》、《长平之战》、《炎帝传奇》、《大孝董永》等艺术精品制作。支持了《晋城历史文化丛书》编纂、电视文化讲座《晋城大讲堂》,非物质文化遗产普查,34 个项目列入省级非物质文化遗产保护名录。支持 50 户以上的村全部实现了广播电视全覆盖。新增体育场地 19.2 万平方米,建成乡镇综合文化站 342 个、村级文化活动中心 822 个,农家书屋 168 个,为低保对象发放购书补助卡 64 849 个,建成文化信息资源共享乡镇服务点 399 个,村级站点 530 个。

2010 年,发挥投资拉动作用,调动全社会投入基础设施建设的积极性。我市用于固定资产重大项目的财政投资力度明显加大,投资总额比上年增长 60%;其中,争取中央投资项目 202 项、3.2 亿元,争取省级投资项目 247 个、3.7 亿元,争取金融组织贷款 7.9 亿元,建设项目还本付息 1 亿元,申报国际金融贷款 597 万美元,市本级财政安排投资 6.5 亿元,支持重点工程 153 项;投资总规模累计 26.5 亿元,带动年度工程投资 248 亿元,占到当年全社会固定资产投资 40%以上。

全力支持转型发展,加大具体项目扶持力度。共扶持项目 562 个,市财政扶持 1.56 亿元,带动项目投资 154 亿元,达效后可新增销售收入 272 亿元,利润 38 亿元,税金 19 亿元,新增就业岗位近 7 万个。

创优企业发展环境,帮助企业走出困境、做大做强。全市各级财政性担保机构,累计为各类中小企业担保额达到 6.2 亿元。其中,市中小企业担保公司提供融资担保 5.4 亿元。积极争取国家扶持资金 435 万元,5 家政策性担保贷款 5644 万元;支持乐百利特、富基新材、汉通机械、清慧制造等公司贷款担保 4300 万元。

全面贯彻“多予、少取、放活”的要求和各项惠农政策,继续加大支持“三农”力度。发放各类惠农补贴 2 亿多元,90%的农户享受了粮食燃油农机等补贴政策;全市农机主要作业水平达到 50.9%以上,高于全国水平,率先在全省进入农机化中高级快速发展阶段,10%的农户享受“家电下乡”补贴。落实粮食直补资金 1979 万元和农资综合直补资金 12 042 万元,惠及 45.3 万农户、159.4 万农民,补贴耕地面积达到 300.43 万亩。良种补贴按小麦、玉米每亩各 10 元、棉花每亩 15 元的标准将 2269 万元资金已全部拨付到位。农机购置补贴,标准总体上继续执行不超过 30%的补贴比例,落实各级农机购置补贴资金 2484 万元,共补贴各类农机具 3907 台(件),拉动农民投入农业机械装备投资 3946 万元,有 2975 户农民受益。特色农业产业化的发展格局基本形成。支持农业产业化经营组织达到 217 家,新发展农民专业合作社 506 个,累计达到 1650 个,总资产达 94 亿元,覆盖了全市 50%以上的行政村;支持集体林权改革,46%的行政村完成集体林权改革;支持农业综合开发土地综合治理项目 48 个、产业化经营项目30个、特色优势农产品基地29个，项目区覆盖20.3万农民受益。连续5年扶持畜牧业，扶持的各类规模饲养场、户发展到10 636家，全市有48%的农户从事畜牧养殖，生猪养殖规模突破300万头，生猪出栏占全省1/5；扶持了正易猪业、华康猪业、康鑫猪业、强民乳业、雨润集团等一批农副产品加工企业，农民人均畜牧业纯收入达到365元，比2005年增长58.6%。

农村生产生活条件显著改善，社会主义新农村面貌焕然一新。先后支持村通水泥(油)路191公里，农村安全饮水工程建成456处，解决了22.32万人的饮水安全，万村千乡农家店覆盖97.3%的乡镇68.5%的行政村，新增农家店8万平方米，新增就业3417人，100万农民受益；中低产田改造达到13.7万亩，农业生态工程面积2.61万亩。全市沼气秸秆气用户发展到14万户，38%的农户用上沼气秸秆气，覆盖率全省第一。支持家电下乡、农机下乡、汽车以旧换新和摩托车下乡，家电下乡产品最高价由3000元提高到7500元，补贴九大类6000多种的产品14.32万台，兑付率全省第一。我市六县(市)区全部开展了“一事一议”财政奖补工作，下达中央和省级财政奖补资金3185万元。

在社会保障方面，2010年，城镇居民医疗保险扩面达90%，财政补助标准和筹资水平实现了每人每年120元，最高支付限额由3.2万元提高到5万元；新型农村合作医疗筹资标准由100元提高到150元，参合率提高到95.6%。在泽州、阳城、沁水首批开展新型农村养老保险试点基础上，率先在全省实现了新型农村养老保险全覆盖，财政筹集1.7亿元，参保人数达到81.3万人，全市有17.38万名年满60周岁的农村老人享受到660元的养老金；企业离退休人员养老金提高到14 592元。农村低保年人均补差提高到1145元。城市低保水平第5次提高到每人每年120元，年人均补助提高到2940元；支持新改扩建农村敬老院16所，5年累计支持25所，集中供养率近35%；保障了1.5万名优抚对象生活医疗水平，累计保障6633名残疾人实施了康复救助。应对今年物价涨幅过快，调拨资金800万元，平均为城市低保、优抚对象、新中国成立前老党员、农村低保五保发放临时性价格补贴130~150元。

城乡办学条件显著改善。实施了2008—2010年中小学危房工程，投入13.3亿元支持460所中小学138.4万平方米危房改造。连续第三年为314所农村中小学实验室配备了科学、数学、生物实验仪器，为365所寄宿制学校配备了食堂用台、柜、架、和面机、压面机等卫生设施。支持全市涉农专业1126人免除学费，按15%幅度补助非农专业家庭经济困难学生2166人的学费。筹资1600万元支持城区管辖的12所学校进行塑胶操场建设。对农村义务教育阶段9万多名学生实行了两免一补；免除近5万名城市义务教育学生的杂费；农村义务教育生均公用经费保障水平大幅提高，小学由257元提高到344元，增幅35%，初中由395

元提高到544元,增幅39%;农村困难家庭寄宿生生活费生均补助年标准小学由400元提高到500元,初中由500元提高到750元;参照公务员平均工资水平提高了义务教育教师工资;市直19所中小学完成阅览室、图书室、多媒体室等八配套工程,高中、职高全部配备了新课程实验标准化装备,所有学校完成了塑胶式操场、水冲式厕所改造。

在医疗卫生服务体系方面。2010年,财政投入1148万元,按每村4万元标准,重点支持287个破旧村完成卫生室改造和维修;投资1亿元支持了4家县级医院、3家乡镇卫生院、50个村卫生所、3个社区卫生服务中心建设,县乡村三级医疗机构达标率95%。启动了基本药物制度试点改革,全市60%基层卫生医疗机构实施了国家基本药物制度,20个基层卫生医疗机构启动了基本药物配送工作。乡镇卫生院全面完成国家级标准化卫生院创建,城市社区卫生服务中心(站)实现标准化建设;30余个重点医疗基建项目基本建成,总建设面积6万多平方米,249名社区卫生人员解决了工资待遇,86%的城市居民建立了健康档案,88%的社区卫生服务机构纳入医保,财政还按照人均不低于15元标准,免费为群众提供了基本公共卫生服务,对一些特大的传染病,比如非典、结核、肝炎,都实行了免费医疗和儿童免费注射疫苗,将防治关口前移到每村每户预防碘缺乏、大骨节病等9种地方病,市级公共卫生指标达90%以上;对城乡低保群众中2131名患有恶性肿瘤、尿毒症、白血病等34种大病患者进行救助,人均救助3400元。

群众性文体事业蓬勃发展。支持建设晋城学院、赵树理文学馆、市综合馆、文体宫、体育场、上党戏院、青少年宫、游泳馆、博物馆、凤凰岭公园等公众活动场馆;设立3000万元文化产业扶持资金,支持"村村通广播电视工程"覆盖面达100%;支持《白马少年》、《陈廷敬》、《长平之战》、《炎帝传奇》等艺术精品。新建乡镇综合文化站342个、村级文化活动中心822个、农家书屋470个,支持村级组织活动场所428所,为74个乡镇文化站和22个社区文化中心配备了桌、椅、书柜等办公设备;支持56%的行政村完成文化活动中心达标建设。率先在全省实施文化兴农工程,每年向农村送电影28 884场、送戏300场,送书20万册,为每个村每年免费演出1场戏、放映12场电影,建立农家书屋,在农民工集中地配备电视机、图书柜。累计投资4亿元新建体育场馆500余所,引导经营性体育场所700多家,全市体育场所达到2764个;年均支持群众性竞赛110次,参加人数超过80万人。

在城乡一体化建设方面,2010年,先后支持了市区白水街、前进路、东南出入口、泽州北路延伸等通道工程,阳翼高速、环城高速公路已竣工通车,对城市供热进行扩容,热化率由48%提高到81%;新增清洁煤层气入户1.5万户,累计达到9.9万用户,气化率由30%提高到90%,新增供水管网44.5公里,日供水能力由5万吨增加到10万吨满足了生产、生活用水,中水回用率达到 35.5%;支持北出入口、西河景观延伸、泽州公园改造、玉龙潭公园,以及三个小游园的园林景观绿化,白马寺沉陷区生态综合治理、环城高速沿线绿化和碳汇造林工程,完成造林 9.2 万亩,植树 800 万株,人均绿地面积提高到 9 平方米,城市绿化覆盖率达到 45.8%。垃圾处理厂投入运行,丹河人工湿地一期完工;支持“蓝天碧水工程”,714 家重点工业企业完成达标任务,市区常年运行的 128 台燃煤锅炉完成了清洁能源改造,支持建设了全省唯一一家医疗废物处置中心,可满足未来 20 年城市医疗废物处置需求,支持废水处理、粉尘治理、节能减排,全市空气质量均达到国家二级标准,万元 GDP 能耗下降 25%。完成了模拟向数字化电视转换 6.3 万户,80%区域完成城市供气管道改造。累计支持 7701 人享受廉租补贴或实物配租待遇,新改扩建经济适用房 54.3 万平方米、6582 套,90.6%符合经济适用住房条件的困难家庭解决了住房问题。支持 818 户农村困难群众危房改造、599 户残疾人危房改造。城市功能明显提升,城镇化率达 48.4%。

坚持“二次分配注重扶贫帮困、促进社会公平”的指导思想,努力保障和改善民生。支持所有偏远贫困地区行政村通上水泥路,兴建饮水安全工程 147 处,解决 155 个偏远山区农村 6.23 万人饮水安全;财政还按照每村 8000 元标准,为全市 510 个贫困村、219 个空白村一次性配备了诊断床、制氧机等 16 种基本医疗装备,以及健身体育器材,扶持 219 个空白村修建了卫生所。累计扶持 360 个贫困村新发展蔬菜大棚 3000 多栋,连翘种植基地 10 万亩,生态养殖项目 210 个。

积极拓展就业渠道,保持就业形势稳定。支持各类新型农民科技培训 2.9 万人,农村劳动力转移技能培训 8400 人,创业培训 3180 人,培训后成功创业 883 人,创业带动就业人数达 8280 人,城镇新增就业岗位 3.45 万个,输出和就地转移农村劳动力输出转移 2.1 万人。市中小企业信用担保公司开办下岗失业人员小额担保贷款,担保金额从 2 万元上浮到 5 万元,共扶持下岗再就业职工 165 人、810 万元;为 696 名困难弱势群体发放补贴 162.9 万元。帮助 1447 名困难群体实现再就业,2922 人享受公益性岗位,支持 5026 名残疾人接受技能培训,39 636 名残疾人实现了就业,开发了 300 个残疾人公益岗位,残疾人就业率达到 85%以上,城镇登记失业率始终低于省控目标 3.2%。

财政改革

财政预算功能由传统的投入预算向科学的规划预算、绩效预算转变。2009 年,全市预算单位全部纳入部门预算,纳入面 100%。

财政支出管理机制不断完善。国库集中支付、投资绩效评审、政府集中采购有效地发挥了综合服务与监管功能。2009 年,市本级一级预算单位和有重大项目支出的二、三级预算单位,以及包括政府性融资的财政资金投资项目全部纳入集中支付范围,覆盖面达到100%,财政投资评审效果更加明显。累计评审项目240个,评审资金10.1亿元,审定资金8.6亿元,节约财政资金1.5亿元,审减率达15%。政府集中采购规模达到5.5亿元,节约资金3879万元,节资率7%。上述两项共为国家节俭财政资金1.88亿元。合理有效控制和压缩一般公共服务性支出。市直单位因公出国出境经费支出在近三年平均数基础上压缩了20%,部门运转经费在上年基础上压缩了5%, 车辆购置及运行费用支出在近 3 年平均数基础上降低15%,公务接待费用支出在2008年基础上降低10%。

深入开展"一法一例"和小金库大检查,重点对国有资产有偿使用、培训费等非税收入以及重点资金支出情况进行专项检查,共查出各类违规违纪资金2亿多。

有效发挥国库支付、投资评审、政府采购的监管功能,取消所有预算单位的银行账户,对尚未实行国库集中支付的市直全额预算事业单位全部实行国库集中支付, 使财政资金基本覆盖于制度约束之下。2010年,市直实行国库集中支付的单位达到288个,覆盖面100%,支付总额占总支出90%以上,保证了专款专用,共支付121 748万元,拒付不合理支付2240万元。投资评审项目331个,评审资金20.09亿元,审定资金18.4亿元,节约财政资金1.69亿元,审减率达8.4%。政府集中采购规模达到18 490万元,节约资金1280万元,节资率9.9%。上述两项共为国家节俭资金1.83亿元。严格控制和压缩一般公共服务性支出。近三年车辆购置及运行费用支出降低了13.8%,公务接待费用支出降低了15.5%,市直单位因公出国出境经费支出剔除不可比因素下降29.7%。对2008年以来财政拨款项目进行自查,并从项目名称、实施主体、投资额、资金来源、工程进度、资金拨付情况和有无物资采购等七个方面进行了摸底统计。在"小金库"治理中,查出"小金库"12户,涉及金额949.34万元。对查出问题全部进行了处理。

(市财政局)

国 税

税收收入

2009年,全市国税系统共组织税收收入805 990万元,占年度省计划的115.04%,比上年增长28.35%,绝对额增收178 021万元,收入总量一年之内连破70亿、80亿元两个关口,收入规模是2000年的9.8倍,超过了2000年至2004年5年收入的总和,税收收入连续第10年呈现两位数以上的增长。

2009年,全市入库上年批缓及延期增值税104 539万元,比2008年净增加59 186万元,占到全部增收额的33.25%,增值税收入占到全部收入的90.9%,收入比重比2008年提高两个百分点,对增收的贡献率达到98.11%;煤炭开采及洗选业增势强劲,税收增幅高达46.12%,占增值税收入比重达到72.1%,对增值税的增长贡献达到95.55%。

2010年,组织收入突破90亿元大关,全市国税系统共组织各项税收收入904 271万元,同比增长12.19%,增收98 281万元,占年计划的104.61%。其中:与地方财力挂钩收入完成874 324万元,同比增长11.35%,增收89 129万元,占年计划的107.14%。

税收环境

2009年,547户重点监控企业共入库"两税"64.86亿元,占到全部收入的93.14%。严格控制欠税规模,全市共清理入库往年陈欠呆账525万元,清理本年新欠入库1800余万元。对大型连锁超市、建筑安装业、办理出口货物退(免)税企业、三年以上未实施稽查的重点税源企业、煤焦企业及非煤矿山企业进行了专项检查,查结128户,查补收入1023万元,企业自查补报并入库税款3484万元;对沁水县行政区域内的煤炭生产、发运、煤层气、煤炭运输、煤场、集运站等企业开展区域税收专项整治,共检查煤炭企业22户,查补各项收入600余万元,其中税款345万元,滞纳金132万元,罚款123万元。2009年全市国税稽查部门共查补入库各项收入1515万元(税款737万元、滞纳金214万元、罚款564万元),组织企业自查530户,自查补报收入10 266万元(税款10016万元、滞纳金250万元),入库率为100%。

发挥执法考核信息系统动态质量监控和定量定性考核的作用,严把"岗位职责落实关、从严从细考核关、过错责任追究关",2009年7月至11月,全市发生执法业务总量185 635条,产生过错行为28条,执法正确率达到了99.98%,比去年同期增加了0.15个百分点,有3个单位连续11个月无过错。编写《税收专项督察操作指南》,对基层局开展税收执法专项督察重点检查，采用列表的方式，将检查出的问题向被查单位逐条提出了整改意见和整改标准,各单位按照要求进行了整改,检查共追究 29 人次,追究金额 1482 元。

2010 年,对 579 户所得税纳税人开展了纳税评估,全年评估入库税款 6158 万元。加大稽查力度,全市入库各项查补税款 11 913 万元,同比增长 3.29%。严格控制欠税,累计清理往年陈欠入库 242 万元。

税收征管

2009 年,认真落实减免退税政策。共抵扣固定资产进项税额 32 979 万元;为小规模纳税人减轻税收负担 3077 万元;共为 16 875 台小排量汽车办理缴税手续,减征车购税 4796 万元;储蓄存款利息所得税减收 4373 万元;为民政福利、环保节能、资源综合利用、再就业扶持等类型纳税人办理减免退税 2687 万元；为企业办理出口退税 4325 万元；对不达起征点的 2700 余户个体工商户免征增值税 300 多万元,增强了企业发展后劲。

完善质量监控体系,征管质量不断改善,整体指标高位运行。对信息准确率等 11 个指标的考核,提高考核监控的合理性和有效性。开展征管基础检查,先后开展全面自查和对城区、陵川、高平、开发区四个基层局的重点检查,检查出在征管基础、发票管理、征管数据和“四位一体”运行共四个方面存在 20 项问题,查补税款 13.6 万元。认真开展征管数据巡查,对疑点数据逐月核对,及时纠正数据错误,共从纳税人状态与证件状态情况、税务登记类、申报征收类和违法违章类等 4 大方面,对 1755 条疑点或错误数据进行修改、处理、清理,确保了数据质量。

制定实施《小规模纳税人普通发票“票税互控”管理办法》,初步解决了个体工商户定额核定和调整、发票流失率高、核定征收难、零负申报率高、四小票管理等难点问题。2009 年以来木材行业税负水平平均提升了 29.5%，对 2980 户个体工商户的定额进行了大幅调整,对 226 户账务不健全的小规模纳税人实行了核定征收,全局“双定”户定额平均上涨 37.8%,全市国税系统平均零负申报率为 25.54%,低于全省平均水平。开展对全市 106 户商贸企业的重点评估和全面整顿,评估税款 327 万元。

开展所得税专项检查工作,共检查纳税人 201 户,查增应纳税所得额 6696 万元,应纳所得税 1541 万元,调减企业亏损额 1687 万元;对 308 户所得税纳税人开展了纳税评估,调整应纳税所得额 2425 万元,评估入库税款 584.5 万元,滞纳金 1.5 万元,移交稽查部门处理 2 户。2010 年,征管基础得到夯实。通过联合征信系统交换工商登记信息,清理漏征漏管户 2035 户,进一步提高了户籍管理水平。开展征管数据清理工作,对涉及 26 项指标的 4402 条疑点记录进行了认真比对、核实、清理、修改和处理,数据质量控制良好。圆满完成综合征管软件票证管理功能上线运行工作，提高了税收票证核算和检查的效率及质量。

加强增值税管理，对2009年应税销售额超过小规模纳税人标准的255户纳税人进行了资格认定；贯彻《增值税专用发票风险管理办法》，在全市推行增值税专用发票比对管理台账；实现防伪税控系统远程抄报税，培训企业590户，已安装系统369户，截至12月9日已有290户企业通过远程抄报税系统完成了抄报税工作。车购税下放管理工作运行平稳，高平、阳城、陵川、沁水实现车购税0.39亿元，占到全市总额的14.55%。加强消费税管理，对税额变动超过25%的行业及企业进行重点监控，对晋煤集团天溪煤制油分公司煤制汽油应征消费税项目核实税基，重点监控，该企业共缴纳消费税2305万元，占全市总额的28.17%。

纳税服务

2009年，深入开展以税收服务经济、服务民生、服务纳税人的“三服务”为主要内容的“满意在国税”活动，市局和6个县(市、区)局均被确定为政风行风免评单位。积极推行多元化申报缴纳方式，不断拓宽服务领域。对“双定”纳税人实行简易申报、简并征期合并纳税期限，有效减轻了纳税人和基层一线人员的工作负担。积极推行以税收服务一体化、窗口功能全职能化和纳税人办税自助化为目标的财税库银横向联网申报方式和按季申报、以缴代报的简易申报方式，全市国税系统有3500多户使用简易申报，1600多户使用电子申报，提高了办税效率。全市已有7个征收单位上线运行了横向联网系统，与829户纳税人签订三方协议并通过验证，成功扣缴税款及“两费”6801笔，金额达5.02亿元。优化流程，减轻负担，服务质量不断提高。本着“资料简并、信息不减”的原则，建立健全“一户式”电子信息资料库，取消了16项需要纳税人报送的报告、报表，做到了登记、调查、审批基础资料合并，信息共享。降低增值税专用发票和防伪税控系统技术维护价格，两项费用的下调，预计全年可为纳税人节约20多万元。免费为纳税人提供涉税文书、代开普通发票、发放《税法公告》、提供纳税指南，全年减轻纳税人涉税负担20余万元。实行了车辆购置税的属地管理，将车辆购置税征收业务下放到各县(市、区)局，极大方便了购买车辆的纳税人。

2010年，积极落实总局和省局的纳税服务工作规划，规范办税服务，提升服务功能，整合服务资源，纳税服务持续优化。

一是拓宽服务领域。积极推行服务窗口全职能化和办税自助化为目标的财税库银横向联网申报方式，全市全年累计签订三方协议9804户，占全市14 216户纳税人的69%，其中一般纳税人签约率达100%，小规模纳税人签约率为99.82%，达起征点个体双定户签约率为88.11%，在全省遥遥领先。全年通过横联系统划款入库税款达50.9亿元，占全年入库税款总额的56.3%；其中最高的11月份通过横联系统划款入库税款52 834万元，占当期入库税款总额的85.97%。财税库银电子缴税系统的推广应用,纳税人足不出户完成缴税。推行按季申报、以缴代报的简易申报方式,在车购税分局推行了POS刷卡缴税,实现了税款的快捷缴纳和即时入库。

二是创新服务方式。建立健全"一户式"电子信息资料库,开发区税务分局还推出"一厅通办"模式,试行自助办税,将所有办税事项全部前置到办税大厅,变后台管理为前台受理、预约或办结服务,为纳税人减轻了负担,提高了办税效率。高平市国税局推出导税服务,以"零距离"的方式缩短纳税人办税时间。三是巩固服务阵地。市局认真学习了《山西省国家税务局关于全面推进办税服务厅标准化建设的指导意见》,积极推进全市标准化办税服务厅建设,直属局办税服务厅在办税环境、服务制度、岗责流程、行为规范、内部管理五个方面基本上达到标准化办税报务厅建设的要求。

2010年,在全市国税系统开展国税文化建设活动,传唱《晋城国税之歌》,编写《晋城国税文化手册》,国税文化建设氛围逐步形成。召开文化建设动员大会,对全市国税系统的文化建设工作进行全面安排部署。坚持以人为本,关心职工生活,坚持为每个干部职工过生日,组织干部参加国民体质监测和体检;市局机关聘请专业太极拳教练教授二十四式太极拳,市局组织成立学习小组、业务攻关小组、多个文体活动小组,促进了文体活动的制度化、规范化。

认真落实各项税收优惠政策,充分利用免税、减税、固定资产抵扣、所得税税前扣除、亏损弥补、即征即退和出口退税等政策规定,支持高新技术企业、残疾人企业、资源综合利用企业和出口企业发展,切实减轻企业税收负担,共抵扣固定资产进项税额57 137万元,为企业减免退税2756万元,为企业办理出口退(免)税11 722万元,有力地促进了企业的发展。市局被省委、省政府表彰为"山西省模范单位",荣获全市"和谐机关标兵"和"文明和谐单位标兵"称号,我市国税系统成为晋城市"文明和谐行业"。

依法治税

2010年,国税部门落实《山西省预防职务犯罪工作条例》。建立税收行政执法责任制度体系,规范税收执法行为。税收行政执法责任制度体系,由《晋城市国税系统税收行政执法责任制》及其《考核制》、《过错责任追究制》、《考核细则》等组成,根据税收执法业务流程,将税收执法权细化为90个执法事项、272个执法环节,形成合理的岗责体系;设置236项执法标准进行考核;设置5个级别1063项过错行为及相应的责任追究,有效规范各执法岗位的权力运行,形成相互衔接、相互制约的执法保障机制。

落实税收执法管理信息系统的监控考核,严格执行继续实行月通报和约谈制度,税收执法过错明显下降,2010年,全市国税系统前11个月发行执法行为205 427条,其中过错数4

条，执法正确率达到99.99%。积极组织税收执法专项监督检察工作，开展2007—2009年执法工作自查和重点检查，共发现和纠正不规范的税收执法行为7个方面17类49个问题，查补入库税款307万元；共追究185人次，其中经济惩戒73人次，金额2110元。落实重大税务案件审理制度，全年共对8起重大案件组织了审理。2010年8月，市国税局被晋城市人民政府表彰为“2008—2009年度行政处罚案卷优秀单位”。

开展税收专项检查和区域税收专项整治，严厉打击涉税违法犯罪活动，净化税收环境。全市国税稽查部门共组织自查240户，实施检查262户，立案215户，结案215户，结案率100%，对阳城陶瓷工业园区和晋城市兰花集团进行了重点税收专项整治。选择具有代表性、税基大、税源普及的房地产及建筑安装业35户、药品经销行业52户、交通运输业18户、煤炭运销行业61户、黄金销售企业4户进行了剖析式检查，共自查补报入库收入8259万元。与公安机关联合查处3起特大涉税违法案件、成功捣毁3个制贩假发票窝点，抓获犯罪嫌疑人6名，为国家挽回损失近3亿元。受到公安部、国家税务总局的通报表彰，被评为“全国打击发票违法犯罪活动先进单位”。

开展形式多样的税收宣传活动。同晋城最大的台商投资企业—富士康携手举办主题为“走近郭台铭、对话富士康”的活动，并开展“税收·发展·民生”主题征文活动，收到征文180多篇，20篇优秀作品在《太行日报》刊登；创办“纳税人学校”，根据纳税人需求设置课程，已成功举办两期税收知识培训，近200户纳税人参加了培训。

（市国税局）

地　税

税收收入

2009年,全市地税系统共组织各项收入749 700万元,占年计划的102.22%。其中:各项税收收入完成473 715万元,占年计划465 500万元的101.76%,同比增长9.02%,绝对额增收39 188万元。各项税收收入提供一般预算收入完成231 143万元,占年计划的102.1%,同比增长8.76%,绝对额增收18 623万元。煤炭可持续发展基金在完成省地税局下达230 200万元年度计划的基础上,有所超收。价格调节基金完成9500万元,占年度计划4171万元的227.76%;文化事业建设费完成100万元,占年度计划79万元的126.59%。水资源补偿费完成12 804万元,完成年度计划;民兵预备役训练统筹费完成270万元,完成年度计划;工会经费完成3800万元,占年度计划2000万元的190%;残疾人就业保障金完成470万元,完成年度计划;河道工程维护管理费完成300万元,占年度计划210万元的142.86%。

2010年,累计完成各项税收收入53.69亿元,占年计划的105.7%,同比增长13.34%,绝对额增收6.32亿元。其中:提供一般预算收入27.04亿元,同比增长15.53%,绝对额增收3.63亿元。各项规费收入累计完成28.09亿元,同比增长1.02%,绝对额增收0.24亿元,价格调节基金和文化事业建设费超额完成全年任务,其中:煤炭可持续发展基金完成22.59亿元,占年计划的100%。

信息化管理

2009年5月,市地税局税收预警软件上线。财税库银电子缴税横向联网试点第一轮测试工作结束。建立煤炭企业监控体系,通过各税务所定期上报所辖煤炭企业的煤炭单价、产销量、缴纳税金等数据,掌握所有煤炭生产企业经营状况。陵川局利用市地税局的税务短信平台,开发煤炭企业产销量手机短信适时报送系统,对煤炭行业实行产销量逐日申报制度,即:煤炭企业对每天的生产产量和销量,在次日的8点前由企业指定专人利用短信向煤炭监控软件系统进行报送。市地税局综合办公系统开始运行,完成全系统征管档案的电子化管理。举办两期网络与信息安全培训,开展两次信息安全保密检查。建立全市车船税征收信息数据库,堵塞税收管理中的漏洞。8月27日,省地税局在沁水县召开全省地税系统网络与信息安全培训暨现场工作会议。11月,由市地税局设计的规费报表软件在全省地税系统推广使用。

2010年，在市区及6个县区范围内实现横向联网电子扣税，实时扣税纳税户达1100户，扣收各项税费1.8亿元。在全省首家正式推行横向联网批量扣税工作，对市区范围内及6个县区范围内的5306户定期定额户实施横向联网批量扣税，扣收各项税费1151万元。全系统开展纸质征管文书网上运行，对全市72个税务所的文书流转环节进行逐个设置，共设置文书2088条，分配承办人员450余人。全年共运行各类文书19 276件，办结19 156件，办结率达99.38%。

税收服务

2009年，继续实施星级服务活动和党员星级服务活动，累计评选五星级服务标兵60余人(次)。出台《办税服务厅管理办法(试行)》，实现四个统一，即：统一设施标准、统一功能配置、统一窗口设置、统一服务形象；出台《纳税服务考核办法(试行)》，全面开展纳税服务绩效考评；实行重大投资项目跟踪服务及预约制度，每月在各办税服务大厅收集纳税人咨询最多的涉税问题，整理解答后在各办税大厅门前的公示栏内和门户网站上及时进行公示。继续落实“两个操作示范信息化应用系统”，压缩各项涉税事项的办理时间，避免纳税人因办税流程不熟导致纳税事宜出错受罚现象的发生。

2010年，按照省地税局“纳税服务年”活动的具体安排部署，先后开展“税收走进百企”、“服务贴近基层”、“网络输送服务”、“纳税风险提醒”、“千人评议服务”、“税企共建和谐”、“阳光规范执法”七大主题30余项具体活动。据省统计调查队对全省地税系统“纳税人满意度调查”报告，晋城市地税系统满意度以76.62分居全省之首。

税收宣传

2010年，全市地税系统以纳税服务为主题，注重税企互动，开展形式多样的税收宣传活动。一是深入企业，主动送政策、寻不足。全市各级地税部门深入凤展购物广场、晋煤集团等110余户企业，面对面宣讲税收政策，听取建议和意见；二是召开各类座谈会、研讨会，开门纳谏定措施。先后召开“重点纳税人座谈会”、“服务中小企业发展专题研讨会”等不同内容的座谈会20余次，主动向企业宣讲有关税收政策；三是丰富载体，手段创新。开通“纳税服务网”、“纳税人之家”、“税收优惠政策查询系统”等电子服务系统，开展“和谐税收QQ行”、“手机短信税收宣传”等活动，制作了高速公路税收宣传版面，拓宽税收宣传和税收服务的空间。四是税收宣传进校园有声有色。“喜洋洋”、“灰太狼”税收动漫小书包、税收动漫宣传片受到学生和老师的欢迎。

监督检查

2009年，对煤炭领域反腐败专项斗争进行回头看，共清理欠缴煤炭可持续发展基金24

万元,累计追缴各项税、费、基金共2.26亿元。开展税收执法权自查活动,着重对涉煤税收执法情况进行剖析和检查。制定《煤炭企业税费基金征收管理环节监督工作制度》、《诚信约谈评估制度》、《管户巡查制度》,建立健全《煤炭可持续发展基金票据管理规定》、《煤炭可持续发展基金票款结报规定》等,加强税收执法力度。对全市16家煤炭企业进行税务检查,共查补税款和滞纳金696万元。

2010年,共检查纳税单位201户,结案201户,组织纳税人自查101户,实现稽查收入9642万元,入库9642万元,占省稽查局下达收入计划任务的120.55%,入库率达100%。

专项检查

2009年,一是开展稽查专项检查。截至10月底,全市共检查纳税单位153户,其中查结152户,查补税款、罚款、滞纳金共计3974.04万元,入库3917.04万元,处罚率达到42.64%,入库率达到98.57%。二是开展旅游业、中介服务业专项检查。共实施检查76户,其中旅游业39户,查补收入72.02万元,中介机构42户,查补收入14.58万元。三是开展房地产业专项检查。实施检查51户,重点就企业的预售房款、视同销售、房产出租等行为进行检查,累计查补税收及罚款1668万元。

2010年,加强涉税鉴证业务管理,共有12家税务师事务所办理了资质备案。对行政事业单位个人所得税代扣代缴情况进行核查,共对326户行政事业单位2008、2009年度的代扣代缴情况及其他涉税事宜进行核查,共查补入库税款59.28万元。完成营业税税收资料普查工作,共调查企业238户,其中抽样调查16户,重点调查225户。完善车辆登记信息传递机制,收集整理全市车船税征收数据近5万条,建立了车船税信息查询系统。利用GPS卫星定位系统开展土地税税源核查工作,增加应税土地面积26 748平方米,增加土地使用税税源51万元。组织全系统的"两权"监督检查自查活动,查补各项税、费、基金合计335.4万元,建立和完善各类管理制度41项,追究执法过错责任311人次,经济惩戒14 540元。

税收征管

2009年,开展管户清查及税务登记证验、换工作,共验、换证16 298户,清查出漏征漏管户507户,查补税收及罚款50.89万元。出台《未达起征点定期定额户税收管理办法》,加强未达起征点个体工商户的税收管理工作,共认定未达起征点户1721户,月平均定额2600元。下发《关于加强欠税管理的通知》,共清理欠税949万元。组织征管基础专项检查,对7个基层单位的征管基础工作进行专项检查,内容涉及税务登记管理、税收核定管理、纳税申报管理、税款征收管理、税源管理、税收保障和处罚、内部监控管理等7个方面共44个小项。完成房产税、土地使用税欠税、未税情况清查工作,建立房产税、土地使用税市、县、所三级税源数据库。对刮奖发票的奖项设置进行调整，利用短信平台进行二次抽奖和消费者输发票号码短信中奖。截至10月底，共接收短信145万条，有8.7万条短信中奖，中奖金额90万元，二次抽奖有3960人中奖，中奖金额27万元。现场查处开具定额刮奖发票违章行为39次，补征税款56.58万元，罚款31 200元，对153户定额偏低的纳税户的定额进行调整。利用综合征管系统对全市72个管理单位的征管状况进行首次监控分析。加强重点工程税收管理，对75项重点工程项目实行项目管理，对65项已开工重点工程实施税收管理，实现税收1260.91万元。加强外来建筑安装业税收管理，下发《关于加强建筑业税收征管有关问题的通知》，将建筑业所得税附征率提高至1.5%。下发《关于加强对煤矿企业兼并重组整合税收管理与服务的通知》，加强对煤炭企业兼并重组过程的税收管理。

2009年，全市共有2280名年所得在12万元以上的纳税人申报年所得共计49 077.65万元，应纳税额7547.37万元，已缴(扣)税额7038.26万元，补缴税款508.38万元，绝对人数居全省第二，完成任务比例居全省第三。进行二次个人所得税管理系统扩面上线工作，截至10月，个人所得税信息系统应用单位从2007年的10户增加到207户，申报税款从每月的100多万元增加到2000多万元。

2010年，下发《关于加强重点工程税收管理的补充通知》，共对开工的83项重点工程实施跟踪税收管理，实现税收9686.29万元。全市房地产及相关税收完成27126.84万元，占年计划的150.85%，同比增长55.16%。出台《征管质效考核评价办法(试行)》，对全市征管运行情况分征管数据、征管内控、征管执行、征管奖惩四大方面定期进行考核评价，全市补录管户基础信息11.7万余条，按季对软件中全市77个税务所和税源管理科的数据情况进行通报，涉及各类征管质效数据2388条，提高税收征管工作的执行力。开展管户清查工作，清查漏征漏管户621户，查补税款156 720元，处以罚款60 250元。

2010年，全市共有2450名年所得在12万元以上的纳税人进行个人所得税自行申报，申报人员年所得共计53 496.64万元，应纳税额7709.59万元，缴(扣)税额7648.34万元，补缴税款52.27万元，减免税款8.98万元，绝对人数居全省第二，完成人数占任务数比例居全省第三。

（市地税局）

金融保险

银行业务

信贷调控

2009年,贯彻落实适度宽松的货币政策,综合运用多种货币政策工具,引导金融机构优化信贷结构,截至12月末,全市金融机构人民币各项贷款余额427.16亿元,较年初增加49.38亿元,增长13.07%;人民币各项存款1107.04亿元,较年初增加148.87亿元,增长15.54%。人民银行晋城中心支行出台《关于金融支持晋城市扩大内需促进经济全面发展的指导意见》,要求各金融机构认真贯彻国务院办公厅关于金融支持经济发展的指导意见,加大对中央、地方扩大内需项目的信贷资金支持,拟定《金融支持中小企业发展的指导意见》,支持中小企业发展。全年辖区内各金融机构共签发银行承兑汇票31.42亿元,较同期增加4.23亿元;累计办理贴现154.53亿元,较同期增加83亿元,票据贴现余额为41.61亿元。加强存款准备金管理,全年共审核法人金融机构少缴存款准备金三次,处以罚款4915.33元。在全市开展"中小企业成长工程",选择100家优秀中小企业重点项目向金融机构进行重点推介。组织召开2009年"晋城市中小企业民营企业重点项目推介会",签订《金融服务中小企业合作框架协议》,各金融机构与14家中小企业签订贷款协议2.6亿元。在全市推广市商业银行建立行业担保商会的经验,成立两家行业担保商会,会员企业由年初的15家发展到23家,授信额度4.3亿元,贷款余额3.3亿元。积极推进小额贷款公司试点工作,成立7家小额贷款公司,各项贷款余额达10 847.46万元。

风险防范

2009年,制定《重点行业及关联金融风险监测办法》,在全省率先实施县(市)支行重点行业监测。12月4日,在沁水县举办山西省金融突发事件应急演练,省政府应急办、省公安厅指挥中心、市公安局指挥中心及市县相关部门120余人观摩了演练。与焦作中心支行建立跨区域金融稳定协作机制,共同订立金融稳定协作备忘录。强化金融稳定资产和再贷款管理,继续做好原城市信用中心社再贷款管理,加强不良贷款回收的书面、电子两套台账管理,与市商业银行签订不良贷款委托清收协议,定时督促其加强清收,减少贷款损失。做好中央银行专项票据兑付后续监测工作,建立农村信用社后续监测目标责任制,督促农村信用社完善法人治理结构,加快经营机制的转换。组织对全市农村信用社监测情况进行现场抽查,编写《晋城市农村信用社后续监测工作手册》,规范监测人员日常监测、现场检查、监督纠改等操作行为。

外汇管理

2009年,中心支局制定出台《支持地方涉外经济发展指导意见》,简化出口收结汇联网核查和预付货款注销手续,对企业确已出口但因数据传输时滞造成可收汇额不足问题,允许其先结汇后核查。简化企业申请贸易信贷临时额度、注销、退汇等环节的审批程序,缩短审批时间。调高企业来料加工收汇比例,取消企业注销申请和外汇局确认注销申请环节。放宽对境外直接投资外汇管理,简化境外投资审批手续,取消境外投资外汇资金来源审查放宽跨境融资限制。截至12月底,全市贸易出口核销额13 142万美元,同比下降12.58%;进口到货核销20 156万美元,同比增长76%。新登记备案进出口企业7家。累计发放出口收汇核销单5534份,同比增长33%。

对辖区银行、企业2007年1月1日至2009年3月31日期间利润汇出及资本变动情况进行专项检查,对辖区外汇指定银行2008年7月至2009年6月期间外汇业务合规性的全面检查,查出各类违规问题5大类,16小类。加强个人结售汇的异常监管,累计监测个人结售汇业务5310笔,金额2808万美元,未发现有个人结售汇异常情况。组织开展进出口企业逾期未核销的清理工作,截至12月底,共清理进出口逾期未核销企业21家,逾期未核销109笔,涉及金额518万美元。全年共立案7起,处罚6起,罚款金额7万元,罚款收缴率100%。

加强跨境资金流动的监测和分析。严格执行资本金结汇先验资后结汇制度,加强对服务贸易外汇收支的监测、分析和预警。规范外商投资企业管理,做好外商投资企业外汇年检工作,当年应参检31家,实参检31家,参检率100%。加强国际收支统计监测,重点开展对中行、农行国际收支统计申报的现场核查及非现场核查工作。

金融服务

2009年,改善农村地区支付结算环境,选择高平市开展试点,带动和推进辖内农村支付结算环境的改善。3月16—17日,全市农村信用社首批70家网点接入大、小额支付系统,至12月底,全市农村信用社通过大额支付系统共接收来账业务27 973笔,金额1 498 105万元,发送往账业务29 200笔,金额1 362 034万元,接收小额支付来账业务19 862笔,金额9332万元,发送小额往账业务16 098笔,金额16 286万元。开展非现金支付工具的推广,组织全市7家发卡机构联合开展"刷银联卡、送体验奖"大型营销宣传活动,活动期间共刷卡28 074笔,同比增长137%,交易金额4926万元,同比增长161%,发放各类体验奖3525份。

国库服务。开展财税库银横向联网推广应用工作,是全省各级国库、所有银行机构和国、地税部门税收收入缴库业务全面实现横向联网的第一个地市。至年底,全市各商业银行、农村信用社全部正式上线接入 TIPS 系统,8 个国税局和 4 个地税局正式上线运行, 完成新签订三方协议 3729 户,全年共处理横向联网业务 11 679 笔,金额 7.69 亿元。开展“送国债下乡”活动,全年共发行凭证式国债和储蓄国债(电子式)66 363.52 万元,兑付无记名实物国债 631 张,本金 8807 元,利息 4126.23 元。国债下乡总额度达到 4500 万元,受惠农民达到 8000 余户,受益利差收入 60.95 万元。扩大财政补贴资金通过国库直接办理的范围,全市纳入改革的预算单位共 778 个,占全部预算单位总数的 65%,共办理国库集中支付业务 35 412 笔,占财政支出业务量 83%。在 2009 年全省国库业务评比中,分别获得国库会计核算、国库统计分析、国库会计管理、国债管理和国库信息反映项目一等奖。

货币供应。建立由货币金银科、货币信贷科、调查统计科等部门与市级各金融机构联合参与的会商机制,合理安排现金存取,全年共调拨发行基金 138.4 亿元,累计投放 83.3 亿元,回笼货币 63.7 亿元,净投放 19.6 亿元。积极探索无库支行小票供应机制,开展人民币便民服务活动,累计投放 1 元以下小面额货币 2046 万元。加大反假货币工作力度,引深“358”标准化农村反假货币工作站建设工程, 建成 32 个乡镇级标准工作站、723 个行政村级标准工作站、68 个保险营业点标准工作站。投资 32.2 万元,购置反假仪器 794 套,分期分批配备到工作站。开展以“残损币兑换、大小票调剂,硬币回收、爱护人民币、反假人民币”为内容的便民周活动,共回收残损人民币 4.39 亿元,复点残损人民币 3.01 亿元。开展反假货币“09 行动”,为公安机关提供 400 余条有价值的假币线索,协助公安机关立案 4 起,侦破假币案件 2 起,抓获犯罪人员 3 人。对辖区商业银行 165 个营业网点人民币收付业务及反假货币工作进行检查,对存在违规行为的 53 金融机构进行通报批评,警告并限期整改 18 家、罚款 13 000 元。

征信系统建设。加强企业和个人征信系统建设,建立辖内地方性金融机构的数据上报、数据核对、数据纠错工作考核机制,全市地方金融机构企业征信系统数据上报通过率达到 100%。开展贷款卡发放核准和贷款卡年审工作,累计发放贷款卡 6011 个,其中,当年办理贷款卡 349 个,年审贷款卡 1226 个,年审率 21.15%。开展中小企业信息收集和更新工作,全年累计征集中小企业信息 4220 户,完成企业信息更新 2000 多户。开展资信评级工作,到 12 月末,评级机构进驻企业 87 家,收费金额 41.9 万元。对 17 户微小企业进行信用评分,收费 3.90 万元。

反洗钱工作

2009 年,制定并实施“建立晋城市金融领域反洗钱人才库”五年规划战略性培训项目。在全市开展为期一个月的反洗钱法制宣传活动,印制《反洗钱知识一点通》、《反洗钱知识 26 问》两种宣传手册 11 万册。7 月 14 日,组织全市 33 家金融机构在市区三个大型广场同时举办大型户外宣传活动。在《太行日报》刊登《晋城市反洗钱知识竞赛试题》,开展有奖知识竞赛活动。统一制作三套宣传版面,轮流在33个金融机构营业场所摆放宣传。8月17日至9月28日,对辖区9家金融机构实施反洗钱现场检查,对部分金融机构违反反洗钱规定的情况进行处罚,共处罚金4万元,全部上缴国库。

银行监管

2009年,市人行出台《强化内部监督协调机制建设的实施意见》和《监督检查信息共享办法》,组织对辖区四县(市)支行内控安全管理进行检查,检查面达到100%。组织对中心支行机关会计核算、同城票据交换、国库核算、货币发行、安全保卫、信息管理等业务开展专项检查,共发现问题33个,提出整改建议10条。组织开展各类审计项目8项,累计投入现场审计工作量为385人/天,完成审计报告8份,出具内审意见书3份,下发内审结论和处理决定5份,整改通知书5份,查出各类违规问题112个,涉及违规金额10.71万元,提出整改意见35条。

规范会计核算基础工作。严格控制公务事项审批和费用资金审批程序和权限,压缩会议支出与接待费用,制定公用经费支出预算调减实施方案,与各县(市)支行签订节能目标责任书。严格落实岗位制约、岗位轮换、逐级授权和重要事项审批等各项会计内控制度,防范财务资金风险。加强固定资产管理,规范集中采购行为。制定《晋城市人民银行系统开展"小金库"专项治理工作实施方案》,开展"小金库"专项治理工作。

安全保卫工作。响应全省电视监控系统远程联网要求,开展安全保卫业务电子化管理试运行工作。8月21日,在陵川县支行召开全市人行系统无库县支行安全保卫工作标准化管理现场会,推动无库县支行安全保卫标准化管理建设。参加全省人民银行系统岗位练兵竞赛,组织开展发行库守卫、货币基金押运及反恐应急预案演练,提高处置突发事件和实战能力。

计算机系统信息安全。按照"3A"科技工作内容,在制度建设、流程改造、服务手段、安全保障等方面,修改和完善4项科技制度,在操作环节上加强对责任人的管理和监督,实现科技工作的过程控制。在人员管理上设置A、B岗,保证工作的连续性和一致性。11月,参加总行组织的非法外联检测系统升级培训,完成服务器硬件配置、操作系统安装、非法外联检测系统配置及防病毒系统SEP11版客户端软件安装工作。完成OA系统换版、中央银行会计核算电子对账系统的上线、远程教育培训系统的安装和上线等工作。完成全市农村信用社加入现代化支付系统和城市商业银行加入财税库银横向联网上线工作。

(人行晋城市中心支行)

银行机构

中国银行晋城市分行

2009年主要业务指标完成情况

经济资本指标。年末,表内外资产总额达991 434万元,经济资本平均占用11 371万元。风险调整资本回报率RWROC为68.27%,高于省分行下达目标的9.17个百分点,完成省分行计划的115.52%;实现经济价值增加值(EVA)6207万元,完成省分行计划指标(9170.72万元)的67.68%。

主动负债业务。年末,各项人民币存款余额达924 738万元,在全省排名第四,两项存款余额市场占比7.48%,在全市9家银行中排名第六,较年初下降0.48个百分点,较年初净增142 773万元,在全省排名第五,增长18.26%,完成省分行下达年计划197 320万元的72.36%,增量市场占比4.36%,在全市9家银行中排名第七。其中储蓄存款余额364 058万元,在全省排名第十,市场占比6.7%,在全市9家银行中排名第六,较年初下降0.43个百分点,较年初净增20 864万元,在全省排名第十,完成年省行下达年计划132 320万元的15.77%,完成省分行年末调整后任务指标66 000万元的31.61%,增量市场占比3.34%,在全市九家银行中排名第八;企业存款余额435 463万元,在全省排名第四,市场占比8.3%,在全市九家银行中排名第五,较年初下降0.56个百分点,较年初增加41 206万元,在全省排名第六,完成省分行下达年计划58 000万元的71.04%,增量市场占比5.16%,在全市9家银行中排名第六。金融机构存款余额达125 217万元,在全省排名第一,较年初净增80 703万元,在全省排名第二,完成省分行下达年计划7000万元的1152.9%。

外币存款。年末,各项外币存款余额达869万美元,较年初下降2万美元。其中,个人外汇存款余额达792万美元,较年初增加93万美元,增长13.3%,完成省分行下达年计划180万美元的52%。单位外汇存款余额达77万美元,较年初下降95万美元,下降55.23%。外汇金融机构存款余额为零,与年初持平。

贷款业务。年末,各项人民币贷款余额达212 325万元,在全省排名第八,市场占比4.98%,在全市9家银行中排名第七,较年初下降29 075万元。其中,公司贷款余额195 979万元,在全省排名第七,较年初下降30 125万元;票据贴现余额8828万元,在全省排名第七,较年初下降1189万元;贸易融资余额600万元,在全省排名第八,较年初净增375万元,在全省排名第六,完成省分行下达年计划200万元的187.5%;零售贷款余额达6918万元,在全省排名第八,较年初净增1864万元,在全省排名第五,完成省分行下达年计划1800万元的103.56%。

资产质量。年末,不良授信余额为6739.83万元,较年初下降5316.97万元;不良率为3.16%,较年初下降1.82个百分点。全年清收化解各类不良贷款折合人民币8307.37万元,完成省分行下达任务指标2982.8万元的278.51%。其中：清收化解公司类不良8211.37万元(实现现金清收86.18万元,核销呆账8125.19万元),完成任务指标2892.8万元的282.56%。清收个贷类不良96万元（现金清收17.17万元，呆账核销78.83万元），完成任务指标的106.67%。信贷(公司类)当期新发生不良率为0,信贷成本(公司类)控制在0(省行下达指标要求0.3%)。共计退出正常、关注类客户授信余额5910万元,完成了省行下发全年计划任务1802万元的328%。B类以上企业授信余额占比为96.82%,高于设定目标值1.82个百分点。

中间业务。各条线中间业务实现净收入1344.87万元,完成省分行下达年计划2358万元的57.03%。其中,公司中间业务净收入327.49万元,完成省分行下达年计划273万元的119.96%。个人金融中间业务净收入733.54万元，完成省分行下达年计划1555万元的47.17%。其中个金中间业务收入314.42万元，代理保险收入132.95万元，代销基金收入243.16万元，银行卡收入43.01万元。国际结算量达3178万元，完成年计划5000万元的64%。实现国际结算中间业务收入79.91万元,完成省分行下达年计划200万元的40%。国内结算中间业务收入203.93万元,完成省分行下达年计划330万元的61.8%。

经营效益。全年共实现本外币经营净收入22 000.54万元。实现税前利润11 462.76万元;税后利润7530.59万元。

2010年主要业务指标完成情况

存款业务。人民币存款:截至年末,各项人民币存款余额达981 163万元,较年初净增56 425万元,完成省行下达年计划的20.69%。其中,储蓄存款余额412 120万元,较年初增加48 062万元,完成省行下达年计划的37.48%;企业存款余额568 366万元,较年初增加132 903万元,完成省行下达年计划的120.82%;金融机构存款余额677万元,较年初下降124 540万元(包括保险公司存款余额260万元,较年初净增191万元)。各项人民币存款余额在全省10家地市行中排名第五,增量排名第八。其中,储蓄存款余额排名第十,增量排名第十;公司存款余额排名第三,增量排名第一;金融机构存款余额和增量均排名第十。人民币两项存款余额市场份额14.6%,较年初上升1.58个百分点,增量市场份额31.58%,在四大行中排名第三。其中,储蓄存款余额市场份额13.56%,较年初上升0.28个百分点,增量市场份额16.08%,在四大行中排名第三;企业存款余额市场份额15.47%,较年初上升2.66个百分点,增量市场份额48.46%,在四大行中排名第二。外币存款:截至年末,各项外币存款余额达951万美元,较年初增加82万美元,完成省分行下达年计划的22.78%。其中,外币储蓄存款余额达796万美元,较年初增加4万美元,完成省分行下达年计划的2.22%;外币公司存款余额达155万美元,较年初增加78万美元,完成省分行下达年计划的43.33%。

贷款业务。人民币贷款:截至年末,各项人民币贷款余额达242 886万元,较年初增加30 561万元,完成省行下达年计划的18.54%。其中,人民币公司贷款余额234 378万元,较年初增加38 399万元,完成省行下达年计划的25.6%;票据贴现余额0万元,较年初减少8828万元;贸易融资余额为0,较年初减少600万元;零售贷款余额8508万元,较年初增加1590万元, 完成省行下达年计划的34.57%。各项人民币贷款余额在全省10家地市行中排名第八,新增额排名第六。其中,公司贷款余额排名第八,新增额排名第六;票据贴现余额排名第十,新增额排名第六;零售贷款余额排名第八,新增额排名第五。各项人民币贷款余额市场份额10.67%,在全市排名第四。外汇贷款:截至年末,各项外汇贷款余额为0,较年初减少138万美元。

资产质量。截至年末,不良贷款余额达369万元,较年初(6740万元)下降6371万元。其中,公司贷款不良余额7万元,较年初下降6327万元;零售贷款不良余额362万元,较年初下降98万元。各项贷款不良率达0.15%,较年初(3.16%)下降3.01个百分点。其中,公司不良率0.003%,较年初下降3.04个百分点;零售不良率4.26%,较年初下降2.44个百分点。累计清收化解各类不良贷款折人民币合计6471.66万元(其中:核销呆账3281万元,实现结构性交易2991.93万元,零贷清收198.73万元);完成委托清收本息合计503.36万元,完成率174.78%;减值准备金回拨达3136.47万元。

中间业务。截至年末,实现中间业务收入1343.96万元,完成省行下达年计划2685万元的50%。其中:国际结算条线中间业务收入142.22万元,完成省行下达年计划的158.02%;国内结算条线中间业务收入165.65万元,完成省行下达年计划的42.47%;个人金融条线中间业务收入820.65万元,完成省行下达年计划的50.16%;公司条线中间业务收入215.46万元,完成省行下达年计划的37.87%。中间业务收入在全省10家地市行中排名第九。

经营效益。截至年末,共实现经营净收入21911万元,实现税后利润8858.73万元,较同期增加1328.16万元。

(中国银行晋城市分行)

中国农业发展银行晋城市分行

服务农业

2009年,积极支持粮食收购。对粮食市场进行调查、分析和预测,掌握全市粮食播种面积、总产量、商品量和拟支持收购量的整体情况,保证收购资金。优先支持各级储备企业增储轮换和农业产业化龙头企业、加工企业开展收购,核定贷款的最高限额,简化办贷流程,为企业提供提现结算、市场信息、财产保险、销售指导等多方面的服务。对储备粮轮换资金使用急的特点,为中储客户开辟"绿色通道",提高办贷效率。

2010年,把泽州县高都粮站、晋城市鸿生淀粉实业有限公司等19个国有粮食购销企业和农业产业化龙头企业作为支持主体,累计发放粮食收购贷款6607万元,支持企业收购粮食3872万公斤。累计发放储备贷款4568万元,支持各级粮油储备1731万公斤。

信贷业务

2009年,把商业性贷款营销重点放在对老客户的维护上,建立紧密的银企合作关系,完成鸿生淀粉有限公司5300万元、强民乳业有限公司300万元、绿野生态有限公司150万元、融生牧业有限公司500万元、厦普赛尔有限公司6400万元、天泽煤化工股份公司20 000万元等企业贷款新增和续贷工作。完成高平化工有限公司3800万元公开授信工作。积极探索财政资金与信贷资金的有效对接模式，为阳城县欣昌资产投资经营有限责任公司农村基础设施建设项目贷款1.26亿元。

2010年,开展"大项目营销攻坚战",完成晋城开发区科技开发中心凤城南路1.5亿元贷款项目,发放1亿元;沁水盛融投资公司两个公路项目1.55亿元贷款经省分行贷审会审议通过。为厦普赛尔饮料有限公司、鸿生淀粉实业有限公司等农业产业化龙头企业发放贷款6000万元。向天泽煤化工公司发放商业性化肥储备贷款2亿元，支持其储备化肥25万吨。

经营管理

2009年,存款日均余额达251 27万元,人均237万元。实现人均中间业务收入2542元。全行利息综合收回率为84.88%,同比增加2.64个百分点,资产利润率为0.93 %。全年各类收入达5921万元,各项支出累计5097万元,实现利润824万元,收入成本率达36.38%。

2010年,全年累计发放贷款48 525万元,累计收回贷款39 889万元。

风险防控

2009年,严格执行省分行下发的《山西省分行不良贷款问责制度》和市分行《2009年度不良及风险贷款清收控制考核办法》,加大风险监测预警制度的执行力度。市分行制定《不良贷款清收"四落实"方案》,组成专门清收组,逐企业进行财务与财产的清理、清算和清收。全年不良贷款下降2412万元,不良贷款占比2.86%,较年初下降3.35个百分点。对企业全部实行财产抵押的贷款方式,并使其交足"两金"。开展检查实有库存、实际购价、库存质量的"三查"活动。对山西棉麻公司晋城分公司贷款3075万元进行呆账核销。

2010年,全年共召开贷审会14次,审议贷款17笔,金额共计10 304万元。制定《晋城市分行2010年度不良及风险贷款清收控制考核办法》,对2004年以后形成的不良贷款,实行贷款发放时的行长和现任行长共同负责制,并对150万元以上的不良贷款企业进行重点督导。加大对存量不良贷款的清收处置力度,累计清收不良贷款184万元。7月,泽州县支行1046万元粮食收购贷款逾期,风险管理部门及时向支行做出风险提示,收回贷款。8月,市分行营业部所辖8家国有粮食企业1038万元贷款逾期,被纳入关注类贷款管理,及时对押品进行重估,确保押品价值全额覆盖贷款值。

基础管理

2009年,一是推进内部改革,健全管理机制。二是强化责任意识,健全考核体系。制定《晋城市分行业务经营与管理综合考评办法》,将不良及风险贷款的清收处置情况与支行班子成员的月绩效工资进行挂钩,按季考核,严格兑现。三是从严规范管理,强化内控机制。加强档案管理和电子化建设,确保办公室公文系统、CM2006信贷管理系统和会计综合业务系统的安全、平稳运行;加强人事、财会、信贷、客户等重要部门与综合业务系统、电子联行、人民银行现代支付系统等重要岗位的监督制约;加强对综合业务系统的IC卡及密码的管理,确保联行资金安全周转。四是落实安全保卫责任制,创建平安农发行。制定《晋城市分行突发事件应急预案》、《关于做好国庆60周年安全保卫工作的实施意见》,促进安全保卫工作。

2010年,存款日均余额达成86 724万元,同比增加32 296万元,增幅59.34%。全行累计代理手续费收入253 061.17元,同比增加26 635.78元。全行利息综合收回率为87.35%,同比增加2.47个百分点;资产利润率为0.96 %,同比提高0.03个百分点。截至12月底,全行实现各类收入7038万元、各项支出5932万元、经营利润1106万元。

（中国农业发展银行晋城市分行）

交通银行晋城分行

2009年经营情况

截至2009年末,全行资产总额达78.07亿元,较年初增长27.59亿元,增幅54.66%。全行大口径人民币存款余额75.19亿元(含晋煤财务公司归集转化为同业存款14.76亿元),较年初增加27.55亿元,增幅57.83%。其中:人民币对公存款余额达41.39亿元,比年初增加9.13亿元,增幅28.29%;人民币储蓄存款余额达18.74亿元,比年初增加3.36亿元,增幅21.86%。各项贷款余额达32.48亿元,较年初增长2.59亿元,增幅达8.68%。实现利润12336万元,人均创利达87.49万元。

业务指标。在省分行下达的33项绩效考核指标中,完成或超完15项,其中:主体指标26项,完成或超完10项;加减分指标7项,完成或超完5项。全年综合考评得分117.60分。在全市6家主要商业银行中,各项存款市场占比达到7.57%,较2008年提高0.75个百分点。其中:对公存款市场占比8.88%,较2008年末提升1%,对公存款增量由2008年第6位提升到第4位;储蓄存款市场占比达到5.70%,较2008年末提升0.37个百分点,储蓄存款增量由2008末第6位争提升到第5位。在系统内73家省辖行中,各项存款余额排名第32位,较2008年末前进1位,其中储蓄存款余额排名第42位,对公存款余额排名28位。在同年成立的8家省辖分行中,排名第二位。

经营效益。全行实现各项收入24 944万元,较2008年增长2.23%;各项支出12 940万元,较2008年增加982万,增幅8.21%;实现利润12 336万元。年盈利继续保持亿元水平,人均创利达87.49万元。利息收入占到各项收入的76%。资金备付率控制在0.45%,比2008年末降低0.12个百分点。

资产质量。全年新增不良贷款率为0.078%,控制在省分行要求范围内。不良贷款拨备覆盖率达到87%,较2008年末提高50.24个百分点。全年清收处置存量不良贷款8255.23万元,完成省分行计划的206.38%,其中现金清收3253.6万元。年末,全行不良贷款余额7474万元,占比2.32%,绝对额较2008年末减少7233万元,占比降低2.65个百分点。

内控管理。内控综合得分39.85分,比2008年提高0.62分,连续第三年保持B+级水平。在内审评级中,除信息系统安全获B级评价外,公司信贷、零售信贷、财务管理、会计结算、个金业务等均获得B+级评价。

协同发展。业务发展突破地域限制，与总行、省直分行和交通银行子公司建立起多级业务联动，联合交通银行子公司向晋煤集团子公司提供金融租赁服务，完成投行业务收入138.8万元；与北京、河北等省直分行开展行内联合贷款，涉及金额10亿；代理国开行在当地的支付结算业务，增加中间业务收入。

客户结构。按10级分类，1—5级客户贷款余额占比95.7%，较年初上升4个百分点；7—10级客户余额占比4.2%，较年初下降1.2个百分点。年末蕴通财富中高端客户数量、个金沃德客户数量较2008年均有所增加。

优质服务。营业部沃德中心连续4次名列全辖区沃德区排名第一名。综合服务检查得分92.01分，名列系统内第二名。组织开展"优质服务明星"评选活动。

2010年经营情况

截至2010年末，全行资产总额达到87.03亿元，比年初增加8.96亿元。人民币存款余额80.91亿元，较年初增加20.77亿元，增幅34.54 %，完成省分行下达年度增量计划10亿元的207 %；其中：人民币对公存款余额58.59亿元，较年初增加17.19亿元，增幅41.52%，完成省分行下达年度增量计划6亿元的286.5%。人民币储蓄存款余额22.32亿元，较年初增加3.58亿元，增幅19.1%，完成省分行下达年度增量计划4亿元的89.5%。人民币贷款余额38.96亿元，较年初增加6.48亿元，增幅19.96 %。完成不良贷款清收4185万元，不良贷款余额降至4045万元，占比降至1.03%，低于总行平均水平和省分行控制水平。全面完成省分行下达各项考核利润指标，人均创利达百万元。

全行人民币各项存款余额在本地区9家主要商业银行(工行、农行、中行、建行、交行、城商行、浦发、招商、兴业)中的市场份额逐月提升，年末达到9.08 %，较2009年末提高1.51个百分点，增量排名第二，增幅排名同业第一。对公存款市场占比达到11.46 %，较2009年末提高2.58个百分点，增量和增幅排名同业第一。储蓄存款市场占比达到5.88%，较2009年末提高0.18个百分点；在系统内95家省辖行中，各项存款余额排名由2009年末的32位上升至28位，前移4位。其中：对公存款由2009年末的28位上升至27位，前移1位；储蓄存款略有下降，由2009年末42位下降至43位。按存款增量排名列名第20位，其中：对公存款增量排名第17位，个金存款增量排名第31位。

在省分行下达的39项主体指标和20项专项指标中，有25项超额完成计划，7项完成计划，4项完成率超过80%。

（交通银行晋城分行）

中国邮政储蓄银行晋城市分行

2009年经营情况

业务收入。全行各项收入累计完成4152万元,完成省行计划的112.22%,排名全省第二位,高出全省平均水平(101.82%)10.4个百分点。其中信贷、公司两项业务收入比2008年新增1785万元,占总收入的比重达到45.79%,高出全省平均水平(34.81%)10.98个百分点;全市储蓄业务利差收入累计完成1867万元,同比增长8.98个百分点,排名全省第三位,高于全省平均水平13.59个百分点。全市人均业务收入完成16.92万元,排名全省第三位,高出全省平均水平(15.64万元)近1.28万元;百元收入人工成本16.37元,排名全省第三位。

公司业务。截至12月底,全行对公存款时点余额突破8亿大关,达到8.7亿元,较年初净增7.7亿元,进度全省排名第一,绝对值全省排名第四,全年累计公司日均余额3.19亿元,完成省行计划的156.94%,排名全省第三位。阳城办事处余额达到2.67亿元,绝对值在全省67个县级支行排名第一。

信贷业务。全年累计发放小额贷款3551笔,金额21 760.13万元,排名全省第三位;贷款结余2482笔,金额12 675.81万元;个人商务贷款累计放款92笔,金额2853.4万元,贷款结余84笔,金额2468.86万元;二手房贷12笔,金额294万元,贷款结余12笔,金额293.31万元;小额质押贷款542笔,金额3528.88万元,贷款结余129笔,金额630.34万元。风险控制较好,年末小额贷款的不良贷款率为1.04%,逾期率为1.24%,两项指标均低于全省平均水平。

负债业务。全年新增余额2.68亿元,完成省行计划的107.21%,累计净增余额占全市邮政金融总净增余额比例比2008年分营时(26.08%)提高24.16个百分点,比2008年同期(25.3%)提高24.94个百分点,4季度竞赛排名全省第一。全年活期比例比分营时提高9.68个百分点,当年活期新增余额首次占到50%以上,收入同比增长7.41%,排名全省第二。

中间业务。理财四项业务累计销售24 033万元,完成省行计划的321%,获全省三等奖。其中保险全年销售6104万元,进度在全省排名第三;人民币理财全年销售12720万元,完成计划的2120%;基金全年销售4621万元,完成省行计划的680%。在"理财攻坚"四季度竞赛中,共实现销售额2861万元,完成省行计划的197%,排全省第一位。全行5个生产单位全部完成基金定投计划,提前一个季度超额完成理财业务年度分解计划。全年共发展商易通597部,进度排名全省第二。全年累计发放绿卡38 197张(其中绿卡通7806张),卡均余额为

1774 元。累计开发汇兑业务 46 815 笔,金额 16 326 万元,实现收入 51.7 万元。

2010 年经营情况

全年邮政金融业务收入达到 13 254 万元,同比增长 49.56%,其中银行自营业务收入实现 7894 万元,占全市邮政金融业务收入的 59.56%,比全省平均水平高出 15.74%个百分点,全省排名第一,同比增长 90.10%,收入进度和收入同比增幅双双排名全省第一。信贷、公司两项转型业务收入占总收入的比重高达 65.20%,高出全省平均水平 18.51 个百分点,排名全省第一。全年人均劳动生产率达到 25.76 万元,排名全省第一,上缴省行利润 1751 万元,完成省行下达利润预算目标的 134.69%,超额上缴省行利润 451 万元。获省级"守合同重信用企业"称号。

全年累计发放个人贷款 4.78 亿元,其中,小额贷款业务累计发放 4.16 亿元,完成省行放款计划 138.7%,排名全省第 1 位。全市小额贷款结余 2.47 亿元,年日均结余 1.7 亿元,完成省行年日均结余计划排全省第 3 位;月末逾期率为 0.72%,不良率为 0.7%,低于全省平均水平,分别在全省排名(除直属支行)第 1 位和第 2 位。对公存款时点余额率先在全省突破 20 亿元大关,达到 20.43 亿元,比年初净增 11.7 亿元,增幅为 134.02%;日均余额达到 14.55 亿元,比年初净增 11.35 亿元,完成省行计划的 217.43%,取得日均余额、日均余额净增、计划完成率三项指标排名全省第 1 位的业绩;泽州路支行公司业务日均余额绝对值在全省 45 个城市网点中排名第 2 位,高平支行公司业务日均余额绝对值在全省 65 个县(市)支行中排名第 3 位。全年新增储蓄存款 6.78 亿元,全市邮储个人存款总余额规模达到 69.79 亿元,活期比例达到 24.29%,其中银行自营网点总余额规模达到 22.65 亿元,新增 2.5 亿元,完成省行计划的 100.16%,活期比例达到 28.16 %。全年理财四项业务(保险、人民币理财、基金、国债)共销售 5.24 亿元,完成省行计划的 163.19%。信用卡激活率居全省第 2 位。

(中国邮政储蓄银行晋城市分行)

保险机构

中国人民财产保险股份有限公司晋城分公司

经营目标完成情况

2009年,累计实现保费收入33 386万元,同比增长3.72%,较全省平均速度高0.86个百分点,实现实收保费33 217万元,同比增长3.95%,市场份额58.5%,超额完成实收保费年度调整目标。全年累计处理各类赔案51 575件,案件处理率104.73%。被总公司授予“上市五年经营业绩50强”和“2008年车险经营管理精英奖”称号,获省公司“经营管理评比第三名”、“利润贡献铜奖”、“专业化团队建设创新奖”等称号。

2010年,累计实现保费收入44 268万元,占计划的118.4%,同比增长10 882万元,增速32.59%,较全省、全国系统平均速度快1.07和3.74个百分点;实现实收保费44 664万元,占计划的120.1%,同比增长11 447万元,增速34.46%,较全省、全国系统平均速度快4.39和7.1个百分点;期末应收保费余额401万元,应收保费率0.9%,较全省、全国系统平均水平低1.8和2.4个百分点;市场份额59.75%,同比回升1.25个百分点。理赔服务综合考核全省第一、全国先进。

理赔服务

2009年,把“创造快捷、奉献真情”的服务理念贯穿于理赔工作的全过程,推广《机动车交强险互碰自赔处理协议书》,规范车辆互碰自赔所需信息,缩短案件在客户环节的滞留时间。推广《能繁母猪快捷案件处理单》,加快能繁母猪事故的理赔速度,提升能繁母猪理赔效率。推广《客户服务卡》,将查勘人员信息交给客户,方便客户与查勘人员的联系。推广5000元以下赔案的无纸化处理流程,降低理赔成本,提升理赔效率。在理赔中心设立集中支付窗口,对理赔中心覆盖范围内的案件,全部实行当天无现金支付,大大缩短理赔周期,全年车险案均赔款周期为11.71天,同比提速27%,限时付款达标率全省第一。

继续开展政策性能繁母猪保险工作,全年累计承保能繁母猪11.59万头;开展校方责任险统保工作,为全市904所学校32万余名学生、幼儿提供价值26亿元的责任风险保障;全年累计承保各类风险总额达707.7亿元;受理各险报案51 403件,结案47 679件,累计支付赔款15 459万元。12月11日,兰花集团阳化分公司发生爆炸火灾事故,半个月内完成查勘、定损、报批、结案工作,赔款金额220余万元;雪灾期间,快速为陵川鸿生淀粉公司雪灾受损财产赔款70万元,当月累计处理雪灾赔案725件,处理率达到90.97%,其中农业险案件处理率达到100%。

2010年,累计处理赔案70 507件,支付赔款18 560万元,案件处理率100.42%,件数结案率93.4%、全省第一,金额结案率73.45%、全省第一,车险案均理赔周期17.68天、全省第二;服务越级投诉11起,全省最少;理赔服务综合考核连续4个季度获全省第一、二名。全年累计承担风险804亿元,较2009年增加96亿元,增幅13.6%。

(人保财险晋城分公司)

中国人寿保险股份有限公司晋城分公司

基本情况

中国人寿保险股份有限公司晋城分公司是中国人寿在晋城市下设的地市级机构，下辖10个县级支公司,57个营业网点,占到全市可设乡镇的80%,与工行、农行、中行、建行、邮政148个代理网点开办银行保险代理业务。开办传统、分红等多种类型的人身保险业务,产品涵盖生存、养老、医疗、死亡、残疾等多种保障范围。

2009年保费收入及赔付情况

2009年,实现总保费收入9.47亿元,占到晋城市寿险市场的54.76%。寿险首年保费实现61 605.1万元,同比增长5.89%,增幅排全省系统第一。寿险首年期交保费实现10 750.25万元,同比增长10.53%,增幅排全省系统第一。2009年赔付支出为24 716.84万元,其中,死亡给付1393.73万元,伤残给付33.38万元,医疗给付1604.24万元,满期给付20 217.42万元,年金给付268.18万元,赔款支出1199.89万元。

2010年保费收入及赔付情况

2010年总保费收入首次突破10亿元,达到10.28亿元。总保费市场份额为49.25%。寿险首年保费实现60 469.47万元,同比增长0.58%。寿险首年期交保费实现10 732.86万元,同比增长43.1%。2010年赔付支出为14 902.12万元,其中,死亡给付1470.38万元,伤残给付40.67万元,医疗给付1126万元,满期给付10 614.18万元,年金给付475.72万元,赔款支出1175.18万元。

(人寿晋城分公司)

太平洋寿险晋城中心支公司

目标任务

2009年10月30日,营销队伍达到1100人,比年初增加180人,比2008年同期增加369人。累计完成人身险保费收入2.65亿元,实现财务标准保费1.88亿元,比2008年增长20.5%,完成分公司年度保费计划的99.47%。

2010年10月31日,共完成保费收入30 843.51万元,占计划36 206.00万元的85.19 %,同比增加4523.61万元,增长率为17.19%。完成财务标保21 840.36万元,占年计划25 742.00万元的84.84 %,同比增加3037.25万元,增长率为16.15%。经营费用共节余88.6万元。

各项业务

个险方面:2009年,截至10月31日,个险实现新保总量2690万元,占年计划3500万元的77%,同比增长0.6%;实现财务标保13 523万元,占年计划1.75亿元的77.3%;实现核心业务2690万元,占年计划3500万元77%;实现期缴保费2529万元,其中传统险期缴保费达成558万元,同比减少156万元,同比下降22%;分红险期缴保费完成1971万元,同比增加272万元,同比增长16%;短期意外险完成35万元,同比减少44万元,同比下降56%;短期健康险完成9万元,同比减少7万元,同比下降44%。

2010年,截至10月31日,共完成保费收入2810.25万元,占年计划3566万元的78.81 %,同比增加275.3万元,增长率为10.86%。完成财务标保15 226.31万元,占年计划17 829万元的85.4 %,同比增加1905.97万元,增长率为14.31%。

团险方面:2009年,截至10月31日,团险总保费收入613.29万元,占年计划520万元的117.94%,同比增长40.33%;其中:短身险完成保费515.79万元,占年计划460万元的112.13%,同比增长40.57%;健康险完成保费97.5万元,占年计划60万元的162.5%,同比增长37.32%。

2010年,截至10月31日,团险总保费收入607.04万元,占年计710万元的85.5%。

银保方面:2009年,截至11月15日,累计完成期缴保费2000万元,占比21%;完成分公司年度期缴业务的105%,分公司排名第二;完成标准保费4642万元,完成率达141%,分公司排名第一。

2010年,截至11月15日,银保业务完成标保5724万元,占年计划6623万元的86%,

同比增长 18%，全公司排名第三；核心业务期缴完成 2422 万元，占年计划 3200 万元的 76%,全公司排名第三;趸缴完成 8941 万元,占年计划 10 000 万元的 89%,全公司排名第四;规模保费完成 11 363 万元,占年计划 13 200 万元的 86%,全公司排名第三;其中期缴业务占规模业务比达 21%,高于全司平均水平 18%;期缴、趸缴业务比为 28%,高于年初 26%的要求。

续期方面:2009 年,截至 10 月 31 日,累计实收保费 13 709.10 万元,完成任务 12 663.51 万元的 108.26%，排名全省第二；累计 13 个月保费继续率为 89.54%（其中营销渠道为 89.40%,银邮渠道为 94.74%),排名全省第四;累计 25 个月保费继续率为 88.10%(其中营销渠道为 88.04%,银邮渠道为 89.96%),排名全省第六;银行转账率 93.21%,排名全省第一;银行代扣率 76.57%,排名全省第五。

2010 年,截至 11 月 14 日,实收保费 16 812.04 万元,占年计划 18 569.99 万元的90.53%;累计 13 个月保费继续率 90.54%(其中营销 87.33%,银邮 94.48%);累计 25 个月保费继续率 86.94%(其中营销 86.75%,银邮 89.88%)。新保累计五年期以上期缴保费 138.6 万元,完成全年五年期以上期缴任务 128 万元的 108.28%,累计期缴保费 141.06 万元,完成全年期缴任务 160 万的 88.16%。

（太平洋保险晋城公司）

农林水牧

农 业

主要农作物产量

粮食:2009 年,全年粮食总产量为 7.02 亿公斤,占年度目标的 96.8%。2010 年,全年粮食播种面积达 311.3 万亩,粮食总产首次突破 9 亿公斤大关,达到 9.15 亿公斤,增长 22%,比上年增产 2.15 亿公斤,增长 30.7%。其中,夏粮总产量为 2.45 亿公斤,同比增产 0.25 亿公斤,增长 11.8%;秋粮总产量为 6.7 亿公斤,同比增产 1.9 亿公斤,增长 39.3%;粮食亩产 293.8 公斤,同比增产 62.4 公斤,增 26.9%,比历史最高年 2004 年增产 8.9 公斤,增 3.1%。粮食总产、单产均创历史新高。

蚕茧:2009 年,全市桑园面积发展到 15 万亩,全年发放蚕种 76 629 张,生产蚕茧 366.2 万公斤,同比减少 163.8 万公斤;蚕茧收入 7690 万元。2010 年,全年发放蚕种 110 249 张,比上年增发 33 370 张,增长 43.4%;生产蚕茧 526.38 万公斤,比上年增产 156.3 万公斤,增长 42.2%;蚕茧收入达 17 720.5 万元,同比增加 9663.36 万元,增幅达 120%。

蔬菜:2009 年,蔬菜总产量达到 40.7 万吨,超额完成年度目标。新建日光温室、春秋大棚 700 余亩,占年度目标 200 亩的 250%。2010 年,全市蔬菜播种面积 16.4 万亩,总产量 4.35 亿公斤,纯收入达到 4.1 亿元,比去年增长 3020 万元;新建设施蔬菜 7132 亩,占任务的 285.3%;

果品:2009 年,果品总产量达 9.01 万吨,总产值达 1.44 亿元,农民人均果品收入约 86 元。全市完成果实套袋 3000 万个,同比增 1000 万个。2010 年,全市果园面积 20.18 万亩,果品产量 0.9 亿公斤,产值 1.54 亿元,比去年增 1000 万元。建设标准化示范果园 3080 亩,完成果实套袋 6000 余万个。

粮食产量创历史新高,主要得益于四方面:一是各项惠农政策落实到位。2010 年粮食补贴资金于春耕前全部通过“一卡通”发放到农户手中,共向种粮农民兑付粮食补贴资金 1.402 亿元,良种补贴资金 2269 万元,调动了农民种粮的积极性。二是积极应对不利气候影响。针对不利气候因素,第一时间利用信息平台,及时把防冻减灾信息和技术措施发到乡村干部手机上;第一时间通过市、县两级电视台,在黄金时段显著位置滚动播发降温霜冻的信息和防灾减灾技术措施。及时了解和掌握所需要的知识技能和防灾减灾技术措施。在春季农业抗灾减灾工作中,全市共投入 1000 万元抗灾减灾扶持资金。其中国家及省级资金投入 300 多万元,市、县两级农业生产低温冻害物化补贴665万元。共挽回损失1500万公斤,如果按每斤小麦1元计算,挽回损失在3000万元左右,投入产出比达到1:3。三是狠抓耕地综合生产能力建设。在全市范围组织实施耕地综合生产能力建设19.35万亩,其中建设高标准旱作农田16.85万亩,节水灌溉高产高效农田2.5万亩。全年完成中低产田改造工程12.6万亩,占计划10万亩的126%,总增产量733.23万公斤,总增纯收益1493.73万元。四是扎实开展粮食高产创建活动。全年共完成7个万亩示范片建设任务(包括3个小麦、3个玉米、1个大豆高产示范),争取项目资金140万元。其中,玉米万亩示范区实施面积3.12万亩,平均亩产达647.5公斤,比省定目标产量610公斤增6.15%,小麦万亩示范区实施面积3.65万亩,平均亩产达265.2公斤,复播大豆高产创建实施面积10 460亩,平均亩产158.6公斤,较计划亩产增产8.6公斤,增幅5.73%,均圆满完成了农业部粮食高产创建任务。另外,还围绕泽州县的高都、北义城,陵川县的西河底优质谷子生产区域,发展优质谷子生产基地2.05万亩,总产谷子461.3公斤,平均亩产225公斤,比对照田亩产208公斤亩增17公斤,增产幅度为7.5%。

农民收入

2009年,全年农民人均纯收入将达到5296元,比上年增长9.1%,占年度目标的100.1%。2010年,全年农民人均纯收入将达5940元,同比增长13%。

新能源建设

2009年,全市建设沼气、秸秆气服务网点270个,占年度目标的132.3%。

农业产业化

2009年,全市农业产业化经营组织已发展到206个,实现产值41.36亿元,较上年增加8%;带动农户24.3万户,农民户均增收1380元。新上农副产品加工项目10个、新上企业8家,总投资达7.8亿元。2009年,进一步加大对合作社的扶持力度,扶持资金由去年的50万元,增加到100万元。全市在工商部门登记的农民合作社达1007个,总资产达4.82亿元,入社农户2.81万户,带动农户11.96万户,占农户总数的22.77%,在全省第一家成立了晋城市农民专业合作经济组织联合会。

2010年,全市153家农产品加工企业实现销售收入29.1亿元,其中“513”加工企业完成销售收入14.7亿元。新上改扩建项目25个,总投资9.3亿元,其中,“513”新上改扩建项目20个,投资额达4.6亿元。

农民专业合作社快速发展。全市在工商部门注册的农民专业合作社达1650个,新发展农民专业合作社506个,完成目标300个的168.7%,入社农户7.2万户,带动农户21.25万户,占总农户的40.29%。创建市级合作社示范社50个,创建省级示范社13个。

农民劳动力培训转移

2009年，全市完成新型农民科技培训15.1万人，占年度目标的151%，转移农村劳动力1.17万人，占年度目标的117%。2010年，全市共完成新型农民科技培训14.23万人，占年度目标的142.3%，完成农村劳动力转移技能培训9100人，完成返乡创业培训1000人，带动农民创业5000人。

服务"三农"能力

2009年，认真落实粮食补贴政策。粮食补贴标准进一步提高，良种补贴范围扩大到全市，粮补资金由往年的秋季兑现提前到春季兑现，新增玉米保护性差价补贴。全市粮食直补及农资综合直补资金1.4亿元于春耕期间全部拨付到位；通过"一卡通"向玉米种植户兑付补贴资金1168.95万元。2009年国家对玉米、小麦、棉花实行良种补贴全覆盖；其中小麦93.1万亩、玉米106.8万亩、棉花10万亩。省政府对种植玉米、小麦的新品种进行补贴，其中小麦7万亩、玉米6万亩，每亩补贴10元，所有补贴资金均以"一卡通"的方式直接补给农民。制定出台产业扶持政策。先后制定了《关于对510个贫困村进行扶持的规划以及扶持资金管理办法》、《关于发展蚕桑产业的扶持办法》、《关于加快发展汉麻产业的实施意见》等政策措施。狠抓科技信息服务充分利用"太行农网"、"12316""三农"服务热线等平台，为农民群众提供信息服务与技术支持。2009年规划建设的30个基层农业信息站点已全部完成。开展农业科技服务，使优种改良、测土配方、病虫害综合防治、W型覆盖集雨等十大农业适用技术得到大面积推广。全市主要农作物优种普及率达到98%以上；推广测土配方施肥75.73万亩，秸秆覆盖182万亩，W膜盖2.23万亩；推广的麦茬复播西红柿2000亩，W膜盖集雨旱作节水蔬菜8000亩；新发展养蚕大棚1000栋，推广塑料折蔟、方格蔟等优良蔟具应用达到100余万片；"一喷三防"、绿色防控等技术得到大力推广，防治面积437.73万亩次，防效达85.9%，挽回经济损失10 133.65万元。加快农业项目实施：一是继续推进农村可再生能源项目建设。2009年，我市农业部门新争取到中央新增投资项目包括5个大中型沼气工程项目、500户户用沼气、120个沼气乡村服务网点，项目总投资2340万元，争取到国家资金990万元，落实地方配套526.45万元，其中市级325.35万元，省级配套100万元，县级配套101.1万元；沼气服务体系地方配套全部由省里承担，每个1.5万元，共180万元。截至2009年底500个户用沼气已建成264户，5个沼气工程中初步设计已全部批复，并开工建设，120个沼气乡村服务网点项目已全部开工建设。二是启动实施了巩固退耕还林成果科技培训项目。截至10月底，全市完成巩固退耕还林成果技能培训800人，转移750人，完成省任务的80%，转移率达93.75%。三是大力实施耕地综合生产能力建设工程。全市实施面积达21.26万亩，其中玉米完成14.81万亩、小麦完成6.45万亩。同时,按照省政府部署,启动实施中低产田改造项目10万亩,实际完成11.36万亩。加大农产品质量安全整治力度:2009年,全市开展农产品质量安全整治暨执法年活动,组织春季农资打假护农专项整治、夏季农资专项治理和秋季农资专项治理3次农资打假专项治理,全年共立案查处农资违法案件9起,处罚金额15 800元,没收违法所得1240元。省质检中心对我市40个蔬菜品种进行第二次例行检测,没有一个超标样品,安全率为100%。在全市建立了10个无公害农产品标准化生产示范园区,总计面积达到3560亩,涉及水果、蔬菜、小杂粮三大系种植品种。加强农村经营管理全市所有乡(镇)全部实行了以农村会计委托代理为核心的农村财务管理制度,签订委托代理协议的村达到97.5%,规范率达100%。83个乡(镇)实行了农村会计电算化,占乡(镇)总数的98.8%。69个乡镇实施了财务支出审批单,占乡(镇)总数的82%。1852个村实施了财务支出审批单,占总村数的81%。强化农村土地承包管理和土地流转规范工作,全年共流转土地5.32万亩,签订流转合同12 981份。

通过大力实施"阳光工程"、"雨露计划",多种渠道、多种形式开展农民培训。2010年,共组织专家技术员进村入户指导325余次,集中办班261期,VCD培训78场/次,发放有关技术资料15万余份。除此之外,继续完善"三电合一"信息服务平台,通过"太行农网"、"12316""三农"服务热线宣传科技知识,解决群众难题。重点推广一批农作物优种、大棚养蚕、设施栽培、测土配方、绿色防控、病虫害专业化防治、生物覆盖、果实套袋、W型覆盖集雨等农业实用技术。全市主要农作物优种普及率达到98%以上;测土配方施肥示范面积达3.5万亩,辐射带动面积138.2万亩;推广W型膜盖集雨技术2.3万亩、水肥一体化1.81万亩、秸秆还田和覆盖技术80万亩、保护性耕作27.4万亩。大力推广无公害蔬菜生产组装配套技术,无公害蔬菜生产比重达90%,比上年提高近10个百分点。推广养蚕大棚累计达到3467栋,小蚕饲育棚累计达2588栋,新推广纸板方格蔟具50.2万片,使优良蔟具使用量达到502万片,使用率占到养蚕张数的90%以上。全年植保防治面积511.92万亩次,防效达87.8%;挽回各种病虫草鼠害损失达11.82万吨,挽回经济损失1.02亿元。

新农村建设

2010年,全市规划建设的129个省级新农村重点推进村,其主导产业初步形成,主导产业收入占农民人均纯收入比例达65%,129个重点推进村100%完成村级规划编制、村内街巷硬化"户户通"工程、整村绿化工程、环境净化、达到安全饮水标准、村级卫生计生室、农民休闲健身场所和连锁便民店建设,126个村完成了主街道亮化工程和文化科技活动室建设,93个村建有标准化小学校。

扶贫攻坚和移民搬迁

2009年，全市完成省级、市级移民搬迁任务共2000人，210个村启动扶贫攻坚工程，确定420个扶持项目，下达1500万元扶持资金。

2010年，在扶贫攻坚方面，一是继续推进首批210个贫困村和238个产业扶贫项目，5月份在陵川县召开全市扶贫攻坚工作推进会议，出台了《晋城市扶贫攻坚综合考核办法》和扶贫项目以奖代补的具体办法，对产业发展好的一批项目给予以奖代补。二是在调查摸底的基础上，启动了第二批150个贫困村的扶贫任务。市财政安排2000万元的扶贫产业项目专项扶持资金，市农业局举办全市第二批偏远山区贫困农村党支部书记培训班，精心筛选26个适合我市贫困山区实际的产业发展项目，编印成《贫困山区产业发展项目推介》一书，为贫困村选择产业项目提供参考。三是积极推进产业项目实施，今年150个村计划新上种植业、养殖业、林果业、农副产品加工业、乡村旅游业、劳务输出等400余个项目，总投资达1.7亿元，其中自筹资金3960万元，参与农户8887户，带动农户近万户，年可实现效益1.5亿元。移民搬迁方面，市级1000人任务全部完成，具体为阳城县98户、200人，泽州县119户、400人，高平市124户、400人。省级任务1000人全部完成。

"菜篮子"工程

新建春秋蔬菜大棚900亩、日光温室100亩；建设农业安全预警监控中心；推广3万亩蔬菜生产组装配套技术，实行无公害生产。新建设施蔬菜7132亩，是年度目标1000亩的7倍多。无公害蔬菜生产组装配套技术全部完成，无公害蔬菜生产比重达90%，比上年提高近10个百分点。为加快设施蔬菜规模化发展步伐，进一步贯彻落实"全省设施蔬菜百万棚行动计划"，市政府召开设施蔬菜年度目标考核暨"十二五"规模化发展动员大会，并出台《晋城市设施蔬菜发展2010年考核办法》和《关于贯彻落实全省设施蔬菜百万棚行动计划加快推进设施蔬菜发展的实施意见》，全市连片发展蔬菜设施面积在10亩以上的有34个村，连片发展在50亩以上的村有16个，连片发展在100亩以上的村有14个。蔬菜设施的连片发展壮大了全市的蔬菜产业。

农产品质量安全

全市新增无公害认证农产品面积4.2万亩，新增认证产品9个，复查换证农产品58个，占到期农产品69个的84%。完成农产品抽样检测510个，合格率达98.44%。全省蔬菜农药残留例行监测在我市共抽样160个，合格率达97.5%，水果农残抽检安全合格率为100%。全年立案查处涉农案件4起，全年无重大涉农案件和农产品质量安全事故发生。

（市农业局）

农业综合开发

项目建设

2009年,全市新上国家、省农业综合开发项目13个,其中:中低产田改造项目3个,农业生态工程项目1个,产业化经营项目6个,科技推广项目2个,退耕还药项目1个,分别是:泽州县下村镇0.68万亩中低产田改造项目、高平寺庄镇0.6万亩中低产田改造项目、沁水端氏镇0.54万亩中低产田改造项目、阳城县润城镇0.55万亩生态综合治理项目和泽州县兴宏千头祖代种猪养殖基地扩建项目、沁水县兴盛年出栏2万头优质商品瘦肉猪养殖基地扩建项目、高平市华康年产8000头现代种猪繁育基地扩建项目、阳城县金田园2000亩脱毒红薯繁育种植示范基地扩建项目、泽州县晋宏实业公司祖代种猪养殖基地扩建贷款贴息项目、阳城县佳美茧丝公司1万亩优质蚕桑基地贷款贴息项目、高平市“先玉335”玉米新品种高产示范项目、沁水县无公害蔬菜生产推广项目,陵川县退耕还药项目等。另有陵川县1万亩连翘连片基地建设项目等9个市级农业综合开发优势农产品基地建设项目和两个奖励资金项目,项目总数达到24个,项目总投资5705万元,其中:争取省级以上财政资金2318万元,比2200万元目标任务超额完成118万元,完成任务的105.4%。

2010年,全市新上国家、省级农业综合开发项目26个,其中:高标准农田建设工程项目1个,为泽州县高都镇万亩高标准农田建设项目;中低产田改造项目5个,分别为泽州县下村镇0.56万亩中低产田改造项目、高平米山镇0.62万亩中低产田改造项目、沁水县端氏镇0.44万亩中低产田改造项目、陵川县礼义镇0.43万亩中低产田改造项目、沁水县国土出让金项目;农业生态工程项目2个,为阳城县润城镇0.53万亩生态综合治理项目、沁水县郑庄镇吕村生态林建设项目;产业化经营项目13个,分别为高平市千亩鲜果林示范基地建设项目、沁水县年养殖15 000群蜜蜂扩建项目、泽州县2000吨食用菌工厂化生产基地扩建项目、晋城市强民乳业公司年新增5万吨乳饮料系列产品扩建项目、沁水县2000亩仁用杏种植基地扩建项目、阳城县3000亩无公害谷子种植基地扩建项目、泽州县年出栏4000只优种羊,15000只优质育肥羊养殖扩建项目、高平市200亩无公害标准化设施蔬菜种植园区项目、沁水县3000亩优质核桃基地扩建项目、泽州县年产1000吨高档山楂果脯蜜饯加工扩建项目、泽州晋宏收购粮食工饲料贴息项目、阳城县佳美茧丝公司1万亩优质蚕桑基地贷款贴息项目、高平厦普赛尔公司年产1000吨果汁系列饮料加工贴息项目;科技推广项目2个,分别为泽州县4000亩玉米无公害高产栽培技术推广项目、沁水县千亩优质高产红薯栽培生产科技推广项目;退耕还药项目1个,为陵川县2010年国家退耕还药项目;农业综合开发培训项目2个。加之立项实施的15个市级优势农产品基地项目,2010年立项实施各级各类农业综合开发项目41个,总投资10 465万元,年度项目总投资首次突破亿元大关,比上年增长83.43%。其中:争取省级以上财政资金4525万元,完成计划任务2500万元的181%,比2009年增长95.21%。

综合开发

土地治理工程。2009年,继续组织实施以节水灌溉为重点的中低产田改造工程和以小流域治理为重点的农业生态工程,完成土地治理3.2万亩。在项目区内修建拦河坝1座、新打机电井14眼,新建和维修蓄水工程15座,架设输变电线路13.24公里,衬砌渠道6.6公里,埋设管道78.27公里,修建机耕路40.52公里,营造生态林和农田防护林网0.35万亩,购置配套农业机械23台(套)。项目区新增节水面积2.18万亩,新增粮食生产能力526.2万公斤,新增蔬菜生产能力865万公斤,项目区内农民收入增加总额832万元,人均增收390元。当年立项实施的4个土地治理项目,完成建设任务的80%。

2010年,完成2.9万亩土地治理任务,其中:中低产田改造项目完成1.35万亩,项目区建成机电井4眼,架设输变电线路4.35公里,铺设管道62.9千米,改良土壤1.13万亩,修建机耕路29.8千米,新增节水灌溉面积1.32万亩,新增粮食生产能力222万公斤;高标准农田示范工程计划总任务为1万亩,实际完成1万亩,占计划的100%。项目建成机电井2眼,架设输变电线路3.9公里,铺设管道61.6千米,改良土壤0.9万亩,修建机耕路14.6千米(其中硬化干道8公里),示范推广0.15万亩,新增节水灌溉面积1万亩,新增粮食生能力140万公斤。农业生态工程项目计划总任务为0.55万亩,实际完成0.53万亩,占计划的96.4%。主要完成小型蓄排水工程7座,机耕路16公里,造林0.13万亩,新增节水灌溉面积0.3万亩,新增粮食生能力35万公斤。

产业化经营项目。2009年,农副产品加工方面:沁水丰田万吨绿色杂粮食品加工扩建项目、山西厦普赛尔公司30 000吨果汁饮料项目、山西源源醋业有限公司5000吨精品醋生产扩建项目3个农产品加工龙头项目全部建成投产。规模化养殖基地建设方面:高平金茂万头猪标准化养殖园区扩建项目、高平融生3万头优质种猪基地扩建项目2个标准化、规模化养殖基地项目完成投资计划和建设任务。特色优势农产品种植基地建设方面:国家级退耕还林2000亩中药材种植项目、陵川县潞城镇4200亩山地中药材开发项目、晋城市泽地萃绿农开发公司400吨无公害食用菌生产基地项目、城区800亩优质玫瑰种植基地建设项目等11个特色优势农产品基地建设项目全部完工。

2010年,泽州县兴宏千头祖代种猪养殖基地扩建项目、沁水县兴盛年出栏2万头优质商品瘦肉猪养殖基地扩建项目、高平市华康年产8000头现代种猪繁育基地扩建项目、阳城县金田园2000亩脱毒红薯繁育种植示范基地扩建项目等6个产业化项目全部建设完成。当年新上产业化经营项目13个,其中泽州县2000吨食用菌工厂化生产基地扩建项目、高平市融生牧业千亩鲜果林示范基地建设项目、阳城县3000亩无公害谷子种植基地扩建项目、泽州县年出栏4000只优种羊,15 000只优质育肥羊养殖扩建项目、晋城市强民乳业公司年新增5万吨乳饮料系列产品扩建项目、泽州县晋宏实业有限公司流动资金贷款贴息项目、阳城县佳美茧丝公司流动资金贷款贴息项目等7个产业化项目完成投资和建设任务。陵川县万亩连翘基地建设项目、城区食用菌项目、晋城市丰青源生态农业园区项目等9个市级项目全部建成。

中药材产业开发。2009年,中药材种植面积完成25.3万亩,总产量1900万公斤,总产值2.6亿元。陵川县20万亩连翘基地建设项目进展顺利,完成连翘育苗1000亩,并在潞城、秦家庄两个乡镇铺开6万亩连翘基地建设。国家级退耕还林2000亩中药材项目全部完成。陵川县潞城镇4100亩山地中药材开发项目,规划设计面积4100亩,实际完成4200亩,完成计划的102.4%。

2010年,全市中药材种植面积完成30.5万亩,总产量1900万公斤,总产值2.6亿元。陵川县20万亩连翘基地建设项目完成15万亩。山西瑞丰摩根养生堂医药研究有限公司中药加工项目、陵川县太行中药材开发有限公司中药材植物提取项目,“五花芯”党参饮品开发合作社等一批中药材龙头加工企业,完成厂房建设和设备安装。

科技推广项目。2009年,泽州县5000亩小麦良种推广项目、阳城县4000亩“潞鑫四号”玉米推广项目、泽州县1000亩无公害蔬菜科技推广项目全部竣工,年增产玉米66万公斤,增产小麦25万公斤,增产蔬菜80万公斤,受益农户达到2000户。举办各类培训80多期,培训农民2万多人。

2010年,高平市“先玉335”玉米新品种高产示范区项目、沁水县无公害蔬菜生产科技推广项目和当年立项的泽州县4000亩“泽玉54号”玉米标准化高产栽培技术推广项目、沁水县1000亩“徐薯26号”优质高产红薯栽培科技推广项目全部竣工,年增产玉米100万公斤,增产蔬菜150万公斤、红薯200万公斤,受益农户达到2300户,农民纯收入增加314万元,户均增收1365元。举办各类培训80多期,培训农民1.5万多人次。

监督管理

2009 年，在全部项目县（市）普遍推行立项招投标制和项目立项公示制，公开项目申报条件和程序，扩大选项范围，并邀请纪检、财政、农业、水利、畜牧、林业、公证等部门对招投标进行全程监督。严格执行县级报账制等农业综合开发财务会计制度，保证农发资金专款专用。全面推行工程招投标制、项目法人制、工程监理制、项目资金公示制等项目管理办法。构建事前、事中、事后督查，日常检查、专项检查、媒体监督、群众监督等全方位立体的监督检查体系。5 月，在全省“五一”表彰大会上，市农业综合开发局荣立集体二等功，受到省劳动竞赛委员会的表彰。12 月，在全省农业综合开发资金项目管理工作质量考评中，市农业综合开发局排名第三，获得省财政厅 50 万元项目奖励资金。

2010 年，出台《晋城市级农业综合开发资金项目管理办法》，对市级农业综合开发项目的申报、立项、实施进行严格管理。11 月，陵川县被列入省级农业综合开发项目县，并获批陵川县中低产田改造项目。陵川县省级立项农业综合开发项目涉及礼义、杨村两个乡镇的 14 个村，三年改造中低产田 1.29 万亩，总投资 1530 万元，其中争取省级财政资金 900 万元。

（市农业开发局）

水 务

任务指标

两年,全市新增农业节水面积1.5万亩,改善节水灌溉面积3.2万亩;解决37.52万人的饮水不安全问题;完成实灌面积105.8万亩;完成水保治理面积27万亩;实施生态修复面积20万亩;水力发电5000万度,生产成鱼2385吨。

"一河八供八库"工程

张峰水库枢纽工程蓄水1.3亿立方米,输水工程完成总干及二干输水管道,输水至高平市。东焦河水库枢纽工程全部完成,进行了大坝蓄水验收和水电站机组试运行。围滩水库工程2009年完成6公里进站交通工程,大坝砌筑达460高程,引水隧洞贯通,水电站开工建设,完成投资7300万元,2010年水电站大坝主体工程完工。西冶水库工程2009年完成前期及三通一平工作,坝体浆砌至730高程,完成投资3728万元;2010年水电站大坝主体工程完工。湾则水库工程2009年大坝主体砌筑至707高程,完成投资5093万元;2010年大坝主体工程完工。磨河供水改造工程,完成大磨河泵站、小磨河二泵站、调蓄池工程并投入使用,年供水能力由200万立方米增加到1340万立方米,可解决8个乡镇15万人,260个企事业单位的生产生活用水。任庄水库供水工程实施向巴公工业区中心供水的外延扩供工程。下河泉供水工程安全运行19个月,开始向周村北留工业园区供水。丹河下游供水一期工程向晋煤集团十万吨合成油等企业供水。固县河供水工程可研性报告报市发改委审批。郭壁供水改造工程完成可研设计。杜河水库提水工程完成可研设计并报省水利厅审批。任庄水库市区调水工程2009年完成研设计并报省水利厅审批,2010年开建设。丹河河道下游综合治理工程,完成泽州任庄水库上游至高平市界、丹河湿地至龙门湖段招标,开工建设。

农村饮水安全工程

两年,全市完成各类工程755处,解决了1412个自然村37.52万人的饮水安全问题。共计完成投资19649.91万元,其中省级以上资金11677.5万元,市级配套1157.3万元,县乡村自筹6815.11万元。

病险水库除险加固工作

晋城市列入全省专项规划内病险水库除险加固的14座水库全部完工。杜寨、山泽、申庄、长河、窑相、沙沟、圪套、米山、红卫、胜天、云谷图11座水库竣工验收。小磨河、浙水、台北

3座水库主体工程完工验收。

节水灌溉工程

2009年,对7处中型灌区进行节水改造、维修养护;兴建了9处煤矿废水利用工程;建成城区洞头、陵川杨村、阳城赤头、泽州坪头、高平东仓5处节水示范园区,新增节水面积1.5万亩,改善灌溉面积3.2万亩,总投资2100万元。2010年,全市新增节水面积2.15万亩,改善节水面积2万亩。

生态治理工程

2009年,泽州、阳城重点实施国家农业开发水保项目,建淤地坝1座,水保林2800亩,经济林2200亩,封禁3万亩,完成治理面积24平方公里;陵川、高平实施2008—2012年国家水保重点建设项目,建淤地坝1座,谷坊67座,整修田间道路18公里,完成治理面积35.19平方公里;沁水、阳城实施巩固退耕还林成果项目,完成河滩地改造1900亩,沟坝地改善400亩,小型灌溉1300亩,中央、地方及群众共投入资金4500万元。

节水型示范城市建设

2009年,开展节水型示范城市建设。市政府成立了晋城市节水型社会建设委员会,出台了《晋城市节水型社会建设实施方案》;编制完成了《晋城市节水型社会建设规划》,并通过专家组评审;召开了晋城市节水型社会试点建设动员大会,启动节水型社会试点市建设;组织专家完成节水型社会建设专题《晋城市煤矿排水利用研究》,对煤矿建设全国节水型示范矿区工作进行安排部署和督促指导;结合第十七届"世界水日"、第二十二届"中国水周",开展建市以来规模最大的以"落实科学发展观,节约保护水资源"为主题的水法律法规宣传活动。

水源保护工程

2010年,大力实施"一矿一池一园区"农业节水灌溉工程,累计兴建矿坑水利用工程70处,发展节水灌溉面积4万亩,年利用矿坑水700万立方米,节水344万立方米;完成兰花煤化、天泽煤化、天脊中化等7家企业节水技术改造,年节约新鲜水量605万立方米;组织编制《晋城市节水型社会建设规划报告》,通过部、省专家评审。加强水资源管理各项基础工作,对全市135眼地下水监测井水位进行统测,对地下水水质进行了取样化验,掌握了全市地下水枯水期、丰水期动态情况及地下水水质情况,高平市投资160万元,建成晋城市第一家县级水质化验中心;在2009年取水许可清理整顿工作基础上,下发《关于加强煤炭企业取水许可管理的通知》,对全市整合重组后的130座煤炭企业的取水许可进行审核;强化水资源管理,对规模以上工业自备水源井安装远程监控系统。全市安装用水计量远程监控设施244台,各县(市、区)相继组建信息管理中心,实现对主要工业企业及城市自备水源井取水量在线实时监测。泽州县新安装远程智能控制系统120台(套),新增地下水位监测系统15台(套),初步完成了水利数字中心建设;加大水行政执法和监督检查力度,重点检查了擅自违法打井、无证违法取水、破坏水利工程等造成地下水流失,河道行洪隐患的水事案件。

防汛抗旱

2009年,晋城市遭遇建市以来罕见的旱情,市委、市政府紧急启动《全市抗旱预案》,各级政府共投入资金1600万元,完成抗旱冬浇春浇面积41万亩(54万亩次),临时解决4万人、6000多头大牲畜的饮水困难。防汛工作按照"降等一批、报废一批、加固一批"的方案,对17座进行报废处理、13座进行降等管理;完成28处溢洪道疏通,13处卧管疏通维修工程;开展河道清障清淤工作,全市共完成187.5公里、82.08万方的河道清障任务。

2010年,在搞好抗旱工作的同时,把防汛工作作为水利工作的重中之重来抓。下发《关于切实做好2010年防汛准备工作的通知》和《关于开展汛前安全检查工作的通知》,开展汛前准备工作并对辖区内的防汛安全进行自查,落实各项防汛重点应急预案,并召开全市防汛工作会议,对全市防汛工作进行安排部署。全面落实防汛责任制,下发《关于印发市防汛抗旱指挥部成员防汛职责的通知》和《关于公布2010年全市防汛重点责任人名单的通知》,明确全市4座中型水库、42座重点小型水库、10个重点集镇、31条重点河段、17处在建工程、38个重点边山峪口村庄的责任人和责任目标。成立8个督查组,对全市的小水库、塘坝、边山峪口等危险地段的备汛工作进行督查。加强防汛宣传力度,制作印刷15 000份《防汛知识读本》、5000张墙体宣传画,分发到各乡镇。8月18日,晋城市部分地区降雨强度达到百年一遇,市区白水河、城区北石店河、丹河和沁河的部分支流河水暴涨,发生特大洪水,市防汛抗旱指挥部立即启动III级应急响应,全力组织抢险救灾,转移安置受灾群众。市政府先后调集军分区、公安、武警、消防、市矿山救护队、晋煤集团救护队等赶赴现场进行抢险救灾,保证了刘家川等地的人员全部得到妥善安置,无一人伤亡。

水电电气化及以燃代电项目

东焦河水电站竣工决算完成并通过竣工审计,开始试运行。古郊35千伏变电站 投资783万元,完成变电站围墙、主控室、配电室、生活区、附属设施等建筑工程。陵川县夺火小水电代燃料项目 完成双底生态电站三通一平临建工程和项目区的测量和设计等前期工作及6个村庄的供电网络改造工程。阳城县东冶小水电代燃料项目 项目区4901户的代燃工程基本完成;磨滩施工电站,完成线路架设,挡水坝及引水洞的清淤等工程。佛圪咀水电站 小水电代燃料工程,高低压设备及机组安装完工;渠道改造700米,渡槽抬架35节,厂房维修基本完成。

水产事业

2010 年，开展水产健康养殖示范场创建活动，泽州县赵良泉水产养殖中心被省水利厅确定为水产健康养殖亮点工程。城区渔业发展由池塘养殖向休闲垂钓方向发展，共建垂钓池 6 个。开展苗种专项整治行动。制订了《晋城市 2010 年水产苗种专项整治实施方案》，对辖区内的自繁和外购苗种进行普查登记，对全市 9 家冷水鱼养殖场的鱼苗种进行孔雀石绿、氯霉素鱼药残留快速检测，结果全部合格。加大水产品质量安全监督抽查力度，建立全市水产养殖数据库，加强对养殖单位的监督管理。加快推进无公害水产品一体化认证工作，鼓励有条件的养殖单位积极申报绿色水产品或有机水产品，全市通过无公害水产品产地认定 2 家，无公害水产品认证 1 家。晋城市名优水产苗种繁育场项目工程建设接近尾声，完成投资 80%。

（市水利局）

林 业

目标任务

2009 年,完成造林 13.225 万亩,占年度任务 8.9 万亩的 148.6%。完成国家级重点工程 7.825 万亩,其中:完成退耕还林 1.725 万亩。完成天然林保护 1.6 万亩。完成太行山绿化 4.5 万亩。完成省级工程 1.1 万亩,其中:完成交通沿线荒山绿化 1 万亩,完成科技示范林 0.1 万亩。完成矿区绿化 0.22 万亩。植树 743.5 万株,占任务 740 万株的 100.5%。建成绿化示范村 128 个。完成育苗 2.12 万亩,其中新育苗 2.1 万亩,占任务的 101.4%。推进集体林权制度改革,完成 54 个乡镇 1025 个村的主体改革。全市森林火灾受害率为 0.068‰,低于省控指标 0.3‰。未发生一起重大毁林案件。森林病虫害成灾率为 0.54‰,监测覆盖率达到 95.1%,产地检疫率达到 99.6%,无公害防治率达到 86.7%。

2010 年,完成造林 15.03 万亩,占全年任务 14.22 万亩的 105.7 %。其中:完成省考核指标 10.85 万亩,占任务 10.82 万亩的 100.3 %(国家重点工程完成 6.56 万亩,占任务 100%;完成省级工程 4.29 万亩,占任务的 100.7%)。完成植树 850 万株,占任务 760 万株的 111.8%;育苗 2.34 万亩,占任务的 111.4%。完成碳汇造林工程项目 2828 亩,占全年任务的 100%。全市新发展干果经济林 7.2 万亩。有 1783 个村完成明晰产权任务,确权面积 500.7 万亩,确权率达 99.8%。林业有害生物成灾率为 3.7‰, 低于 5‰的控制指标。森林火灾受害率为 0.0027‰,低于 0.3‰的控制指标。组织参加第二届中国绿化博览会,建设的"太行明珠"园获室外展银奖、市绿委获室外展组织奖、市林业局获"先进工作单位"。

重点工程

2009 年,全力实施"六个一"工程(10 万株大树环城、10 万株花灌木上路、10 万亩荒山绿化、100 个村庄绿化、1000 株古树保护、1 万亩干果基地建设),加快绿化造林建设。8 月 25 日,全国造林绿化现场会在晋城市召开。"六个一"工程完成情况:

10 万株大树环城工程。移植 10mm 以上的油松、白皮松、国槐、垂柳、法桐、樱花、毛白杨、银杏等树种 10.05 万株。其中,市区完成 0.82 万株,城区完成 2.5 万株,高平市完成 2 万株,阳城县完成 3.4 万株,陵川县完成 0.63 万株、沁水县完成 0.7 万株。

10 万株彩叶树(花灌木)上路工程。在长晋、晋阳、晋焦、晋济等公路沿线新栽植 10.3 万株彩叶树(花灌木),形成三季有花、四季常青的景色。

10 万亩荒山绿化工程。共完成荒山造林 13.23 万亩,其中城区完成 0.45 万亩、泽州县完成 4.73 万亩、高平市完成 1.1 万亩、阳城县完成 1.23 万亩、陵川县完成 4.24 万亩、沁水县完成 1.1 万亩。将荒山造林工程布局在通道两侧第一山脊线以内和环城 3 公里范围内的可视荒山，进行整沟整坡治理，形成一山一景的整体效果。

100 个村庄绿化工程。对长晋、晋阳高速公路沿线的 102 个村庄进行整体绿化，做到公路绿化不断档、荒山绿化无空档、河渠绿化形成网、村庄绿化连成片。

1000 株古树保护工程。对全市造册登记的 1500 株古树名木进行初级保护，选择分布在市区、县城和高速路沿线的 165 株进行示范性保护。

1 万亩干果基地建设。全市共完成干果经济林 1.57 万亩。将工程布局在国省道和高速公路沿线的梯田坡地范围内，采取地埂栽植和成片造林方式，以核桃、花椒、山楂、山茱萸为主，集中连片，形成规模。

同时，完成环市区可视荒山（横断山）绿化 1100 亩，栽植油松、侧柏、杨树、刺槐、元宝枫、山楂、火炬、黄栌、沙棘、爬山虎等树木 11.9 万株。

2010 年，完成退耕还林工程 3.3 万亩。阳城、沁水县的天然林保护工程，在资源保护和植被恢复上达到国家建设标准。陵川县投资 110 万元，栽植侧柏、连翘、核桃等苗木 20 余万株，建成 7000 亩的太行山绿化示范工程。城区投资 4400 万元，在白马寺山森林公园栽植大规格风景苗木 3.5 万株。沁水县以县城周边玉皇山、石娄山、龙岗山、碧峰山为骨架，以周边可视荒山为重点，新造林 3600 亩，植树 40 万株。阳城县新建了凤西公园、高平市新建了西山公园。开展通道绿化“大会战”，绿化面积达 1.1 万亩，完成全部工程的 60%。高平市、阳城县采用抗旱造林、APT 生根粉、根宝蘸根造林、混交造林等先进技术，完成首批碳汇造林示范项目任务 2828 亩。

生态建设

2010 年，围绕绿化生态型、生态园林型、园林游憩型三种模式，扎实推进生态县、乡、村建设。泽州县出台《实施生态兴县意见》，铺开 40 个村的园林化建设；沁水县依托农村文化广场建设小型绿化游园；高平市对 13 个乡镇所在地、15 个生态园林村、29 个煤矿所在地、36 个省级新农村建设推进村进行重点绿化；陵川县 16 个村庄达到生态村标准；阳城县以沁河流域沿线 50 个村为重点，实施园林村建设，被评为全省“林业生态县”。全市 2213 个村有 987 个达到生态园林村标准，数量居全省首位。

林改工作

2009 年，晋城市探索总结出“沁水庙沟村”家庭承包、“泽州龙王山”联户经营、“兰花集团”股份合作、“泽州玉喜庄园”大户承包、“阳城有偿转让”五种林改模式。全市有 54 个乡镇 1025 个村完成主体改革任务。明晰产权面积 200.5 万亩，确权率达 94.3%，其中家庭和联户承包占 74.1%。调处林权纠纷 540 宗,面积 10.5 万亩。组建成立晋城市林权管理办公室、晋城市森林公安分局,出台《晋城市集体生态公益林区划界定、森林生态效益补偿和保护管理试行办法》、《晋城市森林资源流转管理办法》、《晋城市造林抚育管理试行办法》、《晋城市2009-2015 年干果经济林发展规划》等配套政策。11 月 19 日,在省委林业工作会议上,市委书记张茂才代表市委、市政府作林改典型经验介绍。

2010 年,组织开展"林改采风"活动,编印发放《晋城集体林权制度改革典型 50 例》2 万余册。制定《集体林权制度改革档案管理办法》,建立县乡村三级建档、同步归档、档案保管、档案查阅等林改档案管理制度。4 月,在高平市召开全市林改档案现场观摩会,推广高平市的经验。出台《关于切实加强林权矛盾纠纷调处的意见》,解决七大类 1000 余宗纠纷,调处纠纷面积 12.6 万亩。市委、市政府出台《关于深化集体林权制度改革发展现代林业建设生态强市的意见》,规定市级重点公益林国有林每亩每年 5 元,集体和个人按每亩每年 10 元的标准进行补偿。高平市制定《关于 2010 年林业生态建设实施意见》,对未列入国家和省重点公益林范围的 16 万亩林地全部列入补偿范围,每亩每年补助 10 元。阳城县出台《2008-2009 年农业发展资金补助办法》。7 月,全省林改推进会在右玉召开,晋城市介绍了《坚持四轮驱动推林改,促进两大目标同实现》的经验,陵川县被评为全国林改百强县。

森林防火

2009 年,开展《森林防火条例》宣传、"爱我家园"森林防火知识竞赛、万名党员佩戴"森林防火"、"林火纠察"红袖章活动,实行 24 小时值班和领导带班制度、零报告制度,全年无重大森林火灾和人员伤亡事故,火灾发生率、控制率、受害率均低于省控指标。争取省级投资2200 万元,建成森林防火远程监控系统,在重点林区安装 46 个远程监控点,可监控全市80%以上森林面积。

2010 年,开展万名党员佩戴"森林防火"红袖章活动,在 2200 余个行政村启动小喇叭响起来工程。防火特险期,坚持实行"零报告"制度、专业扑火队备战制度,加强火灾防范和应急处置。召开电视会议 3 次,开展森林防火百日安全隐患大排查活动,遏制森林火灾发生。全市共发生火情 32 起,总过火面积 328.3 亩,未发生重大森林火灾,火灾次数同比下降 26%,过火面积同比下降 32%。

林政管理

2009 年,共查处非法侵占用林地案件和各类林业行政案件 72 起,行政处罚 52 人,行政拘留 3 人,罚款 23.68 万元。共检疫各类苗木 3445.2 万株,种子 106.5 吨。调查监测森林面积358.7 万亩,发布森林病虫情预报 44 次,投入防治资金 152.14 万元,重点对白蚁、红脂大小蠹虫、油松毛虫等虫害进行防治，防治面积27.71万亩，防治效果达到90%以上。

2010年，将林业行政审批项目由原来的15项精减为10项。建立健全首办责任制、限时办结制、超时默认制、AB零缺位和科(站)长坐班制等制度，共办理行政许可事项208件。组织开展"春季行动"、"绿锋一号"等打击破坏森林及野生动物资源违法犯罪的专项整治行动，查处各类森林和野生动物案件65起(林政案件64起，侦破积案1起)，行政处罚16人(林政处罚15人，取保候审1人)，收缴幼树87株。市林业局被国家林业局授予"春季行动"先进基层单位。全年发布森林病虫情预报48次，妥善处置病虫害疫情4起。检疫各类苗木3041.5万株、种子122.6吨，调查监测森林面积464.29万亩，监测覆盖率达89.9%，防治面积23.94万亩，防治效果达到90%以上。

林业投入

2009年，全市对林业的投入达到6.05亿元，其中：市级财政投入1.07亿元，县级财政投入2.1亿元。泽州县财政投入9000万元，高平市财政投入6000万元，阳城县财政投入4000万元，沁水县财政投入1380万元，城区财政投入300万元，陵川县财政投入262万元。乡镇财政、村集体、厂矿企业分别投入8600万元、5700万元和14 400万元。市、县两级财政筹资939万元用于集体林权制度改革，其中：市财政投入694万元,各县(市、区)财政投入245万元。

产业发展

2010年，出台《晋城市2009-2015年干果经济林发展规划》，铺开建设10个重点干果经济林基地乡镇。泽州县出台《关于加快核桃产业发展的实施意见》、高平市制定《关于对2010年林业生态建设工程以奖代补的实施意见》、阳城县实施《2009-2018年林业产业发展规划》，分别对发展干果经济林每亩补助200-500元。加快推进以核桃、花椒、山楂、山茱萸、连翘为主的基地建设和低产林改造，全市初步形成"一乡一品"产业格局。陵川县制定《20万亩连翘基地建设实施意见》和《2万亩优质核桃干果林基地建设实施意见》，投资500余万元，栽植优质核桃苗木65万株，建成2万亩优质核桃基地和20万亩连翘基地。开展"送技术、送服务、送信息"活动，组织12支帮扶服务小组，到陵川、沁水、泽州等县16个乡镇53个行政村开展技术服务，累计培训林农5万余人次，编印发放林业技术信息资料5万余套。

创建国家森林城市

2010年2月9日，市委召开林业工作暨创建国家森林城市动员大会，提出用3—5年时间完成创建任务。成立创建国家森林城市工作机构，起草《晋城市创建国家森林城市实施方案》(初稿)，编制《晋城市创建国家森林城市总体规划》。

(市林业局)

畜 牧

畜牧业生产

2009年,全市肉、蛋产量分别达到14.64万吨、5.16万吨,同比分别增长8.05%、7.74%。全市猪、羊、鸡出栏分别达到180.64万头、37.96万只和285.96万只,同比分别增长8.19%、0.03%和11.09%。畜牧业总产值达到20亿元,同比增长7.7%,占农业总产值的比重达到45%,超出全省平均水平12个百分点。全市农民人均畜牧业纯收入达到338元,同比增长4.5%。养殖业实现了数量、质量和效益的同步增长,连续7年被评为全省畜牧兽医工作先进市。

2009年,全市建成11个畜牧业循环经济示范点,新建养殖小区49个,猪、牛、羊、鸡等各类适度规模养殖户达到10 636个,养殖规模达到1300万头(只)的。

2009年,全市高致病性禽流感、口蹄疫、猪蓝耳病等重大动物疫病免疫密度均达到100%。畜牧兽医体制改革推进顺利,6个县(市、区)基层动物防疫机构及编制均按照《动物防疫法》和国务院、省、市政府的改革要求确定,共设立43个乡镇畜牧兽医中心站,并完成17个乡镇畜牧兽医站的基础设施建设工作,连续6年未发生重大动物疫情。

2009年,启动畜产品质量安全专项整治暨执法年活动,强化奶站、饲料、兽药和种畜禽监管工作,屠宰检疫率、耳标回收率及畜产品检测合格率均达到100%,未发生一起重大奶站、饲料和畜产品质量安全事故。

2009年,全市猪、牛、羊、蛋鸡的良种覆盖率分别达到93%、78%、51%和95%。全市祖代种猪场数量达到9个,成为山西省最大的优种猪供种基地。完成5个养殖场的无公害产地认证,5个畜产品的无公害畜产品认证,无公害畜产品认证工作位于全省第一。

2010年,全市肉、蛋产量分别达到16.11万吨、5.89万吨,比“十五”期末增长116.15%、88.70%;猪、羊出栏和鸡存栏分别达207.04万头、39.19万只和606.25万只,比“十五”期末增长142.15%、16.29%和71.75%。

政策扶持

2010年,我市在全国率先出台《畜牧业发展风险基金政策》,并实现公开、公平、公正和全程阳光作业。“十一五”期间共扶持规模养殖场(户、园区)2000多个,市级扶持资金达5700多万元,全市扶持资金总额达1.5亿元以上,带动社会投资达15亿元以上。

良繁体系建设

2010 年，全市生猪饲养量突破 330 万头，出栏量占山西省的五分之一。建成山西省最大的良种猪繁育基地，全市共有 9 个祖代种猪场、21 生猪扩繁场，生产的优质种猪往到西北、东北等地区。

“十一五”期间，与全国著名肉类加工企业雨润集团开展战略合作，在高平市建成的年屠宰加工 200 万头生猪的新胜肉类有限公司，为山西省最大的生猪屠宰加工企业。该项目总投资 2.4 亿元，年产值 20 亿元、利税 8000 万元，农民养猪收入达到 2 亿元。

疫病防治

2010 年，高致病性禽流感、口蹄疫等免疫密度均占到应免数的 100%，连续 8 年未发生重大动物疫情。防控责任制“挂牌公示”、“AAA”规范化管理星级创建等做法得到农业部、省农业厅的肯定，并作为典型经验在全省推广。

安全监管

2010 年，市畜牧兽医局开展畜产品质量安全专项整治行动，加大对饲料、生鲜乳和奶站监管等工作的力度。全市共有 27 个养殖场获得无公害产地认证，27 个畜产品获得无公害农产品认证。

（市畜牧局）

农 机

主要农机装备

2009年,全市农机总动力达到2 122 485千瓦,拖拉机数量达到46 004台,其中大中型1963台;拖拉机配套农机具数量达到72 709台,其中大中型4938台;联合收割机数量达到661台,玉米收获机数量达到120台,薯类收获机数量达到15台;农产品加工作业机械数量达到10 020台。

2010年,拖拉机数量达到4.72万台,其中大中型2255台,同比增长14.9 %;拖拉机配套农机具数量达到87 981台,其中大中型5964台,同比增长20.8 %;联合收割机数量达到802台,同比增长21.3%;玉米收获机数量达到273台,完成目标任务的130%,同比增长227.5%;薯类收获机数量达到50台,完成目标任务的167%,是去年的3.33倍;农产品加工作业机械数量达到2.84万台,完成目标任务的100%,比去年增长40%。

农机作业水平

2009年,机耕面积完成144 342.4公顷,机械播种面积完成109 119公顷,机械收获面积完成67 901公顷,玉米机收面积5639.7公顷;机械铺膜面积完成10.14万亩;机械化秸秆还田面积完成87.1万亩;机械化肥深施面积达到92 929公顷;机械化保护性耕作面积完成26 225公顷;马铃薯机械化播种收获面积2079公顷;机械初加工农产品数量1 096 047吨。

2010年,机耕面积完成155.832千公顷,机耕率达76%,比去年增长1个百分点;机械播种面积完成121.724千公顷,机播率达54.5%,比去年增长3.5个百分点;机械收获面积完成83.378千公顷,机收率达37.3%,比去年增长5.3个百分点。综合机械化水平达58%,比去年提高5.4个百分点,增幅超出去年2.8个百分点,高于全省平均水平。其中:玉米机收面积18.5万亩,完成目标任务的132%;机械化秸秆还田面积完成97.5万亩;机械化肥深施面积达到139.5万亩;机械化保护性耕作面积新增6.5万亩;全市深松整地作业面积9.5万亩;马铃薯机械化播种收获面积10万亩;机械初加工农产品数量109.1万吨。

农机经营效果

2009年,全市农机经营总收入达到123 190.17亿元,其中,农机户总收入112 571.66万元;农机经营纯收入47 622万元,其中农机户纯收入45 392万元。

农机服务组织的增加,服务体系的完善,使农机经营效益不断增长。2010年,全市农机经营总收入达到13.69亿元，比上年增长11%。农机经营纯收入达5.44亿元，比上年增长14.3%。农机经营为全市农村居民人均实现纯收入457元。

农机购置补贴

2009年，一是确立了对偏远山区贫困农村实行优先补贴，对新型玉米收获机械和丘陵山区配套的小型小麦联合收割机械实行累加补贴的原则，调动了丘陵山区贫困农民购买和使用农业机械的积极性。全市落实农机购置补贴资金1975万元。农民通过补贴购买各种农机具3773台（套），其中：新增农机资产5642万元，拉动农村消费3667万元，有2807户农民直接受益。二是扩大社会影响。印制“农业机械购置补贴公告”2600份，张贴在全市各个行政村、乡镇政府所在地与农机供应企业；在电视台制作播出了《阳光政务行：农机购置补贴政策解读》节目；在《太行日报》刊登了农机下乡惠民工程20问与农机购置补贴申报流程图例，等等。特别是在高平市永录乡东山村举办的全市“农机下乡惠民工程”启动仪式受到了广大农民和全社会的广泛关注。三是做到阳光透明。从制度建设抓起，建立了“补贴机具目录制、补贴对象公示制、补贴资金集中支付制、执行过程监督制”等10项规范化工作制度，对补贴工作人员提出了“三个严禁”、“三个决不能”和“十不准”、“八不得”纪律要求。四是优化资源配置。积极争取省局支持，使补贴资金规模量由原定的15%扩大到了30%，全市新增小麦联合收割机械117台，使小麦收获机械形成了大中小型立体式装备构架，能够同时兼顾平川与丘陵、山区地块对机械的需求。

2010年，共获得中央资金三批共计1969万元，比去年的补贴资金增长484万元；市县两级财政配套资金也及时到位。其中市级财政配套资金达到150万元，比去年增加了50%。高平市、阳城县、沁水县、陵川县等地方财政，配套购机补贴资金达到235万元。陵川县安排配套资金15万元。补贴各类农机具3907台（套），新增农机资产6295万元，有2975户农民从中受益。全市农机总动力达225.25万千瓦，占目标任务的10%，比上年增长6%；农机原值达14.05亿元，占目标任务的101%，比上年增长11%。为确保重点农机化工程和粮食生产薄弱环节作业机具的补贴，快速提升保护性耕作、玉米机收、薯类种植、丘陵山区等重要环节方面的机械化水平，在中央补贴、省累加补贴的基础上，安排了市级和县级财政累加补贴，充分调动了农民购买使用新型农机具的积极性，特别是玉米收获机械得到了较快发展，新增153台，完成省、市下达目标任务的170%。从多方位加大宣传力度。全市共印制“农业机械购置补贴公告”3000份，张贴在全市乡镇政府所在地、各个行政村与农机供应企业；在电视台制作播出阳光政务行农机购置补贴政策解读节目；在《太行日报》刊登了农机购置补贴启动信息、政策解读等；利用广播和《晋城在线》（网络）及时宣传了农机购置补贴工作情况；在市县农机部门设立服务热线,专门受理、解答农民的咨询等等。加强对市内农机购置补贴经销企业的监管力度,出台《关于加强农机购置补贴产品售后服务和规范化管理的通知》,建立生产企业与经销企业档案。对经销企业进行购机补贴资金专项检查,要求定点经销企业建立健全各项企业服务制度。两次组织农机定点经销企业进行购机补贴规范化培训。

"一区两带"农机化工程

"一区两带"农机化工程是根据我市现代农业建设需要确立的一项具有战略意义的中长期农机化发展促进工程。2009 年,全市综合机械化示范区建设分布在 6 县(市、区)的 14 个乡镇,总规模面积达到了 10 万亩以上。机耕道路通达率达 90%,普遍进行保护性耕作技术、秸秆还田、精少量播种、化肥深施等农机化新技术推广,对示范区农民、农机手进行了技术培训,在机补政策的执行中优先示范区农机户和农机服务组织。通过整乡连片规划、点面配套跟进,目前示范区建设已取得初步效果。今年夏季示范区小麦机收率达到 100%,小麦亩均增产达 15-20%,近 70%的面积推广应用了保护性耕作等新技术,同时涌现出了以以工扶农为主的泽州县高都镇大兴村农业机械化综合示范园区、以发展特色农业机械化为主的陵川县平城镇土豆生产示范园区等一批典型,这些园区都呈现出技术集成,规模作业,连片经营,效益提升等特点,为今后机械化示范区的发展起到了示范样板作用。

"两带"建设对提高我市粮食综合生产能力具有重要意义。在机械化保护性耕作精品推广带建设方面,我们采取了"345"的工作方法,即:在政策上用购机的"累加补贴、作业补贴、中介补贴"等三补贴政策调动农民的积极性;在具体操作上实行四种市场化运作方式,分别为"农场 + 农户"、"农机大户 + 农户"、"村委 + 农户"、"中介组织 + 农户",四种服务方式均实行优惠价服务,通常服务费仅为市场价的 60—70%;在技术培训上坚持"五结合",结合农时、结合技术服务、结合购机补贴、结合农机驾驶员培训、结合大众媒介开展全方位、多层次、多形式的技术培训工作。通过实施整村、整乡推进战略,今年全市保护性耕作实施面积达到了 39.2 万亩,类计培训农民及农机手 1 万余人。项目区新增 31 台玉米播种机、51 台玉米收获机械。在播种环节积极引导示范点农民选用抗倒伏玉米优良品种,实施机械化精量和半精量播种,进行标准化种植,统一行距,控制播量和密度,为中耕、收获等环节的机械化作业创造了条件。在陵沁公路沿线建起了 10 个高标准的玉米生产机械化推广示范点,实现玉米机播率 50%,玉米机收率提高到了 5%以上。

贫困农村农机化发展

针对偏远山区贫困农村农业装备匮乏、农业基础脆弱、机械化发展严重滞后的客观现状,采取了一系列扶持办法:一是机补政策向贫困村倾斜。对购置小型动力机械,补贴 30%;

对购置小型配套机具，每套补贴 150 元(在中央未列入补贴目录的情况下，根据我市现实需要将其列入市级补贴范围，补贴幅度均超过 30%)；对购置小型收割机，补贴标准可累加 10%达到 40%。2009 年，全市投入偏远山区贫困农村机具补贴的资金达到 370 万元，其中，拉动农民购置小型机具 1154 台(套)，补贴资金达到 172 万元。二是农机项目向贫困村倾斜。在偏远山区贫困农村推广机械化保护性耕作面积 6 万余亩，投入的保护性耕作、特色机械化项目资金达到 50 万元。三是技术服务向贫困村倾斜。通过赠机形式为示范村配备了一批小型适用机械。引进自走履带式中型收割机械，解决了丘陵山区小麦收获机械品种单一、机械短缺的问题。四是机耕道路建设重点向贫困村倾斜。市农机局率先在沁水县进行机耕道路建设试点。截至 2009 年底，沁水县共完成拓宽、改造机耕道路 280 公里，其中铺装水泥路 120 公里。据统计，市、县农机局今年重点培育和扶持了泽州东下村、大兴村、陵川义汉村、沁水南大村、东大村等一批示范典型。全市 210 个偏远山区贫困农村农机服务户发展达到 500 个，综合机械化水平提高了 5 个百分点，达到了 32%，小麦生产主要环节基本实现机械化。

农机社会化服务体系建设

2009 年，以农机专业合作组织建设为突破口，加大各项政策扶持力度，开展“三帮三创”大行动，促使农机服务组织的成长壮大。市政府办公厅下发了《关于加快农机社会化服务体系建设的实施意见》，提出实现“一乡一社”的发展目标，在发展上大力帮助。三帮即在农机购置补贴资金的安排上、在农机燃油补贴资金的发放中、在农机重点工程项目的实施中，优先考虑安排农机专业合作社；在规范管理上大力帮助。市、县两级农机部门都建立了农机专业合作社联系点，指导农机专业合作社完善民主决策制度、生产管理制度和收益分配制度，引导合作社依法经营、规范运作、诚信服务、提高效益。2009 年，全市县、乡、村农机服务组织数量累计达到 1102 个，其中培育农机中介服务组织 9 个，培育农机合作社 48 个。三创就是按照多元创办形式多样的原则，创办了三种类型的农机专业合作社：一是由农机大户牵头创办。二是由村级组织促动创办。三是由“能人”带动创办。全市农机产数量达到 5.06 万个，由农机部门直接扶持培育的农机大产 219 个，规范整顿登记建档的农机维修网点 334 个。全市先后涌现出高平“顺民”、沁水“军轮”、阳城“虎林”等一批农机专业合作组织，诞生了全省首家以农机维修为主要业务的农机专业合作社——阳城县“天地粮人农机专业合作社”。2009 年全市农机专业合作社新增大型拖拉机 115 台、玉米收获机 10 台，农机装备结构和装备水平得以极大提高。

2010 年，市农机局把发展农机专业合作社、农机大户和农机维修网点作为主要任务，加大了扶持力度。在农机购置补贴资金安排和农机重点工程项目实施中，优先农机专业合作社。市财政投入资金 20 万元，作为 2010 年新型农机服务组织基础设施建设项目资金，重点扶持8个农机专业合作社配套建设农机大院。陵川县政府出台了为合作社贴息贷款的政策，沁水县财政拨付9.2万元资金无偿为农机大户、专业合作社配备联合收割机秸秆切碎器80台，对购买农机具的合作社除享受国家、省、市补贴外，从县补资金中为他们累加5%。把推进农机专业合作组织规范管理和制度建设作为发展方向。大力推行“五统一”管理方式，即对机具采取统一调配，统一管理，统一存放，统一维修保养，统一组织作业，还建立了统一的电子档案管理系统。树立了一批服务功能强、服务质量好、农民满意、领导认可的“农机专业合作社”、“农机服务S店”、“示范农机大户”、“示范维修网点”。全市新增农机专业合作社24个，超额完成14个，总数达到72个。新发展农机大户54个，超出目标任务9个。创建农机服务“S”店6个，超出目标任务4个。培育“星级”型农机维修网点7个，超出目标任务5个。通过目标责任制考核，在各农机专业合作社之间开展比数量、比规模、比效益、比示范带动的“四比”活动，推动农机社会化服务工作上水平、上档次。把推进农机服务信息化进程作为主要措施。筹建了国内首家面向农机专业合作社开设的专业性行业网站——“金土地”农机合作社网站，将全市农机专业合作社全部纳入了网络信息平台，为其提供统一的农业、农机政策、农机行业趋势、农机作业市场供求、农业用土地托管承包等方面信息支持。4月16日至17日，全省农机社会化服务体系建设现场会暨农机社会化服务工作会议在我市召开。阳城县虎林农机专业合作社被省局命名为全省11个“亮点”农机专业合作社之一。

机耕机收

2009年，全市组建了20支农机抗旱服务小分队，采取小麦镇压、拉水拉圃浇灌等机械化抗旱措施，开展机泵提水喷灌、滴灌。2009年，春全市共出动各种抗旱农机具10 080台，机械镇压小麦3.28万亩，拉水拉圃浇灌麦田0.89万亩，5万多名农民接受了抗旱技术培训。根据小麦成熟时间差，市农机局将全市划分为三个作业战区，实行集中机具梯次推进战略，在全市主要交通要道设立了16个联合收割机接待站，引进外地联合收割机600多台，使参加会战的联合收割机达到1000多台，同时还组织了42支小麦机收巡回服务队，出动工作人员和技术人员350人(次)深入麦收一线为机手提供技术、维修和零配件服务。共实现小麦机收面积82.6万亩，机收率达到86.5%。

2010年，组织30支农机服务小分队帮助农民检修机具16 000余台(套)，确保作业机具完好率在95%以上；举办了10多次形式多样、灵活便民的农机技术培训和演示、展示活动，推动机械化保护性耕作、精量免耕播种、机械深松、化肥深施和节水灌溉等农机化新技术的应用实施。全市投入春耕春播的农机具达3.29万台(套)，其中拖拉机1.56万台、配套机具1.73万台，共完成春季机耕面积66.17万亩，机播面积75.6万亩，机械耙耱旋耕整地面积110.5万亩。

成立了30支小麦机收突击队，组织了48支农机技术服务小分队。指导各农机供应企业集中采购回价值100余万元的农机零配件，解决了夏收期间农机具的维修配件问题。与石油部门协调沟通，设立了38个石油保供点，确保24小时不间断供油，同时派出近40辆小型流动加油车免费上门服务。根据小麦成熟期比往年普遍推迟3–5天，收获期集中的实际情况，积极调动外出跨区作业的联合收割机尽快按时返回本地作业，科学合理地指挥调度外来联合收割机，安排农机专业合作组织在平原地区的大地块实施规模作业、农机户在小块地分散有序作业，组织驾驶操作人倒班作业，“人歇机不歇，换人不换机”，突击抢收小麦。全市共投入联合收割机1289台，投入割晒机、拖拉机等各种各类机械3万台以上，完成小麦机收面积90.4万亩，机收率达90.3%，秋收期间，全市共投入各类作业机械2万台(套)，完成机耕面积149万亩，机收面积35.4万亩，机播面积90.7万亩。

燃油补贴

2009年，市政府下发了《农机田间作业燃油补贴实施意见》，将补贴资金列入了财政预算，促进农机燃油补贴成为了一项长期性、连续性的支农惠农政策。市农机局对全市登记在册的拖拉机和联合收割机情况进行了全面调查摸底，并与市财政局联合制定了《晋城市2009年农机田间作业燃油补贴实施方案》，确保了补贴工作的有序开展。全年我们共纠正错报漏报补贴资金4起，资料信息20余起，涉及资金近2000元。截至目前，全市共兑现燃油补贴资金126万余元，补贴机具2901台。

农机安全

2009年，市农机局大力开展农机安全生产专项整治活动，通过地毯式排查、定期巡查和不定期抽查等方式，切实消除事故隐患。共印发整治通告1800份，排查摸底乡镇85个、行政村2246个，占到了全市乡镇和行政村总数的100%，2009年，全市未发生一起农机事故，农机生产形势呈现出安全健康平稳的态势。市局制订了农机产品质量投诉工作制度，各县(市、区）农机部门都设立了农机产品质量投诉专用电话，由专人负责受理农机户的产品质量投诉。2009年，全市共受理农机质量投诉22起，结案率达到100%。

农机化新机具新技术推广

2010年，围绕我市优势农业产业发展需要，重点加大了保护性耕作、机械化深松、玉米机械化生产、农作物秸秆机械化综合利用、薯类机械化种植、优质小杂粮机械化生产、设施农业配套机械化、化肥深施、精少量播种、高效植保等10项农机化新技术的推广应用力度。今年累计实施面积达45.5万亩。农机深松作业，完成面积9.5万亩。共补贴资金285万元。玉米机收跨越式发展。中央、省、市财政安排全市玉米收获机具购置补贴资金达582万元，各县、乡、村也根据实际需要进行了累加补贴,新增玉米联合收割机153台,占去年保有量的1.275倍。为推动玉米机收这项新技术的广泛应用,建立了5个市级玉米机械化收获示范基地,依托示范基地,召开了4次不同形式的玉米机收现场会,同时组建了6支玉米机收跨区作业服务队,引进100多台玉米收获机械,进行机收作业,推动玉米机收面积上了新台阶。玉米机收面积达18.5万亩,是去年的2.2倍。三夏麦收和三秋机收期间,大力推广小麦、玉米等作物秸秆还田技术,狠抓了秸秆打捆、揉搓、压块等机械化技术的试验、示范。全年完成秸秆粉碎还田面积97.5万亩,比去年新增10.4万亩,新增秸秆粉碎还田机106台,达到840台。马铃薯全过程机械化生产技术效益显著。在示范区提高马铃薯生产机具的补贴标准,在国家补贴、省级补贴的基础上再累加到55%。新增薯类收获机械35台,实施面积10万亩。马铃薯收益,每亩地平均增加收入400元,节约作业费用100余元。

2010年,市农机局围绕"农机安全生产年"这一主题,继续推进"平安农机"建设活动。一是认真开展年度检验,提升农机检验能力。全年共检验合格拖拉机5303台,联合收割机335台,达2009年底在册数的91%以上。新增拖拉机、联合收割机注册登记806台,注册登记率达100%。新考驾驶员894名,超目标任务的31%。新增3台拖拉机检测设备。二是开展农机安全生产大检查。全年结合农时农事共开展4次农机安全大检查,查处违法行为12 121条。三夏、三秋期间,针对跨区作业流动机车,组织290多名安监人员对2000余台机车进行严格技术检验。三是开展"农机安全生产月"活动。在全市各重点乡(镇)、危险路段和乡村场院悬挂、刷写农机安全生产标语620条,制作安全宣传版面24块,发放《给全市农机驾驶员的一封公开信》5000份,发放宣传资料8万余份,接受群众咨询2600人次。四是建立健全投诉监督机构。全市7个投诉机构进一步健全完善,机构名称统一改为"农业机械化质量投诉监督站",并通过多种形式向社会各界公布投诉电话。案件投诉进一步规范化。截至2010年底,共受理农机质量投诉17件,已全部及时、公正的妥善调解和处理,投诉结案率达到100%。五是加强对定点销售企业检查督导力度。下发《关于加强农机购置补贴产品售后服务和规范化操作管理的通知》,要求全市9家定点经销企业按照新三包规定建立进货验收制度、销售登记制度、定期回访制度售前培训制度等,对进货、销售、售后三个环节进行把关。8月25日—9月15日通过实地查验和与农机户座谈的形式对定点销售企业服务质量以及所销售的8大类212个型号的农机产品质量进行了检查,并将检查结果反馈给经销企业,督促其限期整改。

农机从业人员培训。多层次、多形式地开展了农机培训,全年共计培训农机作业服务人员1500人,完成农机职业技能鉴定人数246人。

(市农机局)

商业贸易

综　述

工作目标

2009年，全市社会消费品零售总额完成182.3亿元，增长21.4%，比预期目标高出6.4个百分点。自营进出口总额实现23 962万美元，完成预期目标的109.9%，增长15.5%，增幅在全省位列第二。实际利用外资19 433万美元，位列全省第三。市政府为民办实事项目——“万村千乡市场工程”新建或改造农家店300个，完成预期目标。

2010年，全市社会消费品零售总额完成191.1亿元，比去年同比增长18.5%，完成全年预期目标187亿元的101.6%。全市自营进出口完成53 204万美元，比上年同期增长122.0%，完成全年预期目标30 250万美元的175.9%。实际利用外资13 093万美元，完成年度目标任务13 000万美元的100.7%。200个“万村千乡农家店”任务全部完成。改造提升11家配送中心。

对外贸易

2009年，市商务局采取多种措施积极应对金融危机，组织企业参加各种外贸展洽会，推广电子商务，拓宽外贸渠道，对外贸易进出口稳定增长，外贸结构发生明显变化，机电产品进出口占到全部进出口总额的83.75%，高新技术产品出口增长131.6%。

项目建设

2009年，在做好利用外资项目审批管理的同时，积极帮助项目单位解决落地开工过程中的各种困难和问题，全年新增开工项目21个，竣工项目25个。浙江商贸城、美好家园、金辇时代广场等项目建成营业。沁水顺泰煤层气、新奥煤层气等项目竣工投产。白马寺接待中心、豪德贸易广场、嘉南铁路等项目开工建设。根据市政府《关于加快发展服务业的实施意见》，制定出台商贸流通业、现代物流业、餐饮业、会展业、服务贸易等五个行业发展实施细则，对22个重点项目进行跟踪服务。三大物流园区建设项目取得实质性进展。2家企业列入全国“双百市场工程”建设项目，5家企业列入全省“双三十市场工程”建设项目。市区“一大三小”4个标准化蔬菜市场正在建设。指导餐饮住宿行业协会开展餐饮行业专题培训活动。开展家政服务培训工作，首批参训达250人。

2010年，根据城市规划发展战略，制定《晋城市商业网点规划》、《晋城市加油站行业发展规划》、《晋城市市区蔬菜市场发展规划》、《晋城市鲜茧收购站发展规划》、《晋城市万村千乡市场工程发展规划》、《晋城市二手车交易市场设置规划》等商贸流通领域发展规划。大力推进商贸流通业的基础设施建设,香港豪德物流园区、兰花国际物流园区、金辇时代广场、世贸购物中心、兰花沃尔玛购物广场、浙江商贸城、天鹅工贸中心、泰昌汽贸中心、美好家园精品饰业商城、金太阳家具会展中心、高平红旗商场、陵川恒通物产、高平大酒店、桃花山庄、阳城环城大酒店、美韵大酒店等相继建成和开工建设。在城市民生工程方面,储备包括大众住宿餐饮、放心肉、家政服务等行业重点发展项目80个,在市区规划建设蔬菜市场32个,建设完成17个。2家"双百市场工程"项目和2家"双三十市场工程"项目新增就业人口2600多人,完成销售额2亿多元,促进农民增收5000万元。

惠农工程

2009年,扎实推进"万村千乡"市场工程建设,在提升配送中心配送能力的基础上,扩大农家店覆盖范围,累计达到1387家,覆盖全市82%的乡镇和60%的行政村。开展"家电下乡"和"汽车以旧换新"惠民工程。全市设置"家电下乡"销售网点281个,累计销售冰箱、彩电、洗衣机、手机、计算机等九类产品38 230台(部),销售额8068万元,发放补贴金额872万元。"汽车以旧换新"共接受并办理申请补贴的车辆44辆,发放补贴资金31.8万元。

2010年,"万村千乡"农家店累计建成1587家,覆盖全市94.9%的乡镇和68.5%的行政村。全面开展"家电下乡"和"汽车以旧换新"等惠民工程。全市设置"家电下乡"销售网点329个,累计销售冰箱、彩电、洗衣机、手机、计算机等九类产品超过16万台(部),发放补贴金额4458万元。"汽车以旧换新"接受并办理申请补贴的车辆738辆,发放补贴资金988万元。"家电以旧换新"回收旧家电、销售新家电1200多台。

市场监管

2009年,加强肉品和酒类市场监管,确保城乡居民吃上"放心肉",喝上"放心酒"。加强市场供应和运行监测,重要生活品应急储备制度进一步完善,保证重大节日期间和恶劣气候条件下粮、油、菜、肉、蛋、奶等重要生活品的市场稳定供应。加强成品油、拍卖、典当、再生资源利用等特殊行业监管。组建"12312"商务投诉举报服务中心,建立12312市场监管公共服务平台,统一接收商务领域的举报、投诉和咨询服务。

2010年,继续完善"12312"商务投诉举报服务中心。汽摩配件市场全年共查扣涉嫌假冒伪劣汽摩配件产品标值约135万元,查处违法经营户757户,为消费者挽回经济损失68万元,为国家挽回税收损失约200万元。在全省城乡市场统计监测工作考核中,市商务局获得第一名,被评为城乡市场统计监测工作、市场监测数据报送、市场监测智能化推广先进单位。

商务服务

2010年,国家出入境检验检疫局批准设立晋城出入境检验检疫局。5000万美元以下的外资企业审批权、外贸来料加工的审批权已下放至市商务局。市商务局组织企业参加了汉堡工博会、迪拜商品交易会、布达佩斯商品交易会、广交会等国内外各种外贸展洽会。在迪拜、毛里求斯、新西兰、匈牙利、香港、义乌、沈阳、新疆、成都等地设立商贸流通企业,引进福川制铁、富士康增资扩股、韩国青绿园、香港联盛泰、日本红珊瑚、荷兰珠宝店等一批外资企业。举办与日本大和、三菱证券、波兰林特等集团的对外经济洽谈会。至年底,全市外贸企业增至138家,外资企业达到33家。机电产品占到进出口总额的82.5%,位居全省第一。

(市商务局)

粮 食

目标任务

2009年,全市粮食企业共收购粮食2.65亿公斤,占年目标2亿公斤的132%;共销售粮食3.5亿公斤,占年目标2亿公斤的175%;从省外购进粮食0.85亿公斤,占年目标0.5亿公斤的170%。市级粮油储备按省定规模全部落实到位。全市国有粮食购销企业实际盈利47万元,完成年目标盈利40万元的118%。

2010年,全市粮食收购完成2.95亿公斤,占年目标2亿公斤的147%;粮食销售完成4.16亿公斤,占年目标2亿公斤的208%。从省外购进粮食0.9亿公斤,占年目标0.5亿公斤的180%。按省定规模,市级储备粮油全部到位。全市国有粮食购销企业统算盈利53万元。

宏观调控

2009年,一是狠抓粮食购销。在夏粮收购中,制定出台《粮食收购信息管理制度》,全市集中收购入库小麦0.78亿公斤,小麦收购均价达0.97元/市斤。二是加强储备粮管理。陵川县建立1000万斤县级政府调控粮储备库。3月,市粮食局下达《2009年度市级储备粮轮换计划的通知》,对轮换的时间、质量标准,轮换数量和费用补贴做出明确规定,要求承储企业按时、按质、按量完成轮换任务。加强市级储备粮管理,完善储备粮监管体系,规范储备粮管理信息档案,对市级储备粮的存放库点、库号、品种、数量、入库数间等内容进行监督检查。三是搞好社会粮食流通统计和市场监测预报。全市共有粮食信息监测点20个,共收集市场信息资料1000余份,在市粮食信息网上发布信息48次。四是开展社会粮油供需平衡调查。3月,对全市194户农村户、157户城镇户、64个国有粮食经营企业、297个非国有粮食经营企业和155个粮食转化企业分别就农户粮食和食用植物油及油料收支平衡、城镇居民口粮和家庭食用植物油及油料收支平衡、国有粮食经营企业粮食收支平衡、非国有粮食经营企业粮食收支平衡、粮食转化企业粮食收支平衡和省际粮食流向等情况进行社会调查。开展2009年度收获粮食质量调查和品质测报工作。共采集、送检小麦品质调查样品62个、玉米样品79个,品质测报小麦样品12个、玉米样品30个,卫生状况调查小麦样品12个、玉米样品30个。五是开展粮食清仓查库工作。2月,市政府成立由市委常委、常务副市长郭长青任组长,由市发改委、粮食局、财政局、农业局、审计局、监察局、质监局、统计局、农发行等九个部门负责人组成的市粮食清仓查库工作领导组,制定《2009年晋城市粮食清仓查库工作实施方案》

和《晋城市粮食清仓查库人员培训方案》,对全市6个县(市、区)纳入普查范围的粮食企业库存情况进行全面普查。

2010年,泽州县高都粮站的规范化管理示范库建设全面完成,硬件设施更加完善,并建立了一套比较完善的科学管理体系和经营机制。经春季储粮安全大检查,全市各级储备粮“一符六无”和“三专四落实”,合格率达到100%,商品粮“一符六无”合格率达95%以上。

企业改革

2009年,全市国有粮食购销企业在完成职工分流工作的基础上,产权制度改革取得新突破。沁水县完成全部改制任务,保留购销企业2个,其中完成公司制改造企业1个。阳城县改革方案已基本确定。城区分局所属10个企业改制工作正在推进。市粮油贸易公司和高平粮油建材公司的职工分流工作全部完成。山西九康食品有限公司营养早餐食品项目12月31日正式投产。市粮食物流中心编制完成项目可行性研究报告和项目环评手续。

2010年,通过改组整合、撤小并大,全市国有粮食购销企业由原来的90个撤并为16个,完成年初确定保留16个购销企业的目标任务。其中,泽州县保留3个,高平市保留3个,阳城县保留3个,陵川县保留3个,沁水县保留2个,城区分局和高平国家粮食储备库各保留1个。市粮油化工工业公司破产改革全面完成。市粮食局城区分局所属10个企业的股份制改革工作完成,新组建的市家福粮油有限公司正式运行。市饲料公司的改制方案职工大会讨论通过,各项工作有序推进。市粮食局长治贸易公司职工养老保险全部补交,企业改制正按方案逐步实施。市粮油贸易公司的改制也在按照方案积极推进。

“放心粮油”工程

2009年,市政府把建设80家放心粮油店列入为全市人民办好的16件实事之一。在“放心粮油工程”建设实施过程中,市、县两级政府高度重视,在资金上给予大力扶持,10月底,县级放心粮油配送中心建成4个,并全部开始运营,80家“放心粮油店”建设任务实际完成81家,并经省检查验收全部合格。

2010年,建成2个县级放心粮油配送中心,改造1个市级粮油配送中心和4个县级粮油配送中心;新建改造100家放心粮油店,新建改造经销网点780家。市、县粮油配送中心粮油销售量达4752.5万公斤,占年目标3400万公斤的140%;实现利润142万元,占年目标110万元的129%。

执法检查

2009年,一是开展《粮食流通管理条例》及相关粮食政策法规宣传活动。重点开展春节期间法制宣传、“5.26”《粮食流通管理条例》颁布实施5周年宣传活动、《食品安全法》宣传月宣传活动和夏粮收购期间国家有关粮食收购政策法规和粮食质量标准的宣传活动等4次大型宣传活动,发放宣传资料10 000余份,出动宣传车辆40余辆,宣传标语700余条,组织宣传200余人次。二是严格粮食收购市场准入制度。截至10月底,全市累计办理《粮食收购许可证》251户,其中国有101户,非国有150户(个体99户)。同时,对2008年12月31日前办理的《粮食收购许可证》进行年度审核,变更登记7户,注销7户,全市粮食收购持证收购率达70%。三是开展粮食政策执行情况、粮食流通统计制度执行情况、粮食收购资格核查和储备粮安全检查等多项监督检查。共开展各项监督检查42次,出动1241人次,检查各类单位806个次。其中进行综合检查1次,出动8人次,检查单位32个次;粮食收购资格核查3次,出动221人次,检查单位94个次;粮食收购活动检查6次,出动242人次,检查单位135个次;粮食流通统计制度执行情况检查4次,出动人员161人次,检查单位129个次;政策性用粮购销活动检查1次,出动人员64人次,检查单位16个次;粮食质量检查6次,出动人员285人次,检查单位182个次;粮食仓储设施及运输工具检查2次,出动人员6人次,检查单位24个次;粮食库存检查8次,出动人员212人次,检查单位155个次;"放心粮油工程"经销网络检查2次,出动人员20个次,检查企业10个次;其他检查3次,出动人员22人次,检查单位29个次。

2010年,在全市范围内开展粮食库存、执行粮食购销政策、粮食收购资格、社会粮食流通统计、粮食质量与卫生安全、"放心粮油工程"经销网络等专项检查或联合执法检查共114次,出动2114人次,检查各类单位2160个次。

(市粮食局)

供 销

主要经济指标

2009年,全市供销系统经济运行质量稳步提高,商品购进完成8.3亿元,同比增长22%,其中农副产品购进1.2亿元;商品销售完成9.4亿元,同比增长20%,其中农资供应完成2.2亿元,同比增长28%,日用消费品销售完成4.4亿元,同比增长11%。

2010年,全市供销系统商品购进总额完成8.5亿元,同比增长11%;其中农副产品购进1.9亿元,同比增长15.1%;商品销售完成10.5亿元,同比增长10.5%;其中农资供应完成1.8亿元,同比增长10%;日用消费品销售完成5.3亿元,同比增长8%,实现利润300万元。

"新网工程"和便民店建设

2009年,完成便民店建设127个,总数达到451个;新建和改建市、县级物流配送中心11个,辐射范围覆盖全市85%以上的行政村,连锁各类门店1366个,年连锁经营额5亿多元,助农增收6000多万元;新建农家店和农资店260个,总数达到1367个;新建和改造农副产品批发市场5个,农副产品市场交易额5960万元;创(领)办各类专业合作社24个,发展农民经纪人协会9个,建成村级综合服务站894个。7月,全省供销社"新网工程"建设现场会暨经济形势分析会在晋城市召开,与会代表分别参观市果品冷库、高平市供销社、阳城县供销社"新网工程"建设现场。原十届全国政协常委、国际合作社联盟副主席、全国总社监事会主任,现中国供销合作经济学会会长穆励在晋城市调研"新网工程"建设情况,现场参观阳城、泽州、陵川县供销联社。

2010年,完成省政府下达的40个便民店、省供销社下达的129个便民店、6个日用消费品配送中心,2个农资配送中心,1个农副产品交易市场,1个再生资源集散市场和1个网络薄弱空白县供销社建设任务。全市便民店总数累计达到1736个,覆盖全市77%的行政村。

服务"三农"

2009年,高平市农资公司投资300多万元,新建采购、储运、配送、销售、服务"五位一体"、建筑面积达1400平方米的农资配送中心,为13个乡级、117个村级农资店及周边县(市、区)配送化肥、农药、农地膜、种子、农机具等农资产品。阳城县供销社与省农资公司联合成立"山西省农资公司阳城县销售分公司",以乡(镇)基层社和分销中心为依托,358个农资(农家)店为终端,200余名农民经纪人为辐射,统一标识、统一管理、统一配送、统一价格,农资供应占到全县市场的95%以上。阳城县供销社以神农实业有限公司为龙头,发展10个特色农副产品生产基地和14个生产、加工、销售企业,研制开发小杂粮、干鲜果品、中药材、山野菜、食用菌、精细菜、肉制品、饮品、麻皮、油料等十大系列产品。

2010年,全市供销系统各类专业合作社达到25个,其中种植类专业合作社20个,养殖类专业合作社3个,加工、运输、储藏类专业合作社2个,兴办农民经纪人协会1个,农副产品流通协会1个和其他行业专业协会8个。如阳城县横河镇核桃专业合作社入户社员达到110户,销售总额达到320万元,带动农户1000余户,年助农增收100万元。高平市投资180万元兴建北诗"四明山"牌无公害苹果万亩基地,成立"四明山"富士苹果专业合作社,带动农户500户,年产苹果2000余万公斤,年帮助农民增收200多万元。

(市供销社)

石 油

基本情况

晋城石油分公司隶属中国石油化工股份有限公司,成立于1954年。是晋城市最大的成品油销售企业。公司拥有资产2.4亿元,下设7个零售片区,在营油库2座(其中3万立方米以上油库1座),在营加油站130余座。

经营情况

2009、2010年,两年经营总量达到54.68万吨,上交税金3703.44万元。

(晋城石油公司)

烟草专卖

晋城市烟草专卖局(公司)位于晋城市凤台东街988号,有干部职工392人。内设科(室、中心)11个,辖城区、泽州、高平、阳城、陵川、沁水6个县级烟草专卖局(卷烟营销部)。

烟草销售

2010年,完成卷烟销量89116箱,同比增长2.31%;单条均价(含税)达到60.88元,同比增加5.89元;实现税利26685.6万元,同比增长15.24%;三项费用7871.22万元,占计划的92.93%。重点骨干品牌全年累计销量54138箱,同比增长15.48%,比重达到60.75%,同比提高6.93个百分点;累计销售收入109921.37万元,占总销售收入比重81.05%,同比提高4.68百分点。辖区销量前15位品牌与全国排名吻合11个;销售收入前15位品牌与全国排名吻合11个。

打假破网

2009年,市烟草专卖局(公司)进一步加大打假破网工作力度,成功破获"1·04"、"5·14"等四起百万元以上涉烟案件,其中"1·04"非法销售假冒卷烟网络案金额达5131万元,获"全国卷烟打假先进集体"称号。

2010年,省烟草专卖局(公司)在晋城市召开全省卷烟打假网络工作技能培训会,推广晋城市烟草专卖局(公司)侦破'1.04'案件经验。破获"4.18"、"8.26"两起网络案件。全年共查获各类违法卷烟案件520起,查获违法卷烟1101件,案值360余万元,其中假冒卷烟913件,标值238万元。移送公安案件14起,刑事拘留16人,逮捕11人,判刑23人,取保候审2人,直诉1人,网上追逃3人。

网银支付

2010年,与13家企业实现网银支付卷烟货款运作模式。批零网上订货客户数达到3893户,比例由年初的21.97%上升到50.88%。电子结算客户数达到6947户,比例由年初的63.1%上升到90.79%;电子结算成功率达到98.73%。

企业管理

2010年,烟草全面预算管理工作走在全省烟草行业前列,迎来全省烟草行业预算管理现场会在晋城的召开,"编制细、控制严、调整实、分析准、考核公"五个方面的工作经验和特点得到肯定。ISO9000质量体系建设工作通过省内行业审核组的复审。阳城、泽州、沁水优秀县级局创建工作通过省局验收,省级优秀达标比例达到50%。晋城市烟草专卖局(公司)被授予省级"文明和谐单位"称号。

(市烟草专卖局)

对外开放

经济技术开发区

经济指标

2009年,全区实现生产总值13.15亿元,同比增长43%,增幅全市排名第一;实现工业增加值7.07亿元,同比增长89%,增幅全市排名第一;财政收入实现2.58亿元,同比增长29%,工商税收增幅全市排名第一。全年外贸进出口额完成1.65亿美元,同比增长93%,占到全市总额的69%;实际利用外资8669万美元,占到全市的一半以上。外贸和外资指标跃居全省省级开发区首位。在全省开发区综合考评中,总指数得分排名省级开发区第二位。

2010年,实现地区生产总值18.35亿元,同比增长40%,是"十五"期末2005年的4.56倍;规模工业增加值完成12.84亿元,同比增长82%,是2005年的17.3倍;财政收入完成3.25亿元,同比增长26%,是2005年的4倍;外贸进出口额(海关统计)完成4.33亿美元,同比增长163%,是2005年的47.4倍,外贸进出口规模连续三年位居全省省级开发区第一;当年实际利用外资9301万美元,"十一五"五年累计利用外资4.7亿美元,引资实绩连续五年位居全省省级开发区之首;高新技术产业增加值完成11.33亿元,同比增长103%,是2005年的46倍。被山西省商务厅授予"全省开发区投资环境综合评价先进单位",综合考核得分位列全省省级经济开发区第一。

高新技术产业

2009年,全区高新技术产业完成增加值5.58亿元,同比增长76%,占到全区工业增加值的80%,高新技术产业成为开发区新的经济增长点。富士康内迁转移光学镜头模组加工设备835台(套),价值2311万美元,完成2万平方米无尘车间改造。当年园区实现工业总产值15.57亿元,是建园前2006年的12.3倍,占到全区工业总产值的78%;工业增加值5.52亿元,是2006年的8.73倍,占到全区工业增加值的78%;上缴税金7740万元,是2006年的7.17倍,占到全区工业企业纳税总额的66%;园区就业总人数突破万人,是2006年的5.94倍,三年增加就业8400人。晋城富士康工业园成为全球最大的光通讯连接器生产基地和重要的光学镜头模组生产基地。富基新材料开发出蜂窝直孔陶瓷,成为全市首家新批高新技术企业,并被省政府授予高新技术产业化示范工程项目;乐百利特研发出全球最亮最节能LED光源,被授予省级半导体照明工程技术研发中心;兰花汉斯引进世界领先水平的瓦斯抑爆新技术,已正式投产。

2010年,全区高新技术产业实现工业总产值32亿元,同比增长100%,高新技术产业实现增加值11.33亿元,同比增长103%,占全区工业增加值的比重达到88%,较"十五"期末提高55个百分点,高新技术产业成为拉动开发区经济增长的主导力量。新增高新技术企业3户,占全市当年新增高新企业100%,高新企业总数超过全市半数以上。全区新增省级工程技术研究中心1家、省级创新型试点企业2家、省级国际科技合作产业化基地1家、市级工程技术研究中心3家、市级企业技术中心2家。此外,兰花汉斯新增资本金9000万元,与山西矿机、北方交通重工等大企业合作,扩张瓦斯抑爆设备市场;环球利特新建LED照明光源项目完成前期工作;皇城药业中药提取及制剂技改项目投产;富基新材料公司12月27日在天交所正式挂牌交易,成为全省首家在天交所上市企业,也是天交所首批科技创新板挂牌企业之一。

全区光学镜头模组产品销售收入突破20亿元;富士康晋城园区出货数控机台3059套,新增产值4.76亿元;6月3日,富士康拥有自主知识产权的FOXBOT机器人"富晋一号"在晋城园区下线,当年园区累计出货机器人1367台,新增产值1.99亿元。富士康晋城园区完成投资6.14亿元,工业产值连续四年实现翻番,当年累计实现产值31亿元,增长100%,园区就业人数达到1.8万人,一年新增就业人数就超过前三年的总和。8月24日,市政府与富士康集团签署A区投资协议,A区建设前期工作全面启动。

新区建设

2009年12月29日,市委、市政府正式下文,决定将新区9个社区(村)及旧区现有5个社区(村)共14个社区(村)整体划归开发区托管。

2010年1月7日,托管交接大会在市政府多功能厅举行,开发区正式与城区、泽州县签署托管移交协议。至此,困扰开发区发展的涉村管理体制和土地空间不足问题得以解决。

凤城南路建设

凤城南路是主城区通往南村工业新区的城市主干道,全长3.2公里。对全面实施"六区联动、组团发展"城市战略,对开发南村工业新区具有重大意义。2009年10月15日,市政府授权开发区为工程项目建设责任单位。2010年4月正式立项,7月动工建设,工程累计完成投资1.2亿元,完成工程量的60%。

城中村改造

2009年,郝匠城中村改造进展顺利,二期回迁楼投资2.5亿元,开工建设12栋12万平方米,10栋完成主体工程,商品住宅楼投资4.75亿元,开工建设14栋36万平方米。东吕匠城中村改造全面启动,完成4万平方米房屋拆迁,通过14栋回迁楼设计方案评审。侯匠城中村改造前期工作完成。全年，开发区用于支持城中村改造资金 1.89 亿元，支持新农村建设资金 2590 万元，发放粮食直补 13.66 万元，发放抚恤金 8 万元，农村中小学教育经费按时足额到位，“两免一补”政策全面落实。

2010 年，郝匠社区共完成回迁楼 16 栋，其中一期 6 栋投入使用，二期 10 栋正在进行内部装修。“金城”住宅区项目开工 2 栋，有 1 栋完成主体工程。郝匠南区改造工程进展顺利，土地出让正在进行。东吕匠城中村改造完成 6 栋近 4 万平方米回迁楼主体工程，玉龙湾小区新建 3 栋高层住宅完成桩基工程。侯匠城中村改造完成前期批准手续，即将正式启动建设。“十一五”时期，开发区累计用于支持辖区新农村建设和城中村改造资金达 4.56 亿元。

投资环境

2009 年，在硬环境建设方面投资 630 万元，开通颐翠路至文化路之间的区间路；投资 218 万元，对辖区内的 4 条道路进行景观绿化、美化；投资 478 万元，对机关、企业、学校、街道进行环境综合整治；安排专项资金 1421 万元，支持富士康产业转移；投资 1.05 亿元，完成富士康 A 区征地、场地平整及相关配套设施建设。在软环境建设方面，推行“一站式”审批、“限时制”办公、“首问制”服务、“默认制”许可等制度。帮助企业解决各种困难，促成中道能源和祥程科技合作经营，开启开发区盘活土地资源、实现“二次招商”的先河；为区内农民达成 600 个就业岗位协议，为企业安排就业人员 308 人，为 18 家企业争取上级扶持资金 2184 万元。

2010 年，扩建开发区政务大厅，5 个单位 22 名工作人员 36 项服务项目进驻大厅，实现“一站式”审批。为富士康集团组织大型专场招聘会 3 次，招工 1 万多人。

（市经济技术开发区）

招商引资

2009 年,全市引进内资 276 280.8 万元;引进省内资金 341 396 万元。在港洽会、珠洽会、1–4 届中博会、1–2 届煤博会、深洽会等 9 个洽谈会共签约 267 个项目, 其中撤销合同 17 个,实际签约项目 250 个。全年完成审批项目 126 个,审批率 50.4%;有 141 个项目资金累计到位 107.24 亿元,到位率 14.29%;已开工项目 147 个,开工率 58.8%,其中竣工项目 57 个,占 22.8%。

2010 年,全市省外投资到位资金 139 亿元,占省下达目标 69 亿元的 201.4%,同比增长 227.8%。其中,外资到位 13 093.3 万美元,占年度目标的 100.7%,同比下降 32.6%;内资到位 130 亿元, 占年度目标的 216.7%, 同比增长 346.1%。全市共签约招商项目 63 个, 总投资 676.8 亿元,拟引资 481.2 亿元。其中,工业项目 32 个,农业项目 4 个,服务业项目 13 个,基础设施项目 2 个,旅游项目 2 个,高新技术项目 1 个,其它项目 9 个(其它项目:增资扩股、贸易、贷款、设备引进)。总投资 100 亿元以上的项目 2 个,10 亿元以上的项目 14 个。开工建设项目 23 个,竣工项目 2 个。

招商活动

2009 年,先后参与组织 2009 中国邯郸国际新材料博览会、第四届中国中部投资贸易博览会、第十二届中国(重庆)国际投资暨全球采购会、长治攀岩节特色产品暨旅游产品展洽会、北京、上海、深圳三场山西省重点工程项目推介会、2009 年山西省重点工程项目招商引资签约仪式、第十三届中国国际投资贸易洽谈会、第四届中国(长沙)国际食品博览会、津晋交流合作恳谈会等经贸洽谈活动。全年共完成签约项目 29 个,总投资额 7.3 亿美元,拟引资额 5.8 亿美元,达成贸易额 8365 万元人民币。

2010 年,组织参加在太原举办的第三届能源博览会、在南昌举办的“第五届中部博览会”,主办“2010 年晋城产业项目香港合作推介会”等活动,共签约项目 47 个,投资总额达到 538.1 亿元,拟引资额 381.2 亿元。其中 100 亿元以上项目 2 个,10 亿元以上项目 9 个,1 亿元以上项目 14 个,工业项目 25 个,农业项目 3 个,服务业项目 7 个,基础设施项目 2 个,旅游及其他项目 10 个。

项目储备

2010 年,市政府出台《晋城市推进经济发展方式转变项目扶持资金管理暂行办法》,加大对项目的扶持力度。全市共征集招商项目252个，经市发改、环保、国土、规划等部门会审，最终确定211个符合国家产业政策的招商项目对外发布，投资总额377.6亿元，拟引资额310.4亿元。其中，总投资10亿元以上的项目有6个，总投资1亿元以上的项目66个。精选50个项目编印成册对外发布。

联络服务

2009年，市招商局共接待包括台湾大润发、北京庞大汽贸集团、华润燃气集团有限公司、天津广汇集团等多家知名企业来晋城考察，并根据投资意向，协助他们与各有关职能部门、企业进行交流、洽谈。并加强与来晋城考察过的客商保持联络，进行跟踪服务，对投资商就投资事宜来电询问进行解答。

项目数据库建设

2009年，进一步完善招商项目库，共有招商项目248个，其中工业类111个，农业类52个，服务业类33个，基础设施类17个，旅游类35个，涉及投资共155.4亿美元。并全部录入山西省招商引资项目管理系统和招商网项目库。完成招商网的全面改版工作，建立省投资促进网地（市、县）分站，制定招商引资信息报送制度并确定了联络员名单，促进各县（市、区）招商引资信息的交流与共享。

2010年，市招商局建起晋城招商的“两库”（动态项目库、信息库）、“两网”（晋城招商网、晋城企业网）、“两册”（晋城投资指南、晋城招商项目册）、“一盘”（项目推介光盘）。

（市招商局）

建设环保

城乡建设

保障性住房建设

经济适用房建设。2009年,全市开工建设经济适用住房面积25.3万平方米、3282套,全市符合条件的申报对象6021户,解决比例54.5%,并首次采取公开抽号的办法,完成了市区经济适用住房的配售工作。其中:市区21.5万平方米、2712套,首批1312套主体工程竣工,第二批1400套全部开工;市区符合条件的申报对象2993户,解决比例90.6%。高平市2万平方米、306套主体工程竣工;符合条件的申报对象1073户,解决比例29.5%。阳城县1.8万平方米、264套主体竣工;符合条件的申报对象1115户,解决比例23.7%。陵川县和沁水县符合条件的申报对象分别是110户和730户。2010年,市区21.5万平方米、2712套住房全部建成使用,并获全国人居经典建筑规划设计方案竞赛金奖。晋煤集团20万平方米、2000套住房开工建设,完成投资10 500万元。高平市5万平方米、700套住房开工建设,完成投资2300万元。阳城县4万平方米、600套住房开工建设,完成投资1000万元。

廉租住房建设。2009年,全市列入廉租住房保障对象的家庭共831户,较2008年增加了218户,其中市区383户,其他4个县(市)448户(高平市30户,阳城县104户,陵川县148户,沁水县104户)。通过实物配租和货币补贴相结合的方式对831户家庭实现应保尽保,实物配租比例16%、货币补贴比例84%。其中市区132户家庭入住新建廉租住房,实物配租比例35%,货币补贴按每月4元/平方米的标准全部发放到户,货币补贴比例65%。各县启动建设廉租住房1.43万平方米、270套,其中高平市0.15万平方米、30套,阳城县0.56万平方米、96套,陵川县0.42万平方米、84套,沁水县0.3万平方米、60套。2010年,全市建成廉租住房0.72万平方米、144套,超额完成省政府下达的年度目标计划,其中陵川县0.42万平方米、84套,沁水县0.3万平方米、60套。在加大实物配租的同时,进一步提高货币补贴标准,由2009年的每人每月每平方米4元增加到6元,全市921户保障对象全部应保尽保。

农村住房解困工程。2009年,市政府全面启动农村住房解困工作,制订《实施方案》,编制解困规划,全年省级补助资金352万元、市级配套资金264万元、县级配套资金264万元全部落实,全市800户农村解困任务全部完成,建设住房面积8万平方米,其中高平市210户、泽州县180户、阳城县190户、陵川县100户、沁水县120户。800户中新建的335户,改

建的130户,修缮的171户,置换的82户,购房的31户,集中安置的51户。

市区城中村改造。2009年,市政府出台《关于进一步规范市区"城中村"改造工作的通知》,市区14个城中村改造项目有序推开,郝匠、白水、东关、杨洼、苗孟庄、太平仙、中后河、前书院8个城中村开工建设,累计完成投资10.9亿元,占总投资规模的9%,开(竣)工面积80.4万平方米,占规划建筑面积的16.7%,回迁面积11.7万平方米,回迁居民562户,占回迁总户数的4.2%。2010年,市区城中村改造继续有序推进,新开工面积37.6万平方米,竣工面积10.3万平方米,完成投资7.8亿元。

商品房建设。2009年,全市新开工商品房面积达到121.8万平方米。完成销售面积45.5万平方米,销售收入13.65亿元,带动50多个相关产业的发展,占新增GDP比重1.5个百分点。2010年,全市普通商品房开工面积96万平方米,竣工面积67万平方米,其中市区开工面积65万平方米,竣工面积46万平方米。至年底,全市城镇居民人均住宅建筑面积达到32.5平方米,全市农村居民人均住宅建筑面积达到32.04平方米,超出任务目标4.47平方米。

棚户区改造。2010年,启动北石店区矿区居民棚户区改造工程,涉及北石店、南石店、东王台、司徒4个村,新建住房建筑面积10万平方米、1000套,完成投资12 230万元,占省政府下达年度目标计划的122.3%。

基础设施建设

城市路网建设。2009年,全市(含县城)实施城市道路工程13项,新增道路长度16.5公里。其中市区东南出入口通道和泽州北路延伸段竣工通车,新增道路里程5.98公里、面积26.85万平方米,辐射周边11个城中村发展,带动城市6平方公里的开发建设。同时,对后巷、下东关、东谷洞、晋韩路、苗孟路、庙台底、吕宅巷和新市西街3.9公里、2.4万平方米8条街巷进行整治,对泽州公园环周边1.6万平方米人行道进行铺装和改造。高平市、阳城县、陵川县、沁水县实施11项道路工程,新增道路长度10.5公里。2010年,开工建设了兰花路、凤城南路、红星东街延伸段、红星西街延伸段、金村大道、畅安路和白马寺山生态区植物园北旅游道路共7条城市道路工程,总投资8.96亿元,总里程15公里,总面积69万平方米。

煤层气综合利用。2009年,全市煤层气居民用户新增5万户,累计达到13.1万户,其中城市居民10.8万户,农村居民2.3万户。主城区、北石店区、巴公区、阳城县城、陵川县城、沁水县城和凤城、龙港、嘉峰、端氏、南村、崇文等6个乡镇及54个村、约40万人使用上清洁煤层气。其中市区范围新增2.1万户,用户总数累计达到5.1万户、近18万人,是之前建市20年发展煤气用户的3倍,同时128台常年燃煤锅炉全部实现煤改气,1700多辆公交出租汽车全部实现油改气,300多个社会服务企业成为煤层气用户。煤层气综合利用项目成为晋城市继两河治理和东南出入口生态修复工程后，第三个被国家住房与城乡建设部评为“中国人居环境范例奖”的工程。2010 年，市委、市政府将“市区新增 1 万户煤层气居民用户”列入为民办实事项目，并启动实施“煤层气利用城乡全覆盖工程”。一是对新建住宅小区同步配套建设；二是向城中村和城乡结合部区域渗透辐射；三是对燃气管道已覆盖的居民小区进行“添平补齐”；四是向北石店、南村组团拓展延伸，全年新增居民用户达 15 400 户，其中市区范围（包括主城区、北石店区、南村区、巴公区）居民用户累计达到 99 785 户，主城区基本实现全覆盖目标。同时，制定《煤层气利用城乡全覆盖工程实施意见》，编制《晋城市市域煤层气普及利用规划》，同步推进县城、乡镇、农村的煤层气利用，全年新增居民用户 18 312 户，涵盖 4 个县城、17 个乡镇、99 个村庄。至年底，全市累计 156 735 户城乡居民用上了煤层气，在 2010 年上海“世界人居日”庆典活动中，晋城市煤层气综合利用项目获得“中国人居环境范例奖”，并荣 2010 年“迪拜国际改善居住环境最佳范例奖”全球百佳范例称号，成为全省唯一获此殊荣的项目。

城市集中供热。2009 年，城市（含县城）集中供热面积新增 157 万平方米，其中市区新增 102 万平方米，市区集中供热普及率达到 81%；高平市集中供热能力达到 24 万平方米，阳城县集中供热能力达到 75 万平方米，陵川县集中供热能力达到 80 万平方米，沁水县集中供热能力达到 82 万平方米。2010 年，建市以来规模最大、科技含量最高的热电联供热网工程开工建设，22 公里、直径达 1.2 米的市区外主管网和 11 座换热站完工，中继泵站完成主体。

城市供水。2009 年，全市新建改建城市供水管网 81.6 公里，其中市区新建改建供水管网 44.5 公里，解决了旧城区 2 万多人的用水困难，部分片区用水紧张状况得到缓解；阳城县城新建水厂 1 座，敷设供水管网 14 公里，新增供水能力 1.2 万吨；陵川县敷设供水管网 23.1 公里，县城居民全部用上安全水、达标水。2010 年，完成城市供水管网配套工程，新建日供水能力 5000 立方米的流碑亭公园加压站 1 座，整合配套了 21.7 公里的城市主干管网，解决了城市西南片区的用水需求。

城市污水处理。2009 年 10 月，城市污水深度处理工程开工建设，设计深度处理能力 7.5 万立方米 / 日，出水水质一级 A 标准，回用水规模为 5 万立方米 / 日，再生水回用配套管网 8.7 公里。2010 年，全市污水深度处理规模达到 7.5 万吨 / 日，回用水规模达到 5 万吨 / 日，配套建设了 9.2 公里的中水管网，处理后的出水水质由一级 B 排放提高到一级 A 回用，达到工业冷却和景观用水要求，具备向国投热电厂、百丽园、白马寺山湖、泽州公园、花园头水库、景观绿化输送中水的条件。

文化设施项目。2010年,开工建设了图书馆、档案馆、美术馆三馆合一工程,总建筑面积5.17万平方米,启动了文化艺术中心建设项目前期工作。

特色城镇化建设

城乡规划。2009年,全市74个乡镇基本实现总体规划全覆盖目标。全市(不含城区)需要编制新农村建设规划的村庄1995个,完成规划编制125个,累计完成978个,覆盖率达到49%,其中高平市77.8%,泽州县61.7%,沁水县58%,陵川县18%。同时,启动沁水县嘉峰至郑庄沁河流域、阳城县润城沁河流域、阳城县泽州县北留周村、环城高速内、任庄水库—金村—围滩丹河流域、城区北石店、阳城县皇城相府等一大批城乡一体化片区规划、特色城镇化片区规划和风景名胜区规划。2010年,4个县城总体规划进一步修编完善;74个乡镇总体规划实现全覆盖;编制完成500个新农村建设规划,已累计完成1478个,新农村建设规划覆盖率由2006年的不足30%提高到75%,基本实现全覆盖目标;编制完成《沁河流域特色城镇化规划纲要》、《北留周村特色城镇化总体规划》、《润城镇特色城镇化总体规划》、《嘉峰端氏特色城镇化总体规划》。以阳城县北留镇、润城镇、沁水县嘉峰镇、端氏镇为重点的沁河流域特色城镇化示范片区建设全面铺开,完成21项,投资3.5亿元。

县县"新三有"建设。2009年,全市县县"新三有"(有生态文化公园、生活垃圾无害化处理场、污水处理厂)建设取得新进展。4个县城全部建成生态文化公园,启动生活垃圾无害化处理场前期工程,高平市、阳城县、沁水县建成污水处理厂并开始试运行(高平市日处理能力1.5万吨,阳城县日处理能力1.5万吨,沁水县日处理能力1万吨),陵川县污水处理厂开工建设。2010年,高平、阳城、陵川、沁水全部建成城市生活污水处理厂,日处理能力分别达到1.5万吨、1.8万吨、1.2万吨、1万吨;4个县城累计建成9个生态文化公园:高平市七佛山省级森林公园,阳城县骏马岭、阳高泉、虎头山、凤西和美韵森林公园,陵川县崇安公园,沁水县碧峰公园;4个县城全部启动生活垃圾无害化处理场建设工程,总设计日处理能力达678吨。

乡镇"五个一"建设。2009年,全市74个乡镇全面推开"五个一工程"建设(学校、医院、供水、住房、垃圾处理等公共服务设施建设),实施建设项目147个,投资规模11.5亿元,有24个乡镇实现"四个一"。2010年,全市有27个乡镇实现有一个标准化中学、一个标准化卫生院、一个康居住宅小区、一个自来水厂、一个垃圾填埋场的"五个一"目标。

历史文化名镇名村。2009年,全市有一镇两村被评选为中国历史文化名镇名村(泽州县大阳镇、沁水县嘉峰镇窦庄村、阳城县润城镇上庄村),全市历史文化名镇名村达到34个,其中:中国历史文化名镇1个,中国历史文化名村6个,山西省历史文化名镇5个,山西省历史文化名村22个，占到全省的三分之一。2010年，阳城县润城镇、泽州县西黄石村、高平市苏庄村、沁水县湘峪村申报成为中国历史文化名镇名村。全市有中国历史文化名村9个、中国历史文化名镇2个，省级历史文化名镇名村34个，均占到全省的1/3。

城市安全

2009年，全市政府出台《关于进一步加强我市燃气安全管理工作的通知》，组织开展为期8个月的“燃气安全进万家”活动，入户安检达到3.93万户，查改故障燃气表231块、软管老化721户；储配站隐患整改84项，管线防腐层破裂修复240处，违章占压管线整改5处。同时停产整顿了16个燃气经营站点。对建筑施工安全进行严格整治，排查建筑施工项目303个，停工整顿项目101个，停工整顿建筑企业16个，公开通报和处罚了阳城县凤城镇佳馨住宅小区5号楼工程起重伤害事故和郝匠社区城中村改造11号楼工程起重伤害事故，有4个工地达到省级安全标准化工地，7个工地达到市级安全文明工地标准，获省优工程10项、市优工程12项。强化安全应急演练，先后举行燃气泄露、供水管道爆裂、高空坠落、机械伤害、土方坍塌等9次较大规模的现场应急演练。对责任主体单位进行全面排查，共排查建筑施工企业180个、建设监理企业22个、非煤矿山企业1个、市政公用企业36个、房地产经营企业79个、房屋拆迁企业8个、物业管理企业32个、燃气生产企业（站点）140个、出租客运企业15个，排查各种隐患1625条。同时，开展安全生产专项整治培训、煤层气安全技术培训、燃气从业人员培训，培训人员1397人。

节能减排

2009年，市政府出台《晋城市关于推进建筑中可再生能源的实施意见》，印发《关于进一步加强城镇生活污水处理厂建设运营管理工作的通知》，制订《晋城市30万平方米既有居住建筑供热计量与节能改造实施方案》，选定12项建筑面积达52.7万平方米的既有建筑节能改造项目，开工改造建筑面积15.9万平方米。新建建筑节能标准全部执行到位，共办理建筑节能设计认定备案89项，建筑面积71.69万平方米（其中公建26项、13.63万平方米，民建63项、58.06万平方米），新建建筑节能50%的设计标准施工阶段执行率均达到100%。增加一批新的建筑节能产品（技术），有3家生产企业的5种产品（技术）通过省建筑节能认定，全市共有9家企业的12种产品（技术）通过省级认定，包括煤矸石砖、聚苯板、复合夹芯板、铝合金门窗、保温防水装饰系统等。市区污水处理厂保持稳定运行，完成污水处理量2616万吨，完成COD消减5091吨，污水处理率保持在95%以上。

2010年，全市完成既有居住建筑节能改造建筑面积32.8万平方米，占年度计划的171%，超额完成省政府下达晋城市“十一五”30万平方米的改造任务，年节约标煤3776吨，减排二氧化碳 9413.6 吨、碳 2567.7 吨、二氧化硫 283.2 吨、氮氧化物 141.6 吨。新建建筑 50%节能标准执行率达到 100%，新竣工建筑采暖具有分户计量和分户控制功能比例达到 100%。全市(含县城)污水排放量 3410 万吨,处理量 3146 万吨,处理率达到 90%以上;中心城区污水排放量 2100 万吨,处理量 1996 万吨,处理率达到 95%。全市(含县城)完成 COD 减排量 7749 吨,新增生活 COD 减排量达到 1220 吨,超出省政府下达指标 220 吨。全市(含县城)污水处理量 3146 万吨,中水回用量 711 万吨,回用率达到 22.5%,超出省政府下达指标 8%;其中市区中水回用率 35.5%。

城建管理

房地产市场管理。2009 年,进一步规范房地产市场管理。起草了《晋城市住宅专项维修资金使用细则》、《晋城市房屋拆迁管理办法》和《房地产开发企业和房屋拆迁单位动态考核办法》。累计缴存、归集专项维修基金 3800 万元。2010 年,完成市、县两级房地产信息系统建设并实现联网运行,全市商品房销售实现网上签约、网上备案、网上查询。完善预售许可制度、销(预)售现场管理、商品房买卖合同管理和“两书”(住宅使用说明书、住宅质量保证书)管理。拓展和提升物业管理,新成立物业管理企业 16 家,全市达到 73 家,物业管理服务面积 601 万平方米。聚龙苑住宅小区、丽源国际住宅小区、岭杰小区 3 个小区通过省物业管理示范小区初评。佳润尚城小区通过国家物业管理示范小区评验。积极推进产权产籍一体化管理,对市区的房地产交易与权属登记机构进行全面整合,在运作程序、数字资源管理上实现了一体化管理。理顺维修资金管理，全年归集维修资金 350 万元,6 个小区使用维修资金 35.2 万元。

工程项目管理。2009 年,制定下发了《关于加强晋城市建设工程项目管理工作的通知》、《关于进一步规范建设工程交易中心窗口服务事项的通知》,完成建设工程发包 17 项,建筑面积 39.8 万平方米,工程造价 7.33 亿。办理建筑施工许可项目 25 项。完成招投标项目监督 38 项,建筑面积约 60 万平方米,招标率达 100%。

客运出租管理

2009 年,客运出租启动以组建党员先锋号、评比文明服务标兵、规范企业管理为主要内容的提升服务、打造形象活动,爱心免费接送考生 6000 人次,发放燃油补贴 1500 万元,查处非法营运车辆 340 辆、违规出租车 394 台次,罚款 46.1 万元。

城市应急保障体系

2010 年,制订《市政公用行业应急保障方案》及一系列配套的应急预案,配备包括市政、供水、供热、供气多功能抢修抢险车,高科技地下管道检测和水质检测等 40 多类设备,大大提升了应急状态下的处置和保障能力。建立专业抢修抢险队伍,市政、供水、供热、供气四支抢修抢险队伍中专业技能人员达800人,24小时待命，既满足日常维护工作需要,又具备应对突发事态情况的抢修抢险能力。针对管道爆裂、燃气泄露、意外失火、自然灾害、反恐安保等防范重点,开展35次应急救援演练。新建3处应急避险场所,市区应急避难场所达到7处:泽州公园、玉龙潭公园、赵树理公园、凤西广场、七星广场、物茂广场和人民广场。

（市住建局）

规 划

城乡规划

城市总体规划。2009 年,完成《晋城市总体规划》修编工作,并经省政府正式批复,是《城乡规划法》实施以来,经省政府批复的全省第一个地级市城市总体规划。市规划局被人事部、建设部表彰为“全国建设系统先进集体”,被山西省劳动竞赛委员会荣记“集体二等功”,被省建设厅表彰为“山西省城市规划工作先进集体”。2010 年,报请省政府批准实施《晋城市城市总体规划(2008—2020)》,确立“四位一体”的城镇化发展战略、宜居城市发展目标、“6688”的城市架构和“六区联动、组团发展”的城市格局。

规划展馆工程。2009 年,完成城市规划展览馆工程和布展工作,总投资 1700 余万元。2010 年,共接待国家、省、市领导和上级部门、国内外投资商及机关、企事业单位团体性参观 160 余批次。普通市民参观人数达到 1 万多人。

城乡一体化规划。2009 年,开展市域重点区域的城乡一体化发展规划,组织编制完成嘉峰、端氏市域产业与城镇发展重点地区区域特色城镇化发展规划,启动其它重点区域的特色城镇化规划编制工作。编制完成城市绿地系统规划、燃气规划、供热规划、道路交通规划、环卫规划、排水与中水回用规划、供水与节约用水规划、城市照明规划、城市防洪规划等 9 个城市专项规划。完成主城区东北片区、西北片区和金匠工业园区等 3 个城市片区控制性详细规划和 10 余项重点地段修建性详细规划及城市设计工作。完成 10 余个城中村改造规划,部分城中村改造规划经市政府批准实施。2010 年,完成《晋城市市域城镇体系规划》和多项跨县级行政区域的城镇密集地区特色城镇化发展规划等区域性规划。编制完成《晋城市沁河流域特色城镇化发展规划纲要》,并依据纲要,编制完成沁河流域郑(庄)- 端(氏)- 嘉(峰)区域、润城区域、北留周村区域和皇城相府区域四个片区的特色城镇化总体规划。编制完成《晋城市煤层气普及利用规划》、《中心城市环城高速周边区域城乡一体化发展规划纲要》、《丹河生态旅游带总体规划》等。在全省率先实现城市各类专项规划和中心城市主城区控制性详细规划基本全覆盖。

城市建设项目规划

2009 年,市规划局完成市经济适用房建设二期工程、北石店城市化改造工程、兰花路北段道路工程、红星东西街道路工程、文博路北段道路工程、景西路北段道路工程及“三馆”工程等10多项城市建设重点工程的前期规划研究工作，部分重点工程项目按照规划意见选址并开工建设。

2010年，继续开展城市建设项目规划前期研究工作，完成市文化艺术中心(大剧院)项目、人民广场及黄华街地下空间开发项目、金村大道项目、凤台街西延及西出口项目、白水街西延及牛匠立交桥改造项目、三晋路项目等6个城市近期建设项目规划前期研究工作。

规划审批

2009年，依据《城乡规划法》及有关法律法规，对原有规划管理制度进行修改完善，强化城市规划公示制度、并联审批制度、部门联席办公会制度、专家决策咨询制度、批前现场踏勘制度、业务会集体研究决策制度。依据《山西省城乡规划条例》对《晋城市城市规划行政审批规程》进行修订，推进城市规划行政审批依法进程。

2010年，制定《城市规划行政审批规程》、《城市规划管理技术规定》、《城市规划公示制度》、《城市规划听证制度》、《建设工程竣工规划认可暂行办法》、《建设用地性质变更和容积率调整管理办法》等10多项城市规划管理制度。

规划监管

2009年，市规划局参与各县(市)重大项目的规划论证、审查，组织管理人员、专家技术人员到县(市)就有关规划管理问题、技术问题进行现场指导，帮助阳城县完成城市总体规划修编工作，帮助高平市依法开展城市总体规划的修编工作。建立建设项目批后跟踪动态管理制度，对所有新审批建设项目确定专人负责，实行动态跟踪管理，强化监督，发现问题及时纠正。与市行政执法局配合，对违法建设行为进行严肃处理。严格按规定推行建设工程项目规划竣工认可制度。

2010年，为各类建设项目依法办理"一书两证"近300件。与市住建局配合，办理房屋权属登记的项目，规划竣工认可证发放率达到100%。对2007年1月1日至2009年12月31日期间，领取规划许可证的房地产项目中违规变更规划和擅自调整容积率问题进行专项检查，共检查房地产项目46个，单体楼座152幢，涉及33家房地产开发公司。对检查中发现的18个有违法违规行为的项目，进行规划认定并提出处理建议。

(市规划局)

环境保护

蓝天工程

2009年,继续加大环境整治力度。一是强力推进燃煤锅炉清洁能源改造进程。市区128台常年运行燃煤锅炉全部完成清洁能源改造。年可节约原煤4.82万吨，减排二氧化硫386吨、烟粉尘173吨。二是狠抓扬尘污染防治。在继续采取对市区主要道路实施喷雾降尘,对公共裸露地面覆盖抑尘网,喷洒抑尘剂等措施的基础上,市环保局与市住建局、市行政执法局通力配合，不断加大对市区所有65家建筑施工工地扬尘污染防治情况的执法检查力度,下达限期整改通知书62份，对在建的20栋楼责令停工整改。三是扎实推进区域环境综合整治。对市区周边及城乡结合部进行清理整顿,对陵沁一级路周边的环境脏乱差问题进行集中整治。全年市区空气质量二级以上达到352天,较去年同期(347)增加了5天;其中一级天数达到103天,较去年同期(76天)增加27天。空气综合污染指数控制在1.84,较去年同期(2.01)下降了0.17,降幅为8.5%,空气质量稳定达到国家二级标准。

2010年,一是在市区,进一步强化市区扬尘污染防治工作。市环保局与市住建局、市行政执法局组成联合检查组，对市区98家建筑施工工地的扬尘污染防治工作进行执法检查，共下达限期整改通知书67份,对26家扬尘污染严重的施工单位进行行政处罚。加强机动车尾气治理,全年检测机动车41 000余辆,对1000余辆不合格车辆进行治理。二是各县(市)大力改善环境质量,对县城环境进行综合整治。城区、泽州县配合市政府大力整治市区及城郊结合部、主要城市道路入口、晋城市环城高速沿线存在的“垃圾围城”等环境脏乱差问题,认真落实市区禁用散煤和扬尘污染防治措施。高平、阳城、陵川、沁水积极实施集中供热、供气工程,县城集中供热、供气率大幅提高。

2010年,全市六县(市、区)环境空气质量稳定到国家二级标准。市区空气质量二级以上天数达到354天,较去年(352天)增加2天;其中一级天数达到104天,较去年(103天)增加1天;空气综合污染指数控制在1.76,较去年(1.84)下降了0.08,降幅为4.3%。全市主要污染物二氧化硫排放量控制在9.807万吨,化学需氧量排放量控制在1.638万吨,分别较“十五”末(2005年二氧化硫、化学需氧量排放量分别为11.73万吨、1.86万吨)削减了1.923万吨和0.222万吨,减排幅度分别为16.4%和11.94%,超额完成省政府下达的“十一五”污染减排指标(“十一五”期间主要污染物二氧化硫、化学需氧量排放量较2005年分别下降 12.19%、11.29%)。

碧水工程

2009 年,强力推进丹、沁“两河”流域环境综合整治。一是对沁河流域实施总量控制,控制污染物新增量。二是扎实推进化工行业生产工艺废水零排放技术改造,天脊中化、晋丰煤化工、兰花阳化、巴化 4 家企业进行了技术改造。三是丹河人工湿地工程建设。2009 年 9 月底,一期工程通水运行,累计完成投资 3500 万元,丹河河道形成 1500 米长 40 米宽约 6 万余平方米的景观水面;建成 105 亩垂直流人工湿地,栽种芦苇 62 万株,香蒲 48 万株,初步形成日处理污水 3 万吨的能力。全力保障群众饮水安全。与市监察局联合对全市 10 个集中式饮用水源地污染源整治情况进行专项督查;投资 200 多万元,更新各类水源标志 327 处,设置交通警示牌 15 处;对水源地一级保护区内的污染源进行集中整治,取缔“小旱厕”、“小作坊”等各类污染源 37 处;完成了全市 85 个乡镇 71 个饮用水源地的区划及调查工作。

2010 年,继续对沁河流域实施总量控制,推进化工行业生产工艺废水超低排放技术改造。全市 9 家煤化工企业中天脊中化、晋丰煤化工、兰花阳化、巴化、天泽永丰、天泽化工(6013)6 家企业已经完成技术改造任务,其他 3 家企业(一化、大化、兰花田悦)中水回用工程正在抓紧实施。通过对 9 家企业实施技术改造,每年可少排工业废水 1390 余万吨,减排化学需氧量 2150 余吨、氨氮 1140 余吨。丹河人工湿地工程建设。工程共完成投资 4000 万元,完成清淤和土方 25 万方,建成两个 6 万立方米和 3 万立方米的沉淀池,形成 1500 米长 40 米宽的景观水面,修筑 2100 米配水渠和 2200 米防洪挡墙,铺设湿地填料 10 万立方,建成 105 亩垂直流人工湿地,栽种芦苇等植物 110 万株。一期工程自 2009 年通水运行以来,日可处理污水 2.5—3 万立方,年可削减化学需氧量 65 吨、氨氮 150 余吨,丹河水东桥断面水质得到有效改善。

环保专项行动

2009 年,全市累计出动环境执法人员 3486 人次,检查企业 1102 家,整治违法排污企业 49 家,市级挂牌督办 1 件。查处环境违法案件 223 起,共处罚金 283 万元,执行率达 100%。对全市 33 家涉源单位 162 枚在用放射源加强管理,做到一源一档,建立了动态数据库。加强了对废旧放射源的收贮力度,全年收贮废旧放射源 29 枚。

2010 年,全市共出动环境执法人员 6700 多人次,检查企业 1600 多家,整治违法排污企业 21 家, 对 19 家违法建设项目采取了停建、停产和处罚措施依法关停取缔各类土小企业 66 家。全年查处环境违法案件 21 起,行政处罚 13 件,共处罚金 45 万元,执行率达 100%。加快推进了企业环境行为评价工作,对 50 家企业进行了环境行为评价。全年共受理各类环境投诉91件,全部落实到位,办结率100%。加大对全市六县(市、区)核与辐射监管人员和用源单位管理人员的培训力度,全部做到了持证上岗。对全市35家涉源单位170枚在用放射源加强监督检查,做到一源一档,建设了放射源监控系统,确保全市辐射环境安全。

生态示范区建设

2009年,创建完成了6个省级环境优美乡镇、21个省级生态文明村、6个生态示范矿井、1个规范化畜禽养殖示范项目。

2010年,完成4个省级生态乡镇,12个省级生态村的创建。全面开展养殖业专项执法检查,对全市281家规模化畜禽养殖场进行排查整治。全市及各县编制完成了生态功能区划和生态经济区划。

污染减排

2010年,确定实施了8个污染减排项目(其中二氧化硫减排项目1个、化学需氧量减排项目7个),分解落实到各县(市、区)和重点企业,坚持每月检查调度,每季督促落实,半年核查核算,全年总体盘点。污水处理工程建设步伐加快。市区、高平、阳城、沁水、陵川县污水处理厂、晋煤集团5个生活污水处理厂和巴公工业废水处理厂相继建成投运。

加强对燃煤电厂脱硫设施运行情况的监管。按照省环保厅《关于全力打好污染减排攻坚战确保实现"十一五"污染减排目标的通知》(晋环发〔2010〕189号),市环保局重点对阳城国际发电有限公司1-8号机组脱硫设施、中控系统、在线监测设备、燃煤品质等进行了检查,责令阳城国际发电有限公司必须保证脱硫设施的正常运行,否则降低其运行负荷,直至停运。

坚持从源头控制排污总量,抬高环保准入门槛,严把建设项目环保审批关,将排污总量指标作为建设项目环保审批的前置条件,全年共审批新、改、扩建项目251个,环评和"三同时"执行率均达100%。对8个不符合环保要求的建设项目实行了一票否决。

其他工作

2009年,全市共征收排污费7605万元,其中市局征收4236万元。组队参加了"太钢杯"全省环境监察执法业务比武竞赛,独揽了环境监察理论知识、排污申报与收费、环境应急处置和12369环境举报查处4个单项比赛的第一名,并以绝对优势夺得了团体第一名。

2010年,全市共征收排污费8413万元(不含277万元焦炭排污费),其中市局征收排污费4773万元。环境监控中心积极推进污染源自动监控系统能力建设,全市65家国控、省控重点企业完成安装自动监控设备120套,顺利通过省环保厅验收。完成了巴公工业园区视频监控系统建设以及重点化工企业废水氨氮自动监测设备的更新工作。

(市环保局)

园林绿化

2009年,市区新增绿地面积83.5万平方米(1253亩),改造提升绿化面积66.3万平方米(994亩),城市绿化覆盖率保持在45.8%。

生态绿化

2009年,实施北出入口景观绿化和生态修复工程,对泽州北路与陵沁路立交桥四角及道路两侧进行景观绿化,绿化面积520亩。工程共分为3个片区实施,一是陵沁路南北片区,绿化面积352亩,主要是以种植黄栌为主营造秋色红叶景观;二是立交桥4个环岛片区,绿化面积40亩,以常绿、落叶的大乔木和大型花灌木、草坪自然组合的手法营造立体景观;三是西南角片区,绿化面积75亩,建设了休憩公园。共种植黄栌15 331株,雪松、油松、银杏等乔木5800余株,紫穗槐等灌木158 000余株,铺设灌溉用水管道7000余米。北出入口520亩(34.7公顷)的景观林带,每天可吸收二氧化碳3.47万公斤,释放氧气2.53万公斤,生产杀菌素1041公斤。

2010年,启动白马寺山沉陷区生态综合整治工程(新植物园)。该工程总占地面积1.1平方公里(1650亩),是晋城市近年来最大的城市园林绿化建设工程。由北京林业大学设计院设计,是集生态、观赏、科普、休闲等功能于一体的大型综合性植物公园。园内以140亩人工湖为核心,以盆景园为盆景艺术创作、展示基地,以风景各异的紫薇园、牡丹芍药园、草药园等20余个植物专类园为重点展示空间,园区西南部建有30亩的人工湿地,同时配有热带温室、山顶观景平台、中心广场等建筑设施。10月开工建设。

道路绿化

2009年,按照"建一路、绿一路、花一路"的原则,实施西河延伸景观绿化建设工程(前进路景观绿化工程)、主干道美化工程,并启动泽州北路延伸段景观绿化工程。

西河延伸景观绿化建设工程(前进路南端景观绿化工程)。第一部分是新市街游园,面积26亩,主要种植常绿大树、落叶大乔木、大花灌木,以油松为主,搭配水杉、银杏、红枫、桂花、石楠等,形成多层次的立体景观;第二部分是红星街游园,面积10亩,主要以种植白皮松为主,搭配腊梅、高杆石楠、白玉兰等,河边种植荷花,形成大气的滨河景观;第三部分是凤台街游园,面积19亩,主要以种植8—10米的大雪松为主,结合草坪、大花灌木、竹子、景石点缀,形成四季常绿、三季有花,富有季相变化的河道绿化景观。目前,工程已完成全部绿化任务,

共种植雪松、白皮松、油松、水杉等大乔木3000余株,石楠、月季等花灌木4万余株,种植地被草坪52 000平方米,形成路河相依,绿水相连的新景观。

主干道美化工程。主要安排凤台街主干道美化工作,花卉品种主要有各色进口四季海棠、非洲凤仙、长春花、天竺葵、盆栽荷花、牡丹、大丽花等。从4月中旬到11月中旬随着季节的变化,分4批对鲜花品种进行更换,共计用花100余万盆。

泽州北路延伸段道路绿化工程。主要是对泽州北路屋厦桥至白马寺山脚延伸道路两侧各50米及路中10米绿化带进行景观绿化,全长1.71公里,总绿化面积282亩。绿化风格采取常绿与落叶、乔木与灌木、草坪与花卉相结合,营造森林感觉。共种植7米油松、雪松1800余株。

2010年,对北出入口景观绿化工程进行扩大完善,绿化面积32万平方米,主要建设内容包括绿化、供水、土石方、地形整理等。共种植大规格油松334株,栾树、黄栌等各类乔灌木16 000余株。完成东南通道(白水街)绿化工程。东南通道全长约5公里,绿化内容包括9米宽中央绿化带和道路两侧20米范围,绿化面积达24万平方米。共种植红叶石楠球162株,红色樱花266株,大花月季46 900余株,法桐3500余株,紫薇800余株。扩大摆花规模和范围,新增前进路、泽州路道路美化等。

公园广场游园建设

2009、2010年,对公园、广场、游园等市民休憩、娱乐场所进行改造。

泽州公园改造工程。2009年,完成园路、东大门、围合式草坪的建设。一是改造新园路,完成一级园路15 000平方米、二级园路7600平方米、三级园路5280平方米。二是新建公园东大门,增设汉白玉栏杆80米,盘龙柱四根,石狮子一对。三是重新布设园内水、电网络,铺设电力电缆1.6万米,给水管1.17万米,下水管345米,铺设音频线8600米,安装630KVA箱式变电站一座,安装园路景观照明灯268盏。四是新建50亩围合大草坪,提高公园的防震减灾功能。五是新修建清洁、环保型的公厕,增设座椅,果皮箱等。

玉龙潭公园建设工程。玉龙潭公园原名东吕公园,东与凤凰岭公园相连,西接东吕匠社区,北靠规划中的红星东街,总占地面积503.6亩。2009年,建设50亩人工湖,景观桥、水榭、湖中岛、钓鱼区、金鱼观赏区等园林景点。

儿童公园改扩建工程。是晋城市2010年城建重点工程之一,总占地面积5.4万平方米,由德国雷瓦德景观建筑事务所和晋城市园林建筑设计院联合设计,突出生态自然的原则,将公园分为广场区、展览区和自然园区。工程内容包括景观绿化工程、水系建设工程、硬铺装工程和配套设施工程,完成广场铺装10 000余平方米,改造湖面4500平方米,铺装园路2300

余平方米。

国庆花展。2009年,为庆祝新中国成立60周年,在泽州公园举办“腾飞中华”国庆花展,花展分为 “锦绣中华”、“大团圆”、“祖国万岁”、“花倾凤城”、“一帆风顺”、“百花朝凤”、“盈盛园”、“爱我中华”8个展区,共展出各类花卉100余个品种,150万盆。2010年国庆期间,在泽州公园举办第三届“和谐欢歌”大型花展,共分为“和谐中国”、“盛世乐章”、“情系世博”等9个展区,共计用花150万盆,品种达100余种。

其他公园广场改造。2009年,赵树理公园改造以绿化种植为主,共种植桧柏、丁香、木槿等乔灌木880余株,瓜子瓣黄杨、红叶小檗、龙柏等小灌木883平方米,铺设草坪1万余平方米。凤凰岭公园新建“晋芳园”景区,面积约100亩,共种植雪松、樱花、红叶李、牡丹、木槿、紫薇等乔灌木5000余株。凤西广场改造共种植景观油松、雪松、樱花等乔灌木50余株,引种1600平方米的早园竹。2010年,按照“500米服务半径”的要求,继续加大小游园建设力度,新建四处市民小游园,分别是苑北路游园、兰花路游园、文博路游园和市体育场东侧绿地(暂定名),为城市新增绿化面积4.7万平方米。

科学养护

2010年3月,成立晋城市园林科研所,主要负责全市城市绿化的技术咨询、指导和服务;植物新品种的开发、引进和推广;植物病虫害的防治等科学研究。对发生在凤台街、泽州北路延伸段等街道的园林植物病虫害进行联合防治12起,并在市内各主要街道设立20余处园林植物病虫害观测点和物候观测点,编写发放园林植物病虫害监测情报20余期,编制完成《晋城市街道绿化养护管理技术操作规程(征求意见稿)》。

(市园林局)

城市管理

行政执法

2009年,市行政执法管理局以创建“国家卫生城市”、“全国文明城市”为目标,以查控违法建设、整治市容市貌为重点,全年共查办各类案件29 544件,其中:一般程序案件35件,简易程序案件29 509件。2010年,共查处各类案件15 052件,其中一般程序案件103件、简易程序案件14 949件。

违法建设控制。2009年,与28个社区和居委会进防控违法建设座谈,与117个建设和施工单位签订《依法规范建设工程目标责任书》,控制各类违法建设250余处,拆除各类违法建筑68处,拆除面积1.2万余平方米。2010年,共查控违法建设120余处,控制违法建筑面积2.1万余平方米;拆除违法建筑50余处,拆除面积5100余平方米。与各施工单位签订《依法规范建设工程目标责任书》;查处占道施工不设围栏或围栏不达标的行为70余次,督促设置围栏1万余米。

扬尘污染控制。2009年,与建设、环保等部门对50余处建筑工地进行联合检查,下达限期整改通知书63份,责令14个建设项目、20栋建筑停工整改,对11家扬尘污染严重的施工单位实施处罚;督促施工单位硬化场地1万余平方米、设置规范化围栏2.5万余平方米;查处建筑垃圾、散装物料运输车辆抛洒案件2000余件;取缔市区内废品收购站点30余家,整顿规范150余家。2010年,共检查建筑工地40余处,督促硬化施工场地3000余平方米、苫盖散装物料堆放场地2000余平方米,对14家扬尘污染严重的工地实施处罚。

户外广告安全整治。2009年,按照市政府《关于整治户外广告消除安全隐患的通知》要求,排查出存在安全隐患、幅面破损的户外广告2241块、5.3万平方米,其中,督促相关单位整改、维修的1540块、2.15万平方米,责令自行拆除的156块、0.8万平方米,组织强制拆除的545块、2.35万平方米,并查处违法新上广告牌1400余平方米。2010年,督促27家广告设置单位对51处存在安全隐患的广告设施进行加固和维修。开展户外广告专项整治活动,拆除违法设置户外广告420余块、4100余平方米;清理违规设置的墙体广告1900余平方米;督促更换破损广告180余块、2000余平方米;协调增设公益广告1.1万余平方米;督促更新路灯杆公益广告810余块、1200余平方米。按照市政府《关于禁止在市区街道悬挂宣传条幅的通告》要求,清理违规设置条幅3200余条。

空中网线清理。2009 年，对泽州路、凤台街、新市街、文昌街、太行路、迎宾街、黄华街等 19 条街道的乱拉线路、废弃线路进行集中整治，清理和整治各类线路 83.5 千米。

占道经营控制。2009 年，按照文明、卫生城市的创建标准，整治和规范马路市场 5 处，清理占道经营、店外店 2000 余处，取缔流动摊点 4.6 万余个（次）、占道露天烧烤经营点 2000 余个（次），确保市区各主干道及学校周边 50 米范围内无占道经营现象。2010 年，共清理、纠正店外店 3900 余处、违规占道促销点 60 余处、流动摊贩 6000 余人次，引导 10 名残疾人实行定点经营。强化对学校周边的监管，组织专门力量错时监控、定时蹲守，确保学校周边 200 米内无流动摊贩和店外店。

市容环卫整治。2009 年，对乱摆乱扔、乱涂乱画、乱堆乱挂等影响市容及卫生的现象进行治理，与 6000 余家单位和门店签订“门前三包”责任书；清理乱摆乱挂灯箱、招牌等 800 余个，乱摆杂物、乱挂衣物 2000 余处；督促清理煤土堆、垃圾堆 600 余处；清理乱挂和超时悬挂条幅 1200 余条，褪色破损对联、贴画 2 万余条（张）；清理违规设置和不规范的临街墙体广告 6000 余平方米；查处违规喷涂墙体广告的公司 18 家，督促清洗 2000 余处；查处张贴小广告的商户 6 家，与公安联合查处乱涂小广告人员 12 人。

车辆停存。2009 年，加大对停存车秩序的监管，共规劝和纠正乱停放车辆行为 2 万余次；粘贴非机动车停放“温馨提示卡”3000 余张；查处违法停车案件 1900 余件。2010 年，共查处、纠正机动车违法停放行为 5600 余次，粘贴非机动车规范停放“温馨提示单”2200 余张；新划占道机动车停车位 120 余个；增设、更新停车标志牌 20 余块；增设非机动车停车位 500 余个；引导部分单位向社会开放停车位 200 余个；累计施划停车位线 15 万余米。

违章占道庆典。2009 年，查处和取缔违规占道庆典活动 50 余次，并在中、高考期间，加大对各类庆典活动的监控力度，未发生噪音影响考生休息和考试的情况。

破坏绿地行为。2009 年，广泛宣传爱绿护绿知识，查处侵占、毁坏绿地的案件 30 余件，及时纠正踩踏草坪、在树上悬挂衣物等行为；对 46 个新建项目的绿化工程进行全程监督和检查。2010 年，查控损坏绿地行为 40 余次；对 45 个新建工程项目进行专项检查，责令其办理《建设项目绿化意见书》。

规范管理

市容管理。2009 年，开展门店招牌标准化设置示范点建设工作，改造和规范凤台街、泽州公园南门的 400 余块门店招牌；对 10 处临街新店面的招牌设置进行前置监管；引导、鼓励 150 余家商户设置高标准门店招牌；督促 30 余家单位和门店规范招牌用字；督促相关单位清洗、油饰、维修和更新亭、杆、牌、箱等公共设施。美化临街墙体 5000 余平方米。2010 年，制止并纠正乱倒垃圾行为400余次;实行建筑垃圾运输申报制度,对17处建筑垃圾处置场进行调查和监控,共查处乱倒建筑垃圾的行为110余次。督促沿街门店清理破旧对联、小广告、橱窗乱张贴,清理率达到90%以上;查处乱贴、乱发小广告行为人160余人。落实"门前三包"责任制,督促责任单位清理乱摆杂物1600余处、乱搭挂600余处,对责任制落实不到位的73家单位实施处罚。

户外广告及空间亮化管理。2009年,开展户外广告及设施排查工作,规范户外广告2.3万余平方米,督促更换破旧广告5000余平方米;协调增设各类公益广告7300余平方米,公益广告面积达到全市广告总面积的30%以上;完成凤台街、陵沁路、迎宾街和东上庄立交桥周边户外广告位的勘测定位、价格测算、拍卖方案制订等工作。更换泽州路、凤台街绿化带投光灯、地埋灯、景观灯4900余盏,保养变电箱11台,亮灯率达到100%。完成黄华街楼体亮化改造的前期勘测、效果设计、方案制订等工作。2010年,加大对门店牌匾及附属设施的规范管理,拆除破旧招牌300余块,清理违规设置的灯箱250余个;督促410余家门店进行招牌整改,对10余处新建楼体实施招牌设置前置管理,引导200余家商户设置高标准招牌。

停存洗车管理。2009年,全年新增占道机动车停车位200余个(累计3800余个);新增和更换停车标志牌30余块(累计130余块);新增非机动车停车场(点)30余个(累计520余个);引导临街单位开放自建停车泊位200余个(累计4200余个),规范10处已开放停车场的入口标识牌;推进停车计时收费管理试点,促进凤展商业区周边停车泊位的使用率;强化凤台街停车秩序示范街管理,运用电动巡逻、数码鹰技术加强停车监管。同时,规范机动车清洗、装潢店13家,促进车辆清洗行业向规范化发展。

早夜市管理。2009年,重新规范占地面积、棚具规格、灯箱位置,给所有商户配备消毒柜,制作6个水箱,在4个场点实现集中供水;对棚具不净的责令停业整改;对不达规范要求的,一律予以取缔,共取缔各类经营点400余个;增设便民夜市点1个;清理违规设置的"便利亭",暂时保留的纳入规范化管理轨道;规范南北大街早市,对318个摊点实行规范化管理。2010年,取缔场外市3处、早夜市摊点100余个,取缔夜市露天烧烤点260余个;规范早市58处、夜市182处、停利亭28处,整合零星夜市摊点6处;新开辟早市2处、夜市2处。

重点工程

"数字化城管"建设工程。2009年,完成基地平台租赁和驻地搬迁工作;按法定程序完成"数字化城管建设项目"、"数字化城管建设监理项目"招投标工作;全面启动数字化城管监督指挥平台的具体建设工作,监督指挥大厅、机房、配电室正在进行内部装修,设备机柜安装完毕并开始调试,数字化城管操作软件完成设计雏形,网页界面的设计已经完成,城市地理信息普查工作正在展开。2010 年 9 月，全面完成数字化城管系统的监督指挥平台建设、基础网络安装、管理流程再造、地理信息普查、万米单元网格及责任网格划分、工作软件开发、公安“天眼工程”对接、工作制度建设、操作手册编印、操作及监督人员培训等工作，10 月 20 日开始试运行。试运行期间，城管监督员收集并上报问题 5522 个，数字化城管监督指挥中心平台受理案件 3767 件，处置案件 3130 件，案件结案率达到 95.38%。

街道景观亮化改造。2009 年，对凤台街 8 公里范围内 92 个亮化单元进行亮化设施改造，打造 3 个主景区和 24 个景观节点，淘汰高耗能、高成本、低效率的传统灯具，使用节能、环保的 LED、CCFL 和太阳能光源，实现节能 60%—70%、灯具寿命延长 4—5 倍的目标。亮化改造面积达 30 余万平方米，每年可节约电费 160 余万元。2010 年，开展街景亮化设备集中控制系统建设，对泽州路、凤台街、黄华街街景亮化设施集中控制。更换地埋灯 300 盏、投光灯基座 50 个，维修地埋灯 200 盏、投光灯 150 盏。督促 15 家单位完成楼体亮化改造，完成对 33 幢 20 层以上高层建筑的楼顶亮化排查工作。督促清洗、更新指示牌 700 余块、电话亭 180 余个、书报亭 30 余个，美化沿街墙体 1.2 万余平方米。

（市城市管理行政执法局）

交通邮电

交　通

交通基础设施

2009年,全市农村公路建设共完成投资4.5亿元,占年计划128%。

村通水泥(油)路全覆盖工程。省交通厅下达晋城市村通水泥(油)路全覆盖工程213项860公里,其中,中央预算内投资项目133项500公里,计划投资11 404万元,项目全部开工,完工126个项目479.8公里,完成投资10 984万元;中央车购税投资项目60项283.2公里,计划投资6757万元,完工53项271.8公里,完成投资6402万元;2008年未完项目27项77公里,计划投资1540万元,完工24项69.7公里,完成投资1377万元。截至11月底,全市新增通水泥(油)路行政村141个,总数达到2184个,通畅率为98.3%。

通达工程。全年通达工程项目计划44项115公里,投资2515万元,完工42项112公里,完成投资2462万元。

开行贷款县乡公路改造项目。计划开工建设18项170.17公里,投资30 118万元,完工12个项目106.5公里,完成投资23 215.6万元。

危桥改造和安保工程。省下达危桥改造计划2座,中央车购税安排公路安保工程建设项目1项,均已完成,分别完成投资223万元和185万元。

客运场站。晋城市汽车客运东站全面开工建设,完成主站楼主体工程和部分安装、装饰工程,完成投资1.05亿元,占工程总概算的62%;市公交泽州北路场站主体完工,共完成投资1600万元;省下达的5个乡镇汽车站建设项目,有4个主体完工,完成投资200万元。

拟建高速公路项目。加紧推进高平至沁水、阳城至济源高速公路前期工作,其中,高沁高速公路工程可行性报告通过省交通厅评审。

农村公路养护管理

2009年,全市基本建立起以县级人民政府为主体的管养体制和“县区有所、乡镇有站、村有护路员”的三级管养机构;建立以公共财政投入为主的养护资金来源渠道,除省交通厅下达2105万元外,市级财政补助1004万元,6个县(市、区)也都根据各自情况将养护资金列入财政预算;探索建立以阳城、陵川、泽州为代表的“三级养护”、以高平为代表的“公司化养护”以及沁水“个人承包,分类计酬”等多元化管养模式。全年全市农村公路列养总里程为6802公里,其中县道1180公里,乡道2807公里,村道2756公里。截至10月底,全市县级公路养护质量好路率达 82.12%。

运政海事管理

2009 年,继续推进对客运企业、货运企业、维修企业、驾培企业的质量信誉考核工作以及对水上运输企业核查工作,加大对客运市场稽查行动和对“黑车”、“三无船舶”的打击力度。按照“五定四统一”公司化运营模式,培育和发展晋城至下村、鲁村、马村、加丰四条农村客运班线。全市共有农村客运班线 251 条、车辆 716 台,行政村通客车率达 95.7%。

运输能力

2009 年,截至 11 月,全市共有道路运输经营户 16 540 户,营运车辆 28 757 台,其中货车 27 502 台,客车 1255 台,完成客运量 2056 万人,客运周转量 123 617 万人公里,完成货运量 2234 万吨,货运周转量 188 843 万吨公里;共有水上企业 16 个,营运船舶 43 艘,完成客运量 10 516 人,客运周转量 20 103 260 公里 / 人。

治超工作

2009 年,运管系统组织 41 个巡察组,与有关部门配合,采取多种方法,对市政府公示的 523 家源头企业实行不间断的巡查监管，累计投入执法人员 48 523 人次，巡查源头企业 107 790 趟次,检查车辆 722 377 辆,查处违反政府令案件 7 件,从源头上遏止超限超载行为。截至 11 月 15 日,路政部门共检测货运车辆 8 389 440 辆,查处超限超载车辆 11 336 辆,卸载 2099 辆 5409 吨,交通罚款 90.56 万元,收取赔(补)偿费 5.79 万元。

路政管理

2009 年,共制止和查处违法违规案件 2388 起,拆除和清理违章建筑、路障 5864 平方米。

城市公交

2009 年,稳步推进《晋城市城市公共交通发展专项规划》的实施,完成泽州北路公交场站综合楼、汽修厂建设,新增和更新公交车辆 10 台,延伸和调整优化公交线路 2 条,新开通 30 路公交车。全年市公交公司完成客运周转量 3100 万人次,营运收入 2800 万元,分别超出年计划 3%和 7%。

行业管理

2009 年,制订下发《晋城市交通行业安全生产专项整治工作方案》、《全市交通行业 2009 年“安全生产月”活动实施方案》,市、县交通部门相应成立组织机构,组织开展安全生产专项整治和安全生产宣传月活动。市交通局组织工作组多次督查各县局机关、运管所、养护队、运输企业、车站、驾校等安全责任制建设情况和安全隐患排查治理情况,查阅客运运输车辆技术档案321份，现场查看水毁造成的危险路段6处、危桥3处，市海事局年度检审船舶43艘。市交通局共受理交通行政许可事项87件，办理营运驾驶员从业资格证47批5084个，没有发生超时超范围许可审批情况，办结率达到100%。出台《晋城市农村公路建设监督管理办法》，将农村公路新建和改建工程的勘察设计、综合规划、层级审批、组织施工、检查验收等环节都纳入监督管理之中。

（市交通局）

公 路

公路养护

路面养护。2009年,管养公路年平均优良路率达82.5%。集中处治路面翻浆31 469.47平方米,填补路面坑槽26 110平方米,微表处55 976.8平方米,沥青灌缝36 637米,完成投资530.5万元。2010年,管养公路年平均优良路率达82.64%,超出计划5.64个百分点。集中处治路面翻浆44 368平方米,填补路面坑槽17 860平方米,处理路面裂缝27 500米。

危桥加固工程。2009年,完成坪曲线老马岭隧道、杨寨隧道、桥北1号桥、陵沁线丹河右桥加固改造工程,完成投资1437万元。2010年,完成21座三类桥梁维修任务,共投资165.3万元;完成梅沟桥加固改造工程,共投资29万元;坪曲线金峰桥改造工程完成基础及下部和T梁预制,共投资494万元。

中修养护工程。2009年,投资184万元,完成坪曲线老马岭至端氏23公里薄弱路段稀浆封层。2010年,完成国道207线15公里双层罩面工程和坪曲线、陵沁线17.1公里预防性养护工程,共投资547.9万元;完成国道207线、陵沁线、坪曲线计86公里/69.55万平方米的微表处工程,共投资1338万元。

水毁恢复工程。2009年,投资553.45万元,完成80处水毁恢复工程。2010年,完成196处水毁恢复工程,共投资1171万元。

安保工程。2009年,投资209万元,完善坪曲线、沁东线和碗周线路段安保工程;开展养护安全专项整治,共排查隐患672处,完成隐患整治484处。市、县两级预防道路交通事故办公室下达隐患整治建议25处,整治率达100%;上报省局各类标志351套,省局批复的102套已安装完毕。2010年,完成国道207线4处落石处治锚固挂网工程,共投资361万元;完成坪曲线沁水北山寺路段浆砌挡墙与客土喷播植草边坡防护,共投资182万元;增设和完善护栏1988米、护墩566个、护柱306根、震荡标线1083平方米、标志350套、反光道钉455个,共投资280万元。

绿化工程。2009年,投资32万元,完成G207线61.4公里干线公路补植绿化任务;投资98万元,新建绿化景点6处。2010年,完成省道陵沁线63公里干线公路补植绿化任务,共投资25万元,成活率达95%;完成省道陵沁线、长平线绿化景点2处,共投资10万元。

文明路建设。2009年,保持文明样板路419公里,新建文明样板路122公里,文明样板路率达 92.5%。2010 年,突出抓好“公路文化长廊、绿色长廊”建设,在坪曲线、陵沁线、G207 线部分路段修建文化墙、文化景观,补植栽种树木 5500 余株,建成绿化景点 16 处,共投资 830 万元。新建文明样板路 22 公里,文明样板路里程累计达 543 公里,占管养总里程的 92.8%。

公路改造

新改建工程。2009 年,开工建设长晋线高平至晋城一级公路 36.808 公里,估算投资 14.6 亿元,建设工期 2 年。陵沁线晋城至阳城一级公路 54.41 公里,估算投资 20.8 亿元,建设工期 3 年。国道 207 线天水岭至省界段复线工程 25.14 公里,估算投资 4.87 亿元,省发改委已批复立项,建设工期 3 年。

2010 年,省道长晋线高平至晋城一级公路工程,完成土石方挖方 138 万方,占总量的 40%;完成土石方填方 85.5 万方,占总量的 43%;完成软土路基处理 16 公里;涵洞、通道完成 46 道,占总量的 90%;完成桥梁挖孔桩 4684 米 /192 孔,桩基浇注混凝土 4274 米 /168 根,桥墩 762.82 方 /28 根,预制梁 70 片,占总量的 40%;凤凰山隧道掘进 210 米。累计完成投资 7.3 亿元。省道陵沁线晋城至阳城一级公路工程,12 月 3 日开工奠基。国道 207 线天水岭至省界段复线工程,经省发改委批复立项。对省道陵沁线杨河桥至中木亭段、沁东线杨河桥至尧都段、坪曲线端氏至杨河桥部分路段计 24.072 公里路段进行拓宽改造,建成一级公路 5.879 公里、二级公路 18.193 公里,完成投资 37 981 万元,其中:沁水县政府出资 37 521 万元,市公路局出资 460 万元用于配套设施建设。

路面综合改造工程。2009 年,完成省道坪曲线省界至六泉、礼义至桥北段、长陵线方善至杨寨河段共计 46.71 公里路面改造工程,建设投资 8216 万元。2010 年,完成坪曲线青龙至东坞岭 11 公里路面综合改造工程,完成投资 2179.4 万元。

工程验收。2010 年,对 2007—2008 年公路改造工程碗周线碗城至新房洼段、G207 线新房洼至省界段及陵沁线滑坡处治工程进行交工验收,3 项工程建设项目综合评价均为优良工程。对 2009 年干线公路超龄油路及薄弱路段路面改造工程坪曲线省界至六泉段、礼义至桥北段,长陵线方善至杨寨河段进行竣工验收,2 项工程建设项目综合评价均为优良工程。

基础设施建设

2009 年,投资 2600 万元,新建晋城南公路段申匠综合养护服务区,沥青库综合办公楼建成并投入使用,新建沁水公路段段房完成主体工程建设。

2010 年,沁水公路段、陵川公路段、晋城南公路段申匠综合养护服务区建成投入使用。

路政管理

超限治理。2009年,全年累计检测车辆82.8万余辆,超限率严格控制在0.1%以下,杜绝车货总重55吨以上非法超限超载车辆上路行驶,路产设施得到有效保护,公路运输秩序明显好转。2010年,累计检测车辆59.8万车次,无车货总重55吨以上的车辆上路行驶,车辆超限超载率控制在0.01%以下,无重大超限超载反弹事件发生。

案件查处。2009年,开展文明执法示范路创建活动,建成规范化路政中队7个。全年共查处各类案件192起,结案191起,路政案件发现率达100%,查处率达100%,结案率99.5%,挽回路产损失125.8万元,建筑红线控制率严管路段达100%,其他路段达92%。2010年,开展"路政管理规范化建设年"活动,获交通运输部"交通运输文明执法示范窗口"。全年共查处各类案件500余起,结案500余起,路政案件发现率、查处率、结案率均达100%,挽回路产损失380余万元;建筑红线控制率严管路段达100%,其他路段达93%。建成规范化路政中队12个,设置路政服务大厅7个。

综合治理。2009年,投入资金770余万元,完成文明路创建里程110.75公里,绿化总面积达192万平方米,参与共建村镇109个。累计完善排水设施9218米/100处,完善公路设施10 538.3米/72处,完善公路标志牌75块,规范平交道口963处,砌体粉刷59 521平方米,隔离硬化278 736平方米,修建文化雕塑400立方米,修建公路文化墙1820平方米。

通行费征收

2009年,根据省政府规定,撤销二级公路收费站11个。继续抓好一级公路收费站的各项工作,全年完成通行费征收6636万元。

2010年,完成通行费征收1864万元。

(市公路局)

邮 政

生产经营

2009年,全市邮政业务总量实现20 496万元,同比增幅14.76%;业务收入实现8542.2万元,完成省公司8700万元计划的98.41%,收入进度排名全省第五,超全省平均进度0.13个百分点;同比增幅7.07%,增幅排名全省第七;收支差额累计实现-880万元;劳动生产率累计达到了59 652元。资产负债率达到55.67%;成本费用收入率达到89.72%;业务费对收入贡献率达到1.96%。

2010年,全市邮政业务总量实现15 016.73万元;业务收入实现9263.56万元,完成省公司计划的104.76%,进度排名全省第五;同比增幅14.9%,排名全省第七;劳动生产率累计完成69914元,完成省公司计划的104.35%。固定资产周转率达到1.43;百元收入业务费降低6.69百分点;业务费对收入的贡献率达到3.95元;用户欠费率降至0.96%;非生产性支出得到有效控制。

专业业务

储汇专业。2009年,储蓄业务实现收入4272.99万元,完成省公司4600万元计划的92.89%,同比增幅7.75%。全市邮政累计净增邮储余额2.65亿元,占全市邮储净增余额的49.77%;活期占比达到22.54%,比年初提高了0.14个百分点。发放小额质押贷款4373.48万元,完成计划的307.99%;累计销售国债、基金等理财产品6205万元;全年发卡8.38万张,卡均余额达到1380元;累计发展“商易通”1242户,进度排名全省第一。汇兑业务实现收入406.62万元,完成省公司计划的94.56%。

2010年,实现收入5413.59万元,完成省公司计划的107.88%,进度排名全省第二;同比增幅16.44%,排名全省第五。其中,储蓄业务收入累计完成5006.55万元,完成省公司计划的108.51%,同期增长18.01%;全年净增邮储余额4.27亿元,净增平均余额累计完成2.69亿元,进度排名全省第六;汇兑收入累计完成407.04万元,完成省公司计划的100.75%,排名全省第七。

函件专业。2009年,实现收入655.85万元,完成省公司计划的80.09%。邮政贺卡营销活动实现收入485.65万元,完成省公司计划的101.14%;高平市邮政局、阳城县邮政局进入全省贺卡营销“十强”县(市)局行列。“幸运邮天下”项目实现收入74万元;创办《晋城搜索》DM

中邮专刊,创收 15 万元;同市旅游局合作开发“晋城旅游年册”,实现收入 40 余万元。

2010 年,实现收入 782.92 万元,完成省公司计划的 100.37%;同比增幅 19.21%,增幅排名全省第二。先后实施“新春大礼包”、“幸运邮天下”、数据库商函、中邮专送、医保账单等营销项目 15 个,创收 258.48 万元,实现收入 510.47 万元,同比增长 5.51%。

报刊发行专业。2009 年,实现收入 955.87 万元,完成计划的 104.47%,进度排名全省第五;同比增幅 13.65%,排名全省第一。一次性报刊大收订中,流转额完成 3585.7 万元,完成省公司确保计划的 95.11%;其中,重点报刊占总流转额比重达到 18.2%,同比增长 1.26 个百分点。全年新增报刊零售厅 20 处,零售业务实现收入 129.28 万元,完成计划的 101%,同比增幅 10.45%。

2010 年,实现收入 1146.63 万元,完成省公司计划的 100.14%;同比增幅 5.67%,排名全省第六。报刊常年收订流转额实现 252.55 万元,完成省公司计划的 117.47%。一次性报刊收订流转额完成 3996.7 万元,完成省公司计划的 100.7%。零售业务实现销售额 48 万元。

集邮专业。2009 年,实现收入 493.63 万元,完成省公司计划的 103.05%,排名全省第三;同比增幅 7.55%,排名全省第五。

2010 年,实现收入 523.97 万元,完成省公司计划的 100.76%,排名全省第七;同比增幅 5.94%。“一县一品”工程取得阶段性进展。全年累计开发宣传册 4800 册,完成省公司指令性计划的 240%,进度列全省首位。

代理保险专业。2009 年,实现保费收入 534.55 万元,同比增幅 26.58%,增幅排名全省首位。

2010 年,实现收入 698.63 万元,完成省公司计划的 101.4%,排名全省第三;同比增幅 23.64%。保费规模达到 21 186.12 万元,期交业务占比由 2009 年的 2.14%提高到 4.40%。

电子商务专业。2009 年,实现收入 195.7 万元,完成省公司计划的 117.89%,超全省平均进度 2.33 个百分点。

2010 年,实现收入 261.56 万元,完成省公司计划的 111.3%,排名全省第六;同比增幅 33.66%,排名全省第五。启动“自邮一族”项目,与 253 家客户达成合作协议;建成“便民服务站”150 余家。

包裹业务。2009 年,实现收入 113.27 万元,完成省公司计划的 89.19%;其中,“爱心包裹”项目营销成效显著,居全省前列。

分销专业。2010 年,实现收入 274.97 万元,完成省公司计划的 122.21%,进度排名全省第六；同比增幅41.21%。其中，“爱心包裹”项目募集捐款20.1万元，排名全省第三。

速递业务(含礼仪)。2009年，实现收入735.29万元，超额完成省公司下达计划。陵川县邮政局开发车辆驾照寄递业务。推行“网上找客户，网下揽业务”运作模式，电子商务寄递业务开始起步。

礼仪业务。2009年，实现收入55.98万元，同比增幅8.76%。

物流业务。实现收入191.77万元，完成计划的103.65%。开发了同城配送、昂生药品配送和“千易达”家电下乡项目。

项目营销

2009年，全市共策划营销项目69项，组织实施57项，项目实施率达到82.61%；累计收入1240.12万元，完成目标计划的111.72%，对全年计划收入的贡献率达到13.78%。2009年，全市加强对营销项目的组织实施和体系管理，成立营销策划中心，“幸运邮天下”、“思乡月”、“爱心包裹”、“我与祖国共成长”个性化邮票等一批营销项目取得成效。其中：“幸运邮天下”项目完成年计划80万元的92.5%；“思乡月”，创收61.14万元；“我与祖国共成长”个性化邮票实现收入42.01万元。2009年12月，按照省公司的部署和要求，成立了市邮政速递物流公司。建立了全市邮政金融协调例会制度，形成有效沟通协调机制，促进了代理金融类业务的平稳发展。

2010年，共策划营销项目41个，成功实施38个，实现收入1265.6万元，完成目标计划的138.85%，对全年收入的贡献率达到14.25%，较2009年提高0.47个百分点。组建以专职、兼职、社会代办和岗前见习“四支”力量为主的营销队伍，营销人员达到150余人。提升大客户服务水平，组建客户代表队伍，共设置客户代表A角15人，B角21人，服务大客户总数达到133户，大客户用邮收入实现1188.58万元，占全市邮政非储蓄业务收入的27.92%。

企业改革

2009年，一是加强基础管理。针对月工作计划管理中的薄弱环节，改进督查工作方式方法，提高了行政效能。二是强化人力资源管理。对网点营业人员进行优化组合，提高网点营业人员的综合利用率。加强从业人员道德风险排查管理工作，金融从业人员轮岗率、风险排查和网点负责人约见谈话率均达到了100%。三是加强财务管理。加大成本费用管控力度，组织开展“降本增效”活动，业务费占收入比重下降10.11个百分点，办公费下降26.01个百分点，通信费下降19.84个百分点，企业成本总量得到控制。四是加强安全管理。组织开展以“六个一活动”为主题的“安全生产月”教育宣传活动，为30处邮储网点配备移动金库，安装防抢、防盗报警器,实现内部电话联网报警,全年共实施安全检查160余人次,下发“安全检查报告书”360份,督促整改安全隐患30处。

2010年4月份,按照省公司的总体部署和要求,全市邮政专业化经营改革工作全面启动。储汇、函件、报刊、保险、集邮、电子商务、分销等7个专业机构正式组建。制定并完善一整套专业化经营实施细则及相关的机制运行配套管理办法,对专业局和地面局的经营责任权限进行了重新划分。完成市速递物流公司及其分支机构的设立、挂牌和资产过户等相关工作;加强邮银双方的沟通和联系,合作开展了金融资金案件防控“攻坚年”等活动。

企业管理

2010年,一是加强基础管理。制定并完善《晋城市邮政局企业方针目标管理考核办法》,出台《晋城市邮政局工作事项考核办法》。二是加强财务管理。采取省公司预算标杆和市局历史成本标杆相结合的测算方式,科学制定成本费用预算目标,控制成本投向。加强非生产性支出管理,对业务发展费用进行集中管控,增加重点业务费用的预算额度。为各专业配备专兼职核算人员,保证专业核算工作的顺利开展。三是规范人力资源管理。组织开展“双定”工作,制定减员方案,分批分次组织实施。开展精细化工时管理,推行营业网点梯形排班、动态排班等制度。规范金融从业人员的管理,建立和完善金融从业人员电子信息档案,对200余名储汇人员进行轮岗,轮岗率达到100%。四是加强安全管理。组织开展“安全生产教育月”、“三防一保”应急演练等活动,为37个留有过夜现金的农村网点和午休网点配备移动金库,为10个储蓄网点、4个县(市)邮政局金库更新电视监控。五是开展法律事务和审计。全年累计审批合同35份,审批金额276.73万元,审核率达到100%。

企业能力建设

2009年,一是提升服务能力。在全市邮政行业组织开展“抓服务、树形象,提高服务质量”竞赛活动,修订完善《晋城邮政服务质量监督检查体系》,强化“两岗”履职检查,服务质量考评居全省第三。二是提高通信能力。完成中心机房综合骨干网改造工程;开通“爱心包裹”、“世博会”门票销售系统;实现邮政金融客管系统、业务差错处理系统及速递查验赔偿系统的上线运行。开通8处电子化网点、11处电子汇兑网点,新增ATM机3台;实施投递信息系统升级改造;推行“段中段”投递模式,城投服务能力得到加强。三是增强网运能力。对部分干线邮路、区域邮路进行科学调整,降低网运成本,提高网运质量。

2010年,一是加强服务能力。组织开展“形象服务提升年”和“服务质量专项整治”活动,开展“世博会”、“亚运会”邮件安全专项检查活动,累计实施检查961人次,出台“首问负责制”实施办法。市邮政局连续7年夺得省公司“优质服务杯”。二是提高通信能力。更新41

个网点的信息系统设备，完成防病毒系统、金融客管系统等工程的上线工作，搭建技能鉴定系统。开发区邮政支局开始营业。三是优化网路运行。试推行"大班组交叉作业"，实施邮件分拣前置，提高邮件内部处理效率。编制《普通邮件综合作业计划》，调整部分网点的分拣封发关系。

（市邮政局）

联 通

经营情况

2009年,全年宽带用户累计完成年计划的91.11%;宽带2M用户占比达87.65%,全省排名第四,较年初提升75个百分点;2G业务累计完成年计划的33.32%;3G业务出账率84.7%,有效发展率83.73%;固话活跃用户占比达81.26%,全省排名第四;零次户占比6.3%,全省排名第二;灵通包月渗透率36.72%,全省排名第五。

2010年,截至11月底,营业收入同比增幅4.32%,排名第四。通信服务收入累计完成计划的91.68%,扣除坏账准备后完成计划的90.81%,排名第四。利润总额累计完成计划的75.71%,排名第二。综合绩效指标一季度全省排名第七、二季度全省第一、三季度全省第二。

通信服务

2009年,在省通信管理局组织开展的客户满意度调查中,晋城联通公司获"全省固定电话服务用户满意度第二名"、"全省宽带业务服务用户满意度第二名"。在全省开展的"全新联通,全心服务"主题竞赛活动中,获"先进单位"二等奖、"客户维系竞赛"二等奖、"服务人员3G知识答题竞赛"团体第三名。一是以"全新联通、全心服务"主题活动为契机,开展"树新风网上行、服务提升月、客服代表技能大赛"等活动。二是制定《2009年服务工作评价办法》、《内部客户投诉管理办法》,检查自有营业厅336次,合作厅28次,召开服务问题协调会10次,下发客户投诉旬通报36期,编印《服务工作快报》60期、《服务动态》12期。三是为自有厅、合作厅制作并配置业务受理牌、宣传栏等18类共计1089个达标所需物品。完成3G品牌店的建设。实施"一乡一店,一村一点"规划建设,发展村级联络员889名。

2010年,制定《移动网络投诉考核办法》、《固网装移修服务考核办法》等,完善服务质量检查及责任追究制度。在全省"精彩在沃、服务有我"主题竞赛活动中,获"VIP客户维系"专项竞赛一等奖;在"营业厅服务提升"专项竞赛中,阳城县凤凰西街营业厅、陵川崇安东街营业厅分获二等奖和三等奖。

通信能力

2009年,完成六县(市、区)及重点旅游景区的3G网络覆盖,5月6日接通首个视频电话,10月1日正式商用。完成移动核心网替换工程,弥补2G网络差距。完成摩托设备搬迁工程,提升移动网络的支撑能力。实施两期“光速城市”建设工程,城市 2M 能力接入比例达到 99.11%,较年初提升 4.08 个百分点。农村乡镇通光缆、宽带率达到 100%,行政村宽带覆盖比例达到 96.1%,较年初提升 8.65%,行政村 2M 接入能力占比达到 95%。全年累计共享他方铁塔 34 座,机房 8 个,电源 8 套,杆路 7.7 公里;与其他运营商共建铁塔 18 个,管道 64.36 孔公里,通过共建共享节约建设资金 1050 余万元;为其他运营商提供共享铁塔 38 座,机房 14 个,电源 14 套,杆路 673.72 公里,管道 46.8 孔公里,通过共享为其他运营商节约投资 1112 余万元。

2010 年,完成“光速城市”二、三、四期 FTTB/FTTH 项目建设。3G 网络乡镇覆盖率超过 70%,完成长晋高速公路的全覆盖;2G 网络实现高速路、乡镇的全覆盖。

网络维护

网络优化。2009 年,共实施各专业重要优化 112 次,实现双汇接局以及至电信、移动互联互通的双节点、双路由保护,完成一级干线电池组的更新改造,提升网络安全性。开展“畅网行动”及移动网络优化会战、“3G 护航”竞赛活动,完成晋城市区、泽州、高平片区 2G 网络摩托设备区 1856 块载频的翻频工作。2010 年,重点开展阳城、沁水业务区 GSM 专项优化、市内 4 条高速公路专项优化、W 网性能优化。对传输网、IP 网、动力电源进行了优化。

网络融合。2009 年,全面完成交换网、传输网、数据网、光缆网的维护交接工作。开展网络资源整合利用,共利用光缆 1271.9 芯公里,利用 GE 传输资源 20 个,622M、155M、2M 传输资源 2220 个,利用各类备件 12 块、各类仪器仪表 7 台。2010 年,在全省率先实现固网、移动网关口局和网管系统的全面融合。

专项维护。2009 年,开展电缆线路专项整治和障碍修复及时率竞赛活动,线路完好率达 91.6%,开展“AAA”达标、“AA”阶段工作,实现运维工作电子化管理。通过资源挖潜,盘活交换用户端口 24128 线,各类设备、板件 1427 块。通过实施空调主机添加节能剂、冗余设备下电、用电用油定额管理等节能减排措施节约运行成本 29.2 万元。加强维护队伍建设,开展各类技术培训 294 次,培训覆盖率达 100%。在全省维护规程竞赛中获团体优胜奖,数据专业获专业第二名。

营销活动

2010 年,通过体验营销、靓号带动、“单位担保无预存购机”、“‘沃’爱我家”、合约计划等活动大力发展 3G 业务。针对集团客户市场,利用综合 VPN 杠杆,稳步发展 2G 业务。针对农村市场,推广 9 元小区卡、5 元畅听卡。针对校园市场,推广新势力套餐。以光速城市

AD 改 PON 割接为契机,快速发展宽带业务。2M 及以上用户占比达 80.3%,4M 及以上用户占比达 1%。围绕炫铃、手机邮箱、手机报开展体验营销,并组织客服呼叫中心人员进行电话营销,推动增值业务。截至 11 月底,2G 增值业务占收比全省第四,3G 增值业务占比收全省第一,炫铃、手机电视、手机报渗透率均排名第二,手机邮箱渗透率排名第三。

(晋城联通公司)

教育科技

教　育

校舍安全工程

2009年,全市134所项目校全部完成危房改造任务,完成危房改造面积11.9万平方米(超额完成省定目标任务的44.4%;超额完成市定年初目标的40%),完成建设面积22.6万平方米(占两年规划建设面积的82.2%),累计完成投资25 727万元(占两年规划投资的89.5%)。全市中小学校舍安全工程项目资金到位27 203万元(中央1287万元,省5082万元,市4843万元,县10 177万元,其他5650万元)。

2010年,全市共规划建设311所项目校,开工率100%,完工建设面积118.38万平方米。规划建设资金122 722万元,完成投资128 511万元。

"双百"任务

2009年,圆满完成"双百"任务。一是100所农村寄宿制中小学餐厅建设任务。全年共完成108所项目校餐厅建设任务(城区1所、沁水县15所、阳城县32所、陵川县17所、泽州县28所、高平市15所),市级下达补助资金312万元,完成餐厅建设面积5.24万平方米,解决和改善3.57万学生的就餐环境。二是100所农村寄宿制小学科学实验室配备任务。全市完成109所(城区10所、沁水县12所、阳城县25所、陵川县16所、泽州县22所、高平市24所)农村小学科学实验室配备任务,市级下达补助资金226万元。

2010年,一是100所农村寄宿制学校饮食卫生安全设施配备任务。全市120所学校开展并完成配备任务,共投入资金726万元(其中市级投入341万元)。其中城区5所,泽州县30所,高平市18所,阳城县29所,陵川县17所,沁水县21所。二是100所农村寄宿制小学科学实验室和小学理科仪器配备任务。全市105所学校全部安装到校,共投入资金420万元(其中市级投入218万元)。其中,城区10所,泽州县22所,高平市22所,阳城县23所,陵川县16所,沁水县12所。

信息化建设

2009年,按照《山西省中小学教育技术装备建设标准》,投入资金656.9万元,对市直义务教育阶段10所学校以Ⅰ类一套标准进行配备,并全部安装完毕。

2010年,继续加强远教工程教学应用示范校和示范乡镇创建工作,全年共创建完成100所农远工程示范校(基地校)(模式一30所,模式二50所,模式三20所)。推进农村学校"班班通"工程建设,全市80%以上的义务教育阶段学校实现班班多媒体。继续开展农村中小学现代远程教育工程教学应用论文、优质课、观摩课评比、送教下乡、课题研究等活动,促进工程应用水平普及提高。大力推进全市教育城域网建设,市直学校校园网建设全部完成,城域网联网工程正在进行。

义务教育公用经费

2009年,全市下达农村义务教育补助公用经费11 293.97万元,惠及学生24.6万余人。生均公用经费标准进一步提高:小学342元/生/年,高出省定标准13元;初中(含特教)542元/生/年,高出省定标准12元;取暖费42元/生/年。

2010年,全市共投入农村义务教育补助公用经费12 716万元(其中:中央7956万元、省2380万元、市级配套952万元、县级配套1428万元),原农村税费改革转移支付资金3356万元,两项共计16 072万元,惠及学生24.6万余人(小学15.6万人,初中9万人),生均公用经费标准达到小学生440元/生/年,初中640元/生/年。城市义务教育阶段共补助资金2035万元(标准为小学250元/生/年,初中310元/生/年,2010年共补助学生7.28万名。为农村义务教育阶段学校全部学生免费提供教科书,国家教材由省级直接结算。全市地方教材免费发放13.67万册,投入资金66万元。大幅提高农村义务教育阶段家庭经济困难学生寄宿生的生活费补助标准,小学由每生每年500元提高到750元、初中由每生每年750元提高到1000元。全年共补助18 272人(小学6498人,初中11 774人),占寄宿在校生的23%,补助资金1708万元(中央854万元,省427万元,市级171万元,县级256万元)。

养成教育

2008—2009学年下学期,制定《晋城市加强学生行为习惯养成教育工作督导评价指标体系》,开展全市养成教育示范校评估验收,表彰了48所"养成教育示范校"和20所"养成教育先进校"。开发养成教育地方课程教材4册(义务教育阶段1—9年级共3册和初中学生的《心理健康教育》),被山西省中小学教材编审委员会审定通过并批准试用。开展全市"优秀养成教育课程"评选活动,评选出地方课程优秀学校5个,学校课程一等奖72个,二等奖55个。2009—2010学年全市行为习惯养成教育以"三进"(进课程、进课堂、进活动)为主体,以养成教育学校规范化达标建设和养成教育示范校建设为"两翼",巩固提升经验成果,逐步实现"学校推行特色化、课题推进科学化、行政推动常态化"的工作目标。

2010年,评选出54所市级养成教育示范校和20所养成教育先进校。5月,中国教育学会、中国教育报编辑部和人民教育编辑部联合召开"全国区域整体推进习惯养成——素质教育高级研讨暨晋城现场会"。12月,召开"全市加强学生行为习惯养成教育工作五年总结表彰会议”，全市五年来的养成教育工作进行全面总结，251个先进集体和412名先进个人受到表彰。

课程改革

义务教育改革。2009年，围绕深化课堂教学改革，开展义务教育阶段主流教学模式创建活动，各县（市、区）积极推广本区域主流课堂教学模式，晋城五中探索形成具有特色的“A、P、S”课堂教学模式，赢得全省课堂教学改革现场会的召开。组织进行全市第三届基础教育“三优工程”（优质课、优秀案例、优秀校本课题）评选活动，共评出优质课202节（一等奖116节，二等奖86节），优秀案例89个（一等奖48个，二等奖41个），优秀校本课题63个（一等奖36个，二等奖27个）。举办全市第四届中小学幼教音乐、美术教师基本功比赛。2010年，开展义务教育课程改革10年改革经验总结工作，开展三项活动：征文类，共评选出市级一等奖139篇，二等奖123篇，三等奖153篇，并上报省教科院。演讲类，市级20位教师演讲比赛，共评出5名一等奖选手参加省级比赛。展示类，实物作品收集40余件，展板设计活动全面开展。全市中考参考人数比2009年减少773人，600分以上考生达3837人，比2009年增加523人。

高中课程改革。加强课改专家组调研指导工作，对沁水中学、阳城二中等学校高中新课程实施情况进行调研。暑期对774名拟任高一年级教师和849名高二年级教师进行新课程起始培训和跟进培训。在阳城一中组织开展教学开放周活动和通用技术课观摩培训，在泽州一中召开研究性学习课程交流培训现场会和综合实践活动课程观摩培训，组织基地校参加山西省校本课程开发阳泉市现场会。推进课堂教学模式改革，初步形成泽州一中“学导螺旋发展大课堂”和阳城一中“情景—问题—探究”高中课堂教学模式。开展全市三个片区的区域教研交流活动；进行普通高中新课程课堂教学团体赛活动，共评出团体一等奖4名，二等奖7名，个人一等奖36名，二等奖63名。推进考试评价制度改革和学业水平考试，实行普通高中学生综合发展报告制度，做好高中新课程模块考试和质量分析工作。组织市高中课改专家组赴山东潍坊进行为期一周的高中课改考察学习，组织高中学校骨干教师参加全省高中新课程模块结业测试、学业水平考试与高考改革走势研讨会，组织全市所有高中学校校长参加全省高中课改经验交流暨怀仁一中现场会。召开全市普通高中新课程实验经验交流会。

参加省教育厅在太原举办的山西省第十届中小学自制教具暨首届幼儿园自制玩教具评选表彰活动。选送参赛作品36件，其中中小学自制教具22件，幼儿自制玩教具14件。中小学自制教具获一等奖3件、二等奖3件、三等奖9件，获一等奖的教具经过加工和改进，参加教育部在上海举办的全国第七届自制教具评选活动中全部获奖。在参评的14件幼儿自制玩教具中,获一等奖3件、二等奖1件、三等奖6件。

德育工程

2009年,一是完善"10423德育工程"中的"10项制度",将编制的操作规程、考核办法和考评标准运用到学校德育工作督导评估中。二是加强德育队伍特别是班主任队伍建设。按照班主任队伍专业化成长的标准和要求,全面抓好班主任的省、市、县、校四级培训工作。三是做好德育示范校的复查工作,对全市14所首期德育示范校进行复查验收。四是继续加强沁水县、陵川县和高平市三批国家级项目青少年校外活动中心建设,沁水县青少年活动中心通过省级评估。五是加强心理健康教育。在市直和城区所有学校全部建立心理健康咨询室和配备专兼职教师的基础上,各县(市、区)教育局所辖中小学校也逐步按照标准建立起心理健康咨询室。六是以新中国成立60周年为契机,突出以爱国主义为核心的民族精神教育,组织开展了"弘扬和培育"民族精神教育月"系列活动,开展纪念新中国成立60周年的系列读书、征文和演讲比赛等活动。

2010年,加强德育队伍专业化建设,组织全市400名小学班主任参加"国培计划——2010年'知行中国'小学班主任教师培训项目";启动实施全市中小学班主任培训计划,对全市6513名班主任进行首轮全员培训,并通过考试办理了结业证书;组织开展第五届中小学班主任素质展示活动,选拔5人参加省级展示,其中4人获省级二等奖,1人获三等奖。组织开展"弘扬和培育民族精神教育月"、"法律进校园"、"远离网吧、文明上网、健康成长"等系列教育活动。

体育、卫生和艺术教育

2009年,全市健康教育课开课率、课本拥有率和受教育人数均达到100%,中小学生的健康教育知识知晓率达85%以上,健康行为形成率达75%以上。开展各种艺术活动,成功举办第12届全市中小学生艺术节活动、庆祝新中国成立60周年文艺晚会和庆祝第25个教师节文艺晚会。

2010年,全面开展中小学大课间活动,组织进行第四届阳光体育冬季长跑活动,做好"国家学生体质健康标准"测试和数据上报工作,增强广大师生体质。组织完成全市教育系统第22届中小学生田径运动会,第14届中学生篮球赛和第7届教职工篮球赛,以及第2届教职工乒乓球比赛活动。继续加强和改进学校健康教育工作,上好健康教育课,健全学校突发公共卫生事件报告与预警机制。进一步加强对全市高中学生军训工作和国防教育工作管理和指导。开展各种艺术活动,成功举办第13届全市中小学生艺术节活动。晋城一中、晋城二中被教育部艺术教育委员会表彰为"全国学校艺术教育工作先进单位"。

基础教育

义务教育。2009 年，大力推进义务教育标准化建设，城区和沁水县通过省政府的复查验收。全市共有 5 个县(市、区)被省政府命名为“山西省义务教育标准化建设达标县(市、区)”。召开全市农村寄宿制学校建设和管理工作会，初步形成寄宿制学校设施设备和管理标准。从 2009 年秋季起，按照国家有关政策要求，取消义务教育阶段“借读费”，市区义务教育阶段招生工作继续实行就近、免试的入学原则，重新调整市区义务教育阶段学校划片招生的方案，完成市区小学升初中工作。推进中考招生制度的改革，健全完善优质普通高中按一定比例指标将招生计划分配到辖区初中学校的机制，高平、沁水、陵川县按 20%分配，城区、泽州、阳城县按 10%分配，按照新机制共招生 804 名。2010 年，将优质高中招生指标到校分配的比例扩大到 30%，全年共招收 1374 人。

学前教育。2009 年，加强乡镇中心幼儿园的建设，以全省农村幼儿教育工作高平现场会议为契机，将高平农村幼儿园的办园模式和经验在全市推广。制定《关于加强乡(镇)中心幼儿园建设的实施意见》，启动第一轮乡(镇)中心幼儿园标准验收工作。继续开展幼儿园一日开放观摩等交流研讨活动，提高办园水平、园务管理和保育教育质量。继续开展幼儿园上等升级工作，高平市城南金峰幼儿园和沁水嘉峰幼儿园被评估验收为市级一等一级幼儿园，全市一等一级幼儿园达到 27 所。

普通高中教育。2009 年，根据《山西省示范高中建设评估验收指标体系》要求，继续加强示范性高中建设，泽州一中、高平一中、实验中学、晋城二中 4 所学校通过省示范高中复评验收并命名，全市共有 6 所高中学校被命名为省级示范高中。加强民办高中管理，组织专家对全市 8 所(市区 2 所、高平 4 所、阳城 1 所、陵川 1 所)民办高中学校的综合办学情况进行检查评估。继续加强全市高中学籍电子化管理，高一招生严格执行“三限”政策，按计划注册 17 239 人，并及时建立高中学生学籍纸档案，统一备案上报省厅。全市高考二本以上达线人数 3718 人，达线率为 17.23%。2010 年，按照新课改实验要求，积极进行普通高中新课改要求的技术装备配备工作，通用技术课、综合实践活动课和校本课程开设良好。暑期，对全市拟任高一课任教师进行岗前培训，对高二年级课任教师进行滚动培训，并组织全市高三骨干教师以及相关学科教研员参加省级新课程培训。深化高中教学改革工作，积极探索有效的课堂教学模式，坚持开展区域教研活动，继续推广应用赛讲式研训模式。全市完成课改后 16 567 名学生第一次高中学业水平考试省考八科考试任务。从 2010 年秋季开始，对普通高中家庭经济困难学生进行资助(资助标准为每生每年 1500 元，资助面为普通高中在校生的 20%)，全市共投入资金 780 万元，资助学生 10 402 人。全市 22 154 人参加高考，二本以上达线人数

5117 人,一本达线人数 1821 人。

职业教育

2009 年,扩大中等职业教育招生规模,完成中职招生 11 377 人(教育部门 8850 人,技校 2458 人,体校 69 人),在校生人数达 29 000 人。增强县级职教中心综合办学实力,城区职中迁建项目、高平王报职中新建项目和沁水职中新校区建设正在进行;高平中专 140 亩扩建用地得以解决;陵川职中的综合教学楼项目基本完成。各职业学校结合本地经济和学生就业需要,开设了一批新专业。如晋城职院新设立矿业工程系,沁水职中依托会计专业建设的模拟银行, 很有特色。加强职教师资队伍建设,50 余名专业课教师参加国家和省级骨干教师培训。进行高职和各中职校与省内外优质职教资源联合办学,开展"订单式"培养教育,加快推行"2 + 1"、"1 + 1+1"等弹性学制,进行第三届中职学校学生技能大赛,开展毕业生专业技能鉴定和职业资格鉴定工作,各学校开设就业指导课对中职毕业生进行创业就业教育。全市中职学校毕业生就业率达 90%以上。

2010 年,全年实际完成招生人数 12 450 人,中职在校生人数达 31 000 人。教育部门管理的中等职业学校享受国家助学金的人数共计 13 181 人,共下达助学金补助资金 2045.625 万元。为 2193 名中等职业学校家庭经济困难学生免除学费,金额达 460 万元。

成人教育

2009 年,继续推进实施科教兴乡、兴市工程,深化农村教育综合改革,建成综合改革乡镇 2 个(阳城县北留镇、高平市马村镇);泽州县和城区积极推进 "科教兴县"工作,通过省专家组评估评估验收。推广社区教育的典型经验,为社区居民提供就业岗位 2000 多个,安排初中毕业生就近就业 160 余人,为 201 名弱势群体解决就业难问题。积极开展创建社区教育活动,全市建成学习型社区省级 1 个(乡镇,城区),市级 2 个(高平、阳城),村级社区 9 个:城区、高平、阳城各 2 个,沁水、陵川、开发区各 1 个。全年共完成实用技术培训 35 万人次,劳动力转移培训 23 万余人次,建成国家乡镇达规程农技校 21 所,市级重点村级农技校 10 所,社区文明市民学校 10 个。

2010 年,继续推进科教兴县(乡)工程,积极开展对农村富余劳动力的各种技能培训和就业培训,沁水县 "科教兴县"工作通过省验收,全市 6 县(市、区)全部通过省科教兴县(乡)工程验收。全年共完成实用技术培训 35.3 万人次,劳动力转移培训 2.7 万人次。建成市级科教兴乡乡镇 4 个,综合改革乡镇 2 个,学习型社区 6 个,重点村级农技校 8 所,社区教育示范乡 4 个,社区教育示范村 3 个。

师资队伍建设

2009年,市政府出台《关于全市义务教育学校绩效工资改革实施方案》,6县(市、区)和市直义务教育学校,按照有关精神和具体实施方案稳妥推进。对城区、陵川、沁水的210名中小学校长进行岗位培训,完成50所寄宿制学校校长的网上培训工作。对2010年任期届满的省级中小学学科带头人和骨干教师进行考核,推荐176人参加省学科带头人和骨干教师的选拔。重新修订"三名"评选条件,启动新一轮"三名"评选工作。推荐表彰国家级先进集体1个、全国模范教师2名、全国优秀教师3名、省教育系统先进集体4个、省模范教师21名、省先进教育工作者4名、省优秀教师11名、省优秀教育工作者3名,表彰晋城市教育系统先进集体40个、市模范教师266名、市先进教育工作者70名、市名教师34名、市名班主任26名、市名校长14名、市优秀教师264名、市优秀教育工作者77名。完成面向社会认定教师资格工作,全市参加教师资格教育学、教育心理学考试1303人;参加教育教学能力测试862人;认定中学高级教师资格207人,中等职业学校教师资格40人。完成中小学(幼儿)教师专业技术职务任职资格评审工作,向省教育厅职称办推荐评审讲师任职资格42人,高级讲师任职资格7人,中学高级教师任职资格179人;评审通过中学一级教师任职资格303人,中学二级教师任职资格54人,中学三级教师任职资格1人,小学高级教师任职资格275人,小学一级教师任职资格70名,小学二级教师任职资格3名。做好教师招聘和大学生就业派遣工作,为市直学校2008年面向社会公开招聘的230名专业人才办理上编、理顺工资等手续;为陵川县、沁水县公开招聘68名农村义务教育学校特岗教师,其中陵川县40名,沁水县28名。做好大中专毕业生就业派遣工作,共派遣大中专毕业生2688人(其中地市中专1813人),接收档案640份。做好中小学教师参加国家级培训工作,961名教师参加教育部举办的高一教师远程网络通识培训,16名中小学英语教师参加国家级培训,高、初中20名教师参加中西部地区国家级培训。完成1800名计算机高级考核合格的教师进行英特尔未来教育培训的任务。中小学教师计算机初级培训和考核工作共计考核2765人,合格2249人。2809名高中教师、1286名初中教师、1177名小学教师全部参加中小学教师继续教育公共必修课网络学习。全市普通高中、初中、小学、幼儿园教师学历达标为89.51%、98.03%、99.79%和99.5%。高中教师研究生学历、初中教师本科学历、小学、幼儿园教师专科以上学历分别达到1.65%、54.98%、76.488%和76.09%。

2010年,对100名校长开展"中国移动"中小学校长远程培训;组织市直各学校(包括民办学校)校长60余人参加全国中小学校长校园安全管理国家级远程专题培训;组织16名校长参加省教育厅举办的中小学校长岗位培训、提高培训和专题培训。完成农村义务教育学校特岗教师招聘工作,为陵川县招聘特岗教师40名。完成山西省第八批特级教师推荐、考核和上报工作,10名教师被评为山西省第八批特级教师。完成省骨干教师和学科带头人评审工作,共评出高中、初中、小学、幼儿园省级骨干教师119名,学科带头人47名。完成省市中小学教学能手的评选推荐工作,共评出82名市级教学能手,推选出49人参加省级教学能手评审。完成全市中小学(幼儿)教师中、初级专业技术职务任职资格评审工作,评审通过中学一级教师74名,小学高级教师74名,中学二级29人,小学一级71人,小学二级16人。完成全市中学高级教师专业技术职务和中等职业学校高级讲师、讲师、实验师专业技术职务评审推荐人员的资格初审和材料报送工作。加强教师业务培训,暑期集中进行高中2010年秋季的高一科任教师的全员培训, 以及高二年级所有任课教师的滚动培训工作。完成2010年面向社会认定教师资格工作,全市认定中学高级教师资格198人,认定中等职业学校教师资格48人。

全市参加远程培训上网学习的7208名中小学教师全部参加远程网络培训。全市13 418名教师接受继续教育公共必修课、专业课的面授培训。20 626名中小学、幼儿教师全部参加继续教育考试和远程网络考试。对泽州县、高平市、阳城县、陵川县的891名中小学教师进行计算机高级培训和考核。对全市2004年以来参加工作的新任教师进行培训,对考核合格的2505名教师办理合格证书。完成省下达晋城市1416名"英特尔未来教育"的培训任务。2010年全市高中教师中研究生学历达到2.1%,高中、初中、小学、幼儿教师合格学历达到92%、98.6%、99.9%和99.3%。

学校安全工作

2009年,制定《全市学校安全专项整治工作方案》和《全市学校校园及周边治安综合治理专项整治工作方案》。坚持开展安全知识教育,组织全市中小学生开展综治宣传"七个一"活动。对国家或社会力量举办的全日制普通中、小学校,中等职业学校和特殊教育学校推广建立校方责任险,全市参保学生共计320 008人(小学生167 858人,初中生87 538人,普通高中生49 388人,中职学生14 912人,特教学生313人),保费金额达960 024元。与地震、卫生、防疫等部门联合在各学校开展防震避震知识教育和应急演练活动。与市疾控中心、卫生等部门联合开展甲型H1N1流感及传染病预防知识的宣传教育活动。

2010年,对全市6县(市、区)、开发区、市直各学校(含民办学校)共78个乡镇9个办事处156所学校进行校园安全隐患拉网式排查和校园周边环境综合整治活动。全面开展"人防、技防、物防"配备工作,全市中小学和幼儿园共设立保卫机构1122个,设立校园警务室557个,配备专职保卫人员1417名,兼职保卫人员2659名;1277所学校安装了监控设施;共配备防护器材 7969 件。

“平安校园”建设

2009 年，协调综治、公安、文化、工商、卫生等部门采取措施，取缔和清理整顿校园及周边地区非法、违规经营的网吧，隐蔽在农家院内的黑网吧、电子游戏厅、录像厅、歌舞厅等娱乐场所，以及音像书刊点、不洁饮食摊点和其他各类非法商业流动摊点，净化校园周边环境。严格管理学校房屋，认真落实“不能出租用于开设网吧、录像厅、台球室等，不能出售“三无”产品，不能向未成年人出售烟酒、不健康书籍等规定。10 月 20 日，在阳城召开“全市平安校园建设阳城现场会”，为 33 所学校颁发“平安校园”奖牌。至年底，全市创建省级平安校园 14 所，市级平安校园 94 所，县级平安校园 313 所。

2010 年，把“平安校园”建设纳入学校年度综合目标考核的重要内容，完善民办学校、幼儿园安全管理制度，责令未取得办学许可证的 64 所幼儿园停办整改。对 11 所省级“平安校园”，94 所市级“平安校园”进行复查考核评估。4 所学校接受省级评估验收。

语言文字工作

2009 年，对全市中小学部分教师、市直及县(市、区)的部分公务员、部分城市语言文字工作评估迎检单位人员及大、中专学校和职中、技校的部分学生进行普通话水平测试，共测教师 923 人、公务员 4979 人、其他人员 1716 人、学生 4694 人。组织开展中小学学生语言文字基础知识竞赛，共 7074 人参加竞赛。进行语言文字规范化示范校建设，市实验小学、中原街小学、市四中、成庄矿中、小学、城区凤凰山小学通过初评验收。

（市教育局）

科　技

科技投入

2009年,市本级科技三项费达3037万元,占市本级财政支出的1.47%。市本级共下达科技计划项目114项,安排实施工业科技计划项目51项,农业科技项目37项,社会发展和软课题科技计划项目26项。全市引导和激励社会资源对科技创新活动总投资达15.6亿元。实施市级工程技术研究中心平台建设项目10项、自主技术创新专项5项、工业科技开发项目15项、工业攻关项目4项、自主专利项目5项、节能环保专项8项、新产品新技术推广项目8项。全市争取省级以上科技项目29项,获得资金支持653万元。其中,山西绿洲纺织有限责任公司的"大麻纤维混纺布料"项目列入国家火炬计划;山西乐百利特科技有限公司的"液晶显示屏用高效节能LED背光源研发"项目列入山西省科技创新计划,争取引导资金200万元。列为山西省工业科技发展项目5项,争取引导科技资金95万元。其中,沁水蓝焰煤层气有限责任公司的"山西省煤层气开发利用工程技术研究中心建设"等3个项目列为山西省火炬计划项目;晋城市清慧汽车配件制造公司的"制造业信息化示范"等2个项目列为山西省工业攻关项目。晋城市再获"全国科技进步先进城市"称号,泽州县、高平市、阳城县3个县(市)获"全国科技进步考核先进县(市)"称号,城区、沁水县通过全国县(市)科技进步考核,泽州县被确定为第三批国家科技进步示范县。

2010年,市本级科技研发预算经费达3250万元,占市本级财政支出的1.38%。市政府出台《晋城市推进经济发展方式转变项目扶持资金管理暂行办法》,成立"晋城市推进经济发展方式转变项目扶持资金管理领导组",负责对全市各经济组织申报的项目进行受理、初审、联审和公示。

项目管理

2009年,山西绿洲纺织有限公司、晋城凤凰实业有限公司、山西兴高能源股份有限公司等3家企业,被认定为省级高新技术企业。开展晋城市工程技术中心申报认定工作,批准建立第一批市级工程技术研究中心10个。"食用菌规范化生产技术服务推广"等两个项目列入科技部科技人员服务企业项目,争取资金80万元;"晋城市农村科技特派员技术开发和科技服务工程"项目列入国家重大星火计划项目,获得国家资金100万元;高平市"200万头生猪标准化规模养殖"富民强县专项行动计划实施项目,被科技部列项,给予109万元扶持资金,省科技厅配套 60 万元。申报省级星火计划项目 8 项，列入省科技厅 4 项，争取 65 万元资金支持；申报省级成果推广项目 9 项，争取 95 万元资金支持。此外，申报山西省科学技术进步奖 3 项，其中“动压巷道松软顶煤预注浆固化与支护技术研究”项目获省科技进步三等奖；申报省级软科学“山西省地方小型煤矿事故原因分析及对策研究”项目 1 项；申报省级“科技信息网络建设”项目 1 项；申报国际合作项目“美国康照斯 6CT 气缸套生产技术 1 项；组织申报认定省级民营科技企业 14 家，组织市级强民富民、实用新技术应用推广项目 50 余项。全年，共成交各类技术合同 217 项，其中技术合同登记 13 项，成交金额 3389.30 万元，在全省排名第五。技术合同吸纳 204 项，成交额达 57 892.39 万元，在全省排名第三。同时，以智能科技发展有限公司为依托，搭建企业实现信息化建设服务平台，对企业信息化专业人才进行专项培训 10 余次。

2010 年，全市争取国家级科技项目 7 个，省级科技项目 35 项，共获得资金支持 887 万元。其中，阳城县“蚕桑产业化先进技术集成与示范推广”项目被科技部正式批准立项，争取资金 170 万元；柏基菌业公司“食用菌规模化生产技术服务推广项目”和阳城绿野生态农业公司“脱毒红薯种薯保鲜技术推广及基地建设”2 个项目被列入国家重点新产品计划，争取项目资金 80 万元；绿洲纺织公司“32S*32S 大麻 / 天麻混纺弹力面料”项目列入国家火炬计划；国家重点星火计划“科技特派员创业链——蚕桑”项目，获得支持经费 60 万元。鸿诺广电公司“年产 100 兆瓦太阳能用单晶硅及硅片”等 3 个项目列入省级火炬计划；富基新材料公司的“蜂窝陶瓷蓄热体” 等 3 个项目列入山西省工业攻关项目。省星火计划立项 5 项，获得资金 57 万元；农业攻关项目 3 项，获得资金 45 万元；大学生村官科技特派员项目立项 5 项，获得资金 25 万元。市本级共下达科技计划项目 236 项，安排实施市级工程技术研究中心平台建设项目 20 项，工业科技计划项目 98 项，农业科技项目 93 项，社会发展和软课题科技计划项目 25 项。全市引导和激励社会资源对科技创新活动总投资达 19.5 亿元。

科技兴农

2009 年，晋城市养蜂、蚕桑产业被认定为国家级科技特派员创业链。加大对农村科技特派员科技创业项目的资金扶持力度，拨付 9 个项目扶持资金共计 28 万元。4 月 23 日，召开全市农村科技特派员工作会议，表彰农村科技特派员工作先进县 2 个、模范科技特派员 60 名。6 月 5 日，在全国科技特派员工作会议暨农村科技创业行动启动仪式上，市农村科技特派员协调领导小组办公室获“全国科技特派员工作先进集体”，杨正光等 5 人获“全国优秀科技特派员”称号。2009 年底，在市科特办备案办证的农村科技特派员达到 1624 名，其中大学生村官科技特派员 1188 名，占到总数的 70% 以上。发放科技惠农户户通 96236 语音查询指南18 000本,96236的总点击率由2008年的12 000余次上升到40 000余次。

组织申报山西省农村技术承包计划26项,参加承包的科技人员达200余人。其中科技兴农重大工程项目1项,科技兴农产业工程19项,科技兴农个人攻坚项目6项。项目覆盖全市6个县(市、区)84个乡镇。项目规模达到农作物58.18万亩、林果类8.21万亩、蔬菜类4300亩、经济作物1840亩、养殖类53.5万(头、只),实现增产4864万公斤、增收1.73亿元。获2008年度山西省农村技术承包项目优秀成果奖7项。其中,集体项目奖5项。(一等奖1项,二等奖2项,三等奖2项);个人项目奖2项。市科技局农业科被省科技厅评为"2008年度山西省农村技术承包组织管理先进集体",副局长王立管获"农村技术承包组织管理先进个人"。

5月14日,市养蜂示范基地在泽州县孟匠盘松揭牌成立并举办培训班。全市各县(市、区)的养蜂户和部分农村科技特派员等100余人参加培训。6月5日,市科技星火学校主办的首期实用养蜂技术培训班在市养蜂培训实习基地举行,60余名养蜂农户参加培训;9月1日,晋城市科特办、科技星火学校、沁水县党校联合组织举办县(市)区首期养蜂技术培训班,沁水县100余名蜂农参加培训;9月14日在陵川宾馆举办山地种药培训,100余名中药材农户参加培训;10月26日,在阳城县举办食用菌栽培实用技术培训,150名菇农参加培训;12月5日,在泽州县孟匠盘松养蜂示范基地组织召开养蜂技术培训班,泽州县130余名蜂农参加培训。

7月22日,市食用菌协会在晓庄培训基地举行成立大会,全市从事食用菌行业的120多位会员选举产生了食用菌协会第一届理事会,副市长李章宏当选为市食用菌协会名誉会长、市科技局局长王仁庆当选为食用菌协会会长。

2010年,新发展农村科技特派员200余名,全市农村科技特派员创建的创业实体达到160个,创业开发项目100多个,推广新品种280多个,推广新技术400多项,建立重点科技示范项目50个,与农民结成经济利益共同体46个,直接服务农民10万余人。5月24日,市委召开全市农村科技特派员工作会,对农村科技特派员工作先进县2个、模范科技特派员63名。市蜂业协会牵头的"科技特派员蜂业产业创业链"和市科研所牵头的"科技特派员蚕桑产业创业链"申报为2010年山西省星火计划。

组织实施山西省农村技术承包计划26项,其中:科技兴农产业化项目19项,科技兴农个人攻坚项目7项。参加承包人员200余人,其中科技人员165人,推广面积4万余亩,总产值8000多万元。在第十七届中国杨凌农业高新科技成果博览会上,山西振远生物科技有限公司的"国家专利新型高效、环保有机水溶肥料活力久久的推广和产业化"项目入选"十二五”农村领域科技计划预备项目库。

开展各类实用技术培训，聘请省内外有关农业科技专家重点围绕畜牧、蚕桑、果品、蔬菜、小杂粮、中药材等六大特色农产品产业，开展新型实用技术培训8次。

科技惠农服务热线不断完善。“96236”科技语音信息服务热线自2007年开通以来，每年为全市34万农村电话用户免费提供包括12个栏目、15个专业、近2万条科技信息在内的农业科技大餐。3月，全省“96236科技惠农户户通”工作座谈会在晋城市召开。

科普宣传

2009年，继续实施科技宣传“111工程”，发行《太行日报·晋城科技》14期，总发行量达到40余万份；《晋城科技》电台直播节目和电视栏目每周一期，分别播出50余期；晋城科技信息网点击率达到每日200余次；与市广播电台信息频道联合举办“晋城市科技企业展播”和专家讲座，共播出50余次。全年编辑出版内部刊物《科技信息参考》12期。5月16日至22日，开展以“携手建设创新型晋城”为主题的科技周活动，全市共举办各类科普讲座、专题报告会30场次、科技培训班70余期，总参加人数共计约32万人次，培训人数达1.4万人次；发放科普图书5万余册、科技宣传资料50多万份，视频光盘780余盘；悬挂标语80余幅，展出科普展板500多块、科普图片（挂图）2000余幅。9月22日，开展“三下乡”科普宣传活动，市直16家单位联合开展“千人万场”形势报告启动仪式暨“三下乡”活动，市科技局专门编印十余种农村适用技术资料1000余份、晋城市科技惠农“户户通”《96236语音信息查询指南》100余册，编发《全民节能减排手册》和节能减排宣传画册200套。

2010年，全市科技活动周期间，共举办各类科普讲座、专题报告会41场次，科普培训班170多期，总参加培训人数约9万人次；发放各类科普宣传资料41万份、各类科普图书及刊物5万余册、视频光盘1150余盘；悬挂标语170余幅、展出科普展板160多块。市科技局被科技部、中宣部和中国科协授予“全国科普工作先进集体”称号，被省科技厅、省委宣传部和省科协授予“2010年山西省科技活动周先进集体”称号。发行《太行日报·晋城科技》专刊19期，总发行量达60余万份；创办《晋城科技》（季刊），出版2期；出版内部刊物《科技信息参考》12期。以“晋城科技信息网”为依托，建立全市科技系统电子政务运行体系，逐步实现科技系统的办公自动化，数据信息、日常管理电子化。晋城科技信息网在全省科技系统网站绩效评估中获第一名。市科技图书馆面积达到1200多平方米，纸质图书藏书量达到5万余册，电子藏书量达到4万册，数字图书2万册，开通1989年后的数字化国内期刊8020种，查询期刊2000余种，《晋城市高新企业数据库》、《晋城市工程技术研究中心数据库》等实用数据库投入使用。

交流活动

2009年,市科技局举办全市科技系统科技管理干部专题研修班。组织召开晋冀鲁豫边区科技协作网第二十三届年会,研讨在应对国际金融危机的新形势下科技系统如何就保增长保民生和围绕经济社会可持续发展进一步提高科技创新能力等问题,加强科技交流合作。11月7日至13日,在北京大学举办科技管理干部专题研修班,邀请北京大学、中国人民大学、中国科学院、中国社会科学院、中组部培训中心的专家教授授课。12月30日,举办全市科技系统加强自主创新推动科学发展电视知识竞赛。

2010年5月16日,组织举办"节能环保·低碳经济"论坛。5月17日,特邀北京大学中文系博士生导师王岳川作《大国形象与中国文化创新》专题讲座。11月11日,特邀国务院参事石定环为作《新能源的前景与发展》专题讲座。11月18日,与市委组织部联合在清华大学举办科技干部创新管理高级研修班,全市科技系统和部分企业科技管理人员等50余人参加培训。

知识产权工作

2009年,全市申请专利621件,首次突破600件大关,居全省第三。其中发明专利达360件,居全省第二;职务发明达到30%以上。市知识产权办公室获"全国知识产权工作先进集体"称号。加大专利宣传力度。4月9日,召开新《专利法》宣讲暨座谈会;4月22日,举办知识产权宣传周专利工作服务企业现场会;4月29日,邀请国家知识产权局专利管理司司长、研究员马维野,就国家知识产权战略课题进行专题讲座。受省知识产权局委托,承办由国家知识产权局主办的华北地区知识产权执法研讨会,河北、河南、内蒙古、四川、山西五个省区的50余名从事知识产权执法工作人员参加研讨会。

2010年,市财政拨付专项资金59.8万元,对专利申请企业(或个人)进行资助。全市专利申请量达660件,职务申请占到年申请总量的30%以上。市知识产权办获"2010年全省知识产权系统目标责任制考核先进单位"称号。

科技平台

2009年,科技图书馆共采购图书2784册,订购期刊154份,订购报纸54份。各阅览室开馆时间每周达60小时,接待读者5万余人次。流通书库外借图书6000余册,图书流通率达到66%。12月10日,完成科技信息网、科技政务网、农业科技网的整合改版,新版科技信息网正式运行。按月更新万方数据电子期刊内容,新增中国学位论文文摘数据库、中国科技成果数据库、中国专利数据库、中国国家标准等70多个文摘类数据库。加强科技培训部成人函授招生工作,开展《晋城现代服务业发展研究》课题研究,形成近2万字的研究报告。

2010 年，编制完成《晋城市高新技术产业发展“十二五”规划（草案）》。新认定山西乐百利特科技公司、晋煤集团金鼎煤机公司、中道能源公司 3 家高新技术企业，全市国家级高新技术企业达到 7 家。依托泫氏铸业公司、恒光热力公司、路宝汽车铝部件制造公司等 20 家企业，分别建立铸铁排水管工程技术研究中心、保温材料工程技术研究中心、汽车铝部件工程技术研究中心等市级工程技术研究中心 20 家。全市 255 家规模以上企业中，有国家级企业技术中心 1 家、省级工程技术研究中心 2 家、省级企业技术中心 5 家、市级工程技术研究中心 30 家、市级企业技术中心 25 家。在原有 6 家生产力促进中心的基础上，申报审批生产力促进中心 8 家，其中地区生产力促进中心 1 家，行业生产力促进中心 7 家。

科技人才

2009 年，全市有专业技术人才 78 200 人。按职称分：高级 6030 人占 7.71%，中级 24 882 人占 31.82%，初级 47 288 人占 60.47%；按系列分：主要集中在教育、工程、经济、卫生、农业 5 大类；按年龄分：35 岁以下 3370 人占 43.1%，36—50 岁 25 841 人占 33.04%，50 岁以上 18 659 人占 23.86%。

（市科技局）

气　象

基础业务

2009年,完成地面测报工作基数63 621.6个,错情0.0个,错情率0.0‰,无伪造涂改等责任事故的发生,报表无错。完成所属31个区域气象自动站升级(至少升级为2要素站)改造。每月向省气象局按时上报全市各站上一月气象探测环境变化情况。未发生本部门破坏观测环境行为。按业务规定要求开展预警信号发布工作,全年发布34次,无漏报。全市气象灾害预警信息覆盖全市所有乡、镇、街道办事处覆盖率达100%。全市乡镇及基层气象灾害防御队伍建设完成,信息员乡镇覆盖率100%。作业人员全部持证上岗。火箭架、火箭弹通过年审。在关键期抓住有利时机进行人工增雨作业,能按市政府要求进行增雨作业。

气象灾害预警及保障

2010年,共完成地面测报工作基数63 621.6(58 012.8)个,错情0.0个,错情率0.0‰,无伪造涂改等责任性事故的发生;地面报表工作基数6347.4(5650.0)个,错情0.0个,无迟报现象发生。农气测报。共完成农气测报工作基数5822.9(5665.6)个(包括报表),无错情,且无伪造涂改现象发生。网络传输。国家基本站常规观测资料上行传输及时率为100%,无缺报现象发生;国家一般站各类常规观测资料,上行传输及时率为99.95%,无缺报现象发生;精细化天气预报上行传输及时率为99.97%;无缺报;自动站数据资料传输及时率为99.85%;区域气象观测站资料传输到报率达到99.0%。预报服务。全年分县24小时晴雨预报Ts评分为90.9%;24小时最高温度TS评分为74.9%;24小时最低温度TS评分为72.4%。

2009年,召开新闻发布会9次;发布寒潮、干旱、道路结冰、大雾、暴雨、高温、雷电等预警信号30次。精心制作和发布了春节、元宵节、端午节、“五一”、高考、中考、60周年国庆、11月9—12日暴雪天气过程等专题预报。为第九届全国“村长”论坛会、第二届中国晋城棋子山国际围棋文化节、全国造林绿化晋城现场会、全省转型转产晋城现场会、中原经济区第二十届市长联席会、庆祝新中国成立六十周年系列庆祝活动、甲型H1N1防控等提供气象保障服务。共制作各类专题服务材料200余期。通过电视、广播、报纸、电话、手机短信、显示屏、互联网等多种媒体,发布灾害天气预警信息和科学防灾避险提示,充分发挥了气象灾害预警作用。

2010年,共召开重大天气气候事件新闻发布会8次,制作发布各类决策气象服务材料

496余期，发布灾害性天气预警信号76次。

服务“三农”

2009年，全市遭受严重的旱灾，持续时间长，受灾面积农村群众的生产、生活因此受到严重影响。市气象局开展旱情监测，做好天气预测预报，抓住有利时机进行七次大规模人工增雨作业，积极开展旱情调查与评估，为大旱之年农业生产做出了应有的贡献。中央七台进行了专题报道，《中国气象报》头版、《山西日报》农村版、《太行日报》头版、《中国气象局网站》、《晋城政府网站》都进行了及时报道。在麦收期气象服务中，发布麦收期专题预报；夏收专题气象服务14期，并且连续在晋城在线发布麦收预报(3天滚动)，为小麦的收割提供了优质的服务，确保今年小麦的顺利收割。

2010年6月上旬起，全面开展夏收夏种气象服务工作，发布多期夏收夏种气象服务材料和夏收夏种服务短信，建议农业部门要抓晴抢收，注意防范局部雷暴等不稳定天气，为小麦的收割提供了优质的服务，确保小麦生产的顺利进行。

2010年，组织开展了《晋城市气象防灾减灾应急服务工程》项目建设。实现了灾害监测、灾害预警和警报发布覆盖面全面提升，建设市级气象预警信息指挥发布中心1个；县级预警信息发布终端4个；在全市各乡镇、街道、社区、公共场所、农村安装气象预警信息电子显示屏预警终端100个、大喇叭预警终端100个、气象信息员气象预警专用手机3000个；向广大农村印发《气象防灾读本》10万册。

（市气象局）

地 震

监测预报

至2009年11月30日,台网共监测地震85个,速报地震13个,2009年10月20日,对台网监测到的河南修武、获嘉、武涉县间的3.8级地震,启动紧急事项报告制度。全年台网运行率达到98.45%。全市新增27个宏观观测点。

2010年,台网监测地震65次,其中3级以上地震24次,全年速报地震23次,台网稳定运行率达到98.14%。陵川县地震筹集资金4万元,安装电磁波监测设备,全市电磁波监测设备增加到6台。

震害防御

2009年,推进地震设防标准管理审批工作,完成一般建设工程行政许可54项,其中市地震局完成审批49项,高平、陵川、阳城共5项,完成金象煤化工有限公司合成氨、尿素项目等8项重大工程地震安全性评价管理工作。市级新、改、扩建建设工程基本达到100%抗震设防要求审批管理,重大建设工程地震安全性评价管理覆盖率达到100%。陵川县地震局配合县教育局,聘请晋城市智博科远建设工程质量监测公司对全县12个乡镇185所中小学校校舍建设安全质量情况进行了排查;阳城县地震局与建设局联手,对全县18个乡镇,448个行政村的农村居民住房进行了普查。

2010年,市地震局完成一般建设工程行政许可60项,重大工程地震安全性评价管理6项。6县(市、区)地震局完成一般建设工程行政许可28项,完成地震安全性评价3项。市级新、改、扩建建设工程基本达到100%抗震设防要求审批管理,重大建设工程地震安全性评价管理覆盖率达到100%。配合教育、建设部门完成全市613所中小学校改造任务。

推进地震安全农居示范点建设。2010年,全市地震安全农居示范点数量达到30家,比2009年增加8家,总套数达到5407套,总面积550 397平方米,完成在原有基础上增加20%的目标任务。沁水县制定《农村民居地震安全的实施方案》,成立有发改、国土、住建、地震等有关部门组成的"沁水县实施地震安全农居工程领导小组"。高平市、陵川县开展农居抗震性能普查,高平市完成全市11.3万农户、陵川县完成6.5万农户房屋抗震性能普查,阳城县两次举办农村工匠及相关人员抗震技术培训,受训人员达到1100人。

应急救援

2009年，陵川县地震局牵头完成本县34个部门和12个乡镇共48家预案的制定工作。

开展学校应急演练，把市中等专业学校作为试点，于4月15日在市中等专业学校举行纪念5·12汶川大地震学校地震应急演练现场观摩会。制作《以人为本、珍爱生命》宣教片，向全市1500所中小学校发放，并在晋城电视台播出。“5·12”国家“防灾减灾日”当天，全市各级各类1500所学校共45万师生在同一时间举行了应急演练。

应急避难场所建设。2009年11月，完成泽州公园地震应急避难场所一期工程地面标志牌的安置工作。该场所总体规划严格按照国家《地震应急避难场所、场址及配套设施》GB21734—2008 Ⅰ类标准规划设计。12月，完成物茂广场、凤西广场和七星广场等地震应急避难场所的指示牌安装到位。各县市区也确定了1~5个避难场所，其中阳城县地震局完成1所应急避难场所指示牌设置。

地震应急队伍建设。2009年，我市共建立行业和专业救援队16支，并把市矿山救护队作为我市专业地震救护队。高平市地震局和高平团市委共同组建高平市地震应急救援志愿者队伍，并进行授旗。陵川县依托12个乡镇完成12支地震应急志愿者队伍组建，其他县区也完成地震应急志愿者队伍的登记造册工作。

应急指挥中心建设方面。2009年，对市地震局指挥中心数据库系统进行更新，全市6个县(市、区)均确定地震应急指挥中心建设场所。城区地震局、阳城地震局初步完成地震应急指挥系统硬件配备和设备安装工作。

加大对抗震设防违法案件的查处工作，对晋城市客运东站、晋城市德豪贸易广场等单位进行防震减灾法律法规教育，使其履行抗震设防手续，对拒不进行地震行政许可擅自开工的名人居房地产有限公司承建的底商住宅楼项目下达责令改正违法行为通知书，使其完善抗震设防有关手续，达到抗震设防要求。高平市地震局积极开展行政执法工作，对三个酒店项目下达责令改正违法行为通知书。

2010年，市、县两级政府地震应急预案的修订工作全部完成，经过分级审批，并以政府文件进行发布，初步形成应急预案体系。

地震应急队伍建设。2010年，制定地震专业救援队伍管理办法，市财政投入36万元，为市地震专业应急救援直属队配备包括地震救援服、防化服、地震救援安全头盔、空气呼吸器、空气呼吸器充填泵、无线电台、对讲机、应急工作包在内的队员个人应急救援装备。陵川县建立包括医疗、交通、基础设施、电力、通信、治安保卫等16支应急救援队伍，阳城县成立100人的综合应急救援队，泽州县组织以矿山救护队为主的34人应急队伍。6县(市、区)均建起

1~2支社区地震志愿者队伍,志愿者队伍总人数达到1200余人。

地震应急疏散演练工作。2010年5月12日,举办学校地震应急演练。沁水县以实验小学为代表开展地震应急演练,阳城县184所学校、82 000名师生全部进行了应急疏散演练,开发区所属凤巢小学、东吕匠小学、候匠小学等五所学校1300余名师生举办全员演练。

应急避难场所建设。2010年,完成玉龙潭公园、赵树理公园、人民广场3家地震应急避难场所地面标志牌的安装工作,市区范围内避难场所达到7家,总面积达到109万平方米,可容纳12万人避险。各县(市、区)建成7家地震应急避难场所,确定和正在建设避难场所9家。

应急基础数据收集工作。2010年,市、县两级地震部门与各部门密切配合,将涉及市、县两级范围内的人口、经济、房屋建筑、医院、学校、道路、桥梁、水库、通讯、供水、供电、危险品和次生灾害源等地震应急基础数据,进行详细采集和统计,上报省防震减灾指挥中心。

应急物资储备。2010年,建立应急物资储备库,多种方式完善储备机制,常态下全市实现动态储备方便食品180吨,应用水360吨的能力,实现对一般灾害的储备应急。

应急指挥中心建设。2010年,对市局指挥中心数据库系统进行更新,完成沁水、高平地震应急指挥中心建设。

防震减灾科普宣传

2009年,市、县两级地震部门积极开展防震减灾科普宣传工作,推进防震减灾“进机关、进校园、进社区、进企业、进乡村”活动。全市地震部门全年进校园宣传20次,进企业宣传10次,到农村宣传次数15次,到社区宣传次数达17次。编发报送地震信息70余条,被国家地震局采纳60条。市、县两级防震减灾科普基地参观人数达到20 000余人。完成《防震减灾筑长城——晋城市十年防震减灾成果》专题片的制作,完成30余万字的《晋城市地震志》初稿。

开展“5·12”防灾减灾宣传周活动:一是在市电视台播放《以人为本、珍爱生命——纪念5·12汶川大地震,晋城市学校地震应急演练》宣教片。二是联合有关单位和城区政府在市政府门前举行大规模的宣传活动。三是开放晋城市防震减灾科普教育基地,市卫生系统青年团员100余人参观学习。四是开展调查问卷活动和全国家庭防震减灾知识电视竞赛山西初赛阶段答题选拔活动。五是在《太行日报》上刊登宣传文章。各县(市、区)也开展了各具特色的宣传活动,高平市举行“防灾减灾宣传周”暨“科技活动周”启动仪式,投资9万元组织编印两种地震知识读本共2.5万册;陵川县地震局与《陵川报》合作,开展防震减灾有奖知识竞赛活动;阳城县视频点播栏目滚动播放《以人为本,珍爱生命》及其他防震减灾宣教片。

2010年,全市两级地震部门全年进校园宣传220次,进企业宣传105次,到农村宣传次数 125 次，到社区宣传次数达 80 次。

开展 5·12“防灾减灾日”宣传活动。一是举办防震减灾知识讲座。市地震局派工作人员到市文联、晋煤集团古书院矿、城区检察院等单位进行防震减灾知识讲座。二是举办送书活动。市地震局赠送《“画”说地震》图书 2000 余册。三是在市开发区举行以凤巢小学为代表的 1300 余师生参加的学校地震应急演练。四是进行市县两级防震减灾集中宣传活动。市地震局在物茂广场进行集中宣传，城区、泽州县分别在凤西广场、花街广场进行集中宣传活动。五是在公园、广场、影剧院、商场等人员集中场所，张贴防震减灾宣传挂图 10 000 份。六是在市电视台、晋城在线、《太行日报》等媒体加大宣传力度，市电台开辟“就不同人群的防震、避震”专题，请市地震局专业技术人员进现场讲解。七是与市邮政局联合，制作信封 8.5 万封，地震宣传折页 8.5 万件。

市科普基地、阳城、沁水科普基地全年接待人数超过 25 000 人。高平、陵川正在积极筹建地震科普基地。完成 50 余万字的《晋城市地震志》，由经济出版社出版发行。市地震局全年编发报送地震信息 70 余条，被国家地震局采纳 60 条。

科普示范学校建设

2009 年，市地震局与教育局共同出台《加强防震减灾科普示范学校建设的通知》，市双语小学建成市级防震减灾科普示范学校，各县（市、区）共建成县级示范学校 57 所，科普示范学校（初中以上）覆盖率达到总数的 10%。

2010 年，全市两级示范学校总数达到 69 家，其中验收达标被授予市级防震减灾科普示范学校的 12 家。

（市地震局）

文体卫生

文 化

专业文化

2009年6月，完成大型上党梆子新编历史剧《长平之战》，9月，为“中原经济区四省十三市市长联席会议”进行专场演出。完成新编历史剧《陈廷敬》、《箕子》、《炎帝传奇》、《大孝董永》的初稿创作。完成《上党梆子剧本选》、《上党梆子脸谱》的出版印刷工作、《名家名段》录音工作和上党梆子剧团建团70周年纪念册的资料收集工作。市属上党梆子剧团、歌舞团、少儿艺术团全年演出300余场。市歌舞团原创大型音舞诗《灵山圣棋》获2009年全省“五个一工程奖”。少儿艺术团对全市近2000名少儿进行艺术培训。

2010年，市上党梆子剧团、市歌舞团、市少儿艺术团共完成演出400余场次。编创《炎帝传奇》、《苏东坡》和《程颢》3个剧本。《长平悲歌》完成剧本修改，历史剧《陈廷敬》完成第三稿修改工作，《箕子》、《大孝董永》两个剧本已经定稿。1月20日至2月2日，举办上党梆子文化节，举行了上党梆子纪念大会，举办了梨园春色意正浓——上党梆子艺术历程暨成就图片展、粉墨春秋——晋城市戏曲民俗摄影大赛优秀作品展等多项活动。举办第五届凤鸣春晓——赵树理戏剧奖优秀剧目展演，市梆子团排演了《长平悲歌》，高平市人民剧团排演了《红腰带》，高平市上党梆子剧团排演了《六尺巷》，城区鸣凤剧团排演了《皇帝与门官》，泽州县上党梆子剧团排演了《汉文皇后》，阳城县人民剧团排演了《芦苇河畔徐海东》。组织参加第十二届杏花奖演出，共获得11个奖项，其中戏曲类奖6个，音舞类奖4个，市文化局获优秀组织奖。

文化市场

2010年，全市出动执法人员1751人次，检查各类文化经营场所890家次，实施行政处罚45件，罚款40余万元，停业整顿15家，收缴非法出版物7632件(册)、地面卫星接收设施3套，取缔各类无证经营摊点15个。推进网吧视频监控平台体系建设，视频监控系统覆盖市区76家网吧、高平市24家网吧。全市164家网吧安装“阳光骑士”第三代监控软件。

农村文化

2009年，召开“全市农村文化建设高平现场会”，推进全市农村文化建设。全市共建成乡镇综合文化站42个，文化信息资源共享工程基层服务点399个，农家书屋168个。送科技和爱国主义教育影片下乡26 652场，送图书资料2万余册，培训农村文化骨干近百名，培训文化信息资源共享工程基层站点管理员近400名。5月至10月,开展“公益文化活动广场”活动,免费为群众辅导秧歌舞、扇子舞、健身舞等,每天参加活动的群众达2000余人。举办“文化晋城、靓丽家园”大型社会文化活动、“向祖国60华诞献礼——市书画精品展”、首届少儿“故事大王”比赛、首届新秧歌舞蹈大赛等大型主题性文化活动有10多项。

市场管理

2009年,开展“扫黄打非”集中行动6次,专项整治行动15次,出动行政执法人员1500余人次,检查网吧等娱乐场所500余家次,查处违法违规经营点45家,停业整顿13家,给予警告行政处罚25家,共收缴网吧电脑及附件设备130套,各类非法出版物7500余册,盗版音像制品3500余盘。聘请“五老”网吧义务监督员317名。实现对市区范围内所有网吧的视频监控,视频在线率达90%以上。承办全省文化市场管理改革工作会议,全省11个地市的70余名文化市场管理负责人参加会议。

2010年,全市文化产业主要包括新闻服务业、广播影视业、印刷业、文化艺术服务业、文化工艺品生产制造业等各类文化产业单位1231家,从业人员2万余人。在北京文化产业博览会上,泽州县二十八宿影视有限公司与中央电视台央视动画有限公司签约,联合制作500集大型天文神话动漫片《二十八宿传奇》,预计总投资达5亿元,主题公园建设及衍生品开发2.02亿元。皇城相府景区被确定为国家级文化产业示范基地。对全市文化产业发展状况进行调研普查工作,出版《晋城市文化产业发展蓝皮书(2006—2010年)》。

非物质文化遗产保护

2009年,在全市开展首次非遗普查工作,完成普查线索1.5万余条,收集、整理重点项目60余个,上报山西省非遗数据库信息4762条。黄一宝、吴国华、张爱珍、张保平4人被文化部命名为第三批国家级非物质文化遗产项目代表性传承人。34个项目列入省级第二批非物质文化遗产保护名录,总数位居全省第二。6人被命名为省级非遗项目代表性传承人。阳城县皇城村和泽州县珏山确认为山西省传统节日(重阳节和中秋节)保护示范地。

2010年4月,成立市非物质文化遗产保护协会。完成国家级第三批和市级第三批非物质文化遗产申报工作,11个项目入选第三批非物质文化遗产名录,入选项目数据全省第一。34个项目入选市级第三批非物质文化遗产名录。全市非物质文化遗产项目有国家级17个、省级47个、市级92个、县级108个。出版发行非物质文化遗产保护系列丛书《晋城民间面塑》、《晋城民俗》。6月,开展“第五个文化遗产日宣传活动暨首届非物质文化遗产进校园活动”,制作宣传版面16块,在市区10所中、小学校进行宣传,发放宣传资料2万余份。

文化体制改革

2009年,晋城市被列为山西省文化体制改革试点市之一。12月18日,市文化广电新闻出版局和市文化市场行政执法大队正式成立。

2010年,根据《中共晋城市委、晋城市人民政府关于深化文化体制改革的实施意见》,新组建市文化广电新闻出版局,成立市文化市场行政执法大队,完成市电影公司和市少儿艺术团的转企改制任务。

11月15日,山西省农家书屋工程建设现场推进会在晋城市召开。全市建成66个乡镇综合文化站,6个文化信息资源共享工程县级支中心,1029个村级站点,1102个农家书屋,680个村级文化活动室。举办第五届文化馆(站)辅导员培训班、首届中国舞考级培训班、老年舞蹈、老年合唱、成人交谊舞培训班、电影放映员培训班等,培训人数达1000余人,送科技和爱国主义教育影片下乡27 492场。"文化晋城、靓丽家园"、"我的书屋,我的家"、"公益文化活动广场"、"十里八乡杯"第二届公益文化广场舞蹈大赛等10多项大型文化活动。参加山西省第八届少儿美术书法大赛、第14届国际少儿书画作文大赛,136余幅作品获奖。

文化交流

2009年9月8日至9日,市上党梆子现代戏《赵树理》入选"山西文化艺术精品晋京献礼演出周",在北京大学百周年纪念讲堂进行为期两天的演出。受香港特别行政区政府康乐及文化事务署的邀请,市上党梆子剧团张保平、吴国华参加"庆祝新中国成立60周年山西省四大梆子艺术团"在香港大会堂剧院演出。邀请刘大为、龙瑞、刘步蟾、陈彦君、韩少辉等书画家到晋城进行笔会交流和指导创作,举办晋城·洛阳书画作品展。贾大一的《英雄太行多奇峰》、成红军的《太行古道》,入选全国第十一届美术作品展。

2010年4月,组织代表团赴台湾进行考察学习。7月,由18名台湾知名画家组成的"台湾画院文化交流代表团"到晋城市开展采风写生活动。组织参加深圳文博会和北京文博会,高平黑陶、陵川布贴画、九州玻璃制品、阳城琉璃灯等项目参加5月24日至6月7日,阳城琉璃和阳城焙面娃娃、晋氏织造、高平黑陶在上海世博山西馆展出。6月28日至7月2日,组织"太行风"艺术团赴上海世博会演出。10月,市歌舞团代表晋城参加世博会闭幕式。11月,晋城八音会艺术团在中央音乐学院进行国家级非物质文化遗产上党八音会专场演出。此外,晋城、太原举办"张爱珍演唱会"。王晓刚组照《我的城市》获第23届全国摄影艺术展览优秀奖。

(市文化局)

旅游文物

2009年,全市共接待国内旅游者875.88万人次,同比增加12.74%,国内旅游收入62.95亿元,同比增加12.15%;接待入境旅游者42 448人次,同比增加12.06%,创汇1604.46万美元,同比增加78.35%;旅游总收入63.71亿元,同比增加12.3%。

2010年,全市国内旅游人数1046.58万人次,比2009年增长19.49%,国内旅游收入75.46亿元,比2009年增长19.87%;入境旅游人数5.1万人次,比2009年增长20.15%,创汇1658.39万美元,比2009年增长3.36%;全市旅游总收入76.42亿元,比2009年增长19.95%。

景区建设

2009年,主要景区投资额达到2.4亿元,其中皇城相府景区投资5000余万元,用于商业区、四星级宾馆等建设,与九女湖、生态园两景区,统一市场营销,实行三景区联票运行机制。王莽岭景区积极投资8000万元用于二期工程建设,成功申报"国家地质公园"。珏山景区投资3000万元成功创建国家4A级景区,并获"中秋赏月示范基地"、"中国百家避暑名山"、"省级森林公园"和"省级地质公园"称号。蟒河景区投资2500万元成功创建国家4A级景区。柳氏民居景区通过国家4A级景区评定验收,全市4A级景区数量位列全省第二。郭峪景区恢复街道明清建筑风格,设置民俗文化展示点。围滩景区、开化寺景区、聚寿山景区完成旅游规划。珏山宾馆被评为三星级饭店,沁水宾馆升格为三星级,至2009年底,我市星级饭店总数达到23家。旅行社年内增加2家,总数达到41家,发展速度全省第一。

2010年,皇城相府、王莽岭、珏山、蟒河等主要景区投资4.8亿元,加大基础设施建设力度。皇城相府景区成功创建"国家5A级旅游景区",是晋城市第一个5A级旅游景区。历山舜王坪景区荣膺国家4A级景区。出台全省首个地市级"农家乐"旅游服务标准,验收通过116家"农家乐"。金缘大酒店、泽州大酒店荣膺四星级饭店,晓光大酒店、泽州宾馆、楠园大酒店荣膺三星级饭店。

行业监管

2009年,市旅游文物局对旅行社和星级饭店进行年检和复核,对企业按营业收入、接待人次予以排名,并将排行榜在《太行日报》、《神奇太行》上刊登。及时处理旅游投诉,旅游投诉结案达到100%。组织导游资格认证和考核工作,对全市的250余名导游人员进行年审培训。

2010年,市旅游文物局与市工商行政管理局联合制定《晋城市国内旅游合同》,在全市所有旅行社使用。在全市范围内开展旅游市场检查活动,共出动检查人员150余人次,车辆60余台次。对全市21家星级饭店进行复核,并对经营管理规范、经营业绩突出的饭店授予年度最佳星级饭店称号。导游证审核工作顺利完成,共有273名持证导游参加审核。

旅游宣传

2009年,注重利用新闻事件进行宣传,比如举办全国村官论坛、冠名各种比赛、举办摄影比赛、建设写生基地、举办研讨会、制作《白马少年》动漫片等活动。编发《晋城旅游文物情况》和《神奇太行》刊物,在报纸、电视、网络发布信息,编印《神奇太行·经典晋城》、《山水晋城》等多种大型画册、制作旅游宣传专题片、组团参加各种旅游交易会、赴外地进行旅游推介、举办旅游文物灯会、做好世界旅游日等节日宣传、发行《晋城旅游年票》。举办“一曲唱响天下”旅游征歌活动,共收到来自全国各地的300多首歌词、谱曲《紫薇花语》、《眷恋,映在你画里》获奖。

2010年,在CCTV-1《朝闻天下》、《新闻半小时》等黄金时段持续播放“游宜居晋城,观皇城相府,登太行云顶,赏珏山明月”的整体形象广告近200次。组团赴台湾、香港、北京、重庆、太原、南昌、济源、焦作等地参加台湾旅游推介会、香港招商引资会、北京国际旅游博览会暨北京旅游交易会、重庆国内旅游交易会、南昌中博会、太原能博会等展会,宣传晋城旅游。在皇城相府、王莽岭、珏山青莲寺、蟒河、柳氏民居、凤凰欢乐谷、羊头山、白马禅寺8个重点景区人流集散场所,设置12m×6m的巨幅晋城旅游景区导游图,为游客游遍晋城提供信息。编印并在高星级饭店投放《晋城深度旅游》、《唱响晋城》、《诗画晋城》、《发现晋城》等书画册。编印并向社会公开发行新版《晋城市旅游交通地图》。联合晋城广播电台开播《爱上旅游》栏目。联合太行日报社在该社晋城新闻网举办了“优秀景区三维实景网络展示活动”。筹划拍摄大型人文纪录片《经典晋城》。皇城相府、王莽岭、珏山、蟒河四景区投入5700万元用于宣传促销,比2009年增长50%。

旅游服务

2010年,举办第二届“导游之星”电视大赛,产生一等奖1名、二等奖2名、三等奖4名和最佳口才奖、最佳才艺奖、最佳形象奖,以及优秀导游10名。协助省旅游局举办“皇城相府杯”山西省第四届导游员大赛,皇城相府景区导游员张淑平,获一等奖。组织旅游饭店服务技能大赛,评选出各单项一、二、三等奖和团体奖、组织奖。组队参加全省旅游饭店服务技能大赛,获二等奖1个、三等奖2个、优秀奖5个以及团体二等奖和优秀组织奖。

旅游节庆活动

2009年,市委、市政府将第二届"神奇太行·经典晋城"旅游月活动与中原经济区第二十届市长联席会同台举办,推出"四会六节"十大活动。中国古堡旅游节将古堡游与红色旅游、民俗文化体验相结合,增加旅游的观赏性、趣味性和参与性;举办柳氏民居文化旅游节、陵川金秋红叶节、珏山青莲寺中秋赏月节暨晋城旅游美食节、白马禅寺祈福节等活动。举办首届太行风光摄影节,中国摄影家协会副主席张桐胜、著名摄影家陈长芬、摄影理论家李少白、《中国国家地理》首席编辑马洪杰等出席活动。中原十三市的摄影家协会主席及会员计700余人参加活动,北京、河南、河北、广东、内蒙古等七省市、自治区120余人投稿1800余幅摄影作品参赛。摄影节授予13名摄影作者"太行风光摄影节"优秀摄影家称号,评选出285幅优秀作品。出版《神奇太行·经典晋城》画册,收录近500张图片,涵盖了晋城市的主要旅游景区,体现太行、沁河、城郊、丹河、历山五大旅游区的山水自然、人文风光与城市新貌。发行《晋城旅游年票》,年票定价198元,包含晋城市主要的19家景区,门票总价为501元。组织旅游企业参加大连中国国内旅游交易会、合肥第四届中部投资贸易博览会、烟台第十四届中国北方旅游交易会、昆明2009中国国际旅游交易会,巩固"神奇太行·经典晋城"国内旅游市场。利用"中国文化遗产日"和"世界博物馆日"进行宣传,制作文物保护成就展览和第三次全国文物普查专题展览,在《太行日报》刊登文物保护宣传专版,在市电视台播放《古文明的呼唤》、《文物保护巡礼》专题节目,开办《晋城新发现》栏目。

2010年,举办第三届太行山旅游文化月活动、中国古堡旅游节、王莽岭休闲避暑节、蟒河生态旅游区开业庆典、柳氏民居文化旅游节、珏山青莲寺赏月节、白马禅寺祈福节、陵川金秋红叶节等活动。旅游月期间,全市共接待旅游者302.35万人次,同比增长12.89%。旅游总收入26.35亿元,同比增长24.17%。"十一"黄金周期间,各主要景区接待游客数量较2009年均有明显增长,其中皇城相府景区7天共接待游客18万人次,同比增长60%。蟒河景区黄金周7天日平均接待5000人次。

文物普查

2007年以来,市旅游文物局扎实开展第三次全国文物普查工作,在《太行晚报》刊登普查专版,在市电视台《晋城新闻》、《太行风情》栏目进行系列报道,举办《晋城市第三次全国文物普查阶段成果展》、承办《山西省第三次全国文物普查重要新发现图片展》晋城站工作,向全市人民印发《晋城市第三次全国文物普查领导小组致全体市民的公开信》,印制《神奇太行》三普新发现专刊和古文化遗址调查专刊。组建6支普查队和遗址调查队。至2010年3月,全市文物普查实地调查乡镇到达率为100%,覆盖率100%,完成率100%。共计普查文物点6829处，其中，新发现5250处，复查1579处，县均1138处，新发现率76.9%，县均完成量全省第一。六县(市、区)实地调查登录全部通过省文物局验收。陵川是山西省验收第一个数量过千的县，泽州、高平、阳城登录数量包揽了山西省前三名，其中阳城普查文本质量名列全省前茅。城区、沁水普查中发现大批珍贵文物点。遗址普查队遗址发现总量名列全省前茅。

2010年，在全省第三次全国文物普查实地调查阶段总结表彰大会上，晋城市多项工作走在全省前列，三普综合测评名列全省第一，获全省文物普查实地调查工作一等奖，泽州、高平、陵川、阳城获“全省文物普查先进县”称号。高平市作为山西省两处现场复核点之一，高平市文物普查队获第三次全国文物普查实地调查阶段“突出贡献集体奖”，授予城区文物普查队队长裴池善获第三次全国文物普查实地调查阶段“突出贡献个人奖”。加大对普查成果的宣传，在《山西晚报》、《太行日报》多次刊登专版，刊发晋城市第三次全国文物普查领导小组致广大市民的公开信，印制普查专刊和张贴画海报，举办普查阶段成果展，在晋城电视台开辟《晋城三普新发现》栏目。编印《发现晋城》书画册，制作《晋城新发现》光碟，并编辑大型图书《晋城文物通览》。

文保工作

2009年，全市列入南部工程的34处项目中，完成总体保护规划的16处，占47%。其中，11处得到国家文物局批复，5处正在征求专家意见或正在修改中。完成修缮设计方案25处，占74%。其中，22处得到国家文物局批复，3处正在等待审批公示或正在征求专家意见。此外，还完成5处消防方案、2处地勘方案、1处技防方案、2处基础设施方案，府城玉皇庙、晋城二仙庙、泽州大阳汤帝庙、泽州冶底岱庙、高平二郎庙、高平开化寺、高平清梦观、陵川龙岩寺、陵川崔福君庙等，陆续开工维修。对国家发改委2007年、2008年抢救性文物保护项目晋城青莲寺、晋城文物研究所周转库房、泽州县冶底岱庙、泽州县大阳汤帝庙、陵川县龙岩寺、陵川县西溪二仙庙、高平市开化寺，配套资金1567.2万元。

2010年，全市34处山西南部早期木结构古建筑保护工程，截至目前，11处完工，分别是高平二郎庙、陵川龙岩寺、泽州大阳汤帝庙、高平开化寺、晋城二仙庙、泽州冶底岱庙、高平清梦观、晋城府城玉皇庙、陵川南吉祥寺、晋城青莲寺、高平游仙寺；4处开工，分别是陵川崔府君庙、下交汤帝庙、高平古中庙和阳城开福寺。其余19处全部完成修缮设计方案。抢救性文物保护工程，可研批复并下达资金的项目11个，分别是市文物研究所文物库房、晋城青莲寺、泽州岱庙、陵川龙岩寺、泽州大阳汤帝庙、陵川西溪二仙庙、高平开化寺、府城玉皇庙、陵川崔府君庙、高平游仙寺和晋城二仙庙，中央、省、市三级项目资金到位6373万元；可研批复但资金尚未下达的项目14个，分别是阳城海会寺、阳城下交汤帝庙、阳城润城东岳庙、阳城开福寺、泽州北义城玉皇庙、泽州周村东岳庙、陵川南北吉祥寺、陵川小会岭二仙庙、陵川玉泉东岳庙、陵川石掌玉皇庙、陵川白玉宫、陵川南神头二仙庙、陵川寺润三教堂和陵川崇安寺,计划下达国债资金6890万元。

考古工作

2009年,对粮食大厦、经济适用住房二期等全市40余处基本建设工程现场踏勘,配合省考古所实地调查了解环城公路连接线以及公路的布局和走向情况，完成市民政局福利院工程的发掘清理工作，完成华能国际电力股份有限公司拟建阳城电厂项目等大中型基建项目工程中的文物保护工作。

2010年,配合西街派出所清理泰森商贸区对面建设工地古墓葬文物,配合高平市公安局对三起被盗掘古墓葬进行清理。对全市基建工程开展考古勘探。完成对珏山变电站扩建工程项目等60余处基本建设工程的现场踏勘工作,完成沁水蓝焰煤层气公司管道铺设途径八里坪遗址和相府集团史山煤业工业场地项目文物考古工作，对高平至沁水高速公路和游仙山煤业开化寺建设控制地带之外进行煤炭开采项目出具选址意见书。

文博工作

2009年,举办晋城市第三次全国文物普查阶段成果展、“晋城杯”华北军区书画摄影作品展及“钢铁长城”大型图片展、国防知识大型图片展、高平市政协羊头山炎帝陵碑刻拓片展、“千年流韵”民俗面塑展等展览。举办晋城文博事业60年图片展,用近300张图片,展现新中国成立60年来文博事业政策法规、队伍建设、文物保护、博物馆建设、科研成果等内容。晋城博物馆全年每个工作日免费接待观众200人次以上。

2010年,举办“迎新春——晋城民间艺术展”,系统展示晋城市的古建筑,将“古建筑艺术展”作为主题陈列,编制展览大纲,并通过国家、省文物局专家的咨询论证会。

(市旅游文物局)

广播电视

重大主题宣传

2009年，广播电视宣传工作紧紧围绕市委市政府中心工作，突出宣传市委、市政府、各地各部门"战危机、促三保"、推进"三个发展"、"扶贫攻坚一体化"、"创建全国卫生城市"等重大举措进行宣传，市电台、电视台先后在《晋城新闻》开设《深入开展学习实践科学发展观活动，推进我市转型发展、安全发展、和谐发展》、《战危机，促转型》、《全力打好抗旱保麦收攻坚战》、《抓党建、促发展》、《重点工程巡礼》等50多个专栏。

对市委、市政府应对金融危机的决策部署，各相关部门支持和服务企业走出困境，培训安置返乡农民工，以及企业积极自救、互救等进行全方位的采访报道，编发了《坚定信心，科学发展》系列报道、电视台《春天的脚步——我市工业经济积极应对危机》系列报道，开设了《创业就业》访谈节目。全市"两会"召开时，广电网首次与电台、电视台同时直播两会开幕式、闭幕式。学习实践科学发展观活动中，市电台把"转型创新谋发展，双轮驱动促统筹，破解难题惠民生，科学发展上水平"制作成公益宣传版头，每天在黄金时段和各档节目中滚动播出；市电视台开展《偏远贫困山区行》主题采访活动，编发10集《来自偏远贫困山区的报告》系列报道；两台分别开设《民情热线》、《民意直通车》专栏，共收到群众对学习实践科学发展观活动的意见和建议300多条；《广电报》和网站都开辟了专版。

在庆祝新中国成立60周年之际，市电台在《晋城新闻》节目中开辟《晋城——辉煌60年》专栏，播出系列录音报道40多篇，在《百姓与社会》节目中开设《我与共和国同日生，我与祖国共奋进》专栏；举办了"庆祝新中国成立60周年经典诗歌、散文精选"、"为祖国高歌"红色经典歌曲演唱会。市电视台在《晋城新闻》中开辟《60年巨变》、《60年数字看发展》专栏，同时推出《老区行》、《晋城老战士》等系列节目。《广电报》联合电视台举办了历时近3个月的"百首爱国歌曲大家唱"大型活动。

2010年，新闻综合频道、广播新闻频率先后在《晋城新闻》中围绕"转型跨越发展"、"扶贫攻坚和城乡一体化"、"城市建设"、"辉煌十一五"、"重点工程"和市委、市政府的中心工作开设专栏20多个。

2010年，全市"两会"报道以《晋城新闻》为主，开设《两会访谈》、《会声民声》、《两会专题》，实现音频、视频、网络同步上传。以直播、记者连线、访谈、短信留言、嘉宾做客、专家解读等多种形式,对代表委员参政议政和百姓对“两会”的呼声进行多样化报道。

栏目设置

2009年,新闻综合广播全新改版,新增了《新闻轻松点》、《随性音乐听》、《轻松找工作》、《音乐部落格》等;交通广播突出频率特色和服务特性,高考期间,与文明办等单位联合开展“晋城市第二届爱心送考大型公益”活动;市电台《百姓热线·纠风台》为群众答复、解决问题1371件;市电视台《行风大家谈》栏目组深入农村,开展“走进基层,与群众面对面——强农惠民办实事基层行”活动,现场解决偏远贫困群众在生产生活方面的需求75件,确立农村产业项目27个,为偏远贫困地区争取扶持资金891万元;市电视台“第五届电视模特大赛”成为“第二届中国陵川棋子山国际围棋文化节”主要活动之一;信息频道《阳光政务行》、《代表之声》栏目,推出了《健康晋城行》、《代表论坛》、《春风化雨三十年——人大代表系列访谈》。

2010年,晋城广电网扩容、改版,日点击率不断增加,登上“2010年中国新媒体领军榜”,并获得“2010年中国新闻网站影响力TOP100”称号。

对外宣传

2009年,市电台在省台发稿437条,发稿量和播出排名全省第二,《转型发展》、《煤炭资源整合》、《晋城让煤取绿》等12条稿件在中央台播发;市电视台在省台发稿380条,排全省第三,在中央电视台发稿15条,其中《各地加强煤电供应,确保群众温暖过冬》、《晋城—济源高速公路今日开通》、《山西晋城:煤矿开采先抽气》、《各地开展世界环境日宣传》、《“文化低保工程”为文化弱势群体送来“精神食粮”》等稿件在央视《新闻联播》中播发。全国“两会”召开时,央视《新闻联播》、《记者两会观察》专栏中,以“新能源新前景”为题播发晋城市大力发展煤层气的报道,并采访全国人大代表、市长王茂设。在2008年度各类奖评选中,全市共有60多件作品获全省、全国优秀作品和技术质量维护能手奖。广播剧《非常电波》获得中国广播剧专家奖铜奖、山西省“五个一工程”奖。

2010年,市电台在省台发稿800多条,市电视台在省台发稿358条,列全省地市第三名,连续第十四次获全省广播电视宣传先进集体,26件广播电视作品在全省广播电视评奖中分获一、二、三等奖。在中央台,广播播发12条,电视播发12条。

网络覆盖

2009年,继续推进数字电视整体转换工作。数字电视基本覆盖市区,开始向各县(市、区)推广,搭建了县区数字电视分平台,120套数字电视节目信号传至县区分平台机房。并投资建设有线数字电视环网,可传送“双回路”信号。至10月底,全市完成数字电视整体转换用户62 951户,发展数字电视副盒4714台。其中:市区整体转换49 604户,城区整体转换9198户,泽州整体转换2672户,阳城整体转换987户,陵川整体转换459户,沁水整体转换31户。

在全国地级市中率先启动互动电视。10月25日,在杭州召开的数字电视"融合·创新"战略研讨会上,市广播电视局局长沈人鹏与天柏集团总裁陈萍、上海文广互动电视有限公司总经理高悦,就合作进行晋城互动数字电视的技术研发、内容产业运营签订了战略性合作协议。市区有1000户互动电视实验家庭,开设有视频点播、新闻回看、社会调查、权威查询、一卡通、游戏、股票等栏目。视频点播节目达上万小时,其中:引进上海文广互动电视节目4000小时,本地节目6000小时。市区4万户的双向网络改造大面积铺开,数字电视用户只需在原来的机顶盒上安装一个"小猫",就可以实现互动电视转换。

20户以上村村通广播电视工程进展顺利。市级637万元补助资金全部拨付各县,建设任务546个村,截至10月底,完成294个村(其中:联网236个村,卫星覆盖58个村)。

新媒体发展加快推进。一是无线发射基地工程建设全部完成,11月投入使用;二是广电网站搬迁至新址,扩容、改版已经完成,并在全市网站中唯一获得新闻信息发布、视听发布、信息运营三个许可,成为全市最规范化的门户网站;三是向省广电注资75万元,成为省CMMB公司的子公司,加快发展移动多媒体广播电视业务。

技术装备数字化改造全面升级。市电台对新闻综合和交通广播直播室、录制机房的录制系统进行数字化改造,制作播出全部实现数字化;市电视台开通县区新闻回传数字化系统,安装23频道发射机,进行建台以来规模最大的设备升级改造,把新闻采访、制作、播出的整个系统由原来的25M升级为50M标清系统,技术装备水平居全省各地市电视台前列。转播台更换三频道发射机及天馈线系统,安装了卫星接收防干扰屏蔽网和发电机系统;微波站新增一部10KW23CH电视发射机。

2010年,20户以上村村通广播电视。工程总投资1245万元,其中国家省里补助182万元,市政府补助637万,自筹426万元。光缆有线电视联网267个村、有线电视入户8133户;安装直播卫星设备270个村、3640套。3月,在全省地(市)中率先完成20户以上村村通广播电视任务。

2010年,市政府把互动电视列为为民办的16件实事之一。投资1600万元(户均300元),采用宽窄带一体化方式对市区网络进行了双向改造全覆盖;先后与上海天柏公司、上海文广集团、浙江巨鹰集团等单位合作,延伸互动电视产业链,打造"广电之外的广电",形成以广告业和有线电视服务业为主体,资产经营、影视服务、家电零售、房屋租赁、音像资料开发等为补充的产业经营体系。互动电视开设了VOD点播、全国12个频道回看、权威查询、社会调查、互动广告、电视商城、民生一卡通、互动游戏、股票财经、电视信箱、广电服务窗、信息采集中心等13个栏目和项目。

无线发射产业基地投入使用,CMMB手机电视开始运营,伊侯山微波站投入100多万元,对机房进行扩建改造,由原来的360平方米增加到1300平方米;电视投资200多万,建设了50M硬盘播出系统,电视节目实现数字标清播出;广播机房全部安装了延时器、监听音箱、电平表;各县(区)数字电视整体转换工作全面铺开。

宣传和社会管理

宣传管理,严格各项宣传纪律,认真执行成片审查、播出监管、收听收看等6项制度,继续开展"三项教育"活动,建立节目顾问和评议员长效机制。

社会管理,加强广播电视法规条例宣传,完成广播电视播出机构、境外卫视接收、安装单位的2008年度工作检查,开展卫视设施整治,共查处没收280多套直播卫星专用的小锅,取缔8家酒店利用数字电视机顶盒自行安装的非法小前端。

产业发展

2009年,广告公司与组织部合作开办《村官》栏目,市电视台推出以"展示本地品牌,振兴晋城经济"为主题的晋城品牌展示活动,信息频道内容产业收入份额上扬;《广电报》转型基本成功,成为一个集报纸、网站、电视栏目制作为一体的多媒体经营机构,收入比2008年增长30%。电视剧经营继续推进多渠道购片进程,实现有选择性购买电视剧的目标,磁带库引进音像资料媒体资产管理系统,音像资料实现数字化存储、传输,经营收入达8万元。

(市广播电视局)

体　育

工作目标

2009 年,全市体育人口当年达到 91 万人,新增体育场地 319 个(每个场地不小于 608 平方米),新增场地总面积 19.3 万平方米,比预期目标净增加 8.2 万平方米。人均体育场地面积达到 1.14 平方米,比预期目标增加 0.02 平方米。社会体育指导员培训人数达到 1202 人(次),比预期目标增加了 602 人。有 15 人获得国家一级社会体育指导员称号。全年共举办各类赛事 178 项(次),参赛人数达到 66 239 人(次)。其中市级竞赛 72 项(次),参赛运动员达到 26 125 人(次);各县(市、区)举办县级竞赛 106 项(次),参赛人数达到 40 114 人。

2010 年,共举办市、县级竞赛 187 项(次),比预期目标增加了 67 项(次),参赛人数达到 68 979 人(次),比预期目标增加了 18 979 人(次);各县(市、区)举办县级竞赛 109 项(次),参赛人数达到 41 028 人。共培训市、县级社会体育指导员 1477 人,社会体育指导员实现农村每万人达到 8 名,城镇每万人达到 15 名目标。

群众体育

2009 年,市体育局组织和举办的活动有:“迎新年、攀高峰”登山活动,“健身大拜年,体育进万家”活动,为期一个月的“三人制足球和篮球比赛,和市直有关部门及市级单项体育协会举办了青少年阳光体育比赛、家庭运动会、老年门球赛,在全民健身日前夕和电视台共同组织举办了体育知识竞赛活动。在 72 项市级竞赛中,其中 80%以上是属于群众体育。争取国家和省农村体育设施资金 663 万元,各类健身器材 472 套(换算资金 400 余万元)全部拨付给城区、阳城、沁水、高平、泽州、陵川六个县(市、区)472 个村。市体育局出资 104.6 万元支持和帮助 12 个贫困村 60 个新农村安装了农民健身工程。晋城一中、晋城职业一中、阳城五中 3 所中学被授予省级体育传统项目学校。

2010 年,继续打造“三人制”足球、篮球和门球比赛等健身品牌,大力推进全民健身运动。全年共举办各类竞赛 187 项(次),其中 80%以上是属于群体体育。确保全市体育人口巩固在 90 万人,约占全市人口的 40%以上。积极扶持贫困村级体育设施 60 个(社区 10 个),争取国家、省扶持“两区”行政乡级广场共 160 个项目,实现了高平市、陵川县村(社区)级体育场地全覆盖。扶持城区、泽州、陵川 3 县(区)体育基础设施建设资金 350 万元。中原街中学、沁水县东关小学 2 所学校被评为省级体育传统项目学校。完成国家体育总局布置的全国第三次国民体质监测任务,共完成4870人样本量,完成省体育局样本量3600个。

竞技体育

2009年,共有12名运动员获得第十一届全国运动会决赛资格,并获得1个第三名、2个第五名。有262名运动员获得第十三届省运会决赛资格。为实现“双超”的奋斗目标奠定了基础。获得世界青年锦标赛举重冠军1个、亚洲锦标赛冠军1个。全年共获得国家级金牌12枚、省级金牌24枚。

2010年,在第十三届省运会上,获得87.5枚金牌,51枚银牌,36枚铜牌,总分数1812.5分的成绩。总金牌数位居全省第五,总分数排名全省第六。

承办赛事

2009年,成功举办晋城市第四届全民运动会。此次运动会共有27个代表团,35支代表队3280名运动员参加了17个大项,184个小项的比赛。承办中立男篮对抗赛、全国超级卡车摩托车场地越野赛、全国体育舞蹈公开赛3项全国以上赛事,协办了第二届中国晋城棋子山围棋文化节五项围棋赛事、全国钓鱼锦标赛2项全国赛事。承办了省十三届运动会举重预选赛、山西象棋锦标赛2项省级赛事。

2010年,承办了四国青年男篮对抗赛、中俄职业女排对抗赛、“体彩杯”中巴男篮对抗赛3项全国以上赛事和省十三届运动会职工组围棋赛、老年组健身秧歌、青少年组摔跤举重预选赛以及山西省第二十三届钓鱼比赛4项省级赛事。

体育产业

2009年,开展“体彩与全民健身同行”、“创体彩品牌,树体彩形象”等活动;全年体育彩票销售5871万元。

2010年,体彩销售完成5043万元,增机扩容40台。全年受理行政审批件34件,其中以“晋城”“全市”等包含晋城市内容冠名的非经营性体育竞赛或全省、跨地区、全国、国际性赛事的申报为5件,体育社团4件,专业技术性强、危险性大及社会影响大的体育项目经营活动许可为12件,二级裁判员1件,二级运动员12件。

举办晋城市第四届农运会

2010年,组织和举办晋城市第四届农民运动会,18支代表队,3762名运动员参加比赛,5000余名群众参加开幕式表演。

体育场馆

2009年,开始建设市跳水馆。该工程总投资2000余万元,是集竞技比赛、运动健身、休闲娱乐于一体的综合性体育场馆,填补了晋城市没有跳水馆的空白。制定和完善《市体育场安全消防管理制度》、《市体育场馆维修管理办法》、《市体育场馆节能管理办法》等规章制度，确保各类体育场馆正常运转。

体育人才培养

2009 年，扩大市体校和游泳学校招生规模，体校完成中专招生 70 人、初中招生 80 人，游泳学校招生 12 人。

2010 年，体校完成中专招生 70 人、初中招生 100 人，泳校招生 15 人。

（市体育局）

卫 生

医药体制改革

2009年,晋城市被确定为全省医药卫生体制改革试点市,高平市被确定为试点县(市),两级政府分别出台《医疗卫生体制改革实施方案》,成立领导组,召开专门会议,进行全面安排,积极稳妥地开展医药卫生体制改革试点工作。完善新农合制度,确定城区和高平公立医院全部配备基本药物,公开招标采购,统一配送并实行零差率销售。确定高平市人民医院为全市公立医院改革试点医院。

农村卫生事业

2009年,村卫生室全覆盖被列为省卫生厅十件实事、市定十六件实事之一。晋城市出台《关于加强村卫生所建设落实村卫生所全覆盖实施方案》,市、县两级财政累计投入3135万元,加上上级下达的卫生设备补助资金和村医补助共计近5000万元,用于512个贫困偏远山区农村和219个空白村卫生所建设及乡村医生补助配套资金。村卫生室覆盖率100%,提前一年完成覆盖任务,县乡村三级医疗机构达标率91%,远超出省定80%的目标。

利用国债培训项目和市、县专项先后举办培训班10余次,培训乡村技术骨干4000余人次。对4000多名村医进行考核注册,采取公开招聘、乡镇代办代管和全面培养三种方式解决空白村村医短缺问题,共招聘大中专毕业生230余名充实到村卫生所。乡医待遇由原来的每人每月60元调整为每个行政村按一名村医核定,每人每月补助不低于400元。28个二级以上医疗机构的技术人才继续派遣到偏远和落后的乡镇卫生院对口支援,提升乡村卫生机构的业务水平。

全市新型农村合作医疗参合率达到95.12%,全省第一,共筹集资金1.59亿元,累计办理补偿74.14万人次,发放补偿金额1.75亿元,结余率6%左右。建立了全市新型农村合作医疗信息化数据库平台,市、县两级及部分乡镇医疗机构已经联通。

社区卫生事业

2009年,全市10个中心和25个站全部配备了设备,88.57%的社区卫生服务机构纳入医保定点,为329名社区卫生服务中心工作人员落实了工资补助。同时,开展社区卫生服务机构的标准化建设,达标率74%。强化社区服务“六位一体”功能,共建立居民健康档案28.89万份,高血压规范管理13 882人,糖尿病规范化管理2664人,开展健康教育讲座520

场次。开展创建示范社区卫生服务机构活动，城区东街社区卫生服务中心、东吕匠社区卫生服务站被省卫生厅评为创优示范社区服务机构。

公共卫生事业

疾病预防控制工作。2009 年，继续开展免疫规划管理年活动，各县(市、区)的儿童"五苗"全程接种率以乡镇为单位均达到 92%。组织开展 15 岁以下人群补种乙肝疫苗接种工作，补种人数达 15.61 万名。加强结核病、艾滋病防控工作，组织开展"3·24 世界防治结核病日"和"12·1 世界艾滋病日"宣传活动。全市共登记肺结核病人 1000 人，其中新发涂阳肺结核病人 631 例，超额完成全年发现任务，治愈率达到 92%。

妇幼卫生工作。2009 年，开展"降消项目"活动，降消县由原来的阳城、沁水县扩展到全市六县(市、区)。对全市依法取得"母婴保健技术服务执业许可"，并签发"出生医学证明"的医疗保健机构进行审核。对市妇幼保健院、泽州县、高平市、阳城县妇幼保健院四家机构进行等级评审。全市以县为单位孕产妇住院分娩率均达到 96%以上。为农村妇女孕前和孕早期补服叶酸，预防出生缺陷，以县为单位增补叶酸知识知晓率、服用率、依从率分别达到 80%、70%、30%以上。

地方病防治工作。2009 年，完成全市碘盐监测任务和重点地方病项目任务，碘盐覆盖率、合格碘盐食用率分别达到 98%和 95%以上。高平市被评为全省地方病综合防治示范县。

健康教育工作。2009 年，对全市各级医院、中小学、社区、行业单位的健教骨干进行培训。积极开展多种形式的健康知识宣传和行为干预。在农村和社区发放健康素养 66 条读本、《预防甲型 H1N1 流感健康知识》等宣传资料 6 万余份。在项目社区、学校开展艾滋病健康教育系列宣传活动。

医政管理

食品安全整治。2009 年，全面实施食品原料进货索证制度和台账登记制度管理，食堂和县城以上餐饮单位 100%建立原料进货索证制度，从源头上保证食品安全；开展打击违法添加非食用物质和滥用食品添加剂专项整治行动，规范各餐饮单位、食堂食品添加剂使用行为。

安全监督。2009 年，严厉打击无证行医和非法采供血，监督检查医疗机构 341 次，查处户次 149 次，警告 54 户，罚款 47 户，罚款金额 10 万余元，没收违法所得 24 户，取缔 129 户，行政处罚 19 次。

卫生监督站建设。2009 年，市卫生局组织对各县(市、区)乡镇卫生监督站 105 名卫生监督人员进行培训。全市应建设 74 个乡镇卫生监督站，建成 69 个，覆盖率达到 93%，超出全省覆盖率 85%的目标。

应急能力

2009 年,编制印发《晋城市突发公共卫生事件应急预案》和《晋城市突发公共事件医疗卫生救援应急预案》两部专项预案,组建卫生应急队伍和专家咨询委员会。市、县两级财政投入 1500 余万元,用于防控物资和医疗设备的储备、感染病房和流感监测实验室建设、急救车辆装备和疫苗接种经费补助,市疾控中心建成全省一流的流感监测网络实验室。全市以学校、社区、农村为防控重点,构筑市、县、乡、村、社区五级防控网络责任体系,加强疫情监测,基层医疗卫生机构累计对 4 万余名具有发热等流感样症状学生进行属地化居家隔离治疗管理,救治 3 例重症和危重病例。全市累计完成接种 13.3 万人次,全市疫情呈平稳下降趋势。全市报告突发公共卫生事件 7 起,重大交通事故 2 起,均得到及时有效的处置和控制。

爱国卫生工作

2009 年,全力推动城乡环境卫生清洁工程,把整治重点向农村转移,全市建成卫生乡镇 20 个,卫生村 50 个。6 个县(市、区)均获省级卫生城市、卫生县城称号,阳城县获全省十佳卫生县城称号。晋城市在省级卫生城市综合评比中获全省第一名。

项目建设

2009 年,加快市、县两级疾病预防控制机构和医疗救治机构建设,市第三人民医院、市人民医院内科住院楼投入使用。市妇幼院、市血站的设备更新项目和改扩建项目顺利完成。投资 4381 万元(中央安排 2280 万元,地方配套 2101 万元),改扩建 1 个县级医院、9 个中心卫生院和 4 个社区卫生服务中心项目,6 个项目完成,2 个项目主体完工,6 个项目在建。

科技兴医战略

2009 年,晋煤集团总医院 2 项科研成果获得部级三等奖,6 项通过省部级科技成果鉴定,11 项获得地市级科技成果奖,五位硕士生导师经教育部批准面向全国招收研究生,举办晋城市首届国际骨科学术交流会,李树峰获中国医师最高荣誉——中国医师奖。市医院新开展各种适宜技术、高难技术和学科前沿技术项目 23 个,完成 17 项科研课题整理汇总,在中华、可视中华级医学杂志发表论文 15 篇,组织院级学术讲座 16 次,承办省市学术会议 3 次。

(市卫生局)

晋城长城职业技术学校

校园一角

晋城长城职业技术学校是经晋城市教育局批准成立的一所中等职业技术学校。是晋城市关心下一代工作委员会“就业技能教育基地”。位于晋城市景西路北段，占地16600平方米，建有教学楼、办公楼、公寓楼、汽修实践车间、美容美发实践基地、烹饪实践基地、汽车驾驶模拟室、汽修实训基地、广告设计中心、电子阅览室、多媒体教室、图书馆、综合艺术场馆等，教育教学设施设备齐全，交通便利。

学校坚持“高起点、高标准、有特色”的办学理念，恪守“育人为主，服务社会”的办学思想，坚持“创建技能学历一体化一流的高校”的办学目标，以质量求生存，以特色求发展，走“学历教育与非学历教育相结合、学校与企业相结合”的办学之路。为适应社会和地方经济发展的需求，学校开设计算机及应用，计算机及外设维修，汽车修理（电喷、电工、机修），汽车美容钣金喷漆，美容美发，烹饪，会计电算化等专业及成人专本科高等教育，同时还承接国家阳光工程和雨露计划及农村劳动力转移培训任务。学校先后获全国“守诚信，重教育教学质量”双保障示范单位、“晋城市学校工作先进集体”、“全国民办教育先进单位”、“晋城市教育系统先进集体”、“晋城市关心下一代工作特别贡献奖”等称号。

组织晋城市泽州县职工万人计算机技能大赛

教研组研发自制的各种汽修教学模具

计算机课程实践教学

汽修实践课

天泰锦辰煤业

董事长　孔庆祥

巴公镇位于山西省东南部、太行山脉南端泽州盆地。春秋时期因晋襄公西伐巴蜀，迁巴子于此而得名的，素有“太行第一镇”之称。境内座落着一个现代化的地方国有重点骨干煤炭企业——山西泽州天泰锦辰煤业有限公司。锦辰煤业是原晋城市三八煤矿于2009年兼并整合周边三个乡镇煤矿而成。整合重组后矿井生产能力达到120万吨/年，井田面积13.8781km^2，可采储量8600余万吨，可采煤层三层：3$^{\#}$、9$^{\#}$、15$^{\#}$，现开采9$^{\#}$煤层。公司资产总额4.1亿元，职工1000余人。

近年来，天泰锦辰煤业始终坚持“以人为本，人才强企”的经营理念和“科技兴矿”发展战略，紧密围绕“打造‘五型’（安全本质型、经济高效型、人文关怀型、环境友好型、人才汇聚型）矿山、争创一流企业”的企业远景目标，全面实现了采掘综合机械化、调度指挥程控化、安全管理信息化、监测监控数字化。充分利用人性“趋利避害”的特点，实施了“刚性制度+柔性关怀”的管理模式。矿井实现了连续安全生产九年的记录。通过“技术武”“每周一题”“深造奖励”“小工资、大奖金”等措施，增强了企业的凝聚力，提高了职工的幸福指数，企业得到了超常规、跨越发展，年均销售收入超5亿元。荣获“全国煤炭行业先进煤矿”“省生态示范矿井”“省优秀企业”等称号。

为促进矿井由地下转为地上、实现企业可持续发展，公司于2006年1月入主珏山景区投资开发。在开发过程中，以保持原生态环境重点，着力打造月亮品牌和弘扬道教文化为主题，自2008年始进行了“建设、管理、营销”三并重的有益探索。目前累计投资3亿余元继完善了景区主要服务设施、规划开发了10余个新景点，并形成了景区特有文化——中秋赏月文化和道教文化，荣膺了“国家4A级区”、“中国百家避暑名山”、“中秋节示范地”等荣誉称号。景区收入及人数逐年翻番，现在一个黄金周的收入就相当于以前一年的入。珏山景区的成功运作已成为晋城市乃至山西省转型发展的成功典范。今后一个时期，景区将继续围绕“中国第一赏月名山、参禅问的圣地、回归自然的乐土、晋城人民的后花园”这一远景目标，坚持“建设、管理、营销三位一体，同步推进”的指导思想，力争使景三年之内入围国家5A级景区。

领导班子

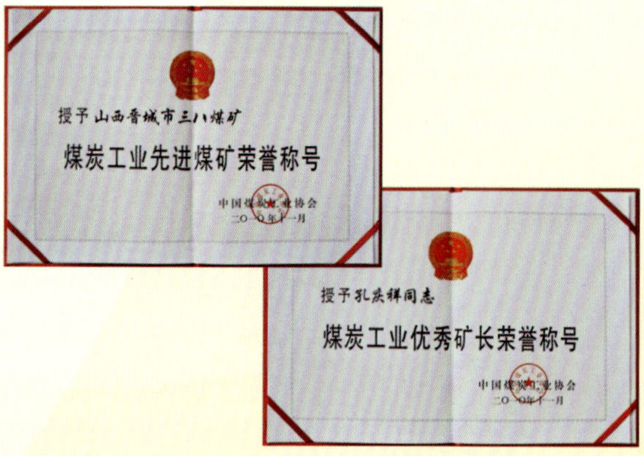

技能比武

五一趣味比赛

锦辰煤业发展规划

珏山水厂

迎新晚会

矿区大门

多功能、现代化的职工文化宫

花园式矿区

优雅的职工公寓楼

舒适的职工餐厅

珏山吐月

晋城市安全生产技术培训中心

主任　崔培林

晋城市安全生产技术培训中心经晋城市编办以晋市编字【1997】第64号文件批准成立，隶属于晋城市安全生产监督管理局，属正科级事业单位。是晋城市安全生产技术培训工作系统培训的主要承担者，为晋城市的安全发展做出了积极贡献。

中心现有工作人员和教职员工25人，其中中级职称5人，注册安全工程师2人，研究生1人，本科生5人。内设办公室、教务科、教学科、财务科、实习实验室、总务科等科室。配备有面积为400平方米的专用教室、面积为135平方米的多媒体教室、电教室、图书室、安全教育展览室、实验室、档案室、计算机室等，住宿能同期满足1057人，就餐能同时满足400人。现场规范管理，卫生许可手续齐全。中心教学设施完善齐全，能为学员提供良好的教学环境及生活服务。

中心于2000年取得三级煤矿安全培训资质，2004年取得非煤三级安全培训资质，2007年7月9日，经国家安全生产监督管理总局考核批准，取得了二级非煤安全培训资质，批准文号：国家安全监管总局公告2007年第9号。取得二级资质后，坚定不移的贯彻为企业服务、为基层服务、为安全生产服务的宗旨，坚持“统一规划、分级实施、分类指导、教考分离”的原则要求，认真组织实施安全技术培训，为我市的安全生产提供了大量的技术人才和管理人才。

安全工作无止境，该中心将不断适应新形势、新任务的要求，坚持“服务企业，面向社会”的办学方向，在实践中掌握新知识，积累新经验，增长新本领，发扬与时俱进，开拓创新的精神，进一步加强对安全培训工作规律的探索与实践，为晋城市的安全发展和安全平稳态势作出积极贡献。

计算机房

图书室

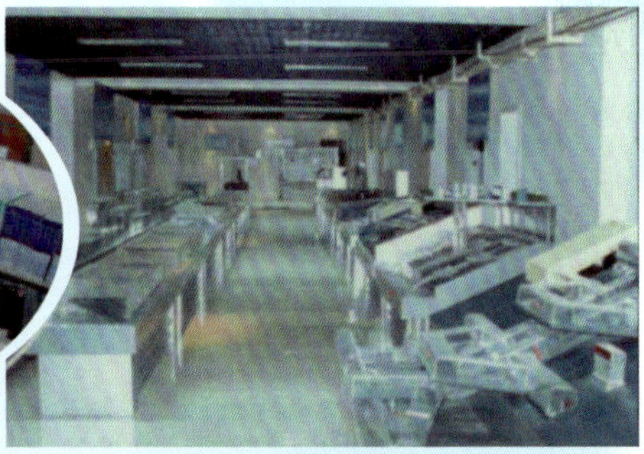

实验室

多媒体教室

宾馆一角

餐厅一角

晋城市亿泰房地产开发有限公司

书记 彭先林

总经理 靳光明

晋城市亿泰房地产开发有限公司成立于2003年4月，注册资金1800万元，是由晋城市泽州县南村镇杨洼村投资，具有三级开发资质的房地产开发公司。公司董事长兼总经理是由晋城市房地产协委会常务理事、杨洼村村委会主任靳光明担任。公司现有各类高、中级专业技术人员三十余名，占注册员工的58%，固定资产8000余万元。

公司开发的主导项目“四季花城”，小区环境优美，景观新奇，四季有花，冬夏长青。总占地面积230.8亩，其中建设用地217.1 亩，人行道用地13.7亩。总建筑面积287 860平方米，其中住宅175 266平方米，商业10 566平方米，公建102 128平方米，建筑密度22.44%，容积率为1.53，绿地率37.8%，日照间距1：1.4,住户1200户,停车位1200个。

“四季花城”小区交通便利，人文环境优越，是一个集居家、休闲、教育、文化娱乐于一体的现代化园林式示范小区，是晋城市唯一一个能够完成从幼儿园到高中全程教育的文化社区。本区内实行保安24小时巡逻制，红外线电子安全防范监控系统为住户提供可靠的安全保障。项目建设之初就受到晋城市民及社会各界的广泛关注，公司成立以来累计开发建筑面积15万余平方米，设计新颖，造型美观，使用舒适，深受广大回迁住户及社会各界的赞誉。

随着“四季花城”的逐步建设完善，它的名字在晋城市越叫越响，亿泰人开拓进取，追求卓越的精神也深深扎在这片热土上。

①市委书记张茂才为该村挂牌

②市领导视察小区规划

③公司领导亲临工地

④鸟瞰图

⑤文体场所进村

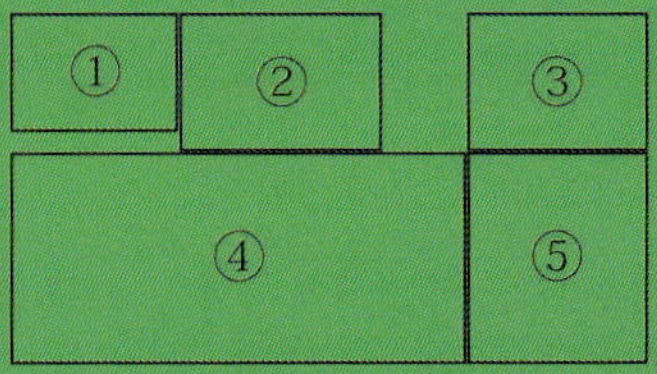

晋城市城区人民法院

晋城市城区位于山西省东南部，总面积149.6平方公里，为晋城市经济、政治、文化中心地域。晋城市城区人民法院始建于1985年，位于交通便利的文昌西街。现有办公楼面积5679平方米，设有大法庭1个，中、小法庭13个，配有会议室、立案接待厅、多功能厅、档案库、微机室、调解室等8个专门用房。法院内设刑事审判第一庭、刑事审判第二庭、民事审判第一庭、民事审判第二庭、民事审判第三庭、行政审判庭、执行局、立案庭、审判监督庭等14个职能部门和北石店、西上庄、钟家庄3个派出法庭。

党组书记、院长 郭旭鸿

根据有关法律、法令的规定，晋城市城区人民法院负责审判由晋城市城区人民检察院提起公诉的一审刑事案件和自诉人直接起诉的刑事自诉案件，审判本区一审民事、经济案件以及对由晋城市城区人民政府及其下属主管部门具体行政行为提起诉讼的一审行政案件以及本院审判委员会决定再审、当事人提起申诉或上级法院发回重审的案件。

近年来，城区人民法院坚持以科学发展观指导全院各项工作，围绕“三个至上”重要思想，忠实履行宪法和法律赋予的审判职责，把审判工作当作重点，当作法院工作的生命和灵魂，依法惩治犯罪，调节经济关系，处理民事纠纷，规范行政行为，积极参与社会治安综合治理，为维护稳定，促进改革，保障发展做出了积极贡献。大力加强队伍建设，注重对干警的教育培训力度，加快法官队伍的职业化进程，通过开展“规范司法行为，促进司法公正”、“社会主义法治理念教育”、“深入学习实践科学发展观”、“发扬传统、坚定信念、执法为民”等主题教育活动，针对人民群众反映强烈的突出问题认真整改和规范，进一步规范干警行为，提高队伍素质。积极推行司法为民举措，全面推行公开审判原则，实行裁判文书改革，开展判后释法活动，落实司法救助制度，让人民群众通过看得见、信得过的规范程序感受到司法公正。加强法院管理，逐步探索建立规范、有序的长效司法机制，使工作朝更加规范化、制度化、科学化方向发展，努力建设一支政治坚定、作风过硬、纪律严明、司法公正的法官队伍，为城区经济社会发展提供良好司法保障。

团结奋进的领导班子

重温入党誓词

干警文化生活丰富多彩

行政庭开庭审理案件

一站式立案窗口

晋城市国土资源局 城区分局

奋力攻坚克难 服务转型跨越

晋城市土地收购储备中心主任兼城区分局负责人 张怀慎

城区是全市的政治、经济、文化中心，国土资源管理工作任务历来十分艰巨和繁重。随着城市规模不断扩大、经济社会的快速发展和新农村建设步伐加快，土地供需之间的矛盾更加突出。尤其近年来，由于房地产价格持续上涨,以及“城中村”改造相继展开,人们对于土地的升值预期和紧缺感越来越强烈。因此，土地管理工作的难度越来越大，保障经济增长、保证耕地红线不被突破之间的矛盾也更加突出。面对这一必须破解的难题，近年来，城区国土资源分局从科学发展的高度出发，力争准确把握保障发展与保护资源的关系，准确把握保证依法供应与高效利用的关系，准确把握促进发展与维护群众利益的关系，把国土资源管理与全区的经济社会可持续发展结合起来，认真开展以保增长、保红线为主要内容的“双保”行动，使全区的土地资源在保证重点工程和大量民生项目用地的同时，实现耕地动态平衡。分局也连年被评为“国土资源管理先进单位”，受到了市政府的表彰。

积极服务用地单位

对大学生村官进行土地管理法律知识培训

全市执法监察工作现场会在城区召开

推行ISO9001质量管理体系，实现标准化管理

加强动态巡查，制止和打击违法用地行为

加强执法动态巡查，严防违法用地行为发生

服务城中村改造，认真开展土地权属核查

大力推进土地开发整理

走上街头，宣传土地管理法律法规

深入乡村宣传土地管理法律法规

党委书记 张宏

镇长 郭瑞林

北石店镇

北石店镇位于晋城市区东北8公里处，总面积39.8平方公里，是晋城市“六区联动、组团发展”城市化规划示范区之一。全镇下辖23个行政村，农村人口8202户、21 102人，常住人口81 483人。境内畅安路贯穿南北，陵沁路横贯东西，是晋煤集团等国有大型企业驻地，是城区唯一的建制镇。该镇先后被命名为“晋城市首批宽裕型小康镇”、“山西省经济百强镇”、“中国民间文化艺术之乡”。被晋城市委、市政府授予“和谐乡镇”、“城乡一体化先进镇”等多项荣誉称号。

近年来，北石店镇党委、政府深入贯彻落实科学发展观，依托得天独厚的区位优势和雄厚的工农业基础，狠抓结构调整，主攻项目建设，推进转型跨越发展。重点打造出了北石店、大车渠、司徒、大张村等一批全省、全市新农村建设先进典型。新上了宇光电缆、健牛工贸、盛博工贸、科威工业园、天煜新能源公司等一大批新型产业项目，基本形成以电缆、铸造、化工、新能源为主导的产业结构。特别是2009年以来，北石店区城市化改造工程正式启动，为全镇带来了千载难逢的发展机遇，目前，4.6公里长、50米宽的畅安大道已经通车，沿线5个村城中村改造全面展开，全镇呈现出镇域经济活力不断增强，城镇面貌日新月异，社会事业繁荣进步，人民生活显著提升的良好局面。

“十二五”期间，北石店镇将围绕“一点定位、两线连接、三片联动、四化统筹”的发展战略，争当转型发展的排头兵，全力打造新型工业的桥头堡、生态休闲的首选地、城乡一体的示范区，五年再造一个新北石店，跻身北方经济强镇，率先实现绿色崛起，全面建设繁荣、温馨、现代、宜居的创业新城、活力新城、幸福新城。

加快发展新型工业。以占地1744亩的北石店工业园区为载体，发展煤机制造、矿用锚杆、矿用电缆、煤层气液化、尾煤加工等新型工业。重点推进科威工业园、宇光电缆二期、天煜新能源等一批具有国际国内自主知识产权的高新技术项目落地投产，全面承接晋煤集团产业转型扩张，构建新型工业体系，提升工业经济的整体竞争实力。全面提升现代服务业。以中部城镇聚集区为核心，面向晋煤消费群体，重点建设北石店五星级大酒店、大张村商贸物流园区，辐射和吸引城市及周边居民，形成以特色高端现代消费街区、生产型服务业、生态休闲娱乐业为主的现代服务业体系。精心打造现代都市农业。以司徒千亩都市农业园、七岭千头肉牛、丰安悟能万头养猪场项目为龙头，大力推进以生态循环养殖、花卉种植交易、观光采摘、果蔬饮品加工等为主体的“一村一品”特色农业，促进农民增收，实现现代农业的整体腾飞。加快统筹城乡发展，强化城乡路网建设，形成以畅安路、晋高路、环镇路“两纵一环”为主框架，十分钟通达的便捷交通网络。完善公共管理服务，加快推进中部十村特色城镇化建设，带动城乡一体化发展。逐步形成一个占地8.6平方公里，拥有10万人以上居民，城市道路宽敞便捷、市政设施配套完善，学校医院布局合理，体育场馆功能齐全，公园绿地风景宜人，人居环境整洁美观，与主城区整体协调、联动发展的现代化北石店城市新区！

重点招商引资项目科威工业园奠基

大车渠健牛工贸公司

司徒现代都市农业示范园

新农村建设成效斐然

宽敞便捷的畅安路

北石店区城市化改造工程

宇光电缆公司

晋城市城区晓庄社区

团结务实的领导班子

晓庄社区位于晋城市城区北侧，辖区总面积2.75平方公里，耕地1600亩。辖晓庄、三里桥、椿树头、庄沟等4个自然村，农业人口2782人，非农业人口1439人，暂住3208人。20世纪90年代初，即成为省级小康村、文明村。

十一五期间，社区两委坚持以党的十七大精神为指导，认真贯彻落实科学发展观，紧密结合社区实际，创新性开展各项工作，使经济社会发展在原来的基础上又取得了较好的成绩。经济建设方面：认真实施一村一品发展战略，建起了全市规模最大的食用菌生产基地，推动了食品菌产业发展，促进了劳动分流和居民增收。依托区位优势，促进经济转型，建材市场项目建设在即。金利通、智宇钢结构、晋天消防等一大批民营企业在社区落户；不断优化发展环境，临街门店得到迅速发展。房屋出租业为新型产业。社会发展方面：以强化社区服务体系建设为抓手，各项事业都取得新进展。在环卫服务上，以环卫组为主题，对社区各主要街道实行了专人清扫，垃圾定时定点倾倒，日产日清，全天保洁，无缝隙作业。在安全服务上，加强了警务室建设，组织了专职治安巡逻队，建立了房屋出租和流动人口管理站，开展了流动人口暂住证业务办理，建立了流动人口档案，使社区因此而产生的不稳定因素得到了有效的掌握和控制，为社区和谐提供了保障。在为老助残服务上，新建了老年多功能厅，配套健身器材，扩建了老年公寓，组建了老年合唱团，购置了各种乐器，定期组织开展文化活动，投资80余万元新建了两个老年门球场。社区还对残疾人积极提供生活和就业便利，对生活困难家庭，配合民政部门开办了低保业务，做到了应保尽保。在卫生和计生服务上，新建了社区卫生服务站，形成了集医疗、康复、预防、保健、健康教育、计生服务六位一体的社区卫生服务模式，使居民不出社区就能享受到基本医疗服务。社区服务中心积极开展计生宣传教育，落实计生政策，计生工作连年走在全区前列。在文化、教育、体育服务上，社区改造了文化广场、文化活动中心、文明市民学校，形成了以文化活动中心为主，居民自发组织文化活动为补充的公共文化网络。从1984年至今，社区连续28年举办文化艺术节，成为社区文化活动的一大特色。2009年被评为全省首批特色文化村。民生保障方面：社区为60周岁以上农户居民发放了养老金补贴，60至69周岁每人每月80元；70至79周岁的每人每月90元；80周岁以上每人每月100元。为农户居民每年发放年终福利。对考入二本以上的大学生每人支付2000元的奖学金。对亡故居民家庭每户给予1000元抚恤金。百分之九十八以上农户居民参加了新农合，非农居民医保实现了全覆盖。农户居民吃水、生活垃圾处理实行了费用全免。

进入十二五，开启新行程。社区两委制定了更高的经济社会发展目标。在经济建设上，要充分利用地域优势，做好转型跨越发展的大文章。在社会发展上，要全力抓好转型跨越发展的大文章。相信通过社区上下的一致努力，晓庄的明天一定会更加美好。

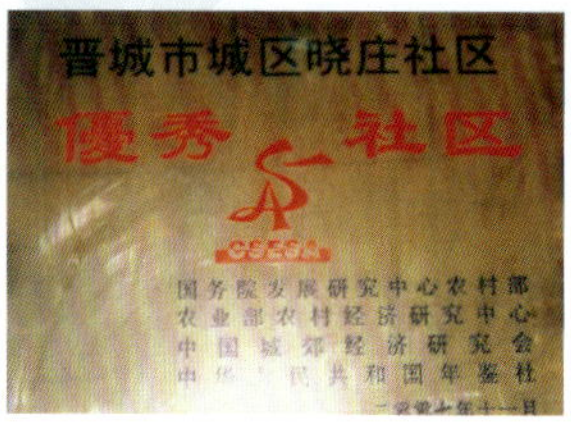

社区服务站

农家书屋

休闲活动广场

展厅

支部书记 王真林

主任 王进红

岗头村

一、基本情况

岗头村位于市区西南部，距市区1.5公里，全村现有230户，800口人，劳力500人，60岁以上老人75人；原有耕地720亩，现有耕地60亩；企业13个，每年上交村集体利润约40万元。

1、班子情况：村委班子5人，党支部4人，书记1人，副书记1人，支委2人；村委会3人，主任1人，副主任1人，村委委员1人；交叉任职3人。全村现有党员22名，村民代表20名，其中，党小组长4名，村民小组长4名。

2、基础设施：全村现有村级卫生所1个、老年活动中心1个、村级活动广场1个、篮球场1个、私立幼儿园1所（幼儿60名）、换热站1座。

3、三产有：豪德光彩贸易广场1家（投资4.7亿元，占地325亩，建筑面积23万平方米，商铺1500个）、中石油第六加油站1个、宏瑞汽车销售厂家1家、大型汽车修理厂2个，养鸡场1个（8000只）、私营醋厂1个、涂料厂2个、饭店3家、门市部3家。

4、民生实事：热力公司暖气接入率100%（投资170万元）、群众吃上了自来水（投资35万元），农村合作医疗村委全部代缴普及率100%，电话、加密普及率达到95%以上，给60岁以上老人每月发放养老金，解决了十三年来企业上交和合同续签问题，修建门楼一座，增设村民健身器材。

5、文化生活：每年村里举行4次文体活动（“春节”、“三八”、“五一”、“九九重阳节”）、每年组织党员、村民代表外出参观学习1次。

6、其它：名胜古迹1处（落花寺）、豪德公园1处（投资340万元，占地150亩）、公墓1处（投资65万元，占地30亩）、两沟治理土地300亩（可招商引资）。

二、前半年各项工作完成情况

1、为了丰富村民文化生活，先后组织了“春节”、“三八”、“五一”三次文体娱乐活动。

2、投资约35万元，对村内六条街道进行了水泥硬化，面积达4500平米。

3、为创建国家卫生城市，清理积存垃圾800余吨，集中整治四堆八乱，清除小广告，安排保洁人员5人，投资约15万元，修建卫生墙1400平米。

4、成立了治安巡逻队、便民服务站，并投资1.5万元对村内主要街道、各出村路口安装了监控设备。

5、引进了一个苗木花卉仓储项目，现已开工。

6、投资8万元将村民活动广场及环境进行了改造，让村民休闲、娱乐有了一个较为舒适的环境。

7、配合办事处、土地部门协调豪德二期工程的前期工作，进行迁坟、企业拆迁，为下一步工作奠定了基础。

8、动用200多人次，机械、汽车10个台班、次，投资15万元对豪德公园、落花寺周边进行了绿化。

9、旧村改造、两沟开发正在启动中。

三、下半年工作计划

1、完成全村230户，800口人的煤层气接入工作；

2、招商引资，全力推进两沟治理开发工程；

3、积极办理旧村改造手续；

4、按照上级要求和部署，完成两市创建各项工作；

5、圆满完成第九届村委会换届选举工作。

领导深入调研

创卫工作

岗头村门楼

环境优美的居民住宅小区

惠民工程 集中供气

村务公开栏

文化活动丰富多彩

健身器材

文峰社区

文峰社区位于晋城市区东南部。东与晋城火车站为邻，西和川东公路、怡泽园小区相接，南与白水街为伴，北和迎宾街、邮政小区相连，总面积0.86平方公里。社区党支部现有党员13名，辖区内常住居民239户、728人。其中：农户193户、602人，非农户46户、126人，现有土地410余亩。有海湾机械设备有限公司、晋城市押运护卫中心等十多家驻区单位。交通便利，地理位置极为优越。

十一五期间，社区两委班子在党的十七大精神指导下，结合社区实际，紧紧抓住“兴工哺农，兴工富村”这一发展思路，把“当一任村官，富一村百姓”的理念始终贯穿于实际工作中。通过不断创新工作机制、整合社区资源，集体经济迅猛发展、各项公益事业逐步完善，居民生活水平显著提高。着力营造出了一个经济发展、秩序优良、人际关系融洽的和谐新社区。社区先后获得“五好社区党组织”、“卫生先进集体”、“文明和谐社区”、“红旗党支部”等30余项荣誉称号。圆满地完成了流动人口管理、文明城市创建等多个试点工作任务，赢得了社区群众的信任、支持和上级领导的充分肯定。

十二五期间，文峰社区将以转型发展为主线，以赶超发展为战略，以跨越发展为目标，进一步动员全体居民，解放思想，凝聚共识，增强信心，埋头苦干，继续拓展企业经营与服务领域，为社区经济的发展注入更大的活力，使文峰社区的各项工作迈向一个崭新的阶段。

两委村民代表议事会议

文峰新区

文峰社区企业一角

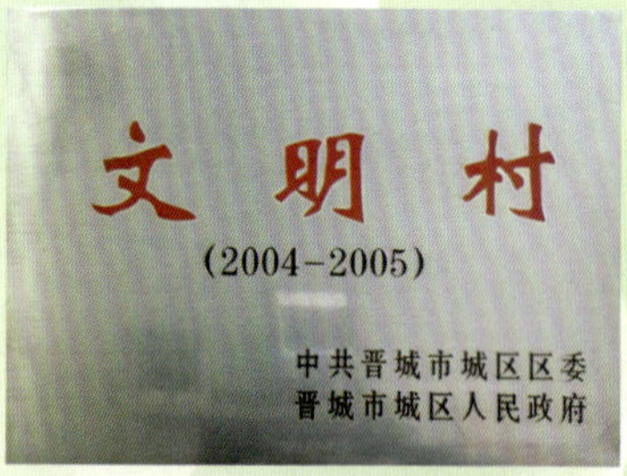

文峰新区居民住宅楼

文峰社区笔峰塔　　文峰社区休闲渔场　　文峰社区五一活动

晋城市城区钟家庄办事处 连川社区

环境优美的住宅小区

晋城市城区钟家庄办事处连川社区位于市区东南部。东与文峰社区为邻，西和钟家庄社区相接，南与白水街、河东村为伴，北和中原街、太行路相连，总面积0.3平方公里。社区党支部现有党员15名，群众代表11名。辖区内常住居民248户，常住人口820余人。其中：农户91户、348人，非农户157户、472人，现有土地110亩。有宏达工贸有限公司和利民工贸有限公司两家驻区单位。交通便利，地理位置优越。

庆祝建党90周年文艺表演

近年来，在办事处党委的领导下，在社区居民的大力支持下，连川社区以创建和谐社区、构建和谐社会为工作目标，以创建先进社区党组织、争当“五个模范”优秀共产党员为主要内容，把为居民做好事、办实事作为社区工作的重点，积极有效地开展各项工作，在党的建设、开展创先争优活动、计划生育、综合治理、环境卫生、人口普查等方面都取得了一定的成绩。

晋城运盛物流有限公司

董事长、总经理 闫冠军

晋城运盛物流有限公司是晋城宏圣建筑工程有限公司控股的子公司，是晋城煤业集团知名的品牌物流企业，也是省内最大的公路物流企业。

晋城运盛物流有限公司位于晋城市城区西上庄部匠村，设有部匠、黄头、王台、凤矿、成庄、北留6个物流基地和3个大型修理厂，占地面积约60 000m²，主营业务为煤炭公路运输，现有员工2000余名，拥有大型运输车辆635部（其中燃气汽车254部，燃油车381部），年运能力达2000万吨，2010年实现生产经营总额4.25亿元，2011年预计完成经营总额5亿元。

近年来，运盛公司秉承科学发展、安全发展理念，狠抓学习型企业创建和安全特色企业文化打造，并逐步用燃气汽车淘汰燃油车，在物流服务模式创新、安全发展、低碳发展和服务地方经济发展等方面均取得卓越成就，运盛公司先后被授予“全国煤炭系统先进集体”、“山西省青年文明号”、“转型跨越‘山西青年五四奖状’”、“晋城市交通事故预防先进单位”、“晋城市交通安全宣传教育示范企业”、“晋城市城区十佳纳税企业”等荣誉称号。同时，运盛公司董事长兼总经理闫冠军先后荣获晋城市特级劳动模范、晋煤集团特级劳动模范、宏圣公司特级劳动模范。

面临山西省、晋城市及晋煤集团转型跨越发展带来的机遇，运盛公司提出了“2·1·25·20”发展战略，即：在“十二·五”末完成2个百亩物流基地建设，普货运输达1000辆规模，运输能力达2500万吨，实现经营总额20亿元。目前，运盛公司党政领导携全体员工紧紧围绕“千辆规模、品牌物流、汽运旗舰、低碳经济”的愿景目标，开拓创新、锐意进取，为打造一个“装备一流、管理一流、服务一流、品牌一流”的现代化物流企业进行着不懈努力。

团结奋进的领导班子

警企共建

GPS定位系统的使用

车辆装卸点

铁龙出太行

职工文化生活

新型燃气重卡

花园式办公环境

晋城豪德光彩贸易广场

董事长　张明舒

晋城豪德光彩贸易广场是香港豪德集团在国内投资兴建的第十六个商贸物流园区。该项目位于晋城市西上庄办事处岗头村和苗匠村，规划占地面积2000亩，分三期开发，投资约20亿元人民币。

广场（物流园区）内主要经营建材、装饰材料、木地板、板材、五金机电、交电、灯具、灯饰、家电、陶瓷、卫浴洁具、水暖器材、厨房用具、橱柜、家具、布艺窗帘、摩托车配件等有利于市场发展的商品。同时设有宾馆、电子信息交易中心、电子监控中心、物流配送中心、产品展示中心、客运和货运、停车场、仓储等服务设施。

首期工程位于西上庄办事处岗头村、沿西环路以南，于2009年9月动工建设，总占地326亩，建筑总面积约23万平方米，商铺1500多套。该工程已于2011年10月竣工，并将陆续交付使用。

二期项目选址位于西上庄办事处苗匠村，沿西环路以北，与首期隔路呼应，计划投资6.3亿元，占地279亩，建筑面积约20万平方米，建设内容与首期相似。它将在首期的基础上，进一步扩大规模，增加品种，完备功能，同时引进国内外知名品牌加盟，使其影响更大，辐射范围更广，更好地为晋城人民和周边人民服务。二期工程已于2011年10月12日举行奠基典礼，目前正在进行物探、钻探和采空区治理前的准备工作。

项目一期和二期共占地约605亩，投资约12亿元人民币，建筑面积43万平方米。项目建成运营后，预计市场年销售额可达50亿元人民币，年增加税收约2.5亿元左右，可安排直接就业约1.3万人及带动相关产业就业人员约2万人，经济辐射半径达150公里。将形成一个集商贸购物、物流配送、餐饮、休闲及娱乐为一体的商贸物流集散中心，极大繁荣市区现代商贸物流业，拉大城市框架，提升城市品位，完善城市功能，加速城乡经济的交流与合作，辐射和带动晋城区域经济的发展，成为地方经济发展和改革开放的一个窗口。晋城豪德公司在企业发展的同时，不忘积极回馈社会，二年多来，为慈善公益事业捐款累计达500多万元。2011年4月，晋城豪德公司又认捐冠名慈善基金1000万元，积极为慈善公益事业尽一份社会责任。晋城豪德光彩贸易广场开发有限公司将弘扬“团结、进取、务实、奉献”的企业精神，努力将晋城豪德光彩贸易广场打造成晋城最大的商贸物流基地，为晋城经济转型发展、跨越发展做出更大的贡献。

奠基典礼现场

中国光彩事业促进会秘书长孙公麟向张明舒董事长颁发“全国光彩事业重点项目”牌匾

豪德公司向市慈善总会认捐慈善基金1000万元

董事长张明舒向市红十字会捐款20万元，为百名贫困白内障患者免费进行手术

鸟瞰图

山西宇光电缆有限公司

山西宇光电缆有限公司创建于2008年，地处山西省晋城市陵沁一级路边，为晋城煤业集团残疾人安置福利公司——晋城宇光实业有限公司的子公司。现有员工230名，专业技术人员占30%，占地面积30余万平方米，是山西省电缆行业生产规模最大，品种规格最全的生产企业。

董事长 安明富

公司现有矿缆、力缆、布电线（BV线）、铸铜杆、压胶生产车间。主要产品包括：通用橡套软电缆、塑力电缆、电焊机电缆、采煤机屏蔽监视软电缆、煤矿用移动阻燃电缆、煤矿井下及地面用35Kv及以下交联电缆、架空绞线、架空绝缘电缆、防水电缆、阻燃耐火电缆、低烟无卤电缆、环保分支电缆等30多个系列，上万种规格。广泛应用于煤矿、化工、电力、冶金、石油、交通、港口和建筑等领域，电缆生产能力近期年产值达5亿元，远期目标可达20亿元以上。同时，铜杆年生产能力5000吨，可铸ϕ8㎜以下的铜杆，小线拔丝对外销售。并能为客户提供技术咨询及设计不同性能的电缆产品。计划在“十二五”期间建成110Kv超高压生产线。目前，公司已进入武汉、重庆、兰州、太原等国家电网市场，在国际上，公司已同南非、也门、孟加拉国、委内瑞拉、沙特阿拉伯、香港（特区）等商家签订长期供货合同，形成出口创汇，并成功进入奥、美等发达国家市场。

公司先后通过了国家3C强制性认证、矿用产品安全标志认证（MA）、全国工业产品生产许可证认证、电网招标入网证、ISO9001：2008国际质量管理体系认证和企业安全评价认证等。公司始终贯彻“质量求生存，创新求发展”的方针和“出厂产品最终交付满意率100%”的目标。评审专家一致评定：公司工艺装备一流，技术力量雄厚，产品质量稳定可靠，体系合理、管理创新。

公司长期与上海电缆研究所、诸多知名上市电缆公司进行战略合作，具有得天独厚的生产、技术和营销优势，组建了经验丰富的售后服务团队，是各方宾客“共谋求发展，携手创辉煌”的商业合作伙伴，真诚欢迎前来洽谈业务，实现双赢目标。

省委统战部部长聂春玉、晋城市委书记张茂才等领导慰问残疾人员工

市长王清宪在该公司调研指导工作

赴北京参加“轮椅健身操”比赛，荣获全国第一

车间一角

宇光电缆工业园区

晋城市地方风味小吃城

晋城市地方风味小吃城，是改革开放以来，由个体地摊发展起来的小吃餐饮龙头产业。前身为泽州路综合市场，二〇〇五年在创建“全国优秀旅游城市”过程中，市政府将其更名为“晋城市地方风味小吃城”。

晋城市地方风味小吃城位于泽州南路，占地面积13.8亩，建筑面积达14 000平方米，安排个体商户百余户，其中：小吃餐饮户占到55%，主要经营全市和全国各地风味小吃。除此外还有与餐饮业相匹配的蔬菜、肉、蛋类、水产、水果、粮油、调味等经营品种达2万余种。另有练歌、网吧、棋牌、茶社等大众娱乐项目。就业人员达到600余人，年创税60余万元。是晋城市争创全国卫生城市和文明城市的一个服务窗口和亮点，被评为全市十大市场之一。

晋城市地方风味小吃城项目总投资达3300万元，全体商户已安装煤气，大大改善了环境。小吃城正向新的餐饮标准和要求迈进。欢迎各级领导和各界朋友以及八方游客到小吃城品尝特色，吃出健康，饮出欢乐。

驴肉甩饼
阳城烧肝
泽州清汤饸饹
新疆羊肉串
重庆小砂锅
高平烧豆腐
天津小笼包
晋城烧大葱
交通安全
安徽馄饨
东北烧烤
怡心茶苑
沁水煎饼

文明是人生的春风
共创卫生
康文明家园

矿长　李学慧

书记　高欣奇

晋城煤业集团寺河矿二号井

晋城煤业集团寺河矿二号井位于山西省晋城市泽州县川底乡和村西北部。矿井始建于1994年，经两次改扩建，设计生产能力达90万吨/年。主要开采9#煤层。

近几年，随着矿井发展建设步伐的不断加快和管理体制的改变，该矿管理水平得到大幅提升。煤矿生产，安全为天。该矿认真贯彻落实科学发展观，始终把安全作为煤矿的头等大事来抓，以矿井改扩建为契机，不断加大安全投入，提升矿井装备水平，采掘机械化程度达100%；深入开展达标整治活动，安全质量标准化动态保持企业一级；积极推行岗位操作安全确认口令，并取得明显成效，在晋煤集团范围内得到推广；严格执行“科学、合理、正规、有序”的组织生产原则，安全生产持续稳定健康发展。自2007年起被纳入晋煤集团大矿管理以来，未发生任何人身伤亡事故。与此同时，该矿通过大力推行全面预算管理，实行工作绩效考核和坚持“两手抓”，使得矿井经营管理、精神文明建设等各项工作整体推进，全面提高。并荣获国家先进煤矿、2009年国家级质量标准化矿井，晋城市“模范单位”和晋煤集团“模范单位”、“先进党组织”等荣誉称号。如今，寺河矿二号井已发展成为晋煤集团煤炭主业的一支生力军，在册职工1600余人。

当前，该矿正瞄准新的目标，朝着建设安全高效、精致和谐现代化矿井的方向，全力以赴开展各项工作，努力为晋煤集团“亿吨基地、千亿规模、百年企业、能源旗舰”愿景目标的实现做出新的更大的贡献。

党风廉政教育

180万吨环境影响技术评估会

安全知识竞赛

送温暖　献真情

矿区大门

支部书记 王福

村委主任 牛江林

牛山村

晋城市城区西上庄办事处牛山村，位于西上庄办事处东北部，地处城郊结合部，紧靠白马寺山森林公园，属城郊型农村。全村325户，910口人，810亩耕地。村委下设十八个村民小组，其中村民组长18名，村民代表22名；党支部现有党员32名，下设三个党小组。

近几年来，牛山村面临主要集体经济支柱煤矿关停的严峻形势，在各级党委和政府的正确领导下，在团结奋进的支部、村委一班人的带领下，满怀"村兴我荣，村衰我耻"的政治责任感和使命感，立足村情实际，深入贯彻落实科学发展观，坚持安全发展、转型发展、开放发展、和谐发展，社会主义新农村建设稳步推进，党建、村务管理、综合治理、农业发展、村镇建设、精神文明等各项工作均取得了显著成绩。仙凌山农业生态园区成为旅游服务业的最大亮点，正乾煤矸石砖厂成为新兴建材的代表，玫瑰发展中心形成特色化生产规模，养鸡、养羊等特色养殖业蓬勃发展，金色田园农业合作社更是农业转型发展的先锋，黑龙潭都市农业科技示范园作为今后发展的龙头企业，目前正在筹划建设之中，老村整体搬迁工程进入扫尾阶段，煤层气进入农家院户，农民生产生活极大改善，村内环境焕然一新，民主自治管理不断完善，村民文化生活日益丰富，村风纯朴，社会和谐。历年来多次获得省级"文明村"、"妇女群众文化活动示范点"、"依法治理示范单位"和市级"先进基层党组织"、"安全文明村"、"环境优美村"、"生态园林绿化村"、"文明和谐村标兵"以及区级"五好先进示范农村党组织"、"爱国卫生先进村"等荣誉称号。

今后，牛山人将在村党支部的带领下，继续努力践行"三个代表"重要思想，坚持科学发展观，团结拼搏，与时俱进，勇往直前，开拓创新，以坚韧不拔的"牛"的精神，踏踏实实搞好三个文明建设，建设牛山、发展牛山、富裕牛山，为把牛山村早日建成社会主义新农村和构建和谐社会而不懈努力！

气势恢宏的牛山村门楼

新型建材园区门楼

新建成的黑龙潭龙王庙

仙凌山生态园游泳场

太行通衢

——高陵高速公路建设情况

高陵高速公路，是我省“三纵十一横十一环”高速公路规划网中第十横的重要组成部分，西起高平市河西镇常乐村，东至陵川县古郊乡营盘村（省界），与待建的新乡至高平高速公路相接，全长62.945km，概算37.1569亿元，为山岭区高速公路，设计时速80km/h，路基宽度24.5m，桥梁设计荷载标准为公路Ⅰ级。全线有大桥24座，中桥10座，涵洞94座，通道27座，隧道13座，互通立交5处，管理中心1处，服务区1处，隧道管理站2处。其中主线桥梁隧道长20km，占全线总长的32.25%。

高陵高速公路西接二广高速、高沁高速，东连京珠高速，是晋东南至豫北、山东、冀南等地的快速通道，对完善我省乃至全国的公路交通网络、推动社会经济发展具有重要意义。高陵高速公路由山西省交通开发投资集团公司以BOT方式投资，高陵高速公路有限公司组织建设。

2009年5月，该项目正式开工以来，高陵公司在省交通运输厅、晋城市委、市政府的坚强领导下，自加压力，超常规开展工作，已于去年建成高平－陵川县城段31.3公里，为“十一五”末全省高速公路建成3000公里做出了贡献，也使晋城市在全省率先实现了“县县通高速”的目标。

2011年春季复工以来，公司再接再厉，打响路面及附属工程攻坚战，目前完成投资33亿元，路面工程完成85%，房建主体完工，机电工程完成86%，交通安全工程全面展开，年底可圆满实现全线建成目标。

◆ 精益求精

◆ 主线收费站

◆ 桥隧相连

◆ 隧道掘进

鸣谢单位：晋城市集体工业联合社
晋煤集团晋圣鸿升煤业有限公司
山西兰花集团唐安煤矿
高平科兴云泉煤业有限公司
晋城市邮政局

区县概况

晋城市城区

2009 年概况

2009 年，是“十一五”规划第 4 年，是全区经济社会发展的整体推进年，全区上下全面贯彻党的十七大和十七届三中全会精神，以科学发展观为统领，加快实施“321”统筹发展战略，围绕打造四个中心，突出抓好六个重点，强力推进十大工程，全面推动科学发展，使经济和社会发展各项事业都保持了稳步增长。全年全区生产总值完成 345 294 万元，同比增长 9%。财政总收入完成 56 779 万元，同比增长 12.85%，其中：一般预算收入完成 32 510 万元，同比增长 17.64%；一般预算支出完成 56 785 万元，同比增长 24.05%。全社会固定资产投资完成 232 210 万元，同比增长 50.77%。社会消费品零售总额完成 488 817 万元，同比增长 15.04%。农民人均纯收入完成 5968 元，同比增长 8.39%。城镇居民人均可支配收入完成 15 161 元，同比增长 7.18%。人口自然增长率控制在 4.10‰以内。城市空气质量二级以上天数达到 352 天，同比增加 5 天；一级以上天数达到 103 天，同比增加 27 天；万元地区生产总值综合能耗和万元地区生产总值污染物排放量完成市定目标。在 2009 年 8 月公布的全省 119 个县(市、区)考核指标排名中，城区经济社会发展水平排名全省第六，经济社会发展指数排名全省第四，首次进入全省十强。

2009 年，全区现代农业实现了快速发展。坚持走现代农业、精品农业之路，极大地促进了农业增效、农民增收和农村经济发展。洞头采摘园、仕帝生态农业观光园和司徒村千亩现代农业园全面铺开。新建了 5 家养殖场，分别为：七岭店千头肉牛养殖场、牛山千只羊场、北街青脚麻鸡养殖场、太平悟能万头猪场、吉祥养猪场。全区养殖基地数量和规模不断扩大；全区种植两栋大棚和两亩以上的大田菜专业户达到 120 户；柏基菌业成为全市唯一集“研发、培育、推广、示范、加工、开发”为一体的农业产业化示范企业；强民乳业日加工能力达到 100 吨，福豆来豆制品厂投产运营，牛山玫瑰发展中心新建 900 平方米厂房并开工生产。农民专业合作社发展迅速，全年新增 20 个各类专业合作社，总数达到 35 个，有 3 个获得省农业厅“省级示范社”称号。全年全区粮食总产量完成 10 056 吨，小麦总产量完成 6205 吨，秋粮总产量完成 3851 吨，蔬菜总产量完成 55 821 吨，肉类总产量完成 1448 吨，禽蛋总产量完成 2084 吨，牛奶总产量完成 1295 吨。围绕城市需求，全区农业结构转型步伐进一步加快，满足了城市居民生活需求，解决了农村后续发展问题，发展效益显著提升。

2009年,全区工业以规模企业为龙头,新型工业实现快速提升。五大基地建设初具规模,健牛工贸、白马王啤酒等六大工业技改项目全面完成,企业的核心竞争力进一步增强,矿用电缆、玻璃器皿、轻工饮品、热电联供、冶炼冶铸基地建设初具规模。煤炭资源整合步伐加快,确定晋煤集团为整合主体单位,全面展开煤矿企业兼并重组整合工作,全区19座煤矿关闭15座,保留4座,煤炭总产量保持了210万吨能力。在节能减排工作上,坚持发展与节能同步、开发与节约并举,积极推广节能新技术、新工艺,构建节能型企业,全区规模以上工业企业能源消费总量同比下降36.3%,电力消费总量同比下降28.4%,万元增加值能耗同比下降12.4%,万元增加值电耗同比下降2.5%。全年共削减COD100吨,圆满完成年度目标。

全年全区工业总产值完成166 246.4万元,规模以上工业总产值完成39 570万元,规模以上工业增加值完成13 376.2万元,规模以上工业销售产值完成38 930.5万元。乡镇企业总产值完成977 376万元,同比增长17.16%;乡镇企业增加值完成256 467万元,同比增长17.02%;乡镇企业利税总额达80 343万元,同比增长5.06%;乡镇企业营业收入完成774 266万元,同比增长16.58%。

2009年,全区第三产业发展速度加快,围绕打造四个中心,以商贸物流为主攻方向,服务业发展取得重大突破和跨越。商贸中心迅速崛起,总投资达18.5亿元、总占地650余亩的十大商贸中心建设,全年完成投资6.85亿元,占年度计划投资的106.2%,新增商业面积19万平方米。晋运物流配货中心、世贸购物中心、金辇时代广场、浙江商贸城等一批项目的开业运营,带动了凤展、煤海、白云等传统服务业上档升级,带动了三鑫祥达、华洋本田4S店等一批城市服务企业快速建设,西上庄物流基地、钟家庄生态旅游基地在三环经济中作用日益明显,全市商贸中心地位更加突出。现代服务业争先发展,扶持成立巾帼家政服务中心,家政、托幼、健身等社区中介服务业迅速发展,小额贷款公司乾通、汇丰源、金信等一批金融服务业快速壮大。全年全区三产行业拓展到43个领域,网点达1.3万个,从业人员达到5.7万人,发展专业商贸街区15个4000多家,物流货运42家,货物批发配送企业达97家,第三产业为主体的民营经济占生产总值比重达到85%以上。

2009年,全区招商引资成果丰硕。区委、区政府积极组织参加中博会等各类洽谈会,全年签约6个招商引资项目,共吸收外来直接投资5.04亿元人民币,同比增长76.77%。香港豪德、SPAR美特好、万豪、居然之家、全聚德、麦当劳等国内外知名品牌纷纷落户市区。近年引进的38个项目,已有29个项目实现落地,实际到位资金13.52亿元,招商履约率不断提高。

2009年,城区加大了民营经济政策扶持力度,坚持为企业服务,为企业保驾护航;为创业服务，为创业创造环境。积极出台扶持政策，通过制定出台《关于加快民营经济发展的实施意见》、对全区工贸企业进行贴息贷款、与商业银行开展全面战略合作、扶持成立小额贷款公司、组建政策性担保公司、实施“6333”帮扶计划等措施，为全区中小企业发展提供了优质服务。积极开展“企业服务年活动”，成立企业家协会，关怀企业家成长和健康，营造了尊重知识、尊重人才、尊重企业家的浓厚氛围。通过抓技术改造、人才队伍建设和帮助解决融资难题等有力举措，全区民营经济保持了健康快速的发展态势。全年全区民营经济增加值完成29.4亿元，同比增长16.2%；民营经济提供税金4.3亿元，同比增长20%；民营经济固定资产投资占到全区投资总额的80%，成为支撑全区经济发展的主体和支柱。

2009年，通过服务重点工程及实事项目、做好各种大中型公共职介活动、完善职业技能培训及创业培训平台、开发公益性岗位进行援助等措施，新增就业岗位8960人，农村劳动力输出与转移2521人（其中就地转移1151人，输入市区就业1060人，本省输出224人，输出省外86人），城镇登记失业率计划控制在3.5%以内，实际控制在2.16%以内，698名就业困难对象和“零就业家庭”成员得到公益性岗位就业援助，全区就业服务体系日益完善。

2009年，全面建设了“六位一体”公共卫生服务体系，卫生应急能力明显提高。甲流防控成效显著。以学校、社区为甲流防控的重点区域，进行了全方位综合防控，累计发放宣传资料21万余份，完成接种12 900人，有效控制了疫情扩散，取得了阶段性胜利。三级卫生服务网络进一步健全。扎实推进城市社区卫生服务工作，积极改善农村医疗卫生条件，全区所有行政村实现标准化卫生所全覆盖，卫生服务能力明显提高。新型农村合作医疗参合率提高两个百分点达到95.01%，补偿比提高5个百分点，6万余人受益。群众看病难、看病贵问题得到极大缓解。

2009年，社会保障体系日臻健全完善和全面覆盖，全区各项保险累计参保人员120 000余人，当年新增参保人员总计69 937人，各项保险费总计征缴6954万元，各项保险金总计支出5233.7万元。正式启动了城镇居民参加医疗保险，城镇医疗保险参保78 300人。保障城市低保对象3705户，10 316人，累计发放低保金1907万元，城市低保标准提高为261元/月；保障农村低保对象910户，2703人，累计发放低保金206.1万元，农村低保标准提高为1440元/年，全部实行了社会化发放。

2009年，建成农家书屋50家，解决了全区农村（社区）群众“看书难、买书难、借书难”等问题。文化共享工程覆盖至镇（办）一级，促进了各镇（办）优秀传统文化和现有各类文化信息资源共用共享。加快了基层基础文化设施建设，完成15个村（社区）文体活动场所建设。坚持文艺下乡演出400余场次，开展电影放映工程进社区、下农村1600余场，极大地丰富和活跃了城乡群众精神文化生活,提升了开放城市的文化层次和品位。

2009年,积极推进农村城市化进程,城乡一体化建设走在全省前列。加大力度进行扶贫攻坚,洞头村成为城市周边贫困村致富的典型,极大地带动了大张村、大车渠、司徒、北闫庄等一批不同类型的农村加快城市化建设。和谐社区建设不断深化,凤鸣社区等15个和谐社区成为新亮点。全面完成了村村通水泥(油)路、中小学校舍安全改造、三级卫生服务体系、广播电视、安全饮水"五个全覆盖"任务,事关群众切身利益的热点、难点问题得到彻底解决。

区委书记:焦光善

人大主任:王新喜

区　　长:张玉宏

政协主席:张迎社

2010年概况

2010年,是全区经济发展承前启后、奋力冲刺的关键之年,是重点工程攻坚克难、大见成效的跨越之年,是基层工作夯实基础、全面提升的创业之年。全区以科学发展观为统领,深入贯彻落实党的十七大及十七届四中、五中全会精神,按照省委书记袁纯清在全省领导干部大会重要讲话精神要求,在市委、市政府的正确领导下,以打造全市的商贸物流中心、现代服务中心、旅游文化中心、休闲娱乐中心"四个中心"为发展定位,继续大力实施"三环联动、两业并举、城乡一体"统筹发展战略,重点推进20大重点工程、20大商贸中心、20件惠民实事的"222"工程建设,努力实现转型发展、跨越发展,圆满完成了年度计划和"十一五"规划的主要指标,为"十二五"规划的顺利实施奠定了坚实的基础。

2010年,全区生产总值完成39.81亿元,同比增长13.1%;全社会固定资产投资完成30.5亿元,同比增长28.32%;财政总收入完成6.43亿元,同比增长13.28%;社会消费品零售总额完成57.7亿元,同比增长18.04%;农民人均纯收入完成6655元,同比增长11.51%;城镇居民人均可支配收入完成17 353元,同比增长14.46%;人口自然增长率控制在6.02‰以内;城市空气质量二级以上天数达到354天,一级以上天数达到104天,环境空气质量稳定达到国家二级标准;万元地区生产总值综合能耗和万元地区生产总值污染物排放量完成市定目标。

2010年,全区农业发展以五大农业园区建设为切入点,以农民增收为核心,以发展现代农业为抓手,加快推进农业组织和水利基础设施建设,现代农业实现了快速发展。农业园区建设作为农业结构调整的重点,结合区域特色进行科学规划,仕帝、洞头、仙凌山、东武匠、司徒五大农业园区各具特色,初步实现了传统农业与休闲旅游业、先进工业的有机结合,进一步优化了农业产业结构;农业产业化进程不断加快,大力培育扶持农业龙头,柏基菌业开发有限公司达到市级农业龙头企业标准,总投资1200万元,新上年产4000吨食用菌研究中心及产品深加工项目,可带动农户500户,实现产值2400万元;强民乳业跻身省级农业重点龙头企业,新上年产5万吨乳、果、蔬饮料加工项目,进一步带动了全市奶牛养殖业的快速发展,极大促进了农民增收;全年全区强农惠农政策落实到位,累计发放粮食直补、综合补贴298.9万元;争取上级资金91万元,重点扶持了7个省级重点推进村基础设施建设;为凤凰岭肉牛专业合作社、西掩村露天蔬菜基地两个贫困村产业发展争取扶持资金33万元;农业专业合作社组织迅速发展,全区共有农业专业合作社30家,其中3个获得山西省农业厅"省级示范社"称号,牧鹤鹌鹑、北街青脚麻鸡、凤凰岭肉牛等一批特色专业合作社,对周边地区种养殖业的迅速发展起到了积极的带动作用;农业基础建设进一步加强,完成郭山、东田石等村土地复垦及平田整地270亩,完成水保治理4000亩、节水工程1000亩,新建3处农村饮水安全工程,征收水资源费6320万元,保证了农业的持续发展。

全年全区粮食总产量完成11 782吨,小麦总产量完成6261吨,秋粮总产量完成5521吨,蔬菜总产量完成55 078吨,肉类总产量完成1806吨,禽蛋总产量完成1732吨,牛奶总产量完成783吨。肉、蛋、奶、蔬等农副产品产量稳定增长,传统农业实现向城市型农业转型,发展效益显著提升。

2010年,面对原材料价格不断上涨、工业生产成本持续加大等不利因素,突出对企业服务,扶持、引导、加快技术设备更新和产业重组,确保了全区工业经济运行的稳定态势。强化了产业政策导向作用,加快龙头工业企业的基地化建设,筹集资金1.72亿元完成9个新型工业技改项目,健牛工贸、恒光热电、白马王啤酒等龙头企业得到及时扶持,生产设备的更新和技术力量的升级,使全区矿用电缆、玻璃器皿、轻工饮品、热电联供、冶炼冶铸五大支柱工业地位进一步巩固;加强循环经济工作的领导,坚持发展与节能同步、开发与节约并举,以节能减排、资源综合利用、清洁生产为重点,积极推进节能技术,严格落实重点耗能企业节能目标,全区高能耗、高污染企业基本绝迹,为全市节能减排工作作出了突出贡献。前三季度万元GDP综合能耗下降5.6%,万元工业增加值能耗下降24.75%,节能减排工作走在全市前列,超额完成进度;全区煤炭资源整合步伐加快,重点推进了七岭、凤红、鸿升、坡底4个煤矿企业兼并重组整合工作,并与晋煤集团签订《煤矿企业兼并重组整合移交接管确认书》,并进行资产评估和财务审计,为下一步由晋煤集团接管奠定了基础。全区工业产业在经历环保关停、五小取缔、煤矿关闭后,通过转型发展,闯出适应城市发展需求的新型工业化之路。

全年全区工业总产值完成152 082.2万元,规模以上工业总产值完成47 578.8万元,规模以上工业增加值完成 15 923.3 万元,规模以上工业销售产值完成 48 922.3 万元。乡镇企业总产值完成 1 167 812 万元,同比增长 19.48%;乡镇企业增加值完成 315 123 万元,同比增长 22.87%;乡镇企业利税总额达 96 641 万元,同比增长 20.29%;乡镇企业营业收入完成 936 365 万元,同比增长 20.94%。

2010 年,全区三产发展围绕打造四个中心,以商贸物流为主攻方向,以 20 家大商贸中心建设为抓手,服务业发展取得重大突破。全区商贸中心地位更加突出,以国家产业政策导向,结合地域特色,大力推进总投资 30.51 亿元的 20 家大商贸中心建设,一批特色鲜明、竞争力强的产业集群不断涌现,全区形成了东南西北中、城区在前进的三产服务业提速发展全新格局。在 20 家大商贸中心的带动下,凤展、煤海、金华等传统服务业不断提档升级,社区服务、中介服务、旅游文化、金融服务等一大批新型服务业企业快速壮大,全区服务业内部结构进一步优化,服务城市水平进一步提高。全区消费品市场日趋活跃,区委、区政府认真落实国家、省、市拉动内需、促进消费等政策,继续做好农贸市场建设提质工程,总投资 700 万元完成水泉坡、万德福、金囤、晋红 4 家标准化菜市场建设;深入推进"万村千乡市场工程"和"新网工程"建设,新建农家店 21 个,区级配送中心 2 个;切实做好家电下乡,拥有销售网点 45 家,全年销售家电 4.25 万台,销售总额 1.12 亿元,财政补贴 1277 万元,补贴兑付率 90.92%。全区呈现出商贸氛围浓厚、市场经济繁荣、服务业发展势头强劲的良好态势,形成了高端引进、品牌引领、多元发展、繁荣活跃的三产服务业新格局。

2010 年,全区招商引资的步伐不断加快,招商引资的成果丰硕。区委、区政府积极组织参加能博会、中博会等,引进重大项目 10 个,投资总额 46.53 亿元,吸引外来直接投资 8.96 亿元,进出口总额达 2880 万美元。神州通、深商投、香港名店街、庞大汽贸、天博科技、华润万家、喜来登等一批国际国内品牌纷纷落户,招商履约率不断提高。在体制改革中,积极推进国有、集体企业改制,顺利完成市塑料厂改制,由凤展整体兼并建设凤展新时代广场;完成由山西大和能源投资有限公司兼并万佳建筑材料厂后土地处置等后期工作。在不断拓宽招商渠道、加大招商力度的同时,更加注重区域交流与合作,继与福建厦门思明区、福建福州台州区、山东淄博周村区、江苏镇江润州区、天津南开区缔结为友好区之后,又与毗邻的河南焦作解放区缔结为友好区。

2010 年,全区城镇建设工作以全市"六区联动、组团发展"及"6688"城市总体框架为指导,以服务城市、经营城市为目标,以提升城市综合承载能力为重点,大力开展城市建设、卫生整治、生态创建,加强社会主义新农村建设,全区城乡统筹发展步伐进一步加快,城乡面貌进一步改观。

2010年,区委、区政府制定出台《加强城中村改造监督管理实施意见》及《补充意见》,进一步推动了全区城中村改造工作走上依法改造、民主改造、和谐改造、有序改造的运行轨道。全年共开工楼座77个,完成投资6.75亿元,完成建筑面积30万平方米,65个楼座如期封顶,11万平方米住宅楼投入使用,900余户居民顺利回迁,居民住宅条件进一步改善。同时北石店新区建设有力推进,畅安路建设全线完工,主体道路建成通车;10万平方米回迁楼工程正在加紧施工,全速推进。

大力实施环境卫生综合整治及和谐社区创建工程,城市服务功能大大提升。开展了环卫大整治活动,集中实施了丹河流域、白马寺山周边、连南路沿线等重点区域环境综合整治,扩建烟尘控制区6.3平方公里、噪声达标区5.3平方公里,市区周边环境质量大幅提升。按照“六新”标准,开展了以清理沿街“四堆八乱”、落实“门前三包”责任制为重点的市容环境综合整治活动,乱摆放、乱贴画、乱喷涂、乱倾倒等现象得到有效遏制。结合城中村改造工作,进一步完善城市基础设施配套,强化社区服务功能,大力推进和谐社区建设,新增区级和谐社区15个,市级以上和谐社区达22个,国家级和谐社区1个。城市综合服务能力明显增强,为建设现代化生态宜居城市奠定了坚实基础。

围绕全国环保模范城市创建,大力推进生态立区、生态兴区战略。全年完成投资7170.8万元,重点实施了白马寺山绿化提升工程、洞头生态旅游区绿化工程、环城高速绿化工程等,新增绿化总面积6565亩,绿化覆盖率45.8%,人均公共绿地面积15.5平方米,主要绿化指标均超全省、全国平均水平。以解决生活垃圾污染为突破口,扎实推进生态文明创建,建成一个省级环境优美乡镇、9个省级生态文明村、3个省级绿色学校,完成洞头国家级生态村的申报工作。同时组织开展节能减排进家庭活动,倡导居民节约每一滴水、每一度电,评选出50户环保模范家庭。集中开展重点企业日常环境监管、饮用水源地等专项检查,恒光热电、健牛工贸等国控、省控重点企业排污许可证持证率为100%;对全区107眼饮用水井进行专项检查,完成北石店和西上庄集中饮用水源地保护区划定,水质安全达标率100%。

2010年,全区新农村建设以城乡一体化建设为目标,以城市支持农村为引导,以美化村容村貌、优化农村环境为重点,加大以环境净化、村庄绿化、街巷硬化、道路亮化的“四化”建设力度。高标准建成洞头污水处理示范工程,开创了全市农村污水处理先河;总投资80万元完成500座农村无害化厕所改造;全区90%以上农村建有环卫队伍,80%的农村有专职清扫人员和清运车辆;累计投资500万元对部分农村进行道路硬化和亮化;9个村的新建住宅小区,共2402户居民实现集中供热;10个村共3153户接通晋煤集团煤层气管网;总投资120万元新改建饮水工程7处,解决了9个村4500余人的饮水安全问题。在全面完成“五个全覆盖”基础上,按照全省“五个一工程”的要求,进一步完善农村医疗、便民、文体、财会“四服务”体系。全区 67 个农村实现村级卫生所全覆盖;各镇(办)建有综合文化活动场所,95%的农村建立了文化活动室;配送中心对农村便民店、加盟连锁店的商品配送率达 50%以上;各镇(办)均成立会计委托代理中心,全面推行了财务会计委托代理制度,村级财务管理工作进一步规范。全区农村实现健身地、就医点、便民店全覆盖,先后涌现出了大张村、大车渠村等省级先进文明村,农村人均居住面积达 31.94 平方米,基本实现“农村环境城市化、农村生活市民化”的较高要求,农民生活环境极大改善。

2010 年,积极开展创业型城区创建,完善促进就业的各项政策措施。下拨 1000 万元劳动就业专项扶持资金,2840 人次参加各类专业技能培训,成功举办“就业援助月”、“春风行动”等大中型公共职介活动,全年新增就业岗位 9800 人,农村劳动力输出与转移 3226 人,下岗失业人员再就业 980 人,城镇登记失业率控制在 2.0%以内,就业再就业各项主要指标全部超额完成市定任务。

2010 年,组织申报各级科技项目 30 个,本级投入、争取上级科研资金共 998 万元。总投资 2.89 亿元新建城区职业中学和华洋职业中学，南田石等 8 个校舍安全工程全部竣工使用,安全监控覆盖全部公办学校和 70%的民办学校,全部免除农村义务教育阶段 10 118 名中小学生学杂费,义务教育阶段教师绩效工资全面兑现,高考本科达线率提高到 57.8%。全区职业教育、成人教育、幼儿教育、民办教育实现健康、规范、均衡发展。

2010 年，继续巩固新农合成果，参合农民达 6.08 万人，参合率 96.82%，共筹集基金 911.4 万元,5.16 万人次享受到不同程度的减免补偿共 566.4 万元。加快基础设施建设,市二院住院楼项目即将开工,各级筹资 86 万元新改扩建 26 家标准化村卫生所,利用省、市、区补助为 17 家标准化村卫生所配备医疗设备，基层医药卫生体制综合改革试点工作正式启动。强化食品卫生监管，与全区 1223 家餐饮单位签订食品安全承诺书，食品卫生监督覆盖率 100%,1267 户餐饮单位全部实施量化分级管理。

2010 年,五大社会保险覆盖面继续扩大,总计征缴 13 172.2 万元,总计支出 7768.77 万元。继续完善城乡低保制度,共保障城市低保对象 3675 户 10 180 人,发放城市低保金 1969 万元;农村低保对象 965 户 2886 人,发放低保金 223 万元。低收入家庭住房保障力度不断加大,2009 年分配的 2712 套经济适用房全部分配到户;对 429 户廉租房申报困难家庭进行了认真审核。同时针对 8 月 19 日刘家川村、东后河社区遭受特大洪涝灾情,紧急调拨救灾棉被、粮油等救灾物品,帮助广大群众进行清淤、维修受损房物等,共下拨救灾款 209 万元。

2010 年,区图书馆经改造后达到国家二级标准;争取各级资金 80 万元新建 40 个村(社区)体育场地;新建农家书屋95个,成为全省首家实现农家书屋全覆盖的县区,获得省农家书屋领导组表彰;确定全区首批非物质文化遗产保护项目13个,白马脱缰传说和上党二簧成功申报为国家非物质文化遗产保护项目;新增文艺表演队伍12支,文艺团队总量达191支,全区80%以上村(社区)成立了八音会、锣鼓队、秧歌队等各种群众艺术团体,多次参加市、区文化活动并取得圆满成功。

区委书记:焦光善*　张玉宏

人大主任:王新喜

区　　长:张玉宏

政协主席:张迎社

(赵同善　周粉香)

泽州县

2009 年概况

2009 年,泽州县生产总值完成 132.18 亿元,同比增长 10.30%;财政总收入达到 26.04 亿元,同比增长 25.43%;农民人均纯收入完成 5967 元,同比增长 8.15%;粮食生产在大旱之年保持相对稳定,总产量达到 20.62 万吨。全县年末乡村从业人员 213217 人。

截至 2009 年,泽州县连续六年被科技部表彰为“全国科技进步县”,成为山西省唯一县(市)。荣获“全国新能源产业百强县”和“山西省高新技术产业化工作先进县”称号。在第九届全国县域经济基本竞争力百强县(市)评选中,该县再次进入中部地区 50 强,名列第 45 位。

2009 年,泽州县农业总产值完成 107 425 元,比上年增长 24%。其中:农业产值完成 64 964 万元,比上年增长 0.06 %;林业产值完成 1055 万元;牧业产值完成 38 844 万元,比上年增长 77.8%;渔业产值完成 552 万元,比上年增长 47.6%;农民人均纯收入达到 5967 元,比上年增长 8.16%。粮食总产达到 206 236 吨。其中:油料产量达到 2331 吨;蔬菜产量达到 60 455 吨。农作物总播种面积 69.83 千公顷,比上年减少 0.5%。其中:粮食作物播种面积为 66.33 千公顷,比上年增长 0.09%;经济作物面积 1.86 千公顷,比上年减少 15.07%;蔬菜播种面积 1.62 千公顷,比上年减少 5.81%。

畜牧业成为农民增收、农业增效的一个主要增长点。2009 年,全县肉类总产量达到 31 258.6 吨,比上年增长 107.37%;禽蛋产量完成 12 528 吨;鲜奶产量完成 2598 吨,比上年增长 20.33%;羊绒产量达到 4.7 吨,比上年增长 56.67%,蜂蜜产量完成 341 吨。年末大牲畜存栏 19 385 头;猪存栏 255 535 头,出栏 364 027 头;羊存栏 152 303 只,出栏 116 002 只;鸡存栏 1 142 759 只,出栏 601 240 只;兔存栏 94 922 只,出栏 157 796 只。

2009 年,泽州县精心培育了高都镇大兴片,以及山河镇和犁川镇“10+1”的纯农山区型新农村连片建设典型,南村镇、金村镇城郊结合型新农村建设拉开了全县城乡一体化建设的序幕,新农村建设继续在省市领跑,连续四年被山西省委、省政府命名为“新农村建设先进县”。

一年来,泽州县坚持把全民创业作为转型发展的引擎,新创办实体 102 家,总投资 5.7 亿元,培育和壮大了彤康公司、晋大奶业等 20 个农业龙头企业,农民专业合作社发展到 271

家,该县新增就业岗位 6000 个。

此外,农村社会基础设施得到改善。自来水受益村达到 531 个,全县 100%的行政村达到通电、通汽车、通电话、通公路;电视覆盖率达 100%,有线电视入户率达 90%,互联网入村率达 90%。农业机械总动力达到 641 326 千瓦。

2009 年,泽州县规模以上工业增加值完成 50.62 亿元,比上年增长 32.48%,比上年增长 32.48%。主要产品产量:原煤完成 1018 万吨,比上年减少 13.21%;生铁完成 246.87 万吨,比上年增长 159.05%;铸件完成 80.03 万吨,比上年增长 7.48%;钢材完成 123.02 万吨,比上年增长 189.73%;水泥完成 16.11 万吨;发电量 7018.39 万千瓦小时。

2009 年,泽州县着眼于加快推进煤炭资源整合,47 座政策性关闭矿井彻底关停,整合后全县保留煤矿 30 座,总产能从每年 1727 万吨提升到 2340 万吨,新增矿区资源面积 47 平方公里,新增煤炭资源储量 4.5 亿吨,天安、天泰和煤运 3 个整合主体全部进驻接管,该县煤炭产业结构进一步优化;着眼于全面加强公共安全管理,全县超限超载率下降到 0.015%,被山西省政府命名为"全省治超先进县"。基于资源型经济的县情,泽州县始终坚持"地下转地上、黑色变绿色、一矿办一企、百矿兴百业"的转型发展思路,加大力度,狠抓落实,全县经济增长的质量和效益进一步提升。坚持把"一矿一业"工程作为转型发展的抓手,按照"立足煤、超越煤"的理念,积极鼓励各类煤矿转产转型,目前全县煤炭企业新上项目达 84 个,总投资达到 16.95 亿元。坚持把项目建设作为转型发展的载体,全年共争取到中央扩大内需项目 65 个,总投资 8427.2 万元。鸿辉铸管、兴达配件等八大新建项目累计完成投资 12.67 亿元;路宝铝轮毂、广拓建材等八大续建项目完成投资 6.4 亿元;天辰钙业、金工汽配等八大达产达效项目实现销售收入 11.8 亿元,实现利税 1.37 亿元。节能减排力度加大,万元 GDP 能耗基本完成了"十一五"规划目标。到 2009 年底,煤炭产业占财政税收的比重为 65.4%,比 2005 年下降 13 个百分点。先后赢得了全市和全省转型发展现场会在泽州县成功召开。

2009 年,泽州县大力实施"公共财政"向"民生财政"倾斜政策,全年县本级财政累计投入民生资金达 1.8 亿元,比上年增加 0.6 亿元。财政总收入达到 260 362 万元,比上年增长 25.43%。其中,一般预算收入完成 8.12 亿元,继续名列全市第一,同比增长 27.71%,财政两项经济指标均提前一年完成了"十一五"规划目标;规模以上工业增加值完成 50.62 亿元,同比增长 26.88%;社会固定资产投资完成 66.41 亿元,同比增长 4.6%;全县全年国税收入完成 152 242 万元,比上年增长 32.27%;地税收入完成 88 270 万元,比上年增长 5.2%。

2009 年,泽州县社会消费品零售总额达到 180 054 万元,比上年增长 19.50%。其中:县级消费品零售额 76 433 万元;县以下消费品零售总额 103 621 万元,比上年增长 15.91%。按行业划分,批发业零售额 10 987 万元;零售业零售额 114 906 万元,比上年增长 19.29%;住宿和餐饮业零售额 42 956 万元,比上年增长 35.02%;其他行业零售额 11 206 万元,比上年增长 20%。

2009 年,该县进出口总额为 874 万美元。其中:出口总额为 545 万美元,进口总额为 295 万美元。

教育:2009 年底,泽州县有学校 324 处,在校生人数 73 110 人,在职教职工人数 7270 人。中小学专任教师职称 4920 人,其中高级教师 69 人,中级教师 1816 人,初级教师 3035 人。学龄儿童入学率达到 100%。

卫生:2009 年底,泽州县共有医疗机构 31 个,其中,县级医疗机构 2 个,乡村卫生所 26 个。医生 1015 人,比上年减少 1.65%;病床床位 1628 张,比上年减少 1.75%。新型农村合作医疗参合率达到 97%,比上年增长 2.11%。

旅游:2009 年底,泽州县开发改善旅游景点 6 处,接待游客 64.8 万人次,比上年增长 11.15%,旅游业收入 4407 万元,比上年增长 31.08%;旅游经营机构 12 个,星级饭店 3 个,其中四星级 2 个。

社会保障:2009 年,全县城乡低保、农村最低生活保障线、五保户供养标准进一步提高。年末全县参加基本养老保险人数 8410 人,养老基金收入 4443 万元;年末全县参加失业保险人数 16 515 人,保费收入 313 万元。

2009 年,泽州县"五个全覆盖"率先基本实现,村通水泥(油)路、村通广播电视和村级卫生室实现了全覆盖,中小学校舍安全改造和农村安全饮水覆盖基本完成。乡村服务网点、新能源入户等十件惠民实事圆满完成。全面推进新农保试点工作,覆盖率达到 88%;新农合覆盖率达到 97%,位居全省前列;城乡低保、五保户实现了应保尽保,社会保障体系进一步健全。扎实推进生态文明建设,全县森林覆盖率达到 33%,2009 年 8 月全国造林绿化现场会与会代表在泽州县参观后给予高度评价。顺利完成了"全国文化先进县"复查验收,群众性精神文明创建活动异彩纷呈。扎实做好信访维稳工作,国庆安保期间实现了"六个不发生"的目标。始终支持人大和政协认真履职。统战工作荣获"山西省爱国统一战线凝聚力工程奖"称号。工、青、妇等群团工作扎实推进,计生、爱国卫生等工作成绩斐然。民兵预备役工作得到加强。大力推进"综治进矿山"工作,"法治泽州"建设再上新的水平。

一年来,泽州县结合第二批、第三批学习实践活动的纵深开展,科学发展观已经转化为泽州干部群众应对"三保"、推进"三个发展"的强大思想武器。深入开展百日大调研、干部大培训等"八大活动",精心组织开展"五比五看"活动,大力引深学习"右玉精神",全县各级党组织和广大党员干部的整体素质进一步提高。组织指导全县农村党支部顺利完成了换届选举，推广实行了农村主干岗位报酬统一发放制度。不断深化干部人事制度改革，选拔任用了一批优秀年轻领导干部。认真开展“警示教育月”活动，切实加强党风廉政建设目标责任制考核。深入开展煤炭领域反腐败专项斗争，全年补缴各种税费基金达到2200余万元。

县委书记：刘予强

人大主任：王立宪

县　　长：崔守安

政协主席：樊秋宝

2010概况

2010年，泽州县生产总值完成156.11亿元，同比增长13%，是“十五”期末的2.19倍；财政总收入达到29.66亿元，同比增长13.92%，是“十五”期末的4.4倍；农民人均纯收入完成6646元，同比增长11.4%，是“十五”期末的1.58倍；粮食总产量完成2.47亿公斤，被农业部评为“全国粮食生产先进县”。

年末全社会从业人员246 905人，比2009年末增加3209人。年末农村从业人员216 456人，城镇单位从业人员30 449人。

2010年，该县先后组团参加了中博会、港洽会、能博会等大中型招商展会，全年共引进项目7个，总投资达19.72亿元，引资13.18亿元。泽州县总工会荣获“山西省十佳县工会”，计生工作跨入省级优质服务先进县行列，团、妇、爱国卫生等各项工作扎实推进。泽州县武装部被省政府、省军区表彰为全市唯一的“先进人武部标兵”。县域经济基本竞争力再次跻身中部地区50强，名列第45位，比2005年前移了14位，位居全省十强。

2010年，全县粮食种植面积68 185公顷，比上年增加1858公顷；全年粮食产量246 882吨，同比增长19.71%；棉花产量44.7吨，同比增长71.92%；油料产量2930吨，同比增长25.66%；药材产量1067吨，同比增长27.14%；蔬菜产量62 250吨，同比增长29.67%；水果产量183 491吨，同比增长39.12%。

2010年，全县肉类总产量22 673吨，比上年增长24.34%。其中，猪、牛、羊肉分别增长24.94%、231.98%和50.6%；奶类总产量1281吨，比上年下降17.57%；禽蛋总产量9861吨，比上年下降6.65%；蚕茧产量63吨，比上年增长4.3%。水产品产量486吨，增长1.25%。

2010年，全县林木绿化覆盖率达到45.25%。森林覆盖率达到32.88%。年末城镇绿化覆盖率达到31.62%。

2010年，泽州县农业龙头企业发展到23家，农民专业合作社达到447个，彤康食品、泽地萃食用菌等农业品牌效应不断增强，荣获“全国无公害农产品标志推广与监管示范县”称号。全年新创办企业118家，总投资25亿元，新增就业岗位1万个。全县民营企业增加值完成113.6亿元，产值50亿元以上民营企业1家，亿元以上15家，5000万元企业达到30家，继续名列全省民营经济十强县。

2010年，全部工业增加值完成104.77亿元，比上年增长13%，全年规模以上工业主营业务收入172.81亿元，比上年增长18.57%，工业企业实现利润12.47亿元，比上年增长36.75%。全年实现利税20.85亿元，同比增长36.98%。主要产品产量：原煤产量完成910万吨，同比下降2.13%；化肥产量（实物量）完成140万吨，同比下降21.26%；生铁产量完成217万吨，同比下降11.94%；粗钢产量完成169万吨，同比下降12.19%；钢材产量完成151万吨，同比增长23.07%；水泥产量完成15万吨，同比下降4.5%；铸件产量完成118万吨，同比增长47.36%；发电量完成4444万度，同比下降36.68%。

2010年，一般预算收入完成9.34亿元，同比增长15.1%，是“十五”期末的4.4倍；规模以上企业增加值完成55.4亿元，同比增长19.7%，是“十五”期末的4倍；社会固定资产投资完成81.67亿元，同比增长22.97%，是“十五”期末的8.5倍。

全县社会消费品零售总额196 474万元，比上年增长19.49%。其中：批发业完成12 710万元，增长13.73%，零售业完成151 151万元，增长22.69%；住宿业完成10 305万元，增长17.28%，餐饮业完成22 308万元，增长4.93%。

国税系统收入169 996万元，比上年增长11.66%；地税系统收入104 777万元，比上年增长18.7%。

全县进出口总额1505万美元，同比增长78.92%。其中，出口1495万美元；进口10万美元。出口大于进口1495万美元。

年末全县金融机构各项存款余额1 007 963万元，比年初增加915 145万元，增长10.14%。各项贷款余额379 272万元，比年初减少521 594万元，下降27.29%。

全年保费收入14 244万元，同比增长15.35%。其中，财产险保费收入4268万元，同比增长78.73%；人寿险保费收入9976万元，同比增长5.01%。全年支付各类赔款及给付7711万元，同比增长4.12%。

2010年，该县大力实施项目带动战略，年初确定的“三大方阵”项目捷报频传，清慧二期、天巨重工等十大新建项目累计完成投资30.7亿元，鸿诺光电、康盛达水泥等十大达产达效项目实现销售收入18亿元，利税1.01亿元。工业园区建设步伐加快，巴公装备制造工业园区入驻企业达17家，全年实现税收3.8亿元。全县非煤产业提供税收比重达到35%，比

“十五”期末提高13个百分点。省、市观摩检查组对该县转型发展和项目建设分别给予了充分肯定和高度评价。

教育：年末全县共有各级各类学校302所，比上年减少22所。在各类学校中，有高中学校2所，完中学校2所，高职中学2所，初中中学37所，初职中学2所，小学256所，教师进修学校1所。年末全县共有各级各类在校学生人数65 612人，比上年末减少7498人；毕业生数18 803人，比上年减少526人；年末全县教职工人数7112人。小学学龄儿童入学率100%；小学和初中升学率均达100%。

文化：年末全县共有艺术表演团体2个，其中：剧团1个、曲艺队1个。全县共有公共文化馆1个，公共图书馆1个，乡镇文化站17个，村级农家书屋232个，共藏书40余万册。广播电台1座，电视台1座。年末全县有线电视用户达10.8万户，入户率达到70%，其中接受数字信号用户3000户，互联网已进入580个行政村，入村率达到95%，入户数达到34 053户。

卫生：年末全县共有卫生机构(含诊所)817个，其中县医院1个、县妇幼保健院1个，疾病预防控制中心（防疫站）1个，卫生监督所1个，乡镇卫生院26个，村级卫生所632个，个体诊所152个。全县共有床位数1480张，卫生技术人员1943人，其中执业医师和执业助理医师991人，注册护士526人。乡村三级医疗机构达标率为98%，新型农村合作医疗参合率达到97%。

交通：年末全县公路线路里程2209公里。公路密度109公里/百平方公里。全年完成货运周转量65 500万吨公里，比上年增长7.38%。

邮电：全年全县完成邮电业务总量13 227万元。其中，邮政业务总量111万元；电信业务总量13 116万元，农村固定电话用户57 936户。移动电话用户年末达到197 802户。

旅游：旅游业快速发展。全年共接待游客226.43万人次，实现旅游总收入16.53亿元。

社会保障：年末全县城镇基本社会保障覆盖率达92%，其中：养老保险覆盖率达94%，医疗保险覆盖率达93.6%；失业保险覆盖率达88.4%。全年共有2512个城镇居民得到政府最低生活保障，保障户数1809户；有18 896个农村居民得到政府最低生活保障，保障户数10 387户。新型农村社会养老保险全面启动，参保人数27.5万人，参保覆盖率达92%。

2010年，村通水泥（油）路、村通广播电视等“五个全覆盖”实现了上档升级，乡镇环卫站、粮油连锁店建设等十件惠民实事全部完成。校安工程完成投资3.8亿元，取得阶段性成果。大周公路下村段奠基开工，巴马公路巴公段、晋张公路柳口段等道路完成改造修建。全县38.2%的农户用上了煤层气、沼气和秸秆气等新能源，部分新型居民小区实现了集中供热。

全县1镇1村入选国家级历史文化名镇(村),2镇6村入选省级历史文化名镇(村)。县行政文化中心建设正式启动,金村大道奠基开工,城镇化建设和新农村建设同步推进,经济转型发展、城乡一体化建设、农村党风廉政建设等多项工作在省市领先。县级政府机构改革全面完成,乡镇机构改革全面启动,集体林权制度主体改革任务基本完成。

县委书记:崔守安

人大主任:王立宪

县　　长:茹栋梅

政协主席:樊秋宝

(张　静)

高平市

2009年概况

2009年，是新世纪以来高平市经济社会发展最为困难的一年。一年来，面对国际金融危机、煤炭企业兼并重组、几十年不遇特大旱灾等非同寻常的考验，高平市在危机中抢抓机遇，在逆境中共克时艰，千方百计保增长、保民生、保稳定，保持了经济社会平稳较快发展。全市地区生产总值完成137.4亿元，比上年增长5.8%；财政总收入28.8亿元，增长33.4%；一般预算收入7.35亿元，增长25.3%；社会消费品零售总额28.5亿元，增长26.7%；固定资产投资53.8亿元，增长16.2%；城镇居民人均可支配收入14 086元，增长12.2%；农民人均纯收入5629元，增长8.6%；市区空气质量二级以上天数达350天，比上年增加42天，市四届人大三次会议确定的目标任务全面完成。先后荣获"全国中小城市科学发展百强"、"全国最具投资潜力中小城市百强"、"全国计划生育优质服务先进市"、"全国全民健身活动先进单位"和"山西省文化强县"、"省级文明和谐城市"、"全省和谐社会建设先进市"、"全省社会治安综合治理先进市"、"全省新农村建设科技示范先进单位"、"全省中小学校舍安全工程先进单位"、全省农建"禹王杯"等荣誉称号。逆境之年，高平市用智慧和胆识、坚强和毅力，谱写了经济发展、社会进步、安定团结、和谐稳定的新篇章！

强势推进"八大工程"，"三农"基础明显增强。加快调整农业产业结构，粮食总产量达到1.79亿公斤，生猪出栏130万头，发展蔬菜大棚2084栋、钙果250亩。植树造林2.5万亩，通道绿化200公里，林木覆盖率提高1.4个百分点。新改建6所乡镇卫生院，开工建设2个社区卫生服务中心，创建55个甲级村卫生所；建成110个新农村文化建设示范村、达标村，在200个村建立了文化信息资源共享服务点；新建"万村千乡"农家店51个，完成农村住房解困210户；开工建设沼气1万户，新增用户4620户；完成55个村3万人的饮水安全工程和60个村、52万人的户通自来水工程；打响了校舍危房改造歼灭站，消除危房面积9万平方米，建成21所农村标准化中小学和28所农村幼儿园；市财政补助2.2亿元，在356个村铺开户通水泥路工程，完成硬化面积522万平方米。农村的生产生活条件进一步改善，农民群众的生活质量进一步提高。

着力完善基础设施，城市建设明显加快。坚持建管并重、突出重点，完成太华路改造、人民医院综合住院楼、职工文体活动中心、环境监测中心、火车站等主体工程，启动了迎宾路、神农路延伸工程,市民文化活动中心、残疾人康复中心和特教学校建设进展顺利,丹河市区段综合整治一期筑坝工程临近尾声。采取“政府扶持、企业共建”的办法,建成经济适用住房、廉租房336套。实施神农路、丹河南路等道路绿化和“大树进城”工程,建成8个市区小游园,绿化覆盖率达到35.9%。创新体制机制,组建了规划局、城市管理行政执法局、市容环境管理局、园林管理处,健全壮大城管执法、市政环卫、社会管理、园林管护队伍,坚持严格执法、规范管理,维护了城市的良好形象。我们的城市正在焕发蓬勃生机。

不断深化改革开放,发展活力明显提升。加快国有、城镇集体企业改制,解决了4600余名职工养老保险。大力推进集体林权制度改革,完成290个村、21.8万亩林地改革任务。医院卫生体制改革顺利启动,从长治医学院附属和平医院引进管理人才,对市人民医院实行对口支援。积极组团参加“中博会”、“深交会”、“农博会”等招商贸易活动,签约项目5个,引资3.2亿元。选派15名乡镇长、办事处主任到余杭挂职锻炼,组织农业、经贸、城建、文化系统干部赴苏州学习培训,使广大干部进一步开阔了视野,更新了观念。成功举办炎帝文化节暨全国钓鱼锦标赛、全省象棋比赛,进一步提升了高平的知名度和影响力。

全面推进社会事业,人民生活明显改善。大力实施“科教兴市”战略,科普星火学校投入使用,争取晋城市以上科技项目42项。高平一中、中等专业学校、高平五中、东方红小学等配套工程进展顺利。高考再创佳绩,长平学习连续九年迈入北大、清华校园。新型农村合作医疗参合率达95.2%,补偿金融4200万元。认真落实城乡最低生活保障政策,低保对象2.6万人,发放低保金3000万元。城镇居民医疗参保人数达到2.1万人,基本实现了全覆盖。高度重视就业再就业工作,新增城镇就业岗位4542人,农村剩余劳动力对外输出与就地转移1.3万人。人口和计划生育工作扎实推进,符合政策生育率达91%。市财政拨出1000万元专项资金抗灾救灾,进一步增强了农民群众生产自救的信心。全力开展国庆安保行动和安全生产专项整治,安全生产形势总体稳定。

市委书记:谢克敏

人大主任:李晚富

市　　长:谢克敏* 秦建孝

政协主席:梁沁高

2010年概况

在2010年中,高平市认真学习贯彻党的十七大和十七届三中、四中、五中全会以及“7·29”全省领导干部大会精神,坚持以科学发展观为指导,按照转型跨越发展的总体要求,抢抓机遇,乘势而上,统筹谋划、狠抓落实,全市经济建设、政治建设、文化建设、生态建设、社会建设和党的建设都取得了显著成绩。主要成绩和亮点体现在以下八个方面：

综合经济实力大幅提升。全市地区生产总值完成163.1亿元，比上年增长15.8%；财政总收入32.6亿元，增长13%；一般预算收入8.6亿元，增长15%；城镇居民可支配收入15 853元，增长12.5%；农民人均纯收入6340元，增长12.6%。全市综合经济实力进一步增强，县域经济综合竞争力位居中部百强31位；在中国全面小康成长型百佳县市评比中位居中西部50强第8位。先后荣获“全国中小城市科学发展百强”、“全国最具投资潜力中小城市百强”、“全国最具区域带动力中小城市百强”和“全国科普示范县”、“全国农业执法先进单位”、“省级文明和谐城市”、“全省文化强县”、“全省文化建设示范县”、“全省造林绿化先进单位”、“全省民族团结进步模范市”等光荣称号，创建省级生态园林城市和省级平安和谐城市工作通过省政府验收。

产业结构调整深入推进。按照山西省委转型跨越发展的要求，大力实施了“资源转资本、地下转地上”的“两个转移”战略，规划建设了七大经济区块和六大企业集团。煤炭资源整合和企业兼并重组工作稳步推进，煤炭产业集中度和技术水平大幅度提升。项目建设成效显著，全年共铺开重点工业技改项目22个，维高水泥、福鑫铸管、天坤特材、山西采源等十大产业转型项目顺利竣工，唐一新能源、福川制铁等重大项目稳步实施，全市产业结构进一步优化，发展后劲明显增强。

新农村建设成绩斐然。认真落实各项支农惠农政策，继续强势推进新农村建设“八大工程”，广大农民群众越来越多地享受改革发展成果。粮食生产喜获丰收，全年总产达2.23亿公斤，创历史新高。大力发展现代农业，全年出栏生猪130万头，新建大棚2000栋，发展桑园1200亩，被山西省政府列为现代农业示范区。新胜肉类、厦普赛尔、宇脯钙尔等技改项目建成投产，吉利尔服饰、上海杰隆等项目进展顺利，农产品加工企业带动能力进一步增强。全面提升“五个全覆盖”工程，完成375个村的户通水泥路，通沼气达4万户，消除校舍危房29万平方米，建成甲级卫生所365个，解决了4.9万人的饮水安全问题，率先在全省、晋城市高标准实现了“五个全覆盖”。投资3000余万元，对石河线、礼夺线进行了全面改造，顺利完成张峰水库引水和米山、章庄水库除险加固工程，农村生产生活条件明显改善。

特色城镇化步伐进一步加快。大力推进以“一城五镇双百村”为重点的特色城镇化战略，铺开城建重点工程34项。城市集中供暖供气一期工程顺利完工，实现供暖100万平方米、供气6000户的目标。火车站改造、职工文体活动中心、环境监测中心、迎宾路延伸、世纪大道南延等城乡建设十二大工程竣工剪彩，市民文化活动中心、坪曲线桥北段拓宽改造等工程顺利推进。城市绿化取得突破性进展，开工建设了南湖公园、长平苑、神农园3个公园，新增城市绿地50万平方米。稳步推进以马村、三甲、米山、河西、寺庄为重点的中心城镇建设,小城镇集聚效应开始显现,带动能力进一步增强。

改革开放成效显著。制定出台了国有和城镇集体企业改制的配套文件,对84户企业进行了改制。积极推进政府机构改革和事业单位分类改革,顺利启动乡镇机构改革,行政效能和服务水平进一步提高。深化"乡财市管乡用"财政体制改革,调动了乡镇上项目、办企业的积极性。全省医药卫生体制改革试点工作进展顺利,长治医学院附属和平医院对口支援市人民医院取得明显成效,基本医疗保障和公立医疗机构基本药物零差率销售实现全覆盖。完成集体林权制度改革各项任务,受到了山西省、晋城市的充分肯定。积极开展招商引资,组团参加了"能博会"、"中博会"、"制博会"、"农博会"等大型招商活动,共签约8个项目,拟引资22万元,进一步增强了经济发展活力。

生态绿化和节能降耗迈出新步伐。围绕创建省级生态园林城市目标,累计投资1.2亿元,大力实施了以"荒山造林、通道河道绿化、生态园林村建设"为重点的生态绿化工程,新增绿地面积两万亩。扎实推进节能降耗工作,完成天脊中化电机系统、泫氏铸业高炉尾气等节能改造项目;新上了一批新型墙体材料企业,完成建筑节能改造3.1万平方米。进一步加强环境保护工作,持续实施"蓝天碧水"工程,市区空气质量二级以上天数达到354天,比上年增加4天。

社会事业全面快速发展。大力实施"科技兴市"战略,获得省级以上科技计划项目5项,申请专利42件,培训农民两万余人次。教育事业蓬勃发展,实验高中、河西二职、王报二职、高平六中等建设稳步推进。高考成绩再攀新高,本科达线人数达1113人。就业和社会保障工作扎实推进,城镇新增就业5900人。启动实施了国家新型农村社会养老保险试点工作,累计参保人数达14.6万人。卫生事业进一步加强,人民医院综合住院楼和南城、北城社区卫生服务中心主体工程完工。人口与计生工作扎实推进,人口出生率控制在8.12‰。深入开展以"爱高平、谋发展、讲卫生、促和谐,争做文明高平人"为主题的精神文明创建活动,组织举办了中国"中部崛起杯"六省象棋精英赛、市直机关职工运动会等文体活动,山西日报、山西电视台等八家省级媒体对我市创建文明和谐城市的做法和经验进行集中宣传报道。大力实施公民道德建设工程,开展了"百名孝子"、"十大孝星"评选活动,在全市上下营造了尊老爱老的浓厚氛围。文化旅游产业不断壮大,组建了市文物旅游局,完成了非物质文化遗产生产展示园规划,全省文化体制改革及文化产业发展现场会在我市召开。坚持党管武装原则,军民融合式发展成效显著,市人武部被北京军区授予"先进旅团单位"荣誉称号。深入开展安全生产专项整治活动,安全生产形势持续平稳。大力推进"平安高平"建设,严格落实信访和维稳责任制，全国、全省“两会”和世博会期间，实现了信访案件零登记、零通报、零交办，受到省、晋城市表彰。此外，统计、档案、市志、民政、残疾人保护等各项社会事业均得到新发展。

党的建设得到加强。深入开展创先争优活动，积极开展了“四比四争”、“进百村、入千户、帮万人”结对帮扶等活动，极大地提高了基层党组织的凝聚力、创造力、战斗力和服务力。干部教育培训工作卓有成效，共举办各类培训50余期，培训党员干部两万余人次。大力推进“三考两推”干部选拔任用机制，形成了“有作为者有位、不作为者让位”的良好局面。不断加强基层组织建设，在晋城市率先实现了较高层次的村级活动场所全覆盖。积极推行“四议两公开”工作法，村级民主自治水平明显提升。认真落实农村离任主干发放生活补贴政策，健全完善了农村在职主干岗位报酬集中统一发放和参加社会养老保险工作制度。积极创新街道社区领导体制，圆满完成了3个街道党委改设党工委和273个基层党组织的换届工作。大力开展学习弘扬右玉精神、“五治五督”作风大整顿和“政府转职能、干部转作风”活动，广大干部工作作风明显好转。认真落实党风廉政建设责任制，狠抓农村党风廉政建设，扎实开展煤炭领域反腐败专项斗争，集中查处了一批违纪违法案件，风清气正的政治环境逐步形成。

市委书记：谢克敏

人大主任：李晚富

市　　长：秦建孝

政协主席：梁沁高

（文战胜）

阳城县

2009年概况

2009年,阳城县辖10镇、7乡、1个办事处。年末全县耕地保有量39 000公顷,全县森林覆盖率达49.3%。年末全县常住总人口416 067人,其中男性209 223人,女性206 844人,男女性别比为101.15(女性=100)。居住在城镇的人口157 773人,居住在乡村的人口258 294人,城镇人口比重37.94%。人口出生率为8.96‰,人口死亡率7.69‰,人口自然增长率1.27‰。公安部门户籍登记总户数154 876户,总人口383 165人,非农业人口69 323人。

全年全县实现生产总值115.1亿元,比上年增长6.1%。其中,第一产业实现增加值5.0亿元,比上年增长4.7%,对经济增长的贡献率为4.5%;第二产业产现增加值80.3亿元,比上年增长3.7%,对经济增长的贡献率为82.1%;第三产业实现增加值29.8亿元,比上年增长11.6%,对经济增长的贡献率为23.3%。三次产业比重为4.3:69.8:25.9。人均生产总值27 679元,比上年增加3150元,按2009年平均汇率(6.8282)计算,达到4054美元。

年末城镇单位从业人员35 603人,其中,在岗职工人数34 419人。年末城镇登记失业率控制在1%的目标内。

全县城单位在岗职工年平均工资26 389元,比上年增长0.02%。农村居民人均纯收入5262元,比上年增长8.3%。农村居民人均生活消费支出4039元,比上年增长13.0%。农村居民消费恩格尔系数36.5%。城镇居民人均可支配收入13 012元,以上年增长12.5%。城镇居民人均消费性支出7940元,比上年增长10.4%。

大气污染综合指数为1.33%。县城空气质量二级以上天数达到351天,比上年增加47天。城市建成区绿化覆盖率达到40.8%,比上年增加1个百分点,人居环境更加优美。全年二氧化硫排放量4.45万吨,比上年下降8.2%。化学需氧量(COD)排放量0.23万吨,以上年下降11.5%。

全年生产安全事故死亡39人。亿元生产总值生产安全事故死亡人数0.34人,比上年下降0.08人。煤矿百万吨死亡人数0.08人。

农业:全年实现农业增加值5.0亿元,比上年增长4.7%。全县完成农林牧渔业总产值8.8亿元,比上年增长12.2%其中,种植业产值3.4亿元,比上年减少3.4%。粮食总产量124 684吨,减少21.6%。其中夏粮48 177吨,比上年减少6.6%;秋粮76 507吨,比上年减少28.7%。

油料总产量720吨,比上年减少36.7%。蔬菜总产量40 440吨,比上年减少1.1%。棉花总产量35吨,比上年减少72.4%。水果总产量4978吨,比上年增长1.3%。

全年共完成造林面积817公顷。封山育林面积467公顷,比上年增长74.3%。四旁植树135万株,比上年增长27.4%。核桃产量950吨,比上年增长38.3%;花椒产量650吨,比上年增长143.4%;山茱萸产量1500吨,比上年增长258.0%。

全年完成畜牧业总产值4.3亿元,比上年增长12.8%。畜牧业总产值占农业总产值的比重为49.3%,比上年提高2.3个百分点。年末牛存栏11 955头,比上年末减少9.1%;猪存栏135 789头,比上年末增长35.6%;羊存栏62 974只,比上年末增长29.8%;鸡存栏194.2万只,比上年末增长18.2%。全年肉类总产量13 149吨,比上年增长13.4%,禽蛋产量15 803吨,比上年增长11.3%。牛奶产量250吨,比上年减少3.8%。年末桑园面积5840公顷,比上年增长2.1%。全年蚕茧总产量2076吨,比上年减少42.4%。

年末全县有效灌溉面积8917公顷。全年化肥施用量（实物量)49 477吨，比上年减少2.5%。农用薄膜使用量48吨,比上年减少13.3%。农业机械总动力35.9万千瓦。全年机耕地面积30 140公顷,比上年增长1.8%。

工业:全年完成工业增加值78.1亿元,比上年增长3.0%。全年规模以上工业企业实现销售收入1 300 863元,比上年增长7.72%;利税总额370 302万元,比上年增长41.04%;实现利润258 144万元，比上年增长73.7%。工业经济效益综合指数为308.86%，同比提高50.07个百分点。企来总资产贡献率19.76%,同比提高8.85个百分点;资产负债率51.93%,同比下降6.5个百分点;资本保值增值率127.2%,同比提高15.54个百分点;流动资产周转率2.34次,下降0.15次;成本费用利润率24.88%,同比提高10.76个百分点;全员劳动生产率226 448元/人,同比提高5651元/人;产销率97.95%,下降1.42个百分点。

全年生产原煤1316.54万吨,比上年增长6.84%。发电量1 784 734万千瓦时,比上年减少2.37%。生铁产量1.67万吨，比上年减少70.6%。水泥产量55.16万吨，比上年减少39.02%。日用陶瓷8618万件,比上年减少33.12%。建筑陶瓷5800万平方米,比上年增长47.81%。铸铁件25 117吨,比上年减少34.94%。铵锑炸药278吨,比上年减少96.6%。

全社会用电量202 617万千瓦时,其中城乡居民生活用电7183万千瓦时。

全县乡(镇)企业完成增加值347 461万元,比上年增长8.7%。实现营业收入850 215万元,比上年增长5.6%。实际缴纳税金50 604万元,比上年减少3.4%。乡(镇)企业总产值964 879万元,比上年增长3.9%。

建筑业:全年全社会建筑业完成增加值2.25亿元,比上年增长31.5%。房地产开发企业全年房屋建筑施工面积 186 928 平方米，竣工面积 54 656 平方米。商品房销售面积 95 693 平方米。

固定资产投资:全年全社会固定资产投资总额 465 261 万元(不含跨县投资项目 130 941 万元),比上年增长 22.0%。其中城镇投资完成 389 898 万元;农村投资完成 75 363 万元。分产业看:第一产业投资 11 109 万元,比上年增长 39.4%;第二产业投资 244 133 万元,比上年减少 2.6%;第三产业投资 210 019 万元,比上年增长 71.2%。

贸易:全年批发零售贸易业实现增加值 6.17 亿元,比上年增长 16.8%。住宿和餐饮业实现增加值 1.79 亿元,比上年增长 34%。全县社会消费品零售总额 210 414 万元,比上年增长 26.7%。按地区划分,县的零售额 131 041 万元,比上年增长 27.8%,县以下零售额 79 373 万元,比上年增长 24.9%。按行业划分,批发、零售贸易业零售额 150 175 万元,比上年增长 24.2%;住宿餐饮业零售额 34 899 万元,比上年增长 36.7%;其他零售额 25 340 万元,比上年增长 28.9%。

交通:全年交通运输、仓储和邮政业实现增加值 6.17 亿元,比上年增长 12.3%。年末全县公路密度 102.1 公时 / 百平方公里。全县行政村道路通畅率达到 99.4%,通班车的村达到 96%。年末全县公共汽车运营线路 109 条。境内铁路全长 73 公里,有货运专线 6 条。全年完成公路货运量 1342 万吨。公路货物周转量 38 800 万吨公里,公路客运量 666 万人。公路旅客周转量 21 850 万人公里。

邮政:全年完成邮政业务总量 2996 万元,比上年增长 8.9%。订销报纸 746 万份,订销杂志 23 万份,收寄特快专递 3.9 万件,发送信件 9.63 万件。

电信:年末全县固定电话用户 85 303 户。移动电话用户 22 万部,比上年增长 4 万部。年末全县每百人电话固定 + 移动)拥有数为 73.4 部。计算机互联网用户 26 092 户,比上年增加 6992 户。

旅游:全年共接待游客 104.2 万人次,比上年增长 15.67%;直接门票收入 3387.6 万元,比上年减少 1.96%;实现旅游总收入 18 557.2 万元,比上年增长 13.4%。

财政:全年完成财政总收入 221 988 万元,比上年增长 10.9%;完成地方财政一般预算收入 55 099 万元,比上年增长 10.7%;地方财政一般预算 105 468 万元,比上年增长 24.3%。财政对科技的支出达到 1011 万元,比上年增长 10.5%;对教育的支出达到 27 816 万元,比上年增长 12.4%。对农业的支出达到 12 778 万元,比上年增长 20%。

金融保险:全年金融保险业实现增加值 2.36 亿元,比上年增长 3.8%。年末全县金融机构各项人民币存款余额 1 145 793 万元，比年初增加 174 301 万元。其中企业存款余额

316 825 万元，比年初增加 89 353 万元；居民储蓄存款余额 627 106 万元，比年初增加 72 441 万元。金融机构各项贷款余额 429 300 万元，比年初增加 21 502 万元。全年金融机构现金收入 1 681 438 万元，比上年增长 1.3%；现金支出 1 764 375 万元，比上年减少 0.9%。收支相抵现金绝对投放 82 397 万元。

全年保费收入 25 086 万元，其中财产险保费收入 5010 万元，人身险保费收入 20 076 万元。全年支付各类赔款及给付 7165 万元，其中财产险赔款 2055 万元，人身险赔款及给付 5110 万元。

教育：年末全县普通中学 27 所，在校学生 29 723 人，教职工 2171 人；职业高级中学 5 所，在校学生 3817 人教职工 212 人；小学 115 所，在校学生 32 880 人，教职工 2325 人；幼儿园 193 所，在园幼儿 9385 人，教职工 634 人；成人中等专业学校 1 所，教职工 17 人；成人技术培训学校 486 所，培训各类专业技术人员 98 253 人次。6 至 11 周岁适龄儿童入学率、巩固率保持 100%。小学五年巩固率 99.75%；初中三年保留率 100.4%。中考总均分、优生率和高考达线人数继续保持全市同类学校领先地位，高考二本以上达线 1564 人，占全市达线人数的 44.7%，实现了高考历史的大跨越。

科技：全年投入科学技术研究与开发专项资金 834 万元。拉动社会投资 2.5 亿元，新增产值 5 亿多元。引进、转化新技术、新工艺 45 项。组织实施国家级科技计划项目 1 项、省级科技计划项目 5 项、市级科技计划项目 33 项、县级科技计划项目 25 项、申报专利 65 项目。

文化：年末全县共有文化馆 1 个，公共图书馆 1 个，文物博物馆 1 个，档案馆 1 个，广播电台 1 座，电视台 1 座，电视人口基本实现了全覆盖。全县 11 个乡(镇)完成了文化站扩建任务，争取配套资金及设备 145 万元。202 个行政村建起了文化室。已建农家书屋 210 个，获赠图书总价值 400 多万元。完成农村电影放映 6000 多场(次)，完成农村演出剧目 410 多场(次)。

卫生：年末县乡村共有三级医疗卫生机构 507 个，达标率 96%。共有医生 1763 人(其中乡村医生 957 人、医师 656 人、助理医师 150 人)。拥有床位 1556 张，全县每千人拥有病床数 4.02 张，每千人拥有医生 4.55 人。村级卫生所覆盖率达 100%。完善了新型农村合作医疗制度，参合率达到 97.1%，18.9 万人次领取补偿金 3480 万元。

体育：完成了 100 个行政村体育设施配套建设，新增体育场地面积 7290 平方米，组织举办大型文体活动 20 多场(次)，参加省市级文体比赛 15 次。年末全县人均公共体育场地面积 1.19 平方米。

社会保障：年末城镇基本社会保障覆盖率为 88.04%，比上年提高 2.64 年百分点。其中养老保险覆盖率90.12%,比上年提高2.32个百分点。医疗保险覆率84%,比上年提高3个百分点。失业保险覆盖率90%,与上年持平。征缴各项社会保险基金20 764万元,支付各项社会保险基金12 777万元。农村养老保险参保人数198 966人,占应参保人数的92%。全县39 729名60周岁以上的农村老人每人每年发放360元,累计发放1430万元。启动城镇居民医保工作,参保率达到78%,参保人数22 685人,征收基金181万元。

全县85%以上的农民吃上了干净自来水,4万多农户用上了新型清洁能源,新增住房面积2.7万平方米。

县委书记:刘爱军

人大主任:郑瑞俊

县　　长:冯志亮

政协主席:张星社

2010年概况

2010年,阳城县辖10镇7乡1个办事处。公安部门户籍登记总户数160 327户,总人口382 474人,非农业人口71 995人,年末全县耕地保有量38 800公顷。

全年全县实现生产总值138.6亿元,比上年增长15.1%。其中,第一产业实现增加值6.0亿元,比上年增长19.1%,对经济增长的贡献率为4.3%;第二产业实现增加值93.3亿元,比上年增长18.1%,对经济增长的贡献率为58.3%;第三产业实现增加值39.3亿元,比上年增长8.5%,对经济增长的贡献率为37.4%。三次产业比重为4.3:67.3:28.4。人均生产总值33332元,比上年增加5653元,按2010年平均汇率6.7654计算,达到4927美元。

年末城镇单位从业人员34 181人,其中,在岗职工人数33 274人。年末城镇登记失业率控制在1%以内。全县城镇单位在岗职工年平均工资30 851元,比上年增长16.9%。农村居民人均纯收入5920元,比上年增长12.5%。农村居民人均生活消费支出4075元,比上年增长0.89%。农村居民消费恩格尔系数36.5%。城镇居民人均可支配收入14 602元,比上年增长12.2%。城镇居民人均消费性支出8539元,比上年增长7.5%。农村居民人均住宅面积32.5平方米。城镇居民人均住宅面积31.4平方米。

年末城镇基本社会保障覆盖率92.05%,比上年提高4.01个百分点。其中,养老保险覆盖率91%,比上年提高0.9个百分点。医疗保险覆盖率93%,比上年提高9个百分点。失业保险覆盖率90.6%,比上年提高0.6个百分点。征缴各项社会保险基金22 599万元,16 277万元。新农保参保率达到92%,4万多农村居民领取养老金2640万元。城镇居民医疗保险参保人数27 157人。

大气污染综合指数为1.58。县城空气质量二级以上天数达到354天。城市建成区绿化覆盖率达到43%,比上年增加2.2个百分点,人居环境更加优美。全年二氧化硫排放量4.07万吨,比上年下降8.61%。化学需氧量(COD)排放量0.24万吨,与上年持平。

农业:全年实现农业增加值6.0亿元,比上年增长19.1%。全县完成农林牧渔业总产值10.4亿元,比上年增长18.7%。其中种植业产值4.8亿元,比上年增长40.4%。粮食总产量183 453吨,比上增长47.1%。其中夏粮59 495吨,比上年增长23.5%;秋粮123 958吨,比上年增长62.0%。油料总产量851吨,比上年增长18.2%。蔬菜总产量46 906吨,比上年增长16.0%。棉花总产量35吨,比上年增长0.5%。水果总产量5509吨,比上年增长10.7%。新解决4.6万人饮水安全问题,新发展沼气、煤层气用户1.1万户。

全年完成林业总产值0.79亿元,完成造林面积837公顷,比上年增长2.4%。封山育林面积333公顷,比上年减28.7%。四旁植树157万株,比上年增长16.3%。核桃产量1046吨,比上年增长10.1%。花椒产量495吨,比上年减23.8%。山茱萸产量1867吨,比上年增长24.5%。造林合格面积率100%。全县林木绿化率达到56.6%。全县有省级生态自然保护区1个。

全年完成畜牧业总产值4.6亿元,比上年增长5.4%。畜牧业总产值占农业总产值的比重为43.7%。年末牛存栏10 326头,比上年末减少13.6%;猪存栏140 713头,比上年末增长3.6%;羊存栏74 042只,比上年末增长17.6%;鸡存栏2 053 570只,比上年末增长5.7%。全年肉类总产量15 990吨,比上年增长6.1%;禽蛋产量20 986吨,比上年增长9.3%;牛奶产量224吨,比上年减少10.4%。年末桑园面积5717公顷,比上年减少2.1%。全年蚕茧总产量3377.1吨,比上年增长62.67%。

年末全县有效灌溉面积8917公顷。全年化肥施用量(实物量)50 701吨,比上年增长2.5%。农用薄膜使用量49吨,比上年增长2.1%。农业机械总动力39.2万千瓦。全年机耕面积32 491公顷,比上年增长7.8%。

工业:全年全部工业增加值88.8亿元,比上年增长18.7%,在二产中所占比重为96.5%。其中,规模以上工业企业完成工业增加值86.8亿元,比上年增长24.37%。

全年规模以上工业企业实现销售收入1 465 977万元,比上年增长12.69%;利税总额412 712万元,比上年增长11.45%;实现利润267 820万元,比上年增长3.75%。工业经济效益综合指数为329.85%,同比提高20.99个百分点。企业总资产贡献率14.86%,同比下降4.9个百分点;资产负债率48.84%,同比下降3.08个百分点;资本保值增值率104.69%,同比下降22.51个百分点;流动资产周转率2.25次,同比下降0.09次;成本费用利润率22.98%,同比下降 1.9 个百分点；全员劳动生产率 279 373 元 / 人，同比提高 52 925 元 / 人；产销率 94.26%,同比下降 3.69 个百分点。

全年生产原煤 1370.54 万吨,比上年增长 4.1%。发电量 1 779 064 万千瓦时,比上年减少 0.3%。生铁产量 9.47 万吨,比上年增长 467.1%。水泥产量 59.36 万吨,比上年增长 7.61%。日用陶瓷 10 195 万件,比上年增长 18.3%。建筑陶瓷 8000 万平方米,比上年增长 137.93%。铸铁件 29 621 吨,比上年增长 17.93%。全社会用电量 288 245 万千瓦时,其中城乡居民生活用电 8353 万千瓦时。

全县乡镇企业完成增加值 425 393 万元,比上年增长 22.43%。实现营业收入 982 678 万元,比上年增长 15.59%。实际缴纳税金 63 477 万元,比上年增长 25.44%。乡镇企业总产值 1 117 682 万元,比上年增长 15.84%。

全年生产安全事故死亡 38 人。亿元生产总值生产安全事故死亡 0.27 人，比上年下降 0.07 人。煤矿百万吨实现零死亡。

贸易:全年批发零售贸易业实现增加值 9.26 亿元,比上年增长 13.8%。住宿和餐饮业实现增加值 3.2 亿元,比上年增长 17.2%。全县社会消费品零售总额 215 962 万元,比上年增长 20.04%。按地区划分,城镇零售额 186 118 万元,比上年增长 20.3%;乡村零售额 29 844 万元,比上年增长 18.4%。按行业划分,批发、零售贸易业零售额 184 635 万元,比上年增长 18.3%;住宿餐饮业零售额 31 327 万元,比上年增长 31.8%。

交通:全年交通运输、仓储和邮政业实现增加值 8.54 亿元,比上年增长 5.8 %。年末全县公路密度 108.1 公里 / 百平方公里。全县行政村道路通畅率达到 100%,通班车的行政村达到 97%。年末全县公共汽车运营线路 96 条。境内铁路全长 73 公里,有货运专线 6 条。全年完成公路货运量 1505 万吨,公路货物周转量 47 700 万吨公里,公路客运量 708 万人,公路旅客周转量 26 350 万人公里。

邮电:全年完成邮政业务总量 2698 万元,比上年减少 9.95%。订销报纸 713 万份,订销杂志 18 万份,收寄特快专递两万件,发送信件 10.79 万件。

年末全县固定电话用户 79 400 户。移动电话用户 25 万部,比上年增加 3 万部。计算机互联网用户 31 736 户,比上年增加 5644 户。

旅游:皇城相府景区晋级“5A”,蟒河生态园完成景区配套建设。全年各景区共接待游客 197.2 万人次,直接门票收入 5100 万元,实现旅游总收入 143 956 万元。

文化:年末全县共有文化馆 1 个,公共图书馆 1 个,文物博物馆 1 个,档案馆 1 个,电视台 1 座。建成 15 个乡镇文化站。建立了 380 个村级文化活动室。建成农家书屋 241 个,获赠图书总价值400多万元。完成农村电影放映5616场(次),完成农村演出剧目400多场(次),承办了全市首届“爱我晋城”民间艺术书画邀请展。完成23个自然庄的有线电视联网和47个自然庄的“直播卫星”电视设备安装,全县有线电视用户达9.2万户,无线覆盖用户达4000余户,广播电视普及率达95%以上。

卫生:新改扩建407个村卫生所。年末县乡村共有医疗卫生机构616个。共有医生1783人(其中乡村医生957人、医师672人、助理医师154人)。拥有床位1556张。村级卫生所达标率99.1%。完善了新型农村合作医疗制度,参合率达到97.1%。

体育:组织举办大型体育赛事13次,举办了全县中小学生田径运动会、“霞光杯”第五届武术运动会等,参加了全市第四届农民运动会。建成村级体育配套设施144个,拥有各类健身组织5个,体育单项协会7个,全县体育人口达到18万人。

教育:完成4所县城中学提升改造和60所中小学校舍加固,新建校舍面积27万平方米。年末全县普通中学27所,在校学生34 104人,教职工2169人;职业高级中学5所,在校学生3271人,教职工205人;小学校93所,在校学生28 059人,教职工2224人;幼儿园185所,在园幼儿8574人,教职工636人;成人中等专业学校1所,教职工16人;成人技术培训学校459所,培训各类专业技术人员91 908人次。6至11周岁适龄儿童入学率、巩固率保持100%。小学五年巩固率100.04%。初中三年保留率100.26%。中考总均分、优生率和高考达线人数继续保持全市同类学校领先地位,高考二本以上达线1677人,实现了高考历史的大跨越。

科技:全县投入科学技术研究与开发专项资金834万元。组织申报市级科技计划项目22项,争取资金257万元;组织实施县级科技计划项目35项。全县共申报各类专利80项。

财政:全年完成财政总收入250 918万元,比上年增长13.03%;完成地方财政一般预算收入64 698万元,比上年增长17.42%;地方财政一般预算支出119 401万元,比上年增长13.22%。财政对科技的支出1341万元,比上年增长32.5%;对教育的支出28 759万元,比上年增长12.74%;对农业的支出14 339万元,比上年增长16.88%。

金融:全年金融保险业实现增加值2.92亿元,比上年增长9.7%。年末全县金融机构各项人民币存款余额1 261 859万元,比年初增加116 066万元。其中企业存款余额358 555万元,比年初增加49 829万元;居民储蓄存款余款724 767万元,比年初增加97 661万元。金融机构各项贷款余额495 742万元,比年初增加66 442万元。

保险:全年保费收入26 610万元,其中财产险保费收入5520万元,人身险保费收入21 080万元。全年支付各类赔款及给付7360万元,其中财产险赔款2110万元,人身险赔款及给付5250万元。

固定资产投资:全年全社会固定资产投资总额572 953万元(不含跨县投资),比上年增长23.1%。其中城镇投资完成524 145万元;农村投资完成48 802万元。分产业看:第一产业投资4807万元,比上年减少56.7%;第二产业投资363 594万元,比上年增长48.9%;第三产业投资204 552万元,比上年减少2.6%。

建筑业:全年资质建筑业完成增加值3.27亿元,比上年增长1.5%。房地产开发企业全年房屋建筑施工面积203 522平方米,竣工面积160 994平方米。商品房销售面积662 16平方米。

县委书记:冯志亮

人大主任:郑瑞俊

县　　长:冯志亮

政协主席:张星社

(王家胜)

陵川县

2009年概况

2009年,陵川县辖7镇5乡,7个居民社区,371个行政村,1149个自然村。总面积1751平方公里。

2009年,全县地区生产总值20.17亿元,比上年增长5%,其中:第一产业增加值2.66亿元,比上年增长11.4%;第二产业增加值6.97亿元,比上年下降8.8%;第三产业增加值10.54亿元,比上年增长14.9%;三次产业增加值占地区生产总值比重分别为13.2%,34.5%,52.3%;全县人均生产总值为7774元,比上年增加了484元,增长了4.6%。年末全县就业人员121 092人,比上年减少66人,其中:城镇就业人员12 977人,减少56人。年末城镇登记失业率为2.2%,比上年下降0.2个百分点。

农业:2009年全县粮食作物种植面积21.51千公顷,比上年增加0.1千公顷;油料种植面积0.24千公顷,比上年增加0.04千公顷;药材种植面积0.66千公顷;蔬菜种植面积0.48千公顷,比上年增加0.08千公顷。粮食总产量达11.02万吨,比上年减产4.1%,其中:夏粮1418吨,比上年增产13.35%;秋粮10.87万吨,比上年减产5.14%。油料产量789吨,比上年减产379吨;药材产量1352吨,比上年减产26吨;蔬菜产量18 241吨,比上年增产2690吨;水果产量3149吨,比上年下降15.1%。全年肉类总产量4507吨,比上年增长15.36%;牛奶产量达792吨,比上年增长105.7%;禽蛋产量3305吨,比上年增长7.82%。大牲畜年底存栏1880头,比上年下降41%;生猪存栏50 471头,比上年增长51.14%;羊存栏39 219只,比上年下降29.27%。全年完成造林面积2.16千公顷,比上年增长43.3%;四旁植树100万株,比上年增长12.36%;育苗面积246.7公顷,比上年增长47.9%;核桃产量达到1100吨,比上年下降4.6%。全县乡镇及民营经济增加值14.89亿元,比上年增长12.37%;总产值45.42亿元,比上年增长12.21%;营业收入35.66亿元,比上年增长12.03%。

工业和建筑业:2009年规模以上工业企业实现增加值3.28亿元,按照价格缩减法计算,比上年增长1.6%。其中,国有和国有控股企业增长21.5%,集体企业下降11.7%,股份制企业增长1.2%。煤炭开采和洗选业增加值增长5.3%,农副产品加工业增加值增长7.2%,化学原料及化学制品制造业增加值增长43.5%;水泥制品业增加值增长74.9%;电力供应业增加值增长68.1%;冶炼业增加值下降17.3%;金属制品业增加值下降37.3%;通用设备制造业增加值下降33.6%。工业销售产值达到8.23亿元,比上年下降1.55%;产销率达98.57%,比上年下降0.04个百分点。

2009年,全县原煤产量116.6万吨,比上年增长5.4%;生铁产量2.15万吨,比上年下降11.2%;水泥产量51.07万吨,比上年增长57.3%;氰化钠产量9247吨,比上年增长59.17%;淀粉产量3.71万吨,比上年下降2.1%。

2009年,全县建筑业实现增加值1.03亿元,按可比价计算比上年增长4.8%。具有资质等级的总承包和专业承包建筑业实现利润305万元。

固定资产投资:2009年全社会固定资产投资(含高速公路投资的13.69亿元)达到24.95亿元,增长138.3%。其中,城镇投资23.88亿元,增长255.9%,农村非农投资1.1亿元,增长19.4%。投资的项目主要集中在电力、交通、水利、城镇供热、供气、城市垃圾无害化处理和污水处理以及中小学校舍改造、农村医疗卫生机构等项目。

贸易与财政:2009年全县社会消费品零售总额达到8.18亿元,比上年增长10.89%。分行业看,批发和零售业零售额7.14亿元,增长15.8%;住宿和餐饮业零售额0.57亿元,下降21.9%,其他行业零售额0.47亿元,增长14.4%。在限额以上批发和零售业零售额中,汽车类比上年增长18.9%,日用品类增长29.2%,文化办公用品类增长11.5%。2009年全县财政总收入2.54亿元,比上年增长9.71%;一般预算收入0.91亿元,比上年增长9.59%;地方财政支出6.49亿元,比上年增长33.09%。在财政总收入中,国税局收入1.17亿元,比上年增长6.44%;地税局收入1.11亿元,比上年增长19.47%。

交通邮电和旅游:2009年交通运输邮电通讯业增加值25 358万元,比上年增长19.7%。年末全县民用汽车保有量18 762辆(包括三轮汽车和低速货车2863辆)。其中,私人汽车16 812辆,私人轿车保有量421辆。邮电通讯业务总量10548万元,比上年增长13.35%,其中:邮政业务总量2303万元,比上年增长12.73%;电信业务总量8245万元,比上年增长13.52%;固定电话年末用户4.65万户,普及率达58.3%;移动电话总数10.29万部,比上年增长35.04%;每百人拥有手机29.83部,比上年增加6部。2009年共接待游客52.5万人,比上年增长28.05%,旅游收入8100万元,比上年增长15.71%。

金融保险:2009年末金融机构各项存款达446 021万元,比上年增长24.07%,其中,城乡居民储蓄存款276 359万元,比上年增长10.98%;各项贷款107 889万元,比上年增长23.15%。各项保险费收入4677万元,比上年下降6.75%;保险理赔支出1085.8万元,比上年增长16.3%。

文化、教育与卫生:2009年底全县各类学校229所。其中,中学17所,小学162所,幼儿园和其他50所。全年高中招生1686人,比上年增长16.12%,高中毕业学生数1161人,比上年增长6.03%;初中招生数3476人,比上年增长5.3%,初中毕业4019人,比上年增长4.5%;职业高中招生422人,比上年增长3.18%,职业高中毕业400人,与上年持平;职业初中招生113人,比上年增长197%,职业初中毕业学生69人,比上年减少22.5%;小学招生2541人,比去年减少5.5%,小学毕业学生3689人,比上年增长11.15%;专任教师2593人,比上年增长1.4%。

2009年,末全县共有卫生机构376个。其中,医院、卫生院16个,妇幼保健院1个,疾控中心1个,卫生监督所1个,村级卫生所356个;卫生从业人员749个,其中:卫生专业技术职称人员541人。全县拥有卫生病床551张,比上年增长9.76%。

2009年,共组织各种文化活动41次,比上年增加6次;图书馆藏书31 200册,文物馆馆藏文物3.2万件,经国家确认的国家级保护单位14处,拥有基层放映单位16个,全年共放映电影4452场。

人口、人民生活和社会保障:2009年末全县总人口为256 617人(户籍人口),比上年年末增加1654人。其中,非农业人口29 610人。全年出生人口2942人,出生率为11.5‰,死亡人口862人,死亡率为3.37‰;迁入人口2299人,迁出人口2724人,人口自然增长率为8.13‰。

2009年城镇在岗职工平均工资为18 918元,比上年增长9.73%;农民人均纯收入3618元,比上年增长7.1%;城镇居民人均可支配收入9295元,比上年增长6.58%;城乡居民人均储蓄存款10 804元,比上年增长10.75%;城镇居民家庭恩格尔系数为33.34%;农村居民家庭恩格尔系数为42.6%。

2009年全县有社会福利单位9个,设有床位199个,收养人数138人;光荣院1个,设有床位30个,收养人数30人;年末参加城镇基本养老保险人数16 055人,参加城镇基本医疗保险11 602人,新型农村合作医疗参合率为92.5%;城镇基本社会保障覆盖率为90%;城镇低保对象4873人,城镇保障金额1173.6万元,农村低保人数15 720人,保障金额1575.1万元,直接接受社会捐赠款338.3万元。

环境和安全生产:2009年平均降水量554.3毫米,下降2.01%;万元地区生产总值平均耗水量77.59立方米;万元工业增加值平均耗水量59.25立方米;大气综合污染指数为1.96%,比上年降低0.87个百分点,空气质量二级以上天数为351天;万元地区生产总值二氧化硫排放量22.9公斤,比上年降低6.72%;万元地区生产总值化学需氧量(COD)排放量5.92公斤,降低7%;建成区绿化覆盖率达到30%;城市集中供热普及率达到40%,增长了15

个百分点。

2009年生产安全事故死亡33人,其中:道路交通事故死亡人数为30人。亿元地区生产总值生产安全事故死亡率为1.64人,比上年降低9.39%。

县委书记:马四清

人大主任:李晓玲

县　　长:茹栋梅

政协主席:常振华

2010年概况

2010年,陵川县辖7镇5乡,7个居民社区,371个行政村,1149个自然村。总面积1751平方公里。

综合:初步核算,2010年全县地区生产总值23.4亿元,比上年增长14%。其中:第一产业增加值3.1亿元,增长9.2%;第二产业增加值8.5亿元,增长17%;第三产业增加值11.8亿元,增长13.2%。第一产业增加值占生产总值的比重为13%,第二产业增加值比重为36.4%,第三产业增加值比重为50.6%。"十一五"期间地区生产总值年均增长9.6%。

2010年,全县从业人员126 435人,比上年增加5343人。其中城镇从业人员12 760人,农村从业人员113 675人。2010年城镇单位从业人员12 760人,比上年减少217人,其中,在岗职工人数12 037人,比上年减少356人。城镇新增就业岗位2350个,占市下达年度目标(2300个)的102%;农村剩余劳动力输出与就地转移11 500人,占市下达年度目标(7500人)的153%。下岗失业人员实现再就业702人,占年度目标(610人)的115%;实施就业困难人员就业援助321人,占全年目标(252人)的127%。完成创业培训12期360人,创业带动就业968人,占年度任务900人的108%;2010年城镇登记失业人员780人,较年初增319人,城镇登记失业率为2.6%,低于市控目标(3.5%)0.9个百分点。

农业:2010年,粮食种植面积21.57千公顷,比上年增加0.06千公顷;油料种植面积0.25千公顷,比上年增加0.1千公顷;药材种植面积0.52千公顷,比上年减少0.14千公顷;蔬菜种植面积0.48千公顷,与上年持平;果园面积4312亩,比上年减少1285亩。

2010年,油料产量836吨,比上年增产6%;药材产量1362吨,比上年增产0.7%。全年蔬菜产量22 274吨,比上年增产22.1%;全年水果产量3477吨,比上年增产10.5%。

2010年,肉类总产量5969吨,比上年增产32.4%。其中,猪肉产量4857吨,增长26.2%;牛肉产量98吨,增长19.5%;羊肉产量481吨,增长118.6%;禽肉产量474吨;兔肉产量44吨。全年奶类总产量614吨,比上年下降22.5%;禽蛋总产量4216吨,比上年增长27.6%;蚕茧总产量 168 吨,比上年下降 12.9%。

2010 年,粮食总产量 11.72 万吨,比上年增产 6.3%;其中,夏粮产量 0.1609 万吨, 比上年增产 14.3%;秋粮产量 11.56 万吨, 比上年增产 6.4%。

2010 年,全县森林面积 133 万亩,森林覆盖率达 52.07%。全年木材产量 947 立方米,比上年减少 32.3%。全年完成造林面积 2.77 千公顷,比上年增长 28.2%;四旁植树 117 万株,比上年增长 17%; 退耕还林工程完成配套荒山荒地造林面积 0.87 千公顷; 育苗面积 246.7 公顷,与上年持平;核桃产量达到 1150 吨,比上年增长 4.5%。

2010 年,全县农业机械总动力 287 875 千瓦,比上年增长 6.5%。机械耕地面积 20 870 公顷,机械播种面积 11 400 公顷,机械收获面积 4067 公顷,分别比上年增长 9.7%、23.4%和 240.9%。全县农机化经营总收入达到 5612 万元,同比增长 9.9%。

工业和建筑业:2010 年,全部工业增加值 71994 万元,比上年增长 15%。其中,规模以上工业增加值 46 591 万元,增长 28.4%,在规模工业中国有控股企业增长 20.5%,集体企业增长 61.9%,股份制企业下降 7.4%。分轻重工业看,轻工业下降 2.8%,重工业增长 28.2%。“十一五”期间规模以上工业增加值年均增长 25%。

规模以上工业企业实现主营业务收入 100 874.8 万元,比上年增长 38.8%。其中,煤炭行业实现 49 742.3 万元,比上年增长 45.7%;农副食品加工业实现 49 742.3 万元,比上年增长 34.4%;化工行业实现 14 374.9 万元,比上年增长 48.4%;非金属矿物制品业实现 18 767.6 万元, 比上年增长 24.5%; 冶炼行业实现 6768.5 万元, 比上年增长 44.7%; 金属制品业实现 790.1 万元,比上年增长 33.3%;通用设备制造业实现 539 万元,比上年下降 50%;电力供应业实现 1246.7 万元,比上年增长 20%。

规模以上工业企业实现利税 33 212.9 万元, 比上年增长 93.2%; 实现利润 23 101.8 万元,比上年增长 146.6%;亏损企业亏损额 711.1 万元,比上年下降 23.8%。

2010 年,全县乡镇及民营经济增加值 16.7 亿元,比上年增长 12.1%;总产值 50.9 亿元,比上年增长 12%;营业收入 43.3 亿元,比上年增长 21.3%。

全年全县建筑业实现增加值 1.33 亿元,比上年增长 29.4%。2010 年全县具有资质等级的总承包和专业承包建筑业企业共有 3 家, 完成总产值 4608.4 万元,比上年增长 22.1%;竣工产值 5007.8 万元,比上年增长 58%。

固定资产投资:2010 年,全社会固定资产投资 138 158 万元,比上年增长 24.9%。从城乡看,城镇投资 127 097 万元,比上年增长 24.2%;农村非农户投资 11 061 万元,比上年增长 3.4%。从产业看,第一产业投资 15 767 万元,比上年增长 97%;第二产业投资 58 154 万元,比上年增长4%;第三产业投资64 239万元,比上年增长37.7%。从登记注册类型看,国有投资48 680万元,比上年下降23.9%;非国有投资89 478万元,比上年增长91.8%。“十一五”期间全社会固定资产投资年均增长38%。

国内贸易:2010年,社会消费品零售总额90 763.6万元,比上年增长17.7%。分地域看,城镇59 797.6万元,比上年增长18.3%;乡村30 966万元,比上年增长16.6%。分行业看,批发和零售业零售额84 472.7万元,比上年增长18.3%;住宿和餐饮业零售额6290.9万元,比上年增长10.1%。“十一五”期间社会消费品零售总额年均增长12.2%。

在限额以上批发和零售业零售额中,化妆品类零售额比上年增长54.6%,食品、饮料、烟酒类比上年下降20.9%,服装鞋帽、针、纺织类比上年增长26.6%,日用品类比上年增长8.7%,汽车类比上年下降17.5%,石油及制品类比上年增长2.31%,体育娱乐用品类比上年增长48.6%,文化办公用品类比上年增长29.5%,书报杂志类比上年增长37.5%。

交通、邮电和旅游:2010年交通运输、仓储和邮政业增加值2.84亿元,比上年增长11.8%。全县公路通车里程1481公里。

2010年,全县民用汽车保有量达到21 470辆(包括三轮汽车和低速货车2936辆),比上年增长14.4%,其中私人汽车18 363辆,比上年增长9.2%。本年新注册汽车573辆。2010年轿车保有量1230辆,比上年增长87.2%,其中,私人轿车保有量868辆,比上年增长106.2%。

2010年,全县完成邮电业务总量10 214.2万元,比上年下降3.2%。其中,邮政业务总量1539元,比上年下降33.2%;电信业务总量2105万元,比上年下降12.5%;移动业务总量6570.2万元,比上年增长12.5%。固定电话用户2010年达到45 148户。新增移动电话用户20 918户,2010年达到123 831户。2010年全县固定及移动电话用户总数达到168 979户,比上2010年增加19 562户。全县宽带接入户达到9986户。

2010年,全县旅游企业个数为17个,共接待旅游人数55万人次,比上年增长4.8%,实现旅游总收入24 500万元。

财政、金融和保险:2010年,全县财政总收入27 747万元,比上年增长9.3%。一般预算收入10 339.3万元,增长14.1%。其中,税收收入7220万元,比上年增长17.97%,增值税、营业税、资源税、企业所得税和个人所得税五大税种共计完成税收5729万元,占到税收收入的79.3%。“十一五”期间财政总收入年均增长9.9%;一般预算收入年均增长8.6%。

一般预算支出执行75 034万元,比上年增长15.7%。其中农林水事务支出增长14.8%,教育支出增长7.6%,环境保护支出增长196.5%,科学技术支出增长11.6%,医疗卫生支出增长30.4%,文化体育与传媒支出下降8.4%,社会保障和就业支出增长7.6%。

2010年，全县金融机构各项存款余额510 012万元，比年初增加63 991万元，增长14.3%。其中，城乡居民储蓄存款余额306 081万元，比年初增加29 723万元，增长10.8%。各项贷款余额130 619万元，比年初增加22 730万元，增长21.1%。

2010年，全县保险费收入4753.2万元，比上年增长1.6%。其中，财产险保费收入239.4万元，下降22.7%；人身险保费收入3220.5万元，下降1.7%。全年支付各类赔款及给付1063.5万元，下降2.1%。其中，人身险给付支出350.2万元，下降32.7%；财产险赔款支出45.1万元，下降78.6%。

教育和科学技术：2010年，全县共有各级各类学校214所。其中，中学17所，小学151所，幼儿园和其他46所。全县共有各级各类在校学生人数39 885人，比上年下降2.24%；全年高中招生数1953人，比上年增长16.67%；高中毕业生数1272人，比上年增长46.71%；初中招生数3388人，比上年下降2.53%；初中毕业生数3690人，比上年下降8.19%；职业高中招生数244人，比上年下降42.18%；职业高中毕业生数346人，比上年下降13.5%；职业初中招生数74人，比上年下降34.51%；职业初中毕业生数51人，比上年下降26.09%；小学招生数2828人，比上年增长10.68%；小学毕业生数3467人，比上年下降6.02%；2010年全县教职工人数2951人，比上年下降4%；专任教师2518人，比上年下降2.89%；小学学龄儿童入学率100%，小学升学率100%，比上年0.3个百分点。

2010年，全县科技三项经费支出350.15万元，完成下达年度目标（350万元）的100.04%，比上年增长13%。全年组织实施各类科技项目55项（其中省级1项，市级11项，县级43项）。

文化、卫生和体育：2010年全县共有艺术表演团体1个；全县群众艺术馆、文化馆1个，公共图书馆1个，总藏量3.12万册。博物馆1个。广播电台1座，电视台1座。广播综合人口覆盖率95%，电视人口综合覆盖率达100%。全县广播电视传输网络干线总长700公里。

2010年，全县共有卫生机构(含诊所)473个，其中医院床位549张，每千人拥有病床3.19张；妇幼保健院1个，专科疾病防治院1个。卫生技术人员1312人，其中执业医师和执业助理医师336人，注册护士159人。疾病预防控制中心（防疫站）1个，卫生技术人员18人；卫生监督所1个，卫生技术人员18人；乡镇卫生院12个，床位252张。全县新型农村合作医疗参合率93.24%，比上年高1.24个百分点。村卫生室覆盖率100%、县乡村三级医疗机构达标率95%。全年全县的儿童“五苗”全程接种率以乡镇为单位均达到了99.6%以上。

人口、人民生活和社会保障：2010年，全县总人口为254 994人（户籍人口），比2009年年末减少1623人。其中，非农业人口30 342人。全年出生人口3669人，出生率为14.3‰，死亡人口

4556人,死亡率为17.8‰;迁入人口2749人,迁出人口3485人,人口自然增长率为-3.5‰。

2010年,城镇居民人均可支配收入为10 318元,比上年增长11%;城镇居民人均消费性支出6187元,增长10.5%。农村居民人均纯收入4017元,比上年增长11%;农村居民人均生活消费支出2495元,增长0.2%。城镇占调查总户数20%的低收入家庭人均可支配收入4974元,增长20.5%;农村占人口20%的低收入者收入2620元,增长13.9%。城镇居民家庭恩格尔系数(即居民家庭食品消费支出占家庭消费支出的比重)34.3%,农村居民家庭恩格尔系数41.36%。城镇单位在岗职工平均工资21 215元,增长12.3%。城镇职工单位从业人员平均劳动报酬的增长率为12.2%。"十一五"期间城镇居民人均可支配收入年均增长11.9%;农村居民人均纯收入年均增长8.3%。

2010年,全县企业养老保险参保6318人,占市下达任务(6300人)的100.3%,比上年6209人增长2%。机关事业养老保险参保7609人,占年目标(5230人)的145%,比上年7348人增长4%。为2057名机关事业离退休人员发放养老金5668万元,按时足额发放率为100%;城镇职工医疗保险参保人数达到15 002人,城镇居民医疗保险参保人数达到11 003人,农村医疗保险参保人数达到211 035人;失业保险参保10 180人,占市下达任务(9700人)的105%,与上年持平。为39名失业人员发放失业保险金26.7万元;工伤保险参保8530人,占市下达任务(7000人)的122%,比上年8106人增长了5%。为93名工伤职工支付工伤保险待遇161万元、为300名遗属人员发放抚恤金38万元、为53名工亡职工发放丧葬费35万元,支付率为100%;女工生育保险参保8260人,占年目标(8000人)的103%,比上年6173人增长了34%;农村养老保险参保40 078人,占市下达目标(32 000人)的125%,比上年34 250人增长17%。城镇基本社会保障覆盖率为91%;新型农村合作医疗参合率为96.12%。

2010年,城镇低保人数4817人,比上年减少56人;农村低保人数15 996人,比上年增加276人;农村集中供养五保户228人,比上年增加90人;农村定期救济1986人,比上年增加603人。

2010年,全县各类收养性社会福利单位9个,床位290张,收养各类人员138人。享受伤残抚恤金人数502人,比上年减少116人;享受定期补助人数1092人,比上年增加13人。优待优抚对象户数241户,优待总金额58.5万元,比上年增长0.86%。2010年全县共有各类社会福利单位9个,共安置90个残疾人就业。本年我县直接接收捐赠款56.9万元。

资源、环境和安全生产:2010年耕地保有量为48.08万亩,比上年下降0.06%。完成造林合格面积4.16万亩,完成年度计划的110.64%。自然保护区面积21 440公顷。

城市集中供热普及率达到 50%，提高 10 个百分点；建成区绿化覆盖率达到 32%。

2010 年，县区环境空气质量二级以上天数达到 359 天（包含一级天 51 天），比上年增加 8 天。空气综合污染控制在 1.833，比上年下降 0.127，降幅为 6.6%。二氧化硫排放量 0.488 万吨，比上年增长 5.6%。化学需氧量 0.1275 万吨，比上年增长 6.87%。

2010 年，共发生各类生产安全事故 58 起，比上年增加 5 起，上升 1.02%；事故死亡 25 人，同比减少 8 人，下降 4.1%，占市政府下达我县控制指标 35 人的 71.4%。万元 GDP 安全生产死亡 1.02 人，比上年下降 0.51%。全县地方煤矿无安全生产事故发生，同比减少 1 起，死亡同比减少 3 人。全年共发生道路交通事故 58 起，造成 25 人死亡、83 人受伤，直接财产损失 8.51 万元。

县委书记：马四清

人大主任：李晓玲

县　　长：茹栋梅

政协主席：常振华

（程跃新　焦国锋）

沁水县

2009年概况

2009年,全县地区生产总值完成83亿元,比上年增长7.7%;财政总收入完成19.49亿元,比上年增长36.8%;一般预算收入5.27亿元,比上年增长28.5%;城镇居民人均可支配收入达到11 845元,比上年增长11.9%;农村居民人均纯收入达到4371元,比上年增长9.5%;社会消费品零售总额达到10.8亿元,比上年增长22.3%;全社会固定资产投资总额完成46.3亿元,比上年增长55.4%;全县新增就业岗位3850个;规模以上工业增加值完成26.6亿元(法人在地),比上年增长21.6%;民营经济增加值完成30亿元,比上年增长14.6%;居民消费价格总水平涨幅为1.3%;县城空气质量二级以上天数达到350天;人口自然增长率为2.94‰。

产业调整步伐加快,转型发展取得突破。煤炭企业兼并重组整合工作取得阶段性成果。整合后,保有资源储量增加58%,规划生产能力提高20.8%,单井生产规模提升136%。大型矿井建设速度加快。年产240万吨的玉溪煤矿进展顺利,郑庄、胡底两座400万吨的矿井奠基开工,年产500万吨的东大煤矿进入前期工作。煤层气产业发展势头强劲。中石油全国第一个数字化煤层气示范工程、亚洲最大的寺河煤层气发电项目投产运行,世行贷款煤层气液化工程开工建设。煤层气年开采能力达到10亿立方,压缩能力达到3亿立方,液化能力达到5亿立方,完成生产总值12亿元,成为沁水县又一支柱产业。旅游业发展力度加大。景点基础建设不断加强,居民搬迁进度明显加快,景区配套设施更加完善,全年旅游、商贸、现代服务等第三产业实现增加值15.2亿元,增长8.3%。

公共财政力倾"三农",农民收入持续增长。累计发放农业补贴3978万元、支农贷款3.8亿元。粮食总产量9.1万吨,在大灾之年仍然保持了平年收成。畜牧、蚕桑、蔬菜、林果四大特色产业快速发展,无公害基地和无公害农产品进一步巩固。新增农民专业合作社99个,累计达到217个。丰田食品、兴盛农牧林等一批"农字号"龙头企业不断发展壮大。饮水安全、水土保持、农业综合开发、农产品质量安全检测中心和农产品批发市场等工程顺利实施。全年用于"三农"方面的投入达到1.4亿元,增长16.3%。农民人均纯收入提高9.5个百分点,被省委、省政府授予"增加农民收入先进县"。

重点工程和重点调产项目建设顺利推进。2009年,全县共铺开重点工程和重点调产项目22项，概算总投资57.2亿元，当年安排投资20.1亿元，实际完成投资7.8亿元。重点工程8项，概算总投资9.6亿元，当年安排投资3.6亿元，实际完成投资3.7亿元。8项重点工程均按计划完成。梅杏大道工程，“玉龙”隧道全线贯通，安置楼主体工程全面完成；滨河南路工程，路基基本成形，部分桥涵开工建设；中木亭及尧都互通连接线，完成前期及部分桥涵、护岸工作；县城集中供暖一期工程，完成4个供热区锅炉房建设和部分主管网铺设，供热面积达到17万平方米；污水处理厂建设工程，完成土建和设备安装，进入试运行阶段；教育园区工程，二中完成教学楼、办公楼和公寓楼主体工程，职中开工建设；湾则水库续建工程，完成总工程量的80%；造林绿化工程，完成环城绿化900亩，荒山绿化2000亩，通道绿化补植90公里。重点调产项目14项，概算总投资47.6亿元，当年安排投资16.5亿元，实际完成投资4.1亿元。煤炭项目6项：沁城、中村、平山煤矿完成部分附属配套工程，西城、坪上、胡底煤矿资源整合重组工作进展顺利。煤层气项目5项：华凯、五里庙煤层气液化项目前期工作基本完成；晨光物流煤层气液化项目正在招商洽谈之中；易高煤层气液化二期项目完成厂房和设备安装；山西能源世行贷款煤层气示范项目完成前期并开工建设。旅游项目3项：下川舜王坪景区完成部分基础设施建设，柳氏民居、湘峪三都古城完成部分附属配套工程。沁水县省、市重点工程投资增长率、完成率、增速均居全市第一。

改革开放不断深化，发展环境更加宽松。政府机构改革圆满完成。集体林权制度改革完成年度任务，林改经验在全省林业工作会议上进行了交流。招商引资顺势推进，共签约项目7个，总投资6.7亿元，协议引资5.9亿元。建立了民营经济发展基金，成立了中小企业信用担保中心，并与市担保中心合作共同为顺世达担保贷款1600万元，组织开展了中小企业项目融资推介活动，非煤领域民营经济工业增加值达到6亿元。

扶贫攻坚扎实开展，新农村建设成效明显。投资1800万元，重点实施整村脱贫、移民搬迁、产业开发、教育扶贫、劳动力培训“五大工程”。积极动员机关单位、领导干部与贫困村、贫困户结对帮扶，努力为贫困村发展特色产业、改善生活条件出点子、解难题。端氏嘉峰特色城镇化建设《总体规划》通过专家评审。新增新农村建设省级重点推进村19个，新建科技文化活动室14个、农民体育健身广场85个、农家书屋56个、便民连锁店26个。全县62个省级重点推进村，有59个通过了阶段性考核评估。

节能减排力度加大，生态环境不断改善。继续实施梅、杏两河治理工程，污水处理厂投入试运行，垃圾处理场前期工作基本完成，端氏河治理工程列入省水利厅重点工程推荐项目，饮用水源地环境保护得到加强，井下瓦斯抽采利用率进一步提高。全县单位GDP综合能耗、工业增加值能耗均控制在市控指标之内，化学需氧量排放量、二氧化硫排放量实现双降，县城空气质量二级以上天数达到350天,比上年增加27天。森林覆盖率达到48.4%,林木绿化率达到57.3%。在全国首届生态文明建设成果发布会上,沁水县荣获"中国绿色名县"称号。

民生保障全面加强,群众得到更多实惠。新增村通水泥(油)路143公里,实施农村中小学校舍安全工程12所,新建和改扩建村级卫生室238个,新建饮水安全工程57处,242个行政村广播电视实现了全覆盖。新型农村合作医疗、城镇居民基本医疗参保率达到94.6%和89%。新型农村养老保险覆盖率达到92%,成为全省15个国家级新农保试点县之一。城乡低保实现应保尽保,受益农民和职工达到10 165户12 558人。新增就业岗位3850个,转移剩余劳动力8170人。完成153套移民住房主体工程,为120户农村困难群众解决了住房问题。改造残疾人危房130户,建设廉租住房60套。为农村居民、学校、医院、敬老院解决冬季用煤7.2万吨,群众得实惠1660万元。全年用于改善民生的资金达到3.7亿元,年初省、市下达的"五个全覆盖"任务圆满完成。

安全生产势头良好,全县社会和谐稳定。全面加强煤矿、非煤矿山、森林防火、道路交通、中小学校、公共场所、建筑市场、食品卫生等领域和行业的安全防范和应急处置,安全生产形势持续稳定。认真落实社会治安综合治理工作措施,进一步巩固"平安沁水"创建成果,深入开展"大接访"活动,确保了"国庆60周年庆典"等重大活动和政治敏感时期社会稳定。实行了《县级领导信访接待日制度》,开展了"信访积案化解年"活动,推行了信访工作例会制度,切实解决了很多信访难题,化解了大量矛盾纠纷,维护了人民群众合法权益,促进了社会和谐稳定。全年共受理群众来信来访474件次,接待来访群众2450人次,同比分别上升1%和上升23%。其中,来信39件,同比下降16%;个体访352件次945人次,同比分别上升5%;集体访83批次1505人次,同比下降7 %;初信初访一次性办结率达到80%以上;重复来访94件,重访率20%,同比下降19%。圆满完成新中国成立60周年庆典活动期间沁水县的安全保卫工作,甲型H1N1流感防控工作取得明显成效,全县政治安定、社会稳定、人民安居乐业。

民主法制迈出新步伐,法律监督更加坚实。完善人民代表大会制度,人大及其常委会依法行使职权,充分发挥地方国家权力机关作用。坚持每季一期的法制讲座和干部任前法律知识考试,先后就关系人民群众切身利益的热点问题,工作推进中的难点问题和社会关注的焦点问题,举办了预防职务犯罪、甲型H1N1防控等四期法制讲座。紧紧抓住全县经济和社会发展中的重大问题和行政执法活动中的热点问题进行执法检查;完善中国共产党领导的多党合作和政治协商制度,人民政协围绕民主和团结两大主题认真履行政治协商、民主监督和参政议政职能;进一步巩固和发展爱国统一战线,认真贯彻党的宗教政策和对台政策,全县民族关系、宗教关系、阶层关系更趋和谐；法院、检察院依法独立办案，工会、共青团、妇联等人民团体依照法律和各自章程开展工作；扎实推进“五五普法”，积极开展社会主义法治理念教育，全面启动“法治沁水”建设；大力加强基层民主政治建设，积极推行政务公开、村务公开、企务公开，基层自治组织和民主管理制度不断健全。

党建工作稳步推进。切实加强思想政治建设。认真贯彻落实《中共中央关于加强和改进新形势下党的建设若干重大问题的决定》和省、市委的实施意见，出台了《关于加强和改进领导班子思想政治建设的实施意见》，努力建设学习型党组织和学习型领导班子；切实加强领导班子和干部队伍建设。严格贯彻执行《党政领导干部选拔任用工作条例》和有关规定，先后对乡镇班子、县直部分单位的285名领导干部进行了调整交流，一批年轻有为的干部走上了领导岗位。制定了《关于建立促进科学发展的科级领导班子和领导干部考核评价机制的实施办法(试行)》、《科级领导班子和领导干部日常考核办法》，强化了对领导班子和领导干部的管理监督和考核；切实加强基层党组织建设。全面实施堡垒构筑、先锋铸造、素质提升“三大工程”，积极开展“创先争优”活动，不断引深“五个好”乡镇党委和村党组织创建工作。大力加强村级组织活动场所建设和农村党员干部现代远程教育工作，全县2/3以上的村都有了组织活动场所。按照倒排15%的比例，开展了对34个后进村的整顿、转化，做到了一村一策。进一步完善了民主评议党员机制，建立了党员信息库。构建流动党员城乡一体化动态管理新机制，提高了对流动党员的教育管理水平。开展了农村党组织书记培训、新党员培训、大学生村干部培训、党员创业就业技能培训和基层党员轮训制度，进一步提升了广大基层党员干部的素质；切实加强反腐倡廉建设。坚持标本兼治、综合治理、惩防并举、注重预防的方针，认真落实中央《建立健全惩治和预防腐败体系2008—2012年工作规划》。对全县500余名科级干部进行了廉政培训。深入开展煤焦领域反腐败专项斗争，扎实推进农村基层党风廉政建设，坚决纠正损害群众利益的不正之风。严肃查处了一批违纪违法案件，全年共立案查处党员干部违纪违法案件31件，有35名党员干部受到了责任追究。深入开展了学习弘扬“右玉精神”，大力加强作风建设的十项活动，进一步加强了干部作风建设，提高了行政效能。

宣传思想工作不断强化。围绕学习宣传贯彻党的十七大和十七届三中、四中全会精神，乡村理论报告员和党校理论教员深入机关、企业、农村、社区、学校等进行深入宣讲，扎实开展了“百人千场”报告会活动；不断引深“沁水精神大讨论”活动，提炼确定了“实干、争先、创新、和谐”的新时期“沁水精神”，形成了推动沁水经济社会发展的强大精神支撑；不断加强新闻阵地管理，围绕中心工作，唱响主旋律、打好主动仗，积极关注社会热点，强化了网络宣传监管和网上舆论引导。积极开展庆祝新中国成立60周年群众性系列活动，大力宣传沁水改革发展的辉煌成绩,进一步展示和提升了沁水的良好形象;进一步巩固“省级文明和谐县城”创建成果,持续引深文明和谐单位、行业、社区、村镇创建活动,全社会文明程度和群众文明素质得到进一步提高;大力培树文明和谐创建先进典型,重点抓好省、市、县级文明和谐村镇建设,突出抓好县直行业文明和谐窗口创建,推出了一批文明和谐创建的新亮点;深入开展社会主义核心价值体系宣传教育活动,认真做好未成年人思想道德建设的各项工作,大力开展文明和谐城乡联创活动,全县精神文明建设工作取得了新的成效。

县委书记:常国荣

人大主任:潘庆云

县　　长:常广智

政协主席:马刘勤

2010年概况

2010年,在县委、县政府的正确领导下,在县人大和县政协的监督支持下,全县上下坚持以科学发展观为指导,全面贯彻落实党的十七大和十七届四中、五中全会以及省、市领导干部大会精神,按照“三转三化三提高”的总体要求,解放思想、抢抓机遇,凝聚共识、扎实苦干,全力推进转型发展、跨越发展,着力保障和改善民生,切实加强党的建设,圆满完成全年目标任务,各项工作均取得新进展新成效。

主要经济指标继续保持平稳较快增长。全县地区生产总值突破百亿元大关,达到100.1亿元,比上年增长14.2%;财政总收入完成22.2亿元,增长14.01%;一般预算收入6.2亿元,增长18.18%;城镇居民人均可支配收入达到13 365元,增长12.83%;农村居民人均纯收入达到5059元,增长15.73%;社会消费品零售总额达到11亿元,增长23.04%;全社会固定资产投资总额完成56.9亿元,增长23.18%;全县新增就业岗位4000个;规模以上工业增加值完成32.7亿元,增长36.4%;民营经济增加值完成35亿元,增长17.04%;居民消费价格总水平涨幅为2.2%;县城空气质量二级以上天数达到356天;人口自然增长率为0.09‰。2010年跨入县域经济基本竞争力“中部百强县”。

重点工程项目建设顺利推进。2010年,全县共铺开重点工程50项,概算总投资196.6亿元,当年安排投资38.2亿元,实际完成投资38.36亿元。其中,基础设施建设重点工程25项,概算总投资19亿元,当年安排投资10.8亿元,实际完成投资10.66亿元。梅杏大道、滨河南路、碧峰公园、阳翼高速互通连接线、坪曲线道路改造、文化长廊及环境整治、绿化、士敏公园8项工程完成建设并投入使用。县社会福利中心、湾则水库、郑村煤矿沉陷区肖庄移民点、农产品批发市场、限价房、教育园区、清洁能源工业园区、嘉峰煤电工业园区、中下路、县城垃圾处理场、中小学校舍安全、县城集中供暖、树理文化广场、公安业务用房、县医院综合住院楼、北坛幼儿园、土沃 110KV 输变电 17 项工程完成年度目标任务；生产性建设项目 25 项，概算总投资 177.6 亿元，当年安排投资 27.4 亿元，实际完成投资 27.7 亿元。易高二期、顺泰技改、和瑞瓦斯发电、兰金瓦斯发电、顺世达铸业、亿豪铸业、丰田食品、佳诚建材、和盛建材 9 个项目完成目标任务，达到试生产条件。沁城煤矿、平山煤矿、山西能源、靓豹服饰、三都古城、柳氏民居、历山旅游、中电明秀 8 个项目进展顺利，完成年度计划。中村、坪上、胡底、郑庄 4 座煤矿，华凯、五里庙、南京中油恒然煤层气液化以及欣荣合成油 8 个项目完成前期工作。

产业结构调整步伐加快。按照“以煤为基、以煤兴产、以煤兴业、多元发展”的思路，着力改造提升传统产业，大力发展新兴产业，全年完成工业增加值 32 亿元，同比增长 36.8%。进一步加快推进煤炭资源整合和企业兼并重组，积极协调各方利益关系，企业主体到位后的复工复产、改造建设、矿井关闭等工作有序开展。积极支持大中型矿井建设，郑庄、胡底、玉溪等矿井建设进度加快，东大、里必等矿井前期工作有序推进，平山、永红等基建矿井和侯村、永安、端氏等质量标准化矿井建设进展顺利。全力做大做优煤层气产业，煤层气的抽采、压缩、液化、输送、发电以及综合利用等全面发展，易高、蓝焰、顺泰等一批煤层气企业不断壮大，落地企业达到 30 多家，年抽采量达 18 亿立方，加工转化 5 亿立方，瓦斯发电装机容量 16.6 万千瓦，成为沁水又一支柱产业。积极发展旅游产业，成功举办柳氏民居文化旅游节，柳氏民居被评为 4A 级景区，张峰水库卧龙湾景区、湾则水库秀水湾公园控制性详规基本完成，中下旅游公路加快建设，历山“二次开发”和三都古城等景区、景点建设稳步开展。

新农村建设成效明显。认真落实粮食直补、农机具补贴、良种补贴等各项强农惠农政策，全年粮食产量在遭受冻害、干旱、洪涝灾害的情况下，仍创历史新高，达到 13.14 万吨。畜牧、蚕桑、蔬菜、林果四大农业特色产业稳步发展，畜牧业重点完善 100 个养羊园区的设施配套建设，全年羊群存栏量 20.2 万只；蚕桑业以新技术、新品种推广为重点，建设温控大棚 120 栋，全年产茧量达到 130 万公斤；绿色农产品基地建设进一步推进，申报认证无公害农产品产地面积达到 33 万亩；丰田食品、沁花蜂业、源通饲料等一批“农”字号龙头企业和农业合作社不断壮大，带动作用明显加强。农村“五个全覆盖”超额完成。村级卫生室、村通广播电视工程，2009 年提前完成；村通水泥（油）路实现全覆盖，通车里程达 1226 公里；全年新建学校 7 所，改扩建学校 21 所，建设总面积达 11.4 万平方米；建成农村饮水安全工程 164 处，解决 2.6 万人的饮水安全问题，全县农村面貌和农民生活质量得到有效改观。

招商引资成绩喜人。充分发挥资源优势，以企招商、以商招商，先后召开煤炭行业、煤层气行业、电力行业项目对接座谈会，积极组团参加中博会、港洽会、福州推介会等各类招商洽谈活动,全年共签约项目11个,项目投资额50.11亿元,引资额48.79亿元。注重规划发展工业园区,大力推进沁水新能源产业工业园建设,积极发挥工业园区的集聚和带动作用,努力为项目入园、集约发展创造条件,优化环境。积极发展壮大民营经济,建立工业技术进步和转型发展基金,举办民营企业人才招聘会,以奖代补发放民营企业发展基金320万元。

城乡生态环境持续改善。围绕建设绿色沁水,坚持沿路增绿、空地建绿、拆墙透绿、近山植绿,大力实施“造林绿化”工程,不断加快林业生态县建设步伐,投资8000万元,完成环县城绿化6119亩,荒山绿化1万亩,园林村绿化300亩,宽带林建设117公里,植树造林2.2万亩,全县森林覆盖率达到48.4%,林木绿化率达到57.3%,县城绿化覆盖率达到46.1%。切实加强节能减排,发展低碳经济,加快淘汰落后产能,对全县11家重点耗能工业企业加强节能监测和目标考核,全县万元GDP综合能耗、工业增加值能耗、二氧化硫排放量、化学需氧量排放量四项约束性指标,实现逐年下降。持续实施“蓝天碧水”工程,全年县城空气质量二级以上天数达到356天,空气质量明显改善。

就业和社会保障体系不断完善。积极开展创业型社会创建活动,不断完善公共就业服务平台建设,加强职业技能培训,开发公益性岗位,全年新增城镇就业岗位3785个,转移输出农村剩余劳动力9100余人,城镇登记失业率控制在1.9%以内。进一步完善城镇职工社会保险制度,认真做好城镇居民基本医疗保险工作,解决1291名国有、集体困难企业职工的保险长期拖欠问题。全面推行新型农村社会养老保险,作为全省15个国家级新农保试点县之一,争取到国家、省级农保资金1372.7万元,使2.26万农村老年人从中受益,实现城乡养老保险、医疗保险全覆盖。更加关注弱势群体,健全社会救助体系,社会福利事业、残疾人事业、老龄事业和慈善事业加快发展,农村低保、城镇低保做到应保尽保。积极推进经济适用房、廉租房、限价房等保障性住房建设,加快康居示范工程进度,有效缓解了城镇低收入家庭的住房困难。

城乡一体化发展步伐进一步加快。围绕“建设生态化公园式县城和沁水新能源产业工业园区、舜王坪生态旅游区”这个“一城两区”战略重点,立足实际,突出特色,大力推进城镇化建设。在先后完成县域城镇体系规划、县城总体规划、端氏嘉峰特色城镇规划等规划编制的基础上,建成县城规划和端氏嘉峰特色城镇规划两个展馆,组织相关人员先后赴天津、大同、长治等地参观学习城镇建设与管理经验,启动实施梅杏大道续建工程、碧峰公园、滨河南路、阳翼高速两条连接线、县城南街通道等城镇重点工程建设。同时,大力开展城乡环境综合治理,积极进行县城街景改造,拆除沿街临时建筑和低矮破旧房屋7100平方米,规范整治沿街商店门铺1714家,对沿路村庄进行环境治理,城乡面貌大为改观。城镇化建设工作得到社会各界的广泛好评,10月,全市特色城镇化建设现场会在沁水县召开,交流推广了沁水县的做法和经验。

各项社会事业全面推进。教育事业进一步发展,投资2.56亿元的校舍安全改造工程进展顺利,义务教育阶段公用经费"城乡同标准"全面实现,2010年高考二本以上达线263人,比上年增加84人,教育教学质量稳步提升。努力提高全县语言文字规范化水平和普及率,顺利通过国家三类城市语言文字工作评估验收。卫生事业得到加强,在三级医疗卫生机构达标的基础上,乡镇卫生院和村级卫生室实现全覆盖,新农合参合率和疾病防疫防控能力有了很大提高。人口和计划生育工作扎实开展,人口目标责任制得到全面落实。大力发展科技事业,全年科技投入达716万元,科技信息网络建设步伐加快,科技成果转化和知识产权保护工作取得了新的成效。

安全稳定工作持续强化。做好安全稳定工作,促进社会和谐,事关沁水改革发展大局。多次召开会议,对不同时期和敏感节点的安全生产和信访稳定工作及时进行安排部署。坚持严格落实安全生产责任制,在重点行业、重点领域大力开展安全生产隐患排查治理专项行动,全县无重大生产安全事故发生。进一步加强社会治安综合治理,加快社会治安防控体系建设,全面落实校园安全保卫工作,坚持不懈地开展严打整治斗争,刑事案件呈明显下降趋势,社会治安秩序明显好转。高度重视信访工作,不断规范信访秩序,组织开展矛盾纠纷排查调处专项行动,认真解决一批群众反映强烈的热点、难点问题,信访总量同比大幅度下降。

民主法治建设积极推进。人大及其常委会依法履行职能,加强法律监督和工作监督,充分发挥地方国家权力机关的作用。人民政协积极履行政治协商、民主监督、参政议政职能,组织政协委员围绕中心工作进行协商讨论、献计献策。进一步巩固和发展爱国统一战线,全面贯彻党的民族宗教政策和对台政策。扎实推进"法治沁水"建设,大力开展"五五"普法宣传,完善政务公开、村务公开和公共企事业单位办事公开等制度,基层民主法制建设进一步加强。认真贯彻执行中央和省、市有关规定及要求,圆满完成县政府机构改革任务,全面启动事业单位分类改革,乡镇机构改革正在积极稳妥的扎实推进。工会、共青团、妇联、工商联等人民团体密切联系群众,依照法律和各自章程认真开展工作。国防和驻县部队不断促进军民融合式发展,"双拥、双服务"工作成效显著。

宣传工作不断强化。深入宣传贯彻党的十七大和十七届四中、五中全会精神,积极开展形势政策宣传教育,大力推进各级党委中心组理论学习经常化、制度化,坚持用马克思理论最新成果武装广大干部群众,不断加强和改进意识形态工作。牢牢把握新闻舆论的主动权和主导权,充分发挥各类新闻媒体的作用,进一步加强对重大主题、重点工程和重要活动的宣传报道,有效引导社会热点问题和突发公共事件报道,大力宣传弘扬“实干、争先、创新、和谐”的新时期沁水精神,为推进全县转型跨越发展,提供强大的精神动力、思想保证和舆论支持,在凝聚人心、团结鼓劲、推动发展上取得了新的成效。

精神文明创建活动深入开展。进一步巩固、完善、提高文明和谐县城创建成果,对2008年度—2009年度全县涌现出的11个省级、70个市级、105个县级文明和谐创建先进集体和个人进行表彰和奖励,营造出了浓厚的文明和谐创建氛围。公民思想道德建设水平稳步提升,17个道德模范受到省、市表彰。积极开展净化社会文化环境活动,未成年人思想道德建设工作扎实有效。强力推进农村精神文明建设,农村文化阵地得到加强,一批农村文化广场、文化长廊相继建成。文化活动丰富多彩,文化队伍逐步壮大,涌现出了一批好的文学作品和文艺节目,丰富和活跃了人民群众的文化生活。

领导班子和干部队伍建设切实加强。认真落实《党政领导干部选拔任用工作条例》,在全市率先实行常委会任免干部票决制,不断优化选人用人机制,完善干部推荐、初始提名、干部考察、任免谈话等多项制度。先后4次对机构改革后政府职能单位班子和县纪检干部队伍,进行调整补充,提拔182人,交流47人,免职30人。进一步完善综合目标考核机制,将年度目标责任考评、领导班子和领导干部考评、党风廉政建设考评相互衔接,统筹安排,构建“三位一体”考评体系,实现考事、评人和用人相结合。不断深化干部人事制度改革,进一步加强人才队伍建设。

党组织建设全面推进。在开展创先争优活动方面,组织全县628个基层党组织、1.2万余名党员开展“凝心聚力促发展,真抓实干当先锋”主题实践活动,全县各级党组织切实加强领导和指导,注重典型培树,有效推动了创先争优活动的深入扎实开展;在推进学习型党组织建设方面,紧紧抓住各级党委中心组和党政领导班子这个龙头,明确各项活动的具体要求,并不断完善配套,促进了学习型党组织建设工作的规范化、制度化、标准化;不断加强农村基层党组织建设。全县新、改建村级组织活动场所102个,实现村级组织活动场所全覆盖。全面推行“四议两公开”(党支部会提议、“两委”会商议、党员大会审议、村民代表会议或村民会议决议;决议公开、实施结果公开)工作法,有效改善农村基层民主政治建设。切实加强支部书记队伍建设,完成基层党组织换届选举工作。认真做好大学生村干部工作,改善农村两委班子队伍结构。充分发挥农村党员干部现代远程教育优势,提高了培训力度和质量。

反腐倡廉建设不断加强。严格执行党风廉政建设责任制,认真贯彻《党员领导干部廉洁从政若干准则》,从严落实领导干部任前廉政谈话、个人重大事项报告、述职述廉等制度,领导干部从政道德素质和廉洁自律意识明显增强。加强对重大决策部署贯彻落实情况的监督检查，扎实开展煤炭领域反腐败专项斗争和工程建设领域突出问题专项治理，深入推进农村党风廉政建设，坚决查处违纪违法案件，对 38 名党员干部进行责任追究。进一步引深学习“右玉精神”，大力开展“五治五督”（治学督能、治浮督责、治懒督勤、治庸督绩、治奢督廉）作风整顿活动，机关作风和干部作风有了明显改进。

县委书记：常国荣

人大主任：潘庆云

县　　长：常广智

政协主席：马刘勤

（张丽霞）

大事记

2009年

1月

1日，晋济高速公路煤焦管理站开通。该站位于泽州县犁川镇天水岭村南，面积约3万平方米。

6日，《太行日报》载，2008年市区二级以上天气达到347天，空气污染综合指数降到2.01，环保空气质量首次达到国家二级标准。

14日，《太行日报》载，山西省首批旅游名镇名村名单公布，阳城县北留镇入围旅游名镇，阳城县北留镇皇城村和陵川县古郊乡锡崖沟村入围旅游名村。

15日，晋城市第二届"公民道德建设先进典型人物"评选活动组委会发布评选公告：连蜜莲等10人当选孝老爱亲典范，卫二军等10人当选见义勇为勇士，郭小祥等10人当选自强不息楷模，司明富等10人当选爱岗敬业模范，田志军等10人当选务实创新人物。

20日，晋城市荣获"全国创建文明城市工作先进市"。

2月

12日，中央纪委副书记张惠新深入阳城县皇城村，泽州县东四义村、山耳东村，就新农村建设和农村党风廉政建设进行实地调研。

28日，原全国人大常委会副委员长、全国妇联主席、中国红十字会会长彭珮云在本市调研，要求构建适应科学发展的体制机制，促进红十字事业又好又快发展。

25日，中美新能源科技论坛暨煤层气开发利用会议在本市召开，美国环保署煤层气拓展项目经理帕梅拉·富兰克林等22名国内外人士发言。

3月

4日，晋城市深入学习实践科学发展观活动大会暨参加单位主要领导干部专题研讨班仪式举行，提出以"转型创新谋发展，双轮驱动促统筹，破解难题惠民生，狠抓落实见成效"为活动的主题和载体。

5—6日，省委常委、纪委书记金道铭在晋城调研转型发展情况。

10日，《太行日报》载，晋城市被人力资源和社会保障部正式批准为首批国家级创建创业城市。

11日，《太行日报》载，阳城县被命名为"全国村务公开民主管理示范单位"。

28日,晋城市人民政府与国家开发投资公司在金辇大酒店签署了《经济战略合作框架协议》,晋城热电厂一期工程在泽州县金村镇上辛安村正式开工。省、市、国投领导李小鹏、令政策、王会生、冯士栋、张茂才、王茂设等出席签约和开工仪式。

4月

5日,世界五百强企业之一的富士康科技集团总裁郭台铭一行对富士康晋城科技工业园区考察,提出产值每年翻一番,力争三年达百亿。

9日,由山西太行国旅组织的全省首个赴台湾旅游团一行200人启程。

11日,《太行日报》载,在北京召开的全国首届生态文明建设与区域绿色论坛暨成果发布会上,沁水县被命名为"中国绿色名县"。

14日,省政府批复通过《晋城市城市总体规划(2008—2020)》。

21日,全市家电下乡网点由3月初109个扩展到158个。其中高平41个,泽州33个,陵川26个,阳城23个,城区22个,沁水13个。

25日,晋城市举行第四届全民运动会,35支代表队3000余名运动员参加17个大项184个小项的角逐。

27日,阳城县抗日民主政府纪念碑揭碑仪式在该县河北镇坪泉村举行,中国老促会会长王作方出席并讲话。

28日,晋城市五届人大六次会议补选孟福贵为市人大常委会主任。

同日,晋城市"五一"表彰大会在泽州会堂隆重举行。来自全市各行各业的40个先进集体、158名先进个人以及88名抗震救灾先进个人,60个"工人先锋号"班组(车间、队站)受到表彰。

5月

4日,晋城市召开纪念五四运动90周年表彰大会,22个先进青年集体荣获"晋城青年五四奖状"。

5日,中国妇女发展基金会"博宥基金"启动仪式在北京人民大会堂举行,博宥投资管理有限公司丁书苗(沁水籍人)捐赠1.6亿元,其中1.5亿元用于设立"博宥基金",1000万元用于定向扶持本市偏远山区贫困农村卫生医疗事业和产业发展。张茂才、王茂设代表本市接受捐赠。

7日,《太行日报》载,在第四届杰出华商大会财富领袖论坛上,晋城市被评为"2009中国黄河中游地区十大魅力城市"和"2009中国魅力中小城市50强"。

11日,省委书记、省人大常委会主任张宝顺冒雨来到晋城市高平、城区、阳城、沁水的农村、企业，就基层党建、新农村建设等问题进行调研。

18日，全国社会治安综合治理表彰大会在北京人民大会堂举行，晋城市连续第四次被授予“全国社会治安综合治理优秀市”称号，再次荣膺最高奖“长安杯”。

19日，《太行日报》载，省文化厅正式公布了首批12个民族传统节日示范地名单。本市珏山风景区和阳城皇城相府分别被确立为“中秋节”和“重阳节”保护示范地。

24日，中共中央政治局常委、中央书记处书记、国家副主席习近平在山西考察期间，莅临晋城，深入城区钟家庄办事处洞头村，详细询问小麦田间管理、农村经济发展、农村基层组织建设等情况。

6月

1日，《晋城市城镇居民基本医疗保险试行办法》正式实施，惠及20万城镇非从业人口，年最高保险额为3.2万元。

3日，《太行日报》载，全省召开造林绿化临汾现场会，晋城市因森林面积达508.2万亩，森林覆盖率达35.7%，为全省最高，被省政府授予“全省造林绿化先进市”称号。

8日，《太行日报》载，山西省公布第四批省级非物质文化遗产名录，晋城市有34个项目入选，加上2006年首批入选的13项，晋城市共有47个项目列入省级非物质文化遗产名录。

14日，省、市重点工程建设项目——阳城北500千伏输变电工程在阳城县寺头乡黍地村奠基开工。

16日，《太行日报》载，在第三届“山西品牌节”上，晋城市10件商标被新认定为山西省著名商标，至此，全市已有中国驰名商标两件，山西省著名商标60件，累计注册商标1380件。

18日，全省重点工程劳动竞赛现场推进会在阳城县阳冀高速公路建设工地举行。

25日，香港恒基兆业地产集团主席李兆基一行莅临晋城，就煤层气开发利用考察访问。

29日，《太行日报》载，《陵川县志》(续)举行出版发行仪式。

30日，晋煤集团煤制油项目生产出第一桶合格油品。

7月

14日，在北京人民大会堂举行的晋城市政府节能减排科技成果推广会上，山西乐百利特科技有限公司推出全球最亮最节能照明灯。全国人大常委会原副委员长何鲁丽出席新闻发布会。

16日，《太行日报》载，晋煤集团总医院被省卫生厅批准成为三级甲等综合性医院，结束了晋城市没有“三级甲等”医院的历史。

同日，《康熙字典》暨词学国际学术研讨会在阳城县皇城相府宾馆举行。来自美国、韩国、意大利、日本、乌克兰、比利时、南非、匈牙利、尼泊尔等国和中国内地、澳门、台湾的120余位专家、学者出席会议。全国人大常委会原副委员长、语言文字学家许嘉璐出席并讲话。

21日,晋城市北石店区(矿区棚户区)城市化改造动员会议在泽州会堂举行,标志着晋城市城建史上最大规模的成片集中改造工程正式启动。

28—30日,第二届中国·晋城棋子山国际围棋文化节在晋城举行。共举行了5大类35项活动。中国棋院先后四任院长陈祖德、王汝南、华以刚、刘思明齐聚晋城,成为棋坛盛事。

30日,《高平市志》举行首发式。

8月

12日,省道长晋线高平至晋城一级公路奠基仪式在城区七岭店新村举行。该线北起高平南王庄,南到七岭店,全长35.775公里。

24日,省委副书记、省长王君在晋城就转型发展、改善民生和新农村建设进行调研。

25日,全国造林绿化山西现场会的160余名与会代表来晋城参观。

28日,《太行日报》载,陵川王莽岭被授予国家地质公园称号。

29日,市区经济适用住房公开抽号配售在泽州会堂启动。该项目位于凤城路西侧,占地1520亩,共修建2712套住房,建筑面积20.9万平方米。

9月

3日,《太行日报》载,山西绿洲纺织有限责任公司、凤凰实业有限公司和兴高能源股份有限公司被认定为高新技术企业。

5日,全国光彩事业重点工程——晋城豪德光彩贸易广场正式开工。

12日,中原经济区第二十届市长联席会议在金辇大酒店举行,各成员市市长签署了《中原经济区旅游合作发展协议》。

同日,晋城市第二届"神奇太行·经典晋城"旅游月活动开幕式在晋城市文体宫广场举行。活动包括"两会六节"。

21日,《太行日报》载,第四批中国历史文化名镇名村名单公布,泽州县大阳镇、沁水县嘉峰镇窦庄村、阳城县润城镇上庄村名列其中。

24日,市区城市建设十大工程竣工仪式在白马寺山下举行。十大工程包括东南出入通道、泽州北路延伸段建设、泽州公园改造、玉龙潭公园建设、西河景观改造延伸、医疗废物处置中心建设、市区燃煤锅炉煤改气、廉租房建设、城市东出入口景观绿化和市区南出入口景观绿化工程。

26—27日，全省农村老龄工作现场会在晋城召开。

28日，晋城市首条地方铁路——嘉南铁路在沁水县端氏镇奠基开工。该路西起侯月铁路嘉峰站，东接太焦铁路南陈铺站，全长64.92公里，总投资23亿元，工期3年。

10月

11日，晋城自行创作的首部动漫作品，动画片《白马少年》首映式在晋城电视台演播大厅上映。

13日，第九届全国“村长”论坛在阳城县北留镇皇城村举行，全国50个名村参加。全国人大常委会副委员长周铁农出席开幕式并讲话。

14日，我国首个世行贷款煤层气开发利用项目——总投资13.5亿元的煤层气液化工程，在沁水县端氏镇东山村奠基开工。

17日，晋城市乐百利特公司董事长伍永安博士被中央人才工作小组列入引进海外高级人才“千人计划”中。此次入选的山西专家共两名。

同日，晋城市举行首届老年文化艺术节。

20日，晋城市三晋文化研究会召开第二届理事大会，吴广隆当选理事会会长。

25—26日，国务院纠风办副主任赵惠令在晋城调研。

27日，中共晋城市委做出《关于开展向连蜜莲同志学习活动的决定》。连蜜莲是阳城县润城镇刘善村人，系第二届全国道德模范提名奖获得者。

29日，由中国建筑业协会和11家行业建设协会联合评选的“新中国成立60周年百项经典暨精品工程”在北京人民大会堂正式发布，晋城煤业集团寺河煤矿工程榜上有名。

11月

10—11日夜，全市降雪，市区降水量达到33.6毫米，积雪深度达到21.5厘米，阳城县降水量最大，达到36.9毫米，高平市降水量最小，有28.4毫米，沁水县积雪最深，达28.2厘米。是1971年以来同期最大的一次降雪。

16日，我国第一座数字化规模化煤层气田示范工程——中石油沁水煤层气田示范工程建设投产，投产庆典在沁水县端氏镇举行。

27日，《太行日报》载，晋城市荣获“全省林业建设突出贡献奖”。

30日，晋城现代服务业发展研讨会在北京大学经济学院举行。

同日，晋城市被中央文明委表彰为全国未成年人思想道德建设工作先进城市。

12月

15日，晋城市荣获“全省和谐社会建设先进市”称号，高平市、阳城县同时荣获“全省和谐社会建设先进县”称号。

18日,全市政府机构改革动员大会召开。改革后,市政府设置工作部门32个,另设部门管理机构2个,合计34个,比改革前减少6个。

同日,晋城市东南出口景观绿化工程荣获“中国人居环境范例奖”。

是年,全市完成生产总值600亿元,增长6%,增幅居全省前三位;社会固定资产投资完成360亿元,增长35%;社会消费品零售总额完成180亿元,增长21%;财政总收入完成136.1亿元,增长20.3%,增幅居全省第一;城镇居民可支配收入15150元,增长7.1%;农民人均纯收5255元,增长8.2%,高于全省平均水平。

2010年

1月

1日，晋城市荣膺“全国科技进步先进市”称号，继1999年以来连续五次获此殊荣。泽州、高平、阳城三县（市）同时荣获“全国科技进步先进县（市）”称号，城区、沁水县通过全国科技进步县（区）考核。

5日，大阳煤矿万里井井下采煤工作面发生片帮冒顶事故，导致6人死亡，1人轻伤。

2月

28日，原全国人大常委会环境与资源保护委员会副主任白清才考察晋城市的城建工作。

3月

1日，由省委宣传部、省文化厅主办，山西戏剧职业学院出品，山西戏剧职业学院与华夏之根艺术团联合演出的大型山西说唱剧《解放》在晋城影剧院公演。

3日，晋城市全国人大代表王茂设、马巧珍、李章宏、张家胜启程赴京。

同日，中国扶贫开发协会会长、原山西省委书记胡富国就本市造林绿化和城市规划建设等工作进行调研。

19日，市委、市政府在多功能厅召开会议，集中传达十一届全国人大三次会议和全国政协十一届三次会议精神。市委书记张茂才主持会议并讲话，全国人大代表、市委副书记、市长王茂设传达全国人大、政协两会主要精神，全国人大代表、原市人大常委会主任马巧珍传达吴邦国委员长在参加山西代表团审议时的讲话精神，全国人大代表、副市长李章宏传达国务委员马凯在山西代表团的讲话精神。全国人大代表、阳城县皇城村党总支书记张家胜出席会议。

25日，晋城市荣获第六届中华宝钢环境奖。

4月

14日，市政府和省煤销集团联合召开山西煤销集团晋城市资源整合汇报会。

25日，政协第五届晋城市委员会第五次会议在泽州会堂隆重召开。

26日，晋城市第五届人民代表大会第七次会议在泽州会堂隆重开幕。

27日，晋城市赴青海玉树抗震救灾医疗救援队凯旋，欢迎仪式在金辇大酒店举行。

5月

12日,市长王茂设在北京金辇大酒店会见日本石川可锻制铁株式会社社长盐谷哲生一行,双方就推进本市铸造业向精密化、标准化、规模化、生态化、低碳化发展交换了意见。

14日,市长王茂设在北京会见匈牙利前总理迈杰希·彼得一行。匈牙利驻华大使库绍伊·山道尔、驻华公使法泽考什·久洛、中国人民外交学会副会长程涛参加了会见。

15—16日,全国区域整体推进习惯养成——素质教育高级研讨暨山西晋城现场会召开。

21日,市委书记张茂才在上海新锦江索菲特大酒店会见上海市副市长赵雯和上海市旅游局局长道书明等当地有关部门领导,双方就加强两地旅游产业合作进行了座谈交流,并就部分合作事宜达成了初步共识。

同日,市长王茂设在晋城大酒店会见以中国证监会纪检书记李小雪为团长的“追随先辈足迹、体验太行风情”京城旅游考察团。

21日,上海浦东发展银行与泽州县人民政府在金辇大酒店正式签约,设立浦发银行泽州县村镇银行。

同日,大宁煤矿的最大股东亚美大宁(香港)控股有限公司与第二大股东山西兰花科技创业有限公司签署了股权转让框架协议。按照这个框架协议,完成股权转让后,兰花科创将持有大宁煤矿47%的股份,成为大宁煤矿的最大股东,实现国有资本对大宁煤矿的绝对控股。

24日,中央党校中青一班部分学员莅临本市就城市基础设施建设和新农村建设进行考察。

30日,原山西省省长王森浩在市长王茂设陪同下,参观晋城市城市规划展厅,详细了解新版城市规划情况。

6月

3日,凌晨5时许,晋煤集团天安东沟煤业有限公司郊南煤矿发生透水事故。

9—10日,山西省农村党风廉政建设工作经验交流会在本市召开。

11日,全市“十百千万”创业工程正式启动。“十百千万”创业工程是指:从2010年起,用两到三年时间,在全市范围内建设10个创业基地,培养100名创业领军人物,1000名创业带头人和10 000名创业者,最终实现增加10万个就业岗位的目标。

22日,全省首批党员教育培训示范基地揭牌仪式在阳城县皇城村举行。

25日,由市委、市政府委托新华网山西频道承办的多媒体综合新闻网站——新华网·中国晋城网在晋城正式上线运行。市长王茂设与新华社山西分社社长王存理共同启动了开通按钮。

27日，晋城市“太行风”艺术团赴上海世博会演出。艺术团共50余人，将连续四个晚上在世博园博览广场进行上党八音会演奏和上党梆子名家名段表演。

7月

3—4日，省委书记袁纯清深入本市进行调研。省委常委、省委秘书长高建民参加调研。市委书记张茂才，市委副书记、市长王茂设陪同调研并作工作汇报。

5日，省委常委、省军区司令员方文平，省军区政委张少华，省军区副司令员何永才以及出席省军区学习贯彻新条例暨正规化管理现场观摩集训会议的与会代表参观晋城市城市规划展厅，了解本市新版城市规划情况。

6日，上党梆子演出史上的首次个人专场演唱会——上党梆子名家演唱会张爱珍专场演唱会举行。

10日，晋城豪德光彩贸易广场奠基典礼在城区西上庄办事处岗头村隆重举行。省委常委、统战部部长李政文，省政协副主席、省工商联主席韩儒英，全国政协委员、中国光彩事业促进会副会长、全国工商联常委、香港豪德集团董事局主席王再兴，中国光彩事业促进会秘书长、中央统战部光彩事业指导中心主任孙公麟，市委书记张茂才，市长王茂设等参加奠基仪式。

13日，市长王茂设主持召开市长办公会议，对市图书馆、档案馆、美术馆“三馆合一”项目、白马寺山沉陷区生态环境综合治理工程建设进行安排。

20日，晋城市举行2010年科技活动周暨十大科技创新人物颁奖典礼活动。

30日，市委召开全市领导干部大会。传达贯彻省委书记袁纯清在全省领导干部大会上的讲话精神。市委书记张茂才出席会议并讲话。市委副书记、市长王茂设传达省委书记袁纯清在全省领导干部大会上的讲话。市领导冯建平、孟福贵、师建平、郭长青、于若洁、贾联亭、李治国、康吉仁、范丽霞、刘爱军出席会议。

同日，由山西省旅游局、中共晋城市委、晋城市人民政府主办的第三届中国太行山晋城旅游文化月开幕式暨“7·30”皇城相府大型明星演唱会在市文体宫举行。

8月

17日，全省检察机关信息化工作会议在本市召开。

20日，全省政风行风建设工作推进会在本市举行。省政协副主席周然，中纪委、监察部纠风室纪检监察专员、国务院纠风办机关组副组长白岩凌出席会议并讲话。

24日，全市学习型党组织建设领导组第一次工作会议召开。市委书记张茂才出席会议并讲话。市领导康吉仁、刘爱军出席会议。

26日,中纪委副书记黄树贤在省委常委、省纪委书记金道铭的陪同下,就加强基层纪检监察组织建设在晋城市进行调研。

28日,全省兴起学习"右玉精神"新高潮电视电话大会召开。市领导张茂才、王茂设、冯建平、师建平在我市分会场参加会议。会议结束后,晋城市立即召开贯彻落实全省兴起学习"右玉精神"新高潮大会精神电视电话会议。张茂才、王茂设作重要讲话。

9月

1日,晋城市第四届农民运动会开幕式在市文体宫举行。

3日,由亚太总裁协会(APCEO)和晋城市人民政府共同主办的"世界新兴产业(中国·晋城)合作会议"在金辇大酒店举行。法国前总理、亚太总裁协会全球轮值主席多米尼克·德维尔潘,法国希拉克时期总统参谋长、亚太总裁协会全球副主席克里斯蒂安·盖斯诺将军,市委书记张茂才,市委副书记、市长王茂设,省政府副秘书长、省外侨办主任韩和平,亚太总裁协会全球执行主席兼中国会长郑雄伟出席会议。

同日,阳城县蟒河生态旅游景区举行开园仪式。

4日, 参加第九届中国国际装备制造业博览会的市长王茂设率晋城市代表团到辽宁省沈阳北方交通重工集团总部,对该集团的相关产业和项目进行考察,探讨加强合作、促进共同发展有关事宜。

6日,来自晋冀鲁豫陕等省市的老领导、老年体育工作者云集本市,举行第一次老年体协工作交流会。中国老体协主席张发强、市委书记张茂才出席会议并讲话。

7—8日,以全国人大常委会委员、全国人大农委主任王云龙为组长的全国人大执法检查组深入本市,就《中华人民共和国农业技术推广法》和《中华人民共和国种子法》的贯彻执行情况进行检查。

8日,晋城市与南非卡卡杜市正式签约建立国际友好城市关系。市长王茂设代表本市与卡卡杜市市长莫为考签约。

9日,2010年中国国际友好城市大会中美论坛在上海举行。市长王茂设出席论坛并发言。

同日,全市反腐倡廉警示教育大会召开。

14日, 市长王茂设率晋城市有关部门负责人考察全国第二届绿化博览会晋城园区,并在郑州听取本市近期造林绿化工作汇报。

15日,沁水县柳氏民居文化旅游节暨国家4A级景区揭牌仪式在柳氏民居景区广场举行。

同日，第三届中国太行山晋城旅游文化月——蟒河生态旅游区开业庆典暨国家4A级景区揭牌仪式在蟒河生态旅游区停车场举行。

17日，市长王茂设出席第三届中国（太原）国际能源产业博览会晋城招商项目推介暨签约仪式，并接受新华网、21世纪经济报、山西电视台等媒体的联合采访。

20—21日，由省作协、市委宣传部、中国赵树理研究会、市文联联合举办的纪念赵树理逝世40周年座谈会在晋城市举行。

25日，率团前往江西南昌参加第五届中博会的市长王茂设在南昌市红角洲进行参观考察。

26日，第五届中国中部投资贸易博览会在江西省南昌市开幕。市长王茂设率团出席开幕仪式并参观展区。

29日，第三届“和谐欢歌”国庆花展在泽州公园拉开帷幕。

10月

16日，市长王茂设在香港九龙香格里拉酒店会见深圳投资商会会长刘女桢女士一行。

同日，中共中央党校第48期省部班“社会主义民主政治建设”研究专题考察团一行10人，实地参观晋城市城市规划展厅。

20日，晋城市城建十大工程竣工，同时城建八大工程奠基。

24日 省委书记、省人大常委会主任袁纯清，省委副书记、省长王君带领省观摩检查组，对晋城市贯彻落实十七届五中全会精神和全省领导干部大会精神、推进转型发展跨越发展的重点工作和项目进行观摩检查。省委副书记、省纪委书记金道铭，省领导李小鹏、高建民、牛仁亮、张建欣以及省直有关部门负责同志，各市市委书记、市长参加观摩检查。

25日，晋城市重点工程——晋城环城高速、阳城至翼城高速公路竣工通车。省委书记、省人大常委会主任袁纯清，省委副书记、省长王君等省市领导出席竣工通车仪式。

26日，山西省老促会暨各市会长座谈会在晋城市召开。

11月

1日，由中国行业企业信息发布中心主办的“第七届全国工业重点行业效益十佳企业信息发布会”在第十一届中国西部国际博览会上举行。兰花集团以30.19亿元的利润总额再次跻身全国煤炭开采和洗选行业效益十佳，排名第5位。

4—6日，全国政协常委、人口资源环境委员会主任张维庆深入晋城市就生态环境保护、生态文明建设等工作进行调研。

9 日,市长王茂设在金辇大酒店会见前来本市考察的巴西淡水河谷公司中国区销售总监马满旗一行。巴西淡水河谷公司是晋城市福盛钢铁有限公司的主要原材料铁矿石供应商,双方建立有长期的合作关系。

9—10 日,由原省政协主席郭裕怀带队的省级老领导参观考察团,深入本市进行参观考察。

10 日,由农业部、全国供销合作总社、北京市人民政府、山西省人民政府共同主办的山西省特色农产品北京展销周在国家农展馆开幕。全国人大常委会副委员长、民进中央主席严隽琪等领导参观了晋城展区。

12 日,市委书记张茂才专程到全国农展馆,视察山西省特色农产品北京展销周晋城市展区情况。

15—16 日,全省农家书屋工程建设现场推进会在本市召开。

17 日, 人民作家赵树理故居被定为全省新闻出版系统党员干部革命传统教育基地,在沁水县嘉峰镇尉迟村举行了挂牌仪式。

18 日,在第五届中国北京国际文化创意产业博览会——山西代表团文化产业项目签约仪式上,泽州县二十八宿影视有限公司与中央电视台央视动画有限公司签约,联合制作 500 集大型天文神话动漫片《二十八宿传奇》。

同日,由中纪委六室主任耿欣秋带队,中纪委调研组一行 3 人莅临我市,就党风廉政建设和反腐败工作进行调研。

21 日,民盟华北五省市区盟务工作会议在晋城市召开。

24 日,市委书记张茂才在皇城相府宾馆会见前来晋城参加全国麻纺行业协会座谈会的中国纺织工业协会会长杜钰洲、中国麻纺行业协会会长许吉祥一行。

12 月

2 日,全省文化体制改革和文化产业发展现场会在晋城市举行。

6 日,由求是《小康》杂志社主办的“第五届中国全面小康论坛”在北京举行。高平市获“2010 中国全面小康成长型百佳县(市)”称号,成为全省唯一获此殊荣的县(市),并位列中西部 50 强的第八位。

9 日,晋城市召开“国际反腐败日”专题大会。

14 日,晋城市 2010 年新开工的八大城建重点工程之一——金村大道奠基。金村大道工程是晋城市城市总体规划中金村新区的一条主干道,规划全长 7 公里,先期启动 2.5 公里。道路工程南起规划学苑街,北至规划朝阳街,概算总投资 1.99 亿元。

24 日,晋城市煤层气综合利用工程获 2010 年“迪拜国际改善居住环境最佳范例奖”全球百佳范例称号。

29 日,市长王茂设率领发改委、经信、国土、城建、水利、规划等部门及泽州、沁水县政府负责人,在北京与国家投资开发公司就推进双方项目合作进行座谈。

30 日,市长王茂设在北京接受中国网络电视台(CNTV)《百位市长创建文明城市网上谈》栏目组专访。

同日,省委宣讲团题为“党的十七届五中全会精神”报告会在晋城市多功能会议厅举行。宣讲团成员、省社科院党委书记、院长李中元作专题宣讲。

是年,全市生产总值完成 700 亿元,同比增长 13%;规模以上工业增加值完成 420 亿元,增长 19%;社会固定资产投资完成 435 亿元,增长 22%;财政总收入完成 154 亿元,增长 13%;一般预算收入完成 55.3 亿元,增长 15%;外贸进出口总额完成 4.6 亿美元,增长 92%;社会消费品零售总额完成 190 亿元,增长 18%;城镇居民人均可支配收入完成 17 000 元,增长 12.1%;农民人均现金收入完成 5940 元,增长 13%。

(市地方志办)

彩页索引 CAIYESUOYING